U0901029

增城年鉴

ZENGCHENG YEARBOOK

2011

广州东部板块

《增城年鉴》编委会 主编

廣東省出版集團
广东人民出版社
·广州·

图书在版编目（CIP）数据

增城年鉴：（2011）/增城年鉴编纂委员会编．——广州：广东人民出版社，2011.12
ISBN 978-7-218-07699-7

Ⅰ．①增… Ⅱ．①增… Ⅲ．①增城市-2011-年鉴
Ⅳ．①Z526.54

中国版本图书馆CIP数据核字（2012）第093884号

ZENGCHENG NIANJIAN

增城年鉴（2011）

增城年鉴编纂委员会　编

出 版 人：金炳亮

责任编辑：余正平
装帧设计：陈　峰

出版发行：广东人民出版社
地　　址：广州市大沙头四马路10号（邮政编码：510102）
电　　话：（020）83798714（总编室）
传　　真：（020）83780199
网　　址：http://www.gdpph.com
印　　刷：韶关市典经社彩印有限公司
书　　号：ISBN 978-7-218-07699-7
开　　本：787mm×1092mm　1/16
印　　张：20.125　插页：14　字数：610千
版　　次：2011年12月第1版　2011年12月第1次印刷
定　　价：120.00元

如发现印装质量问题，影响阅读，请与出版社（020-83795749）联系调换。

5月15日，中共中央政治局常委李长春在中共中央政治局委员、广东省委书记汪洋，文化部部长蔡武，省委副书记、省长黄华华，省委常委、省政法委书记、公安厅厅长梁伟发，省委常委、省委秘书长徐少华，省委常委、广州市委书记张广宁等有关领导的陪同下来到增城调研。

5月15日，中共中央政治局常委李长春了解增城市绿道自行车经营情况。

2月26日，中共中央政治局委员、广东省委书记汪洋到增城市进行绿道网建设专题调研，在莲塘春色景区向经营者了解单车道的经营情况。

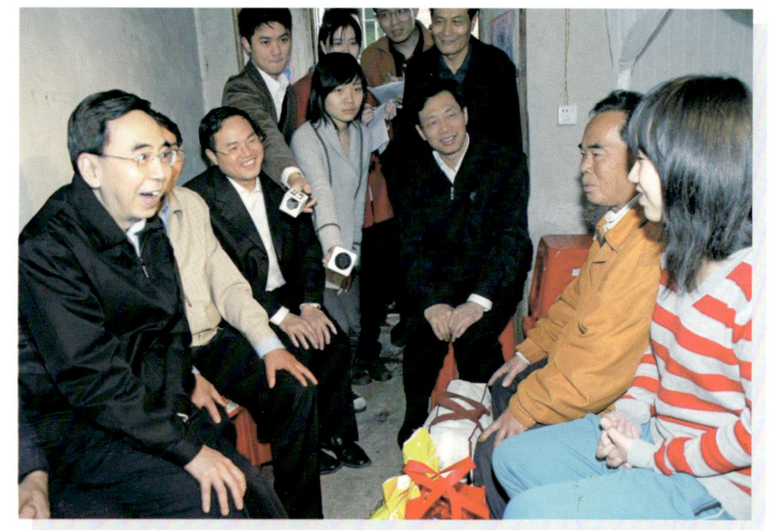

2月5日上午，广东省委常委、广州市委书记、市人大常委会主任朱小丹轻车简从，深入增城市小楼镇江坳村、腊圃村“送温暖”慰问困难农户，送上广州市委、广州市政府的亲切关怀和新年祝福。

12月20日，中共中央政治局委员、中央书记处书记、中央组织部部长李源潮（前左二）在广东省委常委、组织部长李玉妹，广东省委常委、广州市委书记张广宁，广州市委常委、组织部长方旋的陪同下，到增城市新塘镇西南村调研。

8月5日，财政部部长谢旭人一行在省财政厅厅长曾志权等的陪同下到增城市就强农惠农专项资金清查工作、“小金库”治理及加强财政管理等工作进行调研。

1月23日，国家林业局局长贾治邦率全国林业厅局长会议代表到增城考察。图为朱泽君向贾治邦（前左四）、朱小丹（前左三）介绍增城科学发展情况。

4月27~29日，联合国副秘书长及人居署执行主任安娜·蒂贝琼卡（Anna Tibaijuka）博士一行到增城考察，对增城市改善人居环境和推动城市与经济可持续发展的做法表示赞赏。

4月27日，联合国人居署考察团到增城市考察。考察团一行在锦锈温泉城了解生态宜居环境建设情况。

1月12日，省委常委、副省长肖志恒（右一）率省政府副秘书长江海燕、杨绍森以及省编办、省监察厅、省人力资源和社会保障厅、省统计局、省物价局、省法制办、省地方志办、省政府参事室、省档案局等部门负责人到增城市，就学习贯彻省委十届六次全会精神，贯彻落实科学发展观，为全省转变经济发展方式提供保障服务进行调研。

2月5日，副省长林木声率全省住房与城乡建设工作会议代表到增城考察。图为林木声（前左一）在小楼西境村考察休闲绿道建设情况。

8月11日上午，广州市委书记张广宁、增城市委书记徐志彪、市长叶牛平为增城经济技术开发区举行挂牌仪式。

9月26日，省委常委、广州市委书记张广宁（中）深入创先争优活动基层联系点增城市小楼镇调研。

9月18日，广州市市长万庆良（右二）到增城市调研，了解亚运场馆建设情况。

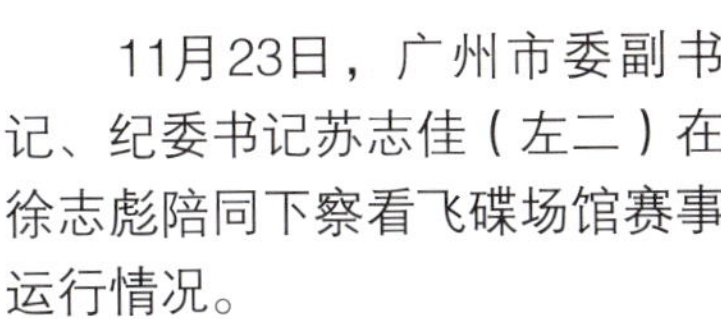

11月23日，广州市委副书记、纪委书记苏志佳（左二）在徐志彪陪同下察看飞碟场馆赛事运行情况。

◀ 3月5日，朱泽君向广州军区原司令员李希林（中）介绍天然沙滩泳场建设情况。

▶ 11月7日，美国加州洛杉矶阿罕布拉市（Alhambra）市长沈时康到增城市新塘镇参观访问。副市长叶鸿向美国加州洛杉矶阿罕布拉市市长沈时康赠送新塘镇非物质文化遗产的代表作品“榄雕”一对。

7月21日，海南省委书记、省人大常委会主任卫留成，省长罗保铭率海南省党政考察团到增城市参观考察。图为考察团在增城图书馆科学发展观展示厅参观。

▲ 3月19日上午，增城市在挂绿广场举办"迎亚运，文明交通"志愿服务月暨"创建增城混合交通安全模范城市项目"文艺汇演活动。

3月3日，"庆三八·迎亚运"广东万名妇女绿道欢乐游活动首发式在增城市举行。左起：谢杏芳、朱泽君、房庆方、李兰芳、温兰子、张帼英、胡泽君、程志青、方旋、冼冬妹为首发式推杆。

8月26日，沿江社区在横街口广场举行“亚运广州行”友爱互助日群众文化活动，活动中，群联腰鼓队、红棉队、沿江队、星光队等为市民表演了富有特色的群众文化活动，广泛宣传了友爱互助精神。

4月30日上午，“同舟共进迎亚运”——广州市统一战线第三届“同舟杯”运动会暨亚运志愿者行动启动仪式在增城市荔城街桥头绿道综合服务区举行。

9月11日上午，“迎亚运讲文明树新风”城市文明志愿服务全民行动增城市分会场启动仪式在广州亚运龙舟项目比赛场地——增城龙舟赛场隆重举行。

8月27日，增城市在市体育馆举行迎接亚运会和世界旅游日当好东道主全民动员大会。

◀ 9月18日下午，广州市市长万庆良（右一）到亚运会增城赛区调研，现场检查广州飞碟训练中心、龙舟赛场、增城体育馆等场馆以及增城生态美食园区的建设和改造情况。

▶ 11月3日下午，广州市委常委，增城市委书记，增城经济技术开发区党工委书记、管委会主任徐志彪率增城市四套班子领导慰问奋战在一线的亚运志愿者。

11月7日 “中国最美的荔乡”——广州增城市，迎来了第16届亚洲运动会火炬传递活动的热烈与喜悦。

▶ 11月11日下午，广州市委常委，增城市委书记，增城经济技术开发区党工委书记、管委会主任徐志彪深入金瑞峰温泉酒店和高滩温泉酒店，检查亚运接待酒店的准备工作情况。

◀ 增城体育馆是本市三个亚运场馆之一。

11月14日，广州亚运会迎来了第二个比赛日，体育舞蹈项目则是最后一天的比赛，增城体育馆成为沸腾的海洋。

11月16日，第16届亚运会龙舟比赛在增城风景如画的增江画廊景区水面上拉开战幕。

11月17日，广州市委常委，增城市委书记，增城经济技术开发区党工委书记、管委会主任徐志彪率市四套班子领导慰问奋战在亚运安保一线的部队指战员。

▲ 位于增城市白水寨景区的广州飞碟训练中心。

◀ 11月19日，国家射击队总教练王义夫到飞碟射击中心指导工作。

11月19日，叶鸿副市长陪同亚奥理事会主席艾哈迈德·法赫德·萨巴赫亲王（中）到飞碟射击中心观看比赛。

▲ 11月19日，广州亚运会男、女子多向飞碟比赛在风景秀丽的白水寨景区广州飞碟训练中心举行。增城市委书记徐志彪（左图）、市长叶牛平为运动员发奖牌。

▶ 11月23日，国家体育总局副局长冯建中（左前一）在徐志彪陪同下了解亚运飞碟场馆运行情况。

7月27日，增城市召开领导干部大会。会上，广州市委组织部副部长李瑾宣布省委、广州市委关于增城市主要领导职务调整的决定：任命广州市委常委徐志彪同志为增城市委书记，增城经济技术开发区党工委书记、管委会主任、筹备领导小组组长。朱泽君同志已担任梅州市委副书记、副市长、代市长，不再担任增城市委书记。

8月16日，广州市委常委，增城市委书记，增城经济技术开发区党工委书记、管委会主任徐志彪深入派潭镇、小楼镇和正果镇就进一步推进全市创先争优活动展开调研。

12月29日，市委书记徐志彪，市长叶牛平等参加广州江铜铜材有限公司奠基仪式。

9月1日，市长叶牛平到新塘调研地铁13号线和新塘东部客运交通枢纽的推进情况。

12月14~15日，广州市委常委，增城市委书记，增城经济技术开发区党工委书记、管委会主任徐志彪率市四套班子领导赴梅县调研扶贫开发“双到”工作。图为徐志彪与梅县贫困农民亲切交谈并送上慰问品。

2月11日上午，市委书记、市人大常委会主任朱泽君，市长叶牛平，市政协主席王运才等市四套班子领导集体到荔城街桥头服务区开展新春义务植树活动。

3月16日上午，由广州市农业局主办，增城市农业局、增城市农业技术推广中心等单位联合承办的“广州市促春耕春养农业科技下乡咨询活动”在增城市派潭镇广场举行，吸引了逾万群众到场咨询。

3月31日上午，广州市水稻育插秧机械化现场会在增城市正果镇麦村召开。广州市、从化市、增城市农业局及农业技术推广中心等相关负责人，部分水稻种植大户、农机大户等参加了现场会。

4月10日，由澳门特区政府主办的“2010年澳门国际环保合作发展论坛及展览”（2010MIECF）增城以绿色低碳为主题、以荔乡文化为元素重拳推出的“增城低碳绿道游”成为此次展览会的关注焦点，深受澳门各界人士的一致好评。

8月24日，副省长刘昆（左二）在增城广场了解2010世界旅游日全球主会场庆典开幕式晚会舞台设计和搭建及活动指挥系统建设等情况。

北汽集团华南基地项目合作

签字仪式

8月18日下午，北京汽车工业控股有限责任公司与增城市政府在广州签订华南生产基地项目框架协议。

9月18日是全国科普日，增城市科普工作者努力普及科学知识、弘扬科学精神，促进市民科学素质和自主创新能力的不断提高，逐步形成讲科学、爱科学、学科学、用科学的良好社会风尚，为增城市建设现代产业新区和生态宜居新城提供有效的科技支撑。

5月21日，由市委基层办、市科技经贸和信息化局、市科协和国家玉米产业技术体系广州试验站等承办的“2010年增城市果、蔬、花、鲜食玉米新品种新技术示范推广暨大型咨询活动”在市果树（蔬菜）科学研究所举行。

10月29日，国内首家基于灾备、数据中心和外包服务的高新企业中金数据系统有限公司在增城经济技术开发区奠基设立华南数据中心。

1月31日，入围“中国模特新面孔选拔大赛”世界总决赛的45名中外模特骑车游览增城市的自然风光。

1月30日上午，增城市举行增城歌剧院奠基仪式。

4月9日下午，团市委、市城乡规划局和荔城街在增江河西岸沙滩泳场蔡屋段举行增城市十大绿道主题公园创建启动仪式暨“共青林”、规划林”奠基仪式。市领导朱泽君、王建平、列荣辉、张登标、袁伟峰出席活动。

5月15日下午，参加第九届中国艺术节的解放军总政治部歌剧团到新塘镇市民文化活动中心举行“走进基层，活力新塘”演出，戴玉强、张海庆等知名艺术家的精彩表演，受到了广大群众的热烈欢迎。

7月14日下午，道德的力量——广州市道德模范巡回演讲报告会（增城专场）”在增城市广播电视台大楼演播大厅举行。

2月4日，增城2009广场音乐文化节吸引了众多市民。

3月31日下午，增城市在挂绿广场开展创建全国文明城市“爱护公物”广场论坛活动。

4月10日，20名大学生村官助理在市电视台演播大厅竞选增城市首届大学生村官网络团委。

4月16日，市教育局邀请市书画家协会书画家到新塘上邵村现场挥毫，为上邵村加强文化建设、增强文化氛围、打造文化亮点提供有力的扶持。美术家王永义在上邵村现场创作。

6月26日，广州亚运会“亚洲之路”典藏特装车增城绿道巡游暨2010广州增城荔枝文化旅游节开幕式、首个“广东自驾旅游示范区”授牌仪式、美丽说亚运”走进增城大型广场活动在增城广场举行。

5月21日，由第九届中国艺术节群文活动部主办，增城市文化体育广电新闻出版局承办，增城市教育局、增城市文化馆执行承办的第九届中国艺术节群众文化广场节目展演——增城市青少年器乐专场文艺晚会在增城广场永久舞台举行。

6月18日上午，2010广州增城何仙姑文化旅游节暨仙桃慈善义卖及低碳绿道送爱行动启动仪式在小楼镇何仙姑家庙广场举行。市委书记、市人大常委会主任朱泽君出席启动仪式并宣布2010广州增城何仙姑文化旅游节开幕。

6月10日，由广州市文化广电新闻出版局主办，广州市非物质文化遗产保护中心承办的2010年第五个非物质文化遗产日广场活动在广州烈士陵园广场举行。增城市文化馆选送广州市第二批名录项目《舞春牛》及入选增城市首批名录项目《篆刻》与《竹雕》参加广州市非物质文化遗产项目的展示和展演。

7月13日，省科技厅、省农村“信息直通车”工程项目实施办公室、省村村通公司、增城市科技经贸和信息化局、小楼镇政府、增城市农业技术推广中心、中国电信增城分公司在小楼镇联合举办2010年“增城市信息直通车工程科技惠农项目”启动和惠农服务推介活动。

7月16日下午，2010增城全民捐书活动启动暨国家一级图书馆挂牌仪式在增城市图书馆举行。市委常委、宣传部部长列荣辉、副市长叶鸿为增城图书馆暨国家一级图书馆揭牌。

9月27日，增城广场鼓乐喧天，歌舞飞扬，流光溢彩，宾客云集，成为一片欢乐的海洋，由世界旅游组织、国家旅游局、广东省人民政府主办的2010世界旅游日全球主会场庆典暨中国广东国际旅游文化节开幕式在这里隆重举行。

8月16日，由中央文明办主办、中国文明网承办的“我推荐我评议身边好人”活动中，增城市石滩镇的种蕉领头人刘映惠成为8月“中国好人榜”候选人。

11月22日，中国纺织工业协会在北京人民大会堂召开了全国纺织产业集群工作会议。新塘镇镇长黎冀捧起“中国牛仔服装名镇”牌匾，右为中国纺织工业协会会长杜钰洲。

10月30日，2010中国广州新塘国际牛仔服装节经贸洽谈会在新塘国际牛仔服装纺织城举行，吸引了全国20多个城市2000多名客商前来参会。徐志彪等市领导参加开幕式。

11月3日，"2010第三届中国新塘国际牛仔形象大使大赛"总决赛在新塘碧桂园凤凰城大酒店落下帷幕。

国庆黄金周，增城市各大景区景点迎来旅游高峰，景区景点到处人头涌涌。

12月24日，2010广州增城菜心美食节在小楼镇小楼人家景区隆重开幕，文化下乡、乡村美食、绿道乡村游、特色农副产品展销等多项主题活动全面启动。

9月25日，第二十四届广州（国际）美食节暨2010增城国际旅游美食节在增城生态美食园区隆重开幕，刘昆（中）徐志彪、刘晓捷、曹鉴燎、杨荣森、朱力、叶牛平出席开幕式。

12月28日晚，石滩镇麻车村举行"舞火狗"活动，吸引数万人前来观看，现场气氛热烈。市领导王建平、丘岳峰、傅敏、列荣辉、叶鸿出席活动。

在2月3日召开的全省旅游工作会议上，增城市被广东省人民政府授予“广东省国民旅游休闲示范市”称号。增城市副市长叶鸿参加了会议，从副省长万庆良手中接过“国民旅游休闲示范市”牌匾。

6月，增北地区第一个党支部竹林支部成立旧址（1938年）由市民政局拨款修建完工。这一红色教育基地位于正果镇正果洋村革命老区竹林村东北角炮楼。

11月30日，新塘镇巷头村“庚堂阮公祠”全面修缮工程竣工，老祠堂重现昔日古朴庄严的历史风貌，里面新增的老人活动中心、农家书屋也同时启用，让古祠堂变身为农村的“新文化传播阵地”。

增城市全国百强基本竞争力排名**第9**居广东省首位

十一五时期增城市国民经济和社会发展主要指标：

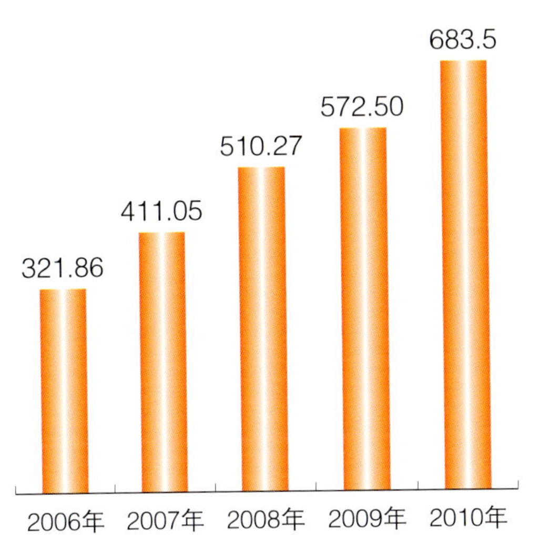

图一、生产总值（亿元）

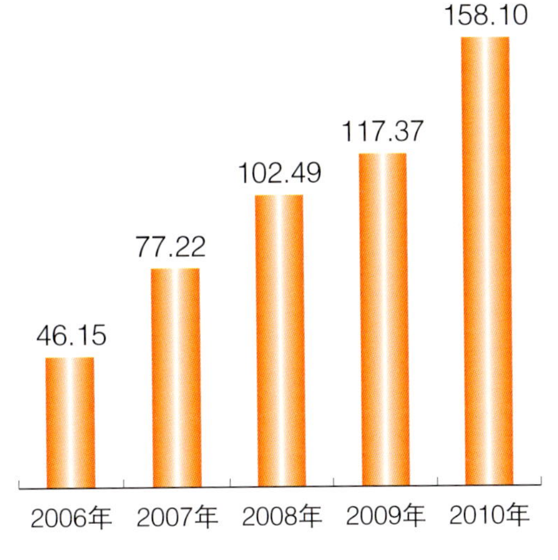

图二、财政总收入（亿元）

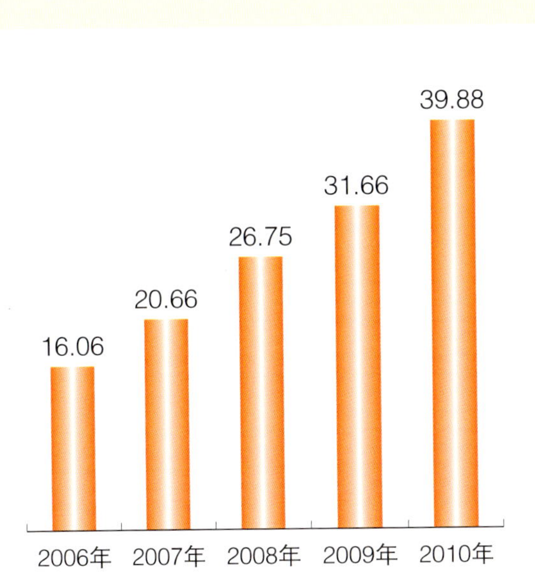

图三、地方财政一般预算收入（亿元）

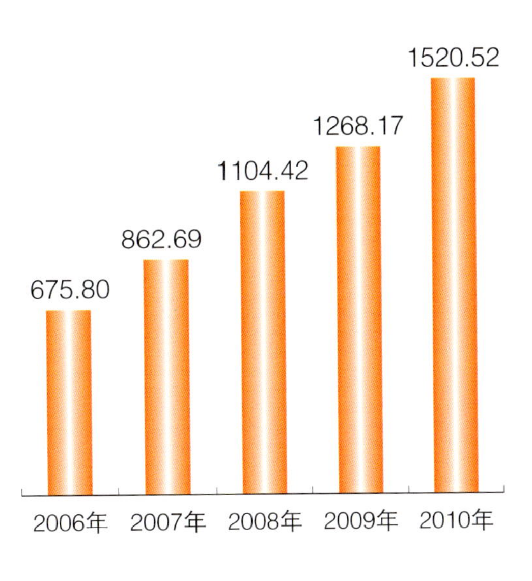

图四、工业总产值（亿元）

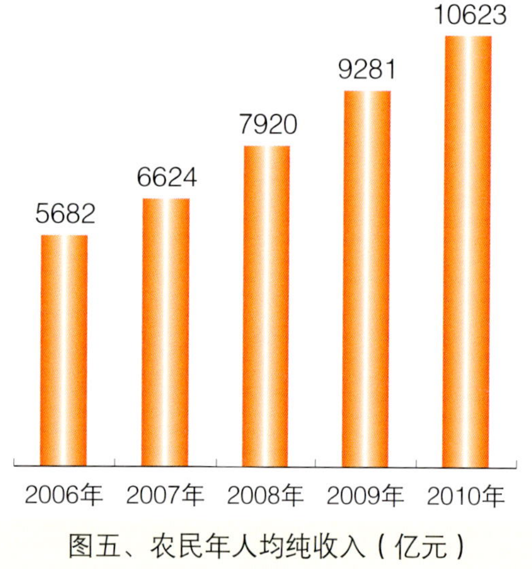

图五、农民年人均纯收入（亿元）

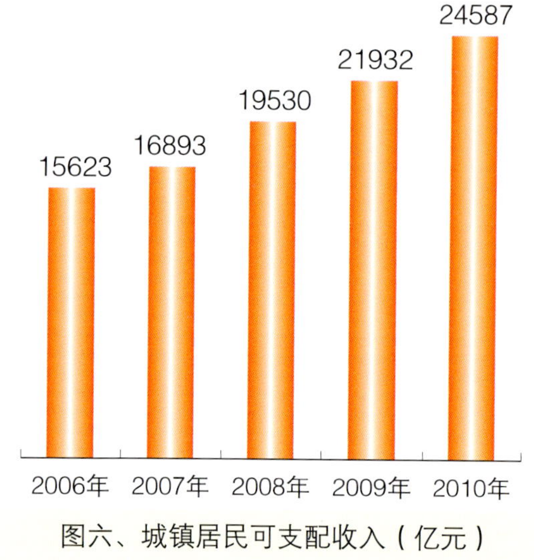

图六、城镇居民可支配收入（亿元）

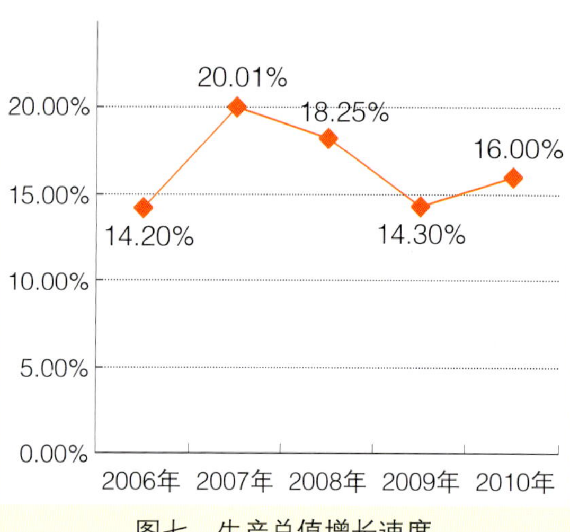

图七、生产总值增长速度

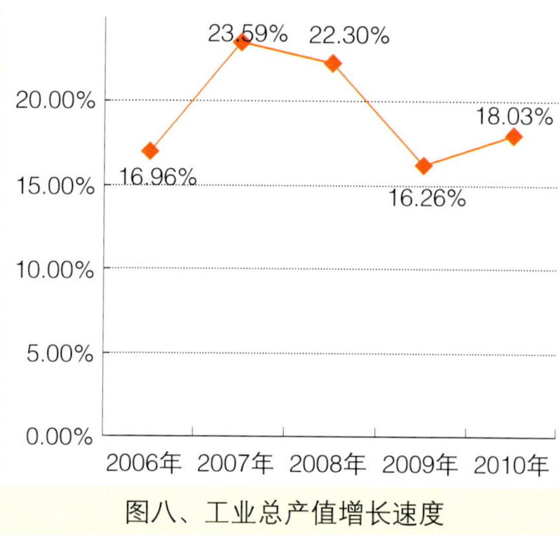

图八、工业总产值增长速度

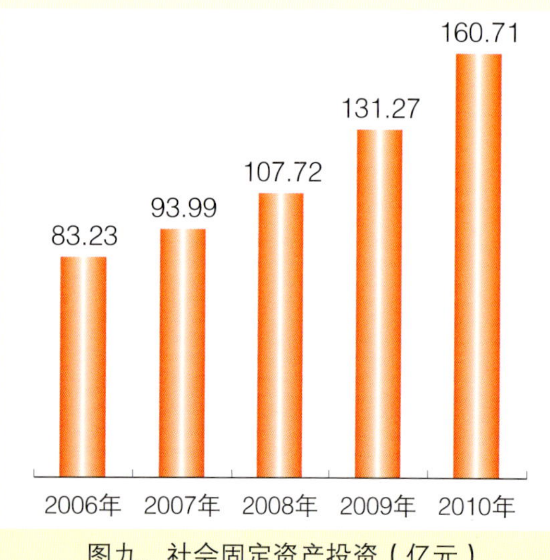

图九、社会固定资产投资（亿元）

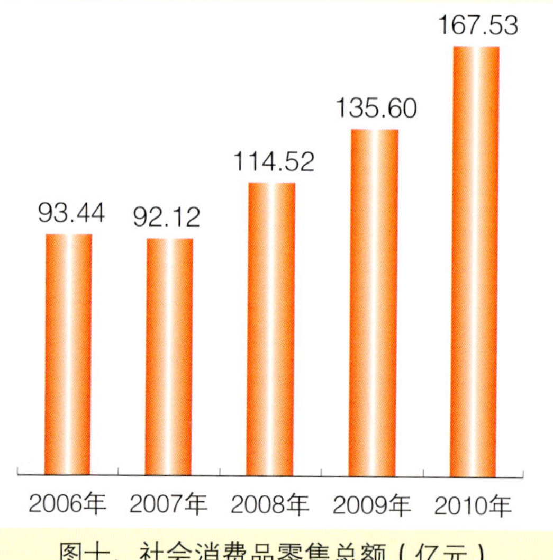

图十、社会消费品零售总额（亿元）

《增城年鉴》顾问

徐志彪　王运才

《增城年鉴》编纂委员会

主　　任　叶牛平

副 主 任　冼银崧　叶　鸿　黄卓夫　关　劲

委　　员　（以姓氏笔画为序）

刁卫东　李王基　刘　丰　陈志威　陈荣汉　陈真权

陈志华　吴冠科　洪一波　姚广耀　姚锦波　夏文生

黄敏航　黄素萍　温演源　庄志辉　潘共恩

《增城年鉴》编辑部

主　　编　叶　鸿

执行主编　黄卓夫（2011.6 离任）　关　劲（2011.6 任）

副 主 编　王文锋　谢伯清

编　　辑　王文锋（特辑、专记、经济、附录、图片）

谢伯清（大事记、社会事业、镇（街）概况）

张淀池（增城概貌、政治、社会团体、国民经济统计资料、人物）

编　　务　李玉环　江嘉萍　赖碧燕

编 辑 说 明

一、《增城年鉴》于1997年创刊，本期（2011年刊）为第15期，记述2010年增城市政治、经济、军事和社会事业发展状况。

二、本期年鉴以“部类”、“分类”、“条目”3个层次组成框架主体，其中“条目”为反映具体情况的主要形式，其名目均用“【】”号和黑体字显示；部分“条目”下增设“子目”，以楷体字显示。全书共分12个“部类”：（1）特辑；（2）专记；（3）大事记；（4）增城概貌；（5）政治；（6）经济；（7）社会事业；（8）社会团体；（9）镇（街）概况；（10）人物；（11）国民经济统计资料；（12）附录。

三、本年鉴所载内容，绝大部分由各有关单位撰稿人提供，并经单位领导审阅。故在每一“分类”或“条目”所载内容下面附有撰稿人姓名和该单位当年年末在任的主要领导人姓名。

四、本年鉴所载各类内容中，由于统计口径不一或其他方面的原因，有部分同一指标的统计数字可能有些差异，读者使用时应以市统计局提供的“国民经济统计资料”为准。

五、本期年鉴的出版，得到各单位领导和撰稿人的热情关怀和大力支持，对此，我们表示衷心的感谢。

六、由于我们编辑水平有限，错漏在所难免，恳请广大读者多提宝贵意见，以便今后改进。

《增城年鉴》编辑部

目　录

· 口岸工作 ·

· 城乡建设管理 ·

· 国土资源和房屋管理 ·

· 市城乡规划 ·

· 环境保护 ·

· 发展和改革 ·

·正果镇·

·小楼镇·

人 物

国民经济统计资料

附 录

特　辑

在市委十一届十一次全会上的报告

徐志彪

（2010 年 8 月 20 日）

这次市委全会的主要任务是，认真贯彻落实省委十届七次全会和广州市委九届九次全会精神，总结今年以来工作，部署开展创先争优活动，确保 2010 广州亚运会增城赛会、2010 世界旅游日全球主会场庆典暨中国广东国际旅游文化节开幕式在我市顺利举行；确保全面完成增城市 2010 年经济社会发展各项预定指标。全面加快增城经济技术开发区建设，着力加快民营经济发展，围绕建设现代产业新区和生态宜居新城，以开发区为龙头，推动增城经济社会发展跃上新台阶。现在，我受市委常委会委托，向全会作报告。

一、今年上半年经济社会发展情况

今年以来，市委团结和带领全市干部群众，深入学习实践科学发展观，认真贯彻落实中共中央政治局常委李长春等各级领导同志的重要指示批示精神，全力创建高水平科学发展示范市，经济社会保持良好发展势头。

（一）学习实践科学发展观成果不断巩固和深化。在开展深入学习实践科学发展观活动的基础上，我市不断巩固和深化活动成果，充分发挥了联系点的示范带动作用，得到李长春等各级领导同志的高度肯定。3 月 27 日，李长春同志对我市作出“巩固成绩，学习先进，狠抓薄弱环节，努力创建高水平的科学发展示范市”的重要批示；5 月 15 日再次亲临增城调研，勉励增城要不断创造新的经验，把联系点建设成为科学发展的示范区。2 月 26 日，中共中央政治局委员、广东省委书记汪洋同志到我市视察调研并指示要大力推广我市科学发展和推进绿道网建设的成功经验。8 月 11 日，广州市委专门召开学习推广增城市实践科学发展观经验工作现场会，张广宁书记特别要求我市“以建设增城经济技术开发区为龙头，着力打造现代产业新区和生态宜居新城，推动增城市新一轮经济社会大发展，努力创建高水平的科学发展示范市，争当创先争优活动排头兵，为广州建设国家中心城市作出新的更大贡献”。上半年，全国共有 700 多批 22000 多人次到增城学习考察。

（二）经济发展方式加快转变。认真贯彻实施《珠江三角洲地区改革发展规划纲要》，大力推动“双转移”和“双提升”，经济保持平稳较快发展。上半年，全市实现生产总值 290.53 亿元，同比（下同）增长 14%；完成工业总产值 649.9 亿元，增长 18.5%；地方财政一般预算收入 16.3 亿元，增长 22.89%。深化三大主体功能区建设，南部重点开发的新型工业区稳健发展，汽车、摩托车、牛仔休闲服装三大支柱产业上半年分别增长 25.6%、46.9% 和 25.6%。中部优化开发的文化生活区加快建设，增江画廊、鹤之洲、沙滩泳场等景区逐步完善，图书馆、科技文化博物馆、增城歌剧院等公共文化设施抓紧建设。北部生态产业区大力发展生态旅游业和都市农业，上半年，全市接待游客 764 万人次，实现旅游收入 17.4 亿元，分别增长 19.3% 和 52.3%。

（三）人居环境不断优化。全力以赴做好亚运场馆建设和赛时筹备各项工作。飞碟赛场、增城体育馆、龙舟赛场的建设和改造基本完成。扎实开展创建全国文明城市工作。以“迎接亚运会、创造新生活”为主题，狠抓城乡环境卫生和绿化美化，全面完成 26 项迎亚运重点绿化项目。加快道路交通等基础设施建设，广汕公路（增城段）等主干道完成升级改造。荔城、新塘等 6 个城镇污水处理系统和 77 条村共 107 个农村污水处理设施建设全部完成，城区（镇区）和农村生活污水处理率分别上升为 87% 和 43%。圆满完成广州下达的河涌整治任务。扎实开展“三旧”改造，成功启动新塘镇盛唐世纪广场、中新镇景新四季花园等项目。

（四）民生福利持续改善。贯彻落实广州市“惠民 66 条”和 17 条补充意见，扎实为民办好十件实事，创新推动公共服务均等化。上半年改善民生支出 13.8 亿元，占财政一般预算支出总额的 75%。实施积极的就业政策，开展了“春风行动”、“民营企业招聘周”等就业推荐服务，提供就业岗位 19882 个。转移农村劳动力就业 8566 人。上半年，城镇居民人均可支配收入 11668 元，增长 13.2%；农民人均现金收入 6474 元，增长 13.8%。基本养老金社会化发放率达 100%，新型农村合作医疗保险制度补偿费用封顶线提高到 10 万元。农村低保标准提高到每人每月 290 元，城镇低保标准提高到每人每月 370 元，有效保障了困难群众的基本生活。继续推进教育“两优”工程，今年全市高考上线率达 92.8%。大力推进城乡公共文化服务均等化发展，荣获“广东省实施南粤锦绣工程文化先进县（市）”称号，成功承办第九届中国艺术节群星奖广场舞比赛，我市编排的舞蹈《领潮争先》荣获全国群众文化最高奖“群星奖”。在广东省第十三届运动会上以区（县、市）级第一名的成绩荣获“突出贡献奖”。社会治安大局持续向好，以“平安亚运”为工作主线，加强重点地区和重点行业管理，上半年全市刑事发案及“两抢一盗”发案均实现两位数下降。国防后备力量建设和双拥共建工作持续稳定推进。深入开展市镇领导“大接访”，充分发挥综治信访维稳中心作用，一批信访难题得到了有效化解，社会更加和谐稳定。

（五）党的建设全面加强。积极响应省委和广州市委提出“大规模轮训干部”的战略部署，全方位开展干部学习培训。邀请知名专家学者前来授课，举办“增城科学发展大学堂”等系列讲座。部署开展创先争优活动，深入推进“三联六帮”城乡共建行动，成立市非公有制经济组织党工委和社会组织党工委，招录100名大学生“村官助理”，进一步提升基层组织推动科学发展的活力。扎实开展纪律教育学习月活动，认真组织全市党员干部学习贯彻《中国共产党党员领导干部廉洁从政若干准则》，严肃查处违纪违法案件，反腐倡廉工作成效明显。

二、当前的形势和主要任务

随着学习实践科学发展观活动的深入和国家级经济技术开发区的正式挂牌，增城的发展已经站在了一个全新的历史节点上。在这个节点上，我们应该静下心来，认真思考一下，重新审视各方面的工作，更好地谋划下一步的发展。

（一）要有忧患意识，在赞扬声中找差距。作为长春同志的联系点，近年来增城在加快经济社会发展方面取得了令人瞩目的成绩，得到了中央、省和广州市领导的高度肯定和社会各界的赞誉。可以说我们现在已经成为全国的一个标杆，处在一片赞扬声中。但恰恰在这个时候最需要的是要保持清醒的头脑，在赞扬声中找差距，在差距中寻找新动力。张广宁书记指示我们，要认真查找差距和不足，不断完善提高，加快增城发展上新台阶；万庆良市长要求我们，要更加清醒认识自己，在软硬环境上下功夫，不断推动发展上水平。

毕竟，增城还是后发地区，经济基础还比较薄弱。在经济方面。虽然我市今年上半年大多数经济指标增速高于全国、全省和广州市的水平，但经济总量与江阴、昆山、张家港等全国县域先进地区相比仍有较大的差距。更关键的是，我市的产业结构不尽合理，缺乏战略性新兴产业、高新技术产业、现代服务业，缺少龙头带动项目，全市列入规模以上的工业企业只有1100多家，其中亿元以上工业企业仅有130家。在城镇基础设施和人居环境建设方面。中新、石滩作为中心镇，基础设施还比较落后，城市化水平亟待提高；派潭、正果、小楼等北部山区镇的镇区功能不够完善，无法有效集聚人口和吸纳就业；新塘作为经济重镇，在交通、治安、环境、卫生等方面还不尽如人意。在民生福利方面。增城卫生医疗水平不够高，至今仍然没有一家三甲医院；荔城作为中心城区，市民交通出行还不便利；全市仍有2万多名贫困人口，北部山区农民增收致富渠道不多。

面对这些问题，我们没有理由自满，相反，要以强烈的忧患意识来谋划下一步的发展，这也是我们深化实践科学发展观的必然要求。

（二）要有机遇意识，确立更高的追求目标。我们有幸成为长春同志深入学习实践科学发展观活动的联系点，增城工业园区又正式升级为国家级经济技术开发区，这是增城历史上千载难逢的重大机遇。在广州的城市发展规划布局中，“东进”战略正在逐步深化，从天河到广州开发区，再到增城，这是今后广州最重要的现代服务、高新技术和战略性新兴产业带。从地理位置看，增城正好处在广州“东进”战略的先锋位置，广州市委市政府可以说对增城的发展寄予了厚望。

能不能在这个产业带上有所作为，成为真正意义上的“东进”战略的先锋，就看我们能不能把握住这一机遇，做好“现代产业新区”和“生态宜居新城”这两篇文章，利用我们后发地区在空间、环境和产业选择方面的优势，利用增城民营经济基础好的优势，布好局，起好步，与广州开发区、中新知识城形成互动、互补发展的格局，主动接受他们的辐射，瞄准战略性新兴产业、高新技术产业、先进制造业和现代服务业，构建起符合增城实际的有特色的现代产业体系。

升级为国家级开发区，意味着我市经济社会的发展进入了全新的、更高的层次，我们要敢于争先，把广州开发区、江苏昆山开发区作为追赶的目标，自我加压，奋勇争先。

（三）要有务实进取的精神，扎扎实实抓落实促发展。现在增城的经济社会发展已经有了比较好的基础，增城科学发展的形象也已经深入人心。现在需要的是我们静下心来，要埋头苦干，练好内功，强化执行力，扎扎实实地一项一项把工作做实，做出成效。

一是要强化执行力，让各级领导干部时刻绷紧抓落实这根弦，一步一步扎扎实实把工作抓好。切实把精力投到办实事上，把功夫下到抓落实上，扎实完成好各项工作任务。要建立健全督促检查机制，对重点项目和重点工作的进展情况，实行每月一通报，必要时还要进行每周一通报。

二是要艰苦奋斗，开拓进取。目前，增城开发区正处于起步阶段，在基础设施建设、环境优化提升、土地资源整合以及建立健全体制机制等方面都还有大量艰苦卓绝的工作要做。同时，增城的科学发展也进入了攻坚阶段，摆在我们面前的困难和矛盾也会越来越尖锐。要树立长期艰苦创业的思想，全力以赴打好每一场硬仗，要保持开拓进取的锐气，不断开拓科学发展新局面。

三、全力以赴，狠抓落实，确保下半年各项工作顺利完成

（一）深入开展创先争优活动，争当创先争优排头兵。当前全党正在开展创先争优活动，这是巩固学习实践科学发展观活动成果的一项重大举措。增城作为长春同志学习实践科学发展观活动的联系点，我们要把创先争优活动贯穿到全市经济社会发展各项工作中去，把党的政治优势转化为科学发展优势，把党的组织活力转化为科学发展活力，推动全市整体工作不断跃上新台阶。

一是扎实开展创先争优活动。要对照创先争优活动的各项要求，高标准、高质量地完成各项规定任务，认真实施创先争优“双百”计划，即努力在全市各个领域、各个行业培育100个在全市干得实、叫得响、推得开的基层党建工作示范点（岗），评比产生100名优秀共产党员。通过以点带面，进一步开创基层党组织建设工作新局面。要大力推动基层党建工作创新，努力创建“五好”（即领导班子好、党员队伍好、工作机制好、工作业绩好、群众反映好）先进基层党组织。进一步增强党员干部队伍活力，激励广大党员争当“五带头”（即带头学习提高、带头争创佳绩、带头服务群众、带头遵纪守法、带头弘扬正气）优秀共产党员。

二是把创先争优活动落实到各项实际工作中去。按照市委市政府制定的创先争优活动的实施意见，着力在六个方面把工作做实：在建设学习型党组织上创先争优；在建设现代产业新区，转变经济发展方式上创先争优；在打造生态宜居新城，优化人居环境上创先争优；在改善民生福利上创先争优；在提升干部执行力上创先争优；在建立长效机制，完善促进科学发展的体制上创先争优。在各个领域充分发挥基层党组织和党员干部的先锋模范作用，以创先争优活动带动各项工作开展。要通过开展创先争优活动，认认真真找准当前基层组织建设中存在的突出问题，切实理顺镇村社三级组织之间的关系，积极探索基层组织更好地发挥作用的有效途径和方式，提高为群众为企业服务的质量。按照“早培训、早排查、早整顿”的思路，认真准备2011年村（社区）“两委”换届选举工作。当前我市有不少项目都因为土地、拆迁等问题，进展缓慢甚至无法推动，拆除违法建设等一些重点工作也遇到重重阻力，个别地方甚至出现镇街推不动村、村推不动社的现象，这些问题反映出我市的基层组织凝聚力、战斗力还不够强，要通过创先争优活动切实增强基层组织的战斗力。

三是以创先争优活动为契机，进一步加强党风廉政建设。各级领导干部要严格执行《中国共产党党员领导干部廉洁从政若干准则》和《领导干部问责暂行办法》，坚持廉洁自律。要围绕腐败现象易发多发的重点领域和关键环节，强化权力运行监控机制建设，使反腐倡廉各项举措更加科学规范。特别需要强调的是，要始终绷紧“廉洁办亚运”和“廉洁、节俭办好世界旅游日”这根弦，进一步加强对亚运场馆建设质量、亚运项目资金使用情况、亚运安保服务以及世界旅游日各项工作的监督检查，推动各项工作的落实。

（二）全力确保广州亚运会增城赛会和2010世界旅游日全球主会场庆典顺利举行，加大人居环境整治力度，建设生态宜居新城。2010世界旅游日全球主会场庆典暨中国广东国际旅游文化节开幕式（以下简称“开幕式”）和广州亚运会增城赛会，将分别于9月27日和11月在我市举行。承办好这“两大盛会”是上级交给增城的重大任务，务必举全市之力办好。

一是狠抓关键、统筹推进，确保筹备工作按时按质完成。要不断完善广州亚运会增城赛会运行指挥系统，以及“开幕式”与系列配套活动增城运行指挥系统，推动决策层、指挥层、执行层紧密对接，责任机制落实到位。要精心组织好亚运系列测试赛和实战综合演练以及“开幕式”预演等活动，完善“两大盛会”各项保障机制，确保“两大盛会”组织运行各个环节“零故障”。

二是加大城乡环境综合整治力度，确保以崭新面貌迎接各方来宾。以深入推进全市查控违法建设、整治广告招牌、城乡“六乱”和亚运通道人居环境整治为重点，继续推进大气、水、交通及人居环境综合整治。尤其是加强新塘地区综合整治百日行动，在治安、交通、环境面貌方面要有一个根本的改善。要着眼于可持续发展，继续深入实施公园化战略，加快绿道网建设，建立长效机制，巩固提升环境整治建设成果，切实把“两大盛会”筹备过程变为推动城乡环境建设管理科学化、上水平的过程，进一步加快生态宜居新城建设步伐。

三是突出抓好保障工作，确保提供优质服务。要热情周到做好“两大盛会”的接待和服务，尤其是要多邀请上级对口部门的领导参加，抓住机遇加强宣传和推介，展示增城良好形象。要组织发动全市群众和社会力量积极参与“两大盛会”安保工作，坚决打赢安保攻坚战。要广泛深入宣传发动，激发广大市民作为东道主的自豪感和责任感，组织企事业单位、社区、农村、学校积极开展各种活动，教育引导市民争当微笑使者和文明先锋，确保形成全民喜迎“两大盛会”的浓厚氛围。

（三）全面加快增城经济技术开发区建设，以开发区为龙头带动全市经济社会发展。增城经济技术开发区作为广州第三个国家级开发区，既承载着广州“东进”战略的使命，也是增城经济发展的引擎和增长极所在。要紧紧围绕建设“现代产业新区”，全面加快开发区的建设。

一是勇于先行先试，争创体制机制新优势。要利用建设国家级经济技术开发区的机遇，认真谋划、加快推进增城撤市改区工作，抓紧编制“十二五”规划，推动增城行政区与增城开发区的有效对接，为全面融入广州奠定基础。要学习和吃透国家级开发区的政策，用足用活开发区体制机制优势，继承和发扬我市推进科学发展的体制机制优势，将这两者有机结合起来，营造最优的政务软环境，在体制机制上形成增城发展的新一轮优势。

二是扩大升级效应，着力培育新的经济增长点。要将增城开发区的发展融入广州乃至整个珠三角的范围来统筹和规划，与周边的广州经济技术开发区、中新知识城互动发展，以增城开发区的发展辐射和带动全增城的发展。要借开发区升级之势，加大宣传力度，大力推介投资环境和优惠政策，尤其是要抓住日本、台湾地区 IT 产业转移的契机，策划一批有重大带动作用的项目，争取引进一批“绿色”、“低碳”的电子信息产业项目，吸引战略性新兴产业落户建设。要加快北汽 30 万辆乘用车华南生产基地的动工建设及后续零配件工业园区的开发，紧密跟踪广本 24 万辆产能的扩建工作和广本发动机、广本研发中心的建设，力争 3 年内形成 500 至 800 亿新增工业产值，形成新的经济增长点。各镇街也要围绕主体功能区规划，狠抓招商引资，重点跟踪战略性新兴产业，着力培育新的经济增长极。

三是确保用地和基础设施配套，提升经济发展承载力。加大“三旧”改造以及盘活闲置土地力度，确保优质骨干项目尤其是开发区重点推进项目用地。大力推进道路交通等基础设施建设，促进广州地铁 13 号线、穗莞深城际轨道尽快开工建设，同步推进供水、供电、污水处理等配套设施建设，为吸引高端项目落户创造良好的条件。要加强对全市项目建设的督促检查和跟踪服务，切实掌握建设情况，强力推进项目建设，尤其是对未开工的 58 个固定资产投资项目和 51 个产业项目，排出项目推进的时间表、进度表，促其尽快动工建设、尽早产生效益。

（四）突出服务与扶持，推动民营经济大发展大提升。当前，国家、省和广州市都非常重视民营经济发展。国务院今年 5 月出台了“新民营 36 条”，省政府专门召开了民营经济工作会议，民营经济的发展面临着新的机遇。民营经济是增城的特色和优势所在，但目前仍然面临名牌企业不多、自主创新能力不强、未来发展方向不明晰等困难和问题，转型升级的压力极为迫切。近期，市委市政府组成了专门的调研组，深入民营企业开展调研，征求各方面的意见，形成了本次会议上印发的《关于加快发展民营经济的实施意见》（稿），希望同志们认真研究，积极发表意见，会后进一步修改完善后颁布实施。各级各部门要围绕“服务”和“扶持”两个重点，贯彻落实好《关于加快发展民营经济的实施意见》，拿出有针对性的配套措施，积极破解民营企业的准入难、融资难、审批难、上市难、享受政策难等体制机制障碍，努力营造宽松和谐的政策环境。

一是做好服务，营造有利于民营经济发展的良好环境。营造良好的营商环境是对民营企业最好的支持。《关于加快发展民营经济的实施意见》明确了推动我市民营经济大发展大提升的思路，是未来一段时间推动我市民营经济发展的纲领性文件。各级各部门要认真贯彻落实，进一步改善对民营经济的服务，强化服务意识，提升涉企审批和服务效率，清理涉企收费项目，禁止行政权力任意干涉民营企业的正常合法生产经营。要着力优化民营企业生产经营环境，鼓励民营企业园区化、集聚化发展，不断完善园区道路交通、供水、供气、污水处理等基础设施。要坚持依法监管，严厉打击假冒伪劣、侵权、无牌无照等扰乱市场秩序的行为，着力营造公平有序的市场环境。

二是突出扶持，提升民营经济整体发展水平。要按照《鼓励民营企业投资五类重点领域项目目录》要求，放宽准入，编制面向民营资本投资的项目清单，鼓励引导民营资本进入战略性新兴行业、基础设施建设以及学校、医院等公共服务领域，激活民间投资活力。要引导扶持民营企业加快转型升级，鼓励民营企业走自主创新之路，与大专院校、科研院所共建产学研基地，加快建设牛仔服装研发中心、检测中心、信息商务等创新平台，增强民营企业核心竞争力。要设立创品牌专项扶持资金，加强“新塘摩托”、“新塘牛仔”等区域品牌的打造和推介，对民营企业创立广州市级以上的品牌给予适当奖励，帮助创立自主品牌，提升产品知名度、附加值和竞争力。要努力破解人才瓶颈，在落户、个人所得税、子女就读等方面给予优惠，吸引更多的高素质人才落户增城。要加强对民营企业家的培养培育，定期组织企业经营者到大型先进民营企业考察学习或参加能力培训，促进民营企业家素质整体提升。

（五）以创建全国文明城市为契机，加大惠民利民力度，努力提升社会和谐度和市民幸福感。巩固创建全国文明城市工作成果，因地制宜探索惠民利民新机制，让人民群众更好地共享发展成果，不断提高安全感、归属感和幸福感。

一是加快提升公共服务水平。研究出台推动基本公共服务均等化的政策举措，对全市居民平等享有教育、文化、卫生、就业、医疗保障等公共服务进行系统规划部署，积极探索具有增城特点的基本公共服务均等化新路子。要坚持教育优先投入，确保完成义务教育规范化学校建设年度任务。加快推进科技文化博物馆、增城歌剧院等文化重点设施建设。全面推动健康亚运、健康广州全民健身活动。要重点加强新塘地区公共卫生服务的建设，启动新塘地区三甲医院选址和建设工作，改善该地区70万人口的看病就医问题，同时进一步加强农村合作医疗和社区卫生服务的建设，不断提升全市医疗服务水平，让群众看病方便、治病便宜。

二是深入开展扶贫济困。组织力量对全市贫困村、贫困家庭进行全面摸查，采取“一村一策”、“一户一计”的方式，选择合适的项目助其实现可持续增收致富，努力减少贫困人口。把发展生态旅游和现代农业作为推动北部山区脱贫致富的重要抓手，进一步提升旅游景区景点建设水平和承载能力，鼓励农民发展农家乐、农家旅馆和农产品生产加工企业，扶持农业龙头企业做大做强，带动农民增收致富。全面推进集体林权制度改革工作，进一步明晰产权，加快林木林地依法合理流转，调动资金等生产要素向林区流动，促进山区农民增收致富。充分发挥增城慈善总会、新塘济困扶助协会等慈善团体的作用，广泛开展扶孤助学、扶贫济困等各种形式的慈善活动以及各类青年志愿者活动，发动社会力量帮助困难群体解决实际问题。加大经济适用房、廉租房、单亲特困母亲“安居房”等各类保障住房的开发建设。

三是全力促进社会和谐稳定。健全社会治安防控体系，创新群防群治工作机制，全面排查化解各类矛盾，强化社会治安综合治理，特别是对“涉亚”维稳问题要领导包案、专人跟进、限期解决，确保以安全、有序、和谐的社会环境迎接“两大盛会”。牢固树立法治理念，坚持依法执行、依法行政、公正司法，让法治引导、规范、保障和促进经济社会科学发展。要更加重视维护和谐劳动关系，切实加强人文关怀、改善用工环境、完善工作机制，努力创造条件让外来人员逐步享受到与市民同质的公共服务，增强外来人员的归属感。要加强安全生产，抓好交通安全和食品安全工作，坚决防止发生重特大安全事故和重大群体性事件，提高人民群众的安全感和满意度。

同志们，增城新一轮科学发展和增城经济技术开发区创新创业的号角已经吹响，我们一定要坚定信心、抢抓机遇、同心同德、艰苦奋斗，努力建设现代产业新区和生态宜居新城，加快创建高水平科学发展示范市，谱写全市人民美好生活的新篇章！

在市委十一届十次全会上的报告

朱泽君

(2010年1月19日)

这次全会的主要任务是，以党的十七大精神为指引，认真学习贯彻党的十七届四中全会、中央经济工作会议和省委十届六次全会、广州市委九届八次全会精神，总结去年工作，分析当前形势，研究部署今年工作，敢于解放思想，全力创建全国科学发展示范市。现在，我受市委常委会委托，向全会作报告。

一、认真总结去年工作，坚定科学发展信心

过去的一年，是很不平凡的一年。一年来，我们在广东省委、省政府和广州市委、市政府的正确领导下，团结和带领全市干部群众深入学习实践科学发展观，认真贯彻落实中共中央政治局常委李长春同志和中共中央政治局委员、广东省委书记汪洋同志等各级领导的重要指示批示精神和上级战略部署，确立了创建全国科学发展示范市的目标，全力以赴“保健康增长、促科学发展”，经济社会继续保持又好又快发展势头。在全国县域经济基本竞争力排名中，我市跃居第9位，被评为“中国最具幸福感城市”和“中国改革（2009）年度十大县市”。

（一）深入学习实践科学发展观，“联系点”成为贯彻落实科学发展观示范点。以开展深入学习实践科学发展观活动为契机，紧紧围绕李长春同志“努力把联系点办成贯彻落实科学发展观的示范点”的要求，推动全市上下继续解放思想，树立新标杆，争创新业绩，学习实践活动成为增城科学发展历程上新的里程碑。

扎实开展学习实践科学发展观活动，科学发展理念深入人心。严格按照上级的部署要求，认真做好中央领导同志的联系点工作，分两批在全市1146个党组织共32798名党员中开展学习实践活动。紧紧围绕“党员干部受教育、科学发展上水平、人民群众得实惠”的目标，坚持实践第一、质量第一、群众满意第一，在务实中体现特色，精心组织，扎实推进，着力破除不适应不符合科学发展观的思想观念、思维定式和路径依赖，不断更新发展理念，完善发展思路。突出抓好整改落实工作，破解了一大批影响和阻碍科学发展的难题。学习实践科学发展观成为全市干部群众的自觉行动，为新一轮科学发展奠定了坚实的思想基础、干部基础和群众基础。

不断探索科学发展的增城之路，“增城模式”得到充分肯定和大力推广。坚持以科学发展观为统领，继续完善“以人为本、科学主导、市场运作、统筹城乡”的增城模式，我市规划建设三大主体功能区、实施公园化战略、统筹城乡一体化发展、创建学习型社会、提升干部队伍执行力等实践和成效得到上级领导和社会各界的广泛认同及高度评价。李长春同志多次指示要总结推广增城推动科学发展的实践经验，汪洋同志在不同场合要求全省学习借鉴增城在主体功能区建设、基本公共服务均等化、绿道建设和干部问责制等方面的成功做法和经验。去年12月14日，广州市委市政府在我市召开学习推广增城市建设贯彻落实科学发展观示范点经验现场会，朱小丹书记认为增城九个方面的实践经验“是广州的一笔宝贵财富”；12月23日，广州市委市政府又出台了《关于学习推广增城市建设贯彻落实科学发展观示范点经验的决定》，明确了学习增城经验的七条具体举措。中央、省、市各级媒体对我市进行了全方位报道，全国各地1500多批近2万人次到增城学习考察，特别是福建省组织县市（区）党政主要领导分期分批到我市学习培训，“增城模式”的影响力不断扩大，增城的良好形象和知名度明显提升。

树立了新标杆，努力创建全国科学发展示范市。去年8月9日和9月19日，李长春同志先后作出重要批示：得知增城市在广州市委的领导下，全面贯彻落实科学发展观，2008年进入全国县域经济十强行列，各方面工作都有新的进步，十分高兴。望你们再接再厉，学习先进找差距，科学发展再上新台阶，在各个方面都走在全国的前面。汪洋书记、黄华华省长、朱小丹书记和张广宁市长等各级领导要求我市认真贯彻落实李长春同志重要批示精神，把增城建设成为各个方面都走在全国前面和贯彻落实科学发展观的示范点。全市干部群众深受鼓舞，深感责任重大。市委、市政府集思广益，召开了10多次各类座谈会，举行了专家论证会，在增城日报和增城主要网站公开征集意见建议，先后易稿20多次，于去年11月制定了《关于创建全国科学发展示范市的决定》，最后经市委全会审议通过。《决定》明确提出要积极探索区域协调发展、统筹城乡一体化发展、建设智慧型城市等九条“新路子”，用5年时间创建全国科学发展示范市，以此作为全市的行动纲领。

（二）大力推进“三促进一保持”，经济继续保持良好发展势头。有效应对国际金融危机冲击，化传统

发展模式之危为科学发展模式之机，坚持筑巢引凤和腾笼换鸟并举，大力推动产业结构优化升级。经过一年来的艰苦努力，超额完成了经济社会发展预期目标，全市实现生产总值574.3亿元，比上年（下同）增长14.3%；工业总产值1268.17亿元，增长16.26%；财政总收入117.37亿元，增长14.52%；地方财政一般预算收入31.66亿元，增长18.36%。

*高起点规划建设“两城两区”，主体功能区核心区继续做大做强。*围绕三大主体功能区的产业发展布局和科学定位，高起点策划、高水平规划、全方位推介、高标准推进“两城两区”建设，“两城两区”管委会相继成立运作。中部新城区国际旅游度假城加快推进基础设施建设和增江两岸环境整治，吸引了一批战略投资者参与开发，城市功能不断完善，实现了快速发展。南部广州东部国际商务城邀请了国际一流的设计公司进行商务策划，规划、征地和招商工作进展顺利；广东增城工业园区申报国家级经济技术开发区进展顺利，扩区工作和各项配套设施建设全面铺开，实现了稳健发展。北部1000平方公里生态产业示范区充满生机和活力，白水寨核心区引进6家五星级酒店，旅游承载力明显增强，小楼、派潭、正果镇税收分别增长54.7%、26.5%和26.3%，北部山区实现了“绿色崛起”。

*坚定不移调结构，产业竞争力明显提升。*出台了一系列保增长政策措施，强化经济运行监测分析，加大对企业支持服务力度，充分利用金融危机形成的倒逼机制，推动传统产业优化升级和产业组团式、园区化发展。汽车、摩托车、牛仔休闲服装产业做大做强，三大支柱产业规模以上产值分别增长13.7%、12.38%和40.15%。加强和改进招商引资工作，引进了中金华南数据中心等40多个优质项目，总投资达270亿元。彻底淘汰粘土砖瓦企业，全面清理整治违法经营场所；强化节能减排，万元GDP能耗下降6.16%。大力引导扶持民营企业创新、创品牌，豪进、康威被评为中国驰名商标，民营经济发展水平进一步提高。

*构建广州、东莞半小时生活圈，第三产业发展迅猛。*着力改善消费环境，打造“美食美居娱乐购物还是新塘好”的品牌，积极培育新的消费热点，发展壮大旅游、酒店、餐饮等现代服务业。全年接待游客1189.95万人次，增长128.6%；旅游收入25.17亿元，增长151.48%。房地产业快速发展，全年商品房销售面积增长64.1%，销售合同金额增长59.07%。大润发、华润万家等一批品牌超市投入运营，社会消费品零售额增长18.41%，服务业持续兴旺。

*（三）深入实施公园化战略，宜居城乡建设迈出新步伐。*以把增城建设成为创业与享受生活的地方为目标，加快城乡基础设施建设，大力实施城乡环境“清洁美”工程，努力打造珠三角生态大花园和优质生态生活圈，城乡面貌发生显著变化。

*狠抓以道路交通为重点的基础设施建设，区位优势更加突出。*加快构建与中心城市、周边城市相对接的多层次快捷通道，增莞深高速全线通车，广汕快速路扩建工程将于春节前竣工，广河、增从、广州北三环高速项目顺利推进，穗莞深城际轨道和广州地铁13号线、16号线建设全面启动。加快市内主干道升级改造，小楼、郑田、荔三等收费站顺利撤销，107国道新塘段改线工程全力推进，增派、荔三等公路升级改造工程全面完成。加快建设广州东部交通枢纽中心、新塘客运站和增城客运站，着力改善交通配套设施，推动增城全面融入大广州和珠三角。

*加大城乡环境综合整治力度，生态优势成为新的后发优势。*加大创建全国文明城市工作力度，大力整治富鹏等旧城区特别是内街内巷，城市文明程度明显提升。重点在优化镇区和农村生活环境上下功夫，派潭、新塘等镇区面貌明显改观，健全以镇街为主体的卫生保洁长效制度，完善了“户集—村收—镇运—市处理”垃圾处理模式，启动了棠厦垃圾填埋场整治项目，城乡环境管理逐步实现规范化、常态化、精细化。全面开展水环境治理，投入14.8亿元扩建和新建荔城、新塘等6大城镇污水处理系统，加快推进75个行政村生活污水治理工程建设和主要河涌整治。全面完成了省城乡水利防灾减灾工程，建设了鹤之洲、白湖水乡、增江画廊、莲塘春色等一批生态景点，率先在全省建成100多公里的自行车休闲健身绿道，初步形成了绿上添花产业带，有效地带动农民增收致富。

*全面规范农民建房，新农村建设示范效应不断扩大。*完成282条行政村的规划编制，市、镇、村三级分别成立了新农村规划建设工作队伍，明确责任分工，制定了《规范农村建房管理工作方案》，开展“一清二控三规四拆五建”行动，统筹推进土地集约利用、产业集聚发展、农民集中居住、服务管理社区化，建设具有岭南特色的农村新型社区。明星新村已开工建设，西南、上邵、明星、莲塘、西瓜岭等试点有序推进，示范带动作用日渐增强。

*（四）提高城乡基本公共服务均等化水平，人民群众幸福感不断增强。*坚持富民优先、民生为重，扎实推进广东省统筹城乡综合配套改革试点工作，深入实施广州市“惠民66条”及17条补充意见，全年用于保障民生和发展公共事业的财政投入达37.89亿元，占综合预算支出的64.1%，让人民群众共享科学发展成果。

*强化创业就业工作，城乡居民收入不断提高。*大力鼓励扶持自主创业就业，全年共免费培训8613人，转移就业16315人。帮助农民高标准建设48家“农家乐”，以荔枝、番薯、迟菜心等“增城十宝”为主题开展节庆活动，进一步扩大增城农产品的品牌效应。

全年城镇居民人均可支配收入21932元，增长12.3%；农村居民人均纯收入达9281元，增长17.18%，增幅连续3年超过城镇居民收入，城乡差别逐步缩小。

扎实推进“两优工程”，城乡教育均衡发展。进一步调整优化学校布局，顺利通过省教育强市复检，小楼、正果镇成功创建教育强镇。清燕小学建成投入使用，增城一中、增城二中、新塘示范初中加紧建设，2009年高考上线率达89.01%，比上年提高了6.68个百分点，高等教育毛入学率达34.01%。民办高校办学规模和办学水平明显提升，全市教育体系更加完备。

加大财政投入，社会保障水平明显提高。加快建立城乡一体的社会保障体系，中山大学博济医院综合大楼启用，市颐养院建成投入使用，市残疾人康复中心开工建设，石滩、中新中心镇医院和20个五保村建设进展顺利，全市医疗卫生和保健水平进一步提高。启动城镇居民基本医疗保险、城镇老年居民养老保险和被征地农民养老保险，8万多农民参加了农村社会养老保险。切实保障城乡困难家庭的基本生活，农村低保标准调高至260元。首批763套保障性住房建成并进行分配和销售，增江河荔城段渔民住家船集体迁徙上岸居住。

创建学习型社会，市民综合素质全面提高。积极开展全国文化体制改革试点工作，以“全国特色文化广场”增城广场为核心，加快建设文化艺术中心区，广播电视新闻大楼、新图书馆正式投入使用，增城歌剧院、科技文化博物馆开工建设。成功举办广场音乐文化节和新年音乐会等节庆活动，打造音乐文化品牌。扎实推进公共文化服务体系建设，初步形成城市“10分钟文化圈”和农村“10里文化圈”。大力开展群众性文化体育活动，竞技体育再创佳绩，连续17年获“广东省体育突出贡献奖”。以市委党校为载体，创办“学习实践科学发展观培训基地”，全年为外地举办29期学习班。建立“中央党校理论动态增城研究基地”，成立增城市科学发展专家委员会，举办一系列科学发展研讨会，一大批专家学者到增城调研考察。举办“科学发展增城论坛”，着力提高干部群众的综合素质，增城逐步成为学习实践科学发展观的开放式大学堂。

着力构建“大综治”格局，社会保持和谐稳定。积极开展“法治示范市”创建活动，扎实抓好镇街综治信访维稳中心建设，积极化解各类社会矛盾，到省和广州市的集体上访批次同比分别下降85.7%和66.6%。严厉打击刑事犯罪，全市刑事立案率下降14%，开展“人、屋、车、场”专项整治行动，加大安全生产监督检查力度，国防教育基地建设顺利推进，民兵应急机动能力明显增强，社会更加和谐稳定。

（五）加强和改进党建工作，执政本领进一步提升。认真学习贯彻党的十七届四中全会精神，加强各级党组织建设，提高干部工作能力和水平，锻造一支善于贯彻落实科学发展观的高素质干部队伍。

抓好班子带好队伍，干部队伍执行力和创造力明显提高。加强领导干部学习，市委中心组先后开展了14次集中学习讨论。加强干部能力培训，将5、6月份定为“大规模培训干部活动月”，选派干部到新加坡、清华大学和同济大学学习城乡规划建设管理先进理念，选派镇街和职能部门“一把手”到昆山、张家港等先进地区挂任镇长助理跟班学习两个月，组织2000多名业务骨干和村（居）干部赴苏南学习；举办“规范农村建房”、“和谐拆迁”等现场培训班，促进干部想干事、会干事、敢干事、干成事。

强化基层党组织建设，基层基础得到加强。深入开展“三联六帮”城乡共建行动，面向全国公开招聘近200名全日制硕士以上研究生充实镇街干部队伍，在全市范围公选200名大学生“村官”充实农村基层“两委”。创新基层组织工作，选好配强农村党支部书记，建立村（居）干部考核激励机制，提高村（居）干部福利待遇，探索建立农村党支部书记跨村任职机制。

加强作风建设，形成了抓落实促发展的强大合力。深入开展以服务企业、服务农村、服务基层、服务群众为主要内容的“机关服务年”活动，市党政领导班子成员带头分工抓好落实。建立健全抓落实机制，市委常委会分类听取镇街和工业园区工作汇报，党政领导班子每周一召开工作例会，每月通报重点工作进展情况，每季度检查重点项目建设，进一步完善年终绩效分类考核制度，认真实施《领导干部问责暂行办法》，狠抓各项工作落实。

加强党风廉政建设，营造了风清气正的良好氛围。认真落实党风廉政责任制，制定了《惩治和预防腐败体系建设实施细则》，着力从源头上防治腐败。举办案情通报和廉政警示会，开办《行风月月谈》电视节目，公开接受群众监督。深化涉农负担、教育收费、医疗卫生等方面的专项治理工作，纠正损害群众利益的不正之风。

一年来，围绕全市科学发展大局，市人大充分发挥重大事项决定和监督职能作用，市政府全力推进经济社会又好又快发展，市政协切实履行政治协商、民主监督和参政议政职能，宣传思想战线积极营造良好舆论氛围，统战部门积极推进各领域统战工作的创新发展，政法系统积极维护了全市和谐稳定的社会环境，工青妇、工商联、侨联、残联、文联、科协等群团组织发挥重要的桥梁和纽带作用，武装、民政、统计、档案、史志、老干、保密、侨务、外事、气象、计生等各项工作取得了新成绩，形成了市委统揽全局，各方协调配合，干部群众齐心协力推动科学发展、共建和谐社会的大好局面。在此，我代表市委对全市各级党组织、各机关团体、广大党员干部和全市人民表示衷心的感谢！

回顾过去一年，我们经受住了金融危机等各方面的艰苦考验，保持了经济社会的快速健康发展，收获了极为宝贵的经验，主要有以下五点：第一，增城今天的发展是各级领导悉心指导和大力支持的结果，是深化学习实践科学发展观所取得的丰硕成果。第二，增城今天的发展是全市干部群众团结奋进、艰苦创业的结果，全市干部群众一心一意谋发展，聚精会神搞建设，形成了推动科学发展的强大动力。第三，增城今天的发展是不断解放思想、敢为人先的结果，干部群众敢想敢干，先行先试，创造了成功经验，创造了奇迹。第四，增城今天的发展是正确把握规律、善于谋事、科学干事的结果，真正找准和把握了科学发展的方向和基本规律。第五，增城今天的发展是坚持改革创新、不断完善体制机制的结果，形成了促进科学发展的长效机制和干事创业的良好氛围。

实践证明，增城认真贯彻落实科学发展观，推动科学发展，促进社会和谐稳定，方向对、思路好、措施实、成效显著。我市以规划整合三大主体功能区为抓手，以不平衡的发展破解发展的不平衡，构建现代产业体系；以实施全区域公园化战略为载体，建设生态文明、建设宜居城乡；以实施富民惠民工程为重点，高起点规划建设中心镇和新农村，大力推进城乡一体化发展，推进基本公共服务均等化；创建学习型社会，促进人的全面发展，这一系列战略决策是完全正确的。我们有理由相信，按照这个思路赢得的发展，是既有速度、又有质量的发展，是真正体现以人为本、全面协调、可持续的科学发展。按照这样的路子走下去，我们完全有信心进一步促进增城经济社会持续健康快速发展，完全有信心保持长期的科学发展。

在成绩面前，我们更要保持清醒的头脑和谦虚谨慎的态度，更要看到增城目前的发展离李长春、汪洋等中央、省、市领导同志的期望，离省和广州市的要求以及人民群众的新期盼仍有较大差距，主要表现在：一是经济结构调整力度和自主创新能力仍显不足，现代产业体系建设步伐仍不够快；二是资源配置功能和集聚辐射功能不强，城市功能布局亟待优化，城乡、区域发展不平衡较突出；三是资源环境硬约束进一步趋紧，环境治理任务艰巨，节能减排压力加大；四是影响社会稳定的矛盾和问题更加凸显，综治维稳任务十分艰巨；五是一些党员干部宗旨意识淡薄，形式主义、官僚主义作风仍然存在，领导科学发展的能力有待提升。我们要毫不松懈地加大解决突出问题的工作力度，不断开创科学发展新局面。

二、正确把握今年工作大局和总体要求，努力创建全国科学发展示范市

今年是“十一五”规划转向“十二五”规划的过渡时期，是不断巩固和扩大学习实践科学发展观成果和创建全国科学发展示范市的重要一年，也是巩固应对国际金融危机阶段性成果，提高经济发展质量和效益，提高群众生活水平和生活质量的关键一年。去年底，中央召开了经济工作会议，明确提出今年经济工作的根本任务就是保增长、调结构、扩内需，加快转变经济发展方式；前不久，胡锦涛总书记视察广东，要求广东做到“五个扎实推进”，打好经济发展方式转变这场硬仗，这为我们做好今后一个时期的工作进一步指明了方向。刚刚结束的省委十届六次全会和广州市委九届八次全会，深刻分析了当前形势，明确提出了今年工作的目标、任务和要求。我们一定要认真学习、深刻领会，切实增强紧迫感和责任感，敢于解放思想，狠抓工作落实，努力实现发展模式转型有新进展、发展质量效益有新提高、体制机制创新有新突破、民生福祉有新改善，在推动科学发展中再创辉煌。

当前，我市发展面临着大好机遇：一是国家继续实施积极的财政政策和适度宽松的货币政策，提出推进城镇化等一系列调结构、促转变、扩内需的政策方针，省和广州市也出台相应的政策措施，这些利好政策都将对我市经济社会发展产生积极的影响。二是以道路交通为重点的基础设施日臻完善，将加快我市融入广州大都市和珠三角经济圈。2010 年广州亚运会 3 个项目和广东省旅游文化节开幕式在增城举办，必将吸引来自国内外的运动员、游客和投资者，为我市发展带来无限商机和活力。三是我市去年经济社会实现又好又快发展，综合实力和发展后劲不断增强，深入开展学习实践科学发展观活动让增城跃上了新的起点，创建全国科学发展示范市的航船已经启航，全市干部群众进一步形成了干事创业、团结奋进的强大合力和众志成城、共谋科学发展的良好氛围。全市上下既要看到良好的机遇，又要看到严峻的挑战和前进的阻力及困难，增强必胜信心，深刻认识形势的复杂性和工作的艰巨性，科学谋划、统筹做好今年全市工作。

今年工作的总体要求是：以中国特色社会主义理论体系为指导，深入学习实践科学发展观，全面贯彻中央、省和广州市的战略部署，认真贯彻李长春、汪洋等领导同志重要指示批示精神，以广州市委、市政府增城现场会精神和《关于学习推广增城市建设贯彻落实科学发展观示范点经验的决定》为动力，敢于解放思想，勇于开拓创新，把我市《关于创建全国科学发展示范市的决定》落到实处，深化建设三大主体功能区核心区，高起点推进“两城两区”开发建设，实施公园化战略，建设宜居城乡，创建学习型社会，建设智慧型城市，统筹城乡一体化发展，提高人民群众幸福指数，加强和改进党的建设，全面提升干部队伍执行力，不断丰富和完善科学发展的“增城模式”，

加快建设富裕、安康、文明、和谐、美丽新增城，努力创建全国科学发展示范市。

（一）以深化建设三大主体功能区为抓手，加快转变经济发展方式。加快建设“两城两区”，进一步优化三大主体功能区核心区，大力实施“双提升”（提升产业竞争力，提升自主创新能力）战略，推动建立现代产业体系，在发展中促转变，在转变中谋发展。

狠抓工业发展不放松，突出做强做大先进制造业。南部要以广东增城工业园区为龙头，以新塘、石滩、中新等镇为重点，坚持组团式、园区化大力发展先进制造业。加大招商引资力度，创新招商引资方式，进一步提高准入门槛，着力抓好重点产业和重点园区招商。积极引导扶持汽车、摩托车、牛仔服装等三大支柱产业和新兴支柱产业发展壮大，要全力以赴抓好汽车及零部件重大项目的招商，重点引进一批产业关联度高、成长性强的项目，增强汽车产业的龙头带动力和产业集聚效应。

大力发展现代服务业，打造美居美食娱乐购物天堂。增城市区国际旅游度假城要加大力度尽快形成大开发格局，掀起大建设 高潮，大力发展科教研发、文化创意、主题公园、国际会议和运动休闲产业，加快推进增江画廊、万亩荔湖湿地和主题游乐区建设，立足当前，着眼长远，打造度假休闲天堂。新塘城区紧紧围绕规划建设广州东部国际商务城，大力发展现代物流、金融保险、商贸会展、研发设计、信息服务等生产性服务业，培育珠三角现代服务业重要基地，打造广州、东莞半小时生活圈。要促进房地产业健康发展，重点推进优质房地产项目开发建设。各镇街也要按照主体功能区的建设要求，扎实抓好招商引资，在发展服务业中大显身手、比试高低。

发展绿色经济，创建低碳经济发展示范区。低碳经济是以低能耗、低污染、低排放为基础的经济模式，是经济社会发展与资源环境保护双赢的经济发展形态。要把发展低碳经济、促进绿色发展纳入“十二五”规划通盘考虑、统筹推进。强化节能减排目标责任制，坚决关、停、并、转一批高耗能、高排放、高污染企业。探索建立政策支持体系，大力发展循环经济。加强区域合作，联手从化、龙门、博罗、新丰等周边地区，共同创建低碳经济发展示范区。争取中央、省和广州市的大力支持，建立合作基本框架和相关体制机制，充分发挥各市（县）产业、技术和资源配置等优势，抢占低碳经济的先机和产业制高点，把示范区建设成为广东省重要的生态屏障、资源节约型和环境友好型的产业带、特色鲜明的宜居城乡。要加大对环保工作的指导、宣传和教育，牢固树立绿色发展理念，大力倡导低碳生活和绿色消费，加快建设以低碳排放为特征的产业体系和消费模式，建设低碳城市。北部山区继续发展壮大都市农业和生态休闲度假旅游业，谋划发展科教产业和高端房地产业，培育新的经济增长点。

认真抓好自主创新，全面提高经济发展的质量和效益。要把自主创新作为引领增城未来发展的核心推动力，大力倡导敢于创新、敢为人先的风气，以政府的创新带动企业经营模式和技术研发等创新。加快形成激励自主创新的体制机制和利益导向，大力支持企业与高校、科研院所共建研发机构和产业联合体。要深入民营企业调研，想方设法为企业排忧解难，帮助企业提高研发能力和核心竞争力。深入了解高科技产业项目和高科技企业投资意向，吸引一批高科技企业到增城投资。加快制定鼓励扶持企业上市的政策措施，对注册地在本市、具备上市条件的企业给予补助上市成本、优先办理各项报批手续、减免有关规费等优惠政策，引导企业通过资本市场实现资源优化配置和制度创新，迅速做大做强。

加大土地整合力度，全面提升地区竞争力。今年是“土地整合年”，要按照“政府主导、总体规划、重点推进、市场推动”的方式，拿出更大的魄力依法依规推进土地整合，切实提高土地整合的质量、数量和速度。积极探索和完善融资模式，为征地和盘活土地提供可靠的资金来源。加强对地块的策划营销，坚持公平公正公开进行招拍挂，保证上市土地的成交率及土地收益最大化。今年全市初步安排整合招商项目69宗，面积近1.3万亩，加上还有很多没有纳入计划的“三旧”地块，我市土地潜力很大，商机很多。要紧紧抓住作为广东省“三旧”改造试点的有利时机，结合“退二进三”和盘活闲置土地等措施，用足用活政策，大刀阔斧推进“三旧”改造工作。各镇街要抢抓良机，尽快谋划，盘活存量，扩大增量，抓出成效，抓出效益，以点带面，全面铺开。充分调动镇街积极性，进一步完善市镇（街）合一的土地征收、储备、出让的共管联动机制，科学制定超收奖励和考核办法，对镇街进行全面委托，下放事权。荔城、朱村、新塘等镇街原有的建设用地较多，要以“三旧”改造为重点，加快盘活低效建设用地；石滩、增江的闲置项目较多，要以盘活闲置土地为重点，提高土地利用效率；北部原有建设用地较少，要在核心区通过新征用地的方式储备一批土地资源，为生态产业大发展预留空间。

（二）以深入实施公园化战略为载体，加快建设宜居城乡。坚持“生态优先、宜居为重”，把加快城镇化进程摆在更加突出的位置，紧紧抓住“文化是城镇的灵魂”、“道路是城镇的骨架”、“产业是城镇的支撑”、“水系是城镇的血脉”、“生态是城镇的衣裳”这五大元素，加快基础设施建设，大力整治城乡环境，着力打造“如诗如画增城”和“创业与享受生活的地方”。

高起点规划建设绿道网。省委十届六次全会充分肯定了我市近年来建设自行车休闲绿道的做法，全市上下要变鼓励为鞭策，以高度的政治责任感和只争朝夕的紧迫感，全力以赴加快推进绿道建设，争取五一节前形成互通的网络，完善沿线节点，进一步丰富绿道的吃、购、娱等内涵。科学规划、统筹推进，力争在两年内建设500公里的3条绿道：一是自驾车游绿道，以广汕、荔新、增白、新新和增正等公路沿线为主干道，建设多层次、多色彩的生态景观林带和景观节点；二是休闲健身绿道，以自行车道为主线，突出乡村体验、健身休闲功能，打造成富有田园风光特色休闲旅游精品线；三是增江画廊绿道，以增江画廊为主轴，把从初溪水利枢纽到湖心岛的增江两岸打造成为现代生态型的“清明上河图”。要通过以藤结瓜方式，将绿道建设成为发展绿色经济之道，市民休闲健身之道，游客观光消费之道，农民增收致富之道。

掀起交通建设新热潮。今年是交通建设年，要加大对公共交通网络规划建设力度，重点抓好两大客运站、新城区四横四纵道路规划建设；把增滩公路改造扩建成双向12车道的新城大道；启动规划建设光辉大桥和石滩大桥；完成广河和增从高速公路出入口地方道路连接线工程建设；采用市场运作方式，建设新（塘）派（潭）高速公路；加快推进自然村道改造和危桥改造。全力配合做好直升机保障基地、轻轨、地铁及各个高速公路项目的征地拆迁工作，进一步加强市政配套设施建设、维护和管理。要抓紧完成上述项目的立项审批等手续，力争早动工、早建成、早见效。

全面整治生活环境和水环境。进一步修订完善城市市容、环境卫生、环境综合治理的各项标准和规范，大力整治城乡“六乱”，全面清拆窝棚、茅棚，切实抓好垃圾无害化处理工程建设，实现城乡环境管理常态化、精细化。加大环保执法监控力度，扎实推进污水治理与河涌综合整治，对6个城镇污水处理厂和75个行政村生活污水治理工程进行每月一检查、一通报，实行一票否决制，确保今年6月底前完成治水任务。扎实推进“清洁美”工程，重点抓好城市进出口、亚运场馆周边、重点公共服务区域、重要道路沿线和社区环境综合整治。加快市区主要道路的景观灯设计和建设，在重要节点上建设一批艺术化的装饰灯光，改善城市环境面貌。加强对荔湖等湿地的保护和环境整治，加快推进湿地公园和正果水利枢纽工程建设，促进环境质量持续好转。

全力以赴迎亚运。第16届亚运会的射击飞碟、体育舞蹈、龙舟比赛等3个项目赛事将于今年11月在我市举行，要认真抓好筹办工作，依时完成亚运场馆及相关配套设施建设。建立健全亚运保障工作领导机构，制定和完善安全保卫工作方案以及应对突发事件工作预案和行动方案。要把创建全国文明城市与亚运宣传有机结合起来，深入开展“迎亚运、讲文明、树新风、促和谐”全民行动，在全社会倡导健康生活方式，自觉遵守交通规则，推动形成文明和谐的社会风气。着力抓好赛场文明建设，努力塑造讲文明、重礼仪、团结友善、热情友好的增城人风范，树立增城的美好形象。

（三）*以建设农民美好新家园为突破口，大力推动农村农民生产生活方式大变革*。突出抓好农业增效、农村发展、农民增收，举全市之力全面规范农村建房，大力发展现代农业，让农民住上更好的房子，过上更好的日子。

加快社会主义新农村建设。强化村庄规划实施，全面启动农村建房报建制度，依法批准有正当建房需求的农民按照高起点规划选点、按照要求规范建房，引导形成整齐有序的农民新村。对未报批建房、占用耕地建房的行为，一经发现严肃查处，刹住抢建乱建的歪风。修改完善规范农村建房的相关政策措施，建立健全行政效能监督和绩效考核制度，启动一票否决制，对推进不力的镇街和行政村及主要责任人实行问责，对成效突出的实行重奖。加大对新型农民社区试点建设的宣传力度，以点带面，发挥典型示范作用，将新农村建设工作向全市纵深推进。深入开展“村落社区化、文化进社区、文明进万家”等活动，加大农村公共设施建设力度，推动城市生活方式和社区管理模式向农村延伸，培育农村新风尚。

大力发展都市型现代农业。推进小型农田水利重点市建设，加快农田标准化建设。培育发展更多的农业龙头企业、农产品流通企业大户和观光型农业基地，提高农业集约化水平。积极推行农村土地股份合作制，扶持农民专业合作经济组织和行业协会。加大农业科技推广力度，强化农产品的深加工、精包装和品牌打造，打响荔枝、迟菜心、白水寨番薯等“增城十宝”品牌，促进农产品流通与升值。

健全农民增收长效机制。积极引导农民因地制宜高标准建设一批商贸物流中心和“农家乐”，增加经营性收入。规范管理农村集体经济发展留用地，促进农村集体建设用地合法流转，推动农村土地承包经营权流转，提高农民土地要素收入水平。加大北部山区生态保护转移支付力度，增加农民转移性收入。落实被征地农民社会保障制度，变拆迁户为“拆迁富”，确保农民失地不失利。

（四）*以促进人的全面发展为核心，建设智慧型城市*。坚持以人才为关键，以文化论输赢，创建学习型社会，着力提升文化软实力，为推动经济社会发展提供强大的思想保证和精神动力。

大力实施“人才强市”工程。人才是最大的财富，是建设智慧型城市的关键，拥有人才就拥有未来。要尊重知识、尊重人才，创新人才机制，在高薪奖励、人才落户、住房补助、子女入学等方面出台优惠政策，吸引更多的高素质人才落户增城，抢占人才制高点，打造人才“洼地”。坚持“引进来”与“走

出去”相结合，继续实施大规模人才培训，鼓励优秀人才脱颖而出，重点推进“五个一”人才培育工程（100名以上知名民营企业家、100名以上优秀拔尖人才、100名以上文学艺术人才、1000名以上农村致富带头人、1000名以上优秀教师），为增城科学发展提供强大的智力支撑。

创办开放式学习实践科学发展观大学。进一步办好学习实践科学发展观培训基地，不断创新办学模式，提高培训质量和效益，把增城建设成为全国学习研究科学发展观的重要阵地。当前要从理论和实践的高度重点编写好学习实践科学发展观培训教材，体现高度和深度，突出特色和实效，不断丰富和完善“增城模式”的内涵。认真办好“科学发展增城论坛”，每周举办一次以上内涵丰富、形式多样的讲座，将论坛打造成为新的文化品牌。以开展“全民阅读求知”等活动为载体，积极创建学习型社区、学习型企业、学习型村庄、学习型家庭、学习型团队，引导干部群众爱读书、读好书、善读书、用好书，形成全民学习的社会氛围。

加快形成文化艺术中心区。充分发挥增城广场的优势，进一步完善图书馆和音乐雕塑广场功能，高起点建设增城市学习实践科学发展观展览馆，突出抓好科技文化博物馆、增城歌剧院等公共文化标志性工程的建设，加快形成富有影响力的群众文化中心区，带动城乡公共文化蓬勃发展。要推出一批文化精品力作，加快筹拍《小楼姑娘》、崔与之、湛若水等电影、电视剧，抓紧建设崔与之文化民俗村。统筹办好广场音乐节、牛仔服装节、菜心节、番薯节等各类节庆活动，特别是要认真谋划好在我市举办的广东省旅游文化节开幕式，办好第九届中国艺术节广场舞蹈决赛项目，将这些重大活动办成国际化、高水平的文化盛事。

（五）以基本公共服务均等化为重点，促进城乡一体化发展。扎实推进广东省统筹城乡综合配套改革试点工作，认真贯彻落实省和广州市关于基本公共服务均等化的有关部署，率先在完善公共财政、实行重点倾斜、推进城乡统筹、坚持立足基层等四个方面取得新进展。坚持“富民优先、民生为重”政策导向，认真贯彻广州市委、市政府“惠民66条”和17条补充意见，学习借鉴先进经验，加快建设普惠型社会，重点办好10件实事，让老百姓真切感受到生活在增城的幸福和自豪。

加快中心城镇建设。加快城镇总体规划的修编，按照“今日中心镇，明日卫星城”的理念，高起点抓镇区环境建设。要务实推进富县强镇事权改革，加快推进基础设施、产业布局、公共服务等一体化进程，拉开镇区发展大框架，大力改造和完善各种城市配套设施，不断提高城镇化水平。积极引导农民向城市集中居住、就业和消费，使城镇化成为扩大内需的引擎。

促进全民创业就业。加大财政投入，进一步完善市、镇、村三级创业就业体系，深入开展“青年带头创业致富工程”和“巾帼建功”活动，千方百计引导、鼓励、扶持市民创业致富。创新就业培训的方式方法，加强“订单式”、“定向式”技能培训；进一步拓宽就业渠道，统筹做好高校毕业生就业工作，力争今年转移农民就业达1万人以上；对现已就业的市民开展更高层次的技能培训，提高管理能力和实践技能，使更多的增城人实现“高就”，全力打造全国农村劳动力转移就业职业技能培训示范市。

促进城乡教育均衡发展。深入实施“两优”工程，继续提高教师待遇，建立健全有利于优秀教育人才脱颖而出的政策环境和工作机制。进一步扩大免费教育覆盖面，争取从今年秋季起率先对增城籍学生实施高中阶段免费教育。大力扶持民办高校发展壮大，积极引导社会资源再办一批高质量的各级各类学校，打造民办教育品牌，提高教育整体水平和综合实力。

大力保障和改善民生。加快完善社会保障体系，积极探索普惠型社会福利制度，不断扩大城乡居民养老保险覆盖面，提高农村低保标准，探索向增城籍65岁以上老人发放生活保障金的新举措，大力发展慈善事业，实现城乡社会救助均衡化发展。抓紧编制城乡卫生发展规划，力促南方健康产业城落户和动工建设，大力支持和推进中山大学博济医院、中心镇医院和农村卫生站建设。提高应对突发公共卫生事件的能力，进一步做好甲型流感防控工作，保障全市人民群众的健康。

全力促进社会和谐稳定。科学发展是硬道理，和谐稳定是硬任务。要深化社会治安综合治理，完善社会治安防控体系，高压打击黑恶势力和各种违法犯罪活动，确保刑事发案率保持两位数下降。强化维稳第一责任，完善矛盾纠纷排查调处机制，认真解决重点群体涉稳问题，切实把影响社会的问题化解在基层、解决在萌芽状态。加大镇街综治信访维稳中心建设力度，继续推行领导干部联合接访和下访制度，加快形成信访、调解、综治三位一体的维稳工作新格局。加强安全生产，抓好交通安全和食品安全工作，坚决防止发生重特大安全事故和重大群体性事件，提高人民群众的安全感和满意度。

三、切实加强和改进党的建设，为完成今年工作任务提供坚强保障

深入贯彻落实《中共中央关于加强和改进新形势下党的建设若干重大问题的决定》和省委、广州市委的相关实施意见，全面推进思想建设、组织建设、作风建设、制度建设和反腐倡廉建设，把各级领导班子建设成为贯彻落实科学发展观的坚强集体，把干部队伍建设成为贯彻落实科学发展观的骨干力量。

（一）深入开展学习实践科学发展观活动。认真贯彻落实李长春、汪洋、朱小丹等各级领导重要指示批示精神和《中共广州市委、广州市人民政府关于学习推广增城市建设贯彻落实科学发展观示范点经验的决定》，认真组织整改落实“回头看”，对各级各部门的整改方案进行认真梳理，看看哪些落实得较好，哪些落实得不好，哪些没有落实。特别是要抓好《增城市委市政府领导班子深入学习实践科学发展观活动整改落实方案》的贯彻落实，今年要召开专题工作会议听取汇报，促进各项整改工作的落实，巩固和提高学习实践科学发展观活动成果。

（二）构建学习型党组织。领导干部知识不转型，经济社会转型难突破。按照科学理论武装、具有世界眼光、善于把握规律、富有创新精神的要求，把建设学习型党组织作为重大战略任务抓紧抓好。深入学习中国特色社会主义理论体系，牢固树立辩证唯物主义和历史唯物主义世界观和方法论。要坚持和完善党委（党组）中心组学习制度，中心组成员要保证有5天的脱产集中读书时间，坚持辅导、讨论和自学相结合，重点加强现代经济、科技、文化、社会等领域知识的学习，促进领导干部知识结构转型升级。开展社会主义核心价值体系学习教育，大力倡导以德服人、以能立业、以廉为荣，弘扬理论联系实际的学风，不断增强宗旨意识、执政意识、大局意识、责任意识，提高运用科学理论分析和解决问题的能力。

（三）完善地方党委领导体制和工作机制。按照科学执政、民主执政、依法执政的要求，健全地方党委领导体制和工作机制，改进党的领导方式和方法，不断增强党委领导核心作用。支持人大、政府、政协和司法机关、人民团体依照法律和各自章程开展工作。健全党内权力运行机制，发挥党代会、全委会对重大问题的决策作用，落实党代表大会代表任期制，完善常委会议事规则和决策程序，推行和完善讨论决定重大问题和任用重要干部票决制。建立和完善集体决策、专家咨询、社会公示与听证等制度，健全决策失误纠错改正机制和责任追究制度。

（四）加强领导班子和干部队伍建设。坚持德才兼备、以德为先的用人标准，让善于领导科学发展的人上、不会领导科学发展的人让、阻碍科学发展的人下，把具备世界眼光和战略思维、勇于解放思想和先行先试、实绩突出的干部选拔上来。要结合大部门体制改革，优化干部队伍结构。注重培养有活力的干部队伍，建立市班子、镇街班子、各局班子、村（居）班子四级后备干部梯队，通过公平、公开的竞争来遴选任用。继续实行单位与部门间中层干部交流任职制度和开展大规模干部培训工作，激发干部队伍的活力和创造力。

（五）深入实施固本强基工程。加快研究制定进一步加强农村基层组织建设的工作意见，理顺农村基层组织职能，探索农村经济管理新模式，建立完善农村干部绩效薪酬机制和保障机制，充分调动基层干部的工作积极性。加大“三联六帮”城乡共建大行动的力度，促进城乡互帮互助、共建共享。选好配强基层党组织带头人，坚持优势资源向基层党组织倾斜，强化基层党组织的领导核心地位。积极探索更加务实的基层党组织设置形式，全面推进农村、社区、企业、学校和新经济组织党建设工作，不断扩大党的工作覆盖面。

（六）加强党风廉政建设。加强以完善惩治和预防腐败体系为重点的反腐倡廉建设，今年特别要切实抓好工程建设的监督，严明纪律要求，确保节俭办工程，廉洁办工程。加强党风党性党纪教育，严格执行领导干部廉洁从政各项规定。进一步加大查办违纪违法案件力度，坚决惩处腐败分子。要树正气、刹歪风，落实责任追究制，乱作为要追究，不作为也要追究，并且是“真”追究而不是走形式。深入推进反腐倡廉制度创新，健全权力运行制约和监督机制，重点加强对党员领导干部特别是“一把手”的监督。各级党委（党组）理论学习中心组每年都要安排1次以上专题反腐倡廉学习，切实抓好教育防范，达到党员干部少犯错误、少人被查处的目的。

（七）加强和改进作风建设。今年发展的目标任务十分明确，关键是狠抓落实，完成既定动作，创新自选动作，在抓落实上见分晓、比高低、论英雄。要进一步完善每周一例会、每月一通报、每季一检查、每年一考评等抓落实的工作机制，加强督查督办，切实提高领导干部执行力。推行重大项目建设和重要工作“限时办结制”，建立严格的“以目标倒逼进度，时间倒逼程序，社会倒逼部门，下级倒逼上级，督查倒逼落实”的抓落实机制。强化分类指导，年内重点就工业发展、生态产业发展、交通建设、“三旧”改造、公共服务均等化、绿道建设、新农村建设等工作分别召开现场会，总结推广先进经验，争取在抓落实上取得更大成效。

今年，还要研究编制好“十二五”规划。这是事关增城未来发展的一件大事。要全面总结“十一五”规划执行情况，准确把握我市经济社会发展的阶段特征和内在要求，创新发展战略和思路，提出市委关于“十二五”规划建议，编制出符合科学发展观要求、能够引领增城科学发展的“十二五”规划。

同志们，做好今年工作使命光荣、责任重大、任务艰巨。让我们紧密团结在以胡锦涛同志为总书记的党中央周围，高举中国特色社会主义伟大旗帜，以邓小平理论和“三个代表”重要思想为指导，深入贯彻落实科学发展观，增强科学发展能力，建设科学发展之城，为创建全国科学发展示范市而努力奋斗！

在增城市第十三届人民代表大会第六次会议上的政府工作报告

叶牛平

各位代表：

我代表增城市人民政府，向大会作工作报告，请予审议，并请政协委员和列席人员提出意见。

2010年和“十一五”时期工作回顾

2010年充满挑战，充满机遇。在市委的正确领导下，我们坚持以科学发展观统领工作全局，一手抓确保全市经济社会平稳健康发展，一手抓成功举办世界旅游日全球主会场庆典活动和广州亚运会增城赛会，全面完成“十一五”规划确定的各项目标任务。

“十一五”时期是我市经济社会全面发展的五年。五年来，我们实施南中北三大主体功能区协调发展战略，创造了县域经济发展的增城模式，成为中共中央政治局常委李长春同志学习实践科学发展观活动的联系点；增城工业园区成功创建国家级经济技术开发区，为经济社会发展注入了强大动力；增城成为全省第一个统筹城乡综合配套改革试点县市，为促进城乡一体发展开辟了广阔空间；初步建立起覆盖城乡的基本公共服务和社会保障体系，人民得到更多实惠；县域经济基本竞争力继续领跑全省，由“十五”期末的全国第19位跃升到第9位。全市经济社会快速发展、城乡建设日新月异、生态环境明显改善、社会和谐稳定、民主法制和体制创新取得突破，为未来一个时期我市经济社会发展再上新台阶奠定了良好基础。

（一）县域经济实现飞跃发展。2010年，全市实现地区生产总值683.5亿元，比上年增长16%，是“十五”期末的2.14倍，五年来平均增长16.53%；实现工业总产值1520.5亿元，增长18.07%，是2005年的2.43倍；实现农业总产值72.4亿元，增长5.5%，是2005年的1.31倍；全口径财政总收入158亿元，增长34.7%，是2005年的4.69倍；地方一般预算收入39.88亿元，增长20.34%，是2005年的3.05倍；完成全社会固定资产投资160.71亿元，增长22.43%，是2005年的2.18倍；全市社会消费品零售总额167.5亿元，增长28.8%，是2005年的2.47倍；完成外贸出口总值23.98亿美元，增长35.83%，是2005年的2.63倍。各项主要经济指标均实现翻番，顺利完成2010年和“十一五”确定的各项目标任务，地区经济实力明显增强。

（二）经济质量和效益加快提升。围绕解决“粗放低效”这一长期形成的固有模式，着力提高质量和效益，加快转变经济发展方式，更加注重产业结构调整，更加注重资源优化配置，更加注重存量优化和增量提升，更加注重机制创新和精细化管理。2010年，全市完成规模以上工业产值1260.9亿元，增长20%，是2005年的2.81倍；规模以上工业企业利润总额24.2亿元，增长21.3%，是2005年的2.37倍；规模以上高新技术产品产值496.93亿元，增长22.46%，占全市规模以上工业产值的39.41%，比2005年提高24.27个百分点；规模以上民营企业实现产值575.97亿元，增长30.57%，增幅比全市高12.5个百分点，是2005年的3.4倍；全市完成税收收入106.64亿元，占全市财政总收入的67.45%，完成地方税收33.19亿元，占一般预算收入的83.22%；其中增值税收入5.54亿元、企业所得税收入2.84亿元，分别增长16.81%和27.35%，企业生产经营效益明显提高；培育国家驰名商标4件，省著名商标19件、广州市著名商标39件，企业品牌经营意识明显增强。五年来先后依法全部关停167家水泥厂、97家洗漂印染企业、54家线路板厂、18家电镀厂、360家小锅炉企业、97家粘土砖瓦陶企业和200多家采石采矿场，查处和取缔无证照经营19943户，与2005年相比，全市万元生产总值能耗下降20%以上，超额完成“十一五”规划的减排目标，经济发展的可持续性进一步增强。

（三）产业载体建设和招商引资成效明显。以大基地大项目建设带动经济大发展，加强规划引导、加强土地征收整合、加强基础设施建设，打造招商引资新载体，提高全市产业发展承载力。增城工业园区成功升级为国家级经济技术开发区，进一步提升了地区发展品牌，基本完成了汽车产业基地以北16平方公里的征地补偿，园区基础设施和高压电网线廊迁改加快推进；增江东区高新技术产业基地化解了一批遗留问题，整合土地2536亩，完成了一环路延长线等一批基础设施建设，迎来新的发展机遇；石滩镇确定了一园、一区、一带的发展格局，加强土地储备，其中研发创意产业园完成园区6300亩的征地工作，完成了园区至荔新公路连接道路以及供水管网的建设，加快园区规划编制和招商工作；新塘广州东部交通枢纽中心完成规划设计和征地拆迁补偿安置方案的研究编制，加紧推进征地拆迁工作；荔城新城区国际旅游度假城进一步完善规划、征地拆迁、基础设施建设的准备工作，启动了村庄拆迁安置；中新、朱村围绕形成广汕路板块增长带也在积极谋划镇区、园区发展；北部三镇逐步形成白水寨、小楼人家、湖心岛三大核心景区，各项基础配套设施和重点项目建设加紧推进。五年来，全市引进优质项目182个，总投资580.54亿元，其中有6个产业项目列入广东现代产业500强；总投资50亿元的北汽集团30万辆整车华南基地项目、总投资20亿元的广州江铜铜材40万吨铜杆线华南生产基地项目、中金数据华南数据中心、南方电网特高压国家工程实验检测中心等一批骨干生产力项目先后落户；博创机械、江河幕墙等一批重点项目建成投产运营，成为拉动经济增长的重要支撑；广汽本田增城工厂24万辆整车产能扩建项目、广汽本田研发基地、广东科利亚农业联合收割机制造项目、人人乐华南物流商业配送中心、景东国际商业城、盛唐世纪广场、中新侨建新城、汇港商业城等一批新引进的高端制造业和现代服务业项目加快建设。五年来，投入农田标准化建设资金3.37亿元，建设标准化农田15.9万亩，培育广州市级农业龙头企业9家，发展农民专业合作社171家，着力培育3个万亩农业产业园，3个农产品获准实施国家地理标志产品保护，增城农产品享誉珠三角和港澳地区。五年来，旅游业逐步成长壮大，增城成为广东省旅游强市、国民旅游休闲示范市，成为珠三角重要的生态旅游目的地。产业园区载体和重点项目的加快建设将有力推动主体功能区的深化建设并形成新的经济增长极。

（四）城乡基础设施和城乡面貌整体提升。确立大交通带动大发展、大环境促进大投资的发展战略。五年来，投入84亿元加快城乡交通基础设施建设，全面升级改造了广汕公路增城段、荔新公路、增派公路、增正公路、新新公路、荔三公路、坪中公路、石新公路等8条141公里城市主干道路；对荔城中心城区、新塘城区以及中心镇镇区共66条107公里的市政道路进行改造，城镇道路面貌焕然一新，市域道路通达性明显提升；新建农村水泥公路580.9公里，改造50座农村公路桥梁，有效改进了城乡交通条件；配合广河、增从、北三环等高快速路规划建设，完成沿线征地、拆迁工作，并同步规划建设与市域道路相衔接的连接线，为实现北部绿色崛起创造条件。投入32.9亿元推进水环境治理，建成6大城镇污水处理系统工程和77条村庄110个农村污水处理设施以及322.34公里管道，完成了二龙河、水南涌流域、西福河等总长125.33公里的河涌综合治理任务，城镇污水处理能力达到87%，农村污水处理能力达到43%，区域内水环境质量全面提升。建成增江画廊、天然沙滩泳场、鹤之洲、荔湖万亩湿地公园等一批重要景观生态工程，建设了257.91公里绿道和21个绿道驿站，森林覆盖率达到55.38%，城区人均绿地面积提高到23.24平方米。全面实施公园化战略和城乡“清洁美”工程，加大城区以及农村改造建设和管理力度，投入2.85亿元推进新农村建设，建立“户集、村收、镇运、市处理”的垃圾收运处理体系，农村面貌有了显著改观；加大城乡违法建设查处力度，查处违法建设543宗、21.9万平方米，拆除违法户外广告招牌3万多平方米，整治中心城区“六乱”9970宗。投资逾9亿元完成15项输变电工程，新投产8座变电站，新增变电容量129.2万千伏安，为经济社会发展提供了充足的能源保障。扎实推进创建全国文明城市工作，城乡文明程度得到明显提高。增城天更蓝、水更清、路更畅、城乡环境更优美，为产业提升和高端要素集聚确立了比较优势，为更好更快发展打下了坚实的基础。

（五）以改善民生为重点的社会建设成效显著。持续加大民生投入，确保人民群众得到更多实惠。五年来共投入民生和各项公共事业的财政资金108.74亿元，年均增长24.45%，财政民生投入占一般预算支出比重从2005年的64.3%增加至2010年的73.28%，2010年直接发放到群众手中的民政、医疗、养老、住房、教育、就业等六大保障资金达到5.2亿元，发放各类农业补贴资金2.13亿元，发放生态公益林补偿金累计7842万元。2010年城镇居民人均可支配收入24587元，农民人均纯收入10623元，分别比2005年增长75.2%和103.82%，年均增长11.87%和15.3%。启动实施养老、医疗、工伤、失业、生育五大社会保险，全市新增社会保险参保人数2.9万人，6000多名镇办企业职工参加社保，10.5万人参加新型农村社会养老保险；城镇老年居民养老金和城镇居民、“三无”人员、农村居民的最低生活保障金标准分别增加50元、70元、84元和160元；城镇居民医保覆盖率达到97%，新型农村合作医疗参合率达到99.88%；新型农村合作医疗补偿费用封顶线由2005年的3万元提高到10万元；实施了80岁以上老人长寿保健金发放制度；构建大住房保障体系，建成808套政府保障性住房，建设经济适用房、廉租房、动迁安置房、外来工公寓等保障性住房13万平方米。构建市镇村三级就业服务网络，创建33个充分就业社区和19条充分就业村，累计转移农村劳动力16.4万人。五年来共投入50多亿元致力于城乡教育均衡发展，教育支出占财政一般预算支出的23.33%，撤并了188所“麻雀学校”，新建和扩建学校51所，加快义务教育规范化学校建设；实施增城籍学生12年免费教育，使我市学生享受免费教育的年限从9年增加到12年，高等教育毛入学率由2005年的22.92%跃升至2010年的36%，2010年高考上线率92.75%；扶助各类困难家庭学生26387人次，扶助金额1856.9万元，补助学生交通费等费用3014.5万元；安排1.7亿元于去年12月底前全面实现“两相当”，从今年起建立教师收入水平与公务员整体收入水平同步增长机制。加快医疗卫生服务网络建设，完成中山大学博济医院、4家镇级医院建设以及127间卫生站标准化改造，积极实施重大公共卫生服务项目，有效预防控制重大疾病。科技事业加快发展，专利申请量2026件，专利授权量1607件，比“十五”期末分别增长77.10%和130.23%。公共文化逐步实现城乡共享，以增城广场为核心的文化艺术中心区加快建设，增城图书馆建成使用，科技文化博物馆和增城歌剧院等重点文化设施加快建设，完成44个市镇文化广场建设以及镇街文化建设“六个一”、村（居）文化建设“三个一”工程，建设了320个覆盖农村的农村文化室。全民健身蓬勃发展，竞技体育连创佳绩，五年来增城籍运动员共获世界冠军45项次，亚洲冠军31项次，全国冠军98项次，破超世界纪录11项次，连续19年获“广东省体育突出贡献奖”。在保持经济快速发展的同时，更加注重促进社会和谐稳定。社会治安防控体系进一步完善，2010年全市刑事发案数同比下降10.4%。落实安全生产责任制，全市事故起数、死亡人数比上年分别下降43%和22%。加强信访、法律援助和社会矛盾排查调处工作，建立完善应急管理体系，有效提高了政府处理各类突发事件的能力。人口计生、武装及国防动员、“双拥”、科技、侨务外事、口岸、统计、民族宗教、保密、档案、方志、气象、妇女儿童、残疾人等各项社会事业都取得新的进步。

（六）民主法制和政府自身建设不断加强。坚持向人大报告工作和向政协通报政情，自觉接受市人大及其常委会、人民政协、各民主党派和社会各方面的监督。五年来，共办理人大代表建议和政协提案846件，办复率100%。加强法治政府建设，建立健全了公众参与、专家咨询、合法性审查、集体决策的科学化、法制化、民主化决策机制；强化行政执法责任制，行政执法主体和执法行为进一步规范。扎实推进政府大部制机构改革，市政府工作部门由38个减为24个；积极推进新塘镇经济发达镇行政管理体制改革和落实简政强镇事权改革，5年共取消和调整行政审批324项，审批事项总量精减52.8%。坚持先行先试，扎实推进统筹城乡综合配套改革，建立健全促进主体功能区协调发展的财政转移支付、生态补偿、资源配置、分类考核等新机制；推进了市、镇财政综合预算、政府投融资体制、土地征用拆迁补偿、闲置土地整合出让、“三旧”改造以及“三规合一”规划体制、城乡管理、综合执法等一系列体制机制的改革创新，为推动增城科学发展提供了体制机制保障。加强政府反腐倡廉工作，深入推进惩治和预防腐败体系建设，扎实开展行风月月谈活动，加强对亚运筹办工作监督检查，实现了廉洁办亚运的目标。政府机关作风进一步转变，行政效能和执行力进一步提高。

各位代表！“十一五”时期的探索与实践，加深了我们对科学发展规律的认识，增强了我们推动科学发展的能力，坚定了我们深入贯彻落实科学发展观的信心和决心。我们深深体会到，要推动增城科学发展，一是必须坚持解放思想、先行先试，凝聚全市人民共识和智慧。几年来在中央、省、广州市领导的关心指导下，全市上下深入开展学习实践科学发展观活动，解放思想，不断深化对科学发展的认识，不断激发全市人民敢为人先、务实进取的积极性，形成推动科学发展的强大合力。解放思想永无止境，争先创优是增城发展不懈的动力源泉。二是必须坚持发展第一要务不动摇。发展是硬道理，发展是执政为民的第一要务，只有一心一意谋发展，聚精会神搞建设，有效增强经济实力，才能确保区域城乡协调发展，才能进一步保障和改善民生。三是必须坚定不移调结构，加快转变经济发展方式。地区的发展必须遵循产业发展和市场规律，我们必须坚定不移地加快推进“退二进三”、“双转移”、“双提升”，坚持存量提升、增量引优，着力构建现代产业体系。四是必须注重优化发展环境，夯实发展基础。我们必须坚持工业化、城镇化和生态文明建设的有机统一，确立以一流环境引进和培育一流产业的理念，继续大力推进道路交通等基础设施建设，加强城乡环境建设，增城不仅要成为穗莞深黄金走廊的重要节点，更要成为珠三角具有绝对区位和生态优势的投资洼地。五是必须坚持以人为本，努力提高民生保障水平和人民群众幸福感。必须坚持经济建设与改善民生两手抓，在提高人民生活水平和生活质量上要倾注感情，舍得投入，集中力量谋划好、落实好惠及广大群众的好事实事，以最大的热情为人民谋福祉、造福于民。

各位代表，过去五年取得的成绩来之不易。这是全市人民和社会各界大力支持、共同努力的结果。在此，我代表市人民政府，向全市人民，向各民主党派、工商联、人民团体、上级垂直单位以及社会各界人士、外来工作者、驻增城人民解放军、武警部队官兵，向关心和支持增城建设的港澳台同胞、海外侨胞及国际友人表示衷心的感谢！

增城虽然取得了长足的进步，得到了中央、省、广州市各级领导的高度肯定和社会各界的广泛赞誉，但我们也要清醒看到，增城毕竟还是后发地区，经济社会发展仍然存在不少困难，主要表现在：经济总量还不大，产业结构不够合理，产业核心竞争力不强，发展的任务仍然十分艰巨；资源环境制约不断加大，水、土地、能源、大气排放等资源约束日益加剧，保护与发展的矛盾更加突出，产业转型升级、产业结构调整需要拿出更大的决心和更强的工作力度；区域、城乡协调发展还有很大差距，尤其北部三个山区镇贫困家庭和贫困人口仍然比较多，城乡基本公共服务均等化水平还比较低，教育、卫生、就业等社会事业发展有待加强，保障和改善民生任务仍然艰巨；科技、人才支撑较为薄弱，科技对经济社会的引领作用不够，人力资源的整体素质与发达地区相比还比较低；社会管理基础还比较薄弱，基层组织缺乏战斗力，城乡管理的科学化、精细化水平还不够高，维护社会和谐稳定面临较大压力；政府自身建设有待加强，干部的科学发展能力和水平仍需要进一步提高，等等。对这些困难和问题，我们将在今后工作中采取有力措施予以解决，努力把各项工作做得更好。

“十二五”时期的主要目标任务和2011年工作安排

“十二五”时期是我市加快转变经济发展方式、创建全国科学发展示范市的关键时期。广州市委九届十次全会明确提出加快国家中心城市建设，要“重点推进东部门户功能区建设”，包括增城在内的“六个新城区和三个国家级开发区要大力发展高端制造业、战略性新兴产业等现代产业”，要“统筹抓好广州国家级开发区创新发展模式、增城市统筹城乡综合配套改革等重点改革工作”；在城市功能重构上，要“依托中新知识城、广州科学城和增城开发区打造山水新城，建设广州城市副中心，成为广州东部重要的创新中心和综合性核心城区；花都新华、增城荔城、从化街口要率先建成统筹城乡区域发展的现代化新城区”。我们要认真贯彻落实广州市委、市政府的战略部署，全面把握发展机遇，主动作为，真抓实干，创先争优，推动增城经济社会发展再上新台阶。

“十二五”时期我市经济社会发展的指导思想是：全面贯彻落实科学发展观，牢牢把握科学发展主题和加快转变经济发展方式主线，认真落实《珠三角规划纲要》，按照广州建设国家中心城市的战略部署，围绕建设广州东部综合门户功能区，积极实施开发区带动战略和主体功能区深化战略，加快推进工业化、城镇化和区域一体化，创建广州东部现代产业新区、珠三角生态宜居新城、广州东部创新创业人才集聚新区以及广东省统筹城乡综合配套改革示范区，努力把增城建设成为经济繁荣、环境优美、社会和谐的幸福增城。

按照这一指导思想，我们必须紧紧围绕“一个总体定位”，实施“两个战略”，发挥“三个动力”，突出“四个抓手”，实现“一个最终目标”：

一个总体定位：就是要建设广州东部综合门户功能区。要加快建设广州东部交通枢纽中心，推动形成由高快速公路、地铁及轻轨、高速铁路及城际轨道等多种交通方式构成的快速交通网络；要积极发展现代物流、现代商贸等配套服务业，强化相关站场建设，提升东部门户的服务功能；要进一步优化城乡布局，加快完善基础设施建设，增强对广州城区产业和人口东移的承接能力；要加快建设现代产业体系，完善公共服务体系，促进经济社会跨越式发展；积极实施全方位开发战略，努力使增城成为大广州辐射周边区域的重要平台和通道。

两个战略：一是实施开发区带动战略。以增城经济技术开发区为龙头，充分发挥国家级开发区的体制机制和政策优势，努力把增城开发区建设成为带动全市经济社会发展、推动广州经济转型和创新发展的重要平台。二是实施主体功能区深化战略。南部地区要率先发展，大力发展先进制造业和现代服务业，打造广州乃至广东省重要的经济增长极。中部地区要加快发展，加快新城市中心开发建设，打造广州东部城市副中心。北部地区要实现绿色崛起，着力创建生态文化旅游和都市型现代农业示范区。

三个动力：一是工业化。要坚持新型工业化带动，大力培育战略性新兴产业，全面发展汽车、摩托车及其零部件、高端装备制造、新型电子信息、节能环保等先进制造业，提升传统工业，形成广州东部高端制造业和现代服务业集聚地，以工业化带动全市加速发展。二是城镇化。进一步完善城镇空间布局，构建广州东部城市副中心、广州东部山水新城生态居住组团、中心镇卫星城、小城镇等有机联系、功能互补的城镇体系，不断提升现代产业和人口集聚能力。三是区域一体化。要加快融入珠三角和大广州，在基础设施建设、产业发展、城区功能定位和社会发展等方面与广州全面对接，主动承接珠三角大都市的辐射与服务，利用一体化带来的巨大机遇，发挥我市区位交通、生态环境优势，促进增城加快发展。

四个抓手：一是建设广州东部现代产业新区。以增城经济技术开发区为龙头，着力构建以先进制造业为主导，现代服务业为重点，生态文化旅游和度假休闲产业为特色，现代农业为基础的现代产业体系，成为广州“东进”战略性新兴产业带新的发展区域。二是建设珠三角生态宜居新城。以建设广州城市副中心和打造广州东部山水新城的生态组团为目标，以绿色经济、低碳经济、循环经济为支撑，进一步巩固和发挥生态优势，完善城市综合服务功能，提升城市品位，打造珠三角适宜创业安居的生态新城。三是建设广州东部创新创业人才集聚新区。完善低成本高品质人才发展环境，创新人才工作体制机制，为经济社会发展提供强有力的智力支撑。四是建设广东省统筹城乡综合配套改革示范区。不断完善城乡统筹发展机制，大力促进城乡基本公共服务均等化，推动形成城乡经济社会发展一体化新格局。

一个最终目标：就是要建设幸福增城。加大公共服务投入，尤其要加大北部三镇扶贫开发力度，构建起促进城乡区域协调发展、改善民生、推动社会和谐的长效机制。

“十二五”时期我市经济社会发展的目标是：全市生产总值年均增长13%以上，到2015年达到1260

亿元左右，人均 GDP 超过 14.2 万元，全市综合经济实力稳步提升，经济结构调整取得重大进展，生态特色更加明显，自主创新能力显著增强，幸福增城建设取得新突破。

为实现“十二五”规划开好局起好步，今年我市经济社会发展的主要预期目标是：生产总值增长 13%，地方一般预算收入按原口径增长 15%，工业总产值增长 15%，全社会固定资产投资增长 14%，社会消费品零售总额增长 18%，城镇居民人均可支配收入增长 10.5%，农民人均纯收入增长 13%。

实现上述目标任务，今年要实施六大工程：

（一）实施产业园区建设工程，增强发展承载力。按照三大主体功能区确定的产业布局和国土开发格局，强化规划引导，整合配置资源，把有限的资源配置到最需要、最能产生效益的核心区域，确保重点区域优先发展，进一步增强发展承载力。

*发挥开发区龙头带动作用，构建“一区多园”发展格局。*着眼增强开发区综合竞争力，切实发挥龙头带动作用，推动广州东部（增城）汽车产业基地、增江街东区高新技术产业基地、石滩镇研发创意产业园、广州东部（新塘）交通枢纽中心等园区实现资源共享、功能互补、产业联动、错位发展，形成“一区多园”发展格局。通过“一区多园”发展平台，统筹各产业园区的规划建设和管理，建立灵活高效的各园区开发建设投融资体制和统一的经营管理运作机制，提高各园区开发建设水平和发展承载力，充分利用国家级开发区的政策优势和体制机制优势解决制约各产业园区发展的土地、资金、项目、技术、人才等瓶颈问题；优化各园区产业项目布局，构建统一的招商引资信息平台、服务体系和标准，形成统一的招商政策和产业发展政策，促进高端制造业、战略性新兴产业、高新技术产业、研发创意产业和现代服务业项目向重点园区集聚发展。2011 年各园区要抓紧土地的征收储备、拆迁安置和基础设施建设，加大招商引资和项目建设力度，真正做到招商服务围绕项目转，项目用地围绕园区转，园区建设围绕规划土地转。一句话，开发区要提档加速，真正做到名符其实的国家级水平。

*深化建设三大主体功能区，统筹推进南中北区域协调发展。*南部要坚持先进制造业和现代服务业“双轮驱动”。新塘镇要继续发挥经济发达镇的基础优势，要坚定不移的调整城市功能布局，中心城区要以“三旧”改造为契机，加大“退二进三”、城市更新力度，要充分研究穗莞深城际轨道和地铁 13 号线建设带来的城市开发机遇，加大对东部交通枢纽中心和地铁沿线站点空间的开发力度，着力打造宜业宜居、服务开发区、带动中北部的工商新城，永和片区、宁西片区、仙村片区也要着力整合规划、整合土地资源，打造新的产业园区；石滩镇要以一园、一区、一带为发展动力，集中优势兵力抓建设、抓招商，把土地资源优势转化为产业发展优势；中新镇要抓住中新知识城开发建设，广州打造广州东部新城的契机，在镇区改造上下功夫，在资源集聚上下功夫，在发展公共配套服务上下功夫，真正把中新融入东部生态产业、宜居新城组团，建设特色名镇。中部荔城要以国际旅游度假城为重点加快新城区开发建设，着力解决罗岗村统一规划、集中居住社区建设，统筹发展的体制机制安排，加快土地征收储备和道路基础设施建设，以打造荔湖为亮点，形成广州东部新的城市副中心，要把金星村、罗岗工业区的“三旧”改造工程打造成示范样板工程加快推进，要用时不我待的精神进入第十二个五年规划；增江、朱村要结合新一轮城市规划和发展战略安排，进一步明确功能定位，按照城市化的要求加快城市建设和公共配套服务，形成新的城市发展区域。北部生态产业区要抓好白水寨核心景区、小楼人家核心景区、湖心岛核心景区的基础设施和重大产业项目建设，依托绿道产业带，完善景区景点配套功能设施，强化招商引资和制定项目建设计划，积极引进市场经营主体，把各核心景区真正建成具有龙头带动作用，能够增强山区经济实力，促进山区镇脱贫致富的核心载体。

（二）实施产业项目培育工程，打造核心竞争力。产业兴则城市兴，产业强则城市强。要加大招商引资力度，加快培育核心企业，做大做强核心产品，抓紧制定核心产业发展规划，着力提升产业核心竞争力。

*集中精力，抓紧抓实招商引资。*按照三大主体功能区的产业布局，充分利用“三规合一”的最终成果，发挥“一区多园”、重点开发区域的载体优势，重点围绕汽车、摩托车零部件、机械装备等高端制造业，LED 半导体照明、RFID 物联网、汽车电子、数字家庭、无线城市等电子信息产业，以及节能环保、电力设备和材料制造、现代物流、房地产、生态旅游和现代农业等核心产业加快引进一批优质项目，形成核心产业群；要创新招商思路、方式和手段，走出去、请进来，健全招商信息平台，向大型国企、大型民企、世界 500 强提供招商信息，同时要加强对台湾、日本等发达地区和国家的招商；要强化招商任务，开发区、各镇街和“两城两区”管委会要集中精力，组织得力人员精心策划项目，落实规划，落实土地，落实政策，彻底告别“牧童遥指杏花村”和“只开花不结果”的传统招商时代，确保招商引资取得实效。

*明确责任，服务企业和项目建设。*要牢固树立服务企业就是服务全市经济发展的大局理念，把为企业提供高效服务作为各级部门紧抓的“一号工程”。当前要全力抓好一批已落实项目建设条件和在建的汽车、摩托车及其零部件项目、高端装备制造业等主导

产业和战略性新兴产业项目建设；抓紧推进一批商贸、物流、生态休闲酒店等现代服务业项目，加快形成新的经济增长点。要着力研究新兴产业形态和新的企业营商模式，把推动内涵式发展作为企业服务的抓手，加强企业服务的针对性。要认真落实加快发展民营经济的实施意见，优化企业经营环境；要建立健全首问负责制、核心企业联系服务制和服务对象考核制，对确定的核心企业实施“领导挂钩、服务挂牌”，改善政府服务；要加大跨部门间的协调服务力度，优化项目审批流程，强化对企业的公共服务和引导，帮助核心企业在增城扎根、发展壮大。

*创造条件，促进自主创新和打造核心品牌。*自主创新能力和品牌建设是提升核心产业竞争力的重要条件。要利用广州东部打造创新产业带的机遇，加快增城经济技术开发区、东区高新技术产业基地、石滩广本研发中心等创新平台建设，着力把开发区打造成为广州创新核心区域之一；要强化企业自主创新主体作用，鼓励企业与高校、科研机构共建企业研发中心，搭建公共技术平台，组建多种形式的战略联盟；要加强技术创新环境建设，完善人才引进政策和激励措施，吸引更多优秀人才到增城创业发展。要鼓励和支持一批核心企业以知识产权、商业运行模式为纽带，以土地、厂房、设备等资产为载体，对上下游配套企业、同行业的中小型企业实施兼并和重组，促进形成一批拥有自主知识产权、具有较强竞争力和重大影响力的企业品牌；要鼓励优质企业推进国际质量认证、环境管理体系认证和行业认证，支持汽车、摩托车、牛仔服装等行业企业推出技术标准，打造区域品牌，占领行业高地，形成核心竞争力；要支持企业争创一批省、国家级的名牌产品和著名商标，以品牌战略推动核心产业加快发展。

*（三）实施城镇化建设工程，扩大城市带动力。*适应广州人口、产业加快向周边转移集聚的趋势变化，发挥我市独特的生态、区位和功能设施相对完善的比较优势，统筹推进城市副中心、卫星城和中心镇建设，加强城镇建设和管理，打造以现代产业和生态宜居为特征的广州东部山水新城重要组团。

加快特色城镇化进程。围绕承接广州城区“下移”人口、增城加速城镇化农村富余劳动力“上移”人口和市内外引进产业与人才“平移”人口，加强城镇规划建设，优化功能布局，强化产业支撑，加快城镇化进程。市区荔城、增江要依托增江两岸优美的生态环境，以国际旅游度假城为载体，抓好新城区的规划建设，完善城市功能及配套设施，率先建设成为广州东部现代化生态新城区；新塘镇要围绕建设集聚100万人口的广州东部工商新城，以推进经济发达镇行政管理体制改革为契机，以服务增城开发区为重点，以“三旧”改造和城市功能调整为抓手，充分利用好区位和产业优势，加强镇域基础设施建设和环境整治，加快东平涌、西定涌等河涌整治，提升城镇管理和宜居水平。中新镇、朱村街要围绕对接中新知识城，打造集聚 30－50 万人口的生态卫星城，重点抓好镇域、镇区整体规划改造，完善综合配套功能，加快新区建设。石滩镇要充分发挥良好的区位优势，以对接新城区南移，服务本地区产业带发展，吸引周边产业人口，进一步加快镇区基础设施建设和环境整治，建设石滩新城区，形成新的城镇发展格局。派潭、正果、小楼北部三镇要围绕服务“三农”，服务生态旅游，服务城乡一体化发展需要，以镇区为龙头，集中投入建设一批辐射和覆盖农村的基础设施和公共服务设施，努力实现旧貌换新颜。

加快建设广州东部交通枢纽中心。围绕区域交通功能向广州东部门户功能转变，增强广州东部客货运功能，进一步强化交通对增城工业化、城镇化和生态产业化所形成的人流、物流、资金流的服务保障，全力支持做好广州地铁 13 号线、16 号线、21 号线、广汕铁路、穗莞深城际轨道、广深铁路和谐号、广深铁路市郊列车等轨道交通的规划建设；推进新塘枢纽站周边 4000 多亩土地的征地拆迁、土地整合储备和基础设施建设，把新塘枢纽站打造成为现代服务业集聚区和综合性公共服务中心；积极配合并抓紧落实广汕铁路增城站选址工作，以增城站的选址和运营带动中心城区和石滩镇的开发建设；跟踪落实广州铁路货运东北绕行线增城货运站的选址工作，着力把增城货运站打造成为有效疏解广州中心城区铁路货运压力的东部货运中心。

加强基础配套设施建设。继续抓好广河、增从高速增城段 8 个出入口建设工程；推进北三环高速公路、广州国际机场东部高速通道增城段及出入口建设工程；完成 107 国道新塘段改扩建工程、新新公路、朱石公路等一批在建工程；启动新城区主干道路、新城大道、荔湖大道、增城大道增江段、小正公路等一批主干道路升级改造工程；抓紧增城大桥、光辉大桥等桥梁工程的动工建设；加快增城汽车客运站和新塘汽车客运站建设，建立全区域公交系统，完善市域交通。加快建设一批新的输变电工程。加快推进柯灯山水厂改扩建工程、荔新公路供水管道二期工程，配合做好广东省天然气一期管网建设。完成棠厦垃圾填埋场整治工程、加快推进生活垃圾无害化处理厂建设。完成数字电视整体转换工作，以数字家庭为重点推进三网融合，发展信息电视、商务电视、娱乐电视，启动无线城市建设，整合各方面资源，形成随时随地随需的无线城市应用，培育信息服务产业，打造增城无线城市品牌。

强化城乡综合管理。扎实推进全国文明城市创建工作，强化责任制落实和精细化管理，提升城乡文明程度和市民素质；深化公园化战略和城乡“清洁美”工程，进一步抓好城区、镇区、社区公园、广场、绿道、城市出入口、城乡道路的综合治理，优化城乡生态生活环境；继续完善绿道网建设和运营管理，丰富内涵，努力打造低碳城市；加强城市综合执法，坚决整治违法用地、违法建设、城乡“六乱”；加强治堵治超和交通秩序管理，彻底整治超载车、泥头车、三轮车、无牌无证车等车辆，坚决治理乱闯红灯、乱停乱放等行为；以“环保优先”为原则，对违规偷排企业坚决实行“零容忍、全追究”，纺织漂染企业必须全部进入环保工业园，环保工业园的规范管理必须进一步强化。加强对重点污染源和污染企业的监管执法，坚持“铁腕治污”，督促重点排污企业、污水处理厂完善在线监控系统建设，建立区域大气环境、水环境防治的长效机制。

（四）实施城乡一体化建设工程，增添农村发展新活力。坚持城镇化带动城乡一体化，坚持城市转型升级发展带动产业和区域转型升级发展的总体思路，着力破解统筹城乡一体化发展的各类难题，认真落实《增城市统筹城乡综合配套改革试验实施方案》各项任务，建立健全以工促农、以城带乡的长效机制。

统筹城乡规划建设管理。建立覆盖城乡的“三规合一”规划体系，合理划分城乡建设空间，城市要更像城市，农村要更像农村，当前各产业园区、城镇区域内、城镇发展区域内的村社要加快实行集中迁建，按照城乡一体化的要求，建设新型农村社区，其余地区因地制宜建设社会主义新农村。要确保村庄规划落地实施，规范农村宅基地使用和按规划建设新房，要进一步落实土地用途管制措施，落实耕地和基本农田保护目标，加强和规范城乡用地管理，促进土地节约集约利用，继续加大违法建设、违法用地查处力度，确保城乡有序开发建设。

加大农村地区基础设施和公共配套服务建设。要着力推动基础设施向农村延伸，继续推进自然村通水、通水泥路、通有线电视网络、通公交客运工程，实施村道路灯、公交站亭和环卫设施、污水治理建设。加快推进农田、鱼塘、山林标准化改造，提升农业综合生产能力和水利防灾减灾能力，以农业农村现代化实现城乡一体化。

创新农村基层管理和完善农村经济管理制度。要通过村委换届选举和选举产生村级经济合作组织进一步加强农村村务和集体经济管理，各级政府要采取切实措施，统筹城乡综合配套发展，在农村土地经济补偿分配、拆迁补偿安置、留用地使用收益分配、“三旧”改造、土地流转、生态补偿等事项中要同步建立农村分配管理的体制机制，落实农民失地不失利、拆迁户变拆迁富，公平、公正地为农村发展创造条件，以工业化、城镇化带动农民增收。

促进都市现代农业与生态旅游融合发展。要以园区为龙头，以创建国家4A级景区为目标，集中抓好北部核心景区的规划建设，督促和服务好一批会议休闲配套项目建设和营运，依托绿道产业带，带动乡村度假、旅游休闲、体育运动产业集聚发展，扶持建设一批具有生态田园风光特色的农家乐，形成具有品牌效益的生态旅游产业链。要抓紧推进一批现代农业园区建设，适度集中土地流转财政补贴资金，促进农村土地向农业龙头企业和农民专业合作社集中；积极扶持“收购当地农产品、聘请当地农民工、带动当地种养业”的农业龙头企业发展；大力推广和发展农民专业合作社，鼓励扶持合作社创建优质农产品品牌，支持“增城十宝”申请广州、省和国家名牌产品认定，扩大传统优势农产品的影响力；建立完善农产品质量标准和生产技术规程，保障农业生产和农产品质量安全。

建设一批新农村示范村。要把建设一批典型新农村示范村作为今年统筹城乡一体化发展的重要工作，各镇（街）要选取一至两条村认真研究、精心策划、广泛动员，按照园区、城区、镇区、农村建社区，一般地区农村建生态文明村、北部山区农村建旅游示范村的总体要求，大胆投入、大胆突破、大胆创新，打造一批示范村，带动农村地区的跨越发展。

（五）实施富民惠民工程，建设幸福增城更给力。拿出更多的财政资金用于改善民生和发展社会事业，推动基本公共服务向低收入、弱势群体和困难家庭倾斜，让全市人民共享科学发展成果；精心办好一批与现时发展水平相适应，贴近人民群众新期盼新要求的实事好事，让人民群众感受幸福增城的温暖。

全力做好扶贫帮困工作。全面落实扶贫帮困工作动员大会精神，坚持“保障解困、开发扶贫、自强脱贫”的扶贫思路，各镇街各部门要积极主动谋划好扶贫帮困工作，确保推动保障扶贫和开发扶贫取得实效。要把贫困家庭和贫困人口底数摸清楚，组织好扶贫帮困对象的动态管理，建立帮扶台账，户要建卡、村要建帐、镇要建数据库，一户不漏。把贫困家庭和贫困人口保障项目、贫困村和贫困社增收项目、贫困镇的发展项目认真策划好、安排好。要切实把广州对口帮扶单位、社会捐助单位、部门结对单位对接好，统筹安排好帮扶资金和项目，确保帮扶实效。今年要集中力量打一场北部脱贫的攻坚战，确保2011年小楼镇率先脱贫，2012年北部三镇全部脱贫，全市贫困家庭人均收入达到5000元。

加快完善社会保障体系。今年财政预算安排8.8亿元，着力建立健全以养老、医疗、民政、住房、就业、教育扶助为重点的社会保障体系。完善城乡养老保险制度，力争城镇居民养老保险和新型农村社会养老保险应参保对象覆盖率达到100%；健全城镇职工基本养老金正常调整机制；认真解决城镇和农村残疾人、低保、低收入户养老保险问题。构建全民医保制度，将大学生和中职技校学生全部纳入城镇居民医保，提高城镇居民医疗保险覆盖率和保险水平，巩固和发展新型农村合作医疗制度；确保全部实现居民医疗保险普通门诊统筹，逐步提高医疗保险待遇水平。深化新型社会救助体系建设，大力发展民间慈善事业，健全低保标准自然增长机制，提高城乡低保标准。加大经济适用房、廉租房、公共租赁房、安置房、外来工公寓以及农村居民保障住房建设力度，逐步解决城乡低收入家庭、城市化农民、城乡拆迁安置户及外来工等困难群体的住房需求。继续实施扶困助学、12 年免费教育、学生交通费补助，确保每一个学生不因贫困而失学。完善劳动者平等就业制度，落实各项就业创业优惠政策，加大免费培训和推荐就业力度，重点帮扶农村劳动力、城镇就业困难人员和“零就业家庭”、高校毕业生、退役军人等群体就业，力争年度新增转移本市农村劳动力 1 万人以上；完善农民工管理服务体系，保障劳动者合法权益，构建和谐劳动关系。

全面推进社会事业发展。以落实“两相当”和完善学校绩效工资制度改革为契机，深化教育体制改革发展，要进一步扩充高中学位，加快义务教育规范化学校建设和幼儿学校建设，规范民办教育发展，提高中等职业教育办学质量，实行贫困家庭子女接受中等职业教育全免学费和补助生活费，促进各级各类教育协调发展。扎实推进公共文化服务体系建设，实施农村数字电影放映“2131”工程，加强基层文化设施建设管理，促进城乡公共文化服务均等化；加强公共体育设施建设，推动群众体育事业繁荣发展，增强市民身体素质。加快推进医药卫生体制改革，完善医疗卫生设施布局、公共卫生服务和基层医疗卫生服务体系，推进增城中心医院（新塘三级医院）和北部 3 个卫生院建设，加快医疗卫生信息化建设；要明确镇级卫生院职能，找准发展定位，规范建设标准，实行公立基层卫生医院和村卫生站基本药物零差率制度，降低用药成本，努力解决老百姓看病难看病贵问题。大力整治和规范市场经济秩序，维护公平竞争的经济发展环境。落实安全生产政府监管和企业主体责任，坚决防范和遏制重特大事故。进一步创新社会管理，加强综治信访维稳工作，前移社会矛盾化解关口，积极预防和妥善处理群体性事件；推进法律援助和人民调解工作，及时化解各种社会矛盾。完善突发事件预防预警和应急处置机制，增强公共安全保障能力。健全打防管控一体化的社会治安防控体系，严密防范打击各类刑事犯罪，维护社会和谐稳定。全面做好人口计生工作，切实提高人口计生工作服务质量和管理水平，落实人口计生工作责任制和综合治理措施，促进人口、资源、环境协调发展。继续做好科技、民政、国防动员、“双拥”、侨务外事、口岸、档案、气象、统计、妇女儿童、残疾人等各项工作。

（六）实施政府管理创新工程，提高政府执行力。深化以政府职能转变为核心的行政管理体制改革，按照大部门体制要求加快理顺政府机构，努力打造服务型政府，切实为各类市场主体创造公平的发展环境，为人民群众提供良好的公共服务，为推动科学发展提供有力保证。

切实提高行政效能。扎实推进大部门体制改革，进一步优化政府组织结构和运行机制，建立简化、快捷的行政服务模式，解决部门间权责不清、衔接不紧、合力不够等问题。深入推进简政强镇事权改革，推动经济社会管理权限向镇街下放，健全责、权、利相一致的市镇两级管理体制；推进新塘镇经济发达镇行政管理体制改革；抓好市、镇、村（居）换届工作，夯实基层基础，建立权责一致、事财匹配、管理高效、适应区域特点和发展规律的行政管理体制。加快推进事业单位分类改革，提高事业单位行政效能。完善行政审批制度，推动“窗口”单位服务向规范有序、公开透明、便民高效转变，加快推进面向企业、公众的行政审批服务，通过“信息互通、资源共享”，构建“一站式”服务平台。

全面推进依法行政。坚持向人大及其常委会报告工作和向政协通报政情，自觉接受法律监督和民主监督，高度重视办好人大议案、建议、批评和意见以及政协提案。建立分级负责的行政决策机制，科学合理界定各级各部门的行政决策权和决策事项，实现事权、决策权和决策责任相统一。建立完善政府信息发布协调机制、政府信息公开工作考核制以及责任追究制，完善突发事件向社会公开制度，扩大公众对政府信息公开工作的有序参与和监督。推进行政执法规范化建设，全面推行行政执法责任制。全面实施依法治市“五五”规划和“六五”普法规划，扎实推进法治市县创建工作，努力提高全民法治素质。

加强学风政风建设。深入开展创先争优活动，把创先争优活动融入到中心工作和实际工作中去，在全市形成干事创业的良好氛围。努力建设学习型政府，牢固树立终身学习的观念，从最急需的知识学起，缺什么补什么，通过知识结构转型升级，提高适应经济发展方式转变、推动科学发展的能力水平。加强完善以惩治和预防腐败体系为重点的反腐倡廉制度建设，扎实开展纪检监察派驻机构统一管理。把督查问责和执法监察、廉政监察、效能监察延伸到镇街、部门，努力做到及早发现问题及早纠偏。继续开展行风月月谈和千家企业万名市民评行风活动。进一步改进文风会风，严格控制各类评比和庆典活动，降低行政成本。加强审计监督和行政督察，强化经济责任审计和绩效审计。

各位代表！承继“十一五”的辉煌，开创“十二五”的伟业，关键在抓落实。今年，我们继续抓好民生十件实事，同时结合“十二五”规划初步确定的重要战略性基础设施、重大发展载体平台、重大产业项目，并根据今年工作任务，提出了建设十大民生工程、打造重大发展载体平台、建成一批重大产业项目等九大类共90余件要完成的重点工作，明确了责任领导和责任部门，利用重大任务形成倒逼机制打硬仗，突出工作重点，集中优势兵力打“歼灭战”，以此激发全市上下干事创业的干劲，推动各项工作实现新的突破。上述内容已经形成了两个附件，请各位代表一并审议。

各位代表，同志们，做好今年政府工作任务艰巨、使命光荣，让我们在市委的正确领导下，以更加饱满的工作热情，发扬“敢想、会干、为人民”的广州亚运精神，真抓实干，为“十二五”规划起好步开好局，全面完成年度目标任务。

专 记

热烈庆祝增城市迎接亚运会
和世界旅游日当好东道主
全民动员大会隆重召开
TCL
增城市迎接亚运会和世界旅游日
当好东道主全民动员大会

广州亚运会增城赛区

2010年，第十六届亚运会在广州举办，经广州亚组委决定，增城成为广州亚运会分赛区，比赛项目有飞碟射击、龙舟和体育舞蹈三项。广州亚运会于2010年11月12日开幕，11月27日闭幕，历时15天。

一、组织机构

亚运城市行动协调委员会 负责领导、组织、统筹、协调本市亚运城市行动计划实施工作。主任：叶牛平，副主任：王建平、曾赤鸣、何鎏辉、丘岳峰、傅敏、冼银崧、列荣辉、范文添、李荣渝、邬卫东、郑丹群、张文远、叶鸿、李能坚。下设亚运城市协调办公室、亚运场馆建设及维修改造组、亚运飞碟比赛场协建组、城市基础建设与市容环境整治组、信息技术与通讯保障组、安保交通组、宣传文化组、医疗卫生组、食品药品安全与产品质量组、接待组、公共服务保障组、人力资源及志愿者组、财政保障组。

广州亚运会增城赛区领导小组 负责协调有关单位推进亚运场馆建设及改造；协调有关部门、场馆业主单位调配人力、物力资源支持场馆团队工作；协调广州市有关职能部门落实本市亚运场馆、亚运服务场所外围保障工作；检查、督促落实竞赛场馆外围保障应急预案；协调场馆团队和外围保障团队，处置本市场馆外围保障突发事件；受广州市委、市政府委托，接待参观访问本市亚运场馆和亚运服务场所的国内外贵宾。组长：徐志彪。执行组长：叶牛平。副组长：王建平、何鎏辉、丘岳峰、傅敏、李荣渝、叶鸿。

增城赛区运行指挥部 在广州亚运会亚残运会总指挥部、增城赛区领导小组的领导下，统一指挥增城市场馆运行及各项工作组、各团队，统筹和调动本市资源为赛事提供服务与保障。总指挥：徐志彪。执行总指挥：叶牛平。副总指挥：王运才、王建平、邓少敏、曾赤鸣、何鎏辉、丘岳峰、傅敏、冼银崧、列荣辉、王晓军、赖慕玲、张登标、李荣渝、邬卫东、张文远、刘荣照、叶鸿、袁伟峰、李能坚、尹博望。下设运行指挥部办公室、安保维稳指挥中心、赛事指挥中心、内宾接待指挥中心、外宾接待指挥中心、宣传文化和媒体及志愿者服务指挥中心、信访维稳工作组、安保工作组、监察审计组、信息技术与通讯组、电力保障组、交通保障组、医疗卫生与食品安全及供应组、无障碍应急保障组、燃气保障组、环境保障组、城市景观与管理组、财务组、供水保障组、防火救灾组、气象服务组、接待酒店组、场管设施保障组、宗教服务组、志愿者服务组、文明观众组、宣传文化和媒体服务组、竞赛（训练）场馆团队、场馆外围保障团队。

二、场馆建设

场馆建设有新建的广州飞碟训练中心和龙舟赛场，维修改造的有增城体育馆和康威体育馆。

广州飞碟训练中心 位于增城市派潭镇榕树吓村，是广州亚运会新建场馆，由广州市投资兴建。规划用地11.8万平方米，建设用地9.5万平方米，场馆总建筑面积12260平方米，其中，地上建筑面积11049平方米（含看台面积830平方米），地下建筑（靶壕及附属设施）1211平方米。分为飞碟靶场、主体建筑、赛事辅助区域三部分，设固定座位1000个，临时座位900多个。飞碟训练中心设5个以上靶场、综合楼、枪弹库及室外配套设施。新建成的广州飞碟训练中心承担2010年广州亚运会飞碟多向、飞碟双向、飞碟双多向射击比赛，可满足180名运动员比赛需要。该场馆于2008年12月动工，2010年6月建成交付使用。

龙舟赛场 位于荔城雁塔大桥南1800米河段。2009年10月动工，2010年6月整体工程完成。工程总投资6711万元（含增江一环路延长线建设费）。场地建设主要由水上比赛设施、两岸比赛配套设施。水域面积583600平方米，设6条长1000米、宽13米赛道，可举行1000米、500米和250米直道竞速比赛。起点外设置50米启船台，发令塔，终点设置150米缓冲区，300米放松区，上下水码头。东岸赛事主体建筑面积2287平方米，主要有主席台赛时管理区：设有颁奖平台、颁奖停靠码头、终点塔，赛事管理房、志愿者用房、安保指挥中心等。西岸建筑面积4700平方米，由运动员休息房、检录、赛事管理用房三部分组成。

增城体育馆 始建于1986年，建筑面积7285平方米。为适应广州亚运会体育舞蹈比赛，需对原馆进行维修改造。2009年6月动工，包括土建、装修、空调、给排水、电气低压配电及照明、市政工程等。2010年5月完工，并通过初检、复检和测试赛。总投资2568万元。改造后的体育馆：体育广场增设200个临时停车位，场馆建筑面积从原来的7285平方米增加至8170平方米，座席2300个。场馆分为比赛场地、热身场地、出入口及停车场、场馆运行区、观众区、比赛管理区、运动员及随队官员区、贵宾区、赞助商区、新闻媒体区、安保等11个功能区。比赛场地由比赛区、裁判区及工作区组成。比赛区为16×23米，可满足同时进行18对体育舞蹈选手比赛。工作区为电视转播、摄影记者、候场运动员、教练、竞赛委员会等工作与活动的区域。

三、环境综合整治

根据广州市迎亚运人居环境综合整治工作部署，增城市制定《增城市2010亚运城市行动计划》，确定迎亚运人居环境整治项目共26项，其中广州市督促项目19项，本市增加7项。广州市督导项目：①广园东快速干线凤凰城至荔新公路出口段沿线通道环境整治工程。②广惠高速公路增城路段沿线通道环境整治工程。③北三环高速公路延长线增城路段沿线通道环境整治工程。④荔新公路沿线通道环境整治工程。⑤广汕公路从荔新公路入口处至增城大道出口处道路沿线整治工程。⑥雁塔大桥装饰美化工程。⑦增江大道沿线整治工程。⑧教育路沿线通道整治工程。⑨355省道从105国道入口处至广州飞碟训练中心路段亚运通道环境整治工程。⑩增江大道从光明东路至东华模具厂沿线道路一期综合改造工程。⑪增江大道从光明东路至广汕公路口二期道路综合改造工程。⑫增江一环路延长线维修工程。⑬增江东岸雁塔大道至龙舟竞赛场路段维修工程。⑭增江两岸景观大道二期扩建工程。⑮广州飞碟场馆联络线扩建工程。⑯白水寨大道扩建工程。⑰龙舟赛场周边道路建设和沿江水环境整治工程。⑱体育馆和康威体育运动场周边环境整治工程。⑲广州飞碟比赛场周边环境整治工程。增城市增加项目：①广汕公路雁塔大桥至增江大道沿线维修工程。②荔城街范围内亚运技术官员道（增城大道—荔乡路—府佑路—荔景路—荔城大道—百花大道）沿线两侧房屋整饰工程。③场馆周边及亚运通道沿线防盗网、违章广告拆除工程。④355省道从飞碟场路口至高滩温泉酒店沿线绿化改造工程。⑤亚运场馆周边及亚运通道沿线绿化改造工程和花卉摆设工程。⑥二龙河整治工程。⑦荔城、增江、派潭等镇26个农村生活污水处理工程建设。

城市基础设施建设与市容环境整治组根据《增城市2010亚运城市行动计划》，制定《城市景观与管理工作方案》，组成7个专责小组，实行分工负责，全面开展整治行动。其中，重点开展新塘百日整治大行动，重点整治新塘地区社会治安、出租屋、流动人口、重点场所、交通秩序和城乡环境。经过努力，如期完成整治任务，实现安全、快捷的交通环境和整治、优美的城乡环境迎接亚运。至2011年10月，共拆除亚运通道和场馆周边乱搭建和违章建筑物148828平方米，拆除整治亚运通道和场馆周边户外广告牌31249平方米，绿化亚运通道和场馆周边地域，种有乔木22252棵、灌木14579棵、草皮71200平方米，整饰亚运通道和场馆周边地域建筑物外墙21656平方米；新建扩建6个城镇污水处理系统，建成107个农村污水设施。

四、宣传与志愿者服务

亚运宣传 成立广州亚运会增城赛区宣传文化和媒体服务组，制定工作实施方案和行动计划。以“迎亚运盛会，建设和谐增城”为主题，开展各类公益广告宣传。在城区主要路段、亚运通道沿线制作悬挂灯柱条幅广告600个，彩旗5000面；在全市各个建筑工地围墙、客运站、公交亭以及公交车、出租车分别设置和喷涂2010年亚运宣传标语和公益广告，派发和张贴亚运宣传海报5万份，营造亚运气氛。制作反映增城整体概况、生态环境、经济发展、亚运项目、场馆建设等宣传片提供给各亚运场馆；制作《激情亚运·魅力增城》亚运特刊分发全市各亚运接待站、公交上落站和各场馆；制作亚运场馆媒体服务指南手册，对亚运场馆及增城概况以中英文版进行介绍。同时，各系统各行业结合部门实际开展各种形式迎亚运活动。如，2009年12月19日，市委宣传部和市文体局开展“争做好市民，当好东道主 亚运广州行”清洁日群众文化活动。全民行动，集中整治城市环境卫生，引导市民自觉维护和保持市容市貌整洁，以新的环境面貌和新的精神风貌迎接亚运年到来。

志愿者服务 按照广州亚运会增城赛区运行指挥部的总体部署，成立亚运会增城赛区志愿者服务组。团市委整合部门资源，成立亚运会增城赛区志愿者运行指挥中心，下设新闻宣传组、后勤支撑组、服务保障组及服务运行组，并设置对接联络专员，形成上下联动、左右协调的工作格局。在组织实施《增城市2010年亚运城市行动计划》期间，全市共招募14581名城市志愿者，组成5支高校站点志愿服务大队、10支高校城市文明志愿者服务大队和27支来自全市各机关单位、镇街亚运主题宣传志愿服务队。2010年上半年，邀请广州亚组委专业讲师团前来授课，举办通用及岗位培训80场，专业培训30场，受训人数14000人。亚运会开幕前，利用创文明城市迎检和国际旅游日庆典机会，组织志愿者岗位实践演练7次，参加人数700多人。亚运会、亚残运会期间，全市共出动志愿者服务8万多人次，提供长达80多万小时服务，120多万人次的运动员和市民受益，服务区域包括3个街道、13个社区、比赛场馆及其周边路段、亚运通道沿线路口、公交客运站点、宾馆酒店、广场公园等。

五、安保工作

2009年成立广州亚运增城安保指挥部，市公安局长任总指挥，下设亚运安保办公室，设置综合指挥、人力资源、法制保障、科技保障等20个专项工作小组，分工负责亚运安保工作。同时，在3个比赛场馆、2个接待酒店、曲棍球训练场和运动员村分别设置指挥分机构，完善人力、物力资源配置。制定《增城市公安局亚运会安保筹备工作方案》、《广州亚运会增城赛区安保组织指挥工作方案》等各项安保工作和应急方案79个。亚运赛事运行阶段，成立增城赛区指挥分部，各场馆及住地成立指挥所，实行联勤指挥，实现指挥“扁平化”、防控处置“一体化”，保障赛区安保工作畅通。（具体内容详见本年鉴公安局部门资料“亚运安保”条目）

六、实施亚运惠民项目

抽签免费项目 广州亚运抽签免费惠民项目共9项。本市户籍家庭（每户1名代表）凭户口簿和户主身份证（原件）到常住地或户籍所在地居（村）委会或其分设的报名点申请。在本市居住半年以上的流动人口家庭，凭居住证（或暂住证）和租赁合同（原件）到所在居（村）委会或其分设的报名点申请。申请后经公开抽签公布结果。9项亚运抽签免费惠民项目抽签结果：①广州一日游，3336户，每户3个名额，共10008人。②参观广州新电视塔，3336户，每户3个名额，共10008人。③参观亚运主要场馆，3336户，每户3个名额，共10008人。④观看亚运会开幕式预演，801户，每户2个名额，共1602人。⑤观看亚残运会开幕式，1001户，每户2个名额，共2002人。⑥观看亚运会和亚残运会比赛，33358户，每户2个名额，共66716人，⑦观看“风采亚运——亚运期间文艺演出活动”，5004户，每户2个名额，共10008人。⑧观看“欢乐亚运之夜”电影，5004户，每户2个名额，共10008人。⑨观看文化展览展示，6672户，每户2个名额，共13344人。

特殊群众补贴 具有本市户籍且2010年9月15日在册的特殊人群，具体包括低保对象、低收入困难家庭成员、五保对象、重点优抚对象、社会福利机构政府供养人员和持有《残疾人证》的残疾人，发放标准每人500元。经宣传、登记、审核确定，全市符合发放补贴条件的城乡低保对象22063人，农村五保户1470人，重点优抚对象3279人，社会福利院政府供养人员50人，持有《残疾人证》的残疾人员7563人，共34425人。全市共发放特殊群众补助金共1721.25万元。

免费公交 亚运会期间，根据广州《关于印发〈亚运惠民项目总体方案〉的通知》精神，增城市制定《增城市亚运惠民项目公共交通免费实施方案》，决定在亚运会期间，对市民实施免费乘公交车的措施。时间从2010年11月1日至29日内23天（除周六日）。免费公交期间，市行政区域内涉及亚运免费公交线路共19条，投入车辆316台。

惠民礼品 广州市委、市政府向增城市常住户籍家庭每户发放一份“广州亚运惠民礼品”（俗称大礼包），并委托市邮政局代发。市民可凭《居民户口簿》及领取人有效身份证到当地邮政局领取。广州市下拨增城“亚运惠民礼品”234376件（户），增城市邮政局实际代发187165件（户）。“亚运惠民礼品”有广州市张广宁书记和万庆良市长亲笔签名的感谢信、亚运会吉祥物邮资明信片、纪念邮票、精美信封，还有象征花城之美的亚运（志愿）“福”字。

此外，在亚运会期间放假3天，白水寨景区门票实行8折优惠。

七、火炬传递

2010年11月7日，第16届亚洲运动会火炬传递活动在增城进行。传递路线以增城广场观礼台为起点，中间经过增城广场——府佑路——荔乡路——广场南面无障碍通道——荔景大道辅道——府佑路——增城广场，最后回到增城广场观礼台，全程约2公里。现场有2万多市民观看。共有16位火炬手传递，依次是：第一棒火炬手是前女子举重世界冠军刘秀华。第二棒火炬手是广州市康威集团体育用品有限公司董事长黎伟文。第三棒火炬手是增城市新塘镇仙村中学教师、增城市中小学体育教研会第四届理事会副会长周焕油。第四棒火炬手是中山大学附属博济医院（原市人民医院）心血管内科医生、副院长邹蓉。第五棒火炬手是2006年被广州市公安局评为“十佳破案能手”的向文军。第六棒火炬手是正果镇畲族村民、退伍军人未碧南。第七棒火炬手是增城市新塘济困扶贫协会会长、民营企业家和慈善家阮然彪。第八棒火炬手是受资助的优秀学生代表曾秀华。第九棒火炬手是广州大学松田学院艺术系主任、教授张省。第十棒火炬手是广州博创机械有限公司董事长朱康建。第十一棒手是小楼镇西境村党支部书记周志纯。第十二棒火炬手是增城市祥惠香蕉实业公司创办人、石滩镇农民种蕉致富引路人刘映惠。第十三棒火炬手是广州市中新塑料有限公司董事长、总经理朱怡共。第十四棒火炬手是是广东工业大学华立学院大三学生、学院蓝天义工协会会长李森林。第十五棒火炬手是原增城县体委主任、80高龄的陈东。第十六棒火炬手是年仅十五岁的广东省赛艇队队员黄羽萍。

八、亚运增城赛事

广州亚运会增城赛区承担体育舞蹈、龙舟和飞碟射击3项比赛项目。来自20个国家和地区、676名运动员参加，共产生28块金牌。

体育舞蹈比赛 2010年11月13日至14日在增城体育馆举行，比赛设标准5项舞、拉丁5项舞、标准舞——探戈、标准舞——孤步、标准舞——快步、拉丁舞——牛仔、拉丁舞——斗牛、标准舞——华尔兹、拉丁舞——桑巴、拉丁舞——恰恰恰10项10枚金牌。来自12个国家和地区、108名运动员参赛。中国代表团派出6对选手参赛，包揽10项金牌，3对来自广州的选手夺得4枚金牌，中国组合沈宏/梁瑜洁夺得亚运会首枚体育舞蹈金牌和中国亚运会第1000枚金牌。

龙舟比赛 2010年11月18日至20日在增城龙舟赛场举行，来自11个国家和地区、408名运动员参加。共产生6块金牌。比赛设男子250米直道竞速、男子500米直道竞速、男子1000米直道竞速、女子250米直道竞速、女子500米直道竞速5项。中国队获女子250和女子500米直道竞速2枚金牌。

飞碟射击 2010年11月18日至24日在广州飞碟射击训练中心举行，来自20个国家和地区160名运动员参加，比赛设男、女子多向、双多向、双向团体和个人12个竞赛项目，共产生12枚金牌。

红色教育基地

——增北地区第一个革命老区竹林村

“正果竹林村是增北地区第一个革命老区”，这是革命老前辈郭大同对竹林村群众为革命作出贡献的充分肯定。

1938年3月，广州地下党组织委派党员王新民从广州回增城开展工作，地下党同志就开始在竹林村开展革命活动，同年10月在该村成立中共竹林支部，1939年建立增城特别支部，其后成立的县临时工委、县委、增龙博中心县委、正果区委都设在竹林村，以竹林村为据点，领导全县革命斗争。在抗日战争期间，地下党在竹林村发展了15名中共党员，以竹林村党员和知识青年为主体，组建东江华侨回乡服务团增城分团，建立武装队伍，取得了由地党掌握的乡政权，建立了农会，成立了妇女会，组织了供销合作社，建立了党的地下情报交通站。竹林村群众从抗日战争到解放战争，直到全国取得胜利，都坚定不移地支持革命，参加革命，为革命作出重大贡献。

一、革命老同志的评价。革命老前辈郭大同同志说：“竹林村是增北地区第一个革命老区村庄，当时的革命斗争情况我是非常清楚的……”他在书证材料中是这样写的：“中共增城特别支部领导下的第一个党支部是竹林支部……”（引自《竹林村补划老区证明材料》第2页，以下简称《材料》）。他还证明：“竹林村是1939年春增城特别支部和以后的临工委机关所在地，我当时是特支和临工委的书记，在1940年1月增城县委成立之后，县委机关才从竹林村转移到白面石的，因此竹林村作为革命老区的资格比白面石还要老”（引自《材料》第7页）。王新民同志在书证材料中说：“中共增城特别支部、临工委、中心县委、正果区委曾设在竹林村，从1938年起我党许多领导同志曾先后来到竹林村，以教师身份开展革命活动，都是由竹林村群众掩护，提供食宿，保证他们安全……”（引自《材料》第8页）。李光中同志在书证中说：“……党的领导机关从增城特支到增城临工委、到增城县委以及而建的中共增龙博中心县委均设在竹林村，后因白面石村各方面条件比竹林村更好，中心县委机关才从竹林村转到白面石来，而竹林村则一直作为正果区委的驻地。1940年夏，我奉调到增龙博中心县委工作时，即先在竹林村王新民家里住了约一星期才到白面石。中心县委书记郑重同志及其爱人王英同志是长期住在竹林村，郑改姓陈，以行商为掩护，王则在竹林村以教书作为掩护开展工作……”（引自《材料》第37页）。（笔者注：王英应是黄小英同志，因客家话王黄同音）黄小英同志书证中说：“1940年1月，我奉党组织派遣，到增城工作，为了取得职业掩护，在东山学校教书。当时学校准备从竹林村搬去白面石，尚未开学，还要等一些时间，因此组织上安排我到竹林村住下……我在党内负责增龙博中心县委妇委书记，王丽霞是妇委委员……竹林村的党和群众对抗日做了大量工作，是一个好的革命地区”（引自《材料》第42页）。

二、成立中共竹林支部。1938年3月，广州地下党组织委派王新民从广州回增城开展工作，主要任务是发动群众开展抗日救亡，发展党员，建立组织。他回到家乡竹林村后，首先把本村群众充分发动了起来，以竹林村为后盾，以东山学校为阵地，开展轰轰烈烈的抗日救国运动。同年7月，在廖明同志的协助下，培养、吸收了竹林村的进步青年王新史、王世模、王振明、王丽霞、王彪等同志参加了中国共产党，并于同年10月在竹林村东北角炮楼王新民家二楼成立了中共竹林支部。参加成立竹林支部会议有王新民、何添荣、廖明、魏一楠、陈君平（夏冰）女、王新史、王世模、王振明、王丽霞、王彪10名党员，由何添荣任支部书记。支部隶属东莞中心县委领导，1939年3月吸收竹林村王俊明、王若冰为中共党员。1940年至1941年间先后发展竹林村先进妇女刘敬英、李爱连、罗东权、黄义、王宪章和邻村的王兆平、张玉林、陈赖深等同志参加中国共产党。在短短四年间，党组织在该村及邻村共发展了15名党员，使这个支部成为充满活力的坚强战斗堡垒。

三、党的领导机关设在竹林村，指挥增龙博的抗日救国工作。竹林支部成立后，为进一步推动增城地区的全民抗战，上级组织先后派遣了陈君平（夏冰）、魏一楠、杨康华、郭大同、李光中、郑重等一大批领导骨干到正果地区开展工作，他（她）们以教师或商人身份作掩护，食住在竹林村，由该村群众提供生活所需和安全保障。由于形势发展迅速和工作进展顺利，党的领导机关相应建立。中共正果区委、增城特支、增城临工委、增城县委、增龙博中心县委均设在竹林村。当时县领导经常在竹林村召开重要会议研究和部署工作，到派潭、福和、中新、永汉、博罗等地指导工作之后都回竹林村总结研究工作，竹林村成为指挥增龙博抗日救国的重要基地和大本营，后来，虽然县委机关转移到白面石，但正果区委一直设在竹林村指导正果地区抗日的面上工作。

四、县机关从竹林村安全转移到白面石。由于竹林村距离正果墟较近，出于对县领导机关的安全考虑，上级决定把党的县委领导机关从竹林村转移到白面石。1940 年 3 月，地党派王新民同志以办东山分校为名，到白面石做工作，在征得白面石绅士王雁门、王中桥同意借白面石学校办东山分校后，即在白面石设立东山学校第一分校。为掩护县委机关干部开展工作，竹林党支部派王世模同志任分校教导主任，王新民任校长，上级党组织派中共党员李光中、陈江天、黄秀芳等安排在分校以教书为掩护开展工作，并建立东山小学党支部，黄秀芳任支部书记。此后，县委书记郭洪，组织部长袁鉴文等领导则经常出入白面石指导面上工作，许多重要会议都从竹林村转到白面石召开。就这样，县领导机关从竹林村秘密、安全地转移到白面石。

五、抗日救亡活动。中共竹林支部在战火硝烟中诞生，从支部成立开始，就充分发挥党员先锋模范作用，组织、带领群众开展抗日救亡活动。

（一）成立增城青年战地服务团。1938 年夏秋之间，侵华日军大举南侵，局势危急，人心动荡。为了配合国军迎战日寇，王新民同志组织竹林村支部党员王世模、王振明、王新史、王彪、王丽霞、王若冰、何添荣、进步老师何新邦、潘敬时等人成立“增城青年战地服务团”，王新民任团长，在正果地区开展抗日救国宣传活动，为抗日国军伤病员及受伤群众治疗。“1938 年 10 月 19 日，日军左翼从博罗经白面石，掠过正果直逼增城，进攻广州……在枪炮声中，以地下党员为核心的增城战地服务团立即奔赴前线，他们一面帮助群众疏散，尽量减少不应有的损失；另一方面袭击日军夜行中的落伍者，缴其枪支弹药以壮大我们力量……10 月 22 日，日军撤离正果后，服务团全体成员出动搜寻国民党军的伤兵和遗弃物资。他们在白面石附近的山头深谷间，发现有 20 多名伤兵在痛苦中呻吟，便立即发动和组织竹林村的群众，把伤兵抬回乡公所，用在战场上拾获的药物和采摘生草药医治，并动员村民帮助解决伤兵吃饭和穿衣问题。经过两个多月的医治护理，伤兵全部治愈。服务团又为他们筹集路费，鼓励他们再返回部队抗战杀敌。这批伤兵回部队后向军部反映，国民党驻军司令部也来函致谢，并邀请服务团长王新民前往司令部驻地参加会议，商讨军民合作杀敌事宜……12 月，日军飞机向正果赶集的群众猛烈开枪扫射，致死伤 10 多人，服务团救护队赶赴现场救死扶伤，许多受伤老百姓得到及时抢救，脱离生命危险，深得群众拥护。”（摘自《中共增城地方党史》第 73 – 75 页）上述事例只是服务团抗日救亡许多事例之一。

战地服务团属下医疗救护队，由竹林村党员王新史负责，他原在广州学医，取得西医师资格，在高州开设诊所。日寇侵华后，他结束诊所，将药品器械带回竹林村。服务团成立后，他的技术和药械正好发挥了作用。

1939 年 3 月，按上级党的决定，在“青战团”基础上组建东江华侨回乡服务团增城分团，王新民仍任团长。以后又改为“侨服团”增龙队，何添荣任队长，队部由竹林村迁到科甲堂学校。为在正果地区展开抗日救国宣传活动，王新民指示女党员王丽霞带领由村党员、学生（王干忠等）、群众组成的宣传队，逢圩日便在正果圩街头用口头和话剧等形式进行宣传，宣传抗日必胜和抗日救国的道理，鼓舞群众斗志，配合全国抗日救国斗争。

（二）建立革命两面政权。1939 年春，增城已经沦陷，国统区重建乡政权。竹林支部按郭大同指示，派党员王世模出任豸步乡乡长，党员王振明出任副乡长，合法掌握了乡政权，这对掩护我党同志公开进行各项活动极为有利。郭大同在书证中说：“竹林村是增城第一个革命乡政权所在地，当时党员王世模、王振明任豸步乡正副乡长，王世模正乡长，是受当时县长周天禄委任的，是白皮红心的，乡政权表面上是国民党的，实质上是共产党的。”（引自《材料》第 18 页）

（三）建立革命武装。增城沦陷后，日本军机经常来袭正果，社会混乱，人心惶惶。竹林支部利用本村公枪组成“三枪队”，王振明任队长，何添荣、何新邦为队员，负责维护正果地区治安，捉拿汉奸，保护人民生命财产安全。一次日军经过正果坳时，有一名日军因进村搜刮民财而掉队，“三枪队”得知消息立即出动，把这名日军抓获并处决。又一次“三枪队”抓获四名带有通讯器材的日伪敌工人员，经当众审讯，证据确凿，即行就地枪决。“三枪队”虽然是一支很小的抗日武装，但它告诉人们：中国人决不甘做亡国奴，他们有志气，敢于站起来和日本强盗作殊死的斗争；让人民受到鼓舞，看到希望，勇于起来同侵略者作坚决斗争。

豸步乡政权掌握在我党手中后，把“三枪队”改编为豸步乡自卫队（更加公开、合法化），王彪任队长，王俊明任副队长，由王金海等数十人组成。县临工委派武装部长何康华亲自训练这支队伍。为了更好地担负起保卫正果地区人民生命财产安全，肃清汉奸走狗，自卫队进驻佛爷寺。1940 年，何康华把一部分队员带到中新、福和等地区，作为发展革命武装骨干。在之后成立的福和分队，增龙队、增从番独立大队、东江纵队起着重要的作用。这期间，竹林村青年王新世、王干忠（王其芳）兄弟俩和其他村的青年蔡英福（女烈士）、王镜清（烈士）、赖伯膛等人踊跃参加游击队。其中王干忠在1945年春参加东江纵队第五支队金龙大队神勇特别中队手枪队，为革命担负难度较大的联络工作，经常协助地党查奸、锄奸等。同年7月跟随王作尧副司令员的部队北撤山东烟台，编入陈毅部队，在部队英勇作战，参加了伟大的淮海战役、渡江战役、上海战役。在淮海战役中右大腿中弹负伤，荣立三等战功，光荣加入中国共产党，在部队任职排长、文教助理。郭大同在书证中说："竹林村是第一个建立武装的村庄，党支部成立后首先建立了有名的三枪队，后来发展到五枪队，再后来就在五枪队的基础上发展建立了豸步乡自卫队，王彪任队长，一直坚持抗日斗争。"（引自《材料》第22页）

（四）成立农会，开展"二五"减租。1940年至1941年，国民党县党部在李东林领导下成立增城县农会，中共党员汤自持任会长，王俊明等任委员。竹林支部即顺应成立步马乡农会，王俊明兼任会长。农会先从竹林村"五燕"和"诚兰"两个祖尝实行"二五"减租，仅这两个祖尝就减去租谷二百多担。在竹林村的影响下，附近各地减租减息运动也迅速行动起来。农会还组成农民武装纠察队，保护农会和维持社会治安，制止不法分子把粮食偷运出境，安定农民生活，促进农民生产积极性，有力配合抗日斗争。

（五）成立妇女会、消费合作社等群众组织。在竹林支部领导下，1939年成立妇女会，女党员王丽霞、王若冰任正副会长，以竹林村进步妇女刘敬英、李爱莲、黄义、罗东梅等为骨干，带动全村妇女参加妇女会各项活动。她们首先在该村举办妇女夜校，发动周围村庄妇女入学，由王丽霞、王若冰、陈君平（夏冰）等为教师，教妇女识字、唱抗日歌曲，鼓励妇女积极参加抗日救亡活动。在竹林村妇女影响下，邻村妇女纷纷举着火把前来上课。妇女会还发动妇女为抗日部队开展做军鞋、劳军等许多工作。正果区委还将竹林村经验向外推广，由竹林支部派党员王丽霞、王若冰、陈君平、王宪章、王世模、王振明等到马车排、蒙花埔、温大埔、车洞等许多村庄，和当地知识青年一道办起日校和夜校，宣传抗日救国道理，发动群众参加抗日斗争。

由于日军侵略破坏和严密封锁，一些奸商乘机抬高物价，群众生活陷入极度困难境地。1940年，竹林支部为群众排忧解难，在竹林村成立消费合作社，由党员王新史负责。对群众生活必需的商品，千方百计突破封锁，组织货源，平价供应，深受周围群众欢迎。

（六）建立党的情报交通站。在组建和成立竹林党支部期间，王新明为保密和开展工作之便，经常指使亲弟弟王干忠（当时13岁，任儿童团团长，带领团员护村、查奸）传递情报。竹林支部成立后，党组织为了更好地做好党的信息传递、联络、收集敌情，决定在正果墟建立党的情报交通站。于是利用竹林村人王赖深在正果开的杂货店（主要由其子王榕伟打理）信义店为据点，成立正果情报交通站，王俊明任站长，刘敬英、王榕伟为成员。负责搜集传递情报，散发传单张贴标语，并负责联络由王若冰任站长的东江纵队交通站和广州及香港两地党组织。这个站经常以办货为名到广州、香港，将党的重要情报转出去和带进来，他们利用商业活动机会，收集正果一带敌情及时传送给附近活动的游击队，使部队始终站在主动地位，减少损失。游击队几次成功袭击正果反动武装，都是由这个站提供准确情报而取得胜利。在革命低潮时，敌人大肆捕杀共产党员，已暴露身份的党员及领导骨干需要及时转移出去，在紧急关头，这个站的成员不顾安危，与友邻交通站相配合，将转移人员安全护送了出去。

（七）支持部队痛击敌人。1945年2月，阮海天部决定狠狠教训一下不思抗日只管剿共的驻正果反动武装。部队派王彪、卓觉民找到王俊明，要求摸清敌情向部队报告。王通过深入侦查摸查，将敌情报告了部队。当时驻扎在正果的反动自卫队有一个中队，中队部带一个小队驻佛爷寺，有坚固防御工事，武器装备也比较好；一个小队驻扎在泰安、均安两间商铺，无险可守；另一个小队驻扎在下墟当楼，该当楼建筑坚固，易守难攻。部队得到情报后，决定重点围打驻泰安均安商铺之敌。一个漆黑深夜，部队近百人来到与王俊明等预定会合地点，商定由王彪带一支队伍潜伏到佛爷寺塘坐下，任务是用强大火力封锁寺内敌人，不让敌人走出寺门；由王俊明引领一支队伍潜入墟内三角市王锦源铺一带，阻击敌人前来增援；王榕伟引领一支队伍直插泰安均安，包围商铺守敌。战斗由这里首先打响，我猛攻商铺后门，敌无险可守，想由前门夺路而走，又被封锁。驻扎佛爷寺守敌闻声欲来支援，被我强大火力封锁，只好缩回寺内胡乱射击。驻扎当楼守敌，睡梦中闻到密集枪声，不知头绪，吓得人人自危，紧闭大门，自保平安。经过不到半小时战斗，泰安均安之敌被我击溃，纷纷举手投降。此战毙伤敌10多人，缴获步枪30多支，弹药一批，我无一伤亡。

1948年，王彪任麻正区主任，建立农会开仓分粮，进行减租减息"反三征"，群众热情高涨，纷纷参加游击队，一时人多枪少，王彪派人找到王俊明，要求向地方借枪支援部队。王俊明即动员群众，讲明大军即将南下解放广东，为配合全国解放而借用枪支的重要意义。在几天内即集中公、私枪支共9支送到部队。

1949年6月20日，我边纵三支政委黄庄平、副司令王达宏，率部攻打扼守正果的谭生部队。前线指挥部设在竹林村。该村群众立即行动支援前线，分头烧水做饭，把做好的饭菜送到前线，有力配合部队打击敌人。经过两个日夜激烈战斗，终于全歼谭生守敌。22日，张金先部纠集地方反动自卫队一千多人，由县城向北分几路向我反扑，我部被迫撤出正果。当我部押着俘虏运着战利品由竹林村后山撤退时，村民主动点燃各户夏收新鲜稻秆，顿时浓烟四起，形成一幅巨大白色屏障，巧妙地掩护我部安全撤退。

（八）为革命作出巨大贡献。从1938年至1942年，党派遣许多同志到正果地区从事革命活动，这些同志绝大部分都由竹林村群众掩护，村民待他们如亲人，生活上无微不至的照顾，行动上保障绝对安全，从未出现过损失和纰漏。尤其是村民王新民、王赖深、王彪、王世模、王新史、王宪章等家庭，几乎不间断地接待革命同志。

1942年，王新民遭敌人围捕脱险后，家里遭敌人洗劫一空，连房子也被烧毁，逼得其妻儿无处栖身，流落他乡，直到解放后才得返乡。

1945年，伪县长邓其昌出巡正果，谓信义店有共党出入之嫌，把竹林村人王榕伟、王锦芳、王镜铭（信义店及左右店主）等人抓去坐牢，刑讯逼供。但因得不到确凿证据，被勒索大批钱银后才放人。

1948年6月，国民党独二团扣押王振明、王俊明兄弟（王赖深儿子），惨施各种毒刑，摧残得10多次死去活来。但他俩始终严守党的秘密，拒不承认是共产党员。结果向王赖深勒索二百担稻谷才肯放人。王赖深倾家荡产，两个儿子留下遍体伤残。

王彪一直率领游击队在增博地区活动，敌人视为眼中钉肉中刺，但又无法把其捉拿。1948年8月，反动派强迫其妻刘敬英交出稻谷一百担，作为捉拿王彪赏银。迫得刘敬英倾家荡产，未成年的儿子也远逃他乡。

1947年12月，竹林村进步青年王坚如、王凯如，为送情报到三平约，途经正果坳，与进剿我游击队的反动自卫队遭遇而被杀害（解放后追认革命烈士）。

六、庆典活动。1990年2月28日，正果镇竹林村隆重举行仪式，庆祝被补划为革命老区村庄。出席仪式有正果镇党委书记王振华、正果洋支部书记温进洪，革命老前辈郭大同、李光中、陈李中等，还有竹林村参加当年革命活动的幸存者王振明、王若冰、王俊明、王榕伟、王干忠、王新世、刘敬英、李爱莲、罗东梅以及该村全体村民一百多人出席庆典。老同志郭大同、李光中、陈李中分别讲了话，共同回顾了当年峥嵘的革命活动，赞扬了竹林村革命群众舍生忘死，无私奉献，支持、参加抗日救国的革命行动。

七、2010年6月，由市民政局拨款修缮的竹林支部旧址工程完工。这成为红色教育好基地。

王晶明

2011年8月

（本文参照《请求批准竹林村为老区村庄的报告》、《老同志为竹林村所写的书证材料》等资料采写，王文锋整理）。

大 事 记

2010年增城市大事记

一月

5日 市首个政府保障性住房建设项目之一的经济适用房593套在增城广场展览厅发售，建筑面积40953.11平方米。同时建设廉租房170套，建筑面积8400平方米。

7日 全国人大常委会委员、科教文卫委员会副主任委员、总政治部原副主任唐天标率在京部分军队全国人大代表总政视察组到本市参观考察。

10日 110报警服务台成立24周年，市公安局在挂绿广场举办以“警民同心、共创平安亚运”为主题的110报警服务台爱民实践日现场咨询活动，吸引众多群众参加。

同日 省委常委、副省长肖志恒率省政府副秘书长及省编办、省监察厅、省人力资源和社会保障厅、省统计局、省物价局、省法制办、省地方志办等部门负责人到本市，就学习贯彻省委十届六次全会精神，贯彻落实科学发展观，为全省转变经济发展方式提供保障服务进行调研。

12日 市召开创建全国文明城市工作会议，总结去年本市创建全国文明城市工作，分析现阶段创建全国文明城市存在的困难和问题，部署下一阶段创建工作。

13日 据《增城日报》载：2009年12月31日止，全市农保参保人数为90035人，其中已享受待遇人数为40663人。

14日 省文化厅副厅长马新民率广东省实施《南粤锦绣工程》文化先进县（市）评选活动检查验收组，对本市参评“省文化先进市”工作进行检查验收。

16日 广州市如丰果子调味食品有限公司董事长刘剑波因在农业产品深加工领域中的突出表现，被国家农业部乡镇企业局评为“2009中国十大农村致富带头人”，并获颁“2009年中国十大农村致富带头人特殊贡献奖”。

17～18日 市委书记、市人大常委会主任朱泽君，市长叶牛平率领增城市党政考察团赴河源市学习考察。

19～21日 中共增城市委召开十一届十次全会。全会的主要任务是，学习贯彻党的十七届四中全会、中央经济工作会议和省委十届六次全会、广州市委九届八次全会精神，总结2009年工作，分析当前形势，研究部署2010年工作。

23日 国家林业局局长贾治邦率全国林业厅局长会议代表到增城考察。

28日 市委、市政府召开市人民政府机构改革动员大会，启动本市政府机构改革工作。

29日 市在正果镇畲族村举行畲族民俗馆奠基仪式，广州市副市长陈国，省民宗委、省民研院和广州市民宗局等有关领导，以及本市领导为畲族民俗馆奠基，并为畲族村牌坊揭牌。

二月

2日 广州市文物考古研究所经过几个月的发掘，截止当日，增江街白湖村浮扶岭遗址共出土1000多件文物，包括石、陶、铁、青铜、玉等多类器具。

3日 中新镇崔与之文化民俗村环境整饰工程动工。主要规划建设有崔与之纪念馆景区、坑贝古建筑群景区、都市农业和生态旅游景区三大功能景区，总投资初步概算1500万元，规划用地面积约237亩。

同日 在全省旅游工作会议上获悉，增城市被广东省人民政府授予“广东省国民旅游休闲示范市”称号。

5日 广东省委常委、广州市委书记、市人大常委会主任朱小丹率广州市领导，深入本市小楼镇江坳村、腊圃村“送温暖”慰问困难农户。

8～9日 由联合国人居署举办、查达姆研究所承办的“城市的未来”国际会议在英国伦敦召开，增城市委书记、市人大常委会主任朱泽君应邀出席会议并作《转变发展方式，建设公园里的宜居城市》演讲。

10日 原新华社社长、全国政协民族宗教委主任、中国记者协会主席田聪明到本市调研。

22日 中共中央政治局常委、国务院副总理李克强深入学习实践科学发展观的联系点山东桓台县党政考察团到本市考察。

23日 广州市在增城召开绿道网建设工作现场会，与会人员实地参观增城增江画廊绿道、自行车游绿道、自驾车游绿道的建设情况，学习借鉴增城市绿道建设经验，部署广州市绿道网建设工作。

同日 从增城工商局获悉，本市皇朝家私“Rayal”商标被国家商标局认定为中国驰名商标，这是本市继“豪进 HAOJAN”、“KANGWEI”康威被认定中国驰名商标后又一件中国驰名商标。

24～25日 省人大常委会副主任陈小川率省人大环资委到增城市视察绿道建设、产业结构调整及城市规划建设工作。

26日 中共中央政治局委员、广东省委书记汪洋到本市进行绿道网建设专题调研，并参加荔城街桥头绿道综合服务区义务植树活动。汪洋对本市通过建设绿道发展经济、带动农民增收致富的思路和做法给予肯定。

三月

3日 由省妇联、增城市委市政府、广州市妇联、省总工会女工委、省直机关妇工委联合主办的“庆三八·迎亚运”广东万名妇女绿道欢乐游活动首发式在本市荔城街桥头绿道举行。

7日 从全省体育局长会议获悉，2009年增城体育工作获佳绩，名列全省137个县（区）第一名，连续19年荣获“广东省体育突出贡献奖”。

同日 市人力资源和社会保障局主办的“春风行动”2010年城乡劳动力、外来务工人员现场招聘会在挂绿广场举行。此次招聘会大部分企业提高求职者薪酬待遇，有337名求职者达成就业意向。

9日 中国人民政治协商会议增城市第八届委员会第五次会议开幕。市政协主席王运才，副主席李巨贤、袁伟峰、陈伟瑛、黄艳明、杨爱华、邓毛颖和秘书长姚锦波出席会议。应出席委员268人，实到263人，符合法定人数。

10日 市第十三届人民代表大会第五次会议开幕。大会应出席代表265人，实到262人，符合法定人数。大会由市委书记、市人大常委会主任朱泽君主持。市长叶牛平代表市政府向大会作《政府工作报告》。大会并设列席和旁听席。

19日 中宣部全国宣传干部学院党委副书记、第一批学习实践活动中央联络指导组派驻增城领导郑续杰，中宣部全国宣传干部学院办公室主任刘昌雨一行到本市考察学习实践活动“回头看”工作。

21日 国务院正式批复，“同意广东增城工业园区升级为国家级经济技术开发区，定名为增城经济技术开发区，实行现行国家级经济技术开发区政策”。

29日 安徽省市厅级领导干部考察团到本市参观考察。市领导朱泽君、叶牛平、何鎏辉陪同考察。

四月

2日 《广州日报》载，原增城市人大常委会副主任、党组副书记邱伙胜（2003年前曾任市委副书记）被广州中院以受贿罪判处有期徒刑7年。

5日 在全国开展的第四次县以上公共图书馆评估定级工作中，市图书馆被评为国家一级图书馆。并于4月16日举行国家一级图书馆挂牌仪式。

6日 全党深入学习实践科学发展观活动总结大会在北京隆重举行。本市在新行政中心设立分会场，组织干部收看总结大会电视电话会议。

7日 市召开2010亚运城市行动协调委员会工作会议。会议强调，有关部门要加快亚运场馆建设，确保亚运比赛场馆和配套工程建设在6月30前完成，同时抓紧编制2010年广州亚运会增城赛区赛会运行指挥体系工作方案。

8日 市召开“三旧”（旧村、旧厂、旧街）改造工作动员大会，会议并举办“三旧”改造工作干部培训班。会议要求在全市掀起“三旧”改造的热潮，扎实抓好“拆、建、改、造”工作。

9日 从市交通运输局获悉，增江河小楼圭头潭至初溪水利枢纽站段各类存有重大安全隐患船只清理工作完成，清理船只面积达8409.55平方米。

15日 从市民政局获悉，从2010年1日起，全市90～99周岁老人每人每月发放200元长寿保健金。另从7月起，80～89周岁老人每人每月发放50元长寿保健金。

同日 第107届广州国际会议中心琶州馆开幕，本市有豪进摩托、奔马实业、黄川摩托等8家企业亮相第一期展会，共有26个展位。

17日 中央组织部率考察团到增城市考察。市委书记、市人大常委会主任朱泽君，市委常委、组织部长冼银崧，副市长张文远陪同考察。

17～20日 2010年首届广州增城何仙姑诞在小楼何仙姑广场举行，再现千年庙会历史文化盛况。庙会期间，吸引10万名游客和善信。

18日 江苏省昆山市党政考察团到增城考察。市委书记、市人大常委会主任朱泽君，市长叶牛平等市领导陪同考察。

27日 联合国人居署考察团到增城市考察。次日，联合国副秘书长兼人居署执行主任安娜·蒂贝琼卡博士在碧桂园凤凰城，围绕“推进城市与经济可持续发展以及人居环境保护”的主题作“增城科学发展大学堂”专题报告。她认为，增城的人居环境真的非常好，是一个杰出的可持续发展典型城市。

五月

2日 由世界华商基金会主办、世界华人总会和世界华人协会合办的第12届世界杰出华人奖、第2届世界杰出艺术家大奖暨加拿大纽宾士域蓝仕桥大学荣誉博士学位颁授典礼，在香港湾仔会展中心举行，廖榕就获世界杰出华人奖并获颁授加拿大纽宾士域蓝仕侨大学荣誉博士学位。

7日 公安部副部长李东生率考察组到本市考察。李东生认为，增城的科学发展是按照客观规律来发展。

10日 省政府办公厅副主任陈世庆率调研组到本市调研加大财政扶持农民专业合作社发展情况。

11日 中国第九届艺术节“大地情深”群星奖广场舞决赛在增城广场举行。全国有12支代表队参赛，其中代表增城参赛的《领潮争先》获第十五届群星奖。

12日 市举行“5·12国际护士节”纪念大会。对105名2009年度广州市、增城市优秀护士进行表彰。

13日 新塘西南村举行股份合作制改革试点工作股东大会，625名西南村选民举手通过《增城市新塘镇西南村股份合作经济联合社章程》，该村由此实施集体经济组织股份制。

15日 中共中央政治局常委李长春在中共中央政治局委员、广东省委书记汪洋，文化部部长蔡武，省委副书记、省长黄华华等省市领导陪同下来到增城调研。

16日 广东省和广州市残联在本市中新镇广场联合举办主题为“加大扶持与救助力度，帮扶农村贫困残疾人”的“全国助残日”活动。

20～23日 市四套班子主要领导率增城市党政考察团赴陕西省延安市安塞县学习考察。期间，增城市委、市政府与安塞县委、县政府签订共建科学发展示范县（市）协议。次日，再赴浙江省嘉善县学习考察。31日，召开学习两县经验报告会。

24日 在广东省委党校学习的“新加坡官员赴中国研修班”学员到本市考察，了解本市城市化进程的情况。

26日 省发改委副主任王亚明率调研组到本市调研三大主体功能区建设情况。

28日 广州市农业局局长汤锦华率全局人员到本市参观考察社会主义新农村建设和绿道建设。汤锦华认为，增城在探索新型都市农业发展新路子和社会主义新农村建设方面，为广州地区提供宝贵经验，值得推广。

六月

1日 广州地铁总公司总经理丁建隆、党委书记吴慕佳一行20多人到本市参观考察，了解增城市经济社会发展情况和研究地铁13号线通往增城的相关事项。

同日 位于新塘镇的市首家五星级电影院“新塘耀莱国际电影城”建成投入运营。

2日 市召开经济工作现场分析会，分析当前经济发展的新情况、新问题，切实采取有效措施，推动全市经济实现又好又快发展。

3日 广州增城国际旅游度假城概念规划国际竞赛专家评审会在市新行政中心召开。

7日 2010年第17届国际泳联跳水世界杯男子双人10米台的决赛中，增城籍运动员张雁全与队友曹缘获得金牌。

8日 亚运增城赛区领导小组组长、广州市人大常委会副主任周庆强一行，到本市检查亚运赛区筹备工作情况。

9日 《增城日报》载，第三次全国文物普查，本市复查不可移动文物57处，新发现文物462处，完成519个文物点的普查登记建档工作。

17日 位于本市派潭镇榕树吓村，作为第16届广州亚运会飞碟项目比赛场馆的广州飞碟训练中心整体工程竣工。

18日 2010广州增城何仙姑文化旅游节暨仙桃慈善义卖及低碳绿道送爱行动启动仪式在小楼镇何仙姑家庙广场举行。启动仪式上，8颗仙桃义卖筹得善款38.1万元，其中7号仙桃拍出20万元的天价。

25日 市警方通报，当日凌晨本市增江某中学一高三学生在宿舍坠楼身亡，经法医检查，排除他杀。

27日 广州亚运会“亚洲之路”典藏特装车增城绿道巡游暨2010广州增城荔枝文化旅游节开幕式、首个“广东自驾旅游示范区”授牌仪式、美丽说亚运”走进增城大型广场活动在增城广场举行。

同日 由省农业科学院果树研究所、增城市农业技术推广中心和新塘镇农业办合作选育的“仙进奉”荔枝新品种经过专家鉴定，该品种荔枝丰产性能好，裂果少，品质优，适宜在本省种植。

26～28日 在山东烟台举行的“张裕 ”2010年世界杯蹼泳赛，增城籍蹼泳运动员袁海峰、欧剑、徐焕珊、袁雅琪和刘思敏代表国家队参加比赛，夺10金5银3铜成绩。

28日 市召开纪念中国共产党成立89周年暨深入开展创先争优活动动员大会，决定在全市基层党组织和党员中深入开展创建先进基层党组织、争做优秀共产党员的创先争优活动。

30日 市在增江画廊举行“游绿道·济贫困 ”增江画廊千人自行车大巡游暨“广东扶贫济困日 ”捐款仪式。当天筹集捐款超过15万元。

七月

2日 省人力资源和社会保障厅副厅长林应武带领广州市人力资源和社会保障局一行，到本市调研农村社会养老保险和城镇老年居民养老保险工作开展情况。

同日 从2008年起实施77条村生活污水治理项目，至当日已完成主体工程建设，投入试水运行。

3日 新塘菊泉中学湛若水铜像揭幕。

5日 广州市委常委、市委秘书长、广州开发区党工委书记、管委会主任、萝岗区委书记凌伟宪率广州市萝岗区党政考察团到本市考察。

7日 国务院参事车书剑等一行9人到本市进行强镇扩权工作专题调研。

10日 由国家水利部党组副书记、副部长鄂竟平率领的调研组到本市调研小型农田水利重点县建设工作。

11日 市在挂绿广场举办“增城挂绿赠百姓”活动，30位幸运增城市民每人免费获赠一颗珍贵的挂绿荔枝。

16日 广州市政府在本市小楼镇西境村举行首批“广州市观光休闲农业示范村”授牌仪式。本市莲塘村、西境村获评。

20日　市委、市政府召开全市集中查处违法建设暨整治广告招牌和城乡“六乱”专项工作动员大会。遏制和依法查处各类违法建设，确保以一流城乡环境迎接亚运会。

21日　海南省委书记、省人大常委会主任卫留成，省长罗保铭率海南省党政考察团到本市参观考察。

22日　广东民间文化遗产抢救工程系列丛书《广东省民间故事全书广州增城卷》出版并公开发行。

26日　广东文物鉴定站专家到本市博物馆馆藏文物鉴定定级。经鉴定，3件湛若水墓出土的彩绘陶俑、1件唐代端砚和1件清代湛谷生榄雕等5件藏品被鉴定为国家二级文物，另有159件藏品被鉴定为国家三级文物。

27日　市召开领导干部大会。广州市委组织部副部长李瑾宣布省委、广州市委关于增城市主要领导职务调整的决定：任命广州市委常委徐志彪为增城市委书记，增城经济技术开发区党工委书记、管委会主任、筹备领导小组组长。朱泽君同志已担任梅州市委副书记、副市长、代市长，不再担任增城市委书记。

八月

2日　广州市委常委，增城市委书记，增城经济技术开发区党工委书记、管委会主任徐志彪主持召开市委常委会，总结上半年经济工作，分析经济形势，研究部署下半年经济工作。

4日　广东省迎接广州亚运会倒计时100天誓师动员大会在广州召开。本市设立分会场，市领导及市直有关单位负责人集中收看收听。

5日　国家财政部部长谢旭人一行在省财政厅厅长曾志权等的陪同下到本市就强农惠农专项资金清查工作、“小金库”治理及加强财政管理等工作进行调研。

9日　从即日起至11月10日，开展新塘百日整治大行动，重点整治社会治安、出租屋动人口、重点场所、交通秩序和城乡环境。

10日　广州市副市长贡儿珍在本市主持召开广州市“健康亚运健康广州”全民健康活动工作现场会。

同日　市出台《增城市高中阶段免费义务教育实施方案》文件，从本年度秋季起，高中阶段实行免费教育，本市户籍学生就读市外职业类学校在减免之列。

11日　增城经济技术开发区举行挂牌仪式。广东增城工业园区晋升为国家级经济技术开发区，成为广东省首个落户县级市的国家级开发区，并成为继广州开发区、南沙开发区之后，广州市第三个国家级经济技术开发区。挂牌仪式结束，广州市委、市政府在增城召开学习推广增城市实践科学发展观经验现场会。

16日　广州市委常委，增城市委书记，增城经济技术开发区党工委书记、管委会主任徐志彪深入派潭、小楼和正果镇展开调研创先争优活动。

18日　北京汽车工业控股有限责任公司与增城市政府在广州签订华南生产基地项目框架协议。项目定位为北汽集团乘用车出口基地和华南生产基地，总投资50亿元，设计产能30万辆/年，将带动相关产业实现产值800亿元。

同日　东莞市委书记、市人大常委会主任刘志庚率该市党政考察团到本市考察。

20日　中共增城市委召开十一届十一次全会。主要任务是，认真贯彻落实省委十届七次全会和广州市委九届九次全会精神，总结2010年以来工作，部署开展创先争优活动，确保2010广州亚运会增城赛区比赛项目、2010世界旅游日全球主会场庆典暨中国广东国际旅游文化节开幕式顺利举行；全面完成增城市2010年经济社会发展各项预定指标。

24日　《增城市农村计划生育家庭节育奖实施办法》通过审议。《办法》规定，农村独生女父母、“纯二女”夫妇，可享受每人每月50元补助。

25日　省政府在本市召开2010世界旅游日全球主会场庆典暨中国广东国际旅游文化节现场协调会。

30日　省委常委、省委组织部部长李玉妹就开展创先争优活动到增城调研。

九月

2日　广州市委常委，增城市委书记，增城经济技术开发区党工委书记、管委会主任徐志彪率检查组对亚运会增城赛区各场馆建设和整治情况进行检查。

同日　广东粤海控股有限公司董事、总经理黄小峰，东凌集团有限公司董事长赖宁昌分别率该公司考察团到本市考察，了解增城投资环境。

6日　广州市志办在增城召开《增城市志》(1994~2005)复审会。

8日　由中央文明办主办的“我推荐·我评议身边好人”活动揭晓，本市石滩镇种蕉能手刘映惠以“诚实守信”榜上有名。

11日　市召开亚运增城场馆团队及旅游文化节美食节工作会议，研究部署广州亚运会增城赛会、2010世界旅游日全球主会场庆典暨中国广东国际旅游文化节开幕式、第二十四届广州（国际）美食节暨2010增城国际旅游美食节各项筹办工作。

13日　全国政协常委，中国科协副主席、党组副书记齐让率全国政协科协界委员到本市开展科普惠农兴村工作专题调研。

16日　新塘镇湛甘泉文化促进会成立。

同日 东莞银行广州增城支行在新塘开业。

18日 广州市市长万庆良到亚运会增城赛区调研，现场检查广州飞碟训练中心、龙舟赛场、增城体育馆等场馆以及增城生态美食园区的建设和改造情况。

21日 增城市召开“两大盛会”组委会工作会议，传达贯彻省长黄华华和广州市有关会议对“两大盛会”筹备工作的指示精神。

同日 市召开领导干部大会。广州市委组织部副部长李瑾宣布广州市委决定：任命增城市委副书记、市长叶牛平为增城经济技术开发区党工委副书记、管委会副主任。

25日晚 第二十四届广州（国际）美食节暨2010增城国际旅游美食节在增城生态美食园区开幕。

26日上午 省委常委、广州市委书记张广宁深入创先争优活动基层联系点增城市小楼镇调研。

27日晚 由世界旅游组织、国家旅游局、广东省人民政府主办的2010世界旅游日全球主会场庆典暨中国广东国际旅游文化节开幕式在增城广场隆重举行。世界旅游组织秘书长塔勒布·瑞法依，国家旅游局局长邵琪伟，广东省省长黄华华分别在开幕式上致辞。

十月

4日 市长叶牛平主持召开新塘水南涌流域综合整治工作现场会。要求加快进度。确保亚运会前完成。

9日 广州亚运会增城赛会运行指挥部总指挥徐志彪主持召开亚运会增城赛会运行指挥部工作会议。确保广州亚运会增城赛区万无一失。

18日 市开展“迎亚运、促和谐”领导大接访活动，市领导分赴各镇街与群众面对面交流，听取群众意见，现场受理群众信访诉求，为民解忧。当天，共接待来访群众269批646人次。

19日 广东省安监局局长陈建辉率调研组对本市亚运焰火产品临时储存仓库的建设情况进行调研督导。

同日晚 新塘瓜岭村一工艺厂发生锅炉爆炸事故，造成一死一伤。

23～24日 中国中小城市科学发展评价体系研究成果发布暨第七届中国中小城市科学发展高峰论坛在湖南省长沙县举行。增城荣膺中国十佳“两型”中小城市、中国中小城市科学发展百强县市、中国最具区域带动力中小城市百强县市三项殊荣。

26日 从市民政局获悉，广州亚运10大惠民项目之一“向特殊群体发放补助”全市34425名补助对象每人获赠500元。

26日 省农业厅副厅长蔡汉雄率省政府工作组到本市进行粮食安全责任考核检查。

27日 市举行庆祝第23届环卫工人节暨表彰大会。对本市5名获广州市表彰的优秀城市美容师和本市各镇街环卫先进工作者65人进行表彰。

28日 亚奥理事会新闻委员会主席萧威利一行5人到增城体育馆考察媒体运行工作。

27～29日 中央创先争优活动领导小组办公室副主任、宣传组组长、中宣部社科规划办副主任姜培茂一行，深入本市研究创先争优活动。

29日 国内首家基于灾备、数据中心和外包服务的高新企业中金数据系统有限公司在增城经济技术开发区奠基设立华南数据中心。该项目为广州与中央企业及国内大型企业战略合作的签约项目。

十一月

1日 从11月1日至29日亚运会期间，实施市民免费乘公交车亚运惠民项目。同时，在交通方面，车辆在本市范围内按单双号限行，违规罚款200元，并记3分处罚。

2日 2010中国广州新塘国际牛仔服装节经贸洽谈会在新塘国际牛仔服装纺织城举行，吸引全国20多个城市2000多名客商前来参会。

7日 第16届亚洲运动会火炬传递活动在本市增城广场举行。女子举重世界冠军刘秀华等16名火炬手参与传递，2万多名增城市民在活动现场助威。

9日 美国加州洛杉矶阿罕布拉市（Alhambra）市长沈时康到本市新塘镇参观访问。沈时康表示，将支持和协助新塘牛仔服装产业进入美国服装市场，扩大市场占有率，为新塘打造世界牛仔时尚中心努力。

13～14日 第16届亚运会体育舞蹈比赛在增城体育馆举行，共产生10枚金牌，其中，中国队梁瑜洁、沈宏组合为中国队夺得第1000枚亚运会金牌。

15日 市召开亚运会增城赛区运行指挥部工作会议，总结增城体育馆团队成功经验，部署龙舟赛事、飞碟赛事的各项准备工作和全市安保工作。

18～20日 第16届亚运龙舟比赛在本市增江画廊景区举行，该赛事共产生6枚金牌。

18～24日 第16届亚运会飞碟比赛在位于本市派潭镇的广州飞碟训练中心举行，该赛事共产生12枚金牌。

23日 国家体育总局副局长冯建中率国家体育总局一行到亚运会飞碟场馆了解场馆运行情况，并观看女子双向飞碟决赛，为运动员加油鼓劲。

25日 《广州日报》载，2009年4月7日，增城一对新人在荔城某酒店举行婚宴，宴请亲朋，某同事应邀赴宴，席间，该同事红酒、白酒照喝，又到别桌敬酒，致使饮酒过度身亡。死者家属认为宴请者应负责任，逐状告两位新人。增城法院一审判决，两位新人酌情补偿1.8万元，无须承担责任。死者家属不服，上诉广州中院，广州中院驳回上诉，维持原判。

28日 中央编办副主任吴知论到本市新塘镇调研经济发达镇行政管理体制改革试点工作。

29日 世界包装组织亚洲包装中心考察组到本市考察。

30日 由国家发展改革委环资司发起的“光爱之行·十万只节能灯情系增城”捐赠活动仪式在本市实验小学举行。

28~30日 世界客属第23届恳亲大会在河源市举行，市客家文化研究会组团参加，与世界各地的客属宾朋恳亲联谊。

十二月

7日 国家住房和城乡建设部城建司司长陆克华率考察团到本市考察城市规划建设情况。

14日 广州亚残运会第二个比赛日。在赛艇比赛中，增城籍运动员单子龙、张金红分别夺得TA混合双人双桨、AS女子单人双桨金牌。

14~15日 广州市委常委，增城市委书记，增城经济技术开发区党工委书记、管委会主任徐志彪率市四套班子领导赴梅县调研扶贫开发“双到”工作。

20日 中共中央政治局委员、中央书记处书记、中央组织部部长李源潮到本市新塘西南村调研。

22日下午 中国著名演奏家宋飞到本市增城广场观赏名人铜像，并在增城广场“名人林”植树。

21~22日 中央农村工作会议在北京举行。广州市委常委，增城市委书记，增城经济技术开发区党工委书记、管委会主任徐志彪代表增城市作题为《培育壮大县域经济，协调推进‘三化’发展》大会发言。

23日 由全国农业技术推广服务中心、中国农业技术推广协会主办的第九届中国优质稻米博览交易会上，增城丝苗米获“金奖大米”称号。

24日 2010广州增城菜心美食节在小楼镇小楼人家景区开幕，文化下乡、乡村美食、绿道乡村游、特色农副产品展销等多项主题活动启动，同步由中央电视台农业频道《聚焦三农》栏目组现场拍摄、录制《菜心航母小楼启航》大型文艺节目。

同日 中国致公党广州市委员会增城市支部成立。

26日 2010全球潮商经济论坛在新塘召开，同时增城市潮商文化促进会成立。

27日 市委、市政府召开扶贫帮困工作动员大会，贯彻落实中央农村工作会议、省委对口扶贫“双到”精神和广州市委对全市尤其是山区的扶贫帮困精神，动员部署全市扶贫帮困工作。按广州市要求，2012年北部三镇要脱贫。

28日 广州市人大常委会党组书记、人大常委会主任张桂芳率广州市人大代表农村农业视察团到本市视察，详细了解本市农民专业合作社发展情况。

28日晚 石滩镇麻车村举行“舞火狗”活动，吸引数万人前来观看。

29日 广州江铜铜材有限公司40万吨铜杆线项目在增城经济技术开发区奠基。该项目总投资20亿元，预计年产值180亿元。

30日 市政府与北汽集团在荔城潮府阁签订北汽集团华南基地项目合作协议。

增城概貌

基本情况

【地理位置】 增城市位于广东省中部，广州市东部（简称穗东），珠江三角洲东北角和珠三角都市生活圈内。地理座标：北纬23度5分至23度37分；东经113度32分至114度0分。市境东界惠州市博罗县，西连广州市，南与东莞隔江相望，北接龙门县和从化市。市治所在地荔城街，距广州市中心60公里。

【行政区划与人口面积】 增城市于1993年12月撤县设市，属广东省辖县级市，由省委托广州代管。行政区划总面积1616.47平方公里，2010年全市户籍人口839812人，外来人口50多万人。辖区有6个镇（新塘、石滩、派潭、正果、小楼、中新）和3个街道（荔城、增江、朱村），共有社区居民委员会37个，行政村村民委员会282个。全市行政区划情况详见下表。

2010年增城市行政区划一览表

镇街	居民委员会		村民委员会	
	个数	名　称	个数	名　称
荔城街	10	金竹、兴发、富鹏、雁塔、开园、凤凰、相江、继枚、沿江、西园	24	太平、三联、五一、光明、明星、金星、罗岗、夏街、城丰、廖隔塘、庆丰、新联、迳吓、蒋村、群爱、廖村、棠村、桥头、龙角、木潭、棠厦、庆东、莲塘、西瓜岭
增江街	2	桥东、东湖	11	白湖、陆村、东方、西山、光耀、联益、五星、光辉、四丰、大埔围、初溪
朱村街	1	朱村	12	朱村、龙岗、龙新、联兴、丹邱、山角、山田、南岗、横塱、神岗、秀山、凤岗
新塘镇	16	新康、汇美、新世界、东街、西街、水电二局、西宁、渔村、小迳、中街、卫山、仙村(一)、仙村(二)、永和、宁西、沙埔	71	南安、南埔、新墩、西洲、白江、群星、新河、甘涌、坭紫、东华、东洲、新街、黄沙头、石下、瓜岭、大敦、田心、白石、上邵、白水、塘美、官湖、瑶田、章陂、久裕、乌石、九如、陂头、长岗、岗丰、简村、蓼园、塔岗、翟洞、公安、叶岭、下境、仙联、巷头、竹园、十字滘、深涌、下基、沙角、沙头、上境、基岗、蓝山、潮山、沙滘、岳湖、碧潭、西南、冯村、中元、石迳、斯庄、路边、郭村、下元、湖东、湖中、百湖、巷口、上岭、长巷、塘边、岗尾、三安、上基、官道
石滩镇	3	石滩、三江、沙庄	44	郑田、塘头、仙塘、横岭、马修、岗贝、顾屋、元洲、高门、碧江、麻车、增塘、石湖、南坣、沙陇、白江、石头、石厦、岳埔、凰埔、谢屋、街心、田边、沙尾、吓岗、桥头、灯堂、沙头、旧山吓、水龙、金兰寺、塘口、元美、田心、葵湖、元岗、田桥、岗尾、溪头、新山吓、下围、龙地、土江、上塘
中新镇	2	中新、福和	35	中新、大田、团结、集丰、九和、联丰、慈岭、莲塘、坑背、乌石、霞迳、钟岭、山美、新围、双塘、里汾、濠迳、坳头、南池、田美、合益、三星、心岭、联安、五联、安良、茅田、永兴、泮霞、官塘、大安、池岭、简塘、三迳、新安
正果镇	1	正果	31	合水店、汀塘、到蔚、石溪、东汾、麦村、中西、大冚、和平、水围、银场、正果洋、番丰、圭湖、黄塘、浪拔、麻冚、庙尾、岳村、花园、黄屋、乌头石、亮星、兰溪、畲族、何屋、池田、西湖滩、蒙花布、白面石、水口

续上表

镇街	居民委员会		村民委员会	
	个数	名　称	个数	名　称
派潭镇	1	派潭	34	湴汾、水口岃、小迳、湾吓、黄洞、万能、邓村、高埔、大田围、邓路吓、旧高埔、双头、汉湖、派潭、高村、围园、车洞、刘家、大埔、利迳、拖罗、玉枕、七境、高滩、东洞、佳桐岭、亚口岃、双合寮、亚如岃、背阴、樟洞坑、上九陂、榕树吓、密石
小楼镇	1	小楼	20	黄村、邓山、沙岗、二龙、九益、正隆、罗坑、竹坑、青迳、秀水、长岭、约场、河洞、腊布、西境、东境、庙潭、西园、小楼、江坳
合　计	37		282	

【交通状况】 增城地处广州通往粤东各地的咽喉地带，中部324国道横贯其中，南部有广九铁路（广州至香港九龙）、广梅汕铁路及107国道、广深高速公路、广惠高速公路和广园快速路贯通。增莞深高速公路通车，广河高速增城段、增从高速公路正在建设中，荔新公路改造为超一级10车道的沥清路。完成广汕公路增城段、荔三公路、增派公路、增正公路、新新公路、荔三公路、坪中公路、石新公路等8条141公里城市主干道的升级改造。全市实现镇通二级公路和行政村通水泥路及客运班车，完善市区和新塘城区公交班线。全市公路通车里程1423.861公里（不含高速公路）。其中，国道55.722公里，省道170.786公里，县道243.319公里，乡道883.959公里，高速公路70.08公里，全市有等级公路1366公里，其中一级以上公路180.9公里，二级公路147.7公里。市境南部的新塘港与广州黄埔港相邻，设有海关、码头和口岸机构，每日有客货轮直航香港。初步形成公路、水路、铁路联合发展的四通八达的交通网络。

【自然条件】 (1) 增城地处南亚热带，北回归线经过市境北部，属海洋性季风气候，多年平均气温为21.6℃，极端高温为38.2℃，极端低温达－1.9℃。其特点是炎热多雨，长夏无冬，全年可栽培作物。(2) 水资源丰富。主要河流有东江、增江、西福河，流域面积均超过500平方公里，此外还有6条流域面积超过100平方公里的河流。多年平均经流量19亿多立方米，过境客水179亿立方米。南部有潮水涌入。全市有中型水库4座，小㈠型水库17座，小㈡型水库89座，山塘180多座。(3) 境内耕地多为赤红地和河谷冲积地，有机质丰富，适宜种植水稻、花生、蔬菜、水果、甘蔗和造林。(4) 矿产资源丰富。已探明的主要矿产有：金、银、铜、铁、锡、锰、钨、铌、锆、钛铁、铝土、水晶、石英、钾长石、陶土、煤、石灰石、花岗岩等。(5) 温泉资源丰富。位于派潭镇高滩温泉日出量3400吨，水温27～73℃，是含有氟、硫、氯、钙、钾、锌、等多种元素的温泉。(6) 物产丰富。境内盛产番薯、凉粉草、红柿、黑皮冬瓜、迟菜心等农家土特产。

【地方特点】 (1) 增城是千年古县，有深厚的文化积淀。远在4000～7000年前（新石器时代）已有人类繁衍生息。秦汉两代时期，中原汉族逐渐迁入岭南开发，唐宋以后迁入更多。增城于东汉年间建县，有近1800多年历史。悠久的历史和独特的地理景观，造就了不少文物古迹、地方风物、知名人物、风景名胜和众多的非物质文化遗产，积累丰富的历史文化和人文景观。(2) 增城是广东重点侨乡之一。旅居海外的华侨、华人约15万人，港澳台同胞16万人，占全市总人口约38%。改革开放后，当局加强与海外华侨、华人团体和港澳台同胞及团体的联系，为促进增城经济发展作出贡献。(3) 增城是新兴的工业城市和汽车产业基地。年工业总产值占工农业总产值90%以上，改变以往传统农业的格局。近年，注重产业结构调整和资源优化配置，以大基地大项目建设带动经济大发展，加强规划引导，加强土地征收整合，加强基础设施建设，打造招商引资新载体，提高全市产业发展承载力。增城工业园区升级为国家级经济技术开发区，提升增城发展品牌。在众多行业中，以广本汽车、五羊本田摩托车及零部件、纺织服装已成为三大支柱产业。(4) 都市农业稳步发展。增城是著名的荔枝之乡和广东省主要粮产区之一。挂绿荔枝和丝苗米享誉中外。建国前，荔枝、丝苗米、乌榄、凉粉草称为增城“四件宝”。近年主要特产增城荔枝、小楼黑皮冬瓜、增城迟菜心、增城乌榄、派潭凉粉草、密石红柿、正果腊味、黄塘头菜、白水寨番薯、增城丝苗米成为增城“十宝”。增城挂绿荔枝在2002年拍卖会上拍得55.5万元/棵。继2004年增城丝苗米获得国家地理标志产品保护后，2010年增城迟菜心和派潭凉粉草成为国家地理标志保护产品。至此，增城已有3个国家级地理标志保护产品。(5)牛仔名城。新塘牛仔服装经历30年的发展历程，已形成纺纱、染色、织布、制衣、水洗、防缩等生产系统，是国内出口牛仔服装集群镇之一。镇内有牛仔服装企业3800家，注册商标1000多种，创造VIGOSS、增致、康威等国内外较为知名的品牌。其中“康威”荣获“全国驰名商标”称号。新塘先后被评为“中国牛仔服装名镇”和“广东省牛仔纺织服装技术创新专业镇”称号。(6)旅游业快速发展。市境地形复杂多样，南中北部形成平原、丘陵和山区的格局，素称“岭南之奥区”，故旅游资源丰富。2000年以来，市委、市政府贯彻落实科学发展观，把全市规划为“三大主体功能区”，把北部山区规划为限制工业发展的生态产业区，重点发展都市农业、生态文化旅游业和度假休闲产业区，整合北部派潭、小楼、正果三镇1000平方公里旅游区，确立生态旅游的地位，发展生态和休闲旅游业。其中，白水寨省级风景名胜区、小楼人家、正果湖心岛已成为增城生态旅游业的核心景区。近年建设鹤之洲、增江画廊、莲塘春色、天然沙滩泳场、荔湖万亩湿地公园、白湖水乡等一批生态旅游景点和257.91公里绿道及21个绿道驿站。2008年开始创建省级旅游强市，经过2年努力，增城已成为广东省旅游强市、国民旅游休闲示范市和广东省旅游综合改革示范县（市区）。白水寨省级风景名胜区，2006年获“广东省最美乡村旅游示范区”和“国内最佳生态旅游目的地”称号。白水寨风景名胜区正在创建国家4A级景区。2010年，正果湖心岛景区、何仙姑景区、小楼人家景区、增城文化公园景区已评为国家级AAA旅游景区。成功举办2010年世界旅游日全球主会场庆典暨中国广东文化旅游节开幕式。

【人文资源】 增城人杰地灵，青史名人辈出。广州五仙观南粤先贤祠评广东56位最有影响的历史文化名人，增城占3个（崔与之、湛若水、陈大震）。崔与之（1158～1239）自幼家境清贫，得友人之助入太学，南宋绍熙四年进士，历任户部员外郎、广西提点刑狱、四川安抚使、广东经略安抚使等职，后被任为参知政事，右丞相，皆坚持不受。从政数十年，以“无以财货杀子孙，无以政事杀民，无以学术杀天下后世”自警。所任整肃吏治，革除积弊，被称为一代“吏师”。不仅政绩辉煌，武功亦卓著，帅淮扬、安川蜀、解粤难，处处展示出其杰出的军事才华，成为南宋文治武功的爱国名臣。崔词章造诣颇高，有“开岭南宋词之始”之称，所治儒学“菊坡学派”是岭南历史上首个学术流派。崔与之是宋代名臣，广东由太学取士的第一人。他曾在四川任太守职，领导抗金战争，因战功政绩显赫被宋帝理宋任为右丞相。但他反复13次婉辞，后人称他为“白麻不能起南海，千载一人非公谁?”他又是诗人，填词尤著名，被称为“粤词之祖”。明朝湛若水，于弘治年间中进士，曾任吏、礼、兵三部尚书，又是著名的哲学家和教育家，他一生创办书院40余所，弟子遍布全国各地，对后世文化教育的发展有很大影响。此外，还有元代的农民起义军领袖朱光卿，清代的太平天国翼王石达开，辛亥革命黄花岗七十二烈士之一的郭继枚，北伐时期奉孙中山之命回国任华侨讨贼军军需长黄国民等。他们为推翻封建统治、推动中国民主革命作出卓越的贡献，均为后人所景仰。

文化资源丰富。据文物部门普查，境内历史遗留下来的文物有3600多处（件）。主要的有新石器时期的金兰寺村贝丘遗址、西瓜岭村战国窑址和天麻山出土的编钟等。罗岗鲤鱼岭、三江梅花岭、新塘大统岗等地的东汉古墓群。创建于西汉（增城建县前）的白花古寺、南宋时期的万寿寺、正果寺、明代新塘怀德阁、天下士祠、槎岗雁塔和石滩、小楼、朱村等的6座文塔。建于明代的何仙姑家庙和分布于南部地区的多座拱梁式桥梁。还有比较出名的广府古建筑和客家村落；中新镇的莲塘村、坑贝村、岗埔围龙屋，新塘镇路边村、瓜岭村，正果镇岳村旧刘村、竹林村、新围村，派潭镇的新高埔村、何大塘围龙屋、邓村石屋，小楼镇的竹坑下塘村等和近代革命历史纪念地——抗日战争时期建立的中共增龙博中心县委、后方县委机关遗址等。

【市领导班子成员】 2010年在任的市四套班子成员如下：

中国共产党增城市委员会

书　记：朱泽君（2010.7离任）
　　　　徐志彪（2010.7任）
副书记：叶牛平
　　　　王建平
常　委：邓少敏
　　　　曾赤鸣
　　　　何鎏辉
　　　　丘岳峰
　　　　傅　敏
　　　　冼银崧
　　　　列荣辉
　　　　罗观全（2010.07离任）
　　　　王晓军（2010.07任）

增城市人大常务委员会

主　任：朱泽君（（2010.09离任）
　　　　王建平（2010.11提名

候选人，2011.01 当选）

副主任：赖慕玲

丘伙胜（2010.02 离任）

江树清（2010.03 离任）

何祥芬

李沃田

刘荣照（2010.03 离任）

范文添（2010.03 任）

张登标（2010.03 任）

增城市人民政府

市　长：叶牛平

副市长：曾赤鸣

范文添（2010.03 离任）

李荣渝

邬卫东

郑丹群（2010.03 离任）

张文远

刘荣照（2010.03 任）

叶　鸿（2010.03 前挂职，2010.03 任）

人民政协增城市委员会

主　席：王运才

副主席：李巨贤

袁伟峰

陈伟瑛（2010.03 离任）

杨爱华

黄艳明

邓毛颖

谭小棠（2010.03 任）

发展战略

【发展目标】 建设幸福增城。加大公共服务投入，尤其要加大北部三镇扶贫开发力度，构建起促进城乡区域协调发展、改善民生、推动社会和谐的长效机制。

【发展定位】 建设广州东部综合门户功能区。加快建设广州东部交通枢纽中心，推动形成由高快速公路、地铁及轻轨、高速铁路及城际轨道等多种交通方式构成的快速交通网络；积极发展现代物流、现代商贸等配套服务业，强化相关站场建设，提升东部门户的服务功能；优化城乡布局，加快完善基础设施建设，增强对广州城区产业和人口东移的承接能力；加快建设现代产业体系，完善公共服务体系，促进经济社会跨越式发展；积极实施全方位开发战略，努力使增城成为大广州辐射周边区域的重要平台和通道。

【发展规划】 实施两个战略：一是实施开发区带动战略。以增城经济技术开发区为龙头，发挥国家级开发区的体制机制和政策优势，把增城经济技术开发区建设成为带动全市经济社会发展、推动广州经济转型和创新发展的重要平台。二是实施主体功能区深化战略。南部地区要率先发展，发展先进制造业和现代服务业，打造广州乃至广东省重要的经济增长极。中部地区要加快发展，加快新城市中心开发建设，打造广州东部城市副中心。北部地区要实现绿色崛起，创建生态文化旅游和都市型现代农业示范区。

发挥三个动力：一是工业化。坚持新型工业化带动，培育战略性新兴产业，发展汽车、摩托车及其零部件、高端装备制造、新型电子信息、节能环保等先进制造业，提升传统工业，形成广州东部高端制造业和现代服务业集聚地，以工业化带动全市加速发展。二是城镇化。完善城镇空间布局，构建广州东部城市副中心、广州东部山水新城生态居住组团、中心镇卫星城、小城镇等有机联系、功能互补的城镇体系，不断提升现代产业和人口集聚能力。三是区域一体化。加快融入珠三角和大广州，在基础设施建设、产业发展、城区功能定位和社会发展等方面与广州全面对接，主动承接珠三角大都市的辐射与服务，利用一体化带来的机遇，发挥区位交通、生态环境优势，促进增城加快发展。

推动基本服务均等化：坚持富民优先、民生为重，建立健全公共财政体系，高起点规划建设中心镇和新农村，统筹推进城乡道路交通、污水处理等基础设施和配套设施建设。努力让城乡人民都能享受到均等的就业、教育、医疗、卫生、文化、居住基本公共服务，不断缩小城乡、区域和群体差别。

增城市经济社会发展状况

“十一五”时期是增城经济社会全面发展的五年。五年来，实现南中北三大主体功能区协调发展战略，创造县域经济发展的增城模式，成为中共中央政治局常委李长春同志学习实践科学发展观活动的联系点；增城工业园区升级为国家级经济技术开发区；增城成为全省第一个统筹城乡综合配套改革试点县市；初步建立起覆盖城乡的基本公共服务和社会保障体系，人民得到实惠；县域经济基本竞争力继续领跑全省，跃居全国第 9 位。全市经济社会快速发展、城乡建设日新月异、生态环境明显改善，实现社会和谐稳定。

【县域经济】 2010 年，全市实现地区生产总值 683.5 亿元，比上年增长 16%，是“十五”期末的 2.14 倍；实现工业总产值 1520.5 亿元，增长 18.07%，是 2005 年 2.43 倍；实现农业总产值 72.4 亿元，增长 5.5%，是 2005 年 1.31 倍；全口径财政总收入 158 亿元，增长 34.7%，是 2005 年 4.69 倍；地方一般预算收入 39.88 亿元，增长 20.34%，是

2005年3.05倍；完成全社会固定资产投资160.71亿元，增长22.43%，是2005年2.18倍；全市社会消费品零售总额167.5亿元，增长28.8%，是2005年2.47倍；完成外贸出口总额23.98亿美元，增长35.83%，是2005年2.63倍。各项经济指标实现翻番，完成2010年和“十一五”确定的各项指标任务，地区经济实力明显增强。

【经济质量和效益】 围绕解决“粗放低效”这一长期形成的固有模式，着力提高质量和效益，加快转变经济发展方式，注重产业结构调整、资源优化配置、存量优化和增量提升、机制创新和精细化管理。2010年，全市完成规模以上工业产值1260.9亿元，增长20%，是2005年的2.81倍；规模以上工业企业利润总额24.2亿元，增长21.3%，是2005年的2.37倍；规模以上高新技术产品产值496.93亿元，增长22.46%，占全市规模以上工业产值的39.41%，比2005年提高24.27个百分点；规模以上民营企业实现产值575.97亿元，增长30.57%，增幅比全市高12.5个百分点，是2005年的3.4倍；全市完成税收收入106.64亿元，占全市财政总收入的67.45%，完成地方税收33.19亿元，占一般预算收入的83.22%；其中增值税收入5.45亿元，企业所得税收入2.84亿元，分别增长16.81%和27.35%，企业生产经营效益明显提高；培育国家驰名商标4件，省著名商标19件、广州市著名商标39件，企业品牌经营意识明显增强。五年来先后依法全部关停167家水泥厂、97家洗漂印染企业、54家线路板厂、18家电镀厂、360家小锅炉企业、97家粘土砖瓦陶企业和200多家采石采矿场，查处和取缔无证照经营19943户，与2005年相比，全市万元生产总值能耗下降20%以上，超额完成“十一五”规划的减排目标，实现经济可持续发展。

【产业载体和招商引资】 以大基地大项目带动经济大发展，加强规划引导、土地整合和基础设施建设，打造招商引资新载体，提高全市产业发展承载力。增城工业园区升级为国家级经济技术开发区，提升地区发展品牌，基本完成汽车产业基地以北16平方公里征地补偿，园区基础设施和高压电网线廊迁改加快推进；增江东区高新技术产业基地化解一批遗留问题，整合土地2536亩，完成一环路延长线等一批基础建设，迎来新的发展机遇；石滩镇确定一园、一区、一带发展格局，加强土地储备，其中研发创意产业园完成园区6300亩征地工作，完成园区至荔新公路连接道路以及供水管网建设，加快园区规划编制和招商工作；新塘广州东部交通枢纽中心完成规划设计和征地拆迁补偿安置方案的研究编制，加紧拆迁工作；荔城新城区国际旅游度假城完善规划、征地拆迁、基础设施建设准备工作，启动村庄拆迁安置；中新、朱村围绕形成广汕路板块增长带规划镇区、园区发展；北部三镇逐步形成白水寨、小楼人家、湖心岛三大核心景区，各项基础配套设施和重点项目建设加紧进行。五年来，全市引进优质项目182个，总投资580.54亿元，其中有6个产业项目列入广东现代产业500强；总投资50亿元的北汽集团30万辆整车华南基地项目、总投资20亿元的广州江铜铜材40万吨铜杆线华南生产基地项目、中金数据华南数据中心、南方电网特高压国家工程实验检测中心等一批骨干生产力项目先后落户；博创机械、江河幕墙等一批重点项目建成投产运营，成为拉动经济增长的重要支撑；广汽本田增城工厂24万辆整车产能扩建项目、广汽本田研发基地、广东科利亚农业联合收割机制造项目、人人乐华南物流商业配送中心、景东国际商业城、盛唐世纪广场、中新侨建新城、汇港商业城等一批新引进的高端制造业和现代服务业项目加快建设。五年来，投入农田标准化建设资金3.37亿元，建设标准化农田15.9万亩，培育广州市级农业龙头企业9家，发展农民专业合作社171家，培育3个万亩农业产业园，3个农产品获准实施国家地理标志产品保护，增城农产品享誉珠三角和港澳地区。旅游业逐步成长壮大，增城成为广东省旅游强市、国民旅游休闲示范市、成为珠三角重要的生态旅游目的地。

【城乡基础设施和城乡面貌】 确立大交通带动大发展、大环境促进大投资的发展战略。五年来，投入84亿元加快城乡交通基础设施建设，升级改造广汕公路增城段、荔新公路、增派公路、增正公路、新新公路、荔三公路、坪中公路、石新公路等8条141公里城市主干道路；对荔城中心城区、新塘城区以及中心镇镇区共66条107公里的市政道路进行改造，城镇道路面貌焕然一新。新建农村水泥公路580.9公里，改造50座农村公路桥梁，改进城乡交通条件；配合广河、增从、北三环等高快速路规划建设，完成沿线征地拆迁工作，并同步规划建设与市域道路相衔接的连接线。投入32.9亿元水环境整治，建成6大城镇污水处理系统工程和77条村庄110个农村污水处理设施以及322.34公里管道，完成二龙河、水南涌流域、西福河等总长125.33公里的河涌整治任务，城镇污水处理能力达到87%，农村污水处理能力达43%，区域内水环境质量全面提升。建成增江画廊、天然沙滩泳场、鹤之洲、荔湖万亩湿地公园等一批重要景观生态工程，建设257.91公里绿道和21个绿道驿站，森林覆盖率达到55.38%，城区人均绿地面积提高到23.24平方米。全面实施公园化战略和城乡“清洁美”工程，加大城区以及农村改造建设和管理水平，投入2.85亿元推进农村建设，建立“户集、村收、镇运、市处理”的垃圾收运处理体系，农村面貌显著改观；查处城乡违法建设543宗，21.9万平方米，拆除违法户外广告招牌3万多平方米，整治中心城区“六乱”9970宗。投资近9亿元完成15项输变电工程，新投产8座变电站，新增变电容量129.2万千伏安，为经济社会发展提供充足的能源保障。扎实推进创建全国文明城市工作，城乡文明程度明显提高。

【社会事业】 持续加大民生投入，五年来共投入民生和各项公共事业财政资金108.74亿元，年均增长24.45%，财政民生投入占一般预算支出比重从2005年64.3%增至2010年73.28%，2010年直接发放到群众手中的民政、医疗、养老、住房、教育、就业等六大保障资金达5.2亿元，发放各类农业补贴资金2.13亿元，发放生态公益林补偿金累计7842万元。2010年城镇居民人均可支配收入24587元，农民人均纯收入10623元，分别比2005年增长75.2%和103.82%，年均增长11.87%和15.3%。启动实施养老、医疗、工伤、失业、生育五大社会保险，全市新增社会保险参保人数2.9万人，6000多名镇办企业职工参加社保，10.5万人参加新型农村社会养老保险；城镇老年居民养老金和城镇居民、“三无”人员、农村居民的最低生活保障金标准分别增加50元、70元、84元和160元；城镇居民医保覆盖率达97%；新型农村合作医疗参合率达到99.88%；新型农村合作医疗补偿费用封顶线由2005年3万元提高到10万元；实现80岁以上老人长寿保健金制度；构建大住房保障体系，建成808套政府保障性住房，建设经济适用房、廉租房、动迁安置房、外来工公寓等保障性住房13万平方米。构建市镇村三级就业服务网络，创建33个充分就业社区和19条充分就业村，累计转移农村劳动力16.4万人。五年来共投入50亿元致力于城乡教育均衡发展，教育支出占财政一般预算支出的23.33%，撤并188所“麻雀学校”，新建和扩建学校51所，加快义务教育规范化学校建设；实施增城籍学生12年免费教育，使本市学生享受免费教育的年限从9年增加到12年，高等教育毛入学率由2005年的22.92%跃升至2010年36%，2010年高考上线率92.75%；扶助各类困难家庭学生26387人次，扶助金额1856.9万元，补助学生交通费等费用3014.5万元；安排1.7亿元于2010年12月前实现教师“两相当”，建立教师收入水平与公务员整体收入水平同步增长机制。加快医疗卫生服务网络建设。完成中山大学博济医院、4家镇级医院建设以及127间卫生站标准化改造，实施重大公共卫生服务项目，预防控制重大疾病。科技事业加快发展，专利申请量2026件，专利授权量1607件，比“十五”期末分别增长77.10%和130.23%。公共文化逐步实现城乡共享，以增城广场为核心的文化艺术中心区加快建设，增城图书馆建成使用，科技文化博物馆和增城歌剧院重点文化设施加快建设，完成44个镇文化广场建设以及镇街文化建设“六个一”、村（居）文化建设“三个一”工程，建设320个覆盖农村的农村文化室。全民健身蓬勃发展，竞技体育连创佳绩，五年来增城籍运动员共获世界冠军45项次，亚洲冠军31项次，全国冠军98项次，破超世界纪录11项次，连续19年获“广东省体育突出贡献奖”。在保持经济快速发展同时，更加注重促进社会和谐稳定。完善社会治安防控体系，2010年全市刑事发案数同比下降10.4%。落实安全生产责任制，全市事故起数、死亡人数比2009年分别下降43%和22%。加强信访、法律援助和社会矛盾排查调处工作，建立完善应急管理体系，提高政府处理各类突发事件的能力。全市各项社会事业取得新的进步。

增城经济技术开发区

【管理体制】 增城经济技术开发区前身为“新塘工业加工区”，成立于1981年1月。加工区设管理委员会，为增城市政府派出机构，行使市（县）一级审批和管理权限。1997年10月至2001年10月，加工区管委会并入新塘镇政府，2001年12月重新分出定为市政府派出机构。2006年获省政府批准，并经国家发改委公告核准，更名为“广东省增城工业园区”，2月1日挂牌。2010年3月21日，国务院作出批复（国办函［2010］56号），同意“广东增城工业园区”升级为国家级经济技术开发区，名称为“增城经济技术开发区”，实行现行国家级经济技术开发区政策。成为广东省首个落户县级市的国家级开发区，并成为继广州开发区、南沙开发区后，广州市第三个国家级经济技术开发区。8月11日举行挂牌仪式。开发区为厅级规格，为加强增城国家级经济技术开发区建设，推动增城进一步发展，2010年7月，经广东省委和广州市委决定，任命广州市委常委徐志彪为增城市委书记，增城经济技术开发区党工委书记，管委会主任，筹备领导小组组长。

【发展历程】 新塘工业加工区位于市境南部新塘镇，是一个以引进外资为主的综合开发区。加工区管委会本着“简便、快捷、优质、高效”的原则，为外商提供“一条龙”服务。区内设有海关、检验检疫、口岸、工商、税务、银行、保险等职能机构，可为外商投资企业项目审批、工商注册、税务登记、银行开户、海关登记、牌照申领等手续。

1998～2004年，共开发土地397公顷（其中工业园地161.5公顷，商住用地235.5公顷）。开发前期，加工区开发总公司投入4510万元，在茅山、群星、甘湖、新银等小区进行道路、供电、给排水等基础设施和一些简易厂房建设。随后，外商陆续投资太平洋工业村、坭紫工业园、华南工业园、华新工业区、群星商住区、紫云山庄、汇美花园、亚太新城等工业及商住、别墅区。至2004年，加工区有各类企业376家。投资者来自美国、日本、新加坡、意大利、印度尼西亚等国家及台湾、香港等地区，投资总额57810万美元，实际利用外资40895万美元，引进包括电子、服饰、灯饰、机械、食品、陶瓷、汽车及零配件、摩托车制造等。

为配合广州“东进”战略，打造广州东部（增城）汽车工业基地，2001年增城市政府规划在沙埔、宁西两镇建设占地2200公顷的南香山产业园。2004年11月，广州本田汽车第二工厂落户增城，产业基地建设正式启动。当年，在市政府协调下，新塘加工区与新塘镇重新划分管理范围，将产业园划拨给新塘加工区开发，新塘加工区将原管辖的旧区及所有企业在同年底移交给新塘镇管理。2006年，新塘加工区按市政府重新划分的开发、管理范围，将工作重点转移到新区——广州东部（增城）汽车产业基地。年内共投入2541万元，开发土地325.4公顷，进行基础设施建设，已有广州本田汽车第二（增城）工厂、豪进摩托、福耀玻璃、中新塑料、鹏映塑料等9家企业落户，企业投资总额3800万美元（其中外资1551万美元）。新区实现工业总产值18018万元，出口总额10501万美元。

2006年，新塘工业加工业经省政府批准为“广东增城工业园区”。市委、市政府经过多次调研和论证，出台《中共增城市委、增城市人民政府关于加快广东增城工业园区发展的决定》，明确园区发展目标、方针、思路和定位，理顺园区与新塘镇和各职能部门关系。2007年，工业园区加快广州东部（增城）汽车产业基地开发建设，引进优质项目，推进项目建设，加强土地资源整合和基础设施建设。在以广本增城工厂为龙头的一批生产力骨干企业带动下，园区经济实力明显增强，质量不断提高，已成为增城市工业发展主战场和国内外汽车零部件企业关注的投资热土。为改善汽车产业基地用地紧张状况，投入14927万元用于征收4779亩土地。通过筛选和审核共引进11个优质项目，投资总额25亿元。2009年，工业园区按照分区布局要求，投入10亿元征地补偿款，征用汽车产业基地北区16平方公里约18000亩土地。按市政府工作要求，再投入15亿元，建设园区“六纵六横”12条道路，改善园区投资环境。2009年，通过实地考察、预审分析和深入洽谈，全面评估项目投资规模、科技含量、市场成长性、税收贡献以及环保节能等标准，严格筛选和引进中金数据系统华南数据中心等12个规模大、产出高、效益好的优质项目。项目用地仅110亩，总投资额超过60亿元，投资强度达458万元/亩，单位面积工业产值382万元/亩。当年，现实工业产值277.63亿元，完成税收28.27亿元。

2010年3月21日，国务院正式批复，“同意广东增城工业园区升级为国家级经济技术开发区，定名为增城经济技术开发区，实行现行国家级经济技术开发区政策”。升级后的增城经济技术开发区，实施一区多园的发展模式。即开发区核心区、东区（增江街）高科技工业园区、（石滩）研发创意产业园区、广州东部（新塘）交通枢纽中心。按照资源共享、功能互补、产业融合、错位发展的原则，打造五大战略性发展平台和产业基地：(1)广州东部综合门户核心平台——广州东部交通枢纽中心高端商贸服务区，是广州东进战略的重要节点，珠三角东岸城市群重要公共报务中心和高端要素集聚区，着力打造成为广州东部国际商务中心和商贸物流中心，重点引进总部经济、商务会议、金融服务、企业服务。(2)广州东部（增城）汽车产业基地——广州电动汽车产业园，依托广汽本田增城工厂、广州本田发动机、北汽增城项目，主要发展新能源电动汽车产业，打造广州“十二五”电动汽车试验基地，重点引进电动车研发设计、推广使用技术、充电设备生产及公共工程等项目，抢占新能源汽车运用推广的战略前沿。(3)国家级LED产业基地——增城经济技术开区LED产业园，重点引进半导体照明（LED）、软件业、IT信息服务业、3G通信、服务外包、汽车电子等项目，全力引进半导体照明上下游企业集聚发展，经过努力，形成完整的LED产业链，促进产业高质量集群化发展。(4)千亿级光伏产业基地——增城经济技术开发区光伏产业园，依托周边完善的产业基础，重点引进太阳能光伏电池、光伏发电系统研发和生产等新能源项目，吸引光伏产业上下游企业集聚，打造千亿级光伏产业基地。(5)智慧城市的中枢平台——增城开发区物联网产业园，依托珠三角发达电子消费市场，率先发展以无线射频识别，云计算为代表的物联网产业。重点引进无线射频识别（RFID）、云计算、新一代宽无线移动通信，物联网和下一代互联网、数字家庭等项目。

【经济发展情况】 2010年，全区经济保持高位运行，各项主要经济指标增幅均高于预期，呈现平稳快速发展态势。全年完成工业总产值342.19亿元，增长21.55%；累计税收收入42.51亿元，增长54.8%；完成全社会固定资产投资12.1亿元，增长44.34%；累计进出口总额3.71亿美元，增长98.29%。与“十五”期末对比，工业总产值、税收收入、全社会固定资产投资分别增长约121倍、500倍和100倍，成为增城市重要的经济增长极。

【招商引资与项目建设】 开发区强化产业链招商、中介招商、以商招商，坚持“外资、国资、民资”协同发展，推动先进制造业与现代服务业“双轮驱动”，发展战略性新兴产业，构建现代产业体系。（1）招商引资。全年共引进科利亚现代农业机械装备制造、广州江铜、中益汽车零部件、昊邦汽车座椅、晋丰盾构机、萓裕汽车零部件、凌云新锐汽车零部件、豪进摩托车架、减震器、燃油箱等10个投入大、产出高、用地少的优质项目。项目投资总额34.9亿元，用地面积650亩，预计年产值254亿元，年税收3.15亿元，投资强度、单位面积产值、单位面积税收分别达到537万元/亩、3907万元/亩、48万元/亩。（2）项目建设。广汽本田增城工厂、福耀玻璃、豪进摩托车、江河幕墙、博创机械等已投产企业在正常生产运营的基础上保持一定增势，其中广汽本田增城工厂已开始建设第二条生产线，预计可于2011年下半年建成投产，未来几年规模产能将翻一番达到24万辆；省重点建设项目科利亚现代农业机械、南方电网特高压技术（广州）国家工程实验室等一批近两年引进的优质项目加快建设，部分企业已投产成为新的经济增长点。另外，广州与央企签约项目中金华南数据中心和年产能40万吨铜材、年产值240亿元的广州江铜项目先后奠基，为开发区培育信息服务外包产业（ITO）和做大做强先进制造业打好基础。

【基础设施建设】 开发区加快建设22平方公里核心区域，以现代产业新区和生态宜居新城的理念，完善和延伸基础及配套设施，统筹城乡一体化发展。⑴市政道路建。2010年，开展22条市政道路建设，已完成其中7条道路施工，全区累计建成市政道路16条，投入建设资金3.78亿元。⑵配套设施建设。供电、供水、排水、排污、通讯、燃气等配套设施与道路建设同时进行。塔岗、水口110KV变电站和中金华南数据中心专用变电站的建设及北区六组高压线行迁改工程施工，建设雅瑶河、大陂河、东埔河、白石河等河流的临时渡汛工程。实现与公共交通系统的对接，公交车入园为企业员工提供交通便利，解决企业员工“出入难”的问题。区内公共卫生环境常态化管理上新水平，环境质量明显提升。

【城乡一体化发展】 围绕广州市建设“首善之区”和增城市统筹城乡发展的目标，着力改善开发区范围内的农村人居环境和农民生活水平。一是对农村预留地实行统一规划、统一开发、统一管理，引进和发展符合开发区产业规划的项目，缓解项目用地供需矛盾，并通过项目建设、生产给农民带来就业机会、项目所产生的效益反哺农民等方式，初步形成农民增收的长效机制。二是推进农村富余劳力转移，通过推荐农民到企业就业，既解决农民就业问题，又满足企业的用工需求，促进社会和谐。三是开展人居环境治理和广告招牌整治工作，重点围绕迎亚运环境整治工程，对辖区内的广惠高速公路和荔新公路沿线进行绿化美化，人居环境明显改善。通过以上措施，极大改善被征地农民的居住、生产、生活条件，使开发区发展成果惠及农民，实现以工促农、以城带乡的城乡一体化局面。

【土地资源管理和整合】 （1）土地征收。开发区在基本完成广惠高速公路以北16平方公里除村庄以外范围的征地补偿工作基础上，为推进基础设施建设，征地拆迁工作主要围绕道路建设需求开展，2010年已完成巷口、简村等村新征土地约823亩，抓紧湖中、长巷等村的土地征收工作；调处各村不同类型争议地53宗亩，完成征地界线放桩6个合作社、清点青苗约2600亩、迁移山坟1300座。同时，结合当前招商引资和基础设施建设需求，重点突出，层次分明，分批次有序开展土地报批工作，履行报批程序的土地达21375亩，涉及章陂、九如、白水、巷口、湖中等12个村。（2）土地资源管理。在项目引进方面，严格按照项目准入条件供应土地，并加强跟踪监督，确保用地指标向投资强度高、投入产出高、科技含量高的企业倾斜；在项目选址方面，通过用地指标集中、规划布局的方式，引导企业按行业类别集聚落户，提升产业集聚能力；在项目建设方面，倡导标准厂房向高空发展，变向土地要效益为向空间要效益；在资源整合方面，充分利用边角地和整合无效益企业用地，深挖土地资源潜力，解决部分拟落户项目的用地问题；在土地管理方面，研究出台项目引进与项目建设的联动机制，全面梳理近年来引进的产业项目，对无法按期动工建设的项目坚决收回土地，全年收回项目用地2宗，重新策划引进总投资20亿元、年产值达180亿元的江西铜材项目。（邱伟荣）

增城经济技术开发区管委会主任　徐志彪

广东增城工业园区管委会主任　蒋志恒

政　治

中共增城市委员会

【十一届十次全会】 2010年1月19日，市委召开第十一届十次全体会议，学习贯彻党的十七届四中全会、中央经济工作会议和省委十届六次全会、广州市委九届八次全会精神，总结2009年工作，研究部署2010年工作，解放思想，开拓创新，创建全国科学发展示范市。市委书记朱泽君作报告。全会指出，2010年要继续深化建设三大主体功能区，高起点推进“两城两区”开发建设，实施公园化战略，建设宜居城乡，创建学习型社会，建设智慧型城市，统筹城乡一体化发展，提高人民群众幸福指数，加强和改进党的建设，全面提升干部队伍执行力，不断丰富和完善科学发展的“增城模式”，加快建设富裕、安康、文明、和谐、美丽新增城。

【十一届十一次全会】 2010年8月20日，市委召开第十一届十一次全体会议，贯彻落实省委十届七次全会和广州市委九届九次全会精神，总结2010上半年工作，部署开展创先争优活动，确保“两大盛会”(广州亚运会增城赛会、2010世界旅游日全球主会场庆典暨中国广东国际旅游文化节开幕式）顺利举行；确保全面完成增城市2010年和“十一五”时期经济社会发展各项预定指标。广州市委常委，增城市委书记，增城经济技术开发区党工委书记、管委会主任徐志彪作报告。全会强调，全市上下要有忧患意识，在赞扬声中找差距；要有机遇意识，确立更高的追求目标；要有务实进取的精神，扎扎实实抓落实促发展。全会明确，要全面加快增城经济技术开发区建设，着力加快民营经济发展，围绕建设现代产业新区和生态宜居新城，以开发区为龙头，推动增城经济社会发展跃上新台阶。

【重大活动】 1月25日，在增城广场举行荔白（荔城至白水寨）自驾车旅游绿道开通暨公交客车、出租车新车投入营运剪彩仪式，市首条自驾车旅游绿道正式开通。

2月8日至9日（伦敦当地时间），市委书记、市人大常委会主任朱泽君应邀出席“城市的未来”国际会议，并作《转变发展方式，建设公园里的宜居城乡》主题演讲。

2月26日，中共中央政治局委员、广东省委书记汪洋到本市专题调研绿道网建设，鼓励增城按照生态化、人性化、产业化、市场化和效益化的要求推进绿道建设。

4月3日，现任广东省委常委、常务副省长，时任广东省委常委、广州市委书记、市人大常委会主任朱小丹深入本市增江画廊进行调研，对增江画廊的规划建设给予充分肯定。

4月9日，2010年科学发展大学堂活动在增城广场正式启动。市委书记、市人大常委会主任朱泽君作《善于谋事、科学干事，共建共享科学发展美丽城》专题讲座。

4月27日至29日，联合国副秘书长及人居署执行主任安娜·蒂贝琼卡（Anna Tibaijuka）博士一行到增城考察，对本市改善人居环境和推动城市与经济可持续发展的做法表示赞赏，认为“增城人居环境真的非常好，是可持续发展的典范”。

5月15日，中共中央政治局常委李长春到增城调研，充分肯定增城学习实践科学发展观活动取得的成果，勉励增城不断创造新的经验，把深入开展学习实践科学发展观活动的联系点建设成为科学发展的示范区，希望在全国的媒体上不断听到增城的声音。

5月20日至23日，增城市党政考察团先后赴中共中央总书记胡锦涛深入学习实践科学发展观活动的联系点 陕西省延安市安塞县，及中共中央政治局常委、中央书记处书记、国家副主席习近平深入学习实践科学发展观活动的联系点 浙江省嘉善县学习考察。期间，增城市委、市政府与安塞县委、县政府签订共建科学发展示范县（市）协议。

7月21日，海南省委书记、省人大常委会主任卫留成，省长罗保铭率海南省党政考察团到本市参观考察。

8月11日，增城经济技术开发区举行挂牌仪式。增城经济技术开发区是广东省首个落户县级市的国家级开发区，也是继广州开发区、南沙开发区之后，广州市第三个国家级经济技术开发区。

8月11日，广州市委、市政府召开现场会学习推广增城市实践科学发展观经验。

9月18日，广州市委副书记、市长万庆良到广州亚运会增城赛区调研，现场检查广州飞碟训练中心、龙舟赛场、增城体育馆等场馆以及增城生态美食园区的建设和改造情况。

9月26日，省委常委、广州市委书记张广宁深入创先争优活动基层联系点 增城市小楼镇调研。

9月27日，2010世界旅游日全球主会场庆典暨中国广东国际旅游文化节开幕式在增城广场隆重举行。世界旅游组织秘书长塔勒布？瑞法依先生，国家旅游局局长邵琪伟，广东省委副书记、省长黄华华分别在开幕式上致辞。

10月27日至29日，中央创先争优活动领导小组办公室副主任、宣传组组长、中宣部社科规划办副主任姜培茂一行，深入本市调研创先争优活动。

11月7日，第16届亚运会火炬传递活动在本市举行，女子举重世界冠军刘秀华等16名火炬手参与火炬传递，2万多名增城市民在活动现场助威。

12月20日，中共中央政治局委员、中央书记处书记、中央组织部部长李源潮在广东省委常委、组织部部长李玉妹陪同下，到本市西南村调研。

12月21日至22日，中央农村工作会议在北京举行，广州市委常委，增城市委书记，增城经济技术开发区党工委书记、管委会主任徐志彪代表增城市作题为《培育壮大县域经济、协调推进‘三化’发展》的大会发言。

【市委常委会会议及重要决策】 2010年市委常委会共召开22次会议。

1月13日，学习贯彻中国共产党广东省第十届委员会第六次全会精神，研究召开市委十一届十次全会有关问题，听取市经贸局关于增城市2009年至2011年对口支援梅县开展扶贫开发“规划到户、责任到人”工作情况汇报。

1月28日，听取市编委办关于有关单位领导职数配备的情况汇报，听取关于召开市纪委十一届五次全会的情况汇报。

2月4日，听取创建全国文明城市工作情况汇报，研究“两会”召开的有关问题，审定市直党政群机关事业单位和镇街领导班子工作考评结果。

2月26日，传达贯彻中共中央政治局委员、广东省委书记汪洋同志到增城调研时的谈话精神，听取关于引进一汽—大众南方生产基地项目落户本市的情况通报，研究与广本研发公司签订补充协议的有关问题。

3月4日，审定市政府拟提请市十三届人大五次会议审议通过的有关报告，审定市政府拟提请市十三届人大五次会议审议通过的《增城市城乡总体规划纲要(2008—2020)》（稿），听取市人大常委会、市政协党组工作汇报，听取市法院、市检察院党组工作汇报，关于增补政协第八届增城市委员会常务委员人选问题。

3月18日，听取关于引进一汽—大众南方生产基地项目落户本市的情况通报。

3月24日，通报国务院关于同意广东增城工业园区升级为国家级经济技术开发区的有关情况。

4月1日，研究调整市政府领导分工问题，研究加强干部学习培训问题，研究关于评选表彰“增城市优秀外来务工人员”、“增城市关爱外来务工人员先进企业”有关问题。

4月7日，传达学习中共中央政治局常委李长春同志重要批示精神，研究增城经济技术开发区领导班子成员建议名单。

4月19日，传达贯彻省委常委、广州市委书记张广宁同志在参加广州市十三届人大五次会议增城代表团讨论时的重要讲话精神，传达商务部召开新批准国家级经济技术开发区工作座谈会的重要会议精神，听取市有关部门关于治水工作的情况汇报，研究联合国副秘书长及人居署执行主任安娜·蒂贝琼卡博士拟访问增城的有关问题。

5月10日，听取市“三旧”办有关“三旧”改造工作情况的汇报，审议《中共广州市委、广州市人民政府关于促进增城经济技术开发区建设发展的决定》（代拟稿）。

6月1日，听取广州亚运会增城赛区筹备工作情况的汇报，听取市“三旧”办有关工作的汇报，听取关于整合宝龙轻汽资源引进北汽集团项目的汇报，审定《陕西省安塞县—广东省增城市共建科学发展示范县（市）协议书》（稿），研究关于设立增江河流域水环境保护专项基金的问题，审定《关于在基层党组织和党员中深入开展创先争优活动的实施意见》（稿）。

6月22日，审议《关于增城籍学生享受高中阶段免费义务教育的实施方案》（稿），研究市公安局要求接收100名新警的问题。

7月2日，传达学习中共广州市委常委会（九届〔2010〕第20次）有关增城经济技术开发区管理机构问题的会议精神。

8月2日，研究确保完成全年经济运行各项指标，研究做好迎亚运各项工作及关于承办2010世界旅游日全球主会场庆典暨中国广东国际旅游文化节开幕式、第24届广州（国际）美食节暨2010增城国际旅游美食节的有关事宜。

8月16日，审定召开市委十一届十一次全会的有关事宜，讨论《中共增城市委、增城市人民政府关于加快民营经济发展的实施意见》，听取市委组织部关于深入开展创先争优活动情况的汇报，听取市政府关于北汽集团华南生产基地30万辆整车项目情况的汇报。

8月31日，学习胡锦涛总书记在中央政治局第二十二次集体学习时的重要讲话精神，听取市文化体制改革和公共文化体系建设情况汇报，听取全市困难群众排查情况汇报，研究部署扶贫帮困工作，审定《关于开展全市纪检监察派驻机构统一管理工作的实施方案》（稿）。

9月9日，听取市近期信访维稳工作情况汇报并研究下一步工作，审定《增城市扶贫帮困工作实施方案》（稿），审定《关于建立稳定规范的经费保障机制，进一步加强农村基层组织建设的若干意见》（稿），听取市当前人口计生工作情况汇报，研究2010年度增城市镇街、市直单位工作考评方案。

9月21日，传达贯彻《中共中央办公厅、国务院办公厅关于切实做好广州亚运会和亚残会期间有关工作的通知》和广州亚运会亚残运会赛会运行总指挥部工作会议及从化增城赛区现场办公会议精神，研究“两大盛会”筹备工作，听取关于2011年农村“两委”换届难点村排查和有关村“两委”换届准备工作情况汇报，研究部署下一步工作。

11月2日，传达学习党的十七届五中全会和“十二五”规划建议精神，汪洋同志到广州市考察亚运会筹办及城市人居环境综合整治工作时重要讲话精神，《中共广州市委、广州市人民政府关于贯彻落实省委常委会议精神进一步全力做好亚运筹备工作的意见》，听取亚运会增城赛区筹备工作情况汇报，审定《增城市统筹城乡综合配套改革试验实施方案》（稿），听取近期信访维稳工作情况汇报，审定《中共增城市委办公室、增城市人民政府办公室关于印发〈市党政领导挂点联系镇街、学校，与党外人士交朋友分工表〉的通知》（审议稿）。

12月10日，传达学习《中共广州市委办公厅、广州市人民政府办公厅转发〈市纪委、市监察局、市财政局关于进一步落实党政机关厉行节约要求的实施意见〉的通知》，审定《关于增城市2010年1～9月国民经济和社会发展计划执行情况及计划调整的报告》（稿）、《增城市2009年财政决算报告》（稿）和《增城市2010年1～10月财政综合预算执行情况和年度财政综合预算调整报告》（稿），传达贯彻广州市委常委会会议关于2011年村、社区“两委”换届工作的精神，提出本市意见，审定《增城市加强村干部和村务管理办法（试行）》（稿）。

12月23日，学习贯彻中央农村工作会议精神和中共中央政治局委员、中央书记处书记、中央组织部部长李源潮同志到增城调研时的讲话精神，听取关于增城市扶贫帮困工作动员大会和增城市2010年扶贫帮困慈善答谢会筹备工作情况汇报，审定《增城市新塘镇经济发达镇行政管理体制改革试点工作方案》（稿），研究召开市委全会和市人大、市政协“两会”有关事宜。

【重要工作会议】 2010年1月12日，市召开创建全国文明城市工作会议，总结上年全市创建全国文明城市工作，分析当前创建形势，对下一阶段创建工作进行再动员再部署。

1月28日，市召开增城市人民政府机构改革动员大会。会议提出要统一认识，明确目标，加强领导，确保政府机构改革各项任务顺利推进。

2月4日，市召开第十一届纪律检查委员会第五次全体会议。主要内容是认真学习贯彻十七届中央纪委五次全会、省纪委十届四次全会和广州市纪委九届五次全会精神，总结2009年本市党风廉政建设和反腐败工作情况，部署2010年反腐倡廉工作。

3月31日，市召开人口和计划生育工作会议，总结2009年人口和计生工作情况，提出2010年工作意见，通报全市2009年人口和计划生育目标管理责任制综合考评情况，并对先进单位进行了表彰。

4月2日，市召开武装工作会议，传达贯彻两级军区、警备区党委全会精神，总结2009年民兵预备役工作情况，部署2010年工作任务，表彰2009年度武装工作先进单位和个人。

4月8日，市召开“三旧”改造工作动员大会，并举办“三旧”改造工作干部培训班，要求在全市掀起“三旧”改造热潮。

4月23日，市召开城乡环境综合整治现场会，学习推广派潭镇推进城乡环境综合整治经验，对全市城乡环境综合整治进行再动员、再部署，在全市上下迅速掀起新一轮城乡环境综合整治热潮。

5月27日，市召开交通建设现场会，要求各镇街各部门围绕道路交通建设，营造更好的投资环境，以道路建设推动经济发展方式的转变。

5月31日，市召开学习安塞、嘉善县宝贵经验创建高水平的科学发展示范市报告会。

6月2日，市召开经济工作现场分析会，深入分析经济发展的新情况，采取有效措施，切实解决发展中的问题，推动全市经济实现又快又好发展。

6月28日，市召开纪念中国共产党成立89周年暨深入开展创先争优活动动员大会，共同回顾党的光辉历程，缅怀党的丰功伟绩，动员全市深入开展创先争优活动，表彰“三联六帮”城乡共建行动先进集体和先进个人。

7月28日，市召开领导干部大会，广州市委常委、组织部部长方旋同志出席大会并作重要讲话。广州市委组织部副部长李瑾同志宣布省委、广州市委关于增城市主要领导职务调整的决定：任命广州市委常委徐志彪同志为增城市委书记，增城经济技术开发区党工委书记、管委会主任、筹备领导小组组长。朱泽君同志已担任梅州市委副书记、副市长、代市长，不再担任增城市委书记职务。

7月30日，市召开纪律教育学习月活动动员大会，部署2010年全市纪律教育学习任务，启动本市第十九个纪律教育学习月活动。

8月13日，市召开上半年经济运行情况分析会，全面总结本市上半年经济工作，分析经济形势，安排部署下半年工作任务。

8月26日，市召开民营经济工作会议，贯彻中央、省和广州市加快民营经济发展的有关精神，结合增城的实际，在增城经济技术开发区建设全面启动、增城科学发展进入新阶段的形势下，推动本市民营经济优化升级和加快发展的决策和思路，共同推动增城民营经济大发展大提升。

8月27日，市召开迎接亚运会和世界旅游日当好东道主动员大会，号召动员全市掀起全民喜迎“两大盛会”的新高潮，全力做好筹备最后冲刺阶段各项工作，确保“两大盛会”顺利举行。

10月13日，市召开加快推进集体林权制度改革工作会议，学习贯彻中央、省和广州市关于集体林权制度改革的政策精神，确保在年底前完成主体改革任务。

12月20日，市召开村、社区“两委”换届选举工作动员会，全面部署“两委”换届选举及农村经济集体组织的换届选举工作。

12月27日，市召开扶贫帮困工作动员大会，研究和部署全市扶贫帮困工作，力争在2012年底前全面实现脱贫目标。

【重要文件】 1月13日，印发《增城市2009—2011年对口帮扶梅县扶贫开发“规划到户 责任到人”工作实施方案 》。

1月27日，印发《增城市人民政府机构改革方案》、《增城市人民政府机构改革方案实施意见》。

1月28日，印发《关于推进法治市县创建工作的意见》。

4月24日，印发《中共增城市委、增城市人民政府关于认真学习贯彻中共中央政治局常委李长春等领导同志重要批示精神的通知》。

6月1日，印发《广州亚运会增城赛会运行指挥体系方案》。

6月22日，印发《增城市高中阶段免费义务教育实施方案》。

6月23日，转发《关于认真贯彻实施〈中国共产党党员领导干部廉洁从政若干准则〉的意见》。

7月15日，印发《关于开展2010年纪律教育月活动的意见》。

8月6日，印发《关于开展“平安亚运”新塘地区百日整治行动的通知》。

8月16日，印发《关于在基层党组织和党员中深入开展创先争优活动的实施意见》。

8月23日，印发《2010世界旅游日全球主会场庆典暨中国广东国际旅游文化节开幕式及系列配套活动增城工作方案》。

8月25日，印发《中共增城市委、增城市人民政府关于加快发展民营经济的实施意见》。

9月8日，印发《增城市进一步落实“两相当”提高教师待遇完善学校绩效工资制度实施意见》。

9月20日，印发《关于建立稳定规范的经费保障机制进一步加强农村基层组织建设的若干意见》。

9月21日，印发《关于推进学习型党组织建设的实施意见》。

10月22日，印发《增城市实施广州亚运惠民项目方案》。

11月25日，印发《中共增城市委关于进一步加强工会工作发挥工会组织作用的意见》。

12月16日，印发《中共增城市委、增城市人民政府关于进一步加强人口与计划生育工作的实施意见》。

12月17日，印发《关于做好2011年全市村、社区“两委”换届选举工作的通知》。 （曾 评）

增城市委常委、市委秘书长、市委办公室主任 何鋈辉

【党史工作】 主要工作 (1)党史二卷编撰工作。2010年，按照《进一步落实中共地方史第二卷编写工作的意见》和《增城市党史资料征研工作中长期规划》要求，做好党史资料征研工作，撰写党史二卷正本。一是组织编纂人员，分专题对党史二卷初稿进行修改、补充；二是严把初稿编纂质量关，由本室领导亲自完成统稿工作，确保初稿编纂质量；三是邀请广州市党史办领导及专家对初稿进行初审，对专家提出的意见和要求。做好初审稿的修改、补充、完善工作。年底，党史二卷初审稿基本完成，全稿约20多万字。(2)革命遗址普查。按照《关于进一步做好全国革命遗址普查工作的通知》精神，市党史办组织开展本市革命遗址普查：拟定普查工作方案，成立普查工作领导小组；落实普查经费；邀请广州市党史办领导及专家为普查工作进行培训和指导；组织精干团队到本市三镇二街实地开展革命遗址普查工作。9月，完成革命遗址11个实地普查、资料整理、审核和上报工作。编写普查资料3万多字，拍摄、搜集图片23张，完成市革命遗址普查工作。(3)党史宣传工作。一是做好《广东党史》（《红广角》）刊物的征订发行工作，向全市各镇街、直属单位发出征订通知，落实征订56份，将刊物发行至44个单位，并免费送给市党史工作领导小组成员12份。二是抓好本室编写的《增城市农村土地流转调查》的发行工作，将该书发至市五套班子领导及33个单位，共发行400多册，该书的发行，反映增城市现阶段土地流转情况，为增城市土地流转可持续性发展提供有价值的经验和建设性的意见。(4)做好增城市老战士联谊会的管理工作，开展好各项系列活动。2010年除做好老战士联谊会和老同志接待工作，还组织老同志新春慰问、荔枝节慰问和“东三支”年会等活动。 （袁冠勤）

中共增城市委党史研究室、市地方志办公室主任 黄卓夫

增城市人民代表大会常务委员会

2010年，市人大常委会围绕建设现代产业新区和生态宜居新城的工作大局，坚持对“一府两院”既监督又支持，依法行使宪法和法律赋予的各项职权，完成市十三届人大五次会议提出的各项任务。一年来，共受理人民群众来信来访150件（次），人民群众来信来访得到妥善处理。常委会依法任命工作人员32名，免去职务4名，为本市地方国家机关的正常运转提供组织保证。

【市人民代表大会】 2010年3月9日至12日，增城市第十三届人民代表大会第五次会议在荔城举行。大会听取叶牛平市长作的《政府工作报告》、市发展和改革局局长陈真权作的《增城市2009年国民经济和社会发展计划执行情况及2010年计划草案的报告》、市财政局局长张国新作的《增城市2009年预算执行情况和2010年预算草案的报告》、市人大常委会副主任赖慕玲作的《增城市人民代表大会常务委员会工作报告》、市人民法院院长曾醒萍作的《增城市人民法院工作报告》、市人民检察院检察长韩世彪作的《增城市人民检察院工作报告》、市城乡规划局局长邓毛颖作的关于《增城市城乡总体规划（2008—2020）纲要》和《增城市农村宅基地使用及建房管理的有关规定》编制情况的说明。大会在认真审议的基础上作出相应的决议，批准上述工作报告，批准市人民政府提出的2010年国民经济和社会发展计划、2010年市本级预算。大会依法补选市第十三届人民代表大会常务委员会副主任2人，委员2人；补选市人民政府副市长1人。

【市人民代表大会常务委员会会议】 2010年市十三届人大常委会共举行8次会议：

1月8日举行市十三届人大常委会第25次会议，会议议程4项：听取市政府关于市十三届人大四次会议代表议案（建议）办理情况报告；听取市政府“2009年度为民办十件实事”落实情况报告；听取市政府关于本市发展生态旅游业情况报告；听取市财政局关于广州市景业投资有限公司融资情况报告。

2月3日举行市十三届人大常委会第26次会议，会议议程2项：人事任免；审议接受刘永强等辞去增城市第十三届人民代表大会代表职务的决定（草案）。

3月3日举行市十三届人大常委会第27次会议，会议议程8项：审议市人大常委会工作报告；审议常委会2009年度代表工作报告；审议增城市人民代表大会常务委员会关于召开增城市第十三届人民代表大会第五次会议的决定（草案）；审议增城市第十三届人民代表大会第五次会议主席团、秘书长建议名单（草案）；审议关于确认范永新等同志为增城市第十三届 人民代表大会代表资格报告；审议代表变动情况报告；审议增城市第十三届人民代表大会第四次会议期间人民群众来信来访办理情况的报告；人事任免。

3月25日举行市十三届人大常委会第28次会议，会议议程3项：人事任免；审议通过《2010年度增城市人大常委会工作要点》；审议关于提请确定人民陪审员名额的报告。

5月31日举行市十三届人大常委会第29次会议，会议议程7项：人事任命；听取市政府关于市十三届人大五次会议代表议案（建议）办理实施方案的报告；审议市政府《关于增城市新城大道改造等35项重点工程投融资计划及还贷财政预算安排的决定》的议案；审议《关于变更国开行融资资金审批程序的情况报告》；听取本市城镇生活污水处理系统建设情况报告；听取本市城乡绿道网建设情况报告；听取本市农业集约化发展情况报告。

7月29日举行市十三届人大常委会第30次会议，会议议程1项：审议关于许可增城市人民检察院对林文帮采取拘留、逮捕强制措施的决定（草案）。

9月8日举行市十三届人大常委会第31次会议，会议议程4项：人事任免；听取市政府“2010年度为民办十件实事”实施情况报告；听取市政府2009年本级预算执行和其他财政收支情况的审计工作报告；确认徐志彪、张共华两位同志的增城市第十三届人大代表资格。

12月27日举行市十三届人大常委会第32次会议，会议议程5项：人事任免；听取和审议市政府2010年1至9月国民经济和社会发展计划执行情况及计划调整报告；听取和审议市政府2010年1至10月财政综合预算执行情况和年度综合预算调整报告；听取和审议市政府2009年财政决算报告；审议关于许可增城市人民法院对林文帮进行刑事审判的决定（草案）。

【依法治市】 常委会把依法治市工作作为重要内容列入年度工作要点，并以市委市政府的名义印发《关于推进法治市县创建工作的意见》。按照“创造好经验、取得好成绩、成为好典型”示范点工作要求，开展法治市县创建工作。认真做好迎接上级实施依法治市“四五”规划和普法“五五”规划检查验收工作。坚持依法执政核心，突出依法行政、公正司法重点，以“行风月月谈”为载体，全面加强法治监督，不断提升增城法治形象。坚持干部提拔任用考试制度，学法懂法守法用法成为领导干部的习惯，运用法治化解矛盾、解决现实问题成为社会管理的常态。坚持创新普法教育形式，在全省率先建设法治宣传长廊、设置图书馆法制知识阅览区、开展绿道法治文化建设、组织“平安亚运·法治同行”等活动，弘扬法治精神，传播法治文化。坚持法治惠民，夯实基层民主法治基础，在广州市率先推行镇街检察室和挂村检察员工作机制，实行“所所结对”，开展法律服务与援助；试行特邀人民调解员制度，完善镇街信访维稳中心建设；维护市场秩序，规范食品药品和安全生产管理，促进社会和谐稳定，广大市民的合法权益得到维护，安全感、幸福感逐步增强。2010年，本市先后被授予全国和广东省首批“法治市县创建活动先进单位”的荣誉称号。

【检查和视察活动】 围绕建设现代产业新区和生态宜居新城开展监督工作。先后听取和审议市政府关于2010年1～9月国民经济和社会发展计划执行情况及计划调整、2010年1～0月本级预算执行情况和年度预算调整等报告，视察和调研地税、国税征管情况，向市政府提出对预算实行精细化管理、加大税收征管力度、强化财政支出监管等方面的意见和建议。听取本市城乡污染处理系统建设情况报告，视察和调研城乡总体规划实施情况、增江河流域水污染综合整治情况、小区物业管理和服务情况、全面拆除整治窝棚猪棚情况等，督促加快城市基础设施和交通道路建设，加大环境综合整治力度，提高城市建设和管理水平。视察和调研增城市经济技术开发区的开发建设情况，督促加快增城市经济技术开发区的基础设施建设及招商引资工作，加快本市经济结构调整步伐。听取本市农业集约化发展情况报告，检查和调研水利建设情况、自然村道路建设情况、集体林权改革工作情况等，督促进一步重视“三农”工作，加大农林水基础设施建设力度，做好做细集体林权改革工作，为加快本市新农村建设奠定坚实的基础。听取本市城乡绿道网建设情况报告，督促在加快本市城乡绿道网建设的同时，切实做好养护和管理工作，确保本市生态旅游业可持续发展。视察和调研本市中心镇医院建设情况、亚运会相关场馆建设情况、本市少数民族流动人口管理服务工作情况等，督促加快有关工程项目建设和相关工作开展，促进市教育、科技、文化、卫生、体育等各项事业协调发展。(2)推进民生措施落实。围绕落实惠民措施，加大跟踪监督工作力度，推进相关工作的开展。听取市政府2010年为民办十件实事落实情况报告，逐件跟踪，促进落实，全力推进“民心工程”按计划进行。视察和检查本市社保工作情况、解决城市低收入家庭住房困难工作等，提出完善社保管理机构、扩大覆盖面以及加快推进保障性住房建设，解决本市城镇困难家庭住房问题等意见和建议。检查和调研本市农村医疗保险实施情况、农村危房改造工作等，督促政府相关部门认真落实好农村医保政策，做好农村危房的调查摸底和改造工作，维护好广大农民的切身利益。检查本市残疾人就业工作情况，督促有关部门积极开展残疾人职业技术培训，让更多残疾人获得就业机会。检查本市基层民主建设情况，督促有关部门完善基层民主制度，加大宣传力度，抓好2011年我市村居“两委”换届选举工作。(3)加强对司法工作的监督。视察和检查市人民法院审判工作情况，有针对性地提出法院基础设施建设、完善工作机制、强化执行工作管理等意见和建议。检查市人民检察院镇街检察室和“两房”建设情况，建议市政府加大对“两院两房”建设的指导和支持力度，切实加快“两院两房”的建设步伐。视察和检查社区矫正工作，提出加强社区矫正队伍建设，落实专职工作人员，建立健全社工、义工队伍等意见和建议。(4)探索和改进监督方式方法。切实加强与“一府两院”及有关部门的沟通和联系，增强监督的针对性。经常深入基层，掌握工作实际情况，真正做到有的放矢。如在视察亚运会飞碟场馆配套项目白水寨大道改扩建工程中，针对当时施工现场存在一些急需解决的问题，及时提出意见和建议，引起市政府的高度重视并加大推进力度，促进该工程如期完工，保证亚运会增城赛区各项工作的顺利进行。坚持重大问题反复监督，监督效果明显。如对增江河饮用水源水质保护问题，近年来反复多次视察、检查、提建议，引起省、广州市和本市相关部门的高度重视，多次组织调研组进行调研，有关工作正稳步推进。同时，常委会经常与人大代表和人民群众进行座谈交流，征集广大人民群众迫切要求解决的难点热点问题，使监督工作更加体现人民群众的愿望。

【代表工作】 (1)开展代表视察和调研活动。围绕推进国家级经济技术开发区、构建现代产业体系、扶持民营经济发展、加快“三旧”改造和城市综合环境整治、办好亚运会相关工作以及群众关心的热点难点问题等，共组织和指导各代表联组、代表专业小组开展一系列视察、调研和监督检查。代表们针对存在问题，向政府及有关部门提出了120多条意见和建议。为加强选区和选民对代表的联系和监督，认真组织代表履职报告会，组织部分市人大代表进行履职报告；受广州市人大常委会委托，组织广州市人大代表增城联组5名代表进行履职报告。(2)加强代表的学习和培训工作。组织全体代表集中培训，学好有关的法律法规及人大工作知识，提升自身素质和工作能力。同时，人大机关向代表定期发送《中国人大》、《人民之声》、《增城人大》等刊物和学习资料，及时为代表提供我市经济社会发展等各方面信息，为代表学习提供便利。(3)做好代表的服务工作。健全了代表组织网络，共建立了9个代表联组，37个代表小组，广州代表1个联组2个代表小组，为做好代表服务工作提供平台。坚持常委会领导和委员联系代表的制度，及时了解代表学习、履职情况，指导代表处理好本职工作和代表工作的关系。执行《市人大常委会组成人员参加市人大代表镇街联组活动制度》，通过与代表一起视察、交流履职心得等，达到共同提高的目的。邀请了30多名代表列席常委会会议，扩大代表参加常委会工作的范围，使代表更加了解常委会的工作。慰问20多名在一线工作的人大代表，鼓励他们履行代表职责，为本市经济社会发展多作贡献。

【办理代表议案】 市十三届

人大五次会议共收到议案、建议、批评和意见54件，经大会主席团讨论确定全部作为建议处理。为做好建议的督办工作，于3月举行建议交办会，9月组织各工作委员会进行集中检查。代表建议办复率为100%，已办结的有19件占35.2%，正在办理的有34件占63%，因条件限制不能办理的有1件占1.8%。广州市人大代表增城联组2010年在广州市第十三届人大五次会上提出的建议，做好协助督办工作，取得良好效果。

（石雪玲）

增城市人大常委会办公室主任 陈荣汉

增城市人民政府

【常务会议及重大决策】 2010年，市政府共召开常务会议16次，主要有：

1月12日，第十三届45次会议召开，讨论并原则同意《增城区域加油站升级整改方案》、《关于清理增江河小楼圭头潭至初溪水利枢纽段各类存在重大安全隐患船只专项工作实施方案》、关于调整本市农村低保、五保户和孤儿养育标准的意见、关于规范公务员津贴补贴的意见和关于本市高原义务兵优抚工作的意见。同意给本市90岁至99岁高龄老人发放长寿保健金。

2月9日，第十三届46次会议召开，讨论并原则同意《政府工作报告》（征求意见稿）、广东科利亚农业装备有限公司半喂入联合收割机项目和广州市川井车业有限公司摩托车及其零部件项目落户本市。讨论并原则同意广州市双孖钢机构有限公司钢结构和脚手架项目落户本市，并要求中新镇、市国土房管局要抓紧完成项目土地回收等相关工作，如果在2010年4月份前中新镇、市国土房管局未能完善收地供地手续，市工业投资项目评审小组和市政府常务会议就该项目所决定事项作废。会议讨论广州市汇美包装有限公司铝质气雾罐项目的落户问题，并要求由朱村街牵头会同市城乡规划局就该项目选址问题进行研究，提出明确审核意见后，再报市政府研定。会议听取关于做好本市机构改革后续相关工作的情况汇报，并要求组织制定“三定”方案，做好机构改革前后的衔接工作。

3月3日，第十三届47次会议召开，会议讨论并原则同意《政府工作报告》（送审稿）、《增城市2009年国民经济和社会发展计划执行情况与2010年计划草案的报告》、2010年全市财政综合预算安排意见、《增城市2010年固定资产投资重点建设项目计划》（草案）和《增城市城乡总体规划纲要（2008－2020）》。

4月2日，第十三届48次会议召开，会议讨论并原则同意2010年《政府工作报告》重点工作责任分工安排、2010年市政府为民办十件实事的责任分工安排、2010年政府投资重点建设项目责任分工安排和关于落实广东省和广州市重点建设项目责任分工安排。会议讨论关于市政府常务会议无纸化管理的问题，要求，今后市政府常务会议继续采用无纸化会议模式管理，不再印发纸质会议材料。

4月23日，第十三届49次会议召开，会议讨论并原则同意《增城市关于全面推进土地征收整合和招商经营工作的实施意见》。会议传达国务院、省政府和广州市政府有关廉政工作会议精神，组织学习《中国共产党党员领导干部廉洁从政若干准则》，并对当年全市政府系统廉政工作进行部署。

6月24日，第十三届50次会议召开，会议讨论广州市中益机械有限公司汽车零部件等13个项目落户问题，会议要求，以制订项目土地出让文件和转让文件为核心，通过明确项目规划、土地出让方式、报建建设程序及需要项目方和业主承诺的条件等内容，倒逼规划审批、项目用地出让及其它存在问题的解决。

7月1日，第十三届51次会议召开，会议讨论并原则同意《广州宝龙集团汽车制造有限公司资产重组方案》、《2010年世界旅游日全球主会场庆典暨中国广东国际旅游文化节开幕式及系列配套活动增城工作方案》和《增城市城市污水处理费征收管理实施办法》。

7月19日，第十三届52次会议召开，会议讨论并原则同意《增城市城市管理综合执法工作方案》、《增城市集中查处违法建设专项行动工作方案》、《增城市户外广告招牌综合整治方案》、《增城市荔城户外广告设置总体规划》和《增城市新塘户外广告设置总体规划》。会议听取关于本市上半年130个在办在建产业项目进展情况的汇报，会议要求，各级各部门要切实提高管理水平和服务效能，各镇街要对辖区内拟建项目进行调查核实，市府办、市科经信局要加强指导督办，各镇街、“两城两区”管委会要全面落实当年招商引资任务。会议讨论并原则同意《增城市农村计划生育家庭节育奖实施办法》，并要求从2010年7月1日开始执行。会议听取关于近期本市劳动关系的情况汇报，会议要求，各级各部门要正确看待新形势下的劳资纠纷问题，深入基层和企业，关心企业的发展和工人的利益，指导双方建立健全工资协商机制，改善本市劳动关系，预防和化解劳资纠纷。

8月17日，第十三届53次会议召开，会议讨论并原则同意按照中国银监会《村镇银行管理暂行规定》等相关政策法规和有关部门的批复组建增城市村镇银行。会议听取关于本市开展小额贷款试点工作的情况汇报以及草拟

《增城市小额贷款公司管理办法》的情况说明，原则同意《增城市小额贷款公司管理办法》，并按照广东省金融办和广州市金融办的有关批复在本市设立1家小额贷款公司。会议听取关于评选本市优秀民营企业的情况汇报，并要求严格按照《广州市优秀民营企业评分办法》评选和推荐4家企业为广州市优秀民营企业；同时，要加快制订本市优秀民营企业评选办法，评选出增城市百强民营企业。会议讨论并原则同意《增城市集体林权制度改革实施方案》和《增城市全面推进依法行政五年规划（2010－2014年）》。

8月24日，第十三届54次会议召开，会议讨论并原则同意《中共增城市委、增城市人民政府关于加快发展民营经济的实施意见》和新塘医院规划选址增城经济技术开发区香山大道西侧，塘美村东埔合作社以南，中新塑料项目以北。会议听取市计生局关于本市当前人口和计生形势情况的汇报，会议要求，各级各部门要高度重视，尽快完善计生工作例会制度、每月通报制度和领导约谈制度，完善计划生育行政执法体制和部门联合执法机制。

9月8日，第十三届55次会议召开，会议讨论并原则同意《增城市关于进一步落实“两相当”提高教师待遇完善学校绩效工资制度实施意见》、《关于进一步做好优秀外来工入户和农民工子女义务教育工作的实施意见》、《关于建立稳定规范的经费保障机制进一步加强农村基层组织建设的若干意见》、《增城市扶贫帮困工作实施意见》、《关于采取有效措施促进征地报批多方保障我市产业用地需求的意见》。会议讨论并原则同意朱村街113.785亩、273.474亩、202.623亩土地，石滩镇149.162亩土地及派潭镇111.842亩、139.154亩土地等6宗国有土地使用权出让方案，并要求市国土部门牵头会同各有关镇（街）要依法依规做好土地出让工作；严格项目管理，对项目从策划到建成投入使用进行全程跟踪。

9月29日，第十三届56次会议召开，会议听取关于本市承办2010世界旅游日全球主会场庆典暨广东国际旅游文化节开幕式晚会、广州美食节暨2010增城国际旅游美食节和新增涉亚事项的资金安排情况的汇报。会议要求，要集中财力办大事，充分整合各类资金，提高资金使用效益。会议讨论并原则同意《增城市农村生活污水处理设施运行维护管理办法》。会议讨论并原则同意从2009年1月1日起，本市市属企业离休干部去世一次性抚恤金标准参照市直机关、事业单位离休干部死亡一次性抚恤金标准执行，并参照市直机关、事业单位离休干部死亡一次性抚恤金标准同步调整。会议组织学习领导干部因公出访有关制度，并再次强调因公出访有关原则规定。会议对国庆节前后的有关工作进行部署。

10月12日，第十三届57次会议召开，会议讨论并原则同意《增城市镇办企业职工参加社会养老保险的实施意见》、《关于完善税收征管机制确保财政收入任务完成的通知》、《增城市小额贷款公司管理办法》和《增城市企业上市培育计划工作实施意见》。会议讨论《增城市城市管理综合执法的工作方案》，并原则同意设立增城市城市综合管理执法机构，开展城市管理综合执法工作，并参照行使广州市城市管理综合执法职权。

10月19日，第十三届58次会议召开，会议讨论并原则同意《增城市实施广州亚运惠民项目方案》，并学习《广州亚运抽签免费惠民项目实施方案》。会议听取制订《增城市创建全国社会主义新农村建设档案工作示范市实施方案》的情况说明，并同意创建全国社会主义新农村建设档案工作示范市。会议讨论并原则同意《增城市人民政府关于公布保留、取消和调整行政审批、备案事项的决定》和《增城市统筹城乡综合配套改革试验实施方案》。

12月2日，第十三届59次会议召开，会议讨论并原则同意《增城市2010年1至9月国民经济和社会发展计划执行情况及计划调整报告》、《增城市2009年财政决算报告》、《增城市2010年1至10月财政综合预算执行情况和年度综合预算调整报告》和《增城市重点优抚对象帮扶工作指导意见》。会议听取关于制订《增城市加强个体工商户及零散地方税源征管工作方案》的情况汇报，原则同意设立增城市地税协管工作管理机构，开展全市个体工商户及零散地方税源征收管理工作。会议听取了关于新塘镇广州富悦设计有限公司“8·6”坍塌事故审批结案问题有关情况的汇报，并要求有关部门准确认定事故责任，重新对本案进行调查，并以此案为契机全面规范增城市建筑市场管理秩序。

12月30日，第十三届60次会议召开，会议讨论并原则同意《北汽集团华南汽车生产基地合作协议》并明确尽快与北汽集团正式签订。会议讨论并原则同意原广州宝龙集团轻型汽车有限公司闲置资产重组以及与北京汽车集团有限公司合作引入北汽南方生产基地的有关事项。

【重要会议及决定】 1月12日，召开创建全国文明城市工作会议，总结2009年本市创文工作情况，分析当前创文的困难和问题，对下一阶段创建工作作出具体部署。

1月28日，召开市人民政府机构改革动员大会，全面启动本市政府机构改革工作。

3月23日，召开污水治理和河涌整治工作现场会，与会人员先后实地察看了荔城污水处理系统、中新污水处理系统、水南涌流域河涌综合整治工程和新塘污水处理系统的建设情况，听取了相关责任单位的工作情况汇报。

3月31日，召开依法治市“四五”规划和普法“五五”规划迎检工作会议，对普法“五五”规划和依法治市“四五”规划的检查验收工作进行具体布置。

3月31日，召开人口和计划生育工作会议，通报本市2009年度人口和计划生育目标管理责任制综合考评情况。4月2日，召开绿道网建设工作现场会，与会人员先后实地察看荔新公路、广汕公路增城段沿线绿道建设情况和增江雁塔桥排涝站绿道节点建设情况。

4月7日，召开2010亚运城市行动协调委员会工作会议，与会人员先后实地察看荔城龙舟比赛场运动员下水区和主看台、一环路延长线、增江大道沿线环境、增城体育馆改造工程等建设情况。会议强调，有关部门要加快推进亚运场馆的建设，确保亚运比赛场馆和配套工程建设在6月30前完成，同时抓紧编制2010年广州亚运会增城赛区赛会运行指挥体系工作方案，建立2010年广州亚运会增城赛区赛会运行指挥体系，组建体育舞蹈、龙舟和飞碟三个亚运场馆赛时运行团队，确保亚运赛事正常顺利举行。

4月8日，召开“三旧”改造工作动员大会，并举办“三旧”改造工作干部培训班。

4月23日，召开全市城乡环境综合整治工作现场会，与会人员先后实地考察增派公路沿线、派潭镇大埔村东头合作社、派潭村石龙头合作社、榕树吓村曾迳窿合作社的环境综合整治情况。

4月27日，召开整治重大安全隐患及破坏生态环境违法生产经营场所工作会议，总结前段时间的整治工作，研究部署下一阶段整治工作。

5月6日，召开2010年第一季度经济运行情况分析会，总结分析本市当年第一季度经济形势，研究部署下一阶段经济工作。

5月10日，召开传达贯彻广州市安全生产紧急会议精神暨增城市第二季度防范重特大安全事故工作会议。

5月18日，召开市政府全体会议暨土地征收储备出让、三旧改造培训会议，讨论并审定《增城市“三旧”改造实施办法（试行）》和《增城市“三旧”改造专项规划》，下达本市2010年“三旧”改造工作任务。

6月2日，召开经济工作现场分析会，深入分析当前经济发展的新情况、新问题，切实采取有效措施，推动全市经济实现又好又快发展。

6月7日，召开计生与流动人口管理暨“推居”（即推动流动人口居住证办理工作）工作会议，专题研究部署我市计划生育工作、流动人口居住证办理以及出租屋综合治理工作。

6月28日，召开“迎接亚运会，创造新生活”增城赛区迎亚运动员大会。会议要求，各级各部门要理解“迎接亚运会，创造新生活”的深刻意义，做好造环境促和谐，旺产业促消费，创文明促提高三项工作，以最美的环境、最好的服务、最佳的美食迎接亚运期间到增城参与、参赛的人员。

6月28日，召开纪念中国共产党成立89周年暨深入开展创先争优活动动员大会，决定从2010年起到党的十八大召开前，在全市基层党组织和党员中深入开展创建先进基层党组织、争做优秀共产党员的创先争优活动，更好地联系和服务群众，提高党的执政能力。

7月20日，召开集中查处违法建设暨整治广告招牌和城乡“六乱”专项工作动员大会。确保以一流的城乡环境迎接第十六届亚运会，为创建高水平的科学发展示范市创造健康有序和谐的环境。

7月30日，召开2010年纪律教育学习月活动动员大会。

8月3日，召开人居环境综合整治现场会，了解各地违章建设清拆、广告牌整治、“六乱”整治、环境综合整治以及创文工作等情况。

8月3日，召开亚运场馆建设现场会。会议要求抓紧推进亚运场馆收尾工程建设和竣工验收，注重工程建设的细节，做到粗工细做，着力完善场馆功能合理配置，做好场馆周边的绿化景观建设，确保亚运场馆成为精品工程，向国际友人展示增城美好形象。

8月10日，召开“平安亚运”新塘地区“百日整治”行动动员大会。会议要求，用100天左右的时间，对影响新塘地区社会治安、交通秩序、城乡环境的根源性问题开展集中整治，深化社会综合环境治理，确保以一流的城乡环境迎接第十六届亚运会。

8月13日，召开上半年经济运行情况分析会。会议强调，要保持清醒的头脑，在赞扬声中找差距，用忧患意识来谋划增城下一轮新发展。要把握难得的发展机遇，强化责任，同心同德，埋头苦干，真抓实干，互相监督，务实进取，推动增城经济再上台阶，确保今年经济发展目标全面完成。

8月26日，召开民营经济工作会议。就下一步全市民营经济发展作具体部署。会议强调，政府与企业要形成互动，共同推动民营经济大发展大提升。政府要做民营企业家想做的事，企业也要做政府和社会需要的事。

8月30日，召开亚运场馆周边道路建设现场会。会议要求，各单位、各部门要克服一切困难，全力以赴，加快推进亚运场馆周边道路建设，确保在9月25日之前完成全部亚运场馆周边道路建设工程。

9月24日，召开“两大盛会”组委会工作会议，传达贯彻省长黄华华和广州市有关会议对“两大盛会”筹备工作的指示精神。会议强调，要高度重视，责任到位，以对增城发展高度负责的态度，一心一意、团结一致、克服困难，主动开展工作，全面圆满完成“两大盛会”的各项筹办任务。

10月13日，召开依法治市领导小组工作会议。全市各单位各部门要认真抓好创建全国法治市县先进单位的相关工作，提高本市法治水平，真正让法治惠及人民群众。

10月13日，召开加快推进集体林权改革工作会议，对本市林改工作进行再动员、再部署。

10月27日，召开镇街工作调研座谈会。会议要求，各镇街要唱响发展的主旋律，认真谋划未来，开拓创新，以忧患意识促进增城的发展。同时大力开展扶贫工作，全力维护社会稳定，确保今年全市各项经济指标完成，确保亚运会在增城顺利举行。

11月16日，召开增城经济技术开发区建设工作会议。会议要求，开发区要积极先行先试，突出一个“干”字，务实推进开发区的发展，当好增城经济建设的排头兵；要大力支持企业发展，帮助企业解决在发展中遇到的困难，促进企业做大做强。

11月17日，召开人口和计划生育工作会议，分析当前人口计生工作形势，研究部署下一阶段工作。

12月20日，召开全市村、社区“两委”换届选举工作动员会议，对2011年全市村、社区“两委”换届选举工作进行动员和部署。会议要求，要把党的领导贯穿到选举工作的始终，选准人。要把充分发扬民主贯穿选举始终，选好人。要把宣传政策、发动群众贯穿始终，教育人。要把打击歪风邪气贯穿始终，确保换届选举圆满顺利完成。

12月27日，召开扶贫帮困工作动员大会，贯彻落实中央农村工作会议、省委对口扶贫“双到”精神和广州市委对全市尤其是山区的扶贫帮困精神，动员部署全市扶贫帮困工作。会议强调，各级各部门要统一思想，充分认识开展扶贫帮困工作的重大意义；明确任务，认真做好扶贫帮困各项工作；加强领导，确保扶贫帮困工作顺利推进。会议要求，明确三条思路，分清三类对象，规划好三类项目，用好三笔钱，依靠三种力量，办好三件事，实现三个目标。

【重要工作文件、制度和措施】 1月12日，市政府印发《增城市轨道交通规划建设工作方案》，确保轨道交通项目按时、顺利动工，并借助轨道交通建设的机会，实施土地整合和开发，发挥轨道交通和土地利用的效益，规划广州东部交通枢纽中心。

3月29日，市政府印发《增城市2010年应急管理工作计划》，提高全社会应对突发事件的能力和水平，增强本市应对突发事件和亚运应急保障能力，推动全市应急管理工作再上新台阶。

4月30日，市府办印发《增城市关于推进土地征收、整合储备和依法出让工作的实施意见》，规范本市土地征收、整合行为，加快土地征收、整合速度，全面推进本市土地征收、整合储备和依法出让工作。

5月7日，市府办印发《增城市绿道网建设管理实施方案》，探索绿道生态化、人性化、产业化、市场化、效益化新路，加快建设完善具有增城特色的绿道网。

5月7日，市政府印发《增城市农村宅基地使用及建房管理的有关规定》，引导规范农村宅基地使用和住房建设，提高农民生活质量，建设和谐新农村。

5月19日，市政府印发《增城市“三旧”改造实施办法（试行）》，加快推进本市旧城镇、旧厂房、旧村庄改造工作。

5月19日，市府办印发《关于落实2010年土地出让任务和加快项目落地开发建设有关问题的通知》，明确2010年本市土地出让工作任务，确保项目引进后能及时动工建设。

5月25日，市政府印发《关于加强镇（街）城乡管理综合执法工作的通知》，简政强镇，推动城乡管理综合执法工作重心下移，提高城乡管理水平。

8月18日，市府办印发《增城市集体林权制度改革实施方案》，推进本市林改工作，解放和发展林业生产力。

9月6日，市政府印发《增城市全面推进依法行政五年规划（2010－2014年）》，贯彻依法治国基本方略，推进依法行政工作，提升全市法治建设的水平，确保到2014年基本建成法治政府。

10月26日，市府办印发《增城市小额贷款公司管理办法（试行）》，加强对本市小额贷款公司的管理工作。

10月26日，市府办印发《增城市企业上市培育计划工作实施意见》，营造良好的经济环境，鼓励、支持增城企业通过规范运作、上市融资谋求更大的发展，加快构建本市现代产业体系。

12月1日，市府办印发《增城市统筹城乡综合配套改革试验实施方案》，贯彻落实广东省《增城市统筹城乡综合配套改革试验总体方案》提出的改革目标和改革任务，打造广州东部现代产业新区和生态宜居新城，把本市建设成为全省乃至全国统筹城乡科学发展示范区。

12月16日，市府办印发《关于做好增城市农村集体经济组织选举工作的意见》，推进本市农村集体经济组织的依法选举和民主管理工作。

【重大活动】 1月6日，举办深入学习实践科学发展观专题辅导报告会。

2月4日，举行增城歌剧院奠

基仪式。

3月5日，庆三八·迎亚运·广东万名妇女增城绿道欢乐游活动开始。

3月5日，迎亚运“青年志愿者在行动”主题活动启动。

3月22日，“迎亚运·文明交通”志愿服务月暨“创建增城混合交通安全模范城市项目”文艺汇演活动举行。

3月22日，首届增城市旅游形象宣传大使大赛举行。

3月28日，举行“平安增城迎亚运”综治宣传日活动。

4月8日，开展市领导“基层大接访”活动。

4月20日，举办“享受低碳生活？共迎绿色亚运”之佛山万人增城绿道欢乐游活动。

4月21日，举办增城市首届旅游发展论坛活动。

5月11日，第九届中国艺术节“大地情深”群星奖广场舞决赛开赛。

6月18日，2010广州增城何仙姑文化旅游节暨仙桃慈善义卖及低碳绿道送爱行动启动。

6月23日，2010年增城市迎亚运百家企业清洁生产行动启动。

6月27日，广州亚运会“亚洲之路”典藏特装车增城绿道巡游暨2010年增城荔枝文化旅游节开幕。

6月30日，“游绿道·济贫困”增江画廊千人自行车大巡游暨“广东扶贫济困日”捐款活动举行。

8月6日，开始“平安亚运”新塘地区“百日整治”行动。

9月27日，2010世界旅游日全球主会场庆典暨中国广东国际旅游文化节开幕式晚会举办。

11月7日，第16届亚运会圣火在本市传递。

11月13日，第16届亚运会体育舞蹈项目比赛举行。

11月18日，第16届亚运会飞碟项目和龙舟项目同时开赛。

12月24日，中国广州增城菜心美食节举行。

【办理人大议案建议及政协提案】 2010年，共收到各级人大代表建议、意见65件，政协提案100件。按照“归口办理”的原则，分别交给相关单位承办并已全部办理，办复率100%。

【信访与市长专线电话】 2010年，共受理群众信访总量为2665件，其中来信563件，来访1192批2824人次，来电来邮910件，信访复查66件；处理集体上访32批680人次。与2009年相比，信访次数有所上升，但信访人数、集体信访量大幅减少，到省、广州市集体上访批次同比下降75%，人数下降84%，到本市集体上访批次下降42.5%，人数下降46.3%，妥善处理和解决一批群众反映强烈的热点、难点问题，信访秩序有效好转。 （马 跃）

增城市人民政府秘书长、市府办主任 尹博望

【市审批服务中心】 2010年各窗口共登记受理业务39916宗，按时办结39907宗，按时办结率达99%。

深化服务抓落实 继续做好“四服务”。在服务企业方面，贯彻落实《增城市加强涉企投资审批服务实施办法（暂行）》，建立项目审批服务工作方案，由审批中心根据具体项目情况，组织项目联席会议，并负责跟踪落实，征求各相关职能部门意见，初步梳理出本市工业建设项目并联审批流程图，为企业提供审批服务。在服务农村方面，开展“三联六帮”城乡共建行动，实现城乡之间、干群之间的联帮互动。在服务基层方面，审批中心党支部继续加强与新塘镇中元村党支部开展基层党组织互帮互助活动，支持中元村党支部建设。在服务群众方面，推行“六个一点”温馨服务活动，即态度热情一点、服务周到一点、说话亲切一点、聆听耐心一点、解释细致一点、办理快速一点、服务周到一点。

调整窗口设置 结合政府机构改革后机关职能转变和机构设置调整，年初对驻窗部门进行调整。经贸局与外经贸局窗口合并为科经信局窗口，工商局撤出，增城市地税局税收委托代征工作站在审批服务中心挂牌成立，地税局私人房屋交易契税征收业务入驻中心，解决民众办理房产交易和契税征收两头跑的问题。针对调整和增加的事项，中心从服务项目、服务程序、项目设定法律依据、涉及前置审批部门、需申报材料、法定办结时限、窗口办结时限、收费标准及依据等8个方面进行重新梳理，并通过上墙、上网、办事指南小册子、在办事大厅放置触摸屏等形式予以公开，为办证者提供公开、透明、方便的办事环境。

健全制度 一是完善首问首办责任制度。转变机关作风，增强窗口工作人员为民服务的意识，提高工作效率和服务水平，结合中心实际，对原有的《增城市审批服务中心首问首办责任制度》进行修订完善，明确首问和首办工作岗位职责。二是在窗口安装服务评价器。审批中心在每个窗口工作人员服务岗位上安装窗口服务评价器，并制定《增城市审批服务中心服务评价器使用管理规定》，办事群众可以通过服务评价器对窗口工作人员的服务情况进行“非常满意”、“基本满意”、“态度不好”、“时间太长”、“业务不熟”、“有待改进”6种评价。评价器的安装增强公众与服务人员的直接沟通，实现政务服务质量由公众来评定的社会监管模式，实现用公众的评价提升政务服务水平的目的。 （汤伟艺）

市政府副秘书长 刘统泉

【市保密工作】 确保亚运安全 开展涉密信息风险隐患集中排查整改工作。重点排查与亚运相关的涉密信息各项保密管理落实情况，特别是在信息公开、计算机网络及移动存储介质使用过程中存在的风险隐患。预防和及时处置涉亚各类突发信息安全保密事件，结合本市涉亚项目的实际，制定《增城市保密局涉亚项目保障应急预案》。指导、检查、督促各级党政机关单位落实保密制度；发放新修订《保密法》、《保密法》释义等读本1300多册，开展保密学习会3场；为市委办、市府办等20个重点涉密单位统一配备保密安全U盘及世安内网终端信息交换系统，确保信息交换安全；加强涉密及非涉密计算机使用和保密管理情况检查，及时排查泄密隐患，加以整改；特别是加强对本辖区内网站和上级业务部门指定相关网站进行检查，发现问题及时报告和处置，确保亚运信息安全。

保密法制宣传教育　开展“五五”普法保密法制宣传教育检查验收工作。首先在本地区、本单位开展自查，市保密局根据自查情况和全国“五五”保密法制宣传教育检查验收指标，采取抽查的方式进行。各镇街、各单位在开展保密宣传教育方面，并取得较好的成效。对个别单位存在问题的提出整改要求，“五五”保密普法期间，市委常委会、中心组学习会听取保密工作汇报、研究保密工作6次；召开各类型的保密形势报告会165场6500人参加；在各类媒体刊登播放保密文章及音像19篇4小时55000人观看；发放宣传资料8900份，编写保密普法教材1份；播放保密录像片186场近16300人观看；党校行政院校开设保密课8期732人参加；举办培训班12期1106人参加。

保密检查　(1)开展计算机和计算机信息系统保密检查。重点检查保密要害部门和与亚运相关的涉密信息管理落实情况以及在信息公开、计算机网络及存储介质使用过程中存在的泄密隐患。具体内容：一是建立并严格执行信息公开保密审查制度；二是严格执行严禁在非涉密网络上处理、存储、传输国家秘密信息；三是涉密计算机严格执行严禁与非涉密网络联接；四是执行严禁移动存储介质在涉密、非涉密计算机交叉使用的保密规定。(2)在全市开展涉密载体清理检查工作。在全市开展涉密载体清理检查工作。首先由各镇街组织公安、工商对本地区本单位的涉密载体进行清理、清退工作。市保密局在广州市保密局指导下分别对荔城、增江和新塘的废纸回收店和旧电脑交易市场进行检查。并印发有关该行业的保密管理规定，加强对该从业人员的保密法制教育。检查中没有发现涉密载体流入旧货市场。

发展保密技术，提高防范能力　随着计算机网络广泛应用，各单位使用U盘存储各类信息也越来越多。有些人为工作方便，往往在涉密和非密计算机交叉使用U盘，这样就存在重大泄密隐患。为了杜绝这种现象的发生又方便工作，保密局根据上级业务部门有关配备“信息安全交换中间机”的要求，市财政核拨30万元为本市20个保密要害部门安装“中间机”，并组织相关单位计算机管理人员在龙门庄加庄进行内网终端安全管理系统培训。由广州世安信息技术有限公司技术人员授课，加强本市保密要害部门计算机信息系统的技术防范能力。

（曾伯炉）

增城市国家保密局局长　郭伟光

【市档案工作】（1）档案基础工作。一是争取市财政投入近12万元的专项经费解决市档案馆服务器老化的问题，二是提前开展档案资源普查，修订档案馆接收范围，做好进馆档案的排查摸底工作。三是除接收各机关、团体以及企事业单位应进馆的文书档案外，有选择接收重点建设项目档案、民生档案、重要事件和重要活动档案，2010年接收市纪委、市监察局、市民政局、市城市信用社等单位档案1058卷（件）。四是破除重收集，轻征集传统观念，接收有社会保存价值的档案。重点征集李长春、汪洋等领导和联合国副秘书长安娜?蒂尔琼卡视察增城时使用过的绿道自行车、植树铁铲、十六届亚运会火炬以及本市重大活动的图片资料等一批重要历史档案。五是围绕本地区经济社会发展的重点、热点、难点问题，及时挖掘整理有关的档案资料，为领导决策提供相关的档案信息及历史借鉴，六是对不符合安全管理要求的档案资料及时处理，杜绝积存零散档案未整理现象。

（2）新农村建设档案工作。一是举行三期村级档案管理、文书归档新方法和档案软件实操短训班，全市共134人参加培训；二是成立调研组，深入农村基层探索档案工作服务新农村建设的新机制和新方法，三是印发《增城市创建全国社会主义新农村建设档案工作示范市实施方案》，提出用三年左右的时间完成创建工作目标。《方案》的出台调动各镇街领导对创建工作的积极性。四个先行先试点村（新塘镇大敦村、西南村、小楼镇西境村、荔城街夏街村）通过广东省村民委员会档案工作目标管理“省特级”的评定验收，成为本市首批“省特级”村级综合档案室。国家档案局和省、广州市档案局领导对本市创建“全国社会主义新农村建设档案工作示范市”给予肯定。(3）档案数字化。一是实现档案工作与信息社会的同步发展，在原有基础上完善档案目录数据库建设，提高档案检索利用服务质量，据统计，档案馆馆藏档案已完成文件级目录数据录入228003条，占全部档案目录的89%。二是通过接收电子档案，并对各种类型档案进行数字化处理，已逐步实现馆藏照片、录音、录像的数字化，建立声像档案库。三是加快纸质档案数字化进程，完善档案全文数据库。四是做好历史档案、民国档案、婚姻档案等珍贵、易损、利用率高的档案和已公开现行文件的数字化处理，共扫描重点全宗档案146万页。五是全市所有的正局级单位均配备档案管理专用软件，完成基层单位综合档案室档案目录数据库建设工作。2010年，通过文件离线移交的方式，实现“馆室互联互通”，达到全市档案信息资源共享的目的。（4）档案工作执法检查。一是宣传贯彻档案法规。利用报刊、杂志、网络等媒体，通过画册、书刊，举办档案法规宣传展览向社会宣传档案法，成立检查领导小组，定期对有关部门和单位开展专项检查，保障档案事业的发展。2010年12月，对全市各单位实施《档案法》和《广东省档案条例》、《广州市档案管理规定》的情况执法检查。在完成荔城街、广州市工商行政管理局增城分局、增城中学升“省特级”和市纪委、民政局升“省一级”的达标升级工作的同时，对市国税局等15个单位开展档案综合管理达标复查工作；对一些单位未配备专门档案室和专职人员的问题得到整改。（5）其他工作。一是拓宽档案收集和征集的渠道。征集人民群众感兴趣的资料、图书、视频作品等档案，对涉及本地区历史、经济、政治、文化、民生、风土人情等有价值的档案、图书资料进行收集和征集，今年新收各类档案资料7206卷（件），丰富馆藏量，提升档案社会公众影响力。二是抓好档案安全工作。建立和完善档案安全保管制度，责任到人，落实每日安全巡查登记制度，做到不留死角。市的档案库房符合“八防”（防盗、防火、防潮、防高温、防光、防尘、防虫、防有害气体）要求。三是提供档案综合利用。为市委、市政府、市直机关单位、企事业团体及个人就有关本地区民生、人事、社保等重大政策制定及解决山林纠纷、民事纠纷等各种争议问题提供依据。全年共接待查阅档案人数330人次，调阅利用档案1350卷。（叶 蕊）

增城市档案局局长 黄素萍

【市地方志工作】 编辑市志 增城市志审查验收情况。根据《广东省地方志书审查验收办法》和《广州市地方志审查委员会工作规则》要求，对新编“增城市志”实行初审、复审和终审三级审查验收。（1）初审。2009年10月，成立由分管副市长及有关部门主要负责人参加的《增城市志》初审工作小组，12月初召开《增城市志》初审小组会议，贯彻落实上级关于志书实行“三级审查”指示精神，明确责任分工，启动市志初审工作。2010年元月上旬召开市志初审会议，听取初审成员的意见，确定志书通过初审。（2）复审。2010年8月，报送广州市地方志复审小组复审，9月5～6日，广州市地方志复审小组在增城召开《增城市志》志稿复审会议，对增城市志稿进行认真审查并提出意见。增城市志办对复审小组提出的意见和建议，实行分工负责，逐条梳理，按照志书质量标准，做好修改、校正、补充和完善工作。主要解决篇目设置、行文规范、记述深度、内容交叉重复等问题。篇目方面，取消“多种所有制经济”卷，将其内容插入“工业卷”，从34卷缩为33卷。重点对经济部分类的数字不统一、内容交叉重复等问题进行修改调整。经过近4个月时间补充修改于年底送交广州市地方志书审查委员会终审。（3）终审。2011年1月26日，广州市政府召开《增城市志》终审会议，由广州市政府副秘书长主持，出席会议有广州市地方志书审查委员会全体成员。会议认为《增城市志》总体质量比较高，内容比较齐全，符合宪法、法律、法规规定和党的路线、方针、政策，重大事件、重大历史问题、重要人物的表述准确，篇目设置符合志书体例要求，较好体现时代特色和地方特色。记述客观、准确，行文较为流畅、简洁。出席会议的15位委员同意志稿修改后公开出版。同时指出一些存在问题，一是要进一步补充资料，如，卷十三“商业”卷缺乏该时期增城市商业发展的主要成绩及特点。二是要将“市委重要决策”中的有关内容补充载入大事记。三是进一步核实统计资料，尤其是经济部类的统计数据与《广州统计年鉴》中的数据存在差异。四是要进一步锤炼文字。志稿仍存在表述不够准确，语句不够通顺，有错别字等问题，需再三推敲，精雕细琢。对《增城市志》修改工作提出四点要求：（一）增城市要认真组织志稿修改。要尽快梳理，消化委员们提出的意见和建议。（二）通过终审的志稿，在修改完善过程中，如有超出委员意见范围的重大修改补充，须报广州市地方志办公室。如有不采纳委员意见的内容，也应向市地方志书审查委员会报告。（三）广州市地方志办公室要加强对《增城市志》稿修改工作的业务指导和督促检查，协调志稿修改完善过程中遇到的重大问题，（四）志稿完成修改后，应将修改情况报广州市地方志书审查委员会，并经市志办复核后，方可送出版社。

编辑年鉴 继续编辑出版2010年《增城年鉴》。市志办在人员少，任务重的情况下完成年鉴编辑任务。一是年初确定编辑方案，及时下发年鉴征稿通知，保证各供稿单位依时完成年鉴供稿任务。二是实行编辑分工责任制，将年鉴划分若干部类，指定专人负责，责任编辑和工作人员各司其职，按时完成编辑任务。三是增加年鉴信息量。本期年鉴收录市领导重要讲话，市委、市政府科学决策，以及与人民群众密切相关的政策等信息。四是丰富人物内容。在“人物”中增加2010年度增城市百岁老人，反映增城市长寿情况及市政府优待老人的政策。并增加“模范人物”、“传奇人物”内容，反映增城人物风貌。但仍存在一些问题，一是年鉴稿质量不平衡，有些单位提供的仅是工作总结，未能全面反映该部门工作及成绩，二是撰稿人队伍不够稳定，新的撰稿人员缺乏专业写作知识，他们提供的内容，总结性语言过多，信息量较少。三是年鉴未能按时出版，影响年鉴时效性。

其他工作　（1）编辑地方志年报资料。根据广州市志办实施资料年报制度的要求，市志办指定一名领导负责该项工作，并在全市各镇街、部门相应成立领导小组，指定撰稿人员专门负责资料年报工作，较好完成该年度资料年报工作。（2）完成省、广州市年鉴组稿任务。2010年起，《广东年鉴》（增城部分）编写任务由市志办负责。市志办指定专人负责，按时完成供稿任务。同时，继续为广州年鉴提供资料，由于年鉴稿质量好，撰稿人员被评为“年鉴编纂先进工作者”称号，受到广州市政府表彰。（3）指导编写村志和部门志。2010年4月，市地方志编纂委员会印发《关于规范镇街志、村志、部门志、行业志和部门年鉴、行业年鉴出版工作有关规定的通知》文件。市志办指导协助编写村志和部门志，经过一年努力，小楼镇《竹坑村志》已完成初稿送市志办审查验收，新塘镇《塘美村志》和《市供销社志》已完成资料收集，正在编写中。（市志办）

人民政协增城市委员会

【市政协八届五次会议】　增城市政协八届五次会议于3月8日至11日在荔城召开。会议审议通过政协增城市第八届委员会常务委员会工作报告和关于八届四次会议以来提案工作情况的报告；选举政协增城市第八届委员会主席会议和常务委员会部分组成人员，谭小棠当选为副主席，区镜南、刘满潮、陈克、李建标、单绮霞、钟广兴当选为常务委员。八届五次会议共立案提案104件。委员们参加义务植树活动，开展支持绿道建设捐款活动，共募捐217600元。

【市政协常委会议】　2010年，市政协召开4次常委会议。

3月2日，召开市政协八届十七次常委会议。会议审议通过中国人民政治协商会议增城市第八届委员会常务委员会工作报告（送审稿）及报告人；审议通过中国人民政治协商会议增城市第八届委员会常务委员会关于八届四次会议以来提案工作情况的报告（送审稿）及报告人；审议通过关于召开中国人民政治协商会议增城市第八届委员会第五次会议的决定（草案）；审议通过中国人民政治协商会议增城市第八届委员会第五次会议议程（草案）；审议通过中国人民政治协商会议增城市第八届委员会第五次会议日程（草案）；审议通过关于列席和邀请参加增城市政协八届五次会议人员的决定（草案）；审议通过中国人民政治协商会议增城市第八届委员会第五次会议委员、列席人员编组名单（草案）；审议通过关于授权主席会议审议政协增城市第八届委员会第十七次常委会议未尽事宜的决定（草案）；审议通过《关于表彰增城市政协2009年度优秀委员、提案和调研文章的决定》（草案）；审议通过政协第八届委员会专门委员会主任建议名单；审议通过关于调整及增补委员事项，同意陈志威、阮计昌、郭小峰、陈荣汉等4位同志辞去市政协八届委员资格的请求；增补关劲、刘展强、刘力良、陈克等4位同志为市政协八届委员。

3月11日，召开市政协八届十八次常委会议。会议审议通过政协增城市第八届委员会主席会议部分组成人员候选人建议名单；审议通过政协增城市第八届委员会常务委员会部分组成人员候选人建议名单；审议通过政协增城市第八届委员会第五次会议选举办法（草案）；审议通过政协增城市第八届委员会第五次会议选举大会总监票人、监票人建议名单；审议政协增城市第八届委员会第五次会议提案审查情况报告（草案）；审议政协增城市第八届委员会第五次会议决议（草案）。

6月23日，召开市政协八届十九次常委会议。会议围绕“推进‘三旧’改造工作”进行专题议政，城建经济委主任蒋南惠作专题调研报告。提出十一点建议：一、尽快出台操作性文件；二、采取有效措施，加快改造项目各类用地手续办理进度；三、规划先行，统筹安排；四、加大政策支持力度，拓宽筹资渠道；五、妥善做好拆迁和安置工作；六、加强市“三旧”办机构建设；七、增强培训实效性；八、因地制宜，以点带面，逐步推进；九、做好文物保护和史料保存工作；十、切实加强改造项目监督；十一、加大宣传力度，营造良好舆论氛围。

12月21日，召开市政协八届二十次常委会议。会议期间，与会人员视察明星、罗岗中心村统筹城乡发展示范点、增城歌剧院、新桥小学等部分市政府今年为民办实事建设项目和中新镇新农村建设情况；并听取叶牛平市长通报市政府2010年工作情况，张文远副市长通报市政府办理政协提案情况。

【服务党政决策，组织政治协商】　一是通过全体会议进行全面协商。委员们通过大会发言材料、小组讨论和委员提案等多种形式提出意见和建议。如围绕“加强户外广告管理”、“以承办亚运会部分赛事为契机，抓好新农村建设”等方面，提出意见和建议。二是通过常委会议进行重点协商。召开市政协八届二十次常委会议，常委们视察市政府为民办十件实事建设项目及中新镇新农村建设情况，市政府主要领导应邀通报市政府2010年工作情况及提案办理情况。常委们在经济建设和社会发展等方面积极建言献策。三是组织各界委员代表进行专题协商。邀请市主要领导与各界委员代表进行座谈，委员们就“加快民营经济发展”、“提高教师待遇”等发表意见。四是通过专委会进行日常协商。各专委会加强与相关政府职能部门的联系，就经济建设、城市建设、教育事业、医疗卫生等内容开展专题协商。五是组织委员对本市重要决策进行书面协商。在市制定《增城市全面推进依法行政五年规划》、《中共增城市委增城市人民政府关于加快发展民营经济的实施意见》等重要文件，确定市政府为民办十件实事项目过程中，委员们提了许多有建设性的意见和建议。

【促进民生改善，加强民主监督】（1）加大提案督办力度，增强民主监督实效。8月份，政协领导对重点提案《关于加快增江河桥梁建设的建议》进行督办，还将督办情况报送市委、市政府。提案委员会抓好“督办”、“协办”、“反馈”等环节，促进提案办理从“答复型”向“落实型”转变。八届五次会议共立案提案104件，至2010年12月底，全部办复，提案者对办复的满意率或基本满意率达99%。市政协主要领导撰写的提案《关于撤销雁塔收费站的建议》，得到上级交通部门的重视，于国庆期间撤销该收费站。《关于继续加强新塘镇社会治安综合治理工作的建议》、《解除荔城大道三中至新增中路段长期存在的水患》等提案都办理得很好，促成一些涉及民生问题的落实。（2）围绕民生问题广泛开展专题视察。一年来，组织委员围绕“依法依规推进新农村建设”、“我市亚运场馆建设及团队运作情况”等9个专题，进行视察；组织政协常委、政协机关干部视察东凌集团南沙基地；组织政协机关干部围绕“派潭镇新农村建设和绿道建设情况”、“增城中学校园建设及办学情况”等内容进行视察。形成视察报告、发言材料18篇。（3）发挥特约监督员作用，拓宽民主监督渠道。支持政协委员中的特约监督员参加有关检查、考评、听证、行风评议等活动，增强民主监督的针对性和实效性。

【促进科学发展，开展参政议政】（1）深入调研，提高建言质量。一年来，围绕“推进社区文化建设”、“加快义务教育规范化学校建设”等8个课题开展调研。市委、市政府出台《关于加快民营经济的实施意见》后，市政协成立专题调研组，深入到新塘镇一些企业调研，了解情况，听取意见，撰写了《关于整合新塘环保工业园污水处理资源及扶持民企发展环保产业的建议》，得到广州市委常委、增城市委书记、增城经济技术开发区党工委书记、管委会主任徐志彪专门作出批示。（2）抓住重点，举行专题议政。召开政协常委会议，就“加快推进‘三旧’改造工作”进行专题议政，提出“尽快出台操作性文件”、“加快改造项目各类用地手续办理进度”等11点建议，促进“三旧”改造工作的开展。

【构建和谐社会，抓好团结联谊】（1）拓展民主党派、工商联、人民团体参政议政平台。邀请他们参加政协的重要协商、调研、视察和考察等活动，支持他们在政协的各种会议上发表意见与建议。开展市政协领导走访各民主党派、工商联的活动。（2）拓展与港澳台同胞、海外侨胞开展经济文化交流合作平台。市政协领导参加旅港增城同乡会第二十届董事就职典礼联欢晚会等活动；多次前往香港拜访港澳委员、重要社团，通报和介绍增城经济社会发展情况；积极协助有关部门做好旅港“增城五会”和其他团体回乡考察的接待工作；协助市委统战部做好香港广佛肇联谊会的筹备工作；组织港澳委员视察新塘镇民营经济发展情况、市投资环境，建立走访港澳委员制度。（3）拓展与各地政协合作交往平台。全年共接待各地各级政协来增城学习、参观、考察的客人23批，组织政协机关干部到恩平、开平县政协交流学习。（4）拓宽与委员联络沟通的平台。举办“迎国庆？贺中秋”茶话会和“政协杯”高尔夫球邀请赛，组织委员参加广州市政协举办的迎亚运系列体育赛事，其中扑克比赛获得团体亚军的好成绩。

（刘若娆）

人民政协增城市委员会办主任　姚锦波

中共增城市纪律检查委员会

【重大决策部署监督检查】贯彻落实中央关于“廉洁办亚运”的要求，成立监察审计组，坚持全程参与、严格监管，共检查4项亚运场馆建设项目、28项亚运配套工程项目和18项亚运专项保障经费，督促各相关单位严格执行工程建设、资金使用、物资采购等有关规定，切实加强对重点建设项目、关键环节的监督。围绕市委、市政府关于“加快转变经济发展方式、实现经济社会又好又快发展”的工作部署，加强对本市各项重大决策落实情况的监督检查，重点就节约用地和违法用地整治、环境污染综合整治、加快发展民营经济等政策措施的落实情况进行监督检查。配合有关部门着力做好创建全国文明城市、“三旧”改造、城镇和农村污水治理，以及安全生产、道路交通、消防安全、人屋车场等综合整治工作的专项检查，促进各项工作扎实开展。

【查处违纪违法案件】 2010年，全市纪检监察组织共受理群众信访举报197件（次），查处党员干部违纪违法案件42件52人。给予党纪处分45人、政纪处分15人，同时给予党纪政纪处分13人，批评教育、延长预备党员预备期、党内除名共5人。其中，开除党籍25人，行政开除13人，受刑事处理16人。查办荔城街道办原副主任尤文雄贪污案等一批严重违纪违法案件。开展商业贿赂专项治理工作，全市共查办商业贿赂案件6件。建立健全办案工作机制，制定实施《案件线索集中管理和集体排查办法》，确保违纪违法案件得到及时查处。开展信访核查，信访约谈领导干部7人，通过调查核实，为10名党员干部澄清是非。加强对受处分党员干部的教育，共回访2009年受处分人员23人。

【党政机关作风建设】 落实党政机关厉行节约要求，开展对全市党政机关、事业单位小汽车管理和使用情况的检查，全市因公出国（境）费用比2009年减少32%，压缩公务接待费用，从严控制党政机关办公楼建设，年内，全市党政机关未新建各类楼堂馆所，严格控制评比达标表彰活动。推进行政审批效能建设，对3万多笔行政审批业务实施电子监察，发出黄、红牌纠错信号11个，审批效能逐步提高。在市科经信局以及各镇街国土所、税务所、计生站等25个基层站所开展民主评议政风行风活动；组织千家企业代表和万名市民代表对79个市直部门单位的行风状况进行评议；开展“迎亚运树新风”作风建设专项检查，暗访窗口服务单位13个27次，暗访群众54人次，向有关部门反馈市民投诉和建议111件，全市各级各部门的工作作风进一步转变，做到勤政为民。

【纠正部门不正之风】 加强对强农惠农政策落实情况的监督检查，开展行政事业单位收费综合年审，查处乱收费、乱罚款和乱摊派等损害企业及群众利益的案件3件。努力办好政风行风热线，录制播出《行风月月谈》电视节目6期，增进政府部门和群众的联系沟通，解决一批群众反映强烈的突出问题。认真纠正医药购销和医疗服务中的不正之风，监督全市18家医疗机构参加网上集中采购药品，药品采购总额共计人民币2.2亿元，药品降价幅度达7.5%。对职能部门上路执法情况开展明查暗访7次，巩固公路基本无“三乱”成果。

【领导干部教育监督】 提高党员干部的廉洁自律意识，组织党员干部深入学习《廉政准则》，贯彻八个方面52个“不准”的要求。加强党性党风党纪教育，开展以“加强制度教育，构筑拒腐防线”为主题的纪律教育学习月活动，举办廉政教育系列讲座，全市党员干部及公职人员共4万多人次参加学习。推进廉政文化创建活动，举办“迎亚运、树新风、保平安”廉政美术书法作品展，展出作品130幅。拍摄《阳光村务促发展》专题片，宣传我市新塘镇西南村干部勤政廉政、带领村民奔康致富的事迹。严格贯彻党内监督制度，对6名领导干部进行诫勉谈话，协助在增城工作的31名广州市管干部做好报告个人有关事项工作。深化党务公开，落实和保障党员的民主权利。推行政务公开，会同有关部门完善政府信息公开办法、依申请公开制度，提高政务服务水平。协助有关部门开展农村党风廉政信息公开平台建设，将全市282个行政村的党务、村务、财务等分别在互联网上公开。

【源头防治腐败工作】 开展对本市建立健全惩防腐败体系《实施细则》落实情况的检查。配合开展新一轮行政审批制度改革，督促有关部门优化审批流程，减少行政许可事项81项、非行政许可事项234项、备案事项111项。严格执行干部人事制度和工作机制，做好拟提拔任用市管干部的党风廉政情况审核，提高选人用人公信力。开展公务员津贴补贴专项检查，规范公务员津贴补贴发放。深化财政管理体制改革，加强财政性资金监管，加大专项资金使用监督力度，提高财政资金使用效益。扎实推进“小金库”专项治理工作，查处正果镇水利管理所设立“小金库”案件。深入推进工程建设领域突出问题专项治理，排查2008年以来政府投资和使用国有资金500万元以上项目256项，非政府投资3000万元以上项目56项，完成整改工程手续不完善等问题290个。督促有关部门在市政府网页开设“工程建设领域项目信息公开专栏”，及时公开发布项目信息和行业信用信息，提高工程建设领域信息透明度。 （李天宝）

中共增城市纪律检查委员会办公室主任 庄志辉

地方军事

【思想政治教育】 (1)开展“建设学习型党组织、创建学习型军营、培育知识型军人”实践活动，成立“创建与培育活动”领导小组，党委先后7次专题研究部署和分析形势，正副书记讲党课4次，投入经费15万元购买各类书籍300余本和配套完善学习室设施，干部每季度组织专题调研，每月撰写调研文章，干部职工每天自学1小时。经统计，全部人员读书笔记达300余篇，心得体会220余篇，(2)开展“培育当代革命军人核心价值观”主题教育活动，重点学习领会党的三代领导核心和胡主席关于革命军人核心价值观的重要论述，通读《当代革命军人核心价值观学习读本》、《践行革命军人核心价值观英雄模范故事选集》和军区学习辅导材料，组织4课专题讲座，组织增城籍女兵张愉愉先进事迹报告会，突出查找和解决增强军魂意识、强化战斗队思想、提高拒腐防变能力三个方面的问题。⑶开展谈心交心活动及关心干部职工生活，党委委员与干部职工谈心100余人次，党委成员之间个别谈心30余人次，集体谈心2次，干部与亚运安保官兵谈心达1000余人次，及时交流思想意见，消除隔阂与误解。为干部职工排忧解难，全年为4名转业干部、1名退休职工解决安置就业和生活补助经费近10万元，为2名干部家属就业和小孩入学提供便利和帮助，较好地解决干部职工的福利补助。

【战备训练及征兵工作】 ⑴军事理论研究。部主要领导撰写的《民兵预备役遂行多样化任务组织指挥》一文，收入中国重要军事文库。修定完善4类9份战备方案和26份配套保障计划，收集整理辖区部队部署、军事设施、人防工程、社情民情、气象水文等资料。⑵战备军事训练。全年共完成民兵训练任务199000余人日次，本部机关干部职工完成业务和体能训练11500余小时。5月份，组织亚运安保425名民兵参加执勤备勤训练，所有课目均列警备区前茅。参加警备区半年军事训练考核，取得100%合格、90%优秀的好成绩。⑶国防动员及征兵工作。一是适时组织国防动员潜力调查。掌握全市政治、经济、科技和交通运输动员保障能力等数据，完善国防动员支前潜力数据库。二是民兵组织整顿工作落实。完成6646名国防后备力量的整组调配任务，组织425名应急分队队员参加广州市民兵整组点验誓师大会。三是认真抓征兵工作。开展各级各类院校应届毕业生入伍预征和年度兵役登记，全市参加登记适龄青年6300余名。5月份召开应届毕业生预征工作部署会，11月份召开冬季征兵现场咨询报名大会，全市应征报名达3294名，其中大学生应征265名，高中以上学历应征1036名。12月底完成352名男兵和2名女兵征兵任务。

【完成亚运安保任务】 自11月1日起至亚运会结束，组织362名民兵和42集团军装甲旅156名官兵，分赴13个军车检查站、9个道路卡点和27座桥梁备勤执勤，共检查过往军车295台，合格放行248台，劝返35台，查扣假冒军车12台，收缴各类假牌证照18付（个）；民兵执勤点配合公安检查人员累计27718人，检查车辆11293台，协助公安查缉出网上逃犯1名和管制刀具、仿真枪支等违禁物品30余件（套）。做法是：⑴针对实际情况，制定具体落实措施，保证首长机关组织指挥的顺畅有效。第一时间传达学习中共中央及上级指示。确保政令军令畅通。⑵先后与装甲旅、增城市公安局组织15次、100余人次的实地勘察，确定具体备勤执勤点位，保证执勤卡点在要道、军车检查能封闭。联合制定13份方案计划。⑶与装甲旅、增城市公安局组织联合指导组，深入执勤第一线，实地指导各道路、桥梁卡点和军车验证点位的标识摆设、人员编配定位、物资器材佩戴、军警协同配合。⑷成立以王晓军部长为书记的亚运安保临时党委，在执勤民兵和装甲旅执勤官兵中成立临时党支部和团支部，以点为单位划分为党、团小组，召开5次党委会、30次支委会。科学统筹亚运安保与征兵、“四个基本”建设等工作。

【贯彻落实“四个基本”建设】 全市民兵营（连）和民兵分队“四个基本”建设单位共计347个，2009年92个单位完成达标任务。2010年，抓255个单位的达标建设，基本实现100%达标。⑴投入20万元综合治理民兵训练基地和武器仓库。镇（街）武装部重点抓软件资料的完善和物资器材的储备。⑵拨20万元专项经费，保障民兵营（连）和民兵分队“四个基本”建设。本部党委委员和镇（街）主要领导、专武干部分别挂钩相关民兵营（连）和民兵分队具体指导。⑶及时妥善处理预备役频谱大队踩点、选址工作，协调驻军参与增城市创建全国文明城市活动，组织召开“增城市军地携手共建文明社区（村）签约仪式”，抓驻军部队与基层党支部、贫困家庭结对子帮扶帮建活动。全年共处理军警民纠纷25起、军人维权事宜13起。组织出动3500多名民兵预备役人员积极投身社会主义新农村建设、参与地方维稳综治、扑灭山火、抗洪抢险救灾等任务，保障人民生命财产的安全。（周奎涛）

增城市人民武装部部长　王晓军

增城市人民武装部政委　张清彬

组织工作

【开展创先争优活动】 一是制定创先争优活动方案。提出在强化理论武装、建设学习型党组织，建设现代产业新区、加快转变经济发展方式，打造生态宜居新城、优化人居环境，大力实施公共文化惠民工程、努力改善民生福利，坚持固本强基，提升干部执行力，建立长效机制、完善促进科学发展的机制体制共六个方面创先争优。二是抓好示范点。按照“五个一”（成立一个领导工作机构、制定一个富有特色的实施方案、确定一个鲜明的活动主题、创新一个结合实际的活动载体、建设一个创先争优活动的宣传栏）的要求，建设博创机械党支部、近贤轩旅游公司党支部等25个示范点。围绕“双百”目标（在各个领域、各个行业培育100个干得实、叫得响、推得开的基层党建工作示范点（岗），评比产生100名优秀党员）。涌现周志纯（9月份“中国好人榜”）、何铁标（全国劳动模范）等共产党员379名，先进基层党组织28个，亚运先锋行动等先进事迹72件，三是创先争优初见成效。做好创先争优活动各项工作，活动取得成效。得到中央组织部、省委组织部以及广州市委主要领导的肯定。

【领导班子和干部队伍建设】⑴开展干部培训。组织党政代表团赴陕西安塞、浙江嘉善等中央政治局常委学习实践科学发展观联系点参观考察，学习借鉴当地发展绿色富民产业、新农村建设、和谐拆迁等先进发展理念和成功做法；选派90名镇街和部门负责人到安塞、嘉善、西安曲江国家级文化产业示范区等地体验学习。定期举办“科学发展大讲堂”，邀请著名专家学者授课，促进党员干部知识结构转型升级；举办“规范农村建房”、“河涌整治”等现场培训班。⑵优化领导班子结构。全年共提拔任用干部63人，交流任职43人，兼任职务任免和内部调整的47人，改任非领导职务的17人。提拔的市管干部中，具有大学学历以上的46人，45周岁以下的39人。调整后，市干部队伍的知识结构和年龄结构得到优化。⑶完善领导班子考评机制。修订对市直党政群机关事业单位、镇街领导班子工作考评指标主要体现为“三个突出、一个促进”（即突出考核中心工作、重点指标、实绩实效，促进全市的科学发展）。在镇街考评指标的修订中，新增考核内容21项，重点修改内容20项。同时，将“十件实事”中的办好亚运会竞赛项目、绿道网建设、污水治理与河涌综合整治、政府投资建设项目推进情况、清拆违法建筑、清理户外广告牌等7项列为当年的中心工作任务进行考核，并拟出详细的考评指标，考评形式有奖有罚。⑷加大干部工作创新力度。借鉴周边地区灵活用人机制好的经验和做法，结合本市机构改革后机关实际，拟定《增城市机构改革机关中层干部竞岗工作实施意见（试行）》和《中层干部岗位聘任制管理办法（试行）》。探索干部交流任职工作和中层干部队伍建设。包括机关中层干部之间的跨部门交流任职、机关和镇街中层干部的双向交流任职、镇街之间中层干部的跨区域交流任职。探索基层一线干部培养选拔机制，在村居干部中招聘10名镇街事业单位中层干部。⑸推动人才队伍建设。召开“双百人才”座谈会，完善硕士研究生以上学历聘用人员试用期考核办法，指导各用人单位完成试用期考核。及时掌握拔尖人才的工作情况，帮助他们解决困难，提供良好的工作科研环境。⑹加强干部任用监督工作。开展《党政领导干部选拔任用工作责任追究办法（试行）》等四项监督制度和《关于严格干部职位职数配备管理的意见》等六个文件的学习宣传活动，把好市二级班子中层干部任免审核关，审核批准市二级班子中层干部任免方案60份。做好信访工作，受理群众来信来访51件（次），其中来信38件，来访13批约50人次。⑺解决企业退休干部待遇问题。解决全市部分副局级以上企业退休干部待遇偏低的问题，做好政策解释说明预防退休人员上访。同时，明确企业退休人员四大节日“加菜费”发放问题。

【扶贫帮困工作】⑴制定帮扶方案。落实“规划到户，责任到人”。制定《增城市扶贫帮困工作实施意见》，指导各镇街认真制定扶贫帮困工作方案，明确帮扶对象、目标、任务和措施。联合市民政局摸清困难群众底数，主要由困难群众动态档案、六大保障信息系统、扶贫帮困网站三部分组成，向社会发布全市扶贫帮困政策、需帮扶的公共基础项目、困难群众的信息等。组织相关部门对2010～2011年北部三镇的公共基础设施建设情况进行调查，梳理出北部三镇需帮扶的基础设施项目。制定2011年全市扶困帮困的资金预算。⑵指导机关党组织换届。指导市财政局党委等5个机关党委换届选举工作。同时，做好机关企事业单位党支部（总支）换届选举工作，全市共有33个党支部进行“公推直选”。⑶建立党代表工作室制度。建设镇街和市直有关部门党代表工作室，开展党代表联系党员群众活动。建立值班、接待群众、走访群众、收集整理党员群众意见建议和反馈联系党员群众等制度。党代表工作室每周至少开放一次，安排在休息时间。每季度至少安排一名市党代表到工作室接待群众，时间不少于半天。党代表联系党员群众，倾听群众的心里话，并以召开座谈会、走访、接待和电子邮件、电话等形式沟通交流，做群众的知心朋友，密切党群关系。⑷加强非公企业和社会组织党建工作。创新基层组织设置模式，指导小楼镇建立本市第一个绿道非公党支部广州近贤轩旅游发展有限公司党支部，探索“支部＋绿道＋农户”的模式，建立情况信息库，掌握全市非公经济组织实际情况，做到经营状况、从业人员、党组织设置、党员人数、业主身份等“五个清”。2010年全市有非公有制经济组织374家，有党员的175家，其中有3名以上正式党员的137家，已全部建立党组织（单独建立党组织的137家，联合建立党组织的43家），成立非公有制经济组织党支部148个，党员472名。抓好非公企业党员发展工作，重点发展企业业务骨干、专业技术人员、企业经营管理人员和企业生产一线骨干入党，全市非公企业有160多人写入党申请书，⑸建立党内关怀激励帮扶机制。开设市党内关爱扶助金专门账户，明确扶助金申请人条件、申请程序、审批步骤和划拔方式，做到专账专款专用，确保关爱扶助金管理的制度化、规范化。全市各级党组织和党员及社会热心人士共捐款187.5万元，并从党组织和党员的捐款中划出50万元上拨广州市党内关爱扶助金，从市管党费中划出60万元作为启动资金。关爱扶助金启动以来，已向谭水生等6名困难党员发放救助金共1.8万元。发动全市党员干部支援广西百色市抗旱救灾和青海省玉树县抗震救灾，共向两地捐款合计105万元。(6)抓好远程教育管理工作。明确各终端站点所在党支部的支部书记为该站点管理第一责任人，党支部组织委员为直接责任人，驻村（居）大学生助理作为技术指导和信息联络员，协助党支部组织委员搞好终端站点的日常管理。建立起周提醒、月通报、年考核机制。每周通过手机短信等形式，向各镇街组织委员、村（居）党支部书记和站点管理员发布信息，每月通过电信部门提供的各终端站点开机检测情况向各镇街进行通报。(7)推行农村股份制改革试点工作。组织开展农村集体经济股份合作制改革试点工作，联合市农经办、民政局、财政局和有关镇街组成工作领导小组，深入调查研究，摸查本市农村集体经济合作社运行情况。以荔城街西瓜岭村和新塘镇西南村开展股份制改革试点工作为契机，完善股份制改革方案，在总结试点经验的基础上，争取用3～5年的时间，完成农村股份制改革重点推进和面上推广工作。(8)公开招聘大学生村助理。落实农村人才战略，加强农村后备干部队伍建设，继去年招聘200名大学生担任村助理后，2010年再招聘100名大学生村助理。要求是全日制大学本科以上学历的增城籍大学生。有1097名大学生报名，经过笔试、面试和体检，有100名考生受聘，并对这100名大学生村助理进行岗前培训。(9)建立健全基层组织工作经费保障机制。把建立健全农村基层组织工作经费保障机制作为为民办十件实事之一，实行“基础工资＋绩效工资＋年终奖励”的薪酬模式，实行村干部养老保险制度。强化村干部工作目标考核，把村干部纳入镇街干部队伍管理，构建镇街村一体的干部管理体系。（黄泽发）

中共增城市委常委、组织部部长 冼银崧

机关党建工作

【主题实践活动】 按照广州市委和增城市委要求，在全市机关、镇街开展“深化服务促发展”主题实践活动。活动与机关党建工作有机结合起来，提高围绕中心、服务大局的能力，增强机关党建工作的生机和活力；与创先争优活动有机结合，注重提升机关党员干部队伍执行能力、服务能力和党组织的创新能力，引导全市机关党组织和党员干部在服务企业、服务农村、服务基层、服务群众。直属机关党委加强对主题实践活动的组织指导，成立“深化服务促发展”主题实践活动办公室和指导组，深入到各镇街和市直机关单位进行检查指导，及时了解活动情况，督促各项工作开展。通过《简报》和在《增城日报》，交流和总结经验，树立典型，宣传活动成效。

【党员干部培训学习】 (1)举办“增城科学发展大学堂”。由市委组织部、市委宣传部、直属机关党委共同承办“增城科学发展大学堂”，邀请经济、法律、教育等各领域的知名学者到增城讲学，引导广大党员干部开阔视野，提升善于谋事、科学干事的本领，共举办12场，培训2万多人次，(2)创建学习型党组织。以党支部为单位，以提升党员素质和能力为目的，开展“创建学习型党组织，争当学习型党员”活动。每个业务科室每个月至少组织一次读书日活动，编印简报，举办学习讲坛和专题讲座，撰写学习心得、调研报告，探讨工作和学习中的体会和感想，学以致用收到明显的效果。(3)规范落实学习制度。围绕市委要求，坚持党委理论中心组学习、领导上党课等学习制度；逐步建立健全学习档案、学习交流、考察调研和考核制度；坚持党支部“三会一课”制度。

【基层党组织建设】 (1)组织实施“双目标管理”。对基层党组织执行“双目标管理”的落实情况进行检查评比，评选出18个先进基层党组织和15名先进个人给予通报表彰。(2)加强基层党组织班子建设。2010年是市直机关党支部（总支）换届年。严把机关党组织领导班子人选选举和审批关，选好配强党支部（总支）领导班子，真正把政治素质高，工作能力强，群众基础好的党员选进领导班子。所属8个党总支，57个党支部全部进行了换届选举，完成审议党支部（总支）工作报告和选举产生新一届党支部（总支）委员会领导班子两大任务。(3)做好发展党员工作。按照“坚持标准、保证质量、改善结构、慎重发展”的方针，本着“成熟一个发展一个”的原则，严把“入口关”，对发展党员工作实行全程质量管理。做好团员推优工作，推荐12名优秀团员作为青年建党对象，其中6名团员光荣地加入中国共产党。举办三期入党积极分子培训班，来自直属机关各基层单位的260名新党员、入党积极分子和申请人参加培训。2010年共发展预备党员25名，按期转正35名。(4)增强党员干部队伍服务能力。一是建立党组织和党员承诺制度。以“从我做起，向我监督”为主题，实行一人一承诺、一年一承诺、一事一承诺，把开展党员承诺活动与中心工作紧密结合起来，二是建立党员志愿服务制度。成立一支400多名机关党员干部的志愿者服务队，开展服务活动5次，出动志愿者2000多人次，三是建立党代表工作室工作制度。(5)强化组织工作创新能力。一是开展组织生活创新工作。“七一”期间，开展主题鲜明、内涵丰富、形式鲜活、有行业特色、效果明显的主题党日活动，二是探索实施“公推直选”。结合机关党支部（总支）换届，选择司法局党支部为“公推直选”试点。该局党支部新一届领导班子成员通过“公推直选”产生。

【开展亚运先锋行动】 发挥党组织的战斗堡垒和党员先锋模范作用，在亚运会期间，开展“亚运先锋行动”，发动各基层党组织及机关党员干部参与服务亚运活动。发动市直机关党委基层组织255名政治过硬、年富力强的机关党员干部投身到亚运安保工作，在公共场所、亚运场馆协助维护公共秩序，配合做好安保工作，哪里有需要，就出现在哪里。举办文明观赛礼仪培训2000多人次，展示迎“亚运”风采。一连3天共组织2000多名机关干部做文明观众观看龙舟赛，配备加油棒，亚运旗、太阳帽等道具，热情为运动员加油鼓劲，营造热烈气氛，展现东道主精神风貌。（陈剑豪）

中共增城市直属机关委员会书记　徐海欧

市委党校

【培训工作】 (1)对内培训。从贯彻中央重大宏观战略、分析国内外发展新趋势和增城在未来发展中需要解决的突出问题，以及市委、市政府重大科学决策等方面来选定专题，确定内容。培训内容采取“菜单式”，分为“理论武装”、“时事要政”、“党建理论”、“公共管理”和“学法用法”等五大模块，确定必修课、选修课和专修课三种类型共38个课程，教学方式采取集中授课与分散授课相结合、党校课堂学习与网络学堂、手机学堂、社会学堂学习相结合。(2)对外培训。培训内容采取“定单式”，除按照培训机构需求选定教学内容，还可增设“科学发展的增城模式”、“城乡建设与管理”、“旅游规划、建设与管理”、“建设社会主义新农村”和“以文化为重点，促进人的全面发展”等五大教学模块共26个专题内容。同时确定每个教学专题现场教学点，努力实现“把现场变成课堂、把素材变成教材、把实践者变成教育者”的培训思路。(3)干部培训。与市委组织部共同兴办2010年增城市大学生“村助理”上岗培训班，对100名“村助理”进行理论素养、市情、政策法规等方面培训，协同市委组织部、市委宣传部、市直属机关党委每周举办一期“科学发展大学堂”讲座，参加培训党员干部已达31440人（次）；与市出租屋办公室联合举办4期出租屋管理员培训班，共培训730人（次）；与广东商学院华商学院邀请著名经济学家朗咸平教授来本市作2场精彩演讲，全市有6000名党员干部、企业家和大学师生参加听课；与市委组织部联合举办“增城科学发展手机学堂”。以手机短信方式为全市科局级干部和近万名镇街农村党员干部每周提供一次学习资料。协助市委、市政府有关部门举办各类型进修班、轮训班8期，参训人数达2325人（次）。一年来，先后承接福建、江西、四川、安徽、海南、甘肃、贵州、河北和本省等9个省的市县及乡镇党员领导干部赴增城考察研修班及新加坡官员赴中国研修班共63期，累计130天，2768人次。

【理论科研】 坚持教学与科研并重，以教学促科研，科研促教学的工作指导思想。鼓励教学人员深入社会调查和专题性研究，形成有价值的理论和调研文章。同时，校领导亲自带队，组织中层以上干部和教师多次参观考察市重大建设项目、新农村建设示范区，了解市情和市委、市政府的重大决策，了解新农村建设和党的建情况，提高理论和实践问题的认识。修订和完善科研成果奖励办法，鼓励和支持教师结合本职工作，通过理论学习和社会调查，使科研工作上水平，使党校科研工作直接或间接地为增城经济与社会发展服务、为领导决策服务。一年来，全校共撰写论文15篇，发表8篇，其中广州市委党校《探求》4篇，《增城日报》1篇，《荔乡论丛》3篇。

【理论宣传】 做好“送党课到基层”工作，校主要领导和教研室的教师分别作为市委讲师团的特邀嘉宾和骨干成员，按照市委讲师团的要求，由校领导带头，分别到各镇（街）和市直属有关单位、民主党派宣讲党的十七届四中和五中全会精神；城市化建设和新农村建设；党在新时期的路线、方针和政策；宣讲学习实践科学发展观的精粹等。2010年，校领导和教学骨干到基层组织宣讲12场次，为3286名党员干部进行辅导，帮助基层党组织和党员干部群众搞好理论学习，提高思想认识，营造学习理论的良好氛围。

【函授教育】 在增城市委、市政府的支持下，省委党校乡镇管理函授大专增城班从2009年3月开班以来，坚持从严治校的教学工作指导方针，按照省委党校的教学要求，严格落实教学工作制度，抓好学风教育，督促学员搞好学习，完成学习任务。广大渞员能正确处理工学矛盾，依时到校听课，按时完成作业，自觉学习意识强。通过4个学期以来的考核，能力素质和工作水平有较大提高，取得预期的教学效果。

（姚刘汉）

中共增城市委党校校长　钟金满

宣传思想工作

【新闻宣传】 一是主题宣传策划。做好市委全会、市“两会”、“民营经济会议”的宣传报道和集中采访，开展“增城荔枝文化旅游节”、“增城经济技术开发区挂牌仪式”、“北汽集团华南基地项目合作签字仪式”、“2010世界旅游日全球主会场庆典暨中国广东国际旅游文化节”、“第16届亚运会增城赛事”等重大专题新闻策划，组织协调中央和省、广州市主流媒体，国内知名网络媒体及有较大影响力的境外媒体，采用新闻特稿、消息发布、深度报道、专题推介等形式，一年来共刊播各类正面报道1000多篇（次），形成加快建设“现代产业新区”和“生态宜居新城”的舆论强势。二是舆论引导。重点做好一系列社会热点敏感问题和重大突发事件的舆论引导。增城日报社、市广播电视台等市属媒体，围绕市不同时期的重点工作，开辟“创建全国文明城市”、“创先争优”、“民营经济大家谈”、“水环境治理”、“三旧改造”、“拆除违法建筑”、“新塘百日整治行动”等专题专栏，开设社会新闻专版，创办《今日》等栏目，以集中报道、系列专访、动态跟踪、公益宣传等形式，及时引导社会舆论；做好市热点问题和突发事件舆情研判工作，健全《增城舆情信息》每天汇总汇报制度，及时做好各类突发事件的新闻应急处置工作，维护地区良好形象。三是外宣渠道。结合市的重大主题宣传活动，加强与凤凰卫视、香港文汇报等境外知名媒体的联络。围绕亚运宣传，制作反映增城整体概况、生态环境、经济发展的专题宣传片、《激情亚运 魅力增城》亚运特刊和《媒体指南》；组织摄制《美丽新城》、《科学发展创未来》、《南粤新区 生态增城》等多部城市外宣片和城市形象片；参与组织“喜迎亚运，见证城变”——广州“市民巡城团”探访增城、“广州街道共同看”、“羊城新八景评选”系列采访等活动；做好境内外媒体的接待服务，完成亚运会宣传文化和媒体服务组的工作。

【理论学习与研究】 一是做好市委中心组集中学习服务工作。围绕党的十七届五中全会、转变经济发展方式、省和广州市“两会”精神等内容，及时报送选题、准备学习资料，提高市委中心学习组服务水平；组织中心组成员参加各种系列讲座、专题调研、外出考察等活动，一年来共组织16次市委中心组扩大学习会议。二是开展学习型党组织建设。以“科学发展大学堂”系列讲座为载体，先后邀请省市各级领导和国内知名专家围绕“突发事件与媒体应对”、“党员干部的理论素养和学习能力”、“低碳经济与增城可持续发展”、“宏观经济与区域经济发展战略”等专题作辅导报告，全年共举办13场讲座，参加学习的领导干部达16000人次；定期为党员干部推荐优秀学习书目；发挥各级媒体和互联网、手机等新兴媒体，组织接收“广东学习天地”和“羊城手机学堂”信息，为各单位开展党员教育和理论学习提供服务。三是理论宣传和研究工作。充实理论教育讲师团队伍，开展十七届五中全会、“迎接亚运会、创造新生活”等宣讲活动；围绕贯彻落实《珠三角地区改革发展规划纲要》实施细则，承办“羊城群众论坛”活动；加强对市出台的重大决策的理论研究，策划举办“创建全国科学发展示范市”理论研讨会，编辑出版《荔乡论丛七》；充分发挥理论研究为党委、政府科学决策服务的作用，与有关单位联合开展征地拆迁、民营经济发展等难点热点问题的调研；认真做好2010年度全市政工专业资格申报评审各项工作。

【创建文明城市和精神文明建设】 一是创建全国文明城市工作。加强城区卫生环境、交通秩序等综合整治，通过实施问责、绩效监察、应急培训等推动创文工作常态化、精细化开展。以每月开展的公共文明指数测评和专项测评为抓手，加大责任追究力度，对群众投诉问题整改情况的实地巡查督办，研究解决了一批重点难点问题；2010年，市创建办督促整改巡查发现问题、办复群众信访和网上投诉1000多件。实施公共文明示范区建设工程，带动城市公共文明建设。注重加强统筹协调职能，实行每月召开至少一次协调会议、通报一次测评情况、研究解决一个难点问题、通报一次整改落实情况的“四个一”工作制度，制定并实施《增城市创建全国文明城市工作奖罚办法》，建立了测评、督查、问责、奖罚“四位一体”的创建工作机制。在去年广州市开展的8次公共文明指数测评中，本市成绩稳步上升。二是精神文明创建活动。开展“争做好市民，当好东道主——亚运广州行”市民素质提升教育系列活动，开展各类主题日群众文化活动以及创建文明城市主题月活动60余场，参与市民达12万人次；举办文明观众观赛礼仪培训班，完成亚运会、亚残运会文明观众组织工作；推进文明社区、科普社区、绿色社区、书香社区等主题创建，沿江社区被评为广州市“书香社区”；结合开展“擦亮窗口迎亚运”主题实践活动，继续抓好文明村镇、文明单位创建。三是思想道德建设。开展“爱国、守法、诚信、知礼”现代公民教育；组织发动参与第四届广州市道德模范评选、广州市道德模范巡回演讲报告会（增城专场）；开展“我推荐，我评议身边好人”活动，本市有4人荣登“中国好人榜”；启动“迎亚运讲文明树新风”城市文明志愿服务九大全民行动，推进志愿服务工作；开展“我们的节日”、诵读中华经典美文表演大赛、“传唱优秀童谣，做有道德的人”网上签名寄语等活动，做好未成年人思想道德教育；联合有关部门开展“社区院线”露天免费电影放映、“现代公民教育电影百日行”等活动，推动建设“工友和谐家园”、“工友流动家园”（数字流动影院），丰富社区居民、外来务工人员精神文化生活。

【文化建设】按照《增城市文化体制改革试点工作方案》要求，做好公益性文化事业单位的岗位设置管理工作，重点做好新华书店等经营性事业单位的转企改制工作。全年共举办群众文化活动380多场。协助举办荔枝文化旅游节、何仙姑旅游文化节等，成功承办“九艺节”群星奖广场舞比赛、“2010世界旅游日全球主会场庆典暨中国广东国际旅游文化节”开幕式晚会。抓好各类艺术专题展览，举办《社会主义新农村摄影作品展》、《广州增城老干书画联展》、《艺海游踪——李长风国画展》等共15期，参观人数达10多万人次；精心组织第五届“增城市文艺奖”评选，开展“迎亚运·发现增城美”全国文学摄影征稿活动，《领潮争先》获得全国群文最高奖项“群星奖”，《增城故事》和《广东民间故事全书·广州增城卷》获得“2010年广东省民间文艺著作新作奖”。开展基层文化建设调研，解决存在问题，推进北部镇村文化基础设施建设；开展“爱心书房”——全民捐书、全国公共图书馆服务宣传周、送书下乡等读书活动；更新图书馆网页，优化数字图书馆内容，实现资料服务及信息发布的网络化；完成“农家书屋”工程建设任务，实现全市302个村（居）文化室的全覆盖。（吴 琨）

中共增城市委常委、宣传部部长 列荣辉

精神文明建设

2010年，市精神文明创建工作围绕社会主义核心价值体系建设，以创建全国文明城市为重点，抓住“迎亚运、促大变”机遇，推进城市公共文明建设，兴起公民道德实践活动、社会志愿服务活动和群众性精神文明创建活动高潮，市民文明素质和城市整体文明程度得到提升。一年来，创建全国文明城市、未成年人思想道德建设、“迎亚运、讲文明、树新风”志愿服务、“关爱空巢老人”志愿服务、道德模范和身边好人评选宣传、“文明交通”行动计划实施、“做文明有礼的中国人”礼仪教育实践等活动走在广州市前列，受到广州市文明办肯定。在广州创建全国文明城市“国检”，开展的8次公共文明指数测评中，成绩上升。

【创建全国文明城市】⑴创建工作。为配合广州创建全国文明城市，市创建办不断强化统筹协调职能，实行每月召开至少一次迎检协调会议、通报一次公共文明指数测评情况、研究解决一个带普遍性的创建工作难点问题、通报一次各单位整改落实创建工作督办问题情况的“四个一”工作制度。全年市共召开创建全国文明城市专题会议、迎检动员大会、“三线”乱拉挂综合整治工作会议、盲道与环卫保洁工作会议、创建主题月活动、文明督导工作会议等各类会议近50次，召开创文培训班10多次。制定并实施《增城市创建全国文明城市工作奖罚办法》，建立测评、督查、问责、奖罚“四位一体”的创建工作机制。2010年配合广州开展公共文明指数测评8次，全市成绩从2009年5月65.78分提升到2010年8月92.96分。⑵创建舆论氛围。在增城日报等新闻媒体刊播创建工作新闻共1200余条，滚动播出创建公益广告700条。中国移动广州增城分公司、中国联通增城分公司发送创建“红段子”共计36万条。市创建办设计制作公益电视宣传片与公益广播广告各6个，投放创建平面公益广告超过2万幅（套）。全市共张贴15万张宣传画、1000幅橱窗海报、3000张板报在各社区宣传栏、报刊亭、公交候车亭点灯箱广告橱窗张贴、张挂，同时在公交车、出租车、公用电话亭、户外大型电子显示屏以及交通警情显示屏、楼宇电梯显示屏等也投放大量创建公益广告，形成声势浩大的宣传声势。⑶创建惠民效果。各级党委、政府和各部门把创建文明城市作为服务于民、施惠于民的抓手，围绕“迎亚运、促大变”的契机，推进城市环境综合整治工程，抓各项创建工作任务落实，实现“天更蓝、水更清、路更通、房更靓、城更美”。迎“国检”及亚运期间，全市清洗余泥污染路面5万平方米，更新果皮箱830个、垃圾桶750个，整治“六乱”2960宗，清拆违法建设和违章户外广告招牌1790宗，取缔无照经营170户，规范各类市场、超市及店档860家次，整改窨井盖、消防栓等150个。各创建责任单位特别是街道、社区从解决市民身边“小事”入手，及时更新、置换新型邮箱和各类信报箱，及时修补、疏通下水道、排水设施等。

【“迎亚运、讲文明、树新风、促和谐”行动】⑴“争做好市民、当好东道主”主题活动。根据《广州市迎亚运100天城市文明行动纲要》要求，市、街、社区三级联动，相继举办“排队日”、“互助日”、“微笑日”、“志愿服务日”等10个主题日活动50多场，参加市民达5万人次。坚持每月开展创建全国文明城市主题月活动，共组织开展“慈善帮扶”、“爱护公物”、“文明出行”、“文明观赛”等12个主题月活动，参与创建主题月活动的市民达7万人次。⑵志愿服务活动。组织开展城市公共文明建设志愿服务，启动“迎亚运讲文明树新风”城市文明志愿服务九大全民行动，开展“大拇指”文明系列活动，全市4.3万人次志愿者在30多个公交站点、10多条公交线路、20多个交通路口以及各主要商业大街等公共场所开展公共文明志愿服务，为亚运会营造社会氛围。

(3)公民道德宣传教育活动。开展第四届广州市道德模范评选活动，广州市表彰本市2名道德模范。开展“我推荐，我评议身边好人”活动，本市有4人荣登“中国好人榜”。利用民族传统节日，开展“我们的节日”主题活动，相继举办“我们的节日？清明”网上追思、“中华诵—端午节经典诵读晚会”、“我们的节日？中秋”经典诵读、重阳节“敬老、爱老”志愿服务等专题活动，组织端午节龙舟竞渡，引导市民群众了解和传承优秀民族文化。

【精神文明创建活动】 (1)文明单位创建工作。组织开展广州市、增城市2006～2009年度精神文明建设先进集体和先进工作者的评选活动。着眼于促进邻里互助、社区和谐，文明社区创建，“迎亚运、看变化、议文明”千场社区论坛活动、科教文体法律卫生“四进社区”活动，广泛组织邻里节、互助日、社区文化节、家庭文化节等多种形式的邻里互助、社区联谊活动，推动各相关部门开展科普社区、绿色社区、书香社区等主题创建。提高农民素质和农村地区文明程度，推进文明村镇创建，学习借鉴“四在农家”经验，协办广州市农村精神文明建设现场会，坚持市、街（镇）、村（居）三级联创文明示范村，组织5个单位与增城市第三、第四批文明示范村结对开展城乡共建文明示范村活动。加强诚信建设，结合亚运会，推进文明单位创建，开展“擦亮窗口迎亚运”主题实践活动。(2)“多媒体创建平台”。发挥网络媒体的互动优势，在增城之窗网站开设“创文留言板”，增强舆论监督。开展《广州市民亚运文明公约》征集、全国优秀童谣推荐评选、志愿者心得征集、“珍惜资源，低碳生活——今天你做到了吗”等各类网民互动活动，推动创建活动贴近生活贴近群众。

【未成年人思想道德建设】 “做一个有道德的人”主题活动丰富多彩。发动全市中小学校开展“优秀童谣传唱活动”，并参与第二届广州市中小学生诵读中华经典美文表演大赛、第四届“在阅读中成长——广州市青少年十年阅读系列活动”。广泛参与“小道德模范”、“美德少年”、“文明小公民”系列评选活动，在未成年人中树立起一批身边的学习榜样。派发《广州市开展关爱留守儿童工作实施意见》，安排部署有关拓宽社会援助渠道、改善留守儿童成长环境、完善留守儿童监管等工作。

【净化社会文化环境】 2010年共出动3000多人（次）开展各种专项整治行动，共检查音像店、书报刊店、电子出版物、网吧、游艺机室等文化经营单位3970家（次），收缴盗版音像制品8.6万多张，收缴各类盗版书籍1.51万册，六合彩报2100份，处罚违规经营网吧6家，违规经营游艺室3家，吊销涉毒娱乐场所经营许可证1家，吊销书报刊经营单位的出版物经营许可证1家。至5月底完成39家无证经营的卡拉OK经营场所、无证游戏机室的清理整治工作。　（何俊伟）

增城市精神文明建设委员会办公室主任　刘艳娟

统战工作

【对民营企业的引导与服务】 (1)开展以“加快转变民营企业经济发展方式”为重点的企业调研。组织2个调研小组深入到190多家民营企业和外资企业调研，召开6次座谈会，收集和整理10条意见和建议，为市出台《中共增城市委 增城市人民政府关于加快发展民营经济的实施意见》提供参考。(2)开展以“增强信心、共克时艰”为重点的形势教育和政治引导行动。在《增城日报》、增城电视台等媒体宣传党和政府的民营经济政策、法规，邀请专家教授为民营企业作“转变经济发展方式与建设生态文明”报告会，组织20多家民营企业参加广州市促进民营经济发展方式经验交流会，使企业明确转型升级的目标和方式。(3)为民企排忧解难。我民营企业提供维权服务121宗，帮助部分民营企业解决融资难问题；帮助200多家企业建立一个集“网站建设、宣传推介企业、网上贸易”等综合功能于一体的电子商务平台，(4)开展民企维稳行动，引导非公有制企业全力构建和谐劳动关系。对全市非公经济企业和外资企业开展排查，帮助民营企业和台资企业协调解决涉及环保、残疾人就业年审、交通事故、劳动合同、劳资纠纷、办证等问题约50多宗。(5)开展帮扶济困、服务人群“爱心行动”。组织统一战线成员为西南、青海玉树、甘肃舟曲等灾区以及参与扶贫“双到”活动、广东扶贫济困日等活动捐款捐物，金额达250万元。(6)开展对广州市统一战线“十百千”工程项目的跟踪和督查工作。牵头组织2个督查工作组，检查工程项目的落实情况，1192万元的慈善资金项目已落实。建设和改造4间学校，扶助市496名高中困难学生，帮助188个卫生院、卫生站添置多种医疗设备。同时再次争取到广州市委统战部的80万元慈善资金投入到山区镇街卫生站。

【亚运服务保障工作】 协助市委、市政府制定《增城市亚运宗教服务工作方案》，为应对和妥善处理亚运期间的宗教突发事件提供工作指引；做好清真餐饮服务保障工作。检查辖区内50多家清真食品经营企业，引导清真餐饮经营店档申办清真认证，整顿清真行业风气，规范行业经营；对3家涉亚接待酒店检查督导，帮助涉亚接待酒店完成清真餐厅、清真厨房的改造等工作；开展民族宗教政策法规及有关常识的宣传培训。举办市涉亚民族宗教专题报告会和2期清真接待礼仪培训班，对从事民族宗教工作的干部和工作人员、清真餐饮服务人员以及志愿者等600多人讲解民族宗教政策法规及有关常识，发放《宗教政策法规常识读本》等宣传书籍1000多册，督促涉亚接待酒店与爱玛客、伊家、麦德龙、易江南、维记牛奶、白云汉莎、和兴隆等供应商签订供应合同，保证清真食品原材料的供应充足。

【统战工作】 (1)开展“我为转变经济发展方式献一策”活动。组织统一战线成员建言献策，收到调研文章和“献一策”文章24篇，举办民主党派骨干培训班，帮助致公党广州市委组建成立致公党增城支部，向本市各民主党派组织推荐一批优秀的党外人士，帮助民主党派发展成员11人，组织民盟增城市基层委员会、民革增城支部到荔城莲塘村、金星村为村民开展了义诊活动，举办以“树立和践行社会主义核心价值体系，共建美好新增城”为主题的庆祝元旦联谊活动，组织民主党派班子成员和党外领导干部参观了我市亚运比赛场馆和上海世博会，(2)争取到上级民族宗教部门拨款126万元兴建畲族村入口牌坊和畲族民俗馆主体工程；及时协调处理发生在本市新塘、荔城等3起因少数民族引起的矛盾纠纷；先后帮助外来少数民族流动人员解决有关子女上学、户口登记、法律援助等方面的问题7宗；开展“抓管理、树新风、创文明、迎亚运”和谐寺观教堂创建活动。指导各宗教活动场所开展整治工作，建立健全和完善财务、会计、治安、消防、文物保护、卫生防疫等七项管理制度；及时制止1起非法宗教聚会，依法取缔1起非法宗教活动；开展“双百”爱心行动，争取到广州市道教协会扶贫助学资金18万元，扶助本市30户贫困家庭和30名困难学生。(3)市领导先后带队赴香港出席广州海外联谊会春茗和旅港社团活动；先后邀请香港五会首长、香港南溪考察团（国民党香港第七分部）、新加坡增龙会馆及马来西亚增龙总会回乡团等港澳台乡亲和海外侨胞近700多人回乡观光考察；组织10名爱国爱港的骨干出席广州亚运会开幕式；完成海外联谊会换届工作，选举产生第四届理事会班子成员，物色和选配部分新生代爱国爱港人士担任海外联谊会职务；协助省和广州市委统战部发动14名旅港社团等建制内骨干和5个旅港社团参加广佛肇联谊总会。(4)出台《信息考核和奖励办法》，组建统一战线信息员队伍，报道和宣传本市重大统战活动，向上级统战部门以及本市新闻媒体等报送信息88篇，其中《广州统战信息》刊登7篇，在《广州民族宗教工作简报》刊登1篇，在《增城日报》刊登35篇。此外，在《增城日报》开辟统一战线专栏，连载宣传报道各民主党派、无党派知识分子联谊会和市工商联的宗旨，性质以及为社会服务的情况。(5)制定机关干部年度学习培训方案。每月安排一个专题，通过交流学习经验体会，取长补短、互帮互促。完善统战部、侨外办、台办、民族宗教局、工商联的联席工作会议制度和机关日常工作制度，对机关日常工作实行细化和量化管理；开展以“加强制度教育，构筑拒腐防线”为主题的纪律教育学习月活动。通过组织集中学习、观看电教片等形式，抓好党员干部队伍的廉洁自律和警示教育。

（魏伟兴）

增城市委统战部部长　袁伟峰

民主党派

【民建增城总支】 2010年民建增城总支发挥民主党派的人材优势，履行参政党职能，开展社会调研活动，为增城三大主体功能区和两城两区的发展建言献策，会员龚定勇向民建广州市委员会提交一份《爱我广州，办好亚运，为办好亚运献计》的提案。年底有会员44人。

一年来，民建会员建言献策、参政议政、履行参政党职能。同时会员中的人大代表、政协委员，参加本组别活动，特别在检查本市的重点建设、安全生产、生态旅游、民生的过程中，开阔视野，深受启发教育，提出建议。参与市重大政治、经济事件的民主协商会、各民主党派领导班子暑假座谈会，发挥民主党派的民主监督作用。两会期间，共提交人大议案1份，政协提案3份。其中《关于打造增城为“全国垃圾分类处理示范市”的建议》更被评为市政协2010年度优秀提案。一年来，会员们为市教育强镇、绿化植树、贫困学生助学和治病等捐款。

（刘玉琼）

民建增城总支主任　谭小棠

【中国民主促进会增城总支委员会】 (1)思想和组织建设。坚持总支委员每月至少学习一次，支部每月学习或活动一次制度。学习邓小平理论和统战理论，学习和贯彻中共十七大会议精神，学习民进中央、民进省委、民进市委的有关文件。如：黄艳明等七位会员参加广州民主党派2010年中青年干部理论研修班暨支部主任培训班，全体会员参加中共增城市委统战部举办的“树立和践行社会主义核心价值体系，共建美好新增城”联谊活动。通过学习和活动，提高思想认识，自觉从思想上、行动上同党中央保持一致。调整支部，设增江、荔城和综合三个在职会员支部，退休一、退休二两个退休会员支部。加强后备干部队伍建设，做好政治交接，培养后备干部。(2)建言献策，参政议政。一是调查研究，建言献策。总支围绕“转变和创新我市劳动力培训的理念和模式，适应我市经济发展方式的转变”这一专题。调研撰写《关于加强和改进我市劳动力培训的调研报告》送市政协和有关单位。二是撰写提案。利用政协委员写提案、发言来参政议政。“两会”期间，共撰写提案7件，其中总支名义4件。包括“关于构建中心城区路边停车及收费的建议”“加快我市垃圾无害化处理厂的建设，促进环境综合治理”“关注我市饮用水安全，保障市民生命健康”“加快我市义务教育规范化学校建设，促进教育健康发展”等4件提案，委员以个人名义共撰写3份提案，总支的“打好亚运牌，促进增城科学发展”获优秀调研文章，总支的“加大力度推进新塘镇河涌综合治理”提案获优秀提案，邓美兰的“建立和完善我市农产品质量安全监督体系，保障人民生命安全”提案获优秀提案。三是反映社情民意。开展“三个一”活动。共有12件“一人一信息”上交民进广州市委。参加中共增城市委统战部举办的“我为增城转变经济发展方式献一策”活动，共交上6篇，会员隋乐城、游国辉和雷杰获二等奖，邓美兰、王 中获三等奖。(3)为服务社会。利用本会优势资源，开展社会服务。从2009年9月份起根据正果麻冚小学教学比较薄弱的情况，总支开展送书、送教活动进行教学帮扶。

总支被评为广东省民进先进基层单位。会员游国辉、刘义龙获2010年增城市优秀教育工作者，潘艺青获2010年增城市优秀教师和第五届增城市文艺奖三等奖，雷杰获广州市第二届教师艺术节一等奖。（邓美兰）

中国民主促进会增城总支委员会主任 黄艳明

【中国民主同盟增城市基层委员会】 2010年，民盟增城市总支部委员会改为民盟增城市基层委员会，为增强盟员对政党知识的了解，特邀请广州市社会主义学院的安康捷教授作专题讲座，以及参加市委统战部举办的各民主党派骨干培训班。通过学习，明确自身的责任感和使命感。

在市“两会”期间，江文权主委作《打造高端产业结构，加快经济全面转型》的大会发言；市基层委员会的11位政协委员，两位人大代表写出提案、建议案14份:《建议继续加强水污染的整治》、《加强医保和慢性病门诊治疗用药的管理》、《尽快解决增江河桥梁建设》、《尽快履行多年承诺，依法解决教师待遇，使教育科学发展》、《关于巩固“创文”成果的建议》、《加强对近几年参加工作的教师的常识教育和心理辅导》、《解除荔城大道三中至新增中路段长期存在的水患》、《还莲花路、中山路、挂绿广场等处一个清静环境》、《关于我市中小企业产业结构调整的建议》、《关于举办绿道文化节的建议》、《关于规划建设摩托车竞技场的建议》、《关于中小学校服增加一套礼仪服装的建议》、《关于新塘镇盛世名门与新塘中学教师宿舍门口规划路建设的推进与整治的建议》、《关于进一步促进基础教育均衡发展的建议》，其中《建议继续加强水污染的整治》被市政协列为重点提案。

在市委统战部举办的“我为转变经济发展方式献一策”活动中，江文权主委的《对广州经济发展实现转型的一些思考》获一等奖，唐远苏的《关于中小企业产业结构调整的思考与对策》获三等奖；朱可成的统战论文《浅谈发挥统一战线在和谐社会建设中的作用》获政协三等奖；本会组织医疗技术骨干成员到荔城街莲塘村开展义诊活动并赠送常用药品，受到当地村民的欢迎。

在亚运会及亚残运会期间，盟员为亚运会作出贡献，盟员廖梁新担任亚运会增城市定点医院医疗救治组组长，负责运动员的医疗救治工作；汤志威参加龙舟赛场外围的救护工作；杨家忠、张琳、汤礼志、赵寒梅、饶夕阳五位盟员在107国道与港口大道交汇处做好交通疏导工作。

（傅 艳）

中国民主同盟增城市基层委员会主委 江文权

【中国国民党革命委员会广州市委员会增城市支部委员会】 2010年，发展党员6名，共有党员18人，其中广州市人大代表1人，增城市政协委员2人。党员中具有高级职称的12人，中级职称的6人。增城市检察院特约检察员1人，增城市法院特约陪审员1人。杨伯铭任主委，祝毅任副主委，霍健强任支部组织委员。

2010年，按照民革广州市委会的要求和部署，开展10多次学习活动，引导广大党员增强接受中国共产党领导的自觉性和坚定性，巩固多党合作和政治协商的政治基础和组织基础。参加广州市委统战部组织的“2010年广州市统一战线理论研究课题”和增城市委统战部组织的“树立和践行社会主义核心价值体系活动”等系列活动，坚定走中国特色社会主义道路的决心和信心，同时，组织广大党员参与全市“解放思想、科学发展观求发展”等主题实践教育活动，学习贯彻中共增城市委《一二三四一》发展规划纲要。

支部在各行各业、各个领域，涌现许多先进分子，造就不少业务骨干和精英，取得喜人的成绩。杨伯铭提案受到广州市人大和广州市委的重视，并立案。祝毅被聘请为增城市法院的特约陪审员。霍健强被聘请为增城市检察员的特约检察员和增城市电视台的“行风月月谈”节目聘请为特约评论员。论文《基层组织应加强思想理论建设和学习》在民革广州市委会举办的“树立和践行社会主义核心价值体系”征文中获一等奖。并在《团结报》和广州市委会月刊上发表。

一年来，支部以“选准角度、发挥优势、突出重点、保持特色”

开展调研，形成一篇调研报告，其中杨伯铭的《加强我市农村卫生站标准化建设和规范化管理》提案，被列为2010年增城市政协的党派提案。并在广州市人大中讨论且立案。支部委员会集体提案1件，委员提案10件。全市共有2名党员分别担任市、“特约监督员”工作，通过特约人员的参政议政，提升本支部党组织的参政议政水平。此外，组织党员参加市委统战部开展的“树立和践行社会主义核心价值体系”活动。10月10日，民革增城支部组织增城石滩医院，中山博济医院，市妇幼保健院医疗单位的专家和护理人员，到荔城街金星村开展送医送药下乡义诊活动。这次活动由民革增城支部主委杨伯铭同志带队，民革的医疗专家们热情地为村民诊断病情，并免费发放常用药品，其他党员积极配合。受到村民的好评和欢迎。在“送医送药、扶贫帮困”活动，为生活困难的群众免费送医送药，还送去慰问金和日常生活物品，受到当地村民的好评。（霍健强）

中国国民党革命委员会广州市委员会增城市支部委员会主委 杨伯铭

机构编制管理

【政府机构改革】 2010年实施政府机构改革，改革力度比较大，市政府工作部门及办事机构从改革前的38个精简为24个，初步实现职能有机统一的大部制。5月，完成各市政府工作部门的“三定”规定送审材料。根据省委十届六次全会精神，本市被确定为推广顺德改革经验深化行政管理体制改革的试点县级市。根据省编办意见，本市原机构改革的各工作部门“三定”规定不发文，直接进入推广顺德改革经验深化行政管理体制改革的试点工作。在广泛调研的基础上，结合顺德改革经验，形成《增城市推广顺德经验深化行政管理体制改革方案》方案，为明年实施行政管理体制改革打下基础。

【新塘经济发达镇行政管理体制改革试点】 2010年4月，中央开展经济发达镇行政管理体制改革试点工作，本市新塘镇被列为全国25个试点之一。试点主要任务是：加快推进体制创新，扩大镇级管治权，增强镇级发展权，依法赋予新塘镇在产业发展、规划建设、项目投资、安全生产、环境保护、市场监管、社会治安、民生事业等方面的县级经济社会管理权限。市成立工作组做好改革前准备工作。市委组织部、市编办、新塘镇联合到佛山市南海狮山镇、顺德区容桂镇、东莞市塘厦镇和石龙镇调研学习，初步形成新塘镇经济发达镇行政管理体制改革试点工作设想；同时，市领导多次带领有关人员深入新塘调研，反复酝酿，形成《增城市新塘镇经济发达镇行政管理体制改革试点工作方案》，报送广州市、省审批。

【事业单位分类改革】 根据省、广州市编办部署，进行事业单位分类改革，组织调研小组深入事业单位就其性质、职能等情况进行调研，对全市472个事业单位进行模拟分类；经过审核和讨论，提出行政类事业单位84个，并按程序上报审批。

【其他体制改革】 增城工业园区升级为国家级经济技术开发区；成立市监察局干部管理室，支持和配合增城市纪委推进纪检监察派驻机构统一管理工作试点。明确学习实践科学发展观培训基地机构，推动建设全国科学发展示范市工作。拟订对社区卫生服务机构、镇卫生院核编方案，推进医疗卫生体制改革。成立市“120”急救医疗指挥中心，完善医疗急救指挥系统。将沙埔卫生院整合入新塘医院，更名为新塘医院沙埔分院。成立市人民检察院案件管理中心，规范案件管理工作。把增城市殡葬管理所（殡葬监察队）经费形式由市财政核补调整为市财政核拨。调整完善市广播电视台内设机构和基层有线广播电视管理机构，以适应“三网融合”和有线电视数字化的发展新形势。

【机构编制管理】 ⑴完善机构编制管理系统，推进机构编制实名制管理，建立机构编制与组织人事、财政等方面的协调配合机制。⑵完善监督检查体制机制，加强监督检查，维护机构编制管理的严肃性和权威性。一是利用印发资料、专题讲座等形式学习贯彻《机构编制违纪行为适用〈中国共产党纪律处分条例〉若干问题的解释》；二是对全市机关事业单位进行全面机构编制督查，规范事业单位登记管理行为，对已整合的学校22所、未办理相关登记手续的事业单位，依法做出撤销登记处理；三是对事业单位法人登记、年检等工作进行督促检查。严肃机构编制纪律，全年没出现机构编制违纪行为。

【事业单位登记管理】 ⑴做好事业单位登记管理工作。抓制度建设，规范工作程序，优化事业单位网上登记审批程序，简化工作流程，坚持高起点，高标准，高质量的“三高”要求，严把受理关、审核关、核准关、发证关、公告关等“五关”工作程序。完成事业单位的年检工作。对2009年新设立登记的事业单位21个、补办法人证书的事业单位9个、变更登记单位152个、注销的事业单位193个，进行事业单位法人登记公告。⑵做好政务和公益专用中文域名注册工作。按照广州市编办《关于加强政务和公益专用中文域名应用普及工作的通知》精神，做好该项工作。2010年，已提交域名注册的政务部门和公益机构有203个。（张细基）

增城市机构编制委员会办公室主任 王宇乾

老干部工作

2010年，全市有离休干部210人，其中享受处（县）级待遇52人，享受科（局）级待遇158人。另外有原任市四套班子及纪委领导职务退休干部26人，享受副处级待遇退休干部3人纳入老干部局服务管理。

【关心老干部】 市委、市政府把老干部工作摆在重要位置，主要领导经常关心过问老干部工作。广州市委常委、增城市委书记、增城经济技术开发区党工委书记、管委会主任徐志彪亲自向全市老干部通报工作情况，市四套班子领导参加老干部迎春茶话会、迎国庆贺中秋、集体祝寿会等大型活动。市委组织部领导多次上门慰问离退休干部及离休干部遗属。市委、市政府坚持在春节期间慰问原任市四套班子及纪委领导离退休干部，市的重大活动和大型会议都邀请老干部参加。并召开老干部代表座谈会，征求他们对市委、市政府工作的意见和建议，组织全市离休干部和原任市四套班子及纪委领导职务离退休干部参观市部分重点项目建设情况，到鹤之洲湿地公园开展植树绿化活动，组织参观2010广州亚运会设在增城的比赛场馆以及观看龙舟、飞碟等项目比赛，参观荔江公园、增城绿道、沙滩泳场等，让老干部参政议政。各镇街坚持定期向老干部通报工作情况、征询意见和组织上门走访慰问等活动，落实老干部的政治待遇。各镇街、各单位为离退休干部订阅《增城日报》、《红枫》、《老人报》、《秋光》等报纸杂志。举办老干部迎春茶话会、老干部迎国庆贺中秋暨集体祝寿会、老干部庆“七一”暨品荔座谈会、离（退）休女干部庆祝“三八”国际妇女节座谈会、离休老战士“八一”建军节座谈会等大型活动。同时，对易地安置在外地的老干部亲自前往探望慰问，定期将《增城日报》、《夕阳情》邮寄给他们。2010年，2次上门慰问生活不能自理的老干部58人次，慰问当年病逝的老干部的遗孀、遗属41人次，到医院探望治疗的老干部200多人次。

【落实老干部生活待遇】 2010年，给3位符合离休条件未办理离休手续已故的老干部配偶给予每月304元的定期生活困难补助。市财政投入700多万元发放市属企业离休干部生活补贴和专项经费。另外，拨给专项经费20多万元，解决困难企业离休干部增加的生活补贴。拨给专项经费22万元，给39位已故市属企业离休干部配偶发放定期生活困难补贴。协同市公医办、市人民医院等医疗单位做好离休干部医疗保健工作，组织全市离休干部和享受副处级以上的退休干部身体健康检查。邀请增城市人民医院的保健专家为老干部举办老年人保健知识讲座，同时，协同市公医办为离休老干部办理《优诊证》，老干部到医院就诊时可优先诊治。提高市属企业离休干部去世一次性抚恤金标准。市属企业离休干部与机关、事业单位离休干部去世一次性抚恤金标准参照市直机关、事业单位离休干部死亡一次性抚恤金标准执行，并参照市直机关、事业单位离休干部死亡一次性抚恤金标准同步调整。

【老有所为工作】 ⑴组织老干部开展“建设幸福岛，打造耆宿林”植树活动，共植树300多棵；⑵市老干部局、市关工委、市民政局、团市委联合开展“缅怀革命先烈，创建文明增城”清明节扫墓活动；⑶青海玉树发生7.1级地震，市老干部局、市关工委、市老干部活动中心联合开展现场捐款活动，有230人共捐得善款6万元；⑷在“六一”国际儿童节前夕，市关工委协同市妇联、新塘济困扶助协会等单位深入派潭、正果山区慰问65名孤困儿童，向每个孤困儿童发放生活金600元以及大米、牛奶和书籍等慰问品；向清燕小学捐赠书籍1000多册；⑸组织老干部到市戒毒所开展帮教活动，与戒毒学员进行座谈，协助戒毒所举办学员太极拳培训班。2010年，市关工委以迎接亚运会、创建文明城市为契机，在青少年中开展社会主义核心价值主题教育活动，协同教育部门组成讲师团，围绕《增城科技发展成果》、《中国经济发展成就和科技发展成果》、《学点亚运知识做好东道主》、《中国之最与我国国际地位》等专题深入大中小学校巡回宣讲14场，接受听讲师生7100人次。

【精神文化生活】 2010年成立“岭南诗社增城分社”，举办“荔乡墨趣迎亚运”书画联展，出版增城诗文集《湖光韵萃》。市老年干部大学设有诗词、书法、形体舞蹈、老年保健、声乐、英语等课程，有学员300多人。协同市教育局举办“重视老年教育，让老年生活更美好”为主题全民终身学习活动。组织“增城市老干部艺术团”开展“迎亚运”系列专题文艺晚会。2010年，市老干部艺术团先后到省、广州、深圳、部队、社区、农村等地演出28场，参加由广州市老干部局举办的“唱响广州”第十四届广州老干部合唱节获优秀组织奖和最佳表演奖；参加由广州市文明办、广州市文化局等单位联合举办的“爱国歌曲大家唱”群众歌咏大赛获银奖；参加广州市第七届“美在金秋”老年风采大赛获金奖；广州老年（干部）大学艺术汇演获优胜表演奖。市老干部乒乓球队参加“中国联通”杯2010年CTTA中国乒乓球会员联赛（贵阳站）获班子60岁以上组团体亚军；参加中国联通杯2010年CTTA中国乒乓球会员总决赛，荣获60岁以上组男子单打第四名。老干部门球队参加河南洛阳全国老年人门球锦标赛获铜奖及道德风尚奖；参加广州市老干部第十四届“海珠穗燕杯”门球联谊赛优胜奖；参加由广东省老年人体育协会主办的第十六届“广

东文化基金流动杯”老年人门球赛进入32强；参加深圳罗湖区第十八届（罗湖杯）老干部门球邀请赛获第三名。（温俊翔）

中共增城市委老干部局局长 黄越聪

侨务、外事

【对外联络】 2010年6月，香港增城五会组团回乡观光啖荔。市委、市政府领导设宴欢迎回乡团一行，并向旅港乡亲介绍增城在过去一年的发展情况。7月，新加坡增龙会馆和马来西亚增龙总会的乡亲共52人，联合组团回乡观光品荔，共叙乡情。乡亲们先后实地参观增城国家级经济技术开发区、增江天然游泳场、挂绿广场等，详细了解本市城镇化建设、生态旅游开发、城市绿道建设等情况。同月，市侨办举办“荔乡荣誉”座谈会，讴歌荣誉市民的业绩，表达增城人民对荣誉市民的深深敬意。郑黄月芳等13名增城市荣誉市民出席座谈会，详细了解增城文化事业、教育事业发展、生态旅游业发展等情况，并表示将继续大力支持增城的慈善事业和扩大在增城的投资项目建设。9月，2010世界旅游日全球主会场庆典暨中国广东国际旅游文化节开幕式晚会在增城市隆重举行，来自世界各地共420名海外华侨、华人出席开幕式并参观市重点建设项目。

【宣传落实《权益保护法》】 2010年，市侨办在本地媒体广泛宣传《中华人民共和国归侨侨眷权益保护法》，把《权益法》作为依法行政、维护侨权的法律武器，妥善地处理和解决众多涉侨事情，使《权益法》真正落到实处，维护社会稳定，赢得侨心，使侨务工作真正走上法制轨道。市侨办积极为困难归侨解决实际问题。根据归侨侨眷困难户的情况，2010年春节前，市侨办慰问贫困孤寡老归侨74户74人，同时，市侨办还做好“侨爱工程”的申报工作，争取上级侨务部门的配套资金，扶助了更多的贫困归侨。

【亚运外事礼宾工作】 2010年第16届亚运会，增城完成体育舞蹈、龙舟和飞碟三项赛事，成功接待来自亚洲25个国家和地区的参赛队伍、技术官员及来自世界各地的观赛来宾，其中更接待75名前来广州观看亚运会的各国家和地区奥委会主席、秘书长以及国际、亚洲各单项联合会主席、秘书长等贵宾。赛事期间，市外事办全体人员出动，具体负责亚运场馆团队的外事礼宾工作，其中2人分别担任体育舞蹈团队和龙舟场馆团队的礼宾组经理，1人担任市领导的专职翻译，办领导亲自在飞碟射击场馆对外事礼宾工作进行业务指导。三大场馆成功接待包括亚奥理事会主席艾哈迈德·法赫德·萨巴赫亲王、亚奥理事会秘书长兰迪尔·辛格、国际体育舞蹈联合会主席卡洛斯、亚洲体育舞蹈联合会主席鹈饲庆司、国际龙舟联合会秘书长胡建国、亚洲射击联合会主席谢赫·萨尔曼·萨巴赫、科威特驻广州总领事馆副总领事道夫·夏马利等贵宾，其中亚奥理事会主席艾哈迈德·法赫德·萨巴赫亲王由衷赞叹“增城是一个进行生态运动的好地方，希望赛后能够再到增城来品尝增城荔枝”。外国贵宾和运动员纷纷题词和向增城赠送纪念品，高度赞扬亚运增城会场的组织和接待工作，市领导也向他们赠送精心准备的荔枝刺绣、亚运纪念邮票等作为纪念品。除比赛场馆外事接待外，增城市外办还派专人协助广州外事办接待乌兹别克斯坦文化体育部部长及其代表团一行，安排参观考察和观赛活动，使乌兹别克斯坦代表团完成访穗行程，受到代表团以及上级外事部门的赞扬。

【出访交流考察活动】 2010年共完成2批5人次市级领导出访任务。其中2月6～9日，在英国伦敦举行由联合国人居署主办的“城市未来发展”国际研讨会上，增城作为中国的唯一代表参加该会议。市委书记朱泽君应邀出席会议并发表演讲，向参加会议的各国代表介绍增城突出的城乡建设成就和生态环境优势。通过参加该会议，展示增城的美好形象，提高增城的知名度，让世界更加了解增城。6月13～20日，副市长叶鸿率领由市城乡建设管理局局长麦文光等组成的考察团出访肯尼亚、埃及、阿联酋，进行为期8天的学习考察。考察团应联合国副秘书长、人居署执行主任安娜·蒂贝琼卡博士的邀请访问肯尼亚内罗毕，进行广东省增城市申报联合国人居环境奖的宣讲活动以及增城、内罗毕城市发展的经验交流。此次考察取得预期效果，达到互相学习交流目的，联合国副秘书长安娜·蒂贝琼卡同意提名增城参评联合国人居奖。

【接待海外考察团】 2010年，国外大批政府官员、教育机构及商会团体纷纷来增城考察访问，市外办接待联合国副秘书长及外国党政要人，提升对外形象，扩大增城的国际知名度。2010年共接待来访外国考察团5批742人次。4月27～29日，联合国副秘书长及人居署执行主任安娜·蒂贝琼卡博士到增城访问，参观考察增城人居环境建设和城市可持续发展情况。考察期间，安娜欣然题写考察感言，受聘为增城市人民政府高级顾问，并表示将大力支持和推荐增城市申报联合国人居奖。5月16～17日，叙利亚阿拉伯复兴社会党干部考察团一行10人来访。在座谈会上，市委书记朱泽君就增城经济社会近年来的发展情况向叙利亚阿拉伯复兴社会党干部考察团做了介绍。叙利亚阿拉伯复兴社会党干部考察团认为增城科学发展的经验和成果令人惊讶和赞赏；同时，增城市的党建工作非常出色，值得叙利亚阿拉伯复兴社会党去思索、学习和借鉴。5月17日，美国南美以美大学考克斯商学院副院长琳达等一行40人访问增城。5月24日，在广东省委党校学习的“新加坡官员赴中国研修班”学员到增城考察，了解本市城市化进程的情况。研修班学员认为，增城在发展过程中注重学习先进地区的经验，在城市建设的某些方面比新加坡做得更好，尤其是保留完美的自然生态，实现城乡的和谐发展。（列子欢）

增城市政府侨务和外事办常务副主任 姜 葵

增城市归国华侨联合会

【外联活动及接待工作】 全年先后接待和参与接待海外侨胞和港澳同胞12批，300多人次。⑴旅港增城商会和旅港增邑增义堂在香港利舞台举行新春联欢晚宴，广州市侨务办公室副主任崔日寿和本市领导王运才、王建平、袁伟峰，以及香港五会首长、旅港乡亲近300人出席。⑵中国侨联党组书记、主席林军和中国侨联副主席兼秘书长乔卫在广东省侨联主席王荣宝陪同下到本市参观考察。⑶香港增城商会、旅港增邑增义堂、旅港增城同乡会、香港增城同乡联谊会和香港新界增城同乡福利会160多位乡亲组团回乡啖荔观光。⑷新加坡增龙会馆和马来西亚增龙总会回乡团到增城市观光考察，受到家乡亲人的热情接待。回乡团一行先后实地察看碧桂园凤凰城社区、增城国家经济技术开发区、鹤之洲湿地公园、增江天然游泳场、挂绿广场、荔城街绿道、何仙姑家庙、小楼人家景区、报德寺、正果镇湖心岛、增城文化广场、增城市图书馆和增城中学等。他们对家乡这几年在经济建设和各项社会事业方面取得的成果表示肯定，对家乡优美的生态环境非常眷恋，对家乡的美食赞不绝口。⑸旅港增城同乡会在香港九龙旺角弥敦道612号伦敦大酒楼举行第二十届董事就职典礼暨敬老励学会员联欢大会，市政协主席王运才，市委副书记王建平，市政协副主席袁伟峰、黄艳明，市长助理李能坚，市政协常委冯友维，香港油尖旺区议会主席钟港武，旅港增城同乡会主席郑泽民、副主席陈士雄、袁哲之、温榕芬、王山，首席会长简兆平，会长郑从展、姚文、梁泽明、石刚，永远荣誉会长陈冠成，增城香港五会首长赖炳球、郭水房，广州市和增城市荣誉市民郑黄月芳，增城市荣誉市民刘庆棋和增城市有关单位负责人、香港各界社团、深圳增城同乡会以及珠海增城同乡会嘉宾、乡亲1000多人出席。市侨联主席蒋剑云应邀参加会议。⑹香港工会联合会广州咨询服务中心主任王丽娟女士一行到增城市参观访问，受到市侨联领导接见。王丽娟女士一行还参观鹤之洲湿地公园、增江天然泳场和增城广场等景点。王丽娟第一次到增城来就被增城良好的人居环境和欣欣向荣的发展气氛吸引。香港工会联合会广州咨询服务中心已成为一个专门为香港人提供法律咨询、紧急援助、反映民意、团结港人的非牟利服务机构，为粤港两地紧密合作发挥沟通和桥梁作用。

【做好侨眷工作】 1月27日起至2月8日，市侨联主席蒋剑云、副主席李伟文、刘永红率工作人员深入各镇（街）慰问困难归侨侨眷、把慰问金和慰问品送到每一户困难归侨侨眷家中，共慰问132户困难归侨侨眷。12月中旬，组织50多位归侨侨眷代表到广东省华侨博物馆参观，并游览“亚运”场馆“海心沙”、外观高达600米的新电视塔“广州塔”，参观荔枝湾涌、陈家祠等历史文物及广州现代化的建设项目。

【办好侨刊《荔乡情》】 全年共出版4期计6000册，2010年，做几方面改进：一是聘请专门的美术指导和专业的广告公司进行版式设计，走精品化道路，使版式设计越来越美观，具有时代感和专业化。二是增加图片，提高质量。年初，添置一部佳能D350单反数码相机和配件，既提高图片的质量，又降低摄制成本。三是增加英文。2006年起把目录、重点文章、标题和部分图片说明译成英语，以利于华裔新生代的阅读。

【市第八次归侨侨眷代表大会】 8月18日，增城市第八次归侨侨眷代表大会在荔城召开。广州市委常委、增城市委书记、增城经济技术开发区党工委书记、管委会主任徐志彪，省侨联秘书长曹堪宏，广州市侨联副主席孙穗君，增城市领导王运才、王建平、何鎏辉、赖慕玲、范文添、袁伟峰、李能坚出席大会开幕式。全市111名归侨侨眷代表和40多位港澳顾问参加大会，广州市属各区、县级市侨联领导，增城市各群众团体及兄弟单位的领导到会祝贺。（朱佩坚）

增城市归国联合会主席 蒋剑云

涉台事务

【学习党的对台方针政策】 2010年，两岸和平稳定向前发展，国共两党的交流交往日益增多。在新形势下，市台办组织学习贯彻党中央的对台方针政策。⑴组织全体干部参加广州市对台工作会议，听取广州市台办主任传达全国对台工作和全省台办主任会议报告。⑵组织本办干部参加广州市台情报告会，听取香港中联办台务部负责人所作的台情报告。同时学习贯彻党十七大、十七届五中全会关于对台方针政策和胡锦涛总书记在纪念《告台湾同胞书》发表30周年座谈会上的重要讲话精神。

【为台资企业和台商服务】 ⑴为台资企业服务。以深圳富士康和其他地方发生的停工事件为鉴，对全市台资企业展开排查，掌握台资企业劳资纠纷的不稳定因素，如4月份海丰鞋厂一员工出外游泳溺亡，有小部分员工就赔偿问题借机停工，经调解，事件终于得到解决，消除隐患。同时联合市劳动和社会保障局帮助企业完善用工制度，不定期地举办《劳动合同法》讲座。(2)为台商服务。深入台资企业，听取台商的意见和要求，对台商提出的问题或要求帮助解决问题，一年来，协助台资企业解决处理环保、残疾人就业年审、交通事故、劳资纠纷、合同纠纷、办证、入学、等问题约50多宗。如升威鞋业有限公司林先生患病需回台湾治疗，因故受到有关部门限制，不能回台，市台办联合市外经局做细致的工作，使事件得到解决，林先生按时回台治病。10月，新塘镇台商蔡万辉突发心脏病故，市台办帮助他家人与医院、殡仪馆联系处理后事，蔡家人深感满意。一年来，先后协调处理泰宇鞋厂台商一次性出境，帮助瑞商、振成、信祥等多家企业的解决残疾人就业年审和越丰公司的环保与侑昌公司子女入学等问题。

【对台交流和接待】 6月27日，香港南溪行（国民党香港第七分部）主委张立强，中央政府驻港联络办台湾事务部副部长何志明等率领由香港南溪行、大澳华商会、离岛社团协会（梅窝队）三支龙舟队及骨干成员（包括香港增城联谊会和同乡会负责人）约140人到本市考察。考察团一行先后参观碧桂园凤凰城社区、增城经济技术开发区、增江河天然泳场、增城广场、何仙姑家庙、小楼人家景区等，了解本市城镇化建设、节约集约利用土地、组团式及园区化发展先进制造业、新城区建设及“一河两岸”环境综合整治等情况。

【台属“两会”工作】 (1)春节前夕开展台商和特困台属慰问活动，慰问新塘、派潭、正果、福和、中新的十多位台商和特困台属。(2)邀请30多位台商代表出席市各届人士迎春座谈会和广州市领导与在穗台商迎春座谈会。(3)邀请近20位台商出席市政协八届五次会议和十三届人大五次会议开幕大会。(4)“三八”妇女节，组织女台商、台眷到佛冈森波拉乐园游玩。(5)组织台商代表参加“知情看广州、问计促发展”系列活动和“情系橘乡”招聘会。(6)组织与海关、环保、残联、劳动、公积金等部门互访，加强彼此之间的沟通和联系。(7)联委会在增城宾馆举行十八周年庆典暨第九届理事会成员就职典礼。(8)召开台属第四次代表大会，选举产生新一届理事会。(9)联委会发动台商参与抗旱救灾活动，捐出30万多元支持灾区。 （罗启明）

增城市人民政府台湾事务办公室主任　杨伯辉

民政工作

【亚运服务保障】 一是落实亚运惠民项目。按照广州市《亚运惠民项目总体方案》要求，为低保对象、五保（含孤儿）对象、重点优抚对象、社会福利机构政府供养人员、残疾人等34425人发放每人500元的亚运生活补助，共发放补助金1721.25万元。组织全市319个村、居委会加班加点开展亚运9项免费惠民项目的申请、抽签、公示、发票工作。发放申请卡20多万份，宣传单张6万份，共接受204792户家庭申请，有61848户家庭中签，惠及10多万人。组织部分中签群众观看亚残运会开、闭幕式。二是完成亚运救助管理工作。成立市亚运救助管理工作领导小组，制定实施《2010年广州亚运会增城赛区救助管理工作方案》，改造完善救助基础设施，重新明确流动救助服务队组成人员，强化部门合力，落实属地管理，联合公安、城管部门加大对街头流浪乞讨人员的救助力度。全年救助流浪乞讨等人员1403人次，亚运期间开展联合行动救助77次，救助流浪乞讨人员337人次，其中指引劝离116人次，三是开展亚运双拥活动。组织参加广州市“迎亚运双拥杯”军地篮球比赛和“亚运知识进军营”知识竞赛等军民“迎亚运、讲文明、树新风、促和谐”系列活动，推进军民共建和谐社区、和谐单位、和谐村镇，营造军民团结迎亚运的良好氛围。市主要领导率队慰问参与亚运安保官兵，向参与亚运安保服务的部队官兵赠送慰问金共9.4万元。四是开展亚运社区志愿服务。根据广州市的部署，牵头组织“迎亚运讲文明树新风”社区文明百日志愿服务活动，开展“亚运大家讲”、“亚运微笑天使”、治安巡查、环境卫生清洁等系列社区志愿服务活动，全市13000多人次义工参加亚运社区志愿服务。

【社会救助】 (1)扶贫帮困活动。根据市委、市政府的要求，会同市委组织部发动各镇（街）对困难群众调查摸底，摸清全市困难群众10941户26452人。建立多功能的市、镇（街）、村（居）三级扶贫帮困信息平台。按“民政、养老、医疗、教育、就业、住房”六大保障类进行资金预（测）算工作。市召开动员大会对扶贫帮困工作作了部署，落实“规划到户，责任到人”等工作，并举办扶贫帮困慈善募捐答谢晚会，筹得善款6370万元。(2)提高城乡低保、五保标准。从2010年1月起，城镇低保标准从每人每月330元提高到370元，人均月补差达到194元，城镇“三无”人员最低生活保障标准从每人每月396元提高到444元；农村低保标准从每人每月260元提高到290元，人均月补差达到191元。至12月，全市纳入城乡低保救济的对象共8077户20599人，全年发放低保资金5158

万元，比上年增加1642万元。农村五保对象供养标准从1月起从每人每月273元提高到377元，7月起又从每人每月377元提高到464元，全年发放五保供养费787万元，比上年增加约200万元。⑶慰问和临时救助。中秋节和春节，组织对困难群众的走访慰问活动，全年发放慰问金110万元；对临时困难群众加大救助力度，全年发放临时救济、春夏粮荒和冬令救济款136万元，发放棉被2200床、毛毯1500张。此外，还为城乡低保对象等发放临时物价补贴560万元，城乡困难群众的基本生活得到保障。⑷健全医疗救助体系。全年资助21987名城乡低保对象参加城镇医疗保险或新农合，资助金额16 7.9万元。划拨149.31万元资助553名城镇老年低保对象办理养老保险。全年对城乡低保对象实施基本医疗救助4583人次，发放医疗救助金285万元。全年对困难群众实施重大医疗救助1453人，发放救助金250万元。⑸防灾救灾措施。按照广州市的部署，修改完善救灾应急预案，补充救灾物资仓储，开展防灾减灾宣传日系列活动，创建西园、小楼等6个全国防灾减灾示范社区。5月初，派潭、中新等镇发生局部洪灾，市民政局启动救灾应急预案，及时赶赴灾区，发放衣物170件、毛毯150张、矿泉水200箱以及食品一批，为134户全倒房户和42户危房户发放灾后重建资金130.6万元，受灾群众得到妥善安置。

【社会福利服务】 ⑴养老服务。在已为100岁以上老人每人每月发放300元长寿保健金的基础上，从2010年1月起，为1212名90至99岁老人每人每月发放长寿保健金200元；从7月起，又实施了为11929名80岁至89岁老人每人每月发放50元长寿保健金。全年共为80岁以上老人发放长寿保健金620.68万元。推进社区居家养老服务，设立的三个社区居家养老服务部已有169名服务对象享受日常居家照料服务；广州统一安装并开通598户“平安通”。⑵福利设施。2009年立项的20个五保村建设项目，年内已建成19个，有1个在建；2010年新立项的三个五保村已落实选址、用地、设计等工作。共投入107.2万元完善市颐养院、福利院、救助站及7个镇敬老院等社会福利设施，改善在院供养人员的生活、居住条件。在市福利院的51名弃婴（童）和市颐养院120名老人得到很好的照料。做好福利机构及分散供养的五保户住房的消防安全检查，保障他们安全。⑶慈善和福利彩票事业。开展各项慈善募捐活动。为青海玉树地震募捐善款181.5万元、救灾物资一批折合金额100多万元。6月30日首个“广东扶贫济困日”活动，筹得善款600万元。开展慈善救助，为100名贫困学生发放助学金10万元。全年实施慈善救助284人，发放救助金173.1万元。全年销售电脑福利彩票4000多万元，即开型福利彩票155万元。

【双拥和优抚安置】 ⑴优抚安置。2010年，严格审核认定参战涉核人员69人，并落实生活补助；提高部分优抚对象的抚恤补助和优待金标准，人均提高15%，全市共有各类优抚对象3378人，全年共发放定恤定补金1948万元；2010年共接收退役士兵310人，其中城镇兵73人、农村兵237人，发放2009年冬季退役城镇兵自谋职业一次性安置补助金67人499万元，组织342名退役士兵参加免费职业技能培训。⑵创建双拥标兵市。元旦、春节、八一建军节期间，市委、市政府及各级单位组织128个慰问团，慰问驻军和重点优抚对象等3000多人次，先后召开军政座谈会、优抚对象座谈会暨退役士兵欢迎会等，共发放慰问金170万元。海军“广州舰”访问广州期间，组织市民参观“广州舰”，并赠送慰问金3万元。通过创建活动，密御军政军民关系，通过“广州双拥标兵市”检查验收。⑶涉军维稳工作。重视优抚对象、退役军人的困难问题，全年拨出163万元，为818名优抚对象、退役军人解决“三难”问题。对参战人员提出的政策以外的普遍性要求，学习白云区、从化市做法，并争取上级支持，出台就业创业补贴措施，妥善给予解决。对涉军信访，热情接待，有访必接，有信必复。全年接待来访人员120多批500多人次，办理来信回复57件，促进和维护社会稳定。⑷革命老区建设。贯彻执行市委《关于进一步加强我市革命老区建设工作的意见》的规定，下拨61万元给13个老区村庄基础设施建设。落实老区有线电视费等优惠措施，有线电视费2011年起将从每户每月14元减至8元，每年减免达186万元。

【基层建设和管理】 一是创新基层管理服务体制。推进荔城街开展整合街道机构人员试点和社区综合服务中心建设试点工作，在巩固前三批创建“六好”平安和谐社区成果的基础上，新申报创建第四批共11个社区，通过省的检查验收，使全市“六好”平安和谐社区达到29个。西瓜岭等14个村的农村社区建设实验试点工作取得成效。二是基层自治组织建设。围绕2010年市政府为民办十件实事之一“建立稳定规范的基层经费保障机制”的要求，配合市委组织部制定并印发《关于建立稳定规范的经费保障机制，进一步加强农村基层组织建设的若干意见》和村干部管理办法，提高村、社区“两委”干部工资福利水平，村、社区干部平均每人每月增加额达1000元以上。为创建村民自治模范镇、村，指导各镇街制定村务公开和民主管理工作实施意见，修订完善《村规民约》和民主决策制度。基本完成农村党风廉政信息平台建设，促进民主监督、民主管理。汇同市委组织部对选举“难点村、居”

进行排查和整治，举办村、社区“两委”换届选举工作研讨班等，完成2011年村、社区“两委”换届选举任务。

【社会事务管理】 (1)社会组织。坚持培育、监管并重的原则发展社会组织。全年新登记社会团体13个，全市社会团体发展到114个；新登记民办非企业单位15个，民非企业单位发展到157个。完成社会团体小金库专项治理检查，促进社会团体依法有序发展。(2)殡葬管理。市殡仪馆通过省一级殡仪馆的初步评定，落实困难群众基本殡葬服务费减免政策，全年共减免近30万元，全年火化遗体5611具，火化率保持100%。清明节期间，殡葬服务单位共接待祭祀群众9万多人次、疏导车辆13000多辆次。殡葬管理“十一五”规划的各项目标任务全面完成，通过广州市的考核验收。(2)婚姻登记。市局和新塘婚姻登记处在已获得全国婚姻登记规范化建设先进单位的基础上，创建精神文明号等便民活动，全年共办理婚姻登记10282对，其中结婚登记8366对、离婚登记1916对；补领结婚证1010宗，补领离婚证77宗，登记合格率为100%。(3)收养登记。解决部分群众私自收养子女的登记入户问题，全年办理收养登记168宗，其中按五部委文件办理的有70宗。(4)区划地名管理。依法依规审批地名，全年审批53宗地名命名申请；完成镇级界线勘界档案资料整理归档并上报省、广州市存档；加强行政区域界线维护和管理，组织完成本市与黄埔、萝岗、从化等3个行政界线的维护巡查，促进边界地区社会稳定。 （缪志强）

增城市民政局局长 范轶聪

增城市总工会

【概况】 2010年，增城市总工会被评为广州市工会工作目标考核模范单位，并获得广州市工会工作“五一创新奖”。新塘镇西南村党支部书记何铁标被评选为全国劳模模范；增城市劳模单子龙在亚残运会男子混合双人双桨比赛获金牌；增城中学化学科组荣获广东省总工会授予的“工人先锋号”荣誉称号；向文军、邹蓉、朱怡共、周焕油等4位劳模被推选为第16届亚运会增城火炬传递活动火炬手。“五一”前夕，市委、市政府举办首届增城市优秀外来务工人员和关爱外来务工人员先进企业评选表彰活动。

【劳动竞赛】 开展“迎亚运、促发展、立新功”劳动竞赛活动。全年共有684个工会参加开展劳动竞赛，参赛职工21700多人；参加“迎亚运、促发展、立新功”竞赛项目8个，参加“我为节约作贡献”竞赛项目6个，提出合理化建议485条，产生的经济效益达1430多万元；开展技术革新项目118项，有36项获省部级及以上奖项，有15项获国家专利，直接创造经济价值约共6850多万元。

【维权工作】 一是全市各级工会组织贯彻“以职工为本、主动依法科学维权”方针，深入各企业妥善处理劳资纠纷，切实维护职工群众合法权益；运用劳资协商、政府调解的新机制，建立健全劳资纠纷信息报告制度，完善工会劳动争议调解网络建设，参与劳资纠纷的调解，化解多宗劳资纠纷。市总工会下发《增城市总工会关于进一步加大工会参与劳资纠纷调处工作的意见》，召开镇街工会负责人会议，明确工会在处理劳资纠纷过程中的立场同时，各级基层工会配合劳动部门深入中新塑料厂、福耀玻璃、广汽本田增城二厂等重点企业，及时调查掌握汽车制造行业职工队伍的思想状况及工资待遇落实情况，指导企业工会耐心做好矛盾化解工作。二是全市各级工会共接待处理职工来信来电来访239件，协助职工追讨欠薪696万元；参与劳资纠纷调查65宗，发出工会劳动法律监督书11份，涉及金额87万元，一批群体性、突发性事件和劳动关系矛盾被化解在基层。三是按照“广州市实施工资集体协商三年工作行动计划”要求，推进工资集体协商，逐步建立职工工资正常增长机制和职工工资共决机制。9月14日，市总工会召开增城市企业工资集体协商培训班动员大会，300多家企业工会负责人参加会议；会后，各镇街工会贯彻会议精神和要求。四是参与安全事故调查，先后参与广汕路山田路段“3·16”特大交通事故、新塘镇章陂村“11·8”爆燃事故等重大安全故事的调查处理，参与各类安全检查18次，发现查处各类安全隐患38项，提出安全整改建议32条。四是平等协商集体合同工作，全市有132家非公企业建立起平等协商集体合同制度，覆盖企业756家；续签集体合同72份，订区域性、行业性集体合同3份，覆盖企业34家，覆盖职工3400人；女职工特殊权益专项集体合同签订率达85%，保障女职工各项权益。

【帮扶工作】 一是组织全市工会系统开展“捐时薪，献爱心”募捐活动，共筹得善款48.6万元。制定《扶贫济困“送温暖工程专款”管理使用规定》，对帮扶对象、项目标准、帮扶金额等提出具体规定。二是帮助120多名特困职工申请《低保证》或《低困证》，为120名临时困难人员发放救助金56800元。在元旦、春节发放帮扶金近20万元，救助困难职工416户次；在“金秋助学”活动，共资助14名特困职工的子女就读大学，发放大专学历每人次资助金2000元，本科或以上学历每人次资助金3000元。市直局、镇街工会开展慰问活动共122次，慰问各类困难职工群众1658人次，发放慰问款物56.45万元。并且在女职工安康互助保障计划中共补助患病职工5人，补助金额7.5万元；市职工特种重病互助医疗保障计划共补助患病职工 2 人，补助金额 2.6 万元。

【工会建设】 2010 年成立市环卫行业工会联合会。新建独立基层工会 135 家，完成年度任务 103.9%；涵盖单位650 家，完成年度任务 108.3%；新建外商投资企业工会6 家，完成年度任务 100%；新发展工会会员 13371 人，完成年度任务 133.7%，超额完成年度的组建任务。开展工会组织规范化建设试点，建立荔城街、供电局、自来水公司等 3 家会务公开试点单位，并在部分基层工会逐步铺开；1073 家企事业单位建立厂务公开机制，建制率达80%；实施《广州市中小学校教代会工作暂行条例》，有 59 所学校被评为广州市民主管理工作星级单位，职代会的各项职权得到较好落实。联合广东省总工会职工医院、增城市环卫行业工联会共同开展“关爱环卫行业女工健康”免费体检活动，350 多名环卫女工参加体检。五是拓展“职工书屋”、“工友和谐家园”等工会阵地建设，把阅读进企业、全民阅读求知等活动与“职工之家”建设紧密结合，创建学习型、服务型工会组织。荔城街、市交通运输局等单位成为“职工书屋”建设的示范点；市交通运输局、宏大增化民爆公司获得 2005 ~ 2009 年度广州市模范职工之家称号；中国电信增城分公司、中新塑料厂被评为广州市先进职工之家。

【其他工作】 ⑴做好经审和女职工工作，市总工会经审委先后组织对卫生局、教育局、发改局等 10 多家市直单位的工会经费收支情况进行审计，并获广州市工会经审工作年度考核特等奖；女职委在开展提高女职工素质、深化女职工建功立业活动、加强女职工帮扶和维权工作以及女职工组织建设等方面均取得成绩。增城市农业技术推广中心副主任廖美敬分别获得广州市“五一巾帼奖”。开展“党工共建创先争优”活动，促进工会服务效能、机关作风、工作水平不断提升。⑵开展文体活动，联合教育系统工会、卫生系统工会举办了“荔城地区教育卫生青年职工联欢晚会”；联合如丰食品有限公司举办职工烹调厨技比赛；围绕“三八”、“五一”等节日，开展各种纪念庆祝活动，活跃职工的业余文化生活。12 月 4 日，市总工会承办 2010 年姚记扑克大赛广东赛区比赛，8 名选手代表广东省参加在湖南长沙举行的全国总决赛，获全国第二名。 （蔡铨宇）

增城市总工会主席 王方勇

共青团增城市委员会

【概况】 2010 年，团市委围绕“服务亚运当先锋，全力以赴创先争优”为主线，坚持把服务 2010 世界旅游日全球主会场庆典暨中国广东国际旅游文化节开幕式及广州亚运会增城赛会（下称“两大盛会”）与开展创先争优活动紧密结合起来，发挥党团员先锋模范作用，确保“两大盛会”的顺利举办，取得良好的工作成效。2010 年开展“十百千万”绿色大行动、举办首届增城市旅游形象宣传大使大赛”、推进增城市“青年带头创业致富工程”、开展“青春助学行”活动、实施共青团服务民营经济“百日团建大行动”、成立增城市大学生村官网络团委，加强党建带团建工作力度、以团建创新工作为重点夯实基层团建工作，并以青年的全面发展为核心和“对外宣传增城，对内服务青年”的工作要求，树立共青团工作创新、优质、高效、面广的社会形象，开创共青团工作的新局面。

【增城志愿者】 （1）为国际旅游节服务。9 月 25 ~ 27 日，共组织志愿者 2000 多人次参与开幕式及旅游文化节志愿服务，累计服务时间 2 万多小时。全体志愿者坚守工作岗位，服务热情周到，体现大局意识和责任意识，得到广大市民游客和组委会领导赞许。（2）为亚运会服务。为全面启动亚运志愿者各项筹备工作，团市委将机关调整为“两中心四办”，即团务管理中心和志愿者行动指导中心；进入赛时运行阶段，重新设立“一中心四组”，即成立亚运志愿者赛时运行指挥中心，下设新闻宣传组、后勤支撑组、服务保障组及服务运行组。亚运期间，全市共招募城市志愿者 14581 人，其中高校志愿者 7172 人，镇街、机关、企事业单位 6151 人，社会报名人员 1258 人。在选派优秀志愿者骨干参与广州亚组委各项业务培训的同时，邀请亚组委专业讲师团等专家开展通用及岗位培训 80 场、专业技能培训 30 场，覆盖亚运会站点、城市文明、医疗应急等服务岗位，参与志愿者近 14000 人次，先后组织渐进式岗位实践演练 7 次。在广州亚组委配送物资的基础上，团市委根据实际，自行制作专用志愿彩 10000 条、服装 8000 套、帽子 6000 顶、腰包 3000 个、绶带 600 条、交通路口指挥旗 600 面、太阳伞 80 把，精心设计印制志愿者配套环保袋 10000 个、志愿者水杯 8000 个、志愿者工作笔记本 10000 本，编印《志愿服务站点分布图》30000 份、《信息指南》20000 份、《亚运城市行动计划文件汇编》500 册，派发应急药品 2000 多份。同时，为志愿者统一购买保险、统一配送餐饮、统一安排接送车辆，全面保障上岗志愿者的人身安全。进入赛时阶段，27 支来自全市各机关单位、镇街亚运主题宣传志愿服务队、10 支高校城市文明志愿服务大队和 5 支高校站点志愿服务大队，与全市 26 个亚运会站点、118 个城市文明岗及 13 个社区进行无缝对接，实现志愿服务对场馆周边、公交站点、宾馆酒店、文明路口、广场公园、社区街道的全覆盖。每天2000多名亚运站点及城市志愿者准时到岗服务，累计上岗志愿者达8万人次，接待各国运动员及市民游客近120万人次，提供志愿服务近80万小时。组建514人规模的新闻宣传志愿者队伍，编印《增城市亚运志愿者工作简报》12期，在《增城日报》定期推出“亚运志愿者工作专版”及“创先争优，青春以志愿为荣”专栏15期，电视新闻报道近20宗，向广州亚运志愿者新闻中心发布信息160多条。开展“微笑之星、勤劳之星、感动之星、宣传之星、督查之星”的“五星志愿者”评选，涵盖全市亚运志愿者各个工作岗位。

【团务工作】 联合市委组织部举办以“凝聚青春智慧，共促科学发展”为主题的增城各界青年纪念“五四”运动91周年座谈会。与市禁毒办、市教育局等相关职能部门开展“全民禁毒，喜迎亚运”禁毒宣传活动。以自行车绿道巡游方式，开展禁毒宣传。启动“迎亚运 讲文明 树新风”城市文明志愿服务全民行动，发动全市各行业干部职工和广大市民，共同支持亚运、参与亚运、奉献亚运，营造“人人都是东道主、个个都是志愿者”的社会氛围。实施“十百千万”绿色大行动，联合市城乡规划局、荔城街等单位，投入近50万元打造“共青林”、“规划林”等“十大绿道主题公园”，组织广大团员青年、粤港澳自行车爱好者近10000人次畅游绿道。联合市旅游局举办“科学发展 魅力增城 首届增城市旅游形象宣传大使大赛”，打造增城亮丽名片，以健康、阳光、友好的青春形象对外推介增城。联合市文明办等单位，举办“激情亚运、魅力增城、青春领航”第五届增城大学生“公关之星”比赛，展现大学生的智慧与才华，宣传文明礼仪知识和社会新风。

【服务青年工作】 实施“青年带头创业致富工程”，自2008年以来，推荐扶持创业项目100个，发放创业贷款466万元，扶持优秀创业青年29人。成立市首个青年创业培训基地，举办SYB（创办你的企业）青年创业培训班，为有创业意愿的优秀青年提供免费学习培训。联合市旅游局、农业局等职能部门，通过从农资信息、农业科技、农产品销售、客源组织、产品营销等方面对创业青年进行全方位的跟踪帮扶。年底，各创业项目普遍实现增收，产生直接经济效益1000多万元，拉动解决当地劳动力就业近1000人，涌现出如经营增城迟菜心的绿聚来公司总经理张文彬、欧派厨具增城地区总代理朱健斌、电子商务信息平台大学生村官宋俊文等创业先进典型，对推动全市全民创业工作起到非常好的示范带动作用。开展“青春助学行 扶助贫困大学新生”系列活动，发动社会力量，筹集助学金50多万元，解决100多名贫困学生实现大学梦想。深化“我为增城增光，增城以我为荣”主题教育活动，激发和引导贫困学生奋发向上、学有所成、回报社会。开展“扶贫帮困 志愿惠民”主题志愿服务活动，广大志愿者深入社区，为困难户送上生活必需品，通过建立信息库，发动志愿服务队伍与之对接，建立常态帮扶机制，推动后亚运时期志愿者队伍的保留和转化。

【团的自身建设】 探索基层团建新模式，推进实施行业协会建团，先后成立增城冬瓜菜心行业协会团支部、广州如丰果子调味食品有限公司团支部等。增城冬瓜菜心行业协会团支部通过开通“信息直通车”信息站，定期组织团员青年开展技能培训、法制宣传及思想交流，引导新型农村青年创业成才。协会团支部被团中央授予“全国五四红旗团支部”光荣称号。成立增城市大学生村官网络团委，开通全国首个村官手机信息网络平台，建立全国县级市首个大学生村官网站，加强对大学生村官的跟踪服务和联系指导。启动增城共青团服务民营经济“百日团建大行动”。发挥共青团在经济建设战线上的先锋队和突击队作用。本市在“两新”组织中新建团支部32个，覆盖团员青年近万人，实现“两新”（新经济、新社会组织）团组织从无到有，从小到大，覆盖领域不断拓展。（黄劲勇）

共青团增城市委员会书记
邓海军

增城市妇女联合会

2010年，市妇联先后被评为广东省三八红旗集体、广东省妇女舆论宣传阵地建设先进单位、广州市三八红旗集体、广州市妇联系统信息工作先进单位。并培育小楼镇西境村为“全国巾帼文明示范村”、小楼镇西境村妇代会为“全国妇女岗位建功先进集体”；推荐市体育局为“全国妇女健身示范站点”。2010年6月开通“增城妇女网”。

【巾帼建功 创先争优】 把创建“巾帼文明岗”从窗口行业延伸到各行各业，激励城镇妇女在平凡岗位上爱岗敬业，创先争优。一年来，全市共创建1个“全国妇女健身示范点”、3个广东省“巾帼文明岗”、36个增城市“巾帼文明岗”、3个亚运城市志愿服务点；培育和推荐石滩镇种养女能手刘映惠当选为中国好人榜的“诚实守信好人”、女检察官聂玮当选为中国好人榜的“孝老爱亲好人”。发挥模范先进在广大妇女中的特殊作用，在全市掀起巾帼创先争优，人人奉献的热潮。

【双学双比 增收致富】 2010年，创建“全国城乡妇女岗位建功先进集体”1个、“全国巾帼文明示范村”1个、增城市“巾帼示范村”34个、增城市“美德在农家示范点”19个、增城市“星级妇女学校”19个。市妇联联合有关部门培育妇女创业就业示范基地，以创业带动就业，建立荔之旅国际旅行社等6个妇女创业就业示范基地，创建9个巾帼科技示范基地。通过政策扶持、项目引进、资金帮扶等措施，形成了以郭花月的派潭青鹏山庄为典型的一批农家乐，带动更多的农村妇女依托生态旅游开设农家乐，开发特色农产品等，不断增加经营性收入。动员农村妇女开发番薯、迟菜心等特色的种植业，拓展农村妇女增收致富的渠道。落实好妇女小额贷款创业工程，使优惠政策惠及更多妇女群众。2010年，市、镇两级妇联和协调单位共开展种养等各类实用技术培训和讲座82期，接受培训妇女16542人次。

【迎亚运创文明活动】 ⑴在全市率先成立"增城市巾帼文明督导队"，开展美化家园"三四五"行动。一年来，开展文明督导行动86次，出动巾帼志愿者2万人次，协助交警纠正交通违法行为700宗，发出创文宣传资料7万份，组织近8万人次开展上百场清洁卫生活动。⑵市妇联从8月到12月，在全市范围内开展"广州大变我文明 百万家庭学礼仪"文明礼仪讲座146场，近4万名家庭成员参加了活动。⑶建立市图书馆等3个亚运城市志愿服务点。组织巾帼志愿者为行人和游客提供文明出行宣传引导、公共秩序维护、公共环境卫生清洁等各类志愿服务。同时，组织文明家庭志愿者为亚运会、亚残运会助威。亚运期间，涌现罗小君等10名巾帼精英典型，获得上级部门和领导的高度赞誉。⑷开展"迎亚运、习礼仪、亲子同乐"暨"争做好市民，当好东道主"—"亚运广州行"文明出行日群众文化广场等6大主题实践活动；社区"公共文明大家谈"活动12场次；发动10.3万人次参与"我推荐，我评议身边好人"等各类网上签名、投票。

【"三八"和"六一"活动】 ⑴"三八"国际劳动妇女节100周年，市妇联承办由省妇联主办的"庆三八、迎亚运、广东万名妇女绿道欢乐游"主题活动，带动全省乃至全国的妇女和家庭成员到本市开展健康、低碳、绿色生态游，推动本市生态旅游业的发展。表彰市先进妇女组织和先进个人，增城十大巾帼创业带头人等共计50个集体，60名先进个人。⑵"六一"国际儿童节，联合市妇女儿童活动中心开展"文明亚运、绿色增城"小学生书法美术作品创作评比活动；深入6所山区小学和外来工幼儿园开展"美丽增城，小公民道德"图片展和"六一"游园活动。

【主要工作】 ⑴推动市"一站式"婚育服务中心工作；协助做好农村妇女"两癌"免费检查工作；开展大型禁毒防癌宣传、家庭教育讲座、亲子活动等34场次。其中，在"大手拉小手，同植幸福树"家庭植树亲子活动中，动员和组织妇女和家庭成员1664人次植树8487棵，价值240多万元。⑵全市妇联系统共接来信来访来电202宗，处理率为98.8%。市妇联妇女儿童部（律师）共接来信来访来电76宗，处理率为98.7%，法律援助8宗。⑶组织"爱心爸妈"为本市3000多人次的孤困儿童，提供助学、助教、助养等帮扶，提供助学金、慰问品总价值12万元。筹集资金1.5万元救治困难家庭先天心脏病儿童3名。动员全市妇女参与各类慈善捐款达65万元。其中，为玉树灾区捐款62.82484万元。春节、六一、中秋等节日慰问孤困儿童、单亲特困母亲家庭，开展免费救治贫困母亲活动和援建母亲"安居房"工程等。⑷与市文明办联合开展2008～2010年度"增城市文明家庭"、2010年"增城市书香家庭"、"爱我家园"广州市书香家庭摄影大赛、广东"百名好父亲好母亲"推荐评选等活动。评选出3000户增城市文明家庭，1046户广州市文明家庭，300户增城市书香家庭，86户广州市书香家庭。姚秀梅、王衍琪分别被推荐并荣获广东"百名好母亲"称号和广东"百名好父亲"称号。⑸开展"三联六帮"城乡共建行动，帮扶挂点村增江街大埔围村，创建"巾帼书屋"、"村童书屋"。该村被评为"三联六帮"城乡共建行动标兵村，受到嘉奖。

（常 亮）

增城市妇女联合会主席 徐小珍

增城市工商业联合会

2010年，发展新会员850多人，增补执委以上班子成员35名。有镇街分会9个，驻外（北京、上海、江苏、昆明、成都）商会5个，行业商会4个，会员增至3800多人。

【组织联谊和交流】 2月，举办异地增城商会春节联谊会，联络乡谊，互通信息，共谋发展，来自上海、北京、江苏、昆明商会600多名会员参加。3月，组织33家增城汽车空调企业参加在广州中国进出口商品交易会琶洲会馆举行的第七届广州国际车用空调展，帮助会员企业拓展商机；组织29名女会员、女职工开展纪念"三八"妇女节春游活动。5月，组织20多名会员参加融资洽谈会，提供投融资服务。6月，组织20多名会员参加广州市促进民营经济发展方式转变经验交流会，明确中小企业升级转型目标；会员朱健斌、何兆雄、罗子兵等人，应邀参加广州大学松田学院"企业家大讲堂暨大学生创业活动交流会"，并作主题演讲，点评高校学生创业项目。7月，组织30名会员参加广州市千家非公有制企业构建和谐劳动关系动员会，促进企业劳动关系和谐发展；联合市科协组织近300名民营企业代表，举办“转变经济发展方式与生态建设文明报告会”，增强民营企业对发展绿色经济和低碳经济的信心。8月，组织30名会员，参加时代地产·2010广州东部（增城）房地产发展论坛，提供商机。此外，小楼、增江、石滩、新塘、中新等分会也组织了相关活动，以多种方式为会员服务。

【会员荣誉】 由世界华商基金会主办，世界华人总会、世界华人协会协办的第十二届世界杰出华人奖、第二届世界杰出艺术家大奖暨加拿大纽宾士域蓝仕桥大学荣誉博士学位颁授典礼，在香港湾仔会展中心举行，增城市工商联主席廖榕就获世界杰出华人奖，并获颁蓝仕桥大学荣誉学位。副主席刘剑波、副会长郭汉勋被国家农业部乡镇企业局分别授予“2009中国十大农村致富带头人”和“2010中国十大农村致富带头人”，并获特殊贡献奖。副会长龚广义经营的中西名菜，获广州市食品卫生A级单位、2010年十佳中国餐饮名店和2010年中国最佳风味特色餐饮品牌等三项大奖，并被授予“中国饭店金马奖”，首创增城餐饮企业获此殊荣的先例。副主席吴毅强的企业广英服装有限公司作为广东牛仔服装企业的代表，参加上海世博会广东活动周服装演艺活动。

【参政议政】 会员中的人大代表在增城市第十三届人民代表大会第五次会议提交了议案、提案5件。会员中的政协委员在增城市政协八届五次会议提交了提案28件。廖榕就、刘优伯、朱怡共、蒋文凯、郭碧新、湛家和、吴毅强、湛学驹等会员被市政协评为2009年度优秀委员，关福如的提案《关于加速农村垃圾无公害化处理》被评为优秀提案。

【为企业服务】 据统计，民营企业投诉中心、总商会维权服务部全年共处理维权案件117宗。做好对中小企业帮扶服务工作。2008年国家出台相关政策，实行生产许可证制度，本市部分汽车空调生产企业生存和发展遇到难题，对此情况，市工商联与质监等职能部门协调，指导企业申证和补办证照。国家质检总局公布全国汽车空调压缩机生产许可证获证企业情况，本市17家汽车空调企业已获颁证。市工商联与中国建设银行增城支行、广州华鼎担保有限公司等金融机构合作，通过市工商联（总商会）主办，镇街分会协办等形式，共举办10多场次专题推介会和融资对接会，推介相关金融产品，为本市中小企业提供融资和理财服务，一年来为会员融资担保贷款约3.2亿元，帮助本市中小企业化解融资难问题。

【参与社会公益活动】 2010年，市工商联会员参与各类慈善捐款总共累计人民币2200多万元。4月，为玉树地震灾区捐赠，共收到会员捐款88.2万元。5月，增城市工商联主席、广东商学院华商学院董事长廖榕就，带头向贵州捐赠3000箱价值9万元矿泉水；联合新塘扶贫济困协会到派潭镇参加扶贫济困活动，为当地66名孤困儿童捐款捐物。6月，组织40多名会员到梅州市五华县华城镇、河东镇开展考察学习和扶贫助困活动，捐赠32万元，资助4个村委、2所村小学和20户特困户；组织近百名会员参加“游绿道·济贫困”增江画廊千人自行车大巡游暨广东扶贫济困日捐款仪式，会员现场捐献善款3万多元。7月，参与协办2010年增城市渔业资源增值暨休渔放生节活动。8月，号召会员为舟曲泥石流捐款捐物。9月，与市钓鱼协会联合举办贺中秋、庆国庆、迎亚运“亚伟电器”杯钓鱼比赛，40多名老干部参加比赛，筹得1.5万元活动经费；中秋国庆期间，各基层商会（分会）组织会员开展节日慰问活动，扶助困难群众500多名。12月27日，市在市体育馆召开扶贫帮困工作动员大会，部署全市扶贫帮困工作。市工商联会员响应市委市政府号召，踊跃为市扶贫帮困工作捐款，到2010年底已有15名会员企业合计认捐2000万元。同时，组织会员参加增城市社会主义新农村建设和各项经济、社会事业建设。全市有200百多名民营企业家和工商联会员参与市北部旅游大开发。此外，以市工商联会员为主要成员的增城市新塘济困扶助协会，年内共开展各项扶助活动30多次，累计扶助金额近120万元，扶助困难群众和学生5000多人次。

（廖燕峰、张敏南）

增城市工商业联合会主席 廖榕就

增城市工商业联合会党组书记 刘优伯

增城市残疾人联合会

【概况】 2010年，全市各类残疾人约4.8万人，占全市总人口的5.86%，已办理残疾人证的共11618人，其中，一级残疾人3858人，二级4202人，三级2279人，四级1279人，因各种原因未办证的约有3.7万人。残疾类别主要分视力、肢体、听力、语言、智力、精神病和多重等7种。

2010年9月，在全市282条行政村，37个居委会成立319个社区残疾人协会，配备残疾人专职委员。2010年12月15日，市领导徐志彪、王建平、李荣渝到市康园工疗站服务中心看望和慰问残疾人，了解残疾人就业和康复情况，并与广州亚残运会火炬手座谈。徐书记指出，残疾人是一个特殊的困难群体，最需要社会的关心、关注和关爱。要求各级党委政府要关心残疾人的生产生活，帮助他们解决实际困难和问题，落实残疾人就业政策，让更多的残疾人能融入社会。

广州亚运会、亚残运会期间，为6454名残疾人发放每人500元补贴，共发放3227000元，其中增城本级财政1290800元，广州市补贴1936200元。

【勇夺亚残运会金牌】 在广州亚残运会和广东省第六届残运会期间，在全市范围内选拔138名优秀残疾人运动员，输送到广东省、广州市队参加各类项目的训练，其中11人参加广东省第六届残运会，2人参加广州亚残运会。参加亚残运会的是优秀残疾人运动员单子龙和张金红，2010年12月14日上午，他俩为国家队分别获得1枚金牌，单子龙获得TA级男女混合双人双桨赛艇项目冠军，张金红获得A级女子单人双桨赛艇项目冠军，这是继2008年北京残疾人奥运会夺得金牌后，又一次为增城人民争光，赢得荣誉。

【"全国助残日"活动】 2010年5月15日是第二十个"全国助残日"，当日，广东省残联和广州市残联联合在本市中新镇举办主题为"加大扶持与救助力度，帮扶农村贫困残疾人"的全国助残日活动。省残联和广州市残联主要领导，以及本市领导王建平和李荣渝等有关领导出席活动。省、广州市残联领导在本市领导陪同下参观中新镇残疾人集中就业基地，慰问残疾员工，并慰问2户困难残疾人家庭。全市各镇、街残联组织形式多样的助残日活动。有的深入贫困残疾人家中进行慰问；有的为社区残疾人排忧解难，办好事、办实事；有的为残疾人免费上门派发盲人收音电话机等等，使残疾人真正得到实惠。

【残疾人服务体系建设】 (1)市残疾人康复中心已完成土建工程，并进入装修阶段，计划2011年下半年投入使用。(2)位于西城路和健生路的市残疾人综合服务大厅和用品用具供应中心，工程已完工并投入使用，为本市用人单位就业年审、办理残疾证、领取生活补助等提供一站式服务窗口，同时为有需求的残疾人提供用品用具购置、置换和装配等服务。(3)建立残疾人集中就业示范基地。在小楼镇的广州市增城晶蓝灯饰有限公司和位于中新镇的广州市星邦制罐有限公司基础上2010年建立正果镇大冚村的广州市保丰农业发展有限公司，所属农用地面积为150亩，年内已与当地48户残疾人家庭签订《种植农产品协议书》，通过"公司+基地+农户"的运作方式，以无偿提供农产品种苗、种植技术，并以保底价回收农产品的形式帮扶残疾人脱贫致富，上半年48户残疾人家庭种植凉粉草，每户平均约收2900元，下半年根据各自意愿分别种植玉米、香薯、迟菜心等。

【无障碍建设和改造】 完善无障碍设施是迎接亚运会、亚残运会的主要任务之一，是创建国家文明城市，创建全国无障碍建设城市的重要工作。2010年，完成主干道、公共设施等场所的无障碍设施被占用20处、设施不连接17处、缘石坡度建设不规范198处、设施破损缺失363出（1060米）、设施铺设不规范714处（1812米）的规范整改。完成9户残疾人家庭和3个无障碍社区的无障碍设施改造工作。

【残疾人社会保障】 (1)深入基层调查研究，掌握全市残疾人的康复需求状况，为今后制定社会保障政策提供决策依据。(2)残疾人康复救助工作。全市共开拓26个农村社区康复点，实行市、镇街、村三级精神病防治康复工作科学管理模式；对贫困残疾人参加新型合作医疗、装配大小腿肢残、助听器、矫形器、助视器等和精神病残疾人服药进行资助。2010年，为177名城镇残疾人参加城镇居民合作医疗保险续保，为4331名残疾人参加新型农村合作医疗，为一批听力残疾人装配了助听器，为一批残疾人提供慢性病救助等，使有需要的残疾人得到及时有效的康复救助。(3)精神病防治康复工作。以建设"和谐社会"的高度来管治好精神病患者，推广"社会化、综合性、开放式"精神病康复工作模式，市残联与市卫生部门联合启动"686项目"，成立精神病医院——社区一体化防治康复项目领导小组和办公室，从2010年6月起，对全市2726名精神病患者进行重症精神病现场评估调查，查得重性精神病患者2676名，安排有需要送院治疗的患者分批入住指定医院治疗。(4)残疾人生活保障工作。2010年，市领取一、二级残疾人专项补助金的人数为5759人，其中一级重度残疾人无收入领取专项补助金人数有2005人、低保家庭领取专项补助金人数有2401人；低收入家庭领取专项补助金人数有1353人。领取三、四级专项补助金人数为1832人，其中低保家庭领取专项补助金人数有711人；低收入家庭领取专项补助金人数有1121人。(5)残疾人机动车服务。2010年组织残疾人专用机动车驾驶员开办2次培训班，邀请广州市残联维权处，机动车管理部门，增城交警，交通部门共同讲课，使残疾人家属知道安全驾车的重要性。残疾人的机动车维修服务每月定期轮流到各镇街维修，方便残疾人。

【残疾人就业工作】 一是提供公益性岗位。市康园工疗站服务中心、荔城街、增江街、朱村街康园工疗站，为本市残疾人提供100多个公益性岗位；另外，在全市范围内设置42个助残爱心书报亭，解决一部分人残疾人就业。二是做好求职登记和招聘工作，与相关单位密切联系，做好登记和推荐服务。组织本市残疾人前往广州市南方人才市场、残疾人劳动力分市场等地应聘100人次；与广州市残疾人劳动就业服务中心、本市劳动和社会保障局联合举办大型残疾人就业招聘会，拓宽残疾人就业渠道。三是残疾人就业保障金征缴，促进残疾人就业。根据《关于印发<广东省残疾人就业保障金征缴暂行办法>的通知》精神，广州市12个区（县级市）的残疾人保障金从2010年9月起实现地税代征。

【残疾人职业技能竞赛】 8月，组织20名残疾人参加广州市第四届广州市残疾人技能竞赛，本市残疾人卢桂霞荣获美发项目的第一名，黄伯共第二名；金亮荣获计算机网络管理员项目的第二名；姚广正荣获动漫项目的第二名；卢桂霞被推荐代表广州市参加第四届广东省残疾人职业技能竞赛，并获得美发项目第三名。

【残疾人培训工作】 依托社会办学力量，选送残疾学员参加广州市残联举办的各类培训班学习，有长江高科技助残、盲人按摩、美容美发等技能培训项目，共培训100多人。2010年，对参加长江高科技培训班已就业的24名残疾学员跟踪回访，对未就业的42名残疾学员，逐一记录，并建立个人档案，针对就业率偏低的情况，将在2011年加大推荐力度，使学员学有所用。为285名残疾员工举办文化补习班，聘请语文、数学骨干教师，为残疾学员授课，2个学科各授课60学时，历时一个多月，提高残疾人学员文化水平和自身素质。（关 晶）

增城市残疾人联合会理事长 赖容焕

政法委员会

2010年，市政法工作以“平安亚运”为总目标，围绕解决影响社会和谐稳定的源头性、根本性、基础性问题，开展“社会矛盾化解、社会管理创新、公正廉洁执法”三项重点工作，为增城市建设现代产业新区和生态宜居新城营造良好的社会环境。

【完成亚运安保任务】 2010年，市政法部门把亚运安保工作作为压倒一切的首要任务制定6个安保总体方案、交通疏导方案和79个安保子方案。同时，从政法委机关和政法系统抽调干警200多人组成亚运赛场外围安保队，以及组织5.4万名社会义务力量开展社会面整体防控工作，确保第16届亚运会体育舞蹈、龙舟、飞碟等项目在本市顺利举行，实现上级提出的“六个没有发生”工作目标。

【化解社会矛盾】 实施社会稳定风险评估制度，从源头上防范因决策失误或政策失当引发不稳定因素。开展“化矛盾、保平安、迎亚运”清理信访积案活动，超额完成广州市下达的在亚运会开幕前化解95%的任务。建立健全矛盾纠纷排查调处工作制度、妥善处理化解派潭镇榕树吓村征地补偿问题、石滩市场搬迁问题、鹤之洲历史遗留问题等一系列矛盾。全年共排查人民内部矛盾纠纷1406宗、调处1174件。市、镇（街）综治信访维稳中心和村（居）委319个工作站建成投入使用，共受理矛盾纠纷2781宗，调解成功率达到96.3%。全年到省集访1批5人次，与去年持平；到本市集访31批675人次，同比分别下降42.5%、46.3%；没有发生到广州市集访的情况。

【社会综合治理】 一是严打专项斗争。重点打击“两抢两盗”多发性犯罪、放火、杀人、伤害、绑架等恶性刑事犯罪、毒品犯罪和黑恶团伙犯罪，全年刑事立案3202宗，同比下降10.4%，破获刑事案件3622宗（其中破当年案件1800宗），破案率达56%；开展打击盗窃破坏“三电”设施及销赃、打击制假售假、“扫黄打非”、反走私综合治理等专项整治行动。二是“人屋车场”综合治理。强化“人屋”管控，全市登记流动人口33.09万人，登记出租屋13.67万套，认定“房中房”46套均以拆除，完成居住证办理193256张。出租屋内治安、刑事案件同比分别下降17.94%和2.13%。特殊人员管控能力得到提高，全市刑释解教人员和社区服刑人员无脱管现象；社区戒毒、康复工作初具雏形；教育转化“法轮功”人员1人，实现“三无”目标。全面开展交通综合整治，全年查处非法摩托车23824辆，无牌无证、假（套）牌汽车775辆、机动车维修店档361户。全市共建设路内停车泊位6324个，内街内巷及小区内停车场位13760个。整治娱乐服务场所、旧货市场、再生资源回收店档、旅馆业、桑拿沐足场所。三是重点地区整治。部署开展“平安亚运”新塘地区百日整治行动，集中市、新塘镇力量，突破治安、交通等领域的整治难点，采取打、防、建、管等多项举措，及时消除治安黑点，改善新塘城区的交通秩序，被广州市列入重点整治区域的新塘镇卫山片区刑事案件同比下降11.3%，“两抢”案件同比下降16.66%，“两盗”案件同比下降21.78%。

（卢素君）

中共增城市委政法委员会书记 丘岳峰

公安工作

【打击刑事犯罪】 2010年，市公安机关始终保持严打态势，将打击锋芒对准严重暴力犯罪、黑恶势力犯罪和多发性、团伙性、系列性的侵财型犯罪，先后开展“粤安10”、“打黑除恶”、“创平安、迎亚运”、“平安亚运十大行动”等一系列专项行动。全年共破获各类刑事案件3622宗，同比上升2.3%，抓获违法犯罪人员11457人，其中刑事拘留3450人，逮捕1337人、行政拘留5904人，强制隔离戒毒636人，劳动教养130人，其中破获“两抢一盗”案件2571宗；打掉犯罪团伙135个，抓获团伙成员574名；缴获枪支9支、子弹20发、气枪子弹6400

发、汽车62辆、摩托车380辆、手机203台等涉案物品折值人民币613多万元。打掉肖某春盗窃摩托车犯罪团伙，破获盗窃、抢劫摩托车案28宗；覃某略盗窃汽车犯罪团伙，破获盗窃汽车案件共40宗；侦破甘东“10.02.23”故意伤害致死案，抓获犯罪嫌疑人1名；侦破荔园“10.4.21”故意杀人案，抓获犯罪嫌疑人2名，缴获事主被抢小汽车1辆；侦破新塘非法买卖、运输、储存枪支案，抓获犯罪嫌疑人1名，缴获仿“六四”式手枪2支、仿真枪1支、子弹4发、铅弹约500颗、钢珠弹约700颗；侦破小楼“10.10.17”故意杀人致四死一伤特大恶性案件，抓获犯罪嫌疑人1名。

【打击经济与毒品犯罪】 2010年，破获经济犯罪案件67宗，刑事拘留74人，挽回经济损失377万元。破获毒品犯罪案件194宗，打掉毒品犯罪团伙11个，刑事拘留258人，缴获毒品氯胺酮25297.13克、海洛因663.71克、冰毒晶体1277.25克、冰毒液体557.5克、冰毒片剂（麻古）1694.53克、麻黄碱450.8克、摇头丸559.9克、大麻43.66克、咖啡因1905.4克、其它毒品17.9克；侦破“3·4”朱某奇特大贩毒团伙案、“7·31”系列贩毒集团案、“9·7”贩毒团伙案等案件。

【治安行政管理】 2010年，市公安局共受理治安案件12000多起，同比下降24.4%，行政拘留6300多人。通过“学习卫山派出所，探索治安防控新途径”、“红棉10”、“剑锋10”、“人屋车场”和“平安亚运新塘地区百日整治”等一系列行动，促进市社会治安秩序向好发展。一是开展“以卫山派出所为标杆，探索治安防控新途径”活动。共排查出全市治安黑点115个，通过采取物防、技防、制度防等措施开展整治。整治后有56个治安黑点警情出现下降，其中38个治安黑点警情下降50%以上，社会治安情况明显好转。二是针对新塘镇案件高发的状况，开展“平安亚运新塘地区百日整治行动”，通过将便衣大队整编派驻新塘，集中优势警力，加强打击整治工作，全力压减新塘镇面上犯罪；同时完善道路交通设施及标志标线，开展宣传教育活动，加强路面交警执勤力量，严厉处罚各类交通违法行为。行动以来，新塘镇全年刑事警情同比下降13.6%，交通事故警情数同比下降35%，整治工作取得成效。三是扫除“黄赌毒”等丑恶现象，坚持“零容忍”。市公安局先后出动警力1785人次，联合各相关职能部门开展统一行动48次，清查全市“黄赌毒”违法犯罪活动突出的发廊、桑拿按摩室、卡拉OK歌舞厅、中小旅店、出租屋等场所共5800间次，及时查处一批“黄赌毒”案件，肃清一批藏污纳垢场所。全市共查处“黄赌毒”行政案件2553宗，处理违法人员5925人，其中行政拘留3447人、行拘并罚款828人、罚款767人、警告106人、送强制隔离戒毒539人、社区戒毒204人。四是抓好校园及周边治安整治。全年投入警车83200多车次、投入警力166500多人次，对全市辖区内可能影响学校、幼儿园的安全隐患和不安定因素情况进行拉网式排查。通过治安整治、巡逻盘查、消防检查、交通疏导、重点人员管控等各项措施，集中整治全市各间学校、幼儿园及周边各种治安问题、消防违法行为和交通拥堵等问题，及时化解一批矛盾隐患，减少各类案事件发生。

【安全警卫、保卫】 2010年，共开展警卫任务120次，其中一级加强（含一级）警卫7次、二级加强（含二级）警卫67次、三级警卫46次（含协助），出动警力6800多人次；参加各项安全保卫任务101次，出动警力8000多人次，确保世界旅游日全球主会场庆典等一系列大型活动顺利举行。

【消防管理】 2010年，市公安局落实安全防火分级管理责任，强化建筑物消防源头审查，开展防火安全大检查，及时消除各种火灾隐患。共对13212家单位进行监督检查，发出整改通知书193份，责令停产停业34个，消防行政处罚77宗，行政拘留6人，无发现重大火灾隐患。全年共发生火灾10宗，死亡0人，受伤0人，直接经济损失53.83万元；事故宗数同比下降9.1%，直接经济损失同比下降60%，火灾形势平稳。

【道路交通安全】 2010年，继续强化对摩托车、泥头车、校车等重点车辆和涉亚场馆住地周边、荔城街、新塘镇等重点地区和路段的交通整治，对酒后驾驶、无牌无证等交通违法行为实行“零容忍”和顶格处罚，道路交通环境得到持续净化。全年全市共查处各类交通违法行为83803宗，警告教育10650人次，查扣违法车辆32652辆，拘留严重交通违法驾驶人420人。全年共发生道路交通事故316宗，死亡122人，伤404人，直接经济损失903650元，与去年同期对比，事故宗数下降44%，死亡人数下降22%，受伤人数下降46%，直接经济损失下降7.9%。

【窗口服务工作】 2010年，市公安局人口管理部门继推出“办证易”电子警察后，又启用“前台通”综合受理缴费系统，解决群众缴费难问题。全年共受理第二代居民身份证23252人次，发放第二代居民身份证20193张，市外迁入2959人，迁出市外4652人；受理出国（境）申请89858人次，发放通行证及护照共18610本，接待群众咨询约12865人次。治安部门共接待办证群众2250多人次，受理旅业、刻章业等申办、年审82间次，易制毒审批购买证660多次，审批民爆物品运输证500多次。交警部门推出车管“一窗式”综合服务、互联网自编自选机动车号牌号码、实施交通违法网上确认和网上自助打印处罚决定书、组织民警下乡办理车管业务等，方便群众。

【亚运安全保卫】 2010年，市公安局按照“四个一流”的标准和“严之又严、细之又细、实之又实”的要求，超前介入、全警参与、连续奋战，采取超常规的安保措施投入第十六届亚运安全保卫工作。一是建立增城赛区安保指挥分部、场馆住地安保指挥所。指挥分部及场馆住地安保指挥所通过有线、无线、视频、网络等通信系统进行联勤指挥，保障赛区安保工作顺利进行。同时，制定《广州亚运会残运会增城赛区安保组织指挥工作方案》等安保工作方案和应急预案79个。二是构筑“三道防线、四张网络”的亚运安保社会面整体防控。建成“拱卫羊城”一、二、三类治安检查站13个，设立23个重点路面巡逻组，设立社区防控岗位3097个，确立128个重点目标，新增治安视频探头248个、亚运场馆视频探头115个，在全市主要道路出入口建设15个治安视频卡口系统，形成“外围过滤、内围聚歼，网上监控，网下出击”的打防格局。亚运重点防护期间，全市共出动民警45200多人次，武警19200多人次，学警24300多人次，辅警112300多人次，社会义务力量9412100多人次；抓获各类违法犯罪人员621人，其中网上在逃人员60人，吸毒、贩毒人员62人，两抢、盗窃人员175人；查获被盗抢车辆4辆、仿真枪3支、毒品4.2千克、气枪子弹6400多发、剧毒危险物品40吨、管制刀具460多把及其他违禁物品一批，及时消除一批治安隐患。三是对亚运场馆、住地和赛区开展风险评估和隐患排查整治。派出专职民警进驻亚运场馆，确保安保工作与场馆建设同步进行；共审查核对场馆从业人员9000多人，过虑各类可疑人员19人。四是科学安排安保执勤警力。在最高峰期全局仅剩余不到300名民警承担包括接处警工作、监所工作、窗口服务等各项日常工作的情况下，采取“滚动用警、重复用警”的超常规措施，解决警力严重不足的问题，力保各项工作不脱节。五是做好火炬传递活动安保工作。2010年11月7日，广州亚运火炬传递增城站在增城广场举行，市公安局认真制定安保工作方案，全面落实各项安保措施，提前对活动线路和有关场所开展安全检查，组织安保先导车队、押尾车队及特警进行护跑，加强对活动线路两侧路口、人群、车辆的管控，对火炬传递线路实行临时交通管制，及时制止可能针对火炬传递的滋扰事件，保证火炬传递活动的绝对安全。六是确保各项赛事活动有序进行。市公安局组建的七个安保团队，均由局领导担任场馆运行团队安保主任，提前进驻各场馆开展工作。根据守护期、锁闭期和赛时期的不同要求分别设置不同安保岗位；各安保岗位实行实名制，定人、定岗、定任务。亚运比赛期间，市公安局在场馆共累计投入安保力量12000多人次，其中民警5000多人次，其他力量7000多人次，检查人员115000多人次、车辆31700多辆次、物品90000多件，查出禁带物品2654件，确保5万多名运动员、官员、媒体人员、要人和观众的安全。同时，组织4批共1175名警力赴广州市区开展亚运会开闭幕式、中日男子足球赛、中韩男子足球赛等安全保卫工作。

（刘 琴）

增城市公安局局长 傅 敏

检察工作

【服务社会经济发展大局】 市人民检察院把保障世界旅游日全球主会场庆典开幕式和广州亚运会“两大盛会”作为当年的重大政治任务，开辟“涉亚运”案件办理绿色通道，对“涉亚运”案件做到快捕快诉。开展“迎亚运涉检信访维稳百日专项行动”和环粤“护城河”行动，使涉检信访积案在亚运前100%得到有效化解。对发生在本市的“中新放蛇案”、“小楼灭门凶杀案”及时处置。服务保障加快经济发展方式转变。出台《增城市人民检察院关于保护和促进民营经济发展的意见》，与市“三旧”改造办联合建立预防职务犯罪工作机制，打击和预防“三旧”改造中的各类犯罪。参与整顿和规范市场经济秩序专项行动，重点打击制售伪劣产品、非法经营、合同诈骗等破坏市场经济秩序犯罪，共批准逮捕此类案件25件50人，已起诉24件35人。参与保护知识产权专项行动，依法批准逮捕侵犯商业秘密、商标权、专利权等知识产权犯罪案件1件1人，已起诉1件2人。

【刑事检察】 加强与公安、法院等机关的配合，始终保持对严重刑事犯罪的高压态势，全年共批准逮捕刑事犯罪嫌疑人1339人，提起公诉1316人。参加上级组织的各类严打专项行动，批捕黑社会性质组织犯罪2件22人，批捕故意杀人、绑架、故意伤害等严重暴力犯罪176件223人，起诉162件200人，批捕“两抢一盗”案件385件578人，起诉360件547人。依法办理陈小国等23名犯罪嫌疑人组织、领导、参加黑社会性质组织案件等一系列社会影响大的典型案件。同时，对未成年人犯罪、主观恶性不大的轻微刑事犯罪或者初犯、偶犯等依法可以从宽处理的案件，贯彻教育、感化和挽救的方针。与有关部门沟通协调，探索运用轻微刑事案件和解等恢复性司法手段处理案件，达成和解5人，最大限度地减少社会对抗，促进社会和谐稳定。配合公安机关开展“红棉”、“剑锋”、缉枪治爆等专项行动，参与对治安问题突出地区的集中整治。参加“平安社区”、“平安校园”建设，严厉打击危害社会和谐稳定、侵害中小学生人身安全的犯罪。参与依法治市工作，在广场、绿道等区域开展检察文化宣传；开展送法“进社区、进企业、进学校、进工地、进农村”活动，共举办法律咨询和法制宣教活动50余场次，受教育群众近两千人次。

【查办与预防职务犯罪】 坚持“理性、平和、文明、规范”的执法理念，以创建“五零五高”活动为抓手，促进侦查办案方式转变。2010年共受理举报线索76件，完善由检察长亲自抓大要案线索管理的制度。立案查办职务犯罪案件18件26人。其中，立案查办贪污、受贿、挪用公款等职务犯罪案件14件15人，立案查办滥用职权等渎职侵权案件4件11人。为国家和群众挽回经济损失共计人民币110万元。同时，提升办案质量和效果，建立讯问犯罪嫌疑人全程同步录音录像和检务督察同步监督办案的监督机制，查办的职务犯罪案件质量和效果明显提高。加强职务犯罪预防工作。共开展预防咨询26次，警示教育20次，预防调查13次，职务犯罪案例剖析9次，发出检察建议24份，受理行贿档案查询1次。与团市委合作开展清源工程，为全市300多名青年干部上法制教育课；网上编发廉政警句160多次；为市民政局、国土局等单位上法制教育课16次，受教育人数约3500人次。形成全院、预防部门、镇街检察室“三位一体”的预防涉农职务犯罪总体思路，出台《关于服务保障村、社区“两委”和农村集体经济组织换届选举的工作方案》，为本市村、社区“两委”换届选举工作提供司法保障。

【刑事立案、侦查、审判监督】 监督公安机关立案14件18人，建议公安机关撤销案件7件，追捕漏犯15人，追诉漏犯2人、漏罪3件，决定不批准逮捕432人，不起诉24人。检察长列席法院审判委员会2次，加强对刑事审判活动的监督。提出量刑建议，发出书面量刑建议337份，被法院采纳331份。对认为确有错误的刑事判决、裁定，依法提出抗诉2件3人。

【民事行政检察】 把握职能定位，依法监督、居中监督原则。立案审查不服法院生效裁判的民事行政申诉案件40件，已审查办结38件，其中依法提请抗诉2件，建议提请抗诉15件。开展违法行为调查5件，督促起诉、支持起诉5件，发出《建议提起民事诉讼意见书》2份，促成执行和解1件，监督民事调解1件，向法院发出再审检察建议1份。强化对“涉众型”民事和行政诉讼活动的法律监督，共办理涉及劳动争议、商品房买卖纠纷、征地拆迁等民事和行政诉讼案件27件。在全市各镇街逐步推广建立民行检察联络站，实现检察机关与基层矛盾调解机构对接，方便群众接受法律服务。

【控告信访检察】 坚持落实检察长接待日和阅批来信制度，强化巡访、下访、大接访工作，实行首办责任制和视频联合接访制度，增强化解涉检信访的实效。强化司法为民便民措施，完善12309举报电话，全年共依法处理群众来信来访173件，受理各级党委、人大以及上级检察机关交办案件26件，基本做到案结事了、息诉罢访。在广州市检察机关中率先推行信访接待全程同步录音录像，减少缠访闹访的现象。

【监所检察】 开展“清查事故隐患，促进安全监管”专项活动，开展安全防范检查10次，化解监管场所安全隐患8起，及时纠正混管混押事件1件。加强对留所服刑及刑罚变更执行活动的监督，监督减刑、假释、暂予监外执行案件20件。向监管场所发出检察建议书7份，纠正违法通知书5份，检察意见书2份，确保无超期羁押。

【重点工作】 推动社会矛盾化解，把执法办案向化解社会矛盾延伸，在广州市基层检察院中率先建立风险评估预警机制，对每件案件、每个办案环节实施风险评估，全年共对15件在办案件存在的风险实施评估和化解。建立特殊人群帮教监管机制。推行未成年人犯罪案件品行调查、分案起诉、回访帮教等制度，保护未成年人身心健康和合法权益。探索社区矫正工作方式方法，加强对各镇街开展社区矫正工作的法律监督。建立法律服务工作机制。深化镇街检察室和挂村检察员工作，在全市各镇街及行政村分别聘请9名检察联络员及299名检察信息员。把强化自身监督作为提高执法公信力的重要内容。加强执法办案内部监督制约。以信息化为依托，深化岗位风险防范机制，对重点岗位、重点风险环节实施严密监督。在广州市率先建立案件管理中心，改案件分散为集中管理，对办案情况进行全程同步监督。加大检务督察力度，推行检察人员异常行为管理，建立干警执法与廉政档案等。推进“阳光检务”。举办“第三届检察开放日”和“首届监所检察开放日”，增加检察工作透明度。接受人大、政协和社会监督。向人大、政协报告工作2次，邀请人大代表、政协委员、各民主党派视察和座谈5次。完成第四届特约检察员换届工作，出台《增城市人民检察院与市各民主党派、市工商联和无党派人士联络办法》。推进人民监督员制度，人民监督员监督拟作不起诉处理的案件4件。 （李颖颖）

增城市人民检察院党组书记、检察长 韩世彪

审判工作

2010年，共受理各类案件9982件，结案9306件，结案率93.2%，办案法官人均结案139件。各主要工作质效指标与省法

院提出的“排头兵竞赛活动”12项重点工作指标相比，达标10项，列广州市各基层法院第二。

【刑事审判】 坚持宽严相济、打防并举惩治各类犯罪。共审结刑事案件948件，判处犯罪分子1257人。其中，审结交通肇事、破坏电力设备等危害公共安全的犯罪案件105件，判处犯罪分子116人；审结贷款诈骗、合同诈骗等破坏社会主义市场经济秩序的犯罪案件20件，判处犯罪分子27人；审结绑架、故意伤害等侵犯公民人身权利和民主权利的犯罪案件209件，判处犯罪分子250人；审结抢劫、抢夺、盗窃等侵犯公民财产的犯罪案件394件，判处犯罪分子590人；审结“黄”、“赌”、“毒”等妨害社会管理秩序的犯罪案件201件，判处犯罪分子248人；审结贪污贿赂、渎职等犯罪案件19件，判处犯罪分子26人。依法审理了刘国平等七人组织、领导、参加黑社会性质组织、故意伤害、寻衅滋事案等影响较大的案件。开展量刑规范化工作，将量刑纳入法庭审理程序，增强量刑的公开性和透明度，做到定罪准确、量刑公正和平衡。发挥刑罚的教育职能，对未成年人罪犯，或犯罪情节较轻、社会危害性较小等的犯罪分子依法从宽处罚，宽严有据，罚当其罪。加大刑事附带民事案件的调撤力度，刑附民案件的调撤率达37.04%，保护被害人的合法权益。

【民商事审判】 2010年，审结民商事案件5073件，解决诉讼标的5.38亿元。推行“诉前调”、“立案速裁”、“送达调”、“庭审调”、“判前释法调”、“宣判调”、“判后答疑”、“执行和解调”的全过程调解机制，尽力化解矛盾纠纷。审结的民商事案件调撤率达62.7%，同比上升21个百分点。建立民生案件的快速办理机制，及时保全、优先立案、优先审执各类事关民生案件。共审结婚姻家庭、继承纠纷案件788件，劳动争议、人身损害赔偿等案件1478件，解决诉讼标的5334.3万元。妥善审理好在经济领域产生的各类案件，共审结各类合同纠纷案件2415件。采取诉前积极介入、集中审理、与相关职能部门建立联动调解机制等方式，化被动为主动审理群体性案件和敏感案件。审结的群体性纠纷系列案中有317件调解成功，调撤率达92.4%。及时、妥善调解李维等38人诉安徽省桥梁工程公司劳动争议纠纷案等涉及人数众多、影响较大的系列案。人民法庭服务新农村建设。4个人民法庭共审结各类民商事案件2613件，解决诉讼标的1.33亿元。

【行政审判】 监督支持并重化解行政争议，推动行政管理的完善。坚持监督、维护、协调有机统一的行政审判原则，依法调处社会保障、工伤认定、环境污染等行政争议案件，妥善化解“官民矛盾”。通过典型案例分析、向行政机关提出问题及建议。全年，共审结行政诉讼及非诉行政审查案件85件，审结案件中和解撤诉结案的占31.82%，同比上升14个百分点。

【执行工作】 2010年共执结各类案件3200件，解决执行标的4.12亿元，实际执行率达80.46%，为近五年来最高。及时冻结、划扣被执行存款2000万元。推行主动执行机制，全年经当事人同意由经办法官主动移送执行而进入执行程序的案件1142件，执结1072件。完善党委领导协调、部门联动配合的法院执行协调联动工作机制。通过联动机制执结湛淑川申请执行徐衍勋、区灼坤强制搬迁案、“宝龙汽车系列案”等案件。出台《财产申报令》、《执行令》和《限制高消费令》，落实被执行人报告财产制度。全年依法拍卖被执行人财产1.9亿元，拘留“老赖”82名，548件案件的被执行人自动履行债务。

【司法为民】 改进服务措施，方便群众诉讼。发挥立案窗口的咨询、调解、服务功能，由立案工作导诉员专门接待当事人咨询，为他们提供案件流程信息和诉讼咨询服务；设置立案调解速裁中心，全年立案调解成功的案件有63件；为老弱病残孕等弱势群体提供优先立案服务，对适用“绿色通道”优先立案、审理的案件，专门用绿色纸张打印立案信息表，提醒相关审判部门优先审执。健全信访工作机制，及时回应群众信访诉求。共处理各类涉诉来信309件，接待来访群众518次902人，其中领导接访300次601人。落实“强化保护”措施，对涉民生案件依法实行缓、减、免交诉讼费。共办理缓收诉讼费案件1064件，办理免交诉讼费案件79件。依法保护刑事被告人的合法权益，共为89名刑事被告人指定辩护人。投入资金建成7个标准化数字法庭，实现庭审全程录音录像，全程监控法官庭审行为，群众参与诉讼或旁听庭审更加便利。把人民法庭作为人民法院服务群众的窗口，开展“法官下乡”活动，加强法律宣传，加大对基层调解工作的指导力度，及时化解矛盾并预防矛盾的产生。开展对由人民调解组织、交警等部门主持达成调解协议的司法确认工作，石滩法庭全年对85宗交通事故损害赔偿纠纷进行司法确认。

【司法公开】 依法全面公开立案、庭审、执行等各个环节的内容，实行阳光审判、阳光执行，接受群众的监督，以公开促公正，以公开提效率。全年，共举办法庭开放日10次，邀请市民、学生300多人次参观法庭，旁听典型案件庭审，使司法活动走近群众。加强与人大代表、政协委员的联络沟通，邀请人大代表、政协委员参与案件调解、见证强制执行、旁听庭审等活动，主动邀请检察长列席本院审判委员会会议，自觉接受人大监督、政协民主监督、检察机关法律监督。全年共邀请人大代表、政协委员51人次到法院指导工作，走访人大代表60人次。在“百案调解”活动中，邀请人大代表参与12宗案件的调解。保障人民陪审员在司法活动中民主监督的作用，全年安排人民陪审员参与1482件案件的审理，对审判工作进行民主监督。

（乔 莉）

增城市人民法院院长 曾醒萍

司法行政

【人民调解】 2010年，开展“平安亚运百日大会战”活动。全市调解组织共排查出各类纠纷共1329件，调处1329件，调处率为100%，调处成功1111件，调处成功率为84%。全市9个司法所单独调解的纠纷为324件，司法所与相关部门联合调解的纠纷425件，村居调解580件，防止民间纠纷转化为刑事案件13宗。继续完善司法所专线宽带网络建设，创新开展村（居）人民调解室的规范化建设工作，在新塘镇开展镇街综治中心与村居调解视频联网试点建设工作，提升基层人民调解工作效能。

【安置帮教】 建立健全回归衔接、数据双向核查、集中排查、异地托管等工作制度，开展刑释解教人员的专项排查行动，预防和减少重新违法犯罪。2010年，全市共有刑释解教人员726人，其中刑释人员468人，解教人员258人，累计安置697人，安置率为96%，帮教率100%，重新犯罪率控制在3%以下。同时，当年接收社区服刑人员182名。

【法制宣传】 组织开展“五五”普法迎检工作，增城市通过省、广州市检查验收，分别荣获全国、省首批依法治县（市、区）创建先进单位荣誉称号。多方面进行法制宣传，在市图书馆建立法律图书阅览室，将阅览与学法融为一体；依托“绿道”开展法制宣传，建设绿道驿站法制宣传栏和绿道法制宣传标识。联合移动公司创办“普法通”，利用手机发送法律短信，实现亚运期间法律知识全覆盖。围绕“平安亚运”主题，开展“迎亚运·人居环境整治”、“反邪教、促和谐、迎亚运”、“12·4”全国法制宣传日等系列主题宣传活动，营造法治氛围。2010年共印发各类法制宣传资料140万多份；举办各类普法培训班115期，培训人员1万多人次；制作法制专栏1552期；开展有奖法律知识竞赛62场次；利用法制宣传车巡回宣传1322车次；举办各类法律咨询、图片展览552场，参观人数近10万人次。

【法律服务和法律援助】 全市各律师所参与调处重大群体性事件和涉法涉诉案件，促进社会矛盾的及时化解。全市7间律师事务所担任本市企事业单位常年法律顾问151家，刑事辩护及代理86件，民事诉讼及代理336件，经济诉讼及代理56件，非诉讼法律事务1761件，代写法律文书22件，解答法律咨询2216件。组织律师参与电台《律师与你》栏目，服务社会、服务群众。适时召开全市律师工作会议，引导律师参加政府高端法律事务，促进政府依法行政。组建亚运法律服务律师志愿者队伍，服务“平安亚运”。市公证处创设公证预防纠纷工作机制，主动介入广河、增从高速和景区建设征地拆迁等政府民生工程，预防各类矛盾纠纷。全年市公证处共办结各类公证8302件。加强对集体上访、农民工讨薪等群体性法律援助案件的办理，对特殊法律援助案件不再审查受援条件，实行零推诿受理、零积压解决。2010年，法援处接受来电来访咨询2217人次，受理法律援助案件151件。

【广东杰信律师事务所】 广东杰信律师事务所（以下简称杰信所）于2003年1月10日，由刁勇文、陈国仔、郭德华等律师出资合伙成立。2010年，杰信所共有律师及工作人员43名，其中，专职律师11名；兼职律师1名；实习律师5名，律师辅助及工作人员26人。办公地址增城市新塘镇港口大道顶好大厦709室，拥有380平方米现代化装备的办公场所。2010年，该所被广州市司法局、广州市律师协会授予“广州市规范律师事务所”称号。

（廖志辉）

增城市司法局局长 黄沃波

经

济

中国共产党增城经济技术开发区工作委
增城经济技术开发区管理委员会

公有资产监督管理

【概况】 2010年以加强本市公有资产监督管理作为工作重点，深入学习实践科学发展观，以实施“三旧”改造工作的有利契机为突破口，积极探索新形势下如何充分利用国有企业自身优势和自有资源，积极推动上项目来整合盘活存量资产，思考用发展的办法来解决国有企业历史遗留问题，为政府解忧难、为企业谋发展、为广大国企员工谋出路。进一步做好职工安置和社会维稳工作，确保亚运期间社会和谐稳定，积极开展争先创优活动，创建全国文明城市活动，履职尽责创先进，立足岗位争优秀，较好地完成市委市政府赋予的各项工作任务。

【进行全面的企业资产大清查和企业财务大检查】 为切实掌握企业资产情况、生产经营情况，从7月至10月，组织力量利用三个月的时间，分两个工作组，对所属的63家公有企业，采取逐个检查的方式开展企业基本情况调研，摸清每个公有企业现有资产总量、负债总额及资产运营等情况，并进行登记造册。进行企业财务审计检查和现金流量分析，对企业财务情况以及资产情况等进行清查，力求全面、真实、准确地反映企业的资产质量和财务状况。通过资产大清查，进一步掌握全市公有企业资产情况，为监督管理提供基本的数据资料，加大对公有企业资产运营的监督管理力度，有效地监控资产的变动和资金使用情况，严把企业资产抵押关，对企业使用资产抵押贷款的资产进行及时跟踪检查，及时了解企业运营还贷的具体情况。对企业财务管理存在问题进行分析，提出整改意见，在此基础上提出有针对性完善企业国有资产有关监督管理规章制度。

【开展企业“小金库”专项治理工作】 为贯彻落实广州市纪委《关于印发〈广州市国有控股企业“小金库”专项治理工作方案〉的通知》（穗纪字【2010】23号）精神，按照本市治理“小金库”工作部署和不低于纳入治理范围单位总数20%的要求，确定广长路桥公司等12家企业作为重点检查对象。采取现场盘点、查阅凭证帐簿、核对往来款项和帐户明细、询问有关经办人员等方式，从企业改制整合、资产处置收入等各种可能形成“小金库”的资金来源入手，进行全方位的检查，确保检查结果的全面、真实可靠。通过“小金库”专项治理，增强企业遵守财务规章制度自觉性和规范性。

【严格按程序做好公有资产处置工作】 为确保资产处置工作符合相关规定，在资产处置中，坚持按相关制度办事，一是严格申报审批制度。由要求处置资产单位提交资产处置申请，说明处置资产的基本情况、处置理由、处置资产收益资金的监管及用途，由资产经营公司进行把关，经市公资办审核后，提交市政府审批。二是严格清产核资、资产评估工作。对被处置的资产均聘请社会有资质的独立中介机构进行评估，确保处置资产形成公允价格。三是资产处置、产权转让按相关规定进入产权交易市场公开挂牌拍卖，杜绝暗箱操作，防止公有资产流失。

【做好产权管理等基础工作】 对历次资产产权调查情况进行分析，把全市经营性国有资产进行分类，做好国有产权登记工作，及时掌握企业国有产权的变动、注销及新设、占有等情况。2010年进行产权登记和年检的企业有56户，纳入集体企业年度报表统计的企业有6户。

【以“三旧”改造工作为突破口，探索整合盘活企业资产推进公有企业发展的新路子】 ①统一思想，提高认识，增强企业参与整合盘活资产，提高国资收益的积极性、主动性。在整合盘活资产，提高国资收益达成三个方面共识：首先是为政府排忧，为企业解难。本市公有企业的大部分资产都被抵押或被查封，企业的资产运营基本处于无效或低效状态，企业经营举步维艰，困难重重，职工工资难以保障等历史遗留问题多，拖欠各种款项等问题长期得不到解决，从而导致一系列的信访、上访问题，甚至由对企业的诉求转变为对政府的诉求。因此，只有企业通过整合盘活资产，提高资产价值，增加资产收益，才能使企业逐步摆脱困境，逐步解决历史遗留问题，不断减少或化解矛盾，促进社会和谐稳定；其次是确保国有资产保值增值。企业大部分国有资产（土地和厂房）由于长期未能有效整合盘活，基本处于无效益或低效益运营状态，国有资产的作用未能得到有效发挥。只有充分根据当前社会经济的发展需要，将企业的国有资产进行有效的整合盘活，才能促进国有资产的保值增值，更好地发挥国有资产在社会经济建设中的有效作用。再次是为国有企业存在和发展提供新思路、新机遇。国有企业一直以来都在努力完成市委市政府交给的各项任务，承担着大量的社会责任。即使在自身经济极为困难的情况下，也在努力为社会的稳定和经济建设项目的推进发挥着积极作用，认真履行职责，无私奉献。国有企业在社会经济建设中的作用是其他部门难以替代的。在今后的社会经济发展中，特别是实现胡锦涛总书记提出的实现经济包容性增长促进社会和谐的实践中，国有企业的作用不仅不能减弱，而且应该加强。而要真正发挥国有企业的作用，必须使国有企业得到良好的发展和壮大。在现阶段的条件下，只有通过努力整合盘活企业资产，增加国资收益，才能实现这一目的。②走出去、请进来，集思广益，多途径探索资产盘活整合资产的好办法。这一年市公资办先后组织“三旧”改造工作领导小组到广州市交委、花都区公资办、广州壹马投资集团等单位调研，学习兄弟单位在整合盘活资产的先进理念和成功做法。年底，广州市国资委在本市召开区（县）国资管理经验交流座谈会，与会的国资管理部门分别介绍经验，这些单位的经验为本市加强国有资产监管提供好思路、好办法，为整合盘活国有企业资产提供好样板。③策划一批“三旧”改造项目。积极发动企业结合自身的资产实际及社会经济的发展需要，研究和提出结合“三旧”改造，整合盘活企业资产，提高资产效益的项目。根据企业的资产状况，项目的可行性和效益及遗留问题解决等方面的情况，通过与属地政府的沟通，按照本市的总体规划和镇街的改造规划实际，策划一批自主开发的“三旧”改造项目：利用市铸造厂和机械厂的旧厂房土地进行整合连片开发，规划筹建“增江江畔国际商贸城”，利用市一大集团和原市三荔公司旧厂房土地开发“狮子山盛世商住区”等项目，均已上报市政府审批后实施。

【继续推进企业改革、完善规范企业改制工作】 企业改制工作不仅要确保国有资产的安全，更要通过改制来提高国资收益，促进企业发展才是国企改革的目的。一是调整推进企业改革思路。根据本市社会经济发展的实际情况，从有利于企业可持续全面发展作为出发点，通过招商引资等方式，吸引国内外资金投资本市公有企业，促进企业的投资多元化，实施优势互补，实现合作共赢，促使本市公有企业不断发展；二是继续做好市自来水公司增资扩股改制工作，研究合资企业国有产权的监管办法，确保国有资产的安全。同时要加强对自来水公司生产经营活动的引导，确保市政府对该公司招商引资改制的目的得以贯彻实施。投资方已按增资扩股要求投入资金进行新水厂和输水管道建设；三是根据市政府的要求，配合市有关部门引进天然气项目，协助做好广州市燃气总公司对管道燃气公司实行产权改制，指导管道燃气公司制订改制方案，前期各项工作已基本完成，进入实质性操作阶段，争取早日完成改制工作，实现环保清洁能源，造福市民。

【积极配合市政府做好企业资产整合重组工作】 北京汽车集团公司到增城建设华南生产基地，项目选址在原广州宝龙轻汽公司，根据市政府的工作部署，该办协调市景业投资公司和市公有资产经营公司收购原广州宝龙轻汽公司的股份进行资产重组，使重组后的广州宝龙轻汽公司成为国有全资公司。为盘活宝龙轻汽存置资产，优化资产配置，推动增城市汽车产业新的发展，落实与北汽集团公司的合作，将广州宝龙轻汽公司的资产划转到北汽集团，现配合协调市有关部门办理相关手续。

【积极解决遗留问题，化解各种矛盾，妥善做好职工安置工作，维护社会和谐稳定】 一是积极稳妥做好职工安置工作。该办通过处置企业资产筹集资金和市政府安排的企业改革专项资金，两个途径筹集资金2038多万元为解除劳动关系的职工发放经济补偿金410多万元；缴交拖欠社保金132多万元；解决企业离退休人员613人移交社会化管理的移交费用184多万元，为913名退休人员继续筹集资金876多万元缴交医疗保险金。二是做好改善和提高本市部分企业干部待遇的工作。根据市委组织部等部门《关于改善和提高我市有关企业干部待遇的试行办法》，及时向市财政请款312万元拨付到市退休职工管理委员会办公室。使210名退休的企业干部享受相应待遇。三是做好信访和维稳综治工作。进一步健全领导信访接待日制度，全年接待来访25批，共64人次；市信访部门交办信访78件，涉及120人次，每件都依时给予答复，及时进行处理，对信访突出问题的案件，由领导班子成员包案负责，限期结案，有效地解决一批群众反映的热点难点问题，保持社会稳定。四是着力解决市雁塔公司金竹岗土地开发历史遗留问题。根据市委政府有关会议要求，市公资办会同市国土房管局、市土地储备中心、荔城街等单位制定《关于解决金竹岗土地开发历史遗留问题工作方案》上报市政府，从10月下旬开始进行个人购地款登记确认工作，在审核后，筹集资金进行清退，随着此项工作的全面展开，雁塔公司在金竹岗土地开发历史遗留问题所引发的社会问题将得到有效缓解。（庄培铭）

增城市公有资产管理委员会办公室主任 曾锦超

物资流通业

【经营情况】 2010年，物资销售总额8812万元，比上年同期5304万元增长151.2%；利润总额盈1229万元，比上年同期增加1269万元，增幅3172.5%；流转费用总额2409万元，比上年同期增长45.65%；税金总额1021万元，比上年同期增加723万元，增幅242.62%。属下公司经营情况：化轻公司销售收入8481万元，利润总额1166万元，实际利润1213万元，税金总额929万元；金属回收公司销售收入331万元，税金总额27万元；物资总公司其他业务收入345万元。

【主要物资销售情况】 2010年，化轻公司全年共销售炸药7206吨，雷管38万发，导爆索1万米，销售收入8481万元。金属回收公司全年报废汽车503辆，报废摩托车51辆。

【完善制度，加强管理】 化轻公司结合企业实际情况，对安全生产管理制度、安全生产操作规范和安全生产应急预案进行修订和完善。从职工安全教育、技能培训、安全大检查工作入手，加强监督管理，强化制度落实，明确安全责任，提高职工安全意识和业务水平，有效促进安全生产工作的顺利进行。为配合广州亚运会期间的各项安全，实施前所未有过的"零库存"，在停工停业期间，对仓库设施和设备进行维护检修工作，始终把安全工作放在第一位，顺利把安全责任落实到实际工作中去。

【规范程序，杜绝违章操作】 为避免工作的盲目性，杜绝违章操作，化轻公司进一步完善日常检查制度，明确工作程序，制定较详细的危险情况分析和相应的防范应急措施，积极开展隐患排查整治工作，通过专项整治来规范储存安全秩序，保证安全文明操作，集中解决库区安全管理中存在的突出问题，健全和落实安全生产责任，落实安全生产各项规章和制度，建立完善的事故应急救援机制，提高仓库安全储存管理水平，特别是针对库区周边环境的监控力度，一年来库区没有发生过被盗、被抢的现象，实现民爆物品储存安全持续稳定的局面。

【加强安全生产教育培训】 3月，对所有新上岗人员进行岗前安全生产培训，并与所有上岗人员签订安全协议书。选派得力人员参加省、市职能组织的安全知识培训，通过各种培训提高职工的安全生产操作技能和遵守安全生产规章制度的自觉性，提高安全生产管理整体工作水平。

【拓宽经营渠道】 金属回收公司通过整合资源，拓宽报废车辆的经营渠道。2010年1月投资250万元在三江荔三路岗尾村路段兴建金属回收拆解场，主要经营品种有汽车报废，废旧钢铁、有色金属回收等业务。全年实现331万元销售额。（廖伟就）

增城市物资总公司总经理　刁灶荣

科技经贸和信息化工作

【概况】 根据《增城市人民政府机构改革方案》（增委发〔2010〕1号）精神，2010年，将市经济贸易局、市对外贸易经济合作局、市无线电管理办公室、市信息化办公室组建成市科技经贸和信息化局。这一年，增城市科技经贸和信息化局以科学发展观为指导，积极开展政风行风建设活动，加强队伍建设，建章立制，团结一致，开拓创新，较好地完成预期目标任务。①工业经济较快增长。全市完成工业总产值1520.52亿元，同比增长18.07%；规模以上企业完成工业产值1260.91亿元，同比增长20.06%，超额完成年度预期目标的100.03%和100.39%。三大支柱产业规模以上企业完成工业产值828.64亿元，同比增长21.12%，高于全市平均水平1.06个百分点。实现工业增加值389.84亿元，同比增长17.5%。②商品流通持续畅旺。全市实现社会消费品零售总额167.54亿元，同比增长28.8%，比预期目标高出11.54亿元。第三产业增加值223.19亿元，同比增长14.4%。③利用外资略显恢复。实际利用外资8065万美元，同比下降54.6%，完成年度8000万美元实际利用外资任务。④外贸出口恢复强劲。全市外贸出口23.98亿美元，同比增长35.83%，完成年度任务的129.36%。⑤高新技术产品产值贡献大。全市高新技术产品产值496.92亿元，同比增长22.46%。高新技术产品产值占全市规模以上企业工业产值的比重达到39.41%。⑥招商引资整体形势良好。全年共引进项目44个，用地4390.24亩，总投资179.43亿元，先进制造业项目24个，房地产项目8个，现代服务业项目10个，总部经济2个。其中，北汽集团华南汽车生产基地30万辆整车项目，投资50亿元，产值500亿元，随着北汽集团华南汽车生产基地30万辆整车项目的落户，增城成为全国少有拥有两个整车项目的县级市。

【骨干企业支撑力度加大】 全市规模以上企业实现工业产值1260.91亿元，同比增长20.06%，占全市工业产值比重的82.92%，比重提高1.61个百分点。规模以上企业增速在广州十二区市排位第五，位于番禺区、花都区、南沙区、开发区、萝岗区之后。今年以来，亿元企业徘徊于低速增长区间，年末增速有所加快。亿元企业实现工业产值884.56亿元，同比增长21.48%，占规模以上工业产值比重的70.15%，增速首次高于全市平均水平1.42个百分点。

【三大支柱产业保持平稳发展态势】 三大支柱产业总体保持增长态势，但受停产事件、执行国Ⅲ标准、基数逐步回升等因素影响，增幅从年初45.77%的高位逐月回落。11～12月，市场需求增加，三大支柱产业产品进入传统销售旺季，实现恢复性增长。1～12月，三大支柱产业完成规模以上工业产值828.64亿元，同比增长21.12%，其中，汽车及其零部件业累计完成工业产值383.78亿元，同比增长16.38%；摩托车制造业完成工业产值104.28亿元，同比增长19.65%。纺织服装业实现快速增长，完成工业产值340.57亿元，同比增长24.14%，高于全市平均水平的4.08个百分点。

【民营经济增长高于"三资"】 规模以上民营工业企业完成工业产值575.97亿元，同比增长30.57%，高于全市规模以上工业产值水平10.51个百分点。受人民币升值、出口退税政策调整、劳动力成本上升、贸易保护主义抬头等因素影响，规模以上港澳台和外商投资企业发展形势较为严峻，增速呈现逐月回落的态势。1~12月，完成工业产值678.59亿元，同比增长12.80%，低于全市规模以上工业产值7.26个百分点。部分港澳台和外商投资企业仍处于负增长区间，仍未恢复至正常水平。

【商贸流通和消费市场持续畅旺】 全市实现社会消费品零售总额167.54亿元，同比增长28.8%，其中批发零售业零售额131.30亿元，住宿和餐饮业36.23亿元，分别同比增长24.1%和49.3%。实现商品销售总额258.68亿元，同比增长40.93%，其中批发额127.37亿元，同比增长63.86%。

【外贸出口增幅强劲】 全市外贸进出口总值35.22亿美元，同比增长36.45%。其中：出口23.98亿美元，同比增长35.83%，高于全国的31.3%、全省26.3%和广州市29.3%的增幅。进口11.24亿美元，同比增长37.77%。汽车生产企业出口1.45亿美元，同比增长69.9%，占全市出口比重由上年的2.96%提高到6.05%，提高3个百分点。8家摩托车生产企业出口4.55亿美元,同比增长19.88%，占全市出口比重的18.98%。传统出口商品纺织服装保持了较快的出口增长势头,出口10.46亿美元,同比增长46.95%，占全市出口总额43.62%。机电产品出口8.55亿美元,同比增长26.22%，占全市出口比重的35.63%。内资企业占全市外贸出口比重超外商投资企业。占全市外贸出口比重的55%(2005年占32%,2009年占49%)。

【实施重点企业培育计划】 对全市有产值增长潜力的企业分类纳入30亿元、10亿元、超亿元的培育计划，定期到各镇街了解亿元企业培育推进情况及生产经营情况，加大对重点企业的服务力度。12月，对全市南部和中部镇街亿元企业培育情况进行考核，累计实现工业产值亿元企业以上企业165家，其中超亿元企业154家，工业产值10亿元企业7家，工业产值30亿元以上企业4家。完成市政府在政府工作报告中提出超亿元企业达到150家的任务。围绕打造摩托车生产区域品牌，起草《创建增城摩托车区域品牌工作方案（初稿）》。

【加强监测工业经济运行】 将全市规模以上企业和限额以上商业企业，按十大核心产业，将企业分类：汽车及零部件产业83家、摩托车及零部件企业26家、纺织服装企业466家、房地产企业89家、电子信息企业31家、高端装备制造企业63家、电力装备及材料企业35家、旅游企业30家、物流企业35家、农业企业64家，其他有化工企业61家、纸品及印刷企业37家、塑料五金企业73家，其他类企业128家。总共1221家，十大核心产业占922家，弄清每一家企业用地、投资规模、产品、用工、高新技术情况、用电、产值和税收情况。在此基础上，充分了解企业生产经营情况，便于做好扶持服务。每月对工业总产值、规模以上产值、130家亿元以上企业产值完成情况、经济效益、工业用电等主要经济指标进行分析整理，形成月度工业经济运行情况分析，重点对月度各镇街工业经济指标完成情况进行通报，对工业经济预期目标实现情况进行预测，适时调整工业经济发展措施。编制先进制造业规划、汽车产业规划、摩托车产业规划、纺织服装产业规划、现代服务业规划、对外经济贸易规划、信息化规划、科技发展规划等8个专项，为完满完成“十二五”发展目标奠定理论基础。

【大力实施企业上市培育计划】 5月，举办第一期企业上市培训讲座，邀请资深的证券机构、会计师事务所和律师事务所的专家进行授课讲解，进一步宣传推广中小企业上市战略。同时，引导企业借助资本市场，拓宽融资渠道，化解中小企业融资难的问题。宁基装饰实业有限公司已向证监会递交上市申请，康威服装、爱奇实业、博创机械、科密电子4家企业已进入改制阶段，赛邦印铁制罐正在着手准备改制工作，有上市培育前景的企业共8家。引导企业实施名牌战略，有2家企业3个产品获中国名牌产品称号；4家企业获中国驰名商标称号；9家企业获省名牌产品称号（其中6个是工业类，3个是农业类）；18家企业获省著名商标称号；42家企业46个产品（商标）获广州市著名商标称号，为企业上市配置动力引擎。

【促进企业技术进步】 一是组织申报企业参加广州经贸委举办的市级企业技术中心建设及认定申报培训班，使申报企业较为系统地学习《广州市市级企业技术中心管理办法》及评价体系有关指标，以及掌握申报程序、注意事项及要求等。二是认真审核企业的申报材料。在申报过程中，对企业的申报材料按要求进行认真审核，反复修改，做了大量的基础工作，支持企业建立和完善研发机构，争创市级企业技术中心。全市共有7家企业申报，这7家企业都是各行业的龙头企业，其中：1家是外商独资企业，2家是中外合资企业，4家是民营企业。所推荐的7家企业有2家入选，分别是广州江河幕墙系统工程有限公司和广州鑫源电力线路器材有限公司。经审批、核准、备案的技术改造项目25宗，其中：广东省经贸委备案的5宗；广东省经贸委核准的2宗；该局备案的14宗、核准4宗。25宗技术改造项目计划总投资合计7.87亿元，预计项目投产后新增产值38.92亿元，新增利润3.2亿元，新增税收1.95亿元，创汇6305万元，有力促进本市新经济增长点形成。

【抓好酒类流通监管和打击非法用盐工作】 一是推动放心酒盐进万村千乡工程经营网点，让群众买到放心盐，饮到放心酒。二是抓住工作重点，打击制假售假违法行为。在生产方面，重点监视食品加工厂、腌制场所、养殖场、饲料加工厂，并根据季节进行重点检查。在流通方面，重点检查农贸市场周边的商店、散装酒销售点、曾经有售假行为的店铺、学校和工厂集体饭堂、亚运接待场所。三是扩大宣传，通过各类节日宣传活动，共派出宣传单张2000份，营造良好的舆论氛围。

【强化成品油市场经营站点的管理】 重点以中石化增城区域内48间加油站升级改造为龙头，带动和促进中石油、中油BP以及社会油站等全面进行升级改造。已完成对新城、金岚、港荔、城南、城北、荔军、福道、华德、凤岗、山田、增利、长运、石新、东江、增新等加油站的油气回收及形象改造。

【优化服务业发展环境】 一是把握节假日商机，有节应节，无节造市，通过政策引导、协会推动、市场运作的方式，整合社会资源，因时制宜开展节假日促销以及各类文化、服务、品牌的主题促销。紧抓广州亚运会的契机，组织工商企业大力开展“亚运”主题商品，开展“迎亚运”主题促销扩销活动和“迎亚运”欢乐美食文化周活动，打造“增城服务”品牌，以服务促消费，推动“亚运”消费升温。二是充分发挥组织协调作用，加快推进人人乐华南物流商业配送中心、阳光国际商务大厦、富港广场等重点项目实施步伐，确保市重点项目快速推进，建成新埔港口物流交易中心（中心）和新塘集邦物流中心。

【积极推进“万村千乡市场工程”】 加大规范管理力度，通过培训提升农家店的管理水平，提高商品配送率，保证商品质量，为农民提供一个良好的购物环境。指导承办企业优化网点布局，在有条件镇、村增设经营网点，扩大经营网格；加大配送中心信息化建设力度，加强城区、镇、村三级配送网络建设，支持对具备条件的镇级店、村级店提升改造为具有配送功能的镇级配送站（点），提高商品统一配送率，促进农民放心便利消费。

【落实好家电、汽车、摩托车下乡惠民政策】 严格按照商务部、省市关于家电、汽车、摩托车下乡的工作要求，认真做好销售网点的申请、备案和人员培训工作，至12月，全市家电下乡产品已完成销售额7441.87万元，销售量35441台（件），财政补贴资金779.19万元；家电以旧换新销售金额13658万元；销售量36281台，财政补贴资金521.88万元。

【净化市场经营环境】 保持高压态势，积极开展常态和专项打击，共出动19738人/次，检查市场172个和企业、果林场、零售店档等25781户，查办案件695宗，立案574宗，移交司法部门15宗，捣毁制售假窝点72个，罚没金额397.6万元。查扣冒牌金龙鱼食用油416瓶。假冒王老吉3800罐，假冒红牛饮料2万多罐，查扣涉嫌侵犯商标专用权牛仔裤21598条。查获假酒2806瓶，其中假冒洋酒63瓶，假冒国产白酒499瓶，冒牌珠江啤酒2244支。没收不合格食盐和假盐27.23吨。收缴盗版音像制品8.6万多张，收缴各类盗版书籍1.51万册，制假涉案货值783.2万元。查获制假设备28台套，销毁假冒伪劣商品131.26吨。打掉卷烟机械制假窝点3个和卷烟手工包装窝点5个，案值分别是291.5万元和12.1万元。抓获犯罪嫌疑人23人，其中逮捕12人，取保4人，已教育释放7人。3月12日本市摘掉被省打假办划定为“石滩镇石吓村及周边区域无证照生产及不符合食品卫生条件生产豆制品问题”限期整改区域的帽子。

【培育壮大进出口主体】 积极动员和鼓励企业申报进出口经营权，切实加强指导，全市备案登记对外贸易经营者累计近500家。2010年，全市有进出口业务发生内资企业共150家，其中：新增出口企业43家，出口总额为1.32亿美元，占全市出口总额的5.5%。

【帮助企业拓宽市场】 对欧盟、非洲、亚洲其他国家（地区）出口分别增长57%、41.57%和43.78%，传统出口市场美国和香港分别增长26.71%、28.66%。在108届广交会上，积极为增城市奔马实业有限公司、广州市川井车业有限公司、广州峰光实业有限公司和广州龙润纺织有限公司等25家企业取得67个参展摊位。其中，广州豪进摩托车股份有限公司、广州南大地纺织服装有限公司、广东苹果实业有限公司和增城市奔马实业有限公司4家企业还获得广交会品牌摊位。

【普及原产地证】 深入企业进行政策宣讲，广泛宣传原产地证在出口国的重要作用，至12月，办理一般原产地证明书2104份，同比增加572份，增长37.3%。抓住贸促系统可以签发部分国家优惠制产地证的有利时机，积极向企业宣传发动，共有5家企业递交申请优惠原产地证书注册登记表，已在网上在线注册，其中有2家贸易公司申请8份优惠制产地证，取得突破性成绩。

【完善科技创新激励机制】 全市有10家企业39个科研项目，4300万元研发费，获得研发经费减免税优惠；安排363万元对7家高新技术企业、1家企业工程技术中心、2家广州市级科技进步奖获奖企业进行奖励；2010年安排科技经费248万元，对2009年度获得广州市级以上科技立项项目进行配套支持；安排经费279万元，组织开展增城市本级科技项目公开征集、评审，30个项目获得立项支持。

【推进以企业为主体的创新体系建设】 完成牛仔服装信息中心技术创新平台建设,行业信息资讯平台(真牛网 www.jeans.gov.cn)交易平台(牛仔风 www.niuzai.cc)建设;通过与阿里巴巴网站、淘宝网和腾讯网等国内外知名网站建立战略合作，有效推动“新塘牛仔”区域品牌的发展；组织一批《金算盘B系列全程电子商务管理软件》向企业免费派送，有60多家企业受惠；帮助20个项目获得广州市级以上科技项目立项，为本市企事业单位争取上级科技经费达664万元；帮助10家企业通过国家高新技术企业认定，到年底全市已有高新技术企业21家；全市高新技术产品产值达到496.92亿元，同比增长22.46%，高新技术产品产值占全市规模以上企业工业产值的比重达到39.41%；广州博创机械有限公司、广州江河幕墙系统工程有限公司分别列入广州市创新型企业和创新型试点企业。

【加强农业科技创新服务体系建设】 举办“2010年增城市果、蔬、花、鲜食玉米新品种新技术示范推广暨大型咨询活动”，进行鲜食玉米无公害标准化生产、淮山有机定向栽培示范、丝瓜优质栽培示范、苦瓜优质栽培示范、番木瓜设施栽培示范、荔枝标准化生产示范、花卉标准化生产示范等现场示范，受到广大农民群众的欢迎。

【组织系列科技活动】 先后举办“低碳经济与增城市可持续发展”院士专题会、羊城论坛、《节能减排全民行动》、院士增城行及“可持续发展院士专家论坛”等活动，为促进增城进一步发展提供强大的智力支撑。

【推进专项科技工作】 完成《增城市可持续发展实验区总体规划》、《“十二五”专项发展规划》编制；代表市委市政府参加“第十三届中国留学人员广州科技交流会”，交流参展组织工作受到国家和省、市领导的肯定，荣获“最佳参展交流奖”，成为第十三届中国留学人员广州科技交流会唯一获此殊荣的单位；推进“信息直通车项目”建设，为9个镇街和56个信息服务站配送电脑65台套，为20个村镇建立信息发布宣传栏，组织多个层次的信息员培训，在广东省农村信息直通车服务平台开设增城专题栏，公共服务信息、旅游资源、绿道体验、美食特产进行有效整合，通过电脑触摸屏的形式，让群众对数字增城、数字模拟进行的体验的同时，更有效了解增城、认识增城。

【加强知识产权管理和保护】 一是在《增城日报》开设“4.26”知识产权日宣传专版，宣传知识产权应对金融危机的重要作用；二是以知识产权示范企业专利应用和保护为主题策划编辑电视专题片——《科技之路》，推广“广州豪进摩托车股份有限公司、广州江河幕墙系统工程有限公司、增城市柏迪创展有限公司、广州丽盈塑料有限公司、广州高权电器灯饰有限公司”等5家企业依靠专利技术发展壮大的成功事例，为本市企业起到示范带动作用；三是结合科技活动周开展宣传活动5次，派发知识产权宣传资料1000多份；四是举办多场知识产权培训，培训人员近200人，提高企业人员知识产权维权水平；五是邀请广州市知识产权稽查大队到本市开展知识产权保护联合检查执法行动，为亚运会创造良好的市场秩序和环境；六是对各大卖场开展知识产权保护联合检查专项行动，年内专利灭零企业30家，倍增企业6家，提高本市企业专利增长率。1~12月，全市专利申请555项，与上年同比增长33%；办理专利资助252项，实施资助11万元。

【调整外资结构】 进一步提高政府效能，优化发展环境，完善办事制度，规范办事程序，增强服务意识，转变服务观念，1~12月，全市落户外商投资企业16宗，同比增长33.33%。加强企业管理，严禁“三无”企业开展加工贸易业务，重点审核企业的设备，审验设备的进口报关单（国内购设备提供发票)，对生产能力核查中注意查验企业的相关财务报表，注意企业的资产负债情况以及利润收支情况，防止出现因企业破产、倒闭或解散，加工贸易手册逾期不核销情况的出现，营造良好的发展环境，增强“三资企业”在本市经营的信心。1~12月，增资项目21宗，增加合同外资15.2亿美元，占总合同外资的83.6%。

【企业技改成效显著】 经审批、核准、备案的技术改造项目25宗，其中：广东省经贸委备案的5宗；广东省经贸委核准的2宗；该局备案的14宗、核准4宗。25宗技术改造项目计划总投资共7.89亿元，预计项目投产后新增产值38.92亿元，新增利润3.21亿元，新增税收1.95亿元，创汇6305万元，有力促进本市新经济增长点形成。

【节能效果良好】 全市有18家企业被列入省、市重点耗能监控节能管理，根据广州市通知的要求考核14家高耗能企业，其中12家企业已全部通过节能目标考核，2家由于资料不完善未通过考核，其他4家广州市不作为考核对象。实现节能量8656.1吨标准煤，是计划节能量7415.2吨标准煤的116.7%。

【实施清洁生产】 制定《增城市百家企业清洁生产行动方案》和详细的任务分工表，明确全市实施清洁生产企业170家，覆盖全市9个镇（街），涉及汽车、摩托车、纺织、五金、造纸、纺织、橡胶、印染等多个重点行业。全市有25家企业签订清洁生产审核验收合同，38家企业进行网上注册登记。其中增城市威华中纤板有限公司、广州万利达纸制品有限公司、广州市长宏电子有限公司等企业已通过自愿清洁生产专家组验收，并获得“广东省清洁生产企业优秀称号”。全年有73家企业参加第一批清洁生产，完成率达152%。

【加快电网电站建设】 全年完成电网建设投资1.06亿元。“十二五”期间，本市规划建设的变电站项目达11个，其中220千伏变电站2座、110千伏变电站9座。

【加强全市性信息化应用系统建设】 一是完成增城市办公自动化系统（一期）建设，于10月28、29日完成对市委办、市府办、本局办文人员的培训。12月27日完成对全市主要单位收发文工作人员的培训。已经完成系统安装调试工作，进入试运行阶段，可实现“市委办、市府办、市科经信局内部实现电子公文流转”、“市属各单位与市委办、市府办之间实现电子公文收发”、“互联网移动办公”的目标。二是启动增城市行政审批及政府服务系统（一期）建设，《增城市行政审批信息系统建设工作方案（送审稿)》已经报市政府审定，项目完成招投标工作，正式进入开发建设阶段。

【筑牢电子政务基础建设】 一是社会保障信息系统二期项目建设，完成市电子政务外网核心网络升级改造，完善镇（街）政府内部办公网络建设并接入市电子政务外网，加强电子政务网络安全运行建设。二是镇（街）门户网站建设，基本完成镇（街）网站开发建设的情况调研，收集各镇（街）门户网站栏目建设需求。

【营造和谐平安亚运】 ①降低涉亚企业的受影响程度。一是对亚运期间16家环境整治拟停工企业发放农民工想法调查问卷，深入了解亚运停产对企业的影响，积极向上级部门反映情况，把停限产对工业经济的影响降到最低，以保障社会实现和谐稳定；二是针对9月11～14日实行亚运交通限行演练和11月1日～12月22日实行机动车单双号限行交通管制措施，对亚运期间重点企业及其货运车辆情况开展摸底调查，会同镇（街）组织重点企业申报办理亚运期间货车单双号通行证。交通演练期间，全市共有2家企业办理10个通行证；亚运期间共有36家企业办理89个通行证，其中2家是广东省直通车企业。通过办理货车单双号通行证，把亚运对企业的影响降到最低的幅度。②抓好民爆行业安全生产。坚持“安全第一，预防为主，综合治理”的原则，落实安全生产责任制，签定2010年民爆行业安全生产责任书，认真开展安全隐患排查工作，督促企业完善各项规章制度。着力抓好生产、销售过程中重点环节和重点部位隐患排查，切实做到及时有效消除安全隐患，确保安全。③大力治理电磁环境。会同市防范办协调各镇（街）及相关职能部门，在辖区内派发“治理电磁环境工作宣传手册”和张贴“关于开展全市电磁环境治理工作的通知”，要求使用无线电台的单位和个人进行清查登记，督促违法使用无线电台的单位和个人按照无线电管理规定进行整改，查处无线电干扰2起。进一步建立各镇（街）、派出所等基层单位无线电管理联络员制度，形成无线电管理的长效机制，确保无线电通信的安全。④保障亚运会无线电安全。派出4名无线电业务骨干投入到亚运会、亚残运会的无线电安全保障工作，协调全省各地、市无线电人员在14个亚运场馆开展无线电保障工作，保障人员从10月26日至12月20日离开家庭连续工作约2个月，圆满完成亚（残）运会开闭幕式、火炬传递活动及所有赛事的无线电安全保障任务，有力保障亚（残）运会期间电视转播、赛事计时记分、指挥调度、安全保卫等无线电用频安全，为确保平安亚运作出应有的贡献。市局被广州市亚（残）运会指挥部信息技术与通信指挥部授予“信息通信保亚运，众志成城铸辉煌”的光荣称号。1人获得广州亚运无线电安全保障贡献奖，3人获得广州亚运无线电安全保障先进奖。⑤确保亚运期间重要通信安全。为解决市公安局110指挥及警卫无线通信网络覆盖范围小（只有60%），且中转台交叉覆盖区会出现同频干扰以及常规中转网没有调度功能等问题，向上级部门争取两组民用频率作为公安局警用无线同频同播通信系统的链路频率，用于110指挥及警卫任务工作通信，满足了公安局亚运安保通信保障工作的需要。⑥保障亚运信息技术与通讯安全畅通。制订多项应急预案，抽调专业人员在赛前解决所有设备和系统使用问题，比赛期间，保障关键设备和关键系统的顺畅运行。针对涉亚酒店网速较慢以及wlan未覆盖房间的现象，专门召集几家通讯运营商召开协调会，决定综合以下三种措施来满足入住酒店的运动员、涉亚工作者快速、便捷上网的需求：一是由市电信局为金瑞峰酒店的ADSL速度从3M提升到10M；二是综合利用电信、移动已经建立起来的WLAN网络；三是由联通增城分公司派发3G上网卡。

【积极招商引资】 ①加强生产力骨干项目引进。引进汽车配套零部件企业10家，规模较大的有落户增江街东区高科技工业基地的北汽集团华南汽车生产基地30万辆整车项目，总投资50亿元，年产值500亿元和落户增城经济技术开发区的广州中益机械公司汽车零部件项目，总投资2.5亿元，年产值4.8亿元。引进摩托车零配件企业3家（广州豪进集团有限公司摩托车车架厂项目、广州豪进集团有限公司摩托车减震器厂项目和广州豪进集团有限公司摩托车燃油箱厂项目），总投资约2.2亿元，年产值约3.2亿元。引进电力设备制造、机械装备制造、数据服务外包产业企业5家，其中规模较大的有落户增城经济技术开发区的江西铜业深圳销售公司广州江铜铜材有限公司项目，投资总额20亿元人民币。②认真抓好项目评审。共组织召开4次评审联席工作会议，对广州中益机械公司汽车零部件等项目进行评审，通过项目20个，用地面积2126.64亩，投资总额89.93亿元，预计年产值421.54亿元，年创税27.89亿元。20个项目平均投资总额为422.88万元/亩，较上年259.69万元/亩，增长62.84%；预计平均年产值为1982.19万元/亩，较上年731万元/亩，增长271.16%；平均年创税为131.15万元/亩，较上年49.74万元/亩，增长263.66%；通过的20个项目从平均投资强度、平均年产值等标准来看均比往年高。从行业分布来看，以北汽华南生产基地、广州江铜铜材有限公司项目为代表的汽车整车、零部件与摩托车零部件制造企业14家。项目分布符合本市现代汽车和摩托车产业发展要求，有利于进一步做大做强本市汽车和摩托车产业，增强产业集群效应。③做好项目储备。全市重点在谈项目20宗，共需用地约5761亩，投资总额约为144亿元。从行业分布来看，电子信息行业有晶元光电、广州无线电集团、海尔华南生产基地、慧通天下锂离子电池项目；电力设备行业有广州南方电力集团电气设备项目、广高变压器项目；汽车零部件行业有北汽集团零部件配套项目、丰田叉车项目、大永精机项目等，大多数项目投资规模大、技术含量高、产值高、效益好，项目储备质量进一步提高。④加强督办促进项目尽快产出效益。对各镇（街）、工业园区项目进度进行5次实地督查，发布项目通报3次。12月份，全市在办在建产业项目132个，包括2008年38个奠基项目，2009年40个签约项目以及各单位近年引进建设的52个项目，用地共计19126亩，投资总额预计560.63亿元，投产后预计增加年产值641.32亿元，预计年创税55.2亿元。截至12月31日，各镇街、增城工业园区已投产运营30个，投产率25%（不包括已核销的13个项目）；已动工项目64个，动工率80%（包括已投产项目）；未动工项目25个，取消项目13个。⑤招商方式亮点频闪。不断创新招商引资手段，拓宽引资渠道，有针对性地开展系列招商，分别举办北汽集团华南基地项目签约仪式、OLED产业链（增城）交流座谈会、穗港澳台科技产业（新兴产业）发展论坛嘉宾考察增城活动、工信部电子第五研究所党委中心学习组成员参观考察增城活动，有效地宣传本市良好的投资环境，积极主动吸引一批企业到本市考察、投资。如台湾志圣工业股份有限公司拟在本市东区高科技工业基地市成立广州市佑圣精密机械有限公司，项目总投资额10000万元人民币，经营光电及半导体设备研发、制造等。

【推动民营经济加快发展】 ①制订汇总增城市发展民营经济实施细则。整合13个相关职能部门的意见和建议，制订《增城市鼓励民营企业投资先进制造业项目扶持资金实施细则（送审稿）》等14项配套政策，牵头汇总其他相关职能部门围绕《实施意见》制定的23项配套政策，共37项配套政策。其中，有3项已颁发或已获市政府审定通过。②评选优秀民营企业。一是协助做好2008年至2009年广州市优秀民营企业评选工作，全市有3家企业入选，分别是中新塑料、豪进摩托、江河幕墙。二是主办本市2008年至2009年优秀民营企业评选工作，经过前期评选方案起草、征求修改意见和市政府审定发文，处于开展办理之中。③开展“企业服务月”活动。市局牵头制定《关于开展2010年企业服务月活动方案》，在《增城日报》上专版公布市领导和各相关职能部门主要负责人联系电话。到豪进集团、新塘牛仔城就本市摩托车品牌推广、摩托车协会成立及新塘牛仔城牛仔服装品牌推广等事项进行实地调研。

【加快产业转型升级】 ①积极推进淘汰落后产能后续工作。一是推动淘汰落后水泥产能企业转产转型及进一步清拆工作，至年底，全市共有23家已关闭水泥企业提出转产转型项目申请，经征询有关职能部门意见和报市政府审议，淘汰办对其中15家作出同意转产的批复。二是加快推进造纸落后产能行业关停力度，仙村巷头造纸厂已实施关闭，石滩业达造纸厂关停手续正在办理当中。三是对印染企业生产设备进行核定。协助核查新塘镇沙埔、仙村片区28家漂染企业的落后产能情况。②加快产业转移推进力度。一是为企业实施产业转移搭建交流平台，组织企业参加产业转移招商推介会。组织有转移意向的企业参加广州市经贸委举办的2010年广州、梅州、阳江、湛江、茂名、湘西共建产业转移工业园推介会，全市共有14家企业参加招商推介会。二是建立产业转移定期报送制度。与各镇（街）建立产业转移工作对接的联络小组，每月定期摸查各镇（街）产业转移项目情况；每月向广州市经贸委报送全市产业转移情况。通过建立和完善产业转移报送制度，对转移项目进展情况进行跟踪服务，为加快推动双转移工作开展提供了组织保障。全市在2010年实施产业转移的企业有13家。三是建立产业转移年度考核制度。12月，市局对全市各镇街南中北三大片区产业转移工作和承接广州市“退二”产业基地进行考核。通过建立考核制度，加快推动产业转移工作进度。

【对口支援梅县经济发展】 完成与梅县9个镇16条村1006户贫困户的对接工作；派出挂村联络员34人，直接指导和落实对贫困村户的帮扶工作；深入帮扶点摸清底子，做好贫困户的建档立卡工作；帮扶单位与梅县当地开展多次工作交流；举办多次扶贫开发“双到”驻村干部培训班，提高工作人员的素质。本市对口支援梅县共投入资金757万元，在帮扶贫困村发展生产工作中，共发展工业项目2个，农业项目4个，商业项目2个，硬底化道路2公里，改善农田12宗共1368亩，修葺改善村委办公场地及文卫设施设备18宗。在帮扶贫困户发展生产工作中，共为贫困户发放猪苗303头，牛苗77头，羊苗226头，家禽23520只，蜜蜂82箱，兔子1120只，实施水产养殖83.5亩，种殖粮食150亩，果树336.5亩，油茶树210亩，生产资料一批，组织劳务输出159人，举办技能培训班达1344人次，解决农户饮水安全303户，解决贫困户住房难49户，帮助贫困户购买农村合作医疗保险480户，助学82人次。经过一年的帮扶，全市帮扶梅县16条村的贫困户已有601户实现脱贫，达到年初制定60%的脱贫目标。

【提高地震应急管理处置能力】 一是逐步完善地震应急管理机制，加强防震减灾工作的领导机制。编制和修订《增城市地震应急预案》、《2010年亚运会、亚残会期间地震应急预案》和《科经信局地震应急预案》，提高政府及其相关部门能够及时高效、有序地应对地震突发事件的能力，逐步完善地震应急管理机制。完善增城广场应急避难场所建设，通过省地震局和广州市地震办专家验收，达到国家《地震应急避难场所场址及配套设施（321734—2008）标准》。二是加大防震减灾科普知识的宣传、演练的力度，组织10多所中小学师生1000多人举行地震应急疏散演练。聘请广州市地震应急专家到荔江小学、荔城一中举办地震应急专题讲座，参加师生共有3000多人，提高师生地震应急自救和互救能力。三是投入资金维护增城地震台、前兆台、强震台的各项设施，为广州市地震监测中心提供准确地震监测数据打下坚实基础。

【加强队伍建设】 ①建立健全切实可行的规章制度。增城市科技经贸和信息化局由原市科技局、经贸局、外经贸局、信息化办公室、无线电管理委员会合并组建而成，在职干部职工136人，队伍庞大，为实现以制度管事、以制度管人，科学制定学习制度、会议制度、公文处理制度、印章管理制度、工作纪律制度、计划生育制度、学历（学位）进修资助办法、文明办公制度、工作调研制度、车辆管理制度、机关安全保卫制度、财务管理制度等共10个方面的规章制度，实施1年来，有效地推动各项工作良性循环。同时，为进一步做好政务公开，认真梳理各科室审批事项，根据实际压缩办事时限，并制成公示板，上墙公示，编印《局机关制度和办事流程汇编》，免费供服务对象取阅。②开展政风行风建设活动。以被确定为政风行风评议单位为契机，紧密结合“创先争优”活动和“深化服务促发展”主题实践活动，在局机关大力开展以“转作风、强素质、勇创新、促发展”为主题的政风行风建设，制订科学有效的《民主评议政风行风工作实施方案》，落实机构、人员、经费，通过大量的宣传教育，全体干部职工认真查摆问题，正视不足，落实整改，全局上下呈现出待人有礼、团结友爱、积极向上的良好精神面貌。全年办理外经贸、工商业、酒类、无线电等业务累计2202宗，未发生一起投诉事件，得到社会各界好评，行风评议被评为“满意”等级。

（徐桂锋）

增城市科技经贸和信息化局局长 葛天志

电力工业

【概况】 2010年是举世瞩目的广州亚运年。增城供电局进一步巩固和扩大学习实践科学发展观活动成果，坚定不移执行上级统一部署，坚持一手抓基础管理，一手抓指标管理，周密做出安排，取得亚运保供电全面成功，加速迈向国际先进水平。

【亚运保电工作措施有效，获得圆满成功】 按照“两个绝不发生”工作目标，出色完成世界旅游日全球主会场庆典保供电任务。完善总体方案和14个专项方案，建立统一指挥和协调二级保供电工作体系。按期完成273项任务，建成39项涉亚工程，共3951万元。电网安全、优质服务、信息保密、新闻宣传、信访维稳等工作同步推进，与亚组委、地方政府、重点用户等保电工作相关方联系畅顺，配合密切。深入开展场馆供电设施的建设和改造，完善和修复设备105项。派出管理和技术骨干，协助场馆开展隐患整改103处。成立“党员团员突击队”，创先争优服务亚运。广泛发动亚运新闻宣传，树立企业良好形象。反复开展应急预案演练，加强信息安全管控，做好保电人员后勤支援。组建千人安保队伍，构建“平安电网”保障盾牌。实现亚运期间工作“零失误”、“零事故”、“零投诉”，让亚组委和地方政府担心变成放心，圆满完成亚运保电任务。

【县级供电企业基础管理优秀企业创建工作纵深推进】 根据上级单位的部署，在综合办公系统创优、标杆供电所创建和新一轮县级供电企业基础管理达标等工作上下功夫。通过一手抓基础管理创先，一手抓关键指标创先，把县级供电企业管理优秀企业创建工作与创先有机结合，并作为创先工作成效的一次阶段性检阅，全面做好创先争优、标杆供电所创建和14个达标专题等各项工作，致力建立与先进县级供电局相匹配的管理模式，推动实现全局基础管理和供电所管理达标的总体目标。全年市局迎来上级工作检查和调研逾20次，建成一个标杆供电所，顺利通过县级供电企业基础管理优秀企业省市两级达标考评。

【持续推进安全风险体系建设，连续8年安全生产】 落实安全风险各项控制措施，强化体系依从性指导，全面应用配电作业工作表单。外审评分达到“三钻三星”水平。强化警示教育，修编和演练应急处置预案，提高应急处置能力。“两票”保持100%合格率。生产现场违章率为0%。实现人身伤亡、较大及以上电网事故、恶性误操作事故等“七个零”发生目标，安全生产3014天。组织配网反事故演习和防灾害应急演练，加强配网调控和设备运行维护。强化运行管理和设备技术改造，加快配网信息化、自动化系统建设，营配一体化建设各项指标排名前列。联合政府共建“平安电网”，电力设施保护成效明显。电力设施被盗窃破坏发案数和经济损失同比下降46.7%和34.8%，实现连续4年降幅超过25%。

【注重发展供电企业核心业务，彰显社会责任】 克服工商业用电持续上升、高温炎热天气等因素影响，协调解决电力供应难题，创86.4万千瓦负荷新高。在保障用电的同时，进一步做好电力服务工作。一是供电可靠性管理更加有效。加大综合停电管理力度，严控停电指标。建设配网自动化，投运架空线路柱上自动化开关195套。在涉亚作业大幅增加的情况下，配网线路停电条次数减少46.5%。开展转电28次，转电率100%。完成带电作业186次，10千伏馈线合环转电22次。出动应急发电车55次，是上年同期的1.3倍，为重要用户提供不间断供电保障。全年减少用户平均停电时间3.159小时，全口径供电可靠率99.941%。二是“以客户为中心”服务体系建设更加完善。组织全体人员召开创先争优暨优质服务工作动员大会，贯彻落实“和谐南网迎亚运，优质服务树品牌”活动，以广州亚运会和创建文明城市工作为契机提升全员服务职业素养，努力提升客户满意度。开展客户基础信息普查和客户关怀活动，做好便民服务，营业厅全面安装POS机和自助终端，设立9个24小时自助服务营业厅。更换全市残旧用电设备愈万台，连续两年急修到达现场及时率100%。分批走访大客户、社区和农村391次，客户来访工作及时办结率100%。实施0.4千伏及以下业扩业务供电所就地办理新模式，对重点项目开辟报装“绿色通道”，缩短审批时间。新增用户容量23万千伏安，增长96%，开拓业务增长良好局面。

【科学协调电网规划建设，省市重点项目如期完成】 由政府主导，政企共建电网的紧密协作机制形成常态。推动电网建设属地化管理制度实施，实现签订三方电网建设考核责任书。在电网规划方面，完成增城地区配网建设与改造规划、供电所中低压配电网规划，储备项目575项，规划金额3.9亿元。2010年《增城高压电网专项规划》获得政府正式发文颁布实施，是广州市首个完成该项规划并通过政府颁布的地区，破解电网规划和城市规划协调难题，成为未来城市电力建设和城市规划建设的重要依据。220千伏瓜岭等7项输变电项目规划获得政府批复。在工程建设方面，发挥政企合作、属地管理、团体作战等多方面优势，确保主要工程有序推进。提前完成南方电网重点工程500千伏水乡线路工程前期工作，投运碧桂、牛潭及高滩站#2变等3项110千伏输变电工程，完成电网投资1.86亿元，新增变电容量29.2万千伏安。“安全、优质、文明”提高现场施工管理，完成配网基本建设37项，有效实施大修技改项目，消除线路和设备安全隐患，缓解重载变电站运行压力。配网可转供率62%，提高7个百分点。改善84个台区电压质量，配网大修技改工程项目完成率100%。

【进一步构建科学高效的企业经营和内控管理体系】 一方面切实抓好企业经营管理。注重总结经验，综合运用绩效考核、预收电费等有效手段，足额回收69家重污染关停企业电费，4年3次实现电费百分百回收，保证国家财产安全。同时抓紧抓实降损增效创先工作计划，规范化、精细化线损四分管理，强化线损异常控制措施。实现负荷控制装置覆盖率100%。另一方面不断完善内控管理。加强资金执行情况监控，开展农电资产清查工作。完善大物流管理制度实施和执行管理。开展工程项目招投标和资金管理效能监察，巩固审计整改年工作成果。进一步规范合同管理，加强法律顾问服务机制，解决纠纷案件。

【加强党建和人才队伍建设，增强企业文化软实力】 增城市作为中央深入学习实践科学发展观试点，地区党建工作走在全国前面。市局充分融合吸收先进经验和做法，不断创新企业党建工作，“党员挂点农村解决电压低问题”等主题实践得到各级领导评价为“工作的一大亮点”。市局成为广州供电局党建及班组文化建设试点单位。主要成效有四个方面：一是融入中心创新党建工作。大力开展创先争优活动，建立健全保持先进性的长效机制，开展党员先进性评价工作，持续加强团组织和青年发展建设，提高队伍整体素质。二是民主廉洁建设班子和队伍。纵深推进“四好”班子和学习型党组织建设，提高班子领导决策能力。开展艰苦奋斗作风教育月活动，深化党风廉政建设和警示教育。全年无违纪行为发生。三是全面提高人才梯队素质。践行教育培训创先计划，完善三级培训网络。举办及参加局内外各类培训班124期，受训6107人次。实现省市供电系统安规考试全员通过；参加省公司配电人员普考竞赛成绩优异；获广州局法律知识竞赛第一名。四是打造企业文化软实力。继续宣贯南网方略、企业文化和创先理念。利用亚运契机完善新闻宣传队伍，跟踪报道亚运保电各条战线系列新闻330多篇。做好企业新闻宣传和广告推广，实现“内聚合力，外塑形象”目标。市局被评为“亚运会和亚残运会保供电先进党组织”，获得增城市“市直党政群机关事业优秀单位”、“减轻农民负担优秀单位”、“维护稳定及社会治安综合治理工作先进单位”、“市总工会模范单位”等称号。300多名员工获得市级以上荣誉。

（潘 伟）

广东电网公司广州增城供电局局长、党委书记 林 伟

交通运输

【概况】 2010年，根据中共增城市委、增城市人民政府《关于印发〈增城市人民政府机构改革方案〉、〈增城市人民政府机构改革方案实施意见〉的通知》（增委发【2010】1号），撤销交通局、公路局，设立增城市交通运输局，挂增城市公路管理局牌子。市交通运输局为市人民政府工作部门。这一年，全市道路运输经营业12103户，其中货物运输业11969户，危运企业8户，旅客运输业6户，运输服务业58户，汽车摩托车维修业620户；客运汽车1177辆，其中，客车738辆，城区公交车174辆，出租小汽车252辆，危运货车69辆，客运摩托车2406辆；营业性停车场业户41家，停车泊位15297个，非营业性停车场业户61家，停车泊位19694个。全年全市客运量完成3000万/人次，与上年同期对比上升3%，客运周转量完成121000万/公里，与上年同期对比上升11%，货运量完成6500万吨，与上年同期对比上升5%，货运周转量完成496785万吨/公里，与上年同期对比上升13%，港口吞吐量完成297.38万吨，与上年同期对比上升3%。

【收费公路建设】 2010年，完成公路收费站整合，在9月撤销雁塔公路收费站。全面实施交通建设年工作，推进重点工程项目建设。一是在2009年的基础上，继续完成荔白公路自驾车游绿道的配套工程、荔三公路路面大修的收尾工作；广汕公路19.25公里八车道改造全面竣工，总投资8.74亿元。二是全力以赴完成白水寨大道二期后续工程。

【高速公路建设】 2010年，广河高速公路增城路段44.136公里，投资69.808亿元。增从高速公路增城路段40公里，投资61.83亿元。通过积极努力协调镇街、业主单位解决征地拆迁和施工中的问题，确保两路工程的正常施工。广河高速完成征地100%，拆迁100%，投资57.8亿元。增从高速完成征地100%，完成拆迁100%，投资49.8亿元。

【自然村道建设】 2010年，推进自然村道水泥路建设145.2公里。

【推进站场建设】 2010年，站场建设有新进展，引进以省汽车运输集团有限公司为主的联合体投资建设增城、新塘两个国家一级客运站。其中，增城汽车客运站占地108.99亩，计划投资8560万元。已完成《修详通》、《修详规》，项目用地审批已按程序报送省国土资源厅等待审核工作。新塘客运站占地100亩（租地形式建设），计划投资5000万元，已完成《修详通》、《修详规》和规划建设许可证，完成项目BOT招商，完成招标代理、设计、监理、施工等招标工作。

【机关效能建设】 结合文明创建活动，以开展机关服务年和创先争优活动为契机，广泛动员，深入调查，查找和解决群众反映的交通难点热点问题。开展工程领域的排查，进一步规范和倒查基建程序，有效防范工程腐败，打造“阳光”工程。开展廉洁自律教育，落实廉政制度。机关服务年和创先争优活动开展得有声有色，取得实效，机关作风明显好转，办事效率不断提高。

【运政管理】 一是严把道路运输准入关。坚持许可审批的运政例会制度，确保依法、公正、公平。二是加强道路运输业年度审验，健全道路运输经营者档案管理。三是抓好道路运输安全监督管理，重点协调有关部门加强道路危险货物运输安全监管；联合各镇（街）政府（办事处）、公安及相关部门，全面开展打击非法营运行为，取缔一批非法经营、无证照经营者。销毁了2855套摩托车客运假衣假证。查获非法载客“蓝牌车”16辆，非法营运货车86台；查扣非法营运摩托车2776辆，配合公安交警查处客运摩托车超载、不戴头盔、冲红灯等违法为5000多宗。查获违章客车391台次，出租车不打表营运36宗。查处无牌无证维修企业866家，拆除招牌175块，引导办证67家，取缔613家，自行停业165家，洗车场21个。运输市场秩序逐步好转，服务质量不断提高。

【治理超载超限】 2010年，根据上级有关部门要求，在G324线雁塔收费站和S118线分别设立

固定和流动相结合的治超执勤点，配合交警部门组成治超巡查队，依法开展治超执法工作，共出动执法人员8000人次，查处超限超载车辆531台，卸载货物17625.96吨，对超限车辆罚款328.13万元。

【公路养护和路政管理】

2010年，省、县道、重点常养线养护里程达1423.861公里，其中国道55.722公里，省道170.786公里，县道243.319公里，乡道883.954公里，高速公路70.08公里。

（一）公路线网

2010年市交通运输局养护线路一览表

编号	线路名称	养护起止点		里程（公里）	大桥（座/米）	中桥（座/米）	小桥（座/米）	涵洞（座/米）
		起点	止点					
国道								
G107	北京—深圳	仓头	久裕	9.202			3/62.2	91/4550
G324	福州—昆明	老围	中新亚婆坳	34.547	1/389	3/188.54	6/61.94	
省道								
S118	广州—四会	新塘	福和	37.683	1/105.08	4/182.9	10/147.3	240/7200
S119	广州—平陵	新塘	东山	31.972	6/1350	2/80	22/313	
S119	广州—平陵	东山	铁扇关	28.786	1/218.8	2/123.84	7/232.46	
S256	从化—虎门	大迳坳	四丰	34.973		2/87.8	14/145.1	
S256	从化—虎门	四丰	石竭	13.813	1/678	1/30	8/127	
S355	永汉—鳌头	佛坳	大尖山	20.109		1/42	5/85	
S379	石滩—萝岗	宁西	永和	10			2/47.2	
S379	石滩—萝岗	石滩	宁西	27.972	3/737	3/130	5/71	
S380	正果—福和	正果	庙潭	8.032		1/112.4	1/5.7	
S380	正果—福和	庙潭	福和	23.127		3/159	3/42	
县道								
X196	福田—三联	荔枝坳	三联	11.562	1/262.9		3/41.6	168/2520
X261	小楼—永汉	小楼	庙潭	4.566	1/71.2		2/44.4	
X261	小楼—永汉	正果	龙门径	10.476			2/45	
X268	长平—朱村	宁西	宁西	0.44				
X268	长平—朱村	宁西	朱村	8.43	1/100	1/39	2/29	
X289	白鸽冚—仙村	白鸽冚	宁西	6.47				
X290	燕岗—庙潭	燕岗	福和	11.548			7/72	
X291	棠村—新塘	棠村	石滩	21.338			5/68.6	
X291	棠村—新塘	仙村	新塘	12.543	1/353		4/94	
X292	高滩—岳村	高滩	岳村	23.193		2/120.1	6/81.1	
X293	正果—吓水	正果	吓水	20.791			5/54	
X305	中新—永和	中新	永和	2.388			1/10	
X936	斯庄—基岗	斯庄	基岗	8.052			1/26	
X940	约场—福和	约场	福和	20.316			6/109	
乡道								

续上表

Y276	永和—贤江	永和	贤江	2.989				
Y278	刘家—大迳坳	刘家	大迳坳	6.571			2/23.92	7/70
Y280	派潭—大埔	派潭	大埔	1.099				
YE010	中西—光耀	中西	光耀	3.092			1/19	
Y283	乌头石—白面石	乌头石	白面石	6.39			4/57	
Y288	上基—下基坑	上基坑	下基坑	10.163			2/34	
Y303	何大塘—樟洞坑	何大塘	樟洞坑	8.068		2/84	4/68	
Y312	派潭—黄沙洞	派潭	黄沙洞	8.68			3/46	
Y328	坑口—二龙	坑口	二龙	9.622			4/43	
Y340	洋溪—上围	洋溪	上围	7.996			1/10	
Y376	麻车—仙塘	麻车	仙塘	5.697				
Y390	朱村—莲塘面	朱村	莲塘面	9.146			4/42	
Y460	沙村—田心	沙村	田心	15.944		3/130	1/24	
YF34	障陂—东埔	障陂	东埔	3.228		1/25	1/15	

（二）**公路大中修工程**　完成国、省、县道大（中）修工程共14项，总投资1705万元，修复破损路面共64675平方米、整治路灯工程1.4公里等

（三）**公路养护**　2010年完成整修路肩边坡85.6万平方米；累计疏通边沟79.2万米；保洁路面246502千平方米；清理塌方362立方米，清垃圾2130立方米；维修挡土墙520立方米，修补路面坑槽沉陷罩面34050平方米；补植绿化带路肩草12.3万平方米，补植路树16230株；全面完成上级下达公路养护指标任务，年平均好路率93.6%，完成下达指标106%，其中国省道95.66%，完成下达指标102%，县道89.94%，完成下达指标105%，乡道89.27%，完成下达指标106%；国道MQI年平均为93，完成下达指标100%，省道MQI年平均为91.55，完成下达指标104%，乡道MQI年平均为85，完成下达指标100%，年末创优等路里程167.668公里。①公路水毁预防加紧落实防洪抢险工作，确保管养公路安全渡汛，保障人民生命财产安全。组织汛前公路设施保护情况进行专项检查，做好人员、工程机械准备和抢险物料的储备，购备河砂1800方，石料1300方，编织袋6000只以及木桩等一批材料。成功抗击5月7日突大暴风雨险情，G324线、S256线、S118线、S119线、X292线等线路不同程度发生水毁险情，特别是S256线荔城段受损最为严重，疑似受到龙卷风影响，大量树木倒伏，交通一度中断，险情发生后，迅速启动应急预案，以最短的时间快速恢复受破坏路面交通。由于预防水毁准备工作做得充分，水毁抢修及时，全年较大水毁公路的险情没有发生，主要修复水毁绿化16500平方米，修复水毁波形护栏600米，修复涵洞两座，重砌挡土墙80米，投入费用150万元。②公路桥涵管养。加强做好桥梁涵洞安全管养工作，在桥涵管理方面，制订《桥梁日常养护管理制度》、《桥涵检查管理办法》，要求管护责任人对桥梁进行经常性检查和定期检查，发现问题及时进行上报处理；并要求各中心主任及路段责任人，每天对所管辖的桥梁、涵洞进行日常巡视观察，对存在的问题及时进行小修保养。汛期加大巡查力度，确保所管辖的桥梁、涵洞安全畅通无阻，认真落实桥梁安全检查制度，确保不断路、不塌桥。2010年完成S256线K38+880处和YE01线K3+020处水毁涵洞重修，投入费用80多万元。在雨季来临前，完成全部所管护的84座桥检查，其中对S256线桥头Ⅰ桥，鬼仔墩桥、江坳桥进行加固处理。

（四）**路政管理通**　①加强路政巡查、确保公路安全畅通。2010年，路政巡查效率达127%，日均巡查里程109.8公里，公路两侧建筑控制区内没有发生新的违章建筑；公路标志标线完善率达到98%以上，道路护栏设施完好，达到国标良好状态要求；及时清除和处理有害交通安全的路障；及时制止乱开挖、擅自占用和损毁公路路产的违法行为，切实维护路产路权，保障公路的安全畅通。共清理路障190立方米，清理占路乱摆卖346处，拆除违章建筑334平方米，拆除各种非公路标志795个1511平方米，办理各类路政案件376宗（包括超限运输、污染公路、事故损坏），收取损坏公路赔偿费及罚款2514756元。②严格行政审批，维护路产路权的完整。重点抓好对公路建筑控制区的管理和对公路用地及公路设施的管理，对挖掘、占用公路、埋设管线、设置交叉道口、造成公路路面损坏、污染等行为进行严密监控，对违反公路管理规定

的违法行为依法及时进行处罚，有效地制止各种违法行为，切实维护路产路权。严格按照《行政许可法》、《广东省公路管理条例》等规定，坚持对挖掘、占用公路、埋设管线、设置交叉道口等行为进行现场勘察、复核。对确实符合法律规定的路政申请进行审批，对申请单位实施许可行为进行追踪监督，做到审批与管理不脱节，确保路产不受破坏，路权不受侵占；对施工造成损坏，要求及时按照公路技术规范进行修复，保障公路的完好。路政许可项目中受理批准有15项，受理其他审批（路面施工、砍伐路树、修剪路树等）共17项，按规定收取损坏（占用）公路路产赔（补）偿费969376.88元。

【农村公路桥梁改造】 2010年，农村公路危桥改造6座。

【道路运输安全生产管理】 2010年，按照“谁主管，谁负责”的原则，全面推行安全生产责任考核制度和安全事故责任追究制度，落实目标责任制。

【水运】 2010年，全市有运输船舶121艘、46632吨位。为保障水上交通安全，保护增江河良好水体质量，营造良好的城乡环境。共清理拆解住家船112艘，涉及住户87户，船舶面积6449.25平方米；小艇67艘，小艇面积395.68平方米；抽沙船（水泥）4艘，船舶面积825.7平方米；沉船15艘，沉船面积1037.03平方米。在这次清理工作中，由于领导重视，措施得力，工作认真负责，效果显著，取得很好的成效，完成清理增江河各类存在重大安全隐患船只的工作，受到市政府的肯定和表扬。

【渡口、渡船整治改造】 2010年，更新（新造）增江白湖村、新塘大墩村、石滩园洲村和正果西湖滩村各一艘渡船，进一步改善全市乡镇渡口的渡运环境，全市乡镇横渡无死亡事故发生。

【驾培、检测】 2010年，共有机动车驾驶员培训学校14家，招生点65个，教练车560辆，从业人员896人。建立健全市驾培理论教学集中办学，2010年全市培训机动车驾驶员26728人，营运驾驶员1800人。营运机动车辆二级维护综合性能检测17396台次。

【亚运交通保障】 ①全面完成基础设施的建设整治工作。在道路整治方面，根据市政府及亚运办的工作要求，完成涉亚公路广汕线中新至荔城19.25公里八车道扩建工程，东段雁塔大桥的粉饰，雁塔大桥至一环路破碎板整治已完成；增派公路、派高公路38.3公里大修路面工程已于今年1月竣工；涉亚公路绿化整治工作、标线、标志的设置、改造工程已于9月底全面完成。在9月16日，市局临时受命承担白水寨大道二期后续工程，在时间紧、工程量较大，并受恶劣天气影响的情况下，局领导班子以高度的政治责任感，扎实的工作作风，苦干加巧干，夜以继日带领干部职工奋战在工地，硬是用一个月的时间确保亚运道路工程如期完成。在站场整治方面，客运站标志牌及公交站亭、站牌的指示标志已于7月底前按亚运办的要求进行中英文字全面更换完成；飞碟赛场、龙舟赛场公交站已完成并进行试运行；体育馆公交亭等一系列的公交亭牌建设已于9月底前全面完成交付使用。在运输车辆整治方面，从1月起，更新出租车115台，公交客运车辆153台，开展对尾气治理，车容车貌整治，使本市参与亚运服务公交车辆的车容车貌明显提高，树立交通窗口的良好形象。②做好充分的准备工作和落实应急预案。一是制定完善的工作方案。在4月中旬制定《落实2010年亚运增城赛区比赛馆周边交通运输保障工作方案》，于10月9日再次召集有关人员召开会议，对工作方案进一步落实，对参加亚运的车辆作最后调整，其中体育馆赛场在比赛时安排51台车辆在周边线路运行，储备10台应急车辆。并安排9月11日、10月16、18日进行交通运输保障和应急演练；龙舟赛场在比赛时安排92台车辆在周边线路运行，储备24台应急车辆，也分别在10月16日、18日进行了运输保障和应急演练；飞碟赛场比赛时安排42台车辆投入荔城至白水寨运行，储备6台应急车辆，也分别在10月16日、18日、23日进行运输保障和应急演练。分别制定三个赛区赛时《出租车驻点保障工作方案》，体育馆赛事安排2台出租车驻点运输，飞碟赛区安排20台出租车驻点运输分别在飞碟中心12台、金瑞峰酒店4台、高滩温泉酒店4台驻点运输；龙舟赛区安排4台出租车在公交站驻点运输，16台在周边运行。于8月中旬制定《增城市亚运交通运输服务保障应急预案》。于4月制定《增城市亚运运营车辆尾气治理工作方案》，开展对营运机动车尾气排放的整治工作。二是组织好亚运交通服务前的演练工作。为确保交通运输服务保障工作，提高应对突发事件的能力，组织各个场馆的运输应急演练2次，运输保障演练5次。三是开展涉亚工作的教育培训。对参加涉亚管理工作人员进行培训，抽调12名骨干到3个场馆任交通业务管理；对参加亚运交通运输保障的司乘人员进行培训，全面提高司乘人员的综合素质；四是主动协调有关院校开展交通志愿者的业务培训。五是开展运输市场的整治。开展荔城地区交通运输秩序的整治，取缔非法经营活动，净化市场环境；开展“平安亚运”新塘地区百日整治行动，查处非法营运1561台次，取缔无证照经营维修店、停车场116家，纠正违章109宗，整治公路标志51个、标线5103米，修复公交站亭36个，整治工作达到预期目的，运输市场秩序明显好转。加大对超限超载车辆的整治，保证路面不受损害和污染，消除亚运交通安全隐患。③精心组织、周密部署、层级负责。亚运会是一项国际赛事、亚洲盛事，该局在工作中做到精心组织、周密部署，局领导对每一环节都亲自布置，检查落实，分管领导更是亲力亲为一线坐阵督战指挥，建立层级负责制，不断总结经验，不断完善修改工作方案，反复讨论研究工作推进，及时补漏，多设置可能发生的突发事件，预先布置解决应急办法。由于各级高度重视，措施得力有效，工作扎实，出色圆满地完成亚运交通运输保障工作和免费公交服务工作。亚运免费公交实施 19 天，投入车辆 255 台，免费运送旅客 3967269 人次。（周杨威）

增城市交通运输局局长　李永发

邮　政

【概况】 2010 年，增城市邮政局以“提升能力，持续发展”的工作思路，坚持以质量和效益为中心，深化改革抓转型，开拓创新谋发展，突出抓好重点业务的发展，全局的经营发展持续保持稳健发展的态势，各项工作取得明显成效，全局实现业务收入 5866 万元，完成年计划 103.27%，同比增长 10.83%；完成收支差 1686 万元，完成年计划 100%，较好地完成市局下达的各项目标任务。

【代理金融业务保持良好态势】 全年代理金融业务实现收入 3955 万元，完成全年计划 101.8%，同比增长 11%；余额规模达 14.74 亿元，新增储蓄余额 2.48 亿元；保险销售 5011 万元。一是推行 VIP 客户的经营管理办法，优化储蓄客户结构。积极推行《VIP 客户考核管理办法》及《关于推行增城邮政金融 VIP 客户经营管理办法》。全年储蓄 5 万元以上大客户新增 1128 户，新增余额 10438 万元，通过 VIP 经营管理办法，储蓄客户实现由低端向中高端转化，提前 3 个月超额完成市局下达全年新增 671 户的 VIP 客户目标，有效拉动余额增长和优化客户结构。二是拓宽余额发展渠道，征地款项目不断取得新突破。永和湖中村征地款项目转存村民个人款 4214 万元；中新支局成功斩获古朗村委征地款 920 万元；派潭支局借 2009 年成功开发征地款经验，2010 年成功开发上九坡征地款 350 万元；石滩支局突破余额发展瓶颈，成功开发顾屋征地款项目，实现对公入帐 120 万元。三是优化保险产品销售，保险营销活动取得良好效果。积极优化保险产品结构，主推“期缴”产品。与保险公司联合开展形式丰富的“期缴”产品推广活动，通过一系列营销活动和奖励促进，中山路支局、永和支局期缴占比更是突破 50% 占比；全局夺得广州市局的三季度的期缴销售贡献奖，期缴销售量第一名，保险取得较好效果，全年累计销售 5011 万元，同比增幅 163%。

【函件业务稳步发展】 一是帐单业务稳中有升，积极开发新领域的合作，实现原有帐单客户的稳健发展。移动帐单和交警罚单分别各实现 22 万元收入；成功开发供电帐单项目，实现 63 万元收入。二是“数据库营销大战”打得响亮，各营销团队充分宣传发挥邮政数据库和投递核心竞争优势，数据库营销全年实现 148 万，同比增长 94.7%。三是招生商函项目成绩显著，全年累计创收达 33.5 万元，同比增幅 250%，高校客户由 2 个增加到 8 个。四是亚运项目营销成绩显著。积极抓好亚运赛前营销，成功开发供电、交警、电信含亚运元素的信封创收 25.9 万元；积极推进亚运赛时零售邮品进社区、进场馆的零售，实现 22 万元函件收入。

【集邮、报刊业务强劲发展】 抓好亚运发展机遇，重点开展亚运邮品和定制型邮品销售，全年实现业务收入 290 万元，完成计划的 111.5%，同比增长 24.36%。制作供电邮折 2.5 万枚，创收 22.5 万元。组织策划亚运、世博、“珠江风韵广州”等邮品预订、销售，世博邮品 15 万元的收入。为增城市委组织部制作科学发展观专题个性化邮册，实现业务收入 26 万元。亚运邮品营销成绩显著，积极做好亚运赛前、赛时邮品预订、销售工作，实现 140 万元业务收入。按照“大收订保存量、常年收订保增量”的工作思路，开展 2010 年报刊补续订工作，报刊业务平稳发展，实现业务收入 380 万元，完成计划的 109.51%，同比增长 18.9%。

【代理速递业务平稳健康发展】 按照市局提出“政策不变，力度不减，发展不松”的要求，以中秋项目为抓手，以前台营销为着力点，推动代理速递有效发展，积极做好中秋营销，实现速递收入 59 万元，完成目标进度的 107%，为确保代理速递收入进度打下坚实基础，2010 年代理速递实现业务收入 121 万元，完成计划 105.9%，同比增长 1.5%。

【企业品牌形象实现突破】 牢牢把握亚运商机，成功实施政府亚运惠民项目，共派送惠民感谢信及纪念邮品 187165 万多份。同时，开发供电、交警、电信等含亚运元素的信封创收 45 万元。在服务政府、服务亚运的过程中，邮政充分展示良好的企业形象，得到市委市政府、媒体及社会各界广泛好评。

【亚运营销实现突破】 以亚运为契机，积极推进亚运赛时零售邮品进社区、进场馆的零售，取得显著成绩，实现亚运赛时邮品预订 83 万元，亚运赛时邮品零售额达到 129.8 万元。进驻场馆销售。中山路支局进驻龙舟赛馆和舞蹈赛馆进行亚运邮品服务，派潭支局进驻飞碟赛馆进行服务，实现邮品销售 15 万元。举办亚运官方特供邮品文化鉴赏会。在市政府的支持下，积极开展亚运邮品的营销工作，与文化广电局、旅游局、增城日报社联合举办亚运官方特供邮品文化鉴赏会，实现创收30万元。

【推进人力资源精细化管理】 全年劳务工转聘11人，占劳务工8%，树立以业绩为导向，激励劳务工的工作积极性。积极开展"工时精细化管理"及"双定"工作，制定《增城市邮政局"工时写实"操作细则》及《增城市邮政局"双定"标准实施工作方案》，通过优化作业流程，科学排班等手段，有效提高工时利用率。以人为本，加强员工职业技能培训，参加技能教育培训共992人次，提高员工的综合素质和业务技能。

【推进财务精细化管理】 根据广州市邮政局的统一部署，积极推进网点损益核算工作。2010年全局24个营业网点实现自有收入4527万元，营业利润2090万元，营业利润率46.17%。为优化资产结构，减少闲置资产，提高资产效率，对派潭、宏达的邮政旧局房进行了盘活，减少低效房产原值169万元，实现盘活现金流入近680万元。做好网点损益核算成果应用。荔乡路邮所营业厅面积387平方米，但实际使用面积为286平方米，为提高场地使用效率，通过场地整合后进行盘活101平方米。 （王叔军）

增城市邮政局局长 龙伟文

中国电信增城分公司

【概况】 2010年，中国电信股份有限公司增城分公司（以下简称增城分公司）认真贯彻落实执行省、市公司的战略部署，进一步解放思想，转变观念，坚定不移地走差异化发展之路，坚持以客户为中心的融合经营，以竞争为导向，稳健推进队伍能力提升，直面形势发展机遇和挑战，坚定信心，全力以赴，凝聚合力，促进企业和谐发展。超额完成全年指标任务，夺取2010年区域总收入、绩效考核区县分公司排名"双第一"。积极开展压力释放文体活动，打造"高绩效"文化，创建企业和谐。在精神文明建设等方面均取得彰显的荣誉。增城分公司党委被授予2009～2010年度广东分公司"先进基层党组织"称号、获评广州分公司2009～2010年度先进党组织；荣获中国电信广东公司2010年度县级分公司先进绩效单位二等奖、中国电信广州分公司2010年度先进绩效单位卓越奖等；作为第16届亚洲运动会增城赛区支持单位，通过优质服务和高效保障，圆满完成亚运通信保障工作，被增城市政府表扬并授予奖旗。

【统筹规划落实开展销售组织】 一是营销工作早铺排。把握时间窗口，结合属地市场特征，及早铺排各项营销工作，每月开展不同形式的专项营销工作；二是目标计划抓落实。落实目标计划管理，狠抓执行力，通过对营服中心实施目标计划管理，使各项工作目标明确、执行清晰、责任到人，确保销售工作的有序开展；三是过程管控抓细节。实施全面对标，强化环节管控；每月对中心经理、销售人员进行专项考核；实行"日对标，周帮扶，月提升"，确保各项工作有效执行。

【提升队伍作战能力】 中心经理：提升业务管控、销售组织能力。①掌握员工的行为过程，及时发现工作中的问题和短板，善用资源、迅速解决，提升业务管控能力；②强化中心经理责任意识和带队伍能力，实施末位帮扶，提升经理队伍整体销售组织能力。一线销售：提升主动销售能力。①开展"续约、提值"专项激励，客户签约能力提升明显。②开展多形式销售能力和3G应用培训演练，通过强化培训、内部"传帮带"，提升直销人员销售能力。销售支撑：提升销售支撑能力。①每周实地参战，掌握营销方案执行情况，现场指导并不断检验和优化营销指引；②加强与营服中心互动，使营销策划更贴近市场；严格时限响应营服中心需求，提升支撑效率。装维工程师：提升服务及机会营销能力。①加强培训及考核力度，推行弘扬先进、帮扶后进机制，提升装维技能和客户服务意识；②持续开展营销竞赛，激发装维工程师业务拓展热情；③简化营销指引，推行"一句话"营销培训，提升装维工程师的机会营销能力。

【扎实推进项目经营】 校园营销：成立校园团队，强化高层攻关，以针对性的洽谈策略，促成3所院校签约。抓住高校迎新的有利时机，精密策划嵌入式销售流程，精心部署校园营销，提升校园市场份额占比。驻地网拓展：建立跨区域团队，对大型开发商进行联合攻坚。

【奖罚并重提升服务质量】 落实装维服务提升举措。①严抓虚假回单，重罚重扣违反行为；②加大重障考核力度，合理调整装机考核步长；③开展服务质量劳动竞赛，设立装维排行榜；④派驻管控人员现场支撑、督办和帮扶。通过一系列管控，宽带、固话VIP（普通）客户重复申告率4项指标平均提升18.47%。二是落实客户服务提升措施。①各环节人员严格执行作业规范，从源头控制投诉发生；②认真落实"首问负责制"，及时对投诉问题进行跟踪处理，严控重复投诉。投诉处理及时率99.17%，投诉处理满意率94.98%，重复投诉率2.66%，督办单处理质量（满意率/及时率）100%。

【前后联动提升市场支撑效益】 一是优化政企客户建设流程：把工程设计、工程资料录入、施工材料、资源调度等工作全部前移到售前阶段，客户确认需求后光缆、设备、装机工作并行实施，全年493单政企客户业务工单实现平均历时13天的突破，比上年缩短8天，实现早开通早收入的目标；二是合理规划，优化资源配置：完成930工程建设任务，建设127个通信节点，提供窄带34688线、宽带21792线的业务容量。宽带提速工程的建设，使6M需求的满足率达到91.95%，提升5.98%。应急工程完工2895项，解决待装8396户；三是支撑转型业务，加快商机转化：推进松田和珠江2所学院的校园“翼起来”项目，加快新增宽带和移动放号。同时，承接社会治安视频监控系统维护等项目。

【提升基础运营管理水平】 岗位管理方面：①优化岗位结构调整，实施前后端岗位轮换，实现人岗、能岗匹配；②开展优秀员工岗位考核竞聘，拓宽员工晋升渠道。绩效薪酬方面：①建立岗位责任贡献系数浮动机制。实施上浮激励和下浮帮扶，对于绩效后进员工开展绩效沟通和帮扶提升；②优化直销人员薪酬分配模式，突显正向激励。荣誉激励方面：①建立“荣誉墙”，营造创先争优氛围；②打造“星级家园式”营服中心，提升员工归属感。培训提升方面：①建立长效培训机制：外培内训，全年外派培训321人次，内部培训1931人次；②充分整合培训资源，组建内培师资团队。

【圆满完成亚运保障】 场馆网络建设：建设光缆19242纤芯公里，通信节点4个，亚运集群基站17个，满足亚运传统宽窄带、无线及亚运专网、安保专网以及视频转播专网等业务需求；亚运前准备：组建4小队共53人的保障团队，及时排除传输网、城域网、动力和重要光缆的网络隐患。对3大场馆及2间涉亚酒店分别制定保障方案，进行超过5次的演练和修正；亚运期间保障：落实重要机楼7×24小时全程值守，重要光缆严格执行巡回制度。保障期间共解决超过150个各种大小问题，高质量完成亚运重要通信业务的保障工作。实现亚运通信网络零故障，亚运保障工作获得增城市委市政府高度赞扬，并获颁发奖旗。（朱运师）

中国电信增城分公司总经理 刘一锋

移动通信

【概况】 2010年，中国移动通信集团广东有限公司增城分公司（以下简称“增城移动”）紧紧围绕增城市委、增城市人民政府“创建全国科学发展示范城市”的工作部署，坚持以科学发展观统领工作全局，牢牢把握发展第一要务，扎实推进各项通信服务及网络建设工作，全力配合办好国际盛会，助力城市运行能力和市民文明素质提升，促进经济社会实现持续快速发展。增城移动人在广州公司“领头羊”执行文化理念的指引下，围绕“提升全业务服务能力，锻造信息经营品牌”的主线，从“千方百计谋新增、全力以赴创收入、统筹全局优网络、深化变革促发展”四大方面着手，勇创无限通信世界，争做信息社会栋梁。2010年，增城移动实现业务收入11亿元，客户规模达140万户，缴纳地方税收3200多万元，投资增城管线、光纤建设近3.5亿元，投入300多万元支撑“为民服务站”建设、开展“百村千户”信息化扶贫等公益活动，公司业绩呈稳健发展景象。积极开展“创先争优”学习活动，荣获了广州市地方税务局颁发的“A级纳税人”光荣称号，增城移动员工之家荣获广州市工会颁发的“先进职工之家”称号。

【积极支持地方建设，争当优秀企业公民】 秉承“正德厚生，臻于至善”的信仰，增城移动积极投身社会公益事业，信守对社会的承诺，做服务民生、关爱社会的优秀企业公民。2010年，增城移动共为地方税收贡献3200多万元，是增城地方诚信纳税的大户。公司在致力寻求自我超越、自我发展的同时，从讲政治的深度、从实践科学发展观的高度认识并勇于承担社会责任，以优质的移动信息产品服务增城市民。积极参与增城市委市政府开展的各项活动：在增城新春联欢晚会中共提供近30万元的奖品，回馈增城市民；在“移动活力迎亚运，高尔夫球邀请赛”中投入近10万元，邀请增城各重要机关、企业同志参与活动，在社会引起广泛好评。在广州市组织部及上级公司的支持下，开展“百村千户”爱心扶贫帮困计划，投入280万元，建设37个信息化惠民服务站；为313户农村困难群众家庭提供现金帮扶，为270户困难群众送上信息化礼包；建立6个“就业实习基地”，提升农村贫困大学生的就业能力；实施“青年百万创业计划”，鼓励农村青年参与网络创业；启动“12580求职通”，促进农村地区富余劳动力的转移。增城移动人以不断的实践，履行对社会的承诺，服务民生，关爱社会，积极承担社会责任，让社会责任与公司的事业共同发展，以责任促发展，孜孜不倦的成为多做贡献的优秀企业公民。

【全力以赴打造平安亚运】 第16届广州亚运会，增城赛区承办飞碟、体育舞蹈、龙舟比赛3个项目，为按时、保质、保量完成亚运场馆的网络建设任务，增城移动积极配合市亚运工作相关指导及部署，针对性围绕增城3大赛事场馆（体育馆、飞碟馆、龙舟馆）及5个主备用亚运接待酒店（增城市百花山庄度假村、高滩温泉酒店、增城金瑞峰酒店、凤凰城酒店、金叶子酒店）开展网络通信安全保障及信息亚运保障工作。为确保各保障任务的有效落实，增城移动成立亚运通信保障领导小组和专项工作小组，负责统筹亚运网络保障的各项工作，确保“通信不中断，服务不打折”的保障目标，包括性能保障团队、应急保障团队、现场保障团队，各级领导高度重视。通过综合评估3大比赛场馆的比赛时间、地理环境、人流量，增城移动详细制定一套通信保障方案，对于3大场馆网络覆盖信号及容量不足问题，共开展进行6个基站、4个室内覆盖站和4个WLAN系统的建设工作，以实现多种方式的无缝覆盖确保赛时通信需求。同时，对5大接待酒店实行24小时性能监控，保证酒店良好的通信服务。亚运比赛期间，各场馆内部覆盖率达到100%，周边区域覆盖率99.92%；确保了亚运场馆和酒店的“零故障、零投诉”保障目标，获得3个比赛场馆的通报表扬，得到上级公司和增城市政府的认可。其中“增城网络部”获得亚运先进集体、“增城体育馆团队”获得亚运网络服务优秀团队等奖项。

【移动全业务运营，助力科学发展示范市】 在增城市委、市政府的关心和帮助下，增城移动积极参与增城市的信息化建设，在智慧城市、数字民生、信息农村和移动政务“四个方面”，为助力推动增城市经济社会全面发展、建设广州东部现代化生态新城区作出不懈的努力。积极推进无线城市建设，建设82个热点，共1500个AP，实现核心区域的无线高速网络覆盖。推广“校讯通”服务，在市内所有的中小学、幼儿园实现校园信息的集成管理；为100户贫困家庭赠送33.4万元的信息化礼包；利用“司法通”服务平台，帮助市司法局普及法律知识超过20万人次。大力推广“农讯通”服务，服务15万务农群众；开展“村村通工程”，实现282条行政村100%覆盖。建设“政务手机学堂”，为全市8000名行政人员传递时政资讯；利用“创文宣传平台”，免费发送创文信息200万条。为进一步配合市委、市政府实施开发区带动战略，加强招商引资和企业建设服务，增城移动紧随市场发展，推进全业务运营能力，打造包含“集团彩铃、企业建站、企信通和企业邮箱”等中小企业服务包，为民营企业内部提供一站式服务，加大物联网技术的发展，为摩托车配件、牛仔服装、物流等民营企业，提供物流通、移动巴枪、TD视频监控等行业应用，帮助企业服务好客户，深化和加快民营经济发展。

【实践服务卓越化，打造金牌服务口碑】 在广州亚运会的契机下，增城移动结合上级公司开展一系列“微笑服务”活动，如内部员工的“蔚蓝天使”、“服务领头羊”等评选，大大提升了服务人员企业形象和服务能力，更好地从优化服营厅服务环境及提高自助化设备的利用率等方面提升整体服务质量及服务效能。为了更好的实践卓越服务，在服务工作管理方面重点做好五件事：一是增加电子渠道业务承载量，通过客户消费习惯培养、优化业务便捷性提升低值业务的分流，以释放服务人力去做销售提升、高价值业务、个性化服务；二是优化服务环境，通过优化服务厅软硬环境、服务行为规范的推广、服务领头羊的评选等工作让服营厅每位员工以阳光风貌服务客户；三是开展客户维系、个性化服务行动，将服务工作更加深入人心；四是从实处关怀员工，通过优化员工工作环境、优化工作流程实现后台集中支撑、关怀一线员工的成长，减轻员工工作压力与思想负担，让员工轻装上阵，打造满意的员工，打造满意的客户；五是服务管理创新，落实精细治理、把简单留给客户围绕服务厅营业前台的工作性质，开展“把简单留给客户”活动，减少经营环节、简化服务流程，落实精细治理、简便服务客户。

【全心全意做网络，锻造通信服务品牌】 全面支撑好重要道路、新建楼盘、商业楼宇、亚运场馆等重要区域，全年完成GSM13B、GSM14A工程58个物理站的开通，增加网络容量23万用户。积极开展信息化拓展和建设，全年开通专线业务的集团客户63家，完成75个热点区域的WLAN开通。增城TD三期规划361个新TD站点，包括室外大站273个，室内覆盖点88个。主要以小区楼盘扫盲、亚运场馆室内覆盖为主，针对TD替换和新建工程较分散的特点，采取有目标、按步骤、分重点的工作思路，有力地推动TD替换新建工程的进程。在无线城市项目推进上，增城市作为“无线城市”试点之一，以“智慧增城”为核心，体现“三大主体功能区”的建设方针展开，建设“智慧声音”、“智慧民生”、“智慧生活”、“智慧亚运”、“智慧兴业”为主题的无线城市。2010年完成布点80个，主要集中在政府机构、镇街办、亚运场馆、酒店、景区、绿道等区域。在广东国际旅游文化节结合2010世界旅游日全球主会场庆典活动中，增城移动人高度重视，做了一系列保障方案，确保旅游文化节提供稳定良好的通信服务。保障小组对现网周边基站进行载波扩容，调整扩容后载波数达88套，扩容后话务容量达到420爱尔兰。另外，增加3辆通信应急车，其中72载波应急车1辆，18载波应急车2辆，通过基站扩容和应急车增派，现网总载波数达196套，总容量可以达到930爱尔兰，可服务的用户数达5万人，确保整个活动的通信顺畅。 （杨斯雅）

中国移动通信集团广东有限公司增城分公司总经理 郑志雄

农业和农村工作

【概况】 2010年，农业和农村工作继续坚持深入学习实践科学发展观，积极开展创先争优活动，认真贯彻落实中央1号文件和省、市农业和农村工作会议精神，围绕稳粮保供给、增收惠民生、改革促统筹、强基增后劲的基本思路，不断加强统筹“三农”的工作力度，创新思路、狠抓落实，加快现代农业园区的规划建设，大力发展农业集约化，促进农业转型升级，农业生产和农村经济稳步发展，农民收入持续增加。全市农业总产值72.4亿元，比2009年（下同）增长5.04%；农民人均纯收入10623元，同比增加14%。

【农业生产】 ①种植业生产结构继续调整优化，粮食生产保持稳定。2010年农作物总播种面积112.6万亩，同比增长1.8%。粮食作物播种面积49.46万亩、亩产302公斤、总产15万吨，同比面积增118亩、亩产增3公斤、总产增1780吨。完成广州市下达本市的粮食考评任务；蔬菜常年保持面积15.98万亩，同比增3900亩，播种面积55.4万亩，同比增12833亩，总产量101.7万吨，同比增59664吨，总产值15.43亿元，同比增1.31亿元；全年水果面积29.8万亩、总产8.5万吨，同比面积增1303亩、总产增5427吨；花卉生产持续增长，全年花卉面积1.4万亩、销售额28503.5万元，同比面积增960亩、销售额增3002.4万元。②畜禽养殖业价格呈现前低后高，生产效益转好。全年畜牧业生产稳定发展，畜禽质量安全有保障。全年生猪出栏84.6万头，家禽出栏2266万只/羽，同比分别增长4.9%、2.1%；禽鸟生产保持增长，效益较好。年末三鸟存栏705万只，全年三鸟出栏2265.9万只，同比分别增长3.5%和2.1%；禽蛋、牛奶生产稳定，有一定效益。全年存栏奶牛3110头，产奶10615吨，同比增加4.4%。禽蛋生产增长较大，全年产蛋9692吨，同比增加14.3%，效益比去年好。③渔业生产形势较好，增产增收。由于2010年影响渔业生产的寒冷和台风暴雨等恶劣天气不多，5月份的强降雨对渔业生产造成的损失较少，因此全年渔业生产形势较好，水产品价格稳中有升，产量增加，效益较好。全市水产养殖面积6.8万亩，总产量4.3万吨，产值6亿元，同比产量增2143吨，产值增1亿元。

【农业龙头企业培育】 继续加大对农业龙头企业的扶持力度，在贷款贴息、技术改造、购置设备、扩大规模等方面进行支持，不断提高企业的规模和效益，带动农业生产发展，2010年帮助如丰果子调味食品有限公司和雄迪食品有限公司申请担保贷款合计500万元，为挂绿米业有限公司、如丰果子调味食品有限公司、广三保畜牧有限公司和雄迪食品有限公司落实贷款贴息159.5万元。2010年新增广州市级农业龙头企业2家，分别是雄迪食品有限公司和汇康农业生态发展有限公司，全市农业龙头企业达到9家，同时协助4家企业申报广州市级农业龙头企业培育对象，进一步壮大农业企业生产群体，推进“公司+基地+农户”的经营模式。

【发展农民专业合作社】 鼓励和引导有能力的组织和农民，紧紧围绕“增城十宝”农产品、特色农业、农产品流通和农机服务等创办农民专业合作社，不断加大对农民专业合作社的扶持力度，2010年落实扶持农民专业合作社专项财政资金118万元，新增农民专业合作社33家，总数达171家，社员总数5479人，经营总面积5万多亩，带动农户2万多户，占广州市总数的近五成。培育1家国家级、3家省级、3家广州市级示范性农民专业合作社，全市有16家农民专业合作社开展无公害农产品产地认定，有12家农民专业合作社注册农产品商标，培育“阿朵”番木瓜、“盛丰渔业”、“黄塘头菜”、“凤凰仙草”等品牌，大大提高农产品附加值。

【农业园区建设】 为推进农业集约化发展，促进农业转型升级，2010年增城市重点规划建设小楼人家现代农业示范园区、朱村万亩农业生态基地、增城河东万亩现代农业生态观光园等3个万亩现代农业产业园区，将园区建设成为生态特色浓郁、格调鲜明、在区域内具有影响力的大型农业生产和观光园区。3个园区开展规划设计和筹建工作，委托广州市有实力的单位进行规划设计。

【农村土地流转】 为加快农村土地流转，增城市从2009年起对农村土地流转实施财政补贴政策，鼓励农户依法、自愿、有偿流转土地，对连片面积300亩以上的土地流出农户，给予每年每亩200元的财政补贴。2010年全市补贴奖励规模流转资金614.129万元，调动了农民土地承包经营权流转的积极性，使农村土地承包经营权流转面积累计达14.8万亩，占家庭承包总面积的38.4%，新增土地流转面积2.11万亩，增幅16.6%。

【农产品质量安全管理】 ①加快无公害农产品认证。全年引导12个农民专业合作社和专业大户申报无公害农产品一体化认定认证，新增农产品产地认定5个，组织无公害农产品产地认定复查换证103个。全市共有213家种植业企业获得无公害农产品产地认定，认定面积23.2万亩，从而大大促进农产品无公害标准化生产，提升农产质量和竞争力。②加大对农产品的质量安全检测力度。不断加强对农产品生产环节的质量监测，加强对农业生产过程的监管和检测，保障农产品的食用安全。全年共抽取蔬菜检测样本65716份，合格率为99.7%；水产共抽取渔类检测样本600份，合格率100%；畜禽共定性检测生猪违禁药物33055份，检测合格率99.8%。检测不合格的生产场依法查处，保证农产品食用安全。③强化农业投入品管理。全年共出动执法检查1966人次，检查各类农资店铺672间次，检查生产基地、外耕户窝棚等770间次、检查兽药店232间次，饲料店284间次，清理大口笼、滩边罟等非法定置作业网具1100多米，查办案件22宗，罚款金额82458元，查封扣押、没收假劣兽药约500公斤，没收、销毁不合格畜禽产品1100公斤，移送公安机关案件10宗，逮捕4人。

【动物疫病防控】 ①狠抓动物疫病免疫工作。坚持“长年免疫、全年防控”的工作方针，开展春、秋两季免疫行动，落实免疫档案管理制度，全年共发放猪、牛、羊、禽等免费疫苗达1739万毫升（头份），消毒药10554.5公斤。全年共注射禽流感疫苗1710万只、生猪日本脑炎疫苗72万头份、猪瘟疫苗159万头份、猪蓝耳病疫苗92万头份、猪口蹄疫疫苗177万头份、耕牛口蹄疫疫苗4.9万头份、农村犬只狂犬病疫苗11.8万只份，免疫密度在95%以上。②强化动物检疫工作。严格按照《动物检疫管理办法》和检疫规程实施检疫，严禁未经检疫或检疫不合格的动物及动物产品上市。全年全市共产地检疫生猪119万头、家禽2060（含白鸽）万羽；屠宰检疫生猪61.5万头、牛5400头；检出病猪640头，病禽0.42万只。产地检疫率达到95%以上，屠宰检疫率达到100%。检疫人员监督屠宰企业对检出的病猪、病害肉全部进行无害化处理。③抓好疫情巡查和应急准备工作。落实动物防疫巡查工作责任制，要求镇街畜牧兽医站动物防疫人员每月2次以上检查责任区内的动物养殖场；制定高致病性禽流感等重大动物疫情应急预案，成立重大动物疫情应急指挥机构和应急处理预备队、充足储备疫苗、消毒药、检测试剂、防护物资等，提高了突发疫情处置能力和快速反应能力。

【农村基础设施建设】 ①加强农业基础设施建设。继续加大农田标准化建设力度，加快对连片面积100亩以上的农田和鱼塘进行标准化建设。2010年广州市和本级财政安排农田标准化建设资金7042.36万元，其中广州市安排5442.36万元，全年共有实施的农建项目51个，其中已完成建设的有8个，投入资金1849万元，建设面积11170亩。通过完善农田、鱼塘标准化建设，有效地提高农业抗灾减灾能力和农业综合生产能力，进一步增强农业生产发展后劲。②加快推进中心镇项目建设。完成2009年广州市下达本市的中心镇建设项目，项目建设资金3300万元，其中新塘镇1300万元，用于温涌大道和新塘大道西延工程建设；中新镇1000万元，用于中新医院改扩建工程；石滩镇1000万元，用于沿江路改建工程。推进2010年中心镇建设项目，项目建设资金3300万元，其中新塘镇用于东华大道改造工程；中新镇用于南片区基础设施建设工程；石滩镇用于南北大道南段建设。③加快推进山区镇项目建设。完成2009年广州市下达本市的山区镇建设项目，项目建设资金750万元，其中，派潭、小楼、正果镇各250万元。派潭镇用于城区房屋外立面装饰及内街内巷建设工程；小楼镇用于基础设施建设工程；正果镇用于防洪堤围安全加固补偿工程。推进2010年山区镇建设项目，项目建设资金750万元，其中派潭镇基础设施建设项目正在进行概算评审；小楼镇自来水基础设施建设工程正在进行勘测设计；正果镇基础设施建设项目完成勘测设计，准备报送概算评审。④加快推进新农村建设。完成2009年广州市下达的新农村示范村建设，建设资金420万元，新农村示范村建设35条，其中试点村24条，安排资金240万元，重点村11条，安排资金180万元。

【落实强农惠农政策】 ①抓好种粮直补等农业补贴的发放工作。2010年种粮补贴标准为早造每亩水稻补贴117元，晚造每亩水稻补贴122元，玉米良种补贴每亩10元。2010年种粮直补核实面积为水稻410660.33亩、玉米27760.84亩，共发放水稻农资综合直补、种粮直补、良种补帖、及玉米良种补帖资金共4935.7万元，惠及农户早造65924户、晚造66342户。一是通过实施种粮补贴政策，直接增加农民收入，提高农民种粮积极性，维护粮食生产的安全稳定；二是抓好生猪的补贴，全年能繁母猪投保2900头，落实补贴资金13.9万元。推广良种猪精液25000份，落实良种补贴25万元；三是抓好渔业柴油补贴发放工作。2010年全市享受渔业柴油补贴的渔船共83艘，功率888.08千瓦，发放补贴资金24.5万元。②积极争取上级支持，加大农业的投入力度。积极争取上级更多的财政资金支持，加大对三农的投入，做好农业项目财政资金的使用和监管工作，严格按照项目资金使用管理办法拨付和使用资金。2010年共争取各级投入农业资金1.69亿元，其中上级资金1.21亿元，本级资金0.48亿元。主要用于农田（渔塘）标准化整治、中心镇建设、山区镇建设、新农村建设、生产补贴、动植物疫病防控、农业技术推广、农民培训、粮食生产发展等方面。

【农技推广应用和农民科技培训】 全年开展农村实用技术培训班和科技下乡咨询活动51期，参加咨询、培训16300人次，发放农业技术资料56000份；根据现代农业发展需要，开展新型农民培训班13期，培训1300名有文化、懂技术、会经营的新型农民；大力推广农业新品种和新技术，全年推广新品种47个；推广农业新技术6项，提高了农作物产量和效益。实施国家级农业技术推广项目两个，分别是测土配方施肥项目和土壤有机质提升项目。

【农村集体财务管理】 ①抓好农村财务管理示范社建设。2010年选定朱村街作为本市推行社账代理示范点，主要是帮助完善各项财务管理制度，健全社账管理，规范民主理财监督小组运作，以点带面，示范带动。该街共有157个经济社，已推行的有152个经济社，推行率达96.8%，为本市社账规范管理作出示范。②规范农村专用收据管理。向全市农村发放广州市农村财务专用收据和广州市农村财务专用收据使用情况登记手册，指导镇街严格按照财务专用收据的适用对象和适用范围使用，严格票据的领用、发放、使用和核销手续，建立台账登记制度，实行专人、专职、专账管理，规范本市农村集体的票据管理。③抓好农村财务公开工作。根据《增城市农村集体资产和财务管理工作检查考核办法》，每月开展财务公开情况抽查，及时将检查情况通报给各镇街及市委基层办、市监察局、市民政局等部门，凝聚各方力量，共同做好村集体财务公开工作。④全面开展村干部经济责任审计。通过联合市纪委、组织部、农经办、监察局、民政局印发《关于做好2011年村“两委”换届选举前村干部经济责任审计工作的意见》（增农经办【2010】6号），积极组织镇街开展全市282个村的换届离任审计，服务2011年村两委换届选举，为本市打造一支“团结实干、奋发有为、执行有力、勤政廉政”的规范化、职业化农村干部队伍奠定扎实的基础。全市开展审计的村有282个，审计率达100%。

【承办亚运各项工作】 ①成立机构，落实责任。根据中共增城市委、增城市人民政府《关于印发〈广州亚运会增城赛会运作指挥体系方案〉的通知》（增委发【2010】7号），市农业局为“无疫区保障组”的牵头责任单位，是“医疗卫生与食品药品安全保障组”、“场馆设施保障组”成员单位。市农业局专门成立组建两个专项工作小组，分别是农产品质量安全保障组和无疫区保障组，抽掉业务精干专门从事该工作，切实保障亚运各项工作落到实处。②制定方案，完善制度。市农业局分别制定《广州亚运期间增城市马属动物突发疫情应急预案》、《增城市农业局亚运会无疫区保障工作方案》、《2010年增城市秋冬季重大动物疫病防控工作实施方案》、《涉亚重大动物疫情风险隐患排查工作方案》、《增城市2010年亚运会期间种植养殖环节食用农产品质量安全突发事件应急工作预案》、《增城市农机生产安全事故应急预案管理实施办法》、《增城市重大食用农产品质量安全事故应急预案》（食用农作物产品部分）等各项应急预案，对两个专项工作小组明确提出工作职责和工作要求，各小组实行组长负责制，各工作人员保证到位，实行24小时值班，把各项工作层层落实，保证按时保质完成各项工作任务。③突出重点，专项整治。一是重点开展农产质量安全整治工作、保亚运农业投入品专项整治工作、亚运会期间食用农产品质量安全预警监测工作、亚运会期间畜禽安全养殖监管工作、亚运会期间饲料质量安全监管工作、增城市打击生猪违禁药物专项行动等六大项工作；二是做好增城无疫区缓冲区和仙村马匹隔离检疫场的保障工作。对无疫区保障工作进行全面的规划和部署，圆满完成仙村马匹隔离检疫场筹备期间和运行期间的保障工作，共检疫隔离参赛马匹20匹，马匹在仙村马匹隔离检疫场隔离检疫和相关兽医监管45天后，经国家检验检疫局检疫，全部达到参赛资格要求，增城无疫区保障组和仙村马匹隔离检疫场团队圆满完成各项保障工作任务；三是积极做好亚运比赛场馆及周边地区害蚁的防控工作。据监测，全市害蚁发生面积4.88万亩，以新塘、石滩两镇发生较为严重。为保证参加亚运人员的安全，消除害蚁隐患，市农业局专门成立灭蚁专业队，从8月份起，采取集中行动、统一扑杀的方法，重点加大对亚运会场馆疫情的防控力度，共出动灭蚁人员近300人次，施用灭蚁药物2.32吨，全面施药面积达2万亩次，扑灭蚁巢10840个，取得明显的防治效果，保证本市亚运赛区的安全。

【扶贫工作】 根据省和市政府的安排，市农业局对口帮扶梅州市梅县西阳镇将军阁村和石坑镇杨化村，时间为3年。市农业局高度重视扶贫工作，专门成立对口帮扶工作领导机构，派出具有丰富农村工作经验的中层干部驻村开展扶贫工作，制订对口帮扶工作管理制度、监督制度和扶贫工作方案。通过采取一村一策、一户一法措施，助生活、扶发展（生产）、改面貌（现状）、得实惠、见效果以及造血扶贫、统筹农业综合开发扶贫、科技扶贫等多种形式，扶贫工作取得成效，2010年将军阁村有54户贫困户脱贫，占总贫困户的75%；杨化村有35户贫困户脱贫，占总贫困户的66%。两村都完成2010年脱贫目标。

（谢耀均）

增城市农业局局长 黄敏航

林业和园林工作

【概况】 2010年4月20日，按照市委、市政府的部署，增城市林业和园林局挂牌成立。这一年，市林业和园林局认真贯彻落实科学发展观，紧紧围绕建设现代产业新区和生态宜居新城的总体目标，着力改善城乡人居环境迎接广州亚运会，大力推进集体林权制度改革促进农民增收，林业生态建设得到全面加强，林业产业发展实现新的突破，生态文明建设取得新进展。全年全市林业用地面积7.45万公顷，生态公益林3.73万公顷，林木总蓄积量为210.39万立方米，森林覆盖率已达到55.38%。城市建成区绿地率达到44.5%，绿化覆盖率达到49.8%，人均公共绿地面积达到19.7平方米。中共中央政治局常委李长春，中共中央政治局委员、广东省委书记汪洋，国家林业局局长贾治邦等上级领导对本市造林绿化成效高度赞赏，认为增城市生态文明建设成效显著，是全国的样板和楷模。在2010年召开的全国绿化委员会全体会议上，增城市被列为全国4个造林绿化先进典型之一，造林绿化经验和做法在全国进行推广。由于连续多年实现森林火灾零发生，被国家森林防火指挥部和国家林业局评为“2007～2009年度全国森林防火工作先进单位”。在增城市年终评比考核中，市局荣获一等奖。

【集体林权制度改革】 2010年本市全面开展集体林权制度改革工作。全市林地面积104万亩，林改涉及农户13.4万户、59.5万人，时间紧迫，任务艰巨，责任重大。市成立以市主要领导任组长、市分管领导任副组长、有关部门和镇街主要领导为成员的增城市集体林权制度改革领导小组。制定林改实施方案和林改操作方案，形成市、镇、村“三级书记抓林改”的工作格局。上半年全面调查本市林地林木权属情况，科学制定《增城市集体林权制度改革实施方案》，对各级林改人员进行专业培训，同时选定有代表性的石滩镇吓岗村、正果镇圭湖村作为改革试点。10月13日，市委、市政府召开共550多人参加的全市加快推进集体林权制度改革工作会议，广州市委常委、增城市委书记、增城经济技术开发区党工委书记、管委会主任徐志彪，增城经济技术开发区党工委副书记、管委会副主任、增城市委副书记、市长叶牛平等市领导在会上作重要讲话。会议对本市林改工作进行再动员、再部署，要求集中精力打好林改攻坚战，确保在2010年年底顺利完成集体林权主体改革任务。至年底，已完成外业勘界面积95.15万亩，占集体林地面积的91%；已确权面积94.14万亩，占90%。正按计划核发林权证和集体山林股份权益证书，加快推进林改配套改革工作。

【森林资源保护与管理】 ①森林防火成效显著。市局重点做好亚运期间森林防火工作，印发《增城市2010亚运赛时森林火灾应急预案》，制订《增城市涉亚森林火灾应急处置演练指南》。在太寺坑林场举行“涉亚”森林火灾应急处置演练暨森林消防技能竞赛，全市11支消防队伍、165名消防队员参加演练，取得良好的效果。增城市委、市政府对亚运森林防火工作非常重视和支持，将其列入市委常委会议的重要议题专题研究和部署，拨出专款为各镇街、国有林场森林消防队添置12辆森林防火指挥车、54辆护林防火摩托车和一批扑火机具，以市政府名义发布《关于亚运飞碟场馆周边森林严禁野外用火的通告》，对赛场周边森林实行戒严。组织人员多次深入第一线检查指导森林防火工作，杜绝一切山火隐患，实现亚运期间全市森林火灾零发生。②积极查处各类林业案件，营造和谐林区。以森林公安为骨干，组织开展“春季行动”、“清理整治非法征占用林地专项行动”、“迎亚运保护野生动物专项整治行动”等专项行动。全市共办理各类林业案件95宗，破案83宗，其中刑事案件30宗，侦破20宗；办理林业行政案件65宗，查结62宗；共处理违法犯罪分子67人/次；林业行政处罚金额22.73万元；查处非法侵占林地面积15.892亩，有力地保护本市森林资源和林业生态建设成果。市局选择群爱村、光辉村等13条村大力开展“和谐林区文明村”创建活动，保持试点村零发案。妥善处置中新镇官塘村石角合作社村民放蛇报复案突发事件，有效消除社会各界对群蛇进村扰民的各种疑虑，维护林区社会治安的稳定。③林政资源管理及生态公益林管护运行良好。2010年发放《林木采伐许可证》221份，全年共批准采伐林木蓄积10.3万立方米，未突破上级下达的年度采伐限额。发放《木材经营加工许可证》11份，木材加工经营单位持证率达100%。审核征占用林地申请23宗，审核率达100%。完成人工迹地更新0.1万亩、天然更新2.58万亩。完成生态公益林补偿资金直拨到户工作，拨付生态公益林补偿及管护资金2000多万元。接访群众19批59人（次），信访件13件，成功调处山林纠纷9宗，涉及林地面积553.5亩。出庭应诉4次，均胜诉。④林业有害生物得到有效防治。全市累计完成森林病虫害防治面积5.72万亩次，无公害防治面积4.75万亩，无公害防治率83%，有害生物发生面积4.6万亩，预测准确率90%。加大对松材线虫和薇甘菊的防治力度，清理病死树和枯死木1.35万株，松材线虫病防治面积3.03万亩。研究制定《增城市2010年度薇甘菊防治工作考评方案》，投入薇甘菊防治资金450多万元，完成薇甘菊除治面积3.6万亩。

【积极开展各项创新活动】 ①开展创建全国生态文明建设示范市活动。近年来，增城市基本实现生态与经济双赢，为创建全国生态文明建设示范市创造有利条件。在增城市委、市政府主要领导的高度重视和上级林业部门的大力支持下，市局领导锐意进取，开展创建全国生态文明建设示范市工作。省林业局专文向全国绿委和国家林业局推荐增城市。

国家林业局贾治邦局长对增城市创建工作表示支持，并要求国家林业局相关司（室）全力支持和加强指导，要在国家森林城市的基础上，认真总结好“增城经验”，制定全国生态文明建设示范市的创建条件。②国有林场改革取得新突破。2010年6月，太寺坑林场升级为省级森林公园，成为本市第一家省级森林公园。本市国有林场改革取得新突破。2010年10月，以大封门林场为核心景区的白水寨风景名胜区被省林业局、省旅游局授予“2010年广东省森林生态旅游示范基地”称号，进一步提升本市森林旅游的档次和水平。

【积极做好扶贫帮困工作】 按照扶贫开发“规划到户责任到人”的工作要求，加强对梅县丙村镇咀头村的帮扶工作。派出2名专职干部驻村，对全村66户贫困户进行调查摸底，逐户制定帮扶方案。向村民传授种植技术190多人次，向困难群众发送慰问生活物资15000多元。投入绿化资金28万元，绿化面积约8000平方米，改善咀头村的村容村貌。2010年林业系统积极开展各项捐款献爱心活动，共捐款10.26万元，其中：为党员关爱基金捐款3.24万元，绿化捐款2.52万元，支持南方抗旱救灾捐款1.36万元，向玉树灾区捐款2.43万元，幸福工程等捐款0.71万元。（钟 颖）

增城市林业和园林局局长 罗伟光

水务工作

【概况】 2010年增城市水务工作重点以进一步完善深化水务体制改革、抓好防洪抗旱减灾、水务工程建设和管理、水资源保护和管理、水生态环境建设、强化供排水和污水处理等工作为主。全年落实水利投资31114.71万元，其中上级补助16601.71万元，本级市筹集14513万元。

【水务体制改革】 根据《中共增城市委 增城市人民政府关于印发〈〈增城市人民政府机构改革方案〉、〈增城市人民政府机构改革方案实施意见〉的通知》精神，撤销市水利局，组建市水务局，将原市水利局承担的全部行政管理职责、原市建设局和市政局承担的指导和规范供水市场管理及供水、用水、节水、排水、污水处理职责、市爱国卫生运动委员会办公室承担的农村通水、改水职责、市新农办承担的农村污水处理职责划入市水务局，增加防低温雨雪冰冻工作职责，全面推进水务管理的城乡一体化。2010年4月22日，市水务局正式挂牌成立，在开展好原水务局各项职能工作的同时，逐步承接农村通水、改水农村污水处理和指导、规范供水市场管理及供水、用水、节水、排水、城区镇区污水处理等工作，取得较好成绩。

【治水工程建设】 在市委、市政府的有力领导和各部门的共同努力下，全面完成扩建新建荔城、新塘、永和、石滩、中新、派潭高滩等6个城镇污水处理系统（含管网），建设77条农村生活污水处理设施及其管网，实施水南涌、二龙河综合整治，推进增江、西福河和主要交通干线两旁河涌水环境整治等治水工作，全市新增雨水管48.7公里、污水管101.6公里，整治河道62.26公里。全市城镇生活污水处理能力由原来的14.26%上升到86.96%，农村生活污水处理率达到43%，本市获2010年广州市治水工作银奖。

【水利工程建设】 围绕更好地服务本市经济社会发展的目标，大力开展水务工程建设工作。①重点基建项目和“五小”水利设施建设。完成石滩红旗围达标加固（一期）、荔城街庆东围、莲塘围达标加固、增江陆村、鹤州电排站重建等30多宗水利基建项目和乌石泵站重建、澄溪电排站改建、竹坑水库达标加固等10多宗“五小”项目，进一步提高本市的城乡防灾减灾能力。②农田标准化建设，完成机耕路改造43.3公里，新建灌排渠106.8公里，受益农田1.1万亩，主要分布在石滩镇、中新镇、增江街、正果镇、派潭镇等地，为实现农业集约化经营和土地流转打好基础。③中央财政小型农田水利重点县。2009年增城市被水利部纳入中央财政小型农田水利重点县之一，由国家、省、广州市、市本级四级财政分3年每年投入3200万元开展农田水利基础设施建设，2010年全面完成朱村片建设任务，整治排灌渠32.07公里，改造灌溉站4座，受益耕地2.12万亩，为“三农”工作的开展创造良好的条件。④派潭河治理。按照《全国重点地区中小河流近期治理建设规划（2009～2011）》要求全面推进派潭河治理工作，完成小㈠型水库安全加固1宗，河道清淤疏浚3.3公里，田间机耕路改造7公里，灌排渠改造22公里，受益农田2600亩，较好地促进派潭河流域的发展。

【汛前隐患处理】 为确保度汛安全，汛前认真组织开展三防安全大检查。一是由三防办牵头组成督导小组，重点对全市水利工程、排水工程、危房危墙、山洪地质灾害、重点企业、在建工地存在的隐患和广河高速、增从高速施工影响等方面进行排查，发现并处理防汛隐患357宗，广河高速施工造成的隐患40宗，增从高速施工造成的隐患22宗。二是开展水毁工程安全检查，汛期结束后组织各镇街对水毁工程进行排查，共投入398.1万元修复水毁工程110宗。

【雨情、汛情】 2010年全年总降雨量1995.7毫米（市气象局），比去年同期降雨量1872.5毫米多123.2毫米。对本市有影响的台风主要有“狮子山”、“莫兰蒂”，暴雨主要有“5.6”、“5.14”、“5.19”和“5.22”。面对天气的变化，市三防部门在市委、市政府的正确领导和有力指挥下迅速开展防抗工作，成功将自然灾害带来的损失降低到最小程度。

【水利工程管理】 为进一步规范本市水利工程的建设和运行管理工作，加快水利工程建设的进度，提高建设质量和运行效益，2010年重点抓好以下工作。①规范工程招投标工作，严格按照《招标法》等法律法规的规定，公平、公正、公开地开展工程招投标工作，2010年共完成33个水利项目的公开施工招标工作。②加强工程质量安全监督，制定《增城市水务建设工程质量检查工作指引》、《增城市水务工程建设领域突出问题排查工作指引》等指导性文件，加强对工程的检查督导。③实行水利建设竞争性扶持机制。为充分调动镇村加强基层水利设施管理的积极性，根据《增城市水利建设资金试行竞争性扶持的实施意见》，将农田标准化建设、小型农村水利设施建设改造、水环境综合整治、农业综合开发项目和农村水利设施管理养护等五类水利项目纳入竞争性扶持范围，不再对以上五类项目安排年度维修养护资金，而在年度部门预算中安排切块资金，由镇村各管理单位按程序申报，通过竞争评审确定资金投入，全年经评审确定32宗项目投入915万元。④开展水务工程建设领域突出问题专项整治和文明施工进工地等专项整治行动，对工程建设各个环节手续是否齐全等情况进行认真检查，较好地规范建设程序，促进工程建设的有序开展。

【水行政执法】 按照依法治市的工作部署，认真开展水行政执法工作。①大力打击水事违法行为。按照发现一宗处理一宗的原则，在广州市水政支队、公安部门和各镇街的积极配合下，严厉打击违法采砂、占用滩地等违法行为，全年共处理水事违法案件15宗。②加强对水资源管理，依据《广东省取水许可制度与水资源征收管理办法》及《增城市水资源管理办法》加大取水许可制度的实施力度，强化取水登记管理工作，全市登记办理取水许可证的企业36家，依法征收水资源管理费832万元。③强化水土保持工作，全年审批水土保持方案9宗，征收水土保持费77.32万元。

【水电生产】 2010年，全市小水电发电量8149万度，比上年同期6029万度增加2120万度；发电收入3720万元，比上年同期2787万元增加933万元，为国家上缴税金250万元。

【亚运水务保障】 2010年是广州亚运年，为做好比赛场馆及场馆周边的涉水保障工作，市水务局制定《增城市亚运龙舟赛场应急预案》等7个工作方案，并组织进行反复演练。与各有关单位联合行动，从10月至12月连续奋战60多天，累计出动巡查人员4500多人次，待岗备勤10000多人次，做好水质监控、供水安全保障、水务设施安保、增江水面保洁、水位调度、信息报送等工作，高质量全面落实平安亚运水务安全保障工作。

（潘志斌）

增城市水务局局长 黄海明

气 候

【概况】 2010年增城市主要天气气候特点是：“灾害性暴雨少但极端雨量大，登陆台风少影响大，高温天气多”。全市年平均气温21.8℃，与常年持平；年降水量1995.7毫米，与常年持平，汛期开汛晚、雨量多，龙舟水偏少；热带气旋登陆少，但对增城影响大；阶段性高温过程明显，年头年尾遭遇寒潮天气过程。2010年总体气候属较好年景。

【基本气候】

站名	平均气温(℃)	气温距平(℃)	降水量(毫米)	降水距平百分率(%)	雨日(天)	雨日距平(天)	日照时数(小时)	日照距平百分率(%)
增城	21.8	0	1995.7	0.1	155	11.1	1529.7	-18

①气温正常。2010年，增城市平均气温21.8℃，与常年持平。全市逐月平均气温：1、2、3、5、7、8、9月偏高，4、6、10、11、12月偏低。4月，降水过程较多，平均气温偏低2℃，居历史同期第二位；6月，偏低1.1℃，居历史同期第二位。而1、2月全市平均气温偏高幅度在1℃以上。2010年极端最高气温在36.6℃，出现在8月4日。年极端最低气温在0.5℃，出现在12月17日。②降水正常。2010年年降水量为1995.7毫米。年暴雨日数6天，其中大暴雨日数3天。全市平均逐月降水量：1月、2月、5月、6月，9月偏多，3月、4月、7月、8月、10月、11月、12月降水偏少。非汛期降水偏少，其中3月降水偏少5成，11月全月几乎无降水。前汛期降水偏多，后汛期降水由于台风多集中在9月，使得该月降水远高于7月、8月，降水也较常同期偏多1.8倍，降水量破历史同期记录。2010年4月22日全省开汛，较常年（4月14日）偏晚8天，本市也于当天入汛。全市汛期（4～9月）降水量为1710.1毫米。前汛期（4～6月）全市降水量为1053.9毫米。“龙舟水”期间（5月21日至6月20日），全市降水量241.4毫米，属偏轻年景。后汛期（7～9月）全市降水量为656.2毫米。③日照偏少。2010年，日照时数1529.7小时。与常年相比，偏少约2成，位列历史同期第四少。

【主要气候事件】（一）降水时段集中、强度大。自开汛后，本市降水呈现时段集中、强度大、雨量分布不均等特点。开汛以来共出现6次强降水过程。①4月下旬开汛。4月22日，受冷空气影响，增城普降大到暴雨，本市开汛，同时伴有8级左右短时雷雨大风，是这一年首个暴雨黄色和雷雨大风蓝色预警信号。②“5·7”大暴雨为汛期最强降水。5月6～7日，受高空槽和切变线的共同影响，增城市出现汛期强降水过程，全市普降大暴雨，此次大暴雨过程具有“三个历史罕见”：一是雨量之多历史罕见；二是雨强之大历史罕见；三是范围之广历史罕见。6日20时～7日20时，日雨量172.6毫米，刷新5月份历史极值。据统计，“5·7”特大暴雨灾害过程中，全市受浸村庄40条，受浸房屋1133间、厂房3间，倒塌房屋38间，核实受浸农田33440亩，过水鱼塘498亩，转移群众1080人，城区主要水浸11处，全市直接经济损失共1615万元（其中农业损失600万元、交通运输业损失590万元、林业损失11万元、水利工程损失414万元）。③6月下旬连续性降水。6月下旬，受切变线和低压槽的影响，自21日起本市出现长达8天的持续性明显降水天气，8天共出现2场大雨，2场暴雨。④9月受台风影响出现3场暴雨。9月受“狮子山”、“莫兰蒂”、“凡亚比”影响，本市出现2场大暴雨，1场暴雨。(二)台风登陆少，影响大。2010年仅有1个台风“灿都”登陆广东，较常年显著偏少，且对增城影响不大。对增城市有明显影响的有3个，分别是强热带风暴“狮子山”、热带风暴“莫兰蒂”和超强台风“凡亚比”。①“狮”吼雨泄逾14小时。1006号强热带风暴“狮子山”减弱为热带风暴后于9月2日登陆福建漳浦古雷镇，登陆时中心最低气压990百帕，中心附近最大风力9级，风速达到23米/秒。登陆后西行进入广东饶平，于3日08时在从化境内减弱为低气压，3日22时移出花都，在广州境内滞留了14个小时，给本市带来了大暴雨的降水。据气象站网监测录得过程雨量(2日20时～4日08时)，超过200毫米的自动站有11个，100～200毫米的有24个。最大过程降雨量出现在联安水库，过程降雨达到302.4毫米。②“莫兰蒂”走远强降雨发威。1010号台风“莫兰蒂”9月10日3时30分在福建省石狮市沿海地区登陆，登陆时中心附近最大风力12级(35米/秒)，最低气压975百帕，登陆后以每小时20公里左右的速度继续向偏北方向移动，强度逐渐减弱，远离本市。受“莫兰蒂”及其随后的残留云系、季风槽和低涡等相继影响，9月11日08时至12日08时，本市普降暴雨到大暴雨，全市有18个自动站降雨量超过100毫米。其中录得全市最大雨量150.8毫米。③“凡亚比”带来暴雨。1011号超强台风“凡亚比”于9月19日8时40分在台湾花莲县沿海登陆，登陆时中心附近最大风力有15级(50米/秒)，中心最低气压为940百帕。9月20日07时在福建省漳浦县沿海再次登陆，登陆时中心风力12级(35米/秒)，中心最低气压970百帕。21日05时在广州花都区境内减弱为低气压并停止编号。受其环流影响，从20日08时至22日08时本市普降暴雨到大暴雨。全市有4个自动站降雨量超过100毫米(大暴雨量级)，超过50毫米(暴雨量级)的有20个自动站。最大录得降雨量在小楼镇沙岗小学自动站——124.9毫米。(三)阶段性高温明显。2010年，全市平均高温日数15天。出现在7～9月，各月的高温日数均比常年同期偏多。9月增城的高温日数位列历史同期前5位。从各月比较来看，以7月为最多，其次是8月。

全市年极端最高气温36.6℃，出现在8月4日。

站点	极端最高气温（℃）	极端最高气温出现日期	高温日数（天）	过去30年平均高温日数（天）	高温日数距平（天）	高温日数历史排位
增城	36.6	8.4	15	7.6	7.4	12

年内主要的高温时段有4个：7月上旬前期至中旬中期、8月上旬中期至中旬前期、8月下旬末期至9月上旬前期、9月中旬后期至9月下旬前期。其中，8月上旬中期气温最高，受西太平洋副热带高压控制，8月4日～5日全市各区最高气温都超过36℃，为全年最热的2天。而7月上旬前期高温持续时间最长，为3天。㈣年初和年尾遭遇寒潮。2010年，增城市寒冷灾害属较轻年份，但2月和12月遭遇的寒潮天气过程也给农业生产造成一定的影响。①2月中旬的寒潮天气过程。中旬，强冷空气频繁入侵，本市出现寒潮天气。此次过程具有降温幅度大、低温时间长、降水频繁的特点。冷空气12日开始影响，气温大幅下降，24小时降温达17℃以上。15～16日、17～19日两股较强冷空气补充影响本市，低温天气长时间持续，连续5天最低气温在6℃以下，20日，出现过程最低气温4.4℃，并且出现霜冻。21日后冷空气东移减弱，气温明显回升。此次冷空气过程降雨明显，12～19日出现持续性降水，过程雨量全市平均为49.4毫米，这次过程中，达到寒潮标准，低温阴雨日数达9天，属中等。②12月中旬的寒潮天气过程。12月中旬中期，本市出现寒潮天气：受强冷空气南下影响，全市出现大风降温天气并伴有明显降水，天气异常湿冷，其中15～16日全市普降小至中雨，各地气温显著下降，15～16日的48小时内我市平均气温降幅在10℃以上，17日后天气由湿冷转为干冷，17～18日连续2天全市出现大范围低温霜（冰）冻天气，本市17日录得月内全市极端最低气温0.5℃。㈤大雾天气多，“回南天”明显。2010年，大雾日数为16天。与常年同期相比偏多。大雾主要出现在1～4月。年内大雾天气多，集中出现在：2月上旬和下旬，3月中旬至下旬初。①2月上旬和下旬出现大雾天气。2月雾霾天气突出，大部分时

间处在雾霾笼罩之下，轻雾日数达20天，灰霾日数8天。雾霾天气集中出现在上旬和下旬。上旬由于冷空气偏弱，本市大部地区出现持续性雾霾天气，能见度较差。下旬，冷空气东撤，暖湿气流发展，其经过较冷陆面时易形成雾，22～28日本市再次出现持续性雾霾天气，期间由于空气相对湿度大，出现严重返潮现象，“回南天”明显。②3月中旬至下旬初大雾持续。3月轻雾日数18天，大雾4天，灰霾日数7天。雾霾天气集中出现在中旬初至下旬初。12～15日，冷空气东撤，暖湿气流发展，其经过较冷陆面时易形成雾，本市出现持续性雾霾天气，16日受弱冷空气影响，雾霾现象短暂缓解。17～22日，无明显冷空气影响，且暖湿气流发展，本市再次出现持续性雾霾天气。③4月“回南天”明显。4月雾霾天气多，大部分时间处在雾霾笼罩下。轻雾日数21天，大雾日数0天，灰霾日数4天。雾霾天气集中出现在上旬中期和中旬末至下旬初。3～6日，冷空气东撤，暖湿气流较强，能见度较差，出现雾霾天气。17～21日，受西南暖湿气流影响，空气相对湿度大，雾霾天气再现，本市“回南天”明显。（李 季）

增城市气象局局长 王和权

供销系统

【概况】 2010年增城市社完成商品经营总额9.1902亿元，完成2010年年计划任务的106.86%，同比增长14.33%；与“十一五”规划初期对比增长176.72%。商品购进总额6.7857亿元，同比增长13.6%；商品销售总额7.2736亿元，同比增长11.8%；多元化经营总额1.6492亿元，同比增长36.84%；经营利润35.8万元，同比增长20.13%；实现社会贡献额770万元，同比增长12.24%。各项主要经济指标呈现稳步增长趋势，改革发展的措施和作用逐步显现，供销合作社体系经营结构得以调整，经济发展方式有所优化，企业经营活力和发展优势逐步增强，初步呈现出“服务三农、服务社会、科学发展”模式和现代化运行新格局。2010年获广东省供销合作社系统综合业绩优胜单位特等奖，被广州市供销合作总社评为综合业务考核一等奖等荣誉称号。

【总体发展规划】 2010年，增城市供销合作社制定实施“高、精、强、广、合、和”六字发展方向；（即高素质的团队、精美的品牌、强胜的实力、广深的探索、合作的大开放、和谐的供销合作社），探索总结供销合作事业发展的“服务三农、助农增收”这一核心价值理念，完善供销合作社“坚持为农服务求发展，坚持开放合作求发展，坚持市场竞争求发展，坚持创新拼搏求发展，坚持文明和谐求发展”科学发展的五项发展重点内容；明确2010年主要任务和发展目标，全面深化供销合作社体制改革，不断拓展服务职能和领域，创新工作机制，突出科学管理，着力在推进供销体制改革、建立现代服务网络、发展现代特色农业、发展二个服务平台、增加农民收入上谋发展求突破，构建农业增效、农民增收、农村经济长效发展机制和服务网络体系，提高供销合作社系统的综合实力，努力在推进增城供销合作事业改革发展中实现新跨越。

【供销合作社改革创新】 2010年，增城市供销合作社加大改革、发展、创新力度，把发展作为全面落实科学发展观的第一要义，重点提出“供销合作社体制改革与加快供销合作事业发展”两个命题，紧紧围绕发展重点、发展瓶颈和发展方式问题，科学系统分析制约供销合作社改革发展的“体制改革缓慢、人才队伍缺乏，发展意识落后”等关键问题，不断转变发展理念，努力在破解发展难题上寻突破，在创新中谋求发展，积极在探索供销合作社科学发展新模式的实现方式和途径上迈出坚实的步伐。一是推进供销合作社机构改革。积极向政府汇报供销合作社改革发展情况，争取政府部门支持，多次邀请市人大、政协和各级政府部门来供销合作社调研指导工作，提高各级领导对供销合作社职能定位和功能作用的认识，重点解决困难企业857人的医保问题，着力为解决好市级社参公管理问题打好基础。二是加快供销合作社人才队伍建设。大力推进人才强社战略，把人才队伍建设放在改革发展的突出位置，全年招收大学本科生9人，到基层供销社任主任助理职务4人，在总社信息服务中心5人。3月17日，市总社在百花山庄举办全系统中层干部执行能力建设培训班，各基层企业中层以上干部160多人参加培训。5月28日，开设人才队伍建设试点工作培训班。8月与广东省财经学校联合在增城市社定向开设农村经济管理班，招收学生70人，培养农业专业人才，为服务农村经济发展提供人才保障和智力支持。

【农村合作经济组织发展】 增城市供销合作社始终坚持“三个开放办社”、数量与质量并重、创新体制与资源整合的原则，找准专业合作社发展定位，走市场化发展道路，围绕本市地方农业主导产业、优势产业、特色农产品，鼓励和引导多元主体、多渠道、多领域大力引领创办各类农民专业合作社，通过三江培训会、福和现场会、市特色农产品产供销信息员培训和市农业标准化培训、“百村千户引万家”农技推广活动等，不断完善科学管理体系。据统计。至2010年底，全社累计创办农民专业合作社111家；占全市专业合作社总数的63.43%，比

2009年新增加26家，其中：民合派潭凉粉草专业合作社被认定为国家级示范专业合作社，省级示范专业合作社8家，广州市级示范专业合作社8家。共有入社社员4647户，其中农民社员4446户，2010年新增社员2324户。专业社种养面积达到23551亩，其中基地面积10810亩。全社已申报无公害产品、产地认证有6家；有2个农产品成功注册商标，被广州市质监局认定农业标准化示范专业合作社2家。申报广州市社专业合作社扶持资金的有23家，申报“千村千社”工程有2家，申报省级示范专业合作社2家。创办入社社员1173人，种植面积超过万亩的“千户万亩”民合腊圃绿色环保蔬菜专业合作社，筹办扩大民合石滩石榴专业合作社规模。2010年专业合作社经营总额29664万元，实现利润384万元，带动农民开展种养26195户，带动种植面积25561亩，助农增收总额6172.9万元。

【行业协会规范管理】 增城市供销合作社为提升综合服务功能，规范行业内部管理，围绕供销社系统主要经营业务范围，着重从加强法律法规的宣传贯彻，拓展行业协会服务领域，强化行业监管，维护市场经营秩序环节入手，建立和健全内部管理体系，建立起规范化行业协会，努力探索与供销合作社改革方向相适应的行业运行机制，充分发挥行业协会在经济社会发展中的重要作用，引领和带动行业健康科学发展，为供销合作事业改革发展服务。截止2010年全系统已成立增城市农村合作经济组织联合会；有行业协会8家。2010年增城市农村合作经济组织联合会共组织开展各类培训班18期，为供销系统培训党员干部、农民专业合作社社员共2240人次。市农村合作经济组织联合会还积极配合增城市社开展冰糖桔产业发展、冬种马铃薯、农资春耕服务、农超对接等工作专题调研，为增城市社开展各项工作提供依据和资料。农资行业协会发挥行业协会的作用，召开协会理事会议，在履行农资企业淡季农资储备、开展3·15活动、组建成立病虫害专业合作社、成立天禾农资配送公司等方面做了大量的工作，拓展经营服务网络，规范市场经营管理服务。再生资源行业协会主动适应城市化和工业化发展趋势，积极调整管理模式，加强再生资源和循环经济的宣传力度，从组织上、制度上对行业的管理，促进行业制度化、规范化健康发展。冰糖桔行业协会积极开展冰糖桔种植技术培训，加快冰糖桔产业化发展，培育冰糖桔品牌，帮助农民增加收入，带动北部山区农民脱贫致富发挥积极作用。

【农村现代流通服务网络体系建设】 按照商务部“万村千乡”市场工程和全国总社“新网工程”的总体要求，以规范网点建设为手段，以发展连锁配送业务为渠道，重点抓好网络基础工程建设，着重提升五大服务网络总体服务能力，加强与省内连锁企业的联合与合作，逐步把五大网络体系建设成供销合作社发展崛起的重要基础战略支点，构筑流通成本低、运行效率高，服务城乡、助农增收的现代新型流通服务网络体系。一是农资连锁经营网络建设成效显著。以市农资公司为龙头，创新农资行业流通管理模式，拓宽延伸经营领域，实施“大农资”发展战略，大力发展农资流通连锁网络建设，实现创新经营体制，积极优化服务功能，塑造农资行业品牌，全面提升服务质量，构建“三位一体、双轨运行、多项合作、全程服务”的现代立体农资流通体系新格局。据统计，截止2010年，农资行业协会有会员182个；农资专业合作社有社员205个；农资连锁终端服务网点有214个，成立全市综合农资配送中心，有加盟配送中心6家，配送率达到80%以上，从业人员达1000多人。建立庄稼医院80多家。农超对接将增城农副产品送到广州石化、宏城超市、广州市农副产品公司等单位。2010年农资行业完成农业生产资料经营额27102万元，同比增长7.81%，销售化学肥料129541吨；同比增长19.89%，销售化学农药2582吨，同比增长22.37%，是农业生产资料的销售、储备和服务的主渠道。2008年以来增城市农资公司连续被广东省供销社认定为全省农资行业龙头企业。2010年9月农资公司农资专业合作社荣获2008～2009年度广东省农资流通经营诚信示范单位称号。2010年11月在南京召开的全国农资流通工作会议上，被中国农业生产资料流通协会、中华合作时报、中国农资传媒评选为“2009～2010全国百佳（优秀）经销商，并授予‘成长企业’奖”荣誉称号。二是再生资源回收经营网络建设稳步推进。坚持政府引导，市场化运作原则，大力加强再生资源网络规划与规范化建设，不断规范和净化市场经营秩序，营造公平竞争的市场环境，促进再生资源回收行业向规模化、连锁化、产业化方向发展。2010年与公安局、工商局、科经信局等单位联合开展对再生资源行业执法检查和“人屋车场”等综合整治行动。召开行业协会年会和开展会员培训活动，开展再生资源发展循环经济系列宣传活动；研究和制定《增城市再生资源回收利用管理实施细则》、《增城市再生资源科学管理经营实施方案》等相关行业管理文件，在中新镇开展再生资源回收规范化建设试点工作。供销合作社系统统一整合“民合再生资源”品牌，建立规范管理网点170个，占全市48%，纳入规范化管理838人，建立社区便民回收示范点9个；全市建立“一镇一街一示范点”21个。2010年本社再生资源回收行业经营总购进22173

万元，同比增长13.20%，实现销售额23534万元，同比增长11.61%。2009年以来市回收公司继续被认定成为广东省、广州市供销系统再生资源回收利用龙头企业。三是农村日用消费品连锁经营网络建设不断扩展。根据“万村千乡”市场工程的要求，以天马商品配送有限公司为依托，按照“小超市、大连锁”的原则，以连锁配送为经营手段，整合农村商品供应链环节，采取“直营店+加盟店+配送点”多种经营业态并存的形式，全面整合、改造、提升、优化城乡日用消费品经营网络，按现代企业制度构建完善运营管理机制，提升网络整体营运能力，建立安全可靠、高效有序的连锁配送体系。截止2010年，日用消费品配送中心有终端服务网点425个，同比增长54.55%。累计争取各级政府的资金扶持301万元，2010年销售总额达19520万元，同比增长24.59%。四是烟花爆竹连锁经营网络建设日益规范。坚持“统一规划、保障安全、合理布局、总量控制”的原则，以转变经营方式作为推动烟花爆竹经营业务发展的突破口，实行市场准入制度，严把“进货渠道关、安全储存关、市场销售关、属地管理关”四个关口，开展市场整治行动，规范内部运行机制，落实管理责任制，用现代经营管理模式和运营方式加快推进烟花爆竹经营网络建设，全市共规范建立烟花爆竹专卖网点74个，烟花爆竹配送率达到100%，2010年实现销售额1890万元，初步形成网络规模化的流通新格局。五是农副产品连锁经营网络逐步建立。紧密围绕新农村建设大局和现代农业发展趋势，紧紧抓住新农村现代流通网络建设这条主线，坚持立足农业，面向农村，服务农民，努力与农民、农村、农业、市场及相关主体共同探索建立从生产到市场终端的新型农产品经营服务体系。围绕本市特色农产品发展，已建立凉粉草、冰糖桔、黄葛、马铃薯、荔枝、蔬菜等生产种植基地，培育出派潭凉粉草、小楼冬瓜、迟菜心、荔枝、福和冰糖桔等有影响的农产品品牌，成立农副产品经营企业、网点数10个，2010年全系统农副产品销售额达8069万元，同比增长75.60%，呈现出快速的发展趋势。

【供销社服务功能不断拓展】坚持以服务城乡一体化建设为导向，以经营结构调整为主线，在服务三农、服务社会中探索新的服务职能，从农民最现实、最直接、最突出的需要做起，在职能深化、拓展、延伸上下功夫，拓宽经营服务渠道，延伸服务范围，发展优势项目，在积极拓展和延伸服务职能中塑造新形象。根据社区服务需要，成立增城市供销社民合城乡综合服务中心；与广东省农科院情报所联合成立“广东省农科院（增城）特色农业信息服务中心”；“与广州市农业技术推广中心联合成立广州市农技推广专家流动服务站”；与广东省农科院情报所联合举办“增城市农村合作组织特色农业发展研讨会”；与广东省天禾公司共同建立“广州增城天禾农资配送有限公司”；与增城质监分局联合举办“增城市特色农产品技术规范发布会暨标准化工作站示范社（村）授牌仪式”，通过建立合作关系，整合优势资源，在构筑服务新体系中争取地位、拓展职能、提升水平、增强实力，努力实现供销社转型升级，扎实推进农村现代流通服务体系建设。据统计，市供销合作社系统现有下属企业38家，其中基层社14家，公司24家；全系统各类网点947个；连锁网点589个；培育建立农资、再生资源回收公司等龙头企业2家；现有农资、农村日用消费品、烟花爆竹配送中心3个；全系统从业人员总数达到10942人。成立增城市农业标准化工作站13个，农业标准化工作站示范村4个，农业标准化工作站示范专业合作社5家。建立镇级社区服务社3个，其中新塘镇西南村和荔城西瓜岭村社区服务中心已运营，为农民群众提供多种服务，成为服务农民现代文明的窗口和供销社参与新农村建设的亮点工程，取得供销社形象、社会地位、服务功能等多重效果，实现经济和社会效益双赢。

【三旧改造工作】根据全市“三旧”改造工作会议精神，全面把握“三旧”改造工作的要求和实质，积极明确“三旧”改造工作的原则、依据、范围和各项优惠政策，把“三旧”改造作为破解当前供销社发展困局的突破口，结合供销合作社实际，全面部署当前“三旧”改造工作主要任务。按照“先易后难、重点突破、分步实施、扎实推进”的原则，开展“三旧”改造的调查摸底和数据统计工作，全面掌握供销合作社系统存在的旧仓库、旧厂房、旧宿舍等总体数量，同时组织对福和社、三江社、中新社、新塘社、石滩社等基层社历史遗留的旧地块进行调研。根据政府规划的区域，选择条件符合地块，进行“三旧”改造项目申报，各项工作正在稳步推进。（向　前）

增城市供销合作总社党委书记、理事会主任　马国新

旅游业

【概况】2010年，市旅游局根据市委、市政府的工作部署和要求，在全市旅游行业广大员工的共同努力下，全市旅游经济保持持续、快速、健康发展的良好势头。全年全市旅游接待人数达到1536.61万人次，同比增长29.13%；旅游业营业收入33.16亿元人民币，同比增长31.75%，顺利完成全年工作目标。2010年，市旅游局获得全市年评奖一等奖，

继2008年以来连续三年获得一等奖。

【成功策划广东万名妇女绿道欢乐游活动，带旺增城绿道游】 2010年“三·八”国际劳动妇女节期间，市旅游局与市妇联策划广东万名妇女绿道欢乐游活动。活动期间印制并派发40000本妇女旅游优惠“一本通”，通过省妇联发放到全省妇联系统，号召珠三角地区妇女到增城来体验绿道、亲近自然，取得很好的效果。整个活动持续至10月下旬。至6月底，绿道自行车游已接待游客26.32万人次，低碳旅游的推广，格外受到广大妇女特别是“老外们”的青睐，自驾来增城旅游的人员成倍数增加。

【成功举办首届增城市旅游形象宣传大使大赛】 2010年上半年，市旅游局与共青团增城市委员会联合主办“科学发展 魅力增城”——首届增城市旅游形象宣传大使大赛。活动从初赛、复赛到决赛，历时半年，通过层层遴选选出增城市十大旅游形象宣传大使。大赛促进全市旅游系统从业人员的学习，整体提高全市旅游从业人员的素质，加强导游人员队伍建设，更好的树立增城旅游的窗口形象，加大全市旅游推广人才的选拔、储备、培养和使用力度。获奖选手多次代表本市旅游部门参加旅游展销会，对外推介全市旅游资源，增强增城旅游促销的效果，更好地提升增城旅游的知名度和影响力。本次大赛吸引社会各界对增城市旅游事业的广泛关注和好评，形成全社会关心旅游、热爱旅游、支持旅游产业发展的良好社会氛围和整体合力，做法得到广东省旅游局、广东省旅游协会充分肯定，《广东旅协简报》刊登增城市的经验做法。

【举办迎亚运导游（讲解员）服务培训班，提高导游素质】 为加强导游队伍建设，高标准做好亚运接待工作，2010年6月21～25日全市举办为期5天的全市迎亚运导游（讲解员）服务培训班。市旅游局邀请省资深导游专家、旅游专业教师授课，全市100多人参加培训。通过强化培训，提高全市导游（讲解员）的服务能力和水平，为打造一支素质全面、奋发有为、充满活力的优秀导游队伍奠定坚实基础。

【成功举办广州亚运会“亚洲之路”典藏特装车增城绿道巡游暨2010广州增城荔枝文化旅游节开幕式，拉动增城荔枝旅游】 2010年6月27日，增城市举办广州亚运会“亚洲之路”典藏特装车增城绿道巡游暨2010广州增城荔枝文化旅游节开幕式，开幕式上增城市为广东省自驾旅游协会及各分会成员的18名代表，颁发“2009年推介增城旅游特殊贡献奖”、“增城市休闲市民证（卡）”，赠送16颗第一代挂绿荔枝给16位“亚洲之路”典藏特装车车手。广东省自驾旅游协会会长钟戈鸣向增城市颁发首个“广东自驾旅游示范区”牌匾。这是本市大力发展健康生态休闲度假游、规划打造500公里增城绿道以来，成为全省自驾车游客追捧的热点，吸引到省内外各方面关注后取得的又一殊荣。广州市私家车协会增城分会组织70多辆不同款式的自驾车，在参加开幕式后浩浩荡荡到各旅游景点巡游，成为当天活动的一道靓丽的风景，为荔枝文化旅游节添光增彩，宣传造势。参加活动的会员对增城近年来的旅游环境取得的巨大变化赞叹不已，纷纷表示希望发动更多的亲友来增城游玩。广州日报、南方日报、南方都市报、羊城晚报、新快报、信息时报、广州电视台、广东电视台体育频道、广州电视台竞赛频道、广东南方电视台新闻频道等国内知名媒体持续跟进报道，透过主流媒体的广泛宣传与持续跟进报道，扩大活动的影响力，提升增城旅游的品牌知名度，营造“亚运在广州，休闲在增城”的休闲旅游氛围，为增城绿道旅游和荔枝旅游推广再创最佳机会。

【成功举办2010世界旅游日全球主会场庆典暨中国广东国际旅游文化节开幕式，推动增城旅游跨上新台阶】 2010年9月27日晚，由增城市具体执行承办的“今天，我们从这里出发”——2010世界旅游日全球主会场庆典暨中国广东国际旅游文化节开幕式晚会在增城广场隆重举行，并取得圆满成功，受到各级领导的高度评价。在2010世界旅游日全球主会场庆典暨中国广东国际旅游文化节组委会办公室文件上，11月2日黄华华省长批示：“此次活动非常成功，中外来宾高度赞扬，成效显著，影响很大。应认真总结经验，进一步提升广东国际旅游文化节的竞争力和影响力。同意省旅游局工作建议。”国家旅游局局长邵琪伟说：“广东搞大型活动真正是高水准、大手笔、专业化、国际化，体现了广东的大气和活力；组织开展严谨细致，很有成效，值得其他地区借鉴。”世界旅游组织塔勒布·瑞法依秘书长说：“本届世界旅游日全球主会场庆典主题鲜明、内容丰富、隆重盛大，是历届最成功的一次活动，把世界旅游日庆典选择在中国广东举办非常正确，世界旅游组织为中国、为广东而骄傲！”。这次活动的成功举办充分展示本市作为美丽新穗东、文化新增城的独特魅力，极大提升本市国内外知名度和美誉度，进一步巩固和扩大本市创建全国科学发展示范市成果。

【成功举办第二十四届广州（国际）美食节暨2010增城国际旅游美食节，拉动增城美食旅游】 作为2010世界旅游日全球主会场庆典暨中国广东国际旅游文化节系列配套活动，第二十四届广州（国际）美食节暨2010增城国际旅游美食节于2010年9月24日——10月8日共15天在增城生态美食园举行。美食节举办期间，增城生态美食园区共接待各地游客30多万人次，共有30多个旅行社组团3万多人次参与增城美食美景一日游，社会反映很好，成为市民和游客品美食、赏美景的一大亮点。

【全力以赴做好广州亚运酒店接待工作】 一是做好非星级酒店迎亚运服务质量督查工作。市旅游局组织6个小组出动600多人次对荔城街、增江街、石滩镇、派潭镇、正果镇、小楼镇的150多家非星级酒店进行督查，对督查过程中发现的危害服务质量和旅游安全的行为和问题，提出整改要求，并在5天后再次到该酒店检查，发现没有整改的，把情况形成书面材料向相关部门反映，要求相关部门对其进行处置，坚决予以整改、不留任何死角，确保督查行动真正取得实效，为亚运住宿接待服务发挥重要作用。二是做好亚运会接待酒店的接待服务工作。市旅游局组织增城市百花山庄度假村、高滩温泉酒店、金瑞峰温泉酒店3家亚运接待酒店中层以上管理人员和业务骨干以及市内其他星级酒店（9家）业务骨干共300人进行酒店接待培训。经过多次指导、帮助，使金瑞峰、高滩温泉酒店成功创建国家三星级旅游饭店。

【大力推进创建广东省国民旅游休闲示范市、广东省旅游强市和广东省旅游综合改革示范市】 2009年2月，省政府下发《关于试行广东省国民旅游休闲计划的若干意见》文件，广东省率先在全国试行国民旅游休闲计划。对此，增城市委、市政府高度重视，在《增城市委市政府领导班子深入学习实践科学发展观活动整改落实方案》中明确提出要“创建广东省国民旅游休闲计划示范市”，并明确了市级责任领导，主办单位旅游局以及相关镇、部门作为协办单位，限期完成。市旅游局迅速启动创建工作，专门拟定关于申报“广东省国民旅游休闲计划示范市”的请示和汇报材料，全面启动增城休闲市民计划。2010年2月，增城市成功创建广东省国民旅游休闲示范市。市委、市政府高度重视增城市旅游创强工作，将旅游创强工作纳入《2010年度增城市市直党政群事业单位工作考评明细指标》考核范围，市旅游局举全局之力投入创建广东省旅游强市工作，争取在计划内完成创建工作。一是成立工作机构。市成立了创建广东省旅游强市（县）工作组织委员会，办公室设在旅游局。为此，市局为加强创强工作力度，成立以局长为组长、副局长为副组长，科室负责人为成员的市旅游局创建广东省旅游强市工作领导小组，领导小组下设创建广东省旅游强市办公室，按创强标准将局创强办人员编入八个项目组，将创强的各项工作分解落实，专人负责并明确协办人。二是制定各种工作方案。市旅游局草拟《增城市创建广东省旅游强市（县）工作方案》，征求省、广州市旅游局以及本市相关部门意见，经过反复修改，得到市政府常务会、市委常委会审定通过。市局还起草了《中共增城市委、增城市人民政府关于加快我市生旅游业发展 建设旅游强市的决定》（稿），并会同旅游专家、市委办政研室、市府办（调研信息科）等单位进行修改，提交市委市政府审定。局制定创强内部执行方案、各项目组工作方案、创强工作倒排计划，建立市创强通讯录，按照执行方案和工作计划定期检查落实。三是深入调研，紧密与各部门协调沟通，开展创强工作。局长带头深入调查研究，与相关部门领导座谈，对创强的难点进行研究解决，为创强工作提供决策力量。市旅游局派出八个项目组成员多次走访相关部门、旅游企业，与具体负责人密切沟通联系，解释创强标准和工作职责，广泛收集文档资料，协助指导旅游配套设施整改。四是整理资料，查漏补缺。2010年12月，增城市成功创建广东省旅游强市和广东省旅游综合改革示范市。

【全力创建白水寨国家4A级旅游景区】 2010年重点抓白水寨景区创建国家AAAA旅游景区，一是请专家进行调查，把脉指导；二是与白水寨风景名胜区管理处积极沟通，召开座谈会，督促景区创A工作。景区投资一千多万元建设游客服务中心、海船木栈道扶手水泥化改造、建造石材景区标识牌、星级厕所改造以及垃圾桶更新。2010年11月，景区已通过广州市和广东省检查验收，待进一步整改后，迎接国家验收，成为本市第一个国家A级景区。在白水寨创国家AAAA级景区的基础上进一步总结了创A经验，市旅游局多次邀请广州市旅游局指导，发动小楼人家景区、湖心岛景区、何仙姑景区、大丰门景区、增城文化公园、金叶子温泉区开展创建国家AAA级景区工作。

【积极协助酒店进行星级评定工作】 为加强旅游载体建设，市旅游局在广州市旅游主管部门和广州市旅游饭店星级评定委员会的大力支持下，借亚运会东风，抓住机遇，大力推进旅游饭店星级评定工作，成果显著。一是积极动员，大力扶持；二是精心指导，跟踪服务；三是典型示范，加强宣传；四是加强监管，优化行业环境；五是以评促改，效果显著；六是促进饭店业强劲发展。继2009年创建4家三星级旅游饭店，2010年又新增3家。全市有国家星级旅游饭店12家，其中五星级1家，四星级3家，三星级8家，本市星级旅游饭店两年翻一番。金叶子温泉度假酒店正在申报五星级旅游饭店，于11月上旬通过省检，在通过国检后，本市将再添一家五星级旅游饭店。

【大力发展绿道游农家乐】 本市在2010年旅游发展专项资金中拨款100万元给增城市安达国际

旅行社用以购置一批自行车及完善相关配套设施,以满足扩大经营的实际需要。编发《增城市绿道旅游服务管理指南》等一系列政策和服务规范,保证绿道建设与绿道产业相辅相成。以农民增产致富为目的,充分调动农民参与打造绿道旅游产业的积极性。在正果、派潭、小楼、荔城、增江等镇(街)就掀起在绿道周边兴办农家乐热潮。2010年,全市共评选出61家星级农家乐。增城市发展绿道旅游的做法被省旅游局简报转发。

【强化宣传促销力度】 一是深入挖掘资源,编印制作乡村旅游手册、增城绿道旅游地图王(中英版)、增城旅游指南折页、“品荔”旅游线路折页、增城旅游宣传短片DVD、荔枝笔、增城自行车休闲旅游导游图、增城荔枝美食地图王等一系列宣传资料、宣传品近10万份(件),以加强整体宣传推广。二是瞄准珠三角,开展大风车式的宣传,以珠三角“ABSE”地区为重点,大力在主要客源地进行宣传推广,包括4月份的“全国百城旅游宣传周”、“增城绿道旅游推介会”,5月份的“2010年华南自驾游博览会”,6月份的“2010增城荔枝旅游同行推介会”,8月底的“第十八届广州博览会”等等,在展会上,市局代表发放《增城乡村旅游手册》、《增城绿道旅游地图王》(中英版)、《增城自行车休闲旅游导游图》、《增城纯美乡村游》等宣传资料,大力推介增城市旅游,积极开拓客源市场。三是积极参加各类国内外旅游展览(博览)会,包括3月底的“2010广州国际旅游展览会”、4月初的“2010澳门国际绿色盛会”、6月中旬的“2010香港国际旅游展”等等,把增城生态旅游形象推向国内外。四是和各种媒体相结合,实施“政府主导、媒体介入、企业参与”战略,增强主流媒体、主要客源地和黄金栏目的重点宣传,利用各种宣传媒体进行包装宣传,包括在《文汇报》、《珠江时报》、《信息时报》、《增城日报》等4家报社投放合共近50个版面作旅游宣传推广,在《广州旅游指南》等杂志投放4期旅游专题宣传,并在广东电视台投放6期增城旅游宣传特辑及旅游卫视不定时每天播放10次30秒的增城宣传短片,使增城市旅游宣传推广范围更广,更有层次。五是开辟电子营销制度。建立和完善增城市旅游网站和手机网站,使广大游客更便捷地获得增城市旅游资讯。特别是把市局每年精心策划组织实施大型旅游节庆活动概况放在网上,让网友清楚了解增城节庆活动的时间及内容,可以根据节庆活动的时间到增城来游览、参观。六是组织各类采风活动,邀请旅行社、媒体、摄影协会等参与,向各地来本市学习参观的客人派发旅游资料,多角度地对增城旅游进行宣传推广。七是大力推进城际合作,与双流县、江阴市、新丰县以及香港、澳门等城市(地区)签定旅游合作性框架协议。

【加强安全生产、应急工作】 狠抓安全生产工作,每逢大会、小会必讲安全生产的监管工作。本市先后组织开展增城市旅游安全“百日整治大行动”;专门召开旅行社负责人安全生产工作会议,对旅行社重点抓好《旅行社条例》、《旅行社条例实施细节》落实情况、保险购买、合同签订、旅游用车、各类证照年检、发团档案、旅游团队各环节安全管理等的检查及隐患排查。以会代训的形式,进行安全生产知识的培训;联合市安监、质监、工商、消防、卫生、交警、海事、交通等部门和单位对全市50多家旅游企业进行了“五一”、“十一”黄金周旅游安全生产检查。局主要领导带队,全体工作人员分成3个小组分别对全市旅游景区(点)进行旅游安全生产检查,务求确保假日和广州亚运会、亚残运会期间的安全生产形势稳定,预防各类安全事故尤其是重特大安全事故的发生,保障人民群众生命财产安全,使广大游客和市民度过一个欢乐祥和的假期。市局把旅游健康安全工作与旅游市场综合整治结合起来,纳入本职工作之中,做到计划有安排,工作有部署,考核有目标,结果有奖惩。建立健全旅游机构和旅游安全管理制度。全市没有一例安全事故。

【支持旅行社做强做大】 2010年,增城市旅行社数量从2008年的14家迅速增加到36家,本地注册旅行社6家,省中旅、中青旅、广之旅等省内知名品牌旅行社驻增城门市部30家。为旅行社组织出境游证照办理提供绿色通道指引,以缩短办理时间,为旅行社工作提供便利,促进旅行社做强做大。举办增城市迎亚运旅行社管理工作培训班,全市共有60多人参加培训班,旅行社负责人都反映受益良多。

【开展“三联六帮”城乡共建行动促乡村游发展】 为扎实推进“三联六帮”城乡共建行动的有效开展,市旅游局成立开展西湖滩“三联六帮”城乡共建工作领导小组,明确帮扶分工,做到领导联村、科室联社、干部联户,把“三联六帮”工作责任落实到科室和个人,严格落实分工责任制。制定《正果西湖滩村发展乡村旅游工作方案》,明确工作目标、思路和措施。利用“七一”、“元旦”、“春节”和“周末”,局领导多次深入西湖滩村,走进村舍,实地考察、摸底调查,与村“两委”干部群众深入座谈,发动干部群众开动脑筋,发展旅游。组织村干部学习考察,开展旅游知识培训,鼓励村干部从自身做起带头发展农家客栈,全村共建11家农家客栈,发挥绿色生态旅游的优势,大力推动“农家乐”乡村旅游示范村建设,拓宽农民增收的路子,找到了西湖滩村经济发展新亮点。市局的做法得到增城市“三联六帮”城乡共建行动领导小组的充分肯定,并被授予

增城市开展“三联六帮”城乡共建行动先进单位称号。（李冬梅）

增城市旅游局局长 史寿山

口岸工作

【概况】 2010年，增城口岸以促进和服务民营经济发展为出发点，紧紧围绕“深化服务促发展”这一主题，充分发挥“规划建设、综合管理、协调服务”的职能，全面提高口岸工作效率，确保口岸“安全、高效、文明、和谐、畅通”，为本市经济社会发展出应有贡献。据统计，全年经本市口岸进出口货值18.1亿美元，同比增长20.20%；征收税款5.2023亿元人民币，同比30.20%（货值、关税统计至11月份止）；陆路口岸货运车辆29570车次，同比增加3.92%；进出口集装箱（标箱）84089个，同比增长5.29%；增城检验检疫局受理报检：摩托车出口910466辆，金额39020万美元，同比增长29.62%和29.64%；服装出口32297批次，金额212296万美元，同比分别增长36%和41%；农产品出口货值886万美元，其中蔬菜出口23449吨，货值556万美元，同比增长5%和12%；进出口报检51704次，金额295648万美元；签发产地证7225份，金额20600万美元。海事处办理船舶签证35368艘（次），货运量1170.4307万吨，其中内河货运量为1126.2577万吨，水路进出口货运量为44.1730万吨，受理危险品申报1300宗、97.6430万吨。

【建立联系机制，为企业排忧解难】 2010年，口岸办制定办领导及科室联系镇（街）及外向型企业制度。要求办领导、工作人员定期走访镇（街）及外向型企业，及时将走访企业情况进行汇报，对企业提出的问题想方设法给予解决，一时不能解决的，及时协调相关部门给予指导、帮助。一年来，先后走访博创机械、翔骏金属、奥希洋化工、越峰电子、龙润纺织、福耀玻璃、海丰鞋业等30多家企业。为博创机械协调解决因企业搬迁后A类企业评级重新申报审批工作。2010年年初，口岸两个码头（口岸码头、东洲湾码头）因安全生产目标管理考核不及格，被广州港务局强制停业整顿，为尽快恢复码头进出口服务，本办积极在监督和协调两方面开展工作：一是要求码头公司严格按照监督管理部门提出的问题，切实做好安全生产工作，尽快落实整改措施，确保口岸畅通；二是积极与新塘港务分局和广州港务局沟通协调，建议在确保安全的前提下，允许码头有限度开展业务，以免货物积压港口，造成企业不必要的损失。

【开展学习调研，探讨口岸新发展】 增城经济技术开发区的成立，全市产业结构不断优化升级，为口岸发展带来新的机遇与挑战，为使口岸查验单位干部职工统一思想认识，增强紧迫感和责任感，共同为口岸发展出谋献策。先后组织口岸查验单位领导、办领导分别到昆山综合保税园区、张家港、广州保税物流园区、东莞沙田保税物流中心、新沙港、南沙港以及花都口岸等地学习，借鉴、吸收各地区的成功经验。结合增城经济技术开发区功能配置和口岸实际，与市委政策调研室一道对本市发展保税物流区进行专题调研，完成《关于增城发展保税物流业的思考》和《拓展保税功能 强化高端集聚》的调研文章。为充分发挥水路资源优势，有效利用东江北干流发展环保、低碳、低成本的内河运输业，本办与新塘海事处进行初步探讨，形成基本共识，使内河运输、港口管理更好地为全市经济发展服务。

【落实安保制度，确保亚运期间口岸安全畅通】 亚运安保工作是全年口岸主要工作之一，为确保亚运期间口岸安全畅通，多次召开亚运安保协调会议，制定口岸亚运安保应急方案，成立口岸亚运安保领导小组，建立口岸亚运安保联络机制，举办口岸处突演练、消防安全检查、消防演练等活动。确保口岸安保不留死角，堵塞安全漏洞，杜绝境外敌对势力利用本口岸进入境内进行破坏活动，为第十六届亚运会顺利举行作出应有的贡献。

【积极开展口岸宣传，编辑出版《增城口岸》简报】 为及时反映口岸单位的工作，总结通报查验单位在职能发挥、支持地方经济发展、为国把关、服务企业等方面的工作成效。从1月起，编印《增城口岸》简报，目的是构建一个交流、展示的平台，宣传国家政策法规的园地。《简报》发送到有关领导和相关部门，借此了解查验单位的工作动态、通关流程和新的通关政策。《简报》工作在查验单位的大力支持下，得到湛汝松老师的精心指导，编辑小组成员的共同努力，撰写、提供稿件172份，共出版《简报》6期。

【积极开展形式多样的共建文明口岸活动】 2010年，根据口岸实际，开展形式多样的口岸共建工作，丰富口岸干部职工文娱生活，加强口岸单位之间沟通联系，搭建起口岸交流的平台，增进相互之间的友谊。一是口岸摄影协会与香港大众摄影会、新塘摄影协会联合举办第十三届“荔林磋艺”摄影活动，口岸摄影协会有30多名摄影爱好者参加该活动；二是举办2010年增城口岸单位“迎亚运，贺国庆”共建体育活动，参加该活动的口岸单位有10个，175人，角逐羽毛球、乒乓球以及扑克拖拉机赛等7个项目；开展“礼仪推广月”、“我们的节日·中秋”等主题活动，有效提高口岸查验单位干部职工对口岸工作的认同感，激发他们在各自的岗位上创更好的业绩，促进口岸文明和谐发展。（杨金莲）

增城市人民政府口岸办公室主任 陈润群

【新塘海关】2010年，新塘海关认真贯彻“稳定队伍，夯实基础，改革创新，优化提升，开创黄埔海关科学发展新局面”的关区工作主题，牢牢把握年初确定的“积极进取，增强执行能力；努力开拓，提升整体效能”工作方向，抓基础建设，保队伍稳定，不断优化队伍建设和监管水平，加强服务地方经济力度，提高服务水平，取得一定成效。

强化业务建设，把关监管能力不断提高 多项业务改革平稳推进。根据上级部署逐步全面推开海运、陆运分类通关改革和风险式审单改革，按照总署、总关关于“三查合一”的工作部署迅速做好保税中后期核查职能调整，承办“黄埔海关监管场所地磅在线监控系统”开发实现数据记录从手工归档转为信息化和风险管理。业务工作运行顺畅，整体业务指标水平总体保持良好。亚运安保工作圆满完成。妥善安排亚运期间值班工作，加强与地方亚运赛事负责部门的联系沟通、与执勤武警的配合，通过制作亚运安保文件集、组织亚运应急演练等，圆满完成安保任务。物流监控进一步优化。建立卡口理单制度，规范舱单货物名称填报，明确舱单更改审批及具体做法。

强化主动意识，服务地方经济促发展 一是做好地方政府决策预警服务。开展口岸进出口监测预警工作，每两月向口岸办编发海关工作情况简报，为地方政府及时提供口岸最新动态。二是把握需求拓宽政策公开服务渠道。走访增城市政府、口岸联检单位及多家企业；与国税局等单位共同举办促进增城市外向型经济发展论坛，组织召开“新塘海关2010年政策宣讲会”；在《新塘商情》上每月刊发常见问题、新政策及解读等内容；制作《新塘海关政务公开指引》宣传彩页对政务公开渠道进行说明；制发《新塘海关政务公开调查问卷》，收集企业对海关政务公开工作意见并有针对地整改。及时对政策变动等情况进行公告，指引企业用足用好政策。三是通关效率有效提高。成立通关时效管理小组，明确各科监控职责，具体部门每天向分管关领导汇报超过24小时未放行的查验、非查验报关单情况，人工审单时间大幅减少。四是积极扶持加贸企业。开通新增加贸企业业务“绿色通道”，为新企业迅速开展业务提供快捷服务。建立内销“快速通道”，全面推行“窗口作业”，实现内销审核“即时申报、即时出单”，加工贸易实现“一个窗口、一次受理、限时办结”，指派专人对有在执行手册的企业进行跟踪了解，及时解决企业在办理业务过程中遇到的问题。五是结合社会突发事件及时提供帮助。2010年5月底，因劳资纠纷罢工事件发生导致广州本田、武汉东风本田汽车整车厂停产，新塘关区内3家大型下游企业汽车零配件生产厂业务因而大幅下滑，对此海关指派专人主动与企业联系，密切留意和跟踪，每天向相关企业了解最新情况，为企业提供必要的政策指引。对企业正在办理海关手续中的货物及时提出处理意见，指导企业分流货物减轻库存压力及经济损失。

强化队伍规范管理建设 一是科室规范化管理示范点建设成效显著。建立科室规范化管理最主要、最具共性的日常行政管理运行机制和制度规范，搭建“科室规范化管理电子平台”，实现网上操作无纸化。在海关总署人事工作会议和黄埔海关推进会上，演示汇报得到上级部门的充分肯定。二是党建工作扎实推进。开展青年党员党史教育，积极拓展青年读书会，定期开展“文化课堂”在线视频教育、“好书好文章推荐”等活动；抓好“守信念、讲奉献、严纪律、重操守”主题教育活动和创先争优活动，做到与创建党员示范岗相结合，与“我为党旗添光彩”活动相结合、与基层海关文化建设相结合。三是能力建设再创佳绩。理论研讨成绩显著，学会小组被评为广州分会和黄埔海关优秀学会小组，多篇论文在关级及署级刊物发表，信息新闻宣传工作保持领先。

强化监督监控，反腐倡廉工作得到巩固 成立新的内控工作领导小组，围绕科室自查自纠、领导干部复核检查、定期常规和专项督察等基层海关3项重点做好内控工作。对科室自由裁量权使用情况进行对比分析监控，开展专项执法检查，确保制度落实到位。完善反腐倡廉制度建设。关领导与分管科室科长签订《党风廉政建设责任书》，进一步明确领导干部在反腐倡廉工作中的职责。落实“红包”治理制度，通过政策宣讲会、外勤下厂派发等方式向企业宣传《告企业书》，通过外经部门向企业派发《企业自查表》，积极治理“红包”等不正当利益。积极推广使用行风评议系统，现场业务报关员评议满意率为99.99%。加强与增城市检察院联系配合，促进双方联络员的工作交流常态化，组织关员到增城市廉政警示教育基地、增城市看守所共同开展廉政警示教育。强化与武警廉政共建双向监督。

（林晓薇）

黄埔新塘海关关长 梁浩城

【新塘海关缉私分局】2010年，新塘海关缉私分局以科学发展观为指导，紧紧围绕关区工作主题，牢牢把握“服务大局，优化管理，落实责任，努力开创关区缉私工作新局面”的工作着力点，坚持“以打促税、规范执法”为重心，以开展创先争优活动为主线，注重健全制度，规范管理，营造和谐警营文化，努力完成任务，有效防范“两大风险”。全年分局共刑事立案4起，案值人民币151.53万元，偷逃税款41.34万元万元；采取强制措施15人次。刑事预审受案5宗，侦查终结案件7宗，全部移送广州市检察院审查起诉，检察院提起公诉案件7宗，法院判决案件7宗共计13人，均为有罪判决，涉案价值572.99万元，偷逃税款89.16万元。案件起诉率、判决率以及质量考评达标率均达到100%。全年共立行政案件53宗，立案案值人民币1157.53万元，涉及税款人民币232.65万元；调查终结送审案件57宗；审结案件63宗，案值人民币216.65万，涉及税款人民币8.13万，审结率100%；罚没入库186.33万元，执行率为100%。其中受立案数与去年同期相比分别上升0.08%和0.06%。

积极发挥主观能动性，努力做好各项业务工作，有效防范执法风险 针对新塘关区业务量小，走私案件来源不多等客观条件，分局积极探索，不断拓宽案件来源，寻求突破，坚持量质并举，保证办案质量。①进一步规范办案程序，提高办案质量，防范执法风险。继续深化案件量化管理，科长全程跟踪掌控，不断提高办案效率和质量。年内，行政案件做到案件审结率和执行率均达100%，刑事案件起诉率、判决率以及质量考评达标率均达到100%。②注重与地方党政的协调，发挥打击走私综合治理的作用。积极对外协调，注重与公检法以及地方打私办等相关部门联系配合，利用综治平台，整合打私资源。今年共走访地方公安、检院、法院相关部门20余次，就涉案人员异地羁押问题以及走私犯罪嫌疑人涉嫌其他犯罪如何进行诉、判等问题进行商谈，效果良好。③积极开展追逃工作，严厉打击走私犯罪。大力开展追逃工作，追逃成绩喜人。全年共追逃抓获犯罪嫌疑人7人，破获案件2宗。④积极参与大监管体系建设，强化关警融合，提高关区反走整体能力。与海关各业务部门建立定期信息反馈机制，创设信息共享平台，积极参与大监管体系建设。分局每月将上一个月受理案件的情况与海关现场不作案件处理情况相互交换，加强对异常情况的分析，提高对关区反走私的掌控能力。

狠抓队伍建设，有效防范廉政风险 坚持把队伍建设放在首位，紧紧围绕中心工作，大力开展党建工作，狠抓廉政建设，确保分局队伍和人员思想稳定，为完成打私工作任务提供有力保障。①创新思想政治工作方法，营造和谐氛围，做好群众工作，稳定队伍。新塘分局针对队伍情况和时代特点，创新思想工作方法，寓教于乐，在活动中开展思想政治工作，取得良好效果。先后组织徒步登山、踩单车踏青、参观等各种活动，成立分局读书小组，推出《今日我讲》活动，提高分局民警的凝聚力和战斗力，为民警们搭建一个互相交流、共同提高的舞台。②创先争优活动为主线，统筹安排各项主题教育活动，以党建促进队伍建设。针对本年度教育活动多、学习任务重的特点，分局统筹安排，以开展创先争优活动主线，把“四查”教育整顿活动、“守信念、讲奉献、严纪律、重操守”主题教育活动、“警车、涉案车辆双查”等活动有机结合起来。通过以党建促团建、以党建带动科室正规化建设、执法监督检查、分局文化建设，充分发挥基层党组织战斗堡垒作用和广大党员的先锋模范作用。③规范化管理为抓手，严格管理。一是建立健全各项规章制度。利用各项教育活动，共查找出4个方面12个风险点；二是把贯彻落实《海关内务规范》和《黄埔海关全员队列训练常态化实施办法》与落实缉私局正规化管理“五个一制度”具体工作相结合，强化科室管理，规范考勤登记制度等各种日常管理制度等。④以落实党风廉政建设各项制度为重点，有效防范廉政风险。一是抓任务分解，按照年初缉私局党组下发的《黄埔海关缉私局2010年党风廉政建设和反腐败工作重点》，结合本局实际，把任务细化为5大项21条具体任务；二是认真组织学习黄埔海关有关红包管理的最新规定，按照新规定积极主动向新塘海关特派员和监察室反馈分局办案民警收受红包情况，自觉接受监督，全年未发现有办案民警收受红包情事；三是走访特邀督察员座谈会，听取意见、建议。

（周春晖）

新塘海关缉私分局局长 黄华南

【出入境检验检疫局】 2010年，增城出入境检验检疫局狠抓工作质量，依法行政，严格把关，优质服务，全年总体业务量呈现回暖稳步增长趋势。据统计，全局共受理出入境货物报检57536批，货值334826万美元，同比分别增长25.17%和39.04%。创先争优、擦亮品牌取得较好成绩。获得“2010年全国文明服务窗口”称号；“广州市2007～2009年度共建文明口岸先进单位”荣誉称号；1名同志被评为“2010年全国出入境检验检疫窗口服务文明标兵”；有10个家庭被评为2008～2010年度“广州市文明家庭”；4个家庭被评为2010年度“广州市书香家庭”。

“质量提升”活动取得明显实效 从3月初开始，利用各种渠道，向辖区内相关企业进行宣传、动员、免费培训，开展产品质量知识解读活动，加强对原材料入库检验检疫，加强涉及安全、卫生、环保项目的检测，充分发挥检验检疫机构技术和信息等资源优势，完善检验检疫技术和信息服务平台，及时为外经贸企业提供产品质量安全技术和信息服务。全年共向辖区内约300家生产企业派发标准和进口国技术要求等资料1200多份；对180多家企业，约670人次进行了质量管理方面和国内外法律技术法规的培训。

稳步推进出口商品合格评定工作 于6月30日前对辖区内的全部419家出口工业产品生产企业实施分类管理。其中一类企业2家，二类企业196家，三类企业221家，产品类别覆盖玩具、鞋类、纺织品、服装、摩托车、木制品家具等。在分类管理工作中，注重加强动态管理，做好两个及时。一是对于已分类的企业，加强监管，及时对企业类别进行调整；二是对于新增企业，做好书面评定和现场评定工作，及时将新增企业纳入分类管理。全年按照规定取消7家已结业企业的分类资格，完成2家企业三类升二类的升类评定工作。

服务地方经济发展措施有力 2010年，增城出入境检验检疫局主动搭建服务沟通平台，与增城市政府及其相关部门加强协调和合作，检查《合作备忘录》的运行成效，及时调整和改进服务措施；对出口活畜、活禽、水生动物以及农产品全额免收检验检疫费。利用自2010年3月1日起，中国正式对秘鲁签发自贸区优惠原产地证契机，事前做好相关宣传工作，实行"一对一"帮扶格局，方便企业办理业务，指导和帮助企业不断开拓新兴市场，取得明显效果。促进"增城钢管"强势进军海外、"增城漆"被亚运会指定临时公交车图案专用漆、"增城牛仔""增城摩托车"优势产业快速发展、增城热带观赏鱼水产品出口实现游出国门、游向欧美市场零的突破和增城花卉苗木打开东南亚市场的大门，不断推动增城地区出口农产品多元化。据统计，增城地区生产出口服装的企业有近400家，全年出口批次达3万批，出口金额超过18亿美元。共签发入、出境货物通关单30860份，跟海关数据比对成功率99%，确保通关单联网核查工作顺利开展，有效打击逃漏检行为。签发各类优惠原产地证书6131万份，签证金额17149万美元，获得国外海关减免关税优惠金额约为858万美元，这相当于为增城口岸各出口企业节省相等金额的成本费用，为出口企业扩大出口创汇提供有利条件，促进增城地区对外贸易的健康快速发展。

配合做好2010年广州亚运工作 组建和加强培训亚运专业人员工作团队，健全广州亚运会检验检疫工作机制，建立高效有序的工作方案和各项预案31个，建立与地方政府联络信息平台，先后成功组织开展广州亚运会各种检验检疫综合应急演练，组建包括防疫消毒队、抢险队、疫情处理队、救护队等急救援队伍，做好应急救援物资和防护物品的储备。采购灭火器械、防毒器械、防护服、交通工具、药品等应急救援物资。协助做好国内参赛马匹的检疫、监管、防疫、监测、处理工作。抽调3名兽医专业的一线检疫人员先后参加广东局亚马办组织的各种培训，共计6人次。9月中旬，马术测赛在从化马术中心举行。应广东局的要求，派出2名检疫监管工作小组成员于9月6～20日到从化马术中心执行检疫任务。他们所在的工作团队因工作出色，受到广州市万庆良市长的高度好评。在亚运安保方面，做好国内亚运物资供应企业的检验监管工作；加强集装箱港口通关能力，圆满完成广州亚运保障任务。

防控能力得到有效提升 加强口岸检验检疫把关，共截获和鉴定有害生物21种，433种次，主要有红火蚁、散大蜗牛、台湾乳白蚁、米扁虫、扁甲、蜘蛛、褐蕈甲、毛衣鱼、赤颈郭公虫等，其中红火蚁检疫性有害生物5批次，苍耳2批次。从截获的疫情来看，有害生物主要从来自美国、澳大利亚等国进口的废纸中截获。

科技实力上台阶见实效 根据年初全国质检系统开展检测工作整顿的活动方案要求，对实验室的资质状况、体系运行等进行全面检查。完善补充管理制度19项，先后确认检验标准69项。报名参加认监委组织的本年度能力验证，包括食品微生物能力验证、蔬菜中的毒死蜱能力验证、塑料熔体速率能力验证、化妆品中的汞能力验证，进行42个检测项目的室内比对实验，比对实验结果均为满意。组队参加广东局组织的检测大比武活动，在东莞赛区的检测大比武活动中取得好成绩。顺利完成国家局2010年"传染病血清学检测"能力验证计划；3篇论文/文摘入选《总局南方八省十一局热带病卫生检疫联防组十周年专刊》优秀论文。

质量管理体系有效运行 2010年全局证单平均差错率为0%，均符合证单差错率小于3%的质量目标；发出证单差错率第1、2、3、4季度均为0，符合质量目标中发出证单差错率小于1‰的要求；业务流程差错率第1、2、3、4季度均为0，符合率100%，满足业务流程符合率95%以上的质量目标，服务状况良好，体系运行有效。

全面加强监管工作 按计划完成9家出口企业的监督检查，涉及认证机构8家，涉及证书13张。其中质量管理体系认证证书6张，食品安全管理体系认证证书2张，HACCP认证证书2张，环境管理体系认证证书1张，无公害农产品认证证书2张。查出有问题认证机构2家，有问题咨询机构1家。未发现违规使用认证标志的情况。检查中发现的问题，企业已按照质量体系要求进行整改。共查处2单违法案件，为外贸企业挽回经济损失，维护检验检疫机关高效清廉依法行政的良好形象。

开展"两大建设"主题活动 采取"依靠地方、联合部门、抓住企业、监管产品"的大质量工作机制，设置标准和方向。在促进增城产业转型升级、加强经济技术开发区建设、增城品牌农产品“迟菜心”的制标和检测等多项工作中主动与广州市增城质量技术监督局加强协调配合；为出口企业解决标准缺失、技术瓶颈等现实问题，增强企业转型升级的信心和决心，形成部门联动、齐抓共管的工作局面。在大质检文化建设上，以规范化制度化为目标，建立完善单位全面发展的长效机制。充分发动广大党员积极参与党建文化调研，推荐参考书籍共5套85本，撰写党建论文8篇。积极开展示范岗、知识讲座和创文活动，选购一批集中反映现代社会主义核心价值观为主的优秀书籍供职工阅读参考。利用宣传橱窗、局内网、悬挂标语、手机短信等形式广泛宣传先进典型，组建网上交流园地，为干部职工提供读书学习交流平台。通过一系列文化活动，充分展示检验检疫文化的特点和特色。

（林新华）

增城出入境检验检疫局局长　张永红

【新塘出入境边防检查站】 2010年，新塘出入境边防检查站以科学发展观为指导，牢固树立“平安亚运高于一切”的思想认识，本着严之以严、细之又细的原则，举全站之力、集全警之智，严密组织，严格管控，圆满完成了“平安亚运、和谐亚运”的工作任务，并以此为契机，推动边检服务水平更上新台阶。据统计，全年共检查验放出入境船舶732艘次，出入境员工5009人次。全年未发生任何事故和案件，未发生有效投诉，收到服务经营单位感谢信1封，牌匾2个，锦旗1面。全年2人荣立个人三等功，受部局表彰先进个人1名；荣获总站个人嘉奖6人次，集体嘉奖1个；被总站评为优秀警队1个、优秀检查员1名、先进集体1个；受总站表彰优秀党支部1个、优秀党务工作者1名、优秀共产党员1名。

抓好两级党组织建设，不断提高班子战斗力　在党委班子建设方面，以增强班子能力意识、责任意识和忧患意识，提高党委成员理论水平和执政能力为目标，充分发挥党委的核心领导作用。一是落实好党委中心组学习制度。党委坚持每月一次的中心组学习制度，采取解读文件、观看教育片、座谈讨论和撰写心得体会等形式，重点学习贯彻胡锦涛总书记在深圳经济特区建立30周年庆祝大会上的讲话、党的十七届五中全会精神和十二五规划等内容。二是严格落实民主集中制。全站各项重大工作事项，都通过党委会或党委扩大会，按照民主集中制原则予以决定，充分发挥集体领导的作用。三是加强作风建设。党委成员每周深入基层不少于2天，调查了解队伍教育管理、业务执勤、后勤保障以及民警学习、工作、生活的实际情况，广泛征求意见和建议，督促指导基层工作，积极帮助警队和民警解决实际问题。在支部班子建设方面，着重抓好三点：一是配齐配强支部班子。根据领导干部交流情况，对各基层支部缺额委员及时进行增补，保证支部班子的完整，提高基层党组织的战斗力。二是严格落实党支部七项组织生活制度。三是加强对支部工作的领导和指导。挂钩基层支部的站党委成员，责任明确，经常深入基层指导和督促各项工作和制度规范的落实。

强化队伍教育管理，确保队伍纯洁稳定　为加强队伍管理，确保队伍安全稳定，充分调动民警工作的积极主动性，主要采取了五个方面的措施：一是深入开展“敬畏职业，感恩生命”的主题教育实践活动，培养民警职业精神。新塘站选派民警前赴新疆红其拉甫边检站进行为期一个月的学习锻炼。并就红其拉甫边检站“特别能吃苦，特别能战斗，特别能奉献”的三特精神，组织全站民警深入学习讨论。二是落实好党员谈心制度。4月份，该站分层次对全站各级人员开展为期一个月的谈心谈话活动，帮助民警解决思想问题，为民警鼓干劲。三是落实好思想形势分析会。站和各部门、队坚持每月一次的思想形势分析会，同时，各队每月进行一次案件事故苗头分析，站每季度进行一次案件事故苗头分析，根据分析情况，有针对性地开展思想政治工作。四是坚持“以制度管人，按规定办事”的管理思路，通过站督察小组的严格监督检查，使各项制度规范落到实处。五是抓好绩效考评工作，坚持对民警每月的工作进行考评，按照公开公平公正和奖勤罚懒的原则对民警作出等次评定，激发民警的工作热情。

全力以赴抓管控，打赢亚运安保硬仗　亚运安保工作是边检工作的重中之重，该站以亚运安保工作为主线，举全警之力，采取最严格安保措施，全力实现以“平安亚运、和谐亚运”的工作目标。一是加强组织领导。年初，新塘站成立由沓世德站长挂帅的亚运出入境安保指挥分部，全面负责亚运安保工作的组织领导。同时设立亚运工作专职办公室（“亚运办”），根据不同工作任务分别设置7个专项工作小组，各司其责，确保亚运安保工作落实到位。同时对各项工作进行周密部署，先后制定新塘站亚运安保总体方案和14个专项工作方案、预案；制定码头值守勤务、亚运安保实战阶段值班执勤情况一览表、亚运会期间勤务动态一览表等一系列表格，确保亚运安保各项工作有计划、有步骤、有条不紊的开展。二是统一思想，激励士气，充分发挥民警的积极性。亚运安保工作时间跨度大，工作任务重，心理压力大，为激励队伍士气，最大限度发挥民警潜能，新塘站加强教育引导，统一思想认识，通过大会、小会、学习、座谈等多种形式宣传亚运安保工作的政治意义，将其作为一项政治任务要求全体民警必须无条件服从并圆满完成。同时，该站开展创建“党员先锋岗”、争当“亚运安保先锋”活动，以及“我为亚运安保码头值守加班100小时”活动，号召党员民警为亚运安保多出一份力、多做一点事、多加一个班、多站一个哨。先后召开亚运安保动员、再动员大会和决战誓师大会，全体党员郑重地向党委签订承诺书。三是抓住重点，调整勤务，扎实推进亚运边检工作。在勤务方面，根据亚运安保工作的特殊要求，及时对执勤模式进行科学调整。特别是进入一级响应阶段，各级值班实行双人值班制度，4名处级领导安排成两组，负责对全站执勤任务实行统一指挥，靠前指挥。调整业务能力强，作风硬的业务参谋负责勤务指挥中心昼夜值班，保证警令畅通，上传下达指令及时。在警力调配方面，由于亚运安保实施码头24小时值守勤务，一线值勤警力严重不足。为解决这一难题，站党委及时研究，动员一切力量，男女老少齐上阵，安排调研员、部门领导、机关人员下基层，占机关警力70%，缓解一线执勤压力，确保码头值守任务完成。在实战阶段，该站抓住三个工作重点，即：船舶检查、码头值守、处突应急。在船舶检查方面，坚持做到六个100%：100%接、送船舶；100%做到“三见”（即见人、见船、见证）；100%进行登轮检查；100%进行船体检查；对停靠码头的船舶100%站岗值守、巡查到位；确保人证对照、证件识别、信息录入100%正确；在码头值守方面，码头值守设置临时哨位，以边检民警为主，边检协管员为辅，对码头实施24小时站岗值守；在处突应急方面，处突分队全天24小时备勤，每月不少于两次演练，在亚运安保实战阶段对码头进行武装巡查，展现边检的威慑力。通过站党委的精心组织和全站民警的努力，圆满实现“平安亚运，和谐亚运”的目标。

开拓创新，进一步推进提高边检服务水平　2010年是提高服务水平工作承上启下的一年，为全面深入推进提服工作，新塘站着重抓好三点：一是抓好教育培训。通过举办各种培训班办，使民警牢固树立服务理念，为服务工作定位和指明方向；培养民警职业精神，为服务工作提供精神动力和境界；提高专业素质，增强服务能力和水平。二是抓好精细服务，主动推进提服工作深入开展。新塘站从便民利民、服务地方经济建设出发，先后推出多项便民措施，实行登轮服务、短信服务等亲民服务。对民警的言行举止、动作规范提出具体要求。省、市各新闻媒体和刊物也先后对该站开展提高边检服务水平工作的措施进行报道和刊载，赢得社会对边检系统的较好赞誉。三是开展警务评议，加强外部监督。为进一步了解外界人士对边检工作的评价，新塘站定期以走访、发函的方式，向政府相关部门、口岸联检单位、船舶代理公司、往来港澳小型船舶员工等，了解提高服务水平工作取得的效果。据统计，全年走访地方政府、企业、友邻单位、群众22次，广泛征求意见，改进服务内容，使边检服务更贴近群众，更能被群众接受，更实现服务的最大化。同时先后聘请社会特邀监督员4名，对边检执法和服务工作进行监督。

（杨成友）

新塘出入境边防检查站政委　沓世德

【广州新塘海事处】　2010年，新塘海事处认真贯彻落实广州海事局工作总思路，紧紧抓住广州亚运会在增江河举办龙舟赛的重大契机，牢固树立“海事服务亚运、亚运成就海事”新理念，坚持水上交通安全管理中心工作，以学习创新为动力，以科学发展为主线，努力弘扬“庆文精神”，全力推进年度工作任务，积极服务地方经济建设，促进新塘海事又好又快发展。全年辖区水上交通安全无事故，办理船舶进出港签证及口岸查验64791艘次，货物吞吐量31598079吨，巡航4531小时、18153海里，发布航行通告11份，检查客运码头渡口1317座次，规费征收979.58万元，创历史新高，圆满完成第16届亚运会龙舟比赛水上安全监管任务。新塘海事处被广州海事局评为亚运先进单位、年度表扬单位，消防工作、政务信息工作也被广州海事局评为表扬单位，连续第三、第四季度取得广州海事局车辆管理“流动红旗”称号。

依法行政，规范管理，积极探索水上交通安全管理规律　全面盘点“十一五”纲要，根据“十二五”期间本辖区港口发展及主要业务的发展趋势，初步明确“十二五”海事管理总体思路、发展目标和工作重点等。重视水上交通安全监管规律的研究，依法行政，规范管理，大力推进半军事化管理，每星期组织干部职工开展队列训练，每月开展风纪检查，按半军事化管理的要求规范人员的工作行为，进一步提高人员的安全意识、服务意识和纪律意识，为海事中心工作提供有力保障。年初，王瑾辉同志撰写关于“进一步发展增城市水上运输业，促进地方经济发展”的调研材料，被增城市政协作为2010年1份工作提案提交增城市“两会”；喻增盛同志撰写的《广州港船舶载运危险品管理SWOT分析及对策探讨》荣获广州市安全生产监督管理局主办的2010年安全生产研讨征文一等奖；卢日玩、陈家富、陈洁宜同志撰写的相关论文及政务信息分别被《珠江水运》、《中国水运报》、《信息时报》等报纸杂志采用，为探索水上交通安全管理，服务地方经济提供了理论依据。

抓好落实，认真做好雾季及防洪防汛现场水上交通安全保障工作　新塘海事处辖区船舶种类多，水上通航环境复杂。针对水上季节性安全监管实际，切实做好危险天气的预防预警工作。一是及时将雾季等危险天气情况通过手机短信、签证窗口告知行政相对人，特别是渡船驾驶员和锚泊船舶船员，提醒注意天气变化，做好安全防范工作；二是主动派发防台防洪、龙舟活动、通航管理以及严禁船舶使用低闪点燃油等宣传单张，增强船员安全意识，促进安全生产责任制落到实处，并加强现场巡查，保障雾季、防洪防汛期间辖区的水上交通安全形势稳定。

采取措施，认真做好"春运"、"两会"、"清明"、"五一"、端午龙舟节的水上交通安全工作　继续落实节假日值班应急反应机制，节前工作做实、做细，节日期间值班到位、安全监管到位。采取有效措施，确保辖区"春运"、"两会"、"清明"、"五一"、端午龙舟节期间水上交通安全形势稳定，为地方构建和谐社会作出应有的贡献。重点做好新塘辖区为期18天的龙舟节的现场监管工作，把龙舟活动现场监管工作作为亚运会前期的演练。组织现场人员开展封航、警戒、清道护航现场监管演练，组织海巡船艇开展消防救生防污染演练。针对现场监管时间长、景点多、任务繁重的实际，新塘处提前介入，提前摸查、主动服务，抓好落实。一是通过在签证窗口、现场海巡派发安全宣传单张，召开辖区安全工作会议，主动走访龙舟活动较多的新塘镇、石滩镇政府，向镇人民政府和街道办事处函告海事部门对龙舟活动的相关要求，提高船舶及龙舟活动人员的安全意识，切实做好龙舟活动期间安全提醒和监管工作，积极营造良好的安全氛围。二是制定预案，根据每个比赛场地具体情况制定警戒方案，做到有备无患，在端午节和龙舟活动期间，每天按照制定预案组织人力物力，派出海事执法船艇、海巡车和海事员到现场对举办锦标赛及游龙例景活动的龙舟活动区域做好现场警戒，切实保障龙舟节期间辖区水上交通安全持续稳定。

积极巩固乡镇渡口渡船安全监督管理工作成效　积极巩固乡镇渡口渡船安全监督管理工作成效，把业已形成的各项有效工作措施及工作方法形成长效管理机制不断加以巩固。每月坚持主动联合增城市交通局、新塘港务分局、相关镇街等职能部门开展联合执法大行动，加强对渡口渡船、自用农船的现场安全检查，跟踪落实监督，保持有效的信息联络和通报制度，提高预控能力；坚持向地方政府通报制度，与交通局联合发文的形式对检查中发现问题及时通报相关镇街和部门，及时消除渡口渡船安全隐患，保障辖区渡运安全。全年联合当地政府职能部门检查渡口11次，检查渡口98道，检查渡船150艘次。

积极推进船舶安全大检查，做好世博安保、亚运安保工作　认真做好对到港船舶的安全检查工作，切实履行上海世博会水上交通安全与应急保障工作职责，抓好进出上海港船舶安全检查、船舶签证管理工作，特别是加大对到港小型海船、危险品运输船的安全检查力度。全年共对130艘次沿海船舶、399艘次内河船舶实施安全检查，滞留沿海船舶4艘次，内河船舶8艘次，其中实施世博检查74艘次，实施亚运专项检查64艘次，对存在重大安全缺陷的低标准船舶"顺航988"轮等12艘船舶按照船舶安全检查管理规定的有关要求和程序依法实施禁止离港的海事行政强制措施，为上海世博会顺利安全举办、广州亚运安保工作创造良好的水上交通安全环境。

安全生产月、亚运专项整治等各专项行动工作扎实有序推进　结合亚运安保工作，新塘海事处积极开展各专项整治行动。将水上交通安全大检查、安全配员及AIS、空气质量检查、"亚运百日安全大检查"、船员安全教育及实操性检查、安全生产年、安全生产月等各专项行动有机结合，扎实推进，将"四客一危"船舶、砂石船超载、低闪点燃油作为重点加大现场检查力度，保持高压威慑力。全年共实施行政处罚88宗，实施行政强制14宗，对33艘次超载船舶实施处罚，对存在重大安全缺陷的低标准船舶"荟通138"轮等12艘船舶实施禁止离港的海事行政强制措施，3次及时将航标灯移位通报航道部门处理，保障航道航标正常，较好地防范辖区重特大水上交通事故的发生。

加强对船载危险货物的监管力度，积极开展辖区安全隐患排查治理，确保港口运输安全　为确保辖区载运危险货物船舶的航行作业安全，坚持每季度组织人员对辖区危险货物装卸作业场点进行检查，重点开展对水上加油站的动态安全监管，全年共计检查液化危险品码头52座次，检查水上加油站12艘次；加大打击使用低闪点燃油船舶力度，加强对到港签证船舶把关检查，对重点跟踪使用低闪点油品船舶进行全方位跟踪落实，在对船舶进行抽取油样检查的同时积极向船主宣传使用低闪点燃油的危害性，要求船员提高自觉使用闭杯闪点不低于60℃燃油的安全意识，严禁船舶使用非标油。全年共对42艘次船舶实施抽取油样检查化验，其中亚运专项检查22艘次，跟踪检查8艘次，发现不合格船舶1艘。

规范管理，把好船舶检验发证关　完善船舶检验工作台帐，规范船舶检验档案管理，深化船船检验质量体系运转，从源头上把好船舶检验发证关。全年检验船舶 108 艘次、13362 总吨，检验发证差错率为零。

发挥海事专业优势，提前介入增江画廊水上游绿道建设 针对增城市政府大力打造 50 公里增江画廊水上游绿道的实际，积极主动服务增城市社会经济发展，力促增江河水上旅游项目健康开发。主动走访增城市交通局等相关部门，提前介入，了解增江画廊水上游绿道项目的建设情况，明确有关旅游观光船艇和船员的准入要求和海事部门对旅游船艇的监管要求。在广州海事局的大力支持下，协助举办增江画廊游船船员客船特殊培训班，共有 8 名驾驶员、11 名水手及 15 名实习导游参加培训班学习并取得相应证书，为增江画廊游船按计划营运创造条件。

借举办亚运会的契机，力促增城市政府开展窝棚船专项整治 利用亚运会龙舟比赛在增江河举办的契机，再次向增城市政府提出开展增江河上游窝棚船专项整治工作建议，并得到采纳。增江河窝棚船整治工作历时 4 个月，在整治过程中，充分发挥海事专业优势，在调查摸底、丈量、动员船主签订《自愿拆解申请书》、拖带、拆解等环节中，克服人手紧缺、监管工作任务繁重等困难，组织海事执法人员配合增城市委、市政府开展整治工作，确保窝棚船清理工作安全、有序进行。据不完全统计，新塘海事处共出动车辆 90 驾次，人员 180 人次，合计清理增江河初溪水闸至小楼河段 176 艘窝棚船、4 艘闲置砂石船、13 艘沉船及 63 艘无证小艇，有效地消除存在增江河多年的重大水上交通安全隐患，保护增江河水资源，为 2010 年亚运龙舟赛在增江河的顺利举办创造良好的通航环境，为增江画廊游船项目的开发创造良好条件，得到增城市政府领导的充分肯定。

精心组织，给力亚运，圆满完成第 16 届亚运会龙舟比赛现场监管任务 亚运前夕，积极配合和主动承担地方政府有关水上安全"急、难、重"的工作，为完成亚运安保任务，主动上门为公安机关举办一期摩托艇驾驶员培训班，培训摩托艇驾驶员 18 名；为新塘仙村过江电缆等涉亚项目优先审批、提供服务，切实做好亚运赛场水上安全监管，保障水上交通安全；处领导多次主动走访增城市委市府领导、交通局、体育广电新闻出版局等部门，了解亚运会龙舟赛水上安全保障工作，就增江河亚运龙舟赛赛场建设及赛道布设、赛道测试等提出海事工作意见和建议，指导现场安全工作，上门办理各种手续，得到承办单位肯定。第 16 届亚运组委会龙舟团队多次在增江河举办亚运联调测试演练，新塘海事处积极组织力量开展水上交通管制，确保测试赛顺利进行。切实落实亚运会龙舟赛防污应急工作，组织落实防污染专业队伍和设施布置警戒，发现油污及时清除，14 天警戒期间共清除水面漂流油污 10 多次，保障亚运会期间增江河水质符合要求，圆满完成第 16 届亚运会龙舟赛水上交通安全管控工作任务。增城市委、市人民政府及第 16 届亚运会龙舟赛组委会分别向该处送来"优质高效 服务保障"的锦旗及感谢信。

（罗钦发）

广州新塘海事处处长 刘清亮

城乡建设管理

【概况】 根据《中共增城市委 增城市人民政府关于印发〈增城市人民政府机构改革方案〉、〈增城市人民政府机构改革方案实施意见〉的通知》（增委发〔2010〕1 号），明确"组建市城乡建设管理局，将市建设和市政局承担的除涉水和城乡绿化、公园管理以外的职责整合划入市城乡建设管理局。不再保留市建设和市政局。"，2010 年，市城乡建设管理局以大部制改革作为一个新起点，坚持以科学发展观为指导，以开展创先争优、创建全国文明城市和迎接广州亚运会为契机，切实履行好城乡建设和管理的各项工作职责，扎实推进市政基础设施建设和城乡环境建设，圆满完成亚运人居环境整治、城乡环境卫生综合管理、污水治理和河涌综合整治工作、查处违法建设暨整治户外广告招牌等一系列城乡建设和环境整治工作，取得良好成效。

【亚运人居环境综合整治】 根据增城市委、市政府迎亚运人居环境综合整治工作的部署，2010 年，市局负责牵头、协调实施的迎亚运人居环境综合整治项目共 24 项。按照《广州市 2010 年亚运会增城市城市行动暨赛时运行亚运场馆道路建设与城市主干道建筑外观整饰专项工作方案》的要求，重点是对亚运场馆及亚运通道周边的环境进行整治及美化；同时完成亚运场馆周边 7 项道路工程建设，工程总造价为 2.5 亿元。截止 2010 年 11 月 8 日，共拆除亚运通道和场馆周边的建筑物和乱搭建 148828 平方米，拆除整治亚运通道和场馆周边的户外广告招牌 31249 平方米，绿化亚运通道和场馆周边，种植乔木 22252 棵、灌木 14597 棵、草皮 71200 平方米，亚运通道和场馆周边外墙整饰 21656 平方米。

【城乡环境卫生综合管理】 继续对全市各镇街环境卫生情况进行定期或不定期的检查，向有关部门通报巡查检查情况。"二级政府、三级网络"的管理机制，以及生活垃圾收运体系和城乡环境卫生门前责任制度基本建立，城乡环境卫生状况明显改善。在亚运会召开前夕，市局负责牵头启动"9·30"清洁城市百日志愿行动和“清洁家园、喜迎亚运”全面清洁工作任务，全市共投入人员21206多人次，在增城市城乡范围内开展大规模的城乡环境容貌管理和城乡环境卫生洁净行动。实现各镇（街）重点区域环境卫生全面清洁，确保以“整洁、有序、精致、优美”的城乡环境迎接亚运会的召开。

【污水治理和河涌综合整治】

市局充分发挥增城市治水办工作的职责作用，至2010年6月底，全面完成广州市下达的治水任务。全市共投入资金共16.5亿元，全面完成广州市下达的治水任务，分别扩建、新建6个城镇生活污水处理系统（含6个城镇生活污水处理厂、管网79.4公里、泵站7个）；建设了77个行政村的107个农村污水处理设施及241.44公里配套管网；综合整治二龙河。通过开展污水治理与河涌综合整治工作，城区镇区生活污水处理率由原来的14.26%上升到86.96%，农村生活污水处理率达到43%，区域内水环境质量得到全面提升。

【违法建设暨户外广告招牌及“六乱”整治】 根据市委、市政府工作部署，市局组织全市各镇街开展为期两个月的集中查处违法建设和户外广告招牌及“六乱”整治行动，重点加大亚运通道沿线两侧建筑物整治力度，拆除乱搭乱建的违法建设，清理不规范户外广告牌、招牌，整治城市“六乱”，进一步提升增城市城市景观综合水平，为亚运会的召开营造优美的城市环境。2010年7月中旬至9月底，全市共拆除违法建设440宗，拆除面积为189737.41平方米；拆除户外广告招牌3018宗，面积159415.1平方米；整治“六乱”28855宗。

【狠抓安全生产和文明施工管理工作】 加大质量安全监管力度，开展一系列的整治活动，及时发现和消除质安隐患，杜绝重特大安全事故发生，确保平安迎亚运；认真抓好与市政府签订《安全生产责任书》各项工作的落实；根据广州市建委落实建筑工地达“六个”100%的要求，与各镇（街）及城监大队联合执法等形式有机结合，确保实现亚运会亚残运会期间环境控制目标；全年共组织安全生产、质量、文明施工大检查和专项整治行动10次，检查工地651个次，发现问题，依法整改；组织制定《市燃气突发事故应急救援预案》，协同安监局组织燃气安全应急演练、培训和宣传工作，加强对全市燃气企业的安全检查；加大供水行业管理力度，确保全市饮用水质安全。

【推进有形建筑市场健康有序发展】 不断创新招标管理和服务机制，抓好服务场所建设，加强信息网络建设，2010年7月正式使用广州交易中心网络系统进行交易，实施房屋建筑及市政基础设施年度保证金制度、资格后审、综合诚信评标等制度，完善评标专家库建设和招标代理机构库建设，营造阳光工程交易平台。2010年1～12月共完成建设工程招标292项，总造价101.04亿元，建筑面积666.59万平方米，同比分别增长43.8%、43.1%、130.2%。

【热诚服务民营企业和基层经济发展】 大力加强建设工程招标备案、人防工程专项备案、质量安全登记和施工许可等业务案件工作管理。热诚提供咨询服务，简化办事程序，大力协调、理顺工程报批过程中的各个环节，提高办事效率，加快项目审批速度，全力推进项目报建办理等工作，2010年没有出现超期办结的业务案件，整体提前办结率为68%。

【规范建设工程造价管理】 不断规范建设工程造价管理，实行招标控制价全信息化备案，加强工程造价信息化管理，掌握市场动态。根据建筑市场动态定期向有关单位发布地方建筑工程主要材料指导价格。2010年，全市共办理招标控制价备案共83项，金额17.77亿元，同比分别增长26%和4.5%。

【促进房地产市场稳健发展】

进一步加强房地产开发企业管理，抓好开发企业资质年检工作，全市共办理开发企业资质年检共61家，全部年检合格；全市完成房地产开发投资93.12亿元，同比增加16.4%。

【加大推广应用新型墙体材料和散装水泥工作】 应用“普通混凝土空心砌块”、“蒸压加气混凝土砌块”和“蒸压灰沙砖”等新型墙体244项，应用基金达7420.46万元，分别同比增长87.69%和190.1%。同时，抓好散装水泥推广应用工作，全市建设工程使用散装水泥200.56万吨，同比增长139.49%，大大提高建设工程质量，推进建筑节能工作。

【加快实施政府重点项目建设】 2010年，由市局主办的政府投资重点建设项目总投资16.89亿元，其中2010年投资10.2亿元。截至2010年12月底，共完成投资约5.02亿元，占全年投资计划的53.34%。一是完成开园路、增江大道（一、二期）、亚运龙舟赛场周边市政道路改造、荔城大道排水及综合改造工程，为亚运会的召开提供安全、便捷、舒适的交通环境。二是完成增城广场周边灯饰光亮市政工程和增江河一河两岸景观灯饰工程，营造景致优美、环保节能的光环境。三是继续完善荔城污水处理厂河西污水管第二期、增江河东岸截污主干管工程的管网和泵站建设。四是抓紧推进棠厦垃圾填埋场整治工程和科技文化博物馆（含101工程）建设。五是加快实施荔湖大道改造工程（北三环连接线）、垃圾无害化处理厂、增城歌剧院项目前期工作，争取早日动工。

【抓好市政基础设施的建设改造和绿化管护，有效推进创文工作】 结合当前公共文明指数测评工作和市创建办的整改通知，市局明确工作重点，加强巡查，加大对市政公共设施的建设和管护力度，把整改工作落到实处。开展中心城区绿化升级改造，完善中心城区道路标识、标线，设置交通标志线及指示牌，安装城区道路中间分隔护栏及交通路口分隔护栏，对旧城区的富鹏路、城丰路等人行道进行全面改造。加强城区市政排水井盖和交通灯信号井盖的管理，落实日常维护制度，制作井盖标识铭牌。推进内街内巷的硬底化建设，中心城区内街巷已基本无裸露土质，提升文明创建水平。截至2010年12月底，建成市政道路总长89.28公里，城区市政道路安装路灯共16380多盏，已建成各种管径的排水排污管道132.6公里，建成区绿化覆盖面积1249.81公顷，建成区园林绿地面积1136.61公顷，建成区绿化覆盖率52.67%，人均公共绿地面积23.24平方米。

【深入开展爱卫工作】 在全市各镇（街）组织开展专业队伍群众运动、经常与突击相结合的爱国卫生运动，有计划、有步骤、高标准地开展创建卫生村工作。全市有6个镇被评为“广东省卫生先进镇”。另外，大力推进农村改厕工作，建成3771座水冲式三格化粪池户厕。通过发放卫生宣传单张、海报、投入药械等措施，积极做好亚运场馆、接待酒店及其周边的病媒生物控制工作。

（何莹君）

增城市城乡建设管理局局长 麦文光

国土资源和房屋管理

【概况】 2010年，增城市国土资源和房屋管理局积极发挥土地房屋管理在城市建设和发展中的引领作用，切实抓好保障供应、科学用地、改善民生、加强监管、规范管理等重点工作。土地报批方面，共上报上级部门征地14个批次，面积共4202.83亩，涉及增城经济技术开发区的工业用地7个批次，面积为2443.45亩，占58.14%。批回新征地9个批次，合计14241.29亩。其中，单独选址项目共4个，面积13290.38亩；国有批次用地3个，面积635.93亩；农村集体批次用地2个，面积314.99亩。在上级部门待批的用地共26个批次，44宗地块，总面积8761.40亩。土地收回方面，由镇街与原权属单位签订协议收回后移交市局土地开发储备中心运营储备的土地共16宗，面积1283.81亩。土地供应方面，市局共完成供地36宗，面积9840.11亩，其中出让土地25宗，面积5207.32亩；划拨供应土地11宗，面积4632.79亩。合同涉及土地出让金约21.37亿元，通过各种形式已征收到账出让金约39.67亿元。

【充分发挥土地利用规划对用地的指导作用】 市局积极研究促进相关规划与土地利用总体规划相衔接的政策措施，强化土地利用总体规划的整体控制作用，严格执行经营性用地及工业用地招标拍卖挂牌公开出让制度、用地会审制度和工业用地项目评审制度。同时，结合本市南中北区域土地类型分异明显的特点，落实差异化的土地利用政策，充分发挥土地利用规划对用地的指导作用：一是在南部平原集中安排产业建设用地，推进原有低效产业用地的产业结构调整和提升，提高土地利用产出率；二是在中部地区合理和有重点安排城市建设用地，建设宜居城乡；三是在北部地区适当安排基础设施、生态旅游用地，在保护农用地和林地的基础上，发展生态农业和生态旅游。该土地利用总体规划修编方案已通过专家评审，并举行市镇两级土地利用总体规划听证会。

【采取有效措施努力破解指标难题】 农转用指标紧缺问题成为制约本市社会经济快速发展的瓶颈，加上国家级开发区的成功升级，导致本市“小马拉大车”的问题日益突出。为解决这个问题，市局通过开展调查研究，形成可行性建议提交增城市政府于9月14日印发《关于采取有效措施促进征地报批多方保障我市产业用地需求的意见》，针对性提出十点意见，明确落实措施的责任单位，这些措施正在有效推进当中。

【科学安排使用农转用指标】 经市局向上级积极争取，广州市2010年共分配增城市年度农转用指标2236亩，在广州市排第4位。按项目类型和轻重缓急程度，该局配合市政府科学安排使用全市农转用指标，共完成2419.43亩用地上报省国土资源厅。

【积极探索置换批而未供（未用）土地的农转用指标】 本市率先探索调整置换批而未供（未用）土地的农转用指标用于急需重要项目，通过此种方式获得农转用指标432亩，帮助解决中金数据项目677亩用地报批指标问题，并已上报省国土厅。

【加快推进三旧改造和城乡建设用地挂钩工作】 市局积极配合各镇街、市“三旧”办加快推进“三旧”改造，尤其是政府主导的改造项目，积极引导“三旧”改造土地用于现代产业项目用地。对于“三旧”改造效果明显的镇街，优先安排指标用于该镇街的新增用地报批。按照《广东省城镇建设用地增加与农村建设用地减少相挂钩试点工作管理办法（试行）》的规定，积极探索通过增减挂钩方式使用省下达的周转指标，按时复垦归还周转指标，缓解农转用指标紧缺状况。

【创新保障房建设和管理工作】 2010年12月，本市首个政府保障性住房项目顺利完工，共建设廉租住房170套和经济适用住房593套。全市共发放廉租住房租赁补贴650户，其中新增发放150户，累计发放金额约131.86万元；新增配售经济适用住房家庭536

户。同时，市局立足于保障市民“居住权”，积极开展新型政府保障性房源筹建工作，如中新镇40000平方米配套安置房、新塘镇40000平方米外来工公寓、朱村街30000平方米及派潭镇10000平方米配套安置房项目，均由市住房保障办配合属地镇街拟定项目建设管理工作方案、制定房源分配流程、确定分配对象、加强后续管理等工作，为今后采取多种形式实现本市城乡一体住房保障体系建设积累先进经验。

【推进农村危破房改造】 2010年初，市局组织对全市农村危房进行摸查，最终确定2926户需要进行改造，争取到广州市国土房管局下拨资金1530万元对第一批765户农村危房进行改造，资金已全部拨付至镇街。市局联合相关部门加强指导和检查各镇街对农村危房分期分批进行改造，与市财政局联合印发《农村危房改造的工作细则》，结合正在开展的新农村建设工作，以城乡统筹发展为目标，实行统一规划，逐步消除危险房屋的安全隐患，第一批765户危房改造已基本完成。

【提升服务水平，做好房地产交易登记工作】 市局通过房地产交易税费前置、设立税收窗口和设立批量件收件窗口等多项便民利民措施，提高服务质量和业务受理速度。2010年，市局窗口收件量高达70820宗，同比增长2.78%；办理房屋交易登记25397宗；商品房初始登记15583户；增量房转移登记12647宗；预购商品房抵押权预告登记11359宗；在建工程抵押权预告登记1594宗；办理预售款监控账户开户审批89宗；监控账户撤销监控审批50宗；公开出让（挂牌出让）国有建设用地使用权26宗；土地使用权转让交易86宗；自建房初始登记1557宗；办理国有土地使用证277宗、集体土地使用证99宗；办理查封登记561宗；办理抵押登记和抵押涂销登记12362宗；各类评估760宗。

【做好地质灾害防治工作】 市局联同广州市地质调查院多次对本市地质灾害隐患进行现场核查，先后编制2010年、2011年《地质灾害隐患点汇编》，经排查核销，现全市共有隐患点75处。通过建立健全地质灾害巡查、灾情险情速报、预警预报、汛期值班、防治责任等制度，有效推进地质环境保护、监测和地质灾害防治工作的规范管理。

【查处违法用地情况】 ①全面完成2009年度卫片执法检查工作。根据国土资源部提供2009年度卫星遥感监测影像图片，本市违法用地图斑32宗，涉及土地面积410.21亩，市局做到违法用地立案率、查处率和结案率均达到100%。2009年本市国家卫片执法已经通过国家土地督察广州局和省、市国土部门检查，辖区内没有出现被国家、省确定为违法用地典型案例，确保平安用地。②认真开展2010年1～11月自查卫片工作和土地动态巡查。经初步核查，卫片显示本市变化图斑共有2048个，涉及面积21204.50亩，其中，属于新增建设用地763宗，面积14198.41亩，占用耕地面积2224.05亩，其中合法用地432宗，面积13602.07亩，占用耕地面积1958.3亩；违法用地331宗，面积596.34亩，占用耕地面积265.75亩；实地伪变化1228宗，面积6967.09亩，违法用地占用耕地占新增建设用地占用耕地比例为11.95%。对上述发现的违法用地，市局及时向相关责位单位（人）下发整改工作方案、整改通知书，明确整改要求及完成时限，要求各镇（街）、工业园区加快完成下达的违法用地整改任务。

【处理闲置土地情况】 严格按照广州市2010年3月1日开始实施的《广州市闲置土地处理办法》，坚持以用为先的处置原则，有效盘活利用闲置土地：一是通过招商引资有效盘活、激活闲置土地；二是以收购、有偿协商收回的方式盘活闲置土地；三是依法收回符合条件的闲置土地，纳入政府供地储备，再协商补偿事宜；四是对既不配合政府招商引资盘活，又不同意政府收回的闲置土地，坚决调出农转用指标统筹使用于其他重点项目用地。2010年，通过激活转让盘活土地77宗，面积913.134亩；实施收回土地使用权11宗，面积979.67亩；督促动工开发建设，项目建成后核销闲置状态9宗，面积331.014亩。

【不断加强人才建设】 ①人员招录情况。本局全年公开招聘硕士5人，本科生15人；20人获得初级职称，6人获得中级职称，有力充实国土房管系统的人才队伍。②中层竞争上岗情况。全年组织2次中层干部竞岗，2名同志竞上土地开发储备中心副主任岗位，5名同志竞上机关科室科长岗位，3名同志竞上下属事业单位所长岗位，让更多有能力的年轻干部走上中层岗位，进一步配强中层领导干部队伍，增强战斗力和凝聚力。

【加快信息化和精细化管理】 ①构建空间管理系统。以第二次土地调查成果数据库为基础，整合全局业务数据资源，推进国土数据库平台应用，基本实现国土资源数据的“一张图”管理。同时，加强数据库平台应用技术培训，提升全局信息化管理手段和水平，通过建立国土业务专网，促进成果资源共享与应用。为全市6镇3街国土所、增城经济技术开发区、增城市国际旅游度假城管理委员会、地籍测量队等多家单位铺设国土资源业务专网，促进建立广州市、增城市、镇（街）三级联网的成果应用共享保障机制。②完善国土房管系统网站。对局网站进行升级改造，各科室、单位指定信息员专人负责，每日更新网站信息，建立局信息公开督办机制，规范政务公开的信息发布、更新程序、任务要求、政策规定、措施办法、服务承诺以及责任追究等。通过完善网站建设，在更大的范围、以更加快捷的形式，及时全面地向群众和社会公开各种信息。③推进档案电子化扫描归档。学习借鉴广州市局、各区分局的先进经验，聘请专业公司对纸质档案进行电子化扫描储存，进一步提高档案工作效率、确保储存安全和加快规范化信息化建设，被评为2010年档案管理先进单位。第一阶段的档案扫描工程已采取服务外包的方式由专业公司承包，以逐步实现档案管理电子化、标准化、规范化。

【以办事指南调整进一步提高服务水平】 根据法律、法规、政策的调整，及时组织各科室、部门编制新的《增城市国土资源和房屋管理局办事指南》，印刷成册并在网上公布，为群众直观、方便、实用地查询和了解市局工作发挥重要作用。新编办事指南内容涉及13大类、近百项主要业务，重点公开业务项目名称、办理依据、收件资料、办理部门、办理窗口、办理时限、收费标准、办结时限以及审核流程等，进一步简化办事程序，提高工作效率和服务水平。 （龙俊民）

增城市国土资源和房屋管理局党委书记、局长 向俊波

市城乡规划

【概况】 2010年，市城乡建设局以科学发展观为指导，以扎实推进增城市提出的“深化建设主体功能区、实施公园化战略、统筹城乡科学发展”为工作主线，坚持规划与建设并重，管理与服务并举，夯实进取、开拓创新，努力抓好城乡规划的编制和新农村建设的指导管理工作，为全面提升增城市城乡规划建设水平作出积极的努力。

【城乡规划编制工作】 开展总规、控规、专项规划、村庄规划的规划研究工作，提高规划设计水平，强化规划的实操性，使全城市域城乡规划研究和城乡规划项目有一个全面的统筹和规划。①总体规划方面。继续推进《增城市城乡总体规划（2008—2020)》修编工作，纲要成果已经增城市第十三届人民代表大会第五次会议审议通过，于2010年6月通过省建设厅和广州市规划局联合在增城宾馆组织召开的《增城市城乡总体规划（2008—2020)》纲要成果专家评审会，已进入正式成果报批阶段。指导新塘、石滩、中新、小楼、正果、派潭开展镇总体规划修编和调整工作，协助白水寨管委会开展《增城市白水寨风景名胜区总体规划》调整和报批工作。②控规和专项规划方面。《陈家林周边地区控制性详细规划》已经过技术审查、专家评审的程序，已进入报批阶段。继续推进和指导各镇街编制重点地区控制性详细规划和专项规划，如《新塘镇市政专项规划》、《朱村街飞鹅岭片区控规》、《朱村街农场局片区控规》、《广州东部客运交通枢纽地区规划》等，并做好下一步规划跟踪管理服务。按省建设厅工作要求编制《增城市基础设施完善“十二五”规划》。③村庄规划方面。市局创新村庄规划编制的内容和手段，以简单明确的“四张图”的编制方式，在时间短、经费有限的情况下，完成全市村庄规划编制工作。除了城市规划覆盖的29条村庄以外，其余253条行政村已完成设计成果并通过专家评审，村庄规划覆盖率达到100%。其中219条村的设计编制工作已完成村内公示、村民代表签名、镇（街）申报的结题程序，结题率达86.6%；其中有196条行政村完成规划审批手续，完成审批率达78%。同时，全市及各镇（街）村庄布点规划完成终审专家评审。结合第二次土地调查，组织完成全市农村宅基地及房屋信息调查工作，并形成《增城市农村住宅摸底调查分析与推进新型农村社区建设的对策研究》。为本市规范农村建房、建设农村新社区和统筹城乡规划工作奠定了坚实的基础。④城乡规划编制技术成果获得多个奖项。市局以“强化编制、简化管理、优化服务、突出效果、引领建设”为工作思路，坚持技术强局，不断加强规划编制与研究，注重组织编制和自主创新工作，注重技术成果质量把关，在2010年各层次规划协会的技术成果评奖当中，取得丰硕的成果。新农办主编的《增城市新农村规划建设指引》项目获得“2009年度全国优秀城乡规划设计奖”（村镇规划设计类）三等奖。由局主持、组织的规划项目，在2009年度广东省优秀城乡规划设计评选活动中，获得二等奖1项、三等奖2项和表扬奖1项；在2009年度广州市优秀城乡规划设计评选活动中，获得二等奖1项、三等奖3项和表扬奖2项。

【城乡规划管理工作】 ①不断探索创新审批机制，提高服务水平。认真履行“优化服务、促进发展”的承诺，继续深化探索“要件把关、容缺受理、关口后移、刚性审批、弹性流程、补齐发证”的行政许可机制，实施保障治污工程的“四项举措”和促进民营经济发展的“五项举措”，使各项重点工程建设得以有效保障，各项规划审批工作得以顺利完成。特别是实施“网上预约咨询、提前审查”的审批机制，收效显著。例如建设科，共受理预审案件30多宗，提前介入、耐心指导和解决问题，待前置资料和前置审批完成后，可以最快速度完成建筑单体报建手续，大大提高办案效率，为本市建设项目早动工、早投产提供便捷条件。②以促进发展为己任，提高规划审批效率。全年共完成政务案件

1472宗，比上年增长65.4%；受理办结业务案3844宗，比上年增长56.2%。批出业务案3461宗，其中：参加市招商项目联审19宗；核发《建设项目选址意见书》17宗，总用地面积82.2公顷；批出《建设用地规划许可证》119宗，批出规划条件48宗；批出修建性详细规划157宗，用地面积1144.2公顷，可建建筑面积1657.6万平方米，比上年增长30.66%；批出《建设工程规划许可证》860宗，批建总建筑面积808.1万平方米，比上年增长98.2%；核发《建设工程规划验收合格证》516宗，总建筑面积达到322.38万平方米，与上年基本持平。同时，测量队实施放线、验线1496宗，建筑面积1160.2万平方米，比去年增长65%。在业务量大幅度增长的情况下，全体员工保持高昂的斗志，把各项业务审批时间控制在15个工作日以内，把“绿色通道”项目审批时间控制在3个工作日以内，以高审批效率推动增城市经济持续高速发展。③落实协同查处机制，大力查处各类违法建设。2010年共查处违法建设358宗，涉及违法建设面积28.7万平方米，发出《违法建设行政处罚决定书》143份，违法建设罚款金额53312元，代表市政府向各镇（街）发出《责成拆除违法建设通知》共71份。按照市政府的工作部署，重点查处相关区域的违法建设行为：完成对13宗位于广汕公路五一村路段和金星村的违法建设行政处罚程序；完成对65宗位于新塘镇宁西湖中村的违法建设定性；完成对10宗位于荔城街罗岗村、光明村违法建设定性；配合白水寨大道扩建改造工程，完成对11宗位于白水寨大道横岗（土名）段的违法建设定性；配合石滩镇荔华货场整治工作，完成货场内19幢建筑物的违法建设定性，对另13幢违法建筑物启动查处程序，发出《违法建设行政处罚告知书》；查处居住小区内违法建设行为，完成对54宗碧桂园凤凰城业主违法建设案（第一阶段）案件的调查和立案程序，逐步按程序进行严肃查处；对市国土局通报给本局的42宗“卫拍”违法用地案件的地上违法建筑物作出行政处罚决定；主动开展建设项目用地内的环境整治行动，清理取得合法项目用地内的乱搭乱建行为，美化市容环境，促进项目早日按规划实施。④加强传播与沟通，为规划有效实施创造环境。充分发挥“增城规划在线”网站优势，实施规划展示、受理公示、批前公示、批后公示、审批结果和在办案件查询的信息公开工作，公开办案程序、立案标准和技术标准，接受公众的监督；加强与市民互动沟通，通过网站的“公众参与”栏目，对市民的636条咨询和建议都作了回应；实施规划信息依程序公开制度，全年共提供规划档案信息查询182宗；认真贯彻落实市委、市政府的信访接待制度，加强民意了解、沟通民情，全年共接信访案件63宗，办理行政复议1宗，办理行政诉讼2宗；认真办理人大建议、政协提案共9件，办结率达100%；积极开展和参与对镇（街）工作人员、兄弟单位和村官的规划业务培训活动，积极营造全民关心规划、参与规划和遵守规划的良好氛围。

【城乡建设工作】 ①圆满完成绿道网建设和增江画廊建设的组织工作。组织完成257.91公里自行车休闲健身绿道和21个驿站的建设，超额完成省、广州市下达的任务（134.7公里绿道和13个驿站）。重点加强四方面工作：一是实施增江画廊绿道和码头建设；二是结合绿道建设加强沿线周边的环境整治和绿化种植；三是加强绿道沿线村庄的环境卫生教育和管理；四是开展绿道效益评估和绿道运营市场主体的培育。通过一系列的建设、管理和保障机制，使绿道纳入统筹城乡发展的系统，发挥最大的社会、经济效益，基本实现“幸福市民、快乐游客、致富农民”的绿道建设宗旨。②以专业的水准完成增江天然泳场和增江西岸环境整治工程。增江天然泳场和增江西岸环境整治工程是“2010广州亚运会”龙舟赛场的重要配套工程，是增江画廊的重要组成部分，是增城市政府为民办十件实事之一。新农办作为项目实施的主体，充分发挥专业技术优势，进行“规划设计效果、施工质量、工程进度、投资控制”四位一体的严格管理，不但建成亮丽的增城一景，还通过合理技术安排，使项目实际总投资比计划总投资减少500多万元。③全面完成农村生活污水治理工程（一期）。按照《广州市污水治理和河涌整治工作方案》（穗府函【2008】101号）的精神及广州市污水治理与河涌综合整治任务书（2009～2010年）的工作部署，本市农村生活污水治理工作分3年完成，覆盖6镇3街共77条村庄，涉及农村常住户籍人口186250人，总投资1.49亿元。市局制定《增城市农村生活污水治理工程建设工作方案》，并牵头负责前期设计、协调统筹、督促实施等工作。至2010年6月，全市77条村庄的农村生活污水治理工程全面竣工，并验收完毕。④规范农村建房管理工作。为切实加强农村建房管理，建设美好家园，规范农村建房行为，集约节约利用用地，提高农民生活质量，让农民过上美好生活，市局根据市委、市政府工作部署，牵头组织开展规范农村建房的政策研究工作，起草《关于增城市农村宅基地使用及建房管理规定》，获市十三届人大五次会议原则通过，已经由市政府颁布实施。⑤高效完成增城市学习实践科学发展观布展工作。按市委、市政府的工作安排，市局承担“增城市学习实践科学发展观展览”的布展策划设计和建设实施工作，从接到任务到交付使用，仅仅用3个月时间，建成集多媒体、规划模型和发展成就展于一体的小型展览厅，在学习实践科学发展观活动和日常招商引资当中发挥重要的作用。⑥高效完成生态美食园区的规划建设工作。为营造良好的荔城门户地区环境，迎接亚运会及世界旅游日的全球主会场庆典活动，该局负责生态美食园的规划和建设工作。在不足2个月的时间内，顺利完成增城生态美食园的规划和建设工作，以富有岭南特色并与自然生态相融合的作品呈现在市民面前，确保世界旅游日全球主场庆典活动和第二十四届广州（国际）美食节在该园区顺利举行活动。据统计，国庆节假期的前3天，生态美食园的入园人数超10万人次，最高入园人数4万人。生态美食园和增江天然浴场一样，做到花钱少、速度快和效果好，成为本市体现专业队伍水准的精品工程和样板工程。

【城乡规划信息化建设工作】 ①规划管理信息化成果推陈出新。2010年，市局测量队除完成增城市城乡规划管理信息化平台创新体系建设应用研究以外，还取得6个软件著作权，完成一系列的测绘和信息化建设项目：在1：2000航测地形图的基础上，完成全市域1：5000地形图的编绘，以满足项目选址、总规设计、地形评价、勘察、科研、应急服务等方面工作急需用图的需求；完成《增城市城乡发展与规划地图集》的编制，作为本市第一本结集出版的集线划、影像和社会经济专题信息为一体的信息化地图集，以满足政府各部门项目选址、行政审批的精细化管理需求；研发数字增城空间地理信息公共服务平台，满足增城市各部门对基础性信息资源的共享及应用的需求；建设增城市三维互动全景展示系统，全面展示增城城乡发展面貌，可作为招商引资、规划选址和旅游推介的工具，走出地理信息服务于其他行业与大众的新路子；建设可移动图形辅助决策工作站，集成综合办公系统、规划管理信息系统、三维互动全景展示系统，并集成各系统中的基础测绘、城乡规划管理数据库数据，应用单机版工作站的模式，为市政府、各职能部门及各镇街主要领导提供可移动图形辅助决策工作站，实现可移动办公模式；建设基于互联网的“增城市城乡规划局综合办公系统”，更方便、更安全的提供文件传阅、签发和办理，使得规划局的公文管理更加有序快捷，提高公文办结的效率。这些技术性、基础性的成果，为该局的快速反应能力提供强大的技术支撑。②喜获部级科技进步一等奖。市局以“科技服务于发展、服务于社会、服务于应用”为宗旨，创造性地将先进测绘技术、GIS技术、关系数据库技术和网络技术引入城乡规划管理工作，以基础数据为核心，以规划数据库建设为纽带，以应用服务为发展动力，实现地理空间信息资源跨部门共享，在县域城乡规划空间信息框架和一站式服务模式进行初步的探索。在国家测绘局与中国测绘学会联合举办的2010年测绘科技进步奖评选中，市局申报的《县域城乡规划管理信息化平台体系创新与建设应用研究》项目荣获测绘科技进步奖一等奖，这是本市首次获得省部级科技进步一等奖，是全国县级城市在测绘科技方面获得的最佳成绩，该局也是广东省近五年来第一个以第一完成人获得国家科技测绘科技进步一等奖的单位。

【中心镇建设工作】 稳步推进中心镇的建设。根据增城市政府《关于调整增城市农村中心镇村规划建设领导小组成员的通知》（增府办函〔2009〕16号）文件精神，市农村中心镇村规划建设领导小组办公室自2009年起调整至该局新农村规划建设办公室。按照广州市政府《关于我市中心镇行政执法体制改革试点的意见》（穗府〔2008〕64号）文件精神及有关规定，结合本市实际，市局制定《增城市新塘镇行政执法体制改革试点实施方案》并经广州市批准实施。已协助新塘镇开展委托下放部分执法权限工作，落实改革的相关配套保障措施，为新塘镇乃至今后的中心镇顺利推进简政强镇事权改革工作奠定基础。根据各中心镇的实际情况，明确扶持发展重点和梯次发展的次序，发挥区位优势和辐射功能，坚持城乡统筹，指导各中心镇大力推进新型工业化和城镇化进程，大力推进道路交通建设和市政公共服务配套设施建设，大力推进环境综合整治，有序推进全市农村中心镇村各项规划建设工作，各中心镇经济社会保持较快发展，社会各项事业全面进步，城乡面貌有较大改善。

【城市战略性规划研究工作】 ①积极推进轨道交通前期规划工作。主动推进与增城市相关的穗莞深城际轨道、地铁13号线、地铁21号线、地铁16号线、地铁6号线、广汕铁路、广深铁路和谐号、广深铁路市郊列车以及铁路货运东北绕行线九条轨道交通规划研究工作。注重技术协调，主动拿出科学、可行的技术方案供上级部门和设计单位参考，各项轨道交通规划前期工作取得卓有成效的进展。针对广州市建设国家中心城市、综合性门户城市的战略目标，市局自下而上提出利用五条轨道交通交汇的“新塘站”规划建设广州东部交通枢纽中心，从根本上解决广州“东大门”缺失问题的构想。组织编制广州东部交通枢纽中心商务策划、城市规划和城市设计，组织编制广州市东部门户功能区概念规划，积极争取把“广州东部门户功能区”和“广州东部交通枢纽中心”的规划功能纳入广州市总体规划、交通发展战略规划、综合交通规划和“十二五”规划当中，争取提高到广州市的战略高度来实施，以更高的城市功能来提升增城市发展的竞争力。②科学、精细规划，高效完成本市土地利用总体规划的优化调整工作。在国土部门负责的增城市土地利用总体规划成果报批之前，该局进行科学、精细规划，拿出具体落实红线的土地利用总体规划修改方案，调出原规划方案中安排不当的8742亩建设用地，按城乡规划进行重新安排布置。该项工作不但确保增城经济技术开发区、轨道交通站点周边和东部新城等一系列重点开发地区的发展载体，同时扫除一批可能扰乱增城市科学发展的“地雷”，基本实现“城规”、“土规”、“两规合一”。③以城市发展核心要素和空间资源配置为基础，大力支持增城市“十二五”规划的编制工作。主动编制《广州市东部门户功能区概念规划》和《增城市“十二五”重点发展地区和重点项目规划》，提出增城市“十二五”期间抓住两大机遇（广州建设国家中心城市和综合性门户城市、广州市轨道交通建设），实现三大目标（产业新区、宜居新城、幸福增城）的发展思路，以城市发展功能目标为主线，在空间上落实本市“十二五”期间的重点发展地区和重点建设项目。该规划成果在市政府全体会议上进行宣讲，并发往各镇（街）和部门参考。④以解决问题为导向，编制重点开发单元的规划指引，指导土地储备、招商引资和基础设施建设。打破传统的规划编制模式，围绕重点开发单元，编制一批简单、明了、实用和可以快速支持工作的规划指引文件，明确用地范围、规划性质、基础设施和用地权属关系，明确土地储备和基础设施建设的任务安排。完成规划指引的重点开发单元有：轨道交通13号线温涌站、东洲站、新塘站、官湖站和象颈岭站周边地块；新塘镇陈家林地区、太平洋工业区改造片区、宁西工业园和东江南岸工业小区；增城经济技术开发区“一区多园”的增江东区高科技工业园和广本研发中心为核心的创意园区；荔三工业带的岗尾工业园、江龙工业园和元美工业园片区；石滩镇中心城区、中新镇南部三旧改造地区和白水寨风景名胜区核心区等。同时，完成市土地储备中心54宗储备土地的前期规划研究（初步规划条件），在土地储备工作之初提供明确的规划指引，避免矛盾和失误。根据城乡规划、用地实际和市场形式，制定朱村松田学院旁边地块、石滩公园旁边地块和派潭坦泥矿地块的规划条件，促进土地收益大幅度增收，实现从“卖土地”到“卖规划”的转变。⑤快速反应，形成重点项目和重大基础设施的规划研究方案供市政府决策。在城市快速发展时期，重点项目和重大基础设施的规划选址往往与原有规划存在一定的差异性，需要规划部门与时俱进，快速拿出对策和规划方案供市政府决策参考。2010年，完成北汽南方基地的规划选址方案，为北汽项目顺利落户增城提供相应的技术支持；完成新塘医院项目选址、前期研究和设计任务书等前期工作，促使新塘人民多年的期待尽快成为现实；在用地条件局限的条件下，市局提出科学、可行的招商修建性详细规划方案，促使两个总部经济的项目落户新塘镇。在重大基础设施方面，完成北三环高速公路、新派高速公路、白云机场—知识城—增城开发区—东莞的快速路、广园东仙村立交至石滩镇区的快速路、中心城区二环路、广汕路外移线和光辉大桥等道路设施的选线方案，为骨架道路建设提供科学依据。完成新塘镇、中新镇与萝岗区的城市道路规划衔接方案，为广州东部地区道路交通一体化打下良好的基础。 （司元贵）

增城市城乡规划局局长 邓毛颖

环境保护

【概况】 2010年增城市环境保护工作按照市创建全国科学发展观示范市和文明城市的总体部署和要求，以迎接亚运盛会为契机，积极开展环境综合整治，大力推进污染减排，不断加强生态文明建设，全市环境质量持续改善，环保服务与推动经济又好又快发展的能力持续提升，环境保护和建设工作取得新进展。

【环境质量】 2010年，增城市环境空气质量优良天数362天，优良率为99.2%，二氧化硫、二氧化氮和可吸入颗粒物等主要空气污染物平均浓度持续下降，其中二氧化硫、二氧化氮和可吸入颗粒物均达到国家二级标准；水质状况总体保持良好，柯灯山水厂饮用水源地28个监测项目全年监测均符合Ⅲ类标准，水质达标率100%，城市水域功能区达标率100%；城区区域和交通干线环境噪声平均值分别为55.6分贝和66.6分贝，符合国家规定标准，声环境质量有效控制。

【亚运环境整治】 增城市2010年亚运环境整治工作以“天更蓝、水更清、路更畅、房更靓、城更美”为目标，全面推进迎亚运环境综合整治工作，在亚运开幕前完成各项任务，使各项环境质量指标均达到国家二级标准，优于亚运会要求。一是落实空气污染综合整治任务。完成5家重点工业企业降氮脱硝和17家重点工业企业脱硫除尘，约削减氮氧化物200吨和二氧化硫2000吨。淘汰小型燃煤锅炉360台。完成251家挥发性有机物企业治理和增城市范围内被列入广州市整改范围的储油库、加油站、油罐车全部油气回收治理。对57家餐饮店实施油烟净化设施安装或综合整改，加强机动车排气污染综合整治，开展机动车尾气抽检和严厉打击“冒黑烟”现象，对排气超标车辆采取禁止继续行驶等强制性措施，对未在规定期限内维修达标的车辆实行顶格处罚；二是落实空气质量保障工作。编制《增城市环保局亚运会亚残运会环境保障与应急团队架构设置方案》，确保亚运期间环境安全。向全市应急减排企业印发《2010年亚运会及亚残运会期间增城市空气质量保障工业企业强化减排工作方案》，要求各减排企业务必采取有效措施严格落实减排任务。亚运会、亚残运会开闭幕式期间，对辖区内涉及减排任务的37家企业送达指令性文件，使应急响应得到全面的落实；三是落实亚运水环境质量保障措施。结合龙舟赛场是一个天然、开放式的场馆，赛场水质保障工作比任何项目难度都要大，而且还存在很多不稳定因素实际情况，在亚运期间，市环保部门通过加强水质监测、加强沿岸企业巡查、加强排污口整治、加强与增江河上游龙门县环保局协调沟通等措施，全面做好各项水环境保障工作，使赛场水质保持国家二类标准，符合亚运赛事水环境质量要求；四是持续做好水南涌环境整治工作。新塘镇水南涌综合整治是增城市迎亚运重点治水工程之一，加强对流域沿岸污染源日常监管和整治作为综合整治一项重点内容。市环保部门加强对流域内工业废水排放企业监管，严厉打击违法排污行为，对存在直接排放废水违法环境行为的企业，一律采取停水、停电、停止污水处理等停产处理措施。立案查处环境违法行为33宗，并处罚款约150万元，对69家企业作出停产处理，依法拆除4家漂染企业排污口。通过整治，工业废水排放得到明显控制，没有漂染企业废水直接排入水南涌，每天共减少工业废水排放约1.6万吨。

【污染减排】 增城市2010年主要污染物削减任务化学需氧量为1979吨、二氧化硫为1700吨，实际削减化学需氧量2080吨、二氧化硫1900吨，顺利完成广州市下达的年度减排要求，实现主要污染物双指标连续五年大幅度下降和“十一五”减排控制目标任务，重点做好三方面工作：一是突出重点，有效削减生活源化学需氧量排放总量。通过大力推进荔城、新塘、永和、石滩、中新及派潭高滩等6项污水处理系统建设和运行工作，使全市污水处理规模达到29.8万吨/日，铺设污水管网120多公里，城镇生活污水处理率将达到86.96%，建设77个村107个农村污水处理设施及其管网铺设，新增化学需氧量削减量1780吨；二是突破难点，大力推进工业企业污染物治理。以重污染行业为重点，结合亚运会环境污染整治，大力推进工业企业污染物治理，5家企业完成降氮脱硝工程治理、17家企业完成脱硫工程治理、2家企业完成中水回用工程，一批洗漂印染企业开展自愿性清洁生产，新增二氧化硫削减量约1000吨；三是把握源头，切实控制排放总量增长。综合利用法律、经济、科技和必要的行政手段打击环境违法行为，将总量削减指标作为环保审批的前提条件，以排污许可证为核心核定企业主要污染物的排放总量，同时通过加强环境执法力度，关停和整治一批洗漂厂、皮革厂，新增化学需氧量削减量约300吨、二氧化硫削减量900吨。

【服务和优化经济】 全年共受理审批各类建设项目环评263个，比上年同期增加101个。项目总投资额266.1亿元，其中环保投资额为10.99亿元，占总投资的4.1%（超过项目环保投资2%要求）。全年否决不符合政策要求的建设项目13个；建设项目竣工环保验收合格34项，预验收12项，有6项由于污染治理设施不符合要求等原因没有获得通过。一是制订环保服务和促进民营经济发展实施意见，围绕扶持和服务两个工作着力点，结合全市环保工作情况，把优化服务和促进民营经济发展作为今后一段时期环保工作的重中之重；二是营造良好环境准入条件，先后完成广州增城汽车产业基地、广东增城工业园区及石滩镇“退二进三”产业基地等三项区域环评工作，白水寨省级风景名胜区、国际旅游度假城区域环评工作正加紧实施，为优质项目的落户提供良好准入条件；三是严把审批关，通过提高环保审批准入门槛，综合运用市场及行政等手段，变招商引资为招商选资，建立招商引资项目准入评估机制，充分发挥环保审批“调节器”“控制阀”和“助推器”作用，从源头控制污染，对引进的项目在环保节能等方面进行前期评审和严格把关，有效控制和减少新增污染量的产生，把有限的环境容量留给更好的企业，为产业转型升级提供环境保障；四是落实入园漂染企业单体环评审批工作，通过单体环评，进一步推动完善入园企业各项证照的办理，促进漂染企业提高清洁生产水平和加快升级改造的步伐，规范园区企业管理；五是做好重点区域及行业整治和搬迁引导工作，提出对沙埔仙村片区漂染企业群、田桥工业园、青上化工等重点区域或重点行业进行整治和搬迁的计划。

【环境监管】 一是做好环境信访办理，通过开展全市环境投诉信访案件督察检查行动等工作，严厉打击各类环境违法行为，切实把环境保护领域存在的矛盾化解在基层和萌芽状态中，全年共受理各种环境污染投诉709宗，规定时限内办理率100%；二是加大环境执法监督检查力度，以“多还旧账、不欠新帐”为目标对污染行业实施铁腕执法，对突出环境问题结合日常信访投诉处理、环保审批项目验收等工作，采取部门联动、源头把关、过程控制、末端治理等措施进行强力整治，对违规排污企业坚决实行“零容忍、全追究”。全年共出动执法人员8900多人次，检查企业1750多家次，立案查处环境违法案件153宗，作出行政处罚406万元；三是按照全面清理整治饮用水源保护区内的排污口的工作要求，完成水源保护区排污口整治工作，共拆除或封闭排污口298个；四是全面落实挂牌督办任务，对四项被省环保厅或广州市环保局实施挂牌督办的突出环境问题一一落实，广州新滔水质净化有限公司完成整改并由省环保厅予以摘牌，田桥工业园环境综合整治的挂牌督办任务全面完成，并已提请市政府向省环保厅提出摘牌申请；夏埔工业园5家企业落实整改和工业园外漂染企业进行综合整治督办任务均已顺利完成，在9月底按时向广州市环保局申请摘牌；五是加强排污费征收，结合日常环境监察检查和各项专项检查，督促排污企业按规定依时完成年度排污申报，依法核定排污费，坚持依法、足额、全面、按时征收排污费，全年共征收排污费约1300多万元；六是加强环境监测能力建设，全年共获得有效监测数据16612个，同比增长30.2%，进一步完善环境监测机制；七是加强生态文明建设，成功创建广东省、广州市级绿色学校5所，广州市绿色社区1个，积极推进新塘镇西南村创建国家级生态示范村工作。（赖潜浪）

增城市环境保护局局长　蓝锦强

发展和改革

【概况】 2010年，根据中共增城市委 增城市人民政府关于印发《增城市人民政府机构改革方案》、《增城市人民政府机构改革方案实施意见》的通知（增委发〔2010〕1号），组建市发展和改革局。将市发展和改革局、市粮食局（合署办公），调整为在市发展和改革局挂粮食局牌子；市物价局不再单独设置，将其职责划入市发展和改革局（挂市粮食局牌子），在市发展和改革局加挂市物价局牌子。市无线电管理办公室、市信息化办公室职责划入市科技经贸和信息化局。这一年，该局着力抓好重点项目管理、全力编制市“十二五”规划纲要、积极推进统筹城乡综合配套改革试点工作、大力推动富县强镇事权改革工作、努力推进“退二进三”工作、认真开展本市政务服务中心规划建设调研工作、完善中小企业上市培育计划和贯彻落实民营经济实施意见、加强物价和粮食管理。牵头编制2010年全市固定资产投资重点建设项目计划，经市政府审定，全市重点建设项目134项，其中：政府投资重点建设项目91项，社会投资重点建设项目43项。按时完成广汕公路荔城至中新段改造工程等主干道路工程、亚运场馆及配套工程、城镇生活污水处理及农村生活污水治理等一大批重点项目建设。1～12月，重点建设项目累计完成投资98.95亿元，比上年增长20%，占全社会固定资产投资的61.57%，完成年度投资计划74.81%，已开工建设项目88项（其中政府投资项目54项，社会投资项目34项），其中，已完工或基本完工项目25项，占已开工项目总数的28%。

【科学实施重点项目管理，大力推动重点项目建设】 一是认真编制重点项目计划。按照突出重点、分清缓急的要求，筛选汇总各镇街、各部门申报的重点建设项目，提出全市政府投资重点建设项目计划草案报市政府审定后，由市财政局根据政府投资重点建设项目年度计划安排建设资金，最终由市政府确定本市2010年重点建设项目计划。二是切实执行重点项目管理制度。对重点建设项目管理工作进行深化和完善，切实执行重点项目管理制度。实行信息月报送、每月通报和每季度检查制度。三是编制本市政府投资项目管理办法。根据广州市政府《关于重申执行政府投资建设项目管理规定的通知》（穗府〔2010〕25号文）的精神和结合市领导的工作要求，参照周边地区的政府投资项目管理办法，制定《增城市政府投资项目管理办法》，发到各镇街、各部门征求意见，修改完善后于12月底报市政府审定。《管理办法》的编制主要为规范本市政府投资项目管理，尤其是对项目建设管理过程的程序控制和监管，合理使用财政资金，建立健全科学的项目决策程序和组织实施程序，保证工程质量，控制工程造价，加强管理监督，提高投资效益。四是制定相关规章制度。为加快全市重点项目建设，促进项目早落户、早动工、早建成投产运营，增强投资对经济增长的拉动作用，根据市委、市政府的要求，及时协助市政府草拟《关于明确2010年市政府为民办十件实事责任分工的通知》、《关于落实广东省和广州市重点建设项目责任分工的通知》、《关于明确2010年〈政府工作报告〉重点工作责任分工的通知》和《关于明确2010年政府投资重点建设项目责任分工的通知》，经市政府审定后，以规范性文件下发执行。五是加强工作考核问责。5月份，该局协助市委组织部拟定2010年度增城市镇街经济社会发展考评明细指标。对政府投资重点项目年度投资计划完成情况和信息报送情况进行考核，未按要求完成年度投资计划的，对项目建设单位相关责任人进行工作问责，进一步完善政府投资重点建设项目绩效考核机制。12月，对各镇街政府投资重点建设项目年度投资计划任务完成情况进行考核。六是积极谋划明年重点建设项目。10月22日，召开增城市2011年重点建设项目计划编制工作会议，布置增城市2011年重点建设项目和“十二五”重大项目规划项目计划编制以及广州市2011年重点建设项目申报工作，各镇街、各单位报送项目后，由市局主要领导带队对全市各镇街、各单位的申报项目进行现场实地调研，全面摸清和掌握申报重点建设项目情况。按照突出重点筛选各镇街、各部门申报的重点建设项目，形成《增城市2011年固定资产投资重点建设项目计划（初稿）》。

【全力抓好“十二五”规划编制】 按照市主要领导要把“十二五”规划“做实”的工作要求，以编制“十二五规划”纲要为中心，着重组织落实以下工作：①启动“十二五”规划编制工作。于上年底着手筹措“十二五”规划编制的前期准备工作，研究提出相关课题，确定规划体系基本框架，迅速组建规划编制专家组；于年初制定并以市政府名义印发《增城市国民经济和社会发展第十二个五年规划编制工作方案》，组织全市各部门启动“十二五”规划编制工作。②先后组织3次基础调研。纲要编写小组分别于4月上旬、7、8月上旬进行系统性的基层调研，分别组织召开镇街、开发区、市相关职能部门以及商会、重点企业的实地考察和专题座谈会，收集整理近年来本市经济社会发展的基本情况，以及各镇街、各部门对“十二五”时期的发展思路和构想等近二百万字材料供编写小组研究，为总结好“十一五”时期经济社会发展成就以及谋划“十二五”发展思路提供充实的基础条件。③加强“十二五”规划的战略研究。围绕落实广州“东进”战略，建设“现代产业新区”、“现代生态宜居新城”的目标，加强萝岗区、南沙区、花都区等广州十二区市“十二”时期发展定位、发展战略以及发展目标的对比研究，深化广州东部门户功能区、广州东部创新核心区、生态产业区等规划概念的研究，对汽车等十大产业的布局及发展重点进行重点策划，研究提出本市“十二五”规划指标体系。④结合“十二五”期间本市主体功能区建设、产业发展、城乡建设、生态环保、社会民生等方面的发展需要，谋划“十二五时期”重大建设项目。积极衔接和申报省、广州市“十二五”规划重大建设项目，认真筛选白水寨省级风景名胜区核心区、广州东部（增城）汽车产业基地、广东科利亚农业联合收割机项目、中金数据系统华南数据中心项目等15个项目申报省和广州市“十二五”规划重点项目，积极争取上级支持，推动重点项目建设。谋划广本年产20万台发动机项目、北汽集团华南生产基地30万辆整车项目、江西铜材年产40万吨棒材项目等产业项目以及广州东部交通枢纽项目、增江流域综合整治工程等基础设施建设项目等一批本级“十二五”规划重点项目及储备项目，为落实“十二五”规划谋划具体的抓手。⑤全力配合市委、市政府做好广州市委“十二五”规划调研组到增城市调研的各项工作，起草《建设现代产业新区 创建生态宜居新城 努力为广州建设国家中心城市作出积极贡献》的专题报告，汇报本市“十一五”以来经济社会发展现状、“十二五”时期发展初步构想以及对广州编制“十二五”规划的建议，加强增城“十二五”规划与广州市“十二五”规划的衔接。⑥全面加强市级重点专项规划和镇街规划的编制指导和督促工作。截止12月，主体功能区规划、基本公共服务均等化规划、增城经济技术开发区规划、商务城规划、生态旅游示范区规划、农业和农村经济发展规划、国土资源规划、综合交通体系建设规划、教育规划、卫生规划、金融业规划、输变电网络规划等12个重点专项规划以及荔城街、增江街、朱村街、新塘镇、石滩镇、正果镇和中新镇等7个镇街规划已形成基本思路或规划初稿上报，环保局已编制好《增城市环境保护“十二五”规划编制大纲》上报。同时，协助增城经济技术开发区深化发展思路研究，提出《增城经济技术开发区“十二五”规划编制总体思路的建议》。⑦基本完善规划纲要初稿。11月中旬完成规划纲要初稿呈市主要领导审阅后，征求各镇街、经济技术开发区以及各职能部门意见后加以完善；随后根据12月3日市委召开的“十二五”规划编制工作汇报会上市领导以及部门、镇街提出的意见，再次完善规划纲要。

【加强年度计划实施管理】 ①制定全市经济社会发展计划。一是年初全面检查了2009年全市国民经济和社会发展计划执行情况，研究提出本市2010年国民经济和社会发展计划，编制《增城市2009年国民经济和社会发展计划执行情况以及2010年国民经济和社会发展计划》报告，经市委、市政府审定后在年初全市十三届人大五次会议上顺利获得通过。二是于12月联合市委办、市府办等部门深入各镇街、开发区以及职能部门开展2010～2011年全市经济社会发展情况调研工作，为科学提出明年经济和社会发展思路以及计划做好前期基础工作。②做好经济运行监测和预测工作。一是坚持研究国际宏观经济环境的发展态势和国内宏观调控政策的具体变化，以及国家、省、广州市、百强县前15强和周边地区的经济运行情况，认真对比分析研究，及时总结本市经济运行的特点、趋势和存在问题，提出确保经济稳步发展的应对措施，形成针对性强的研究报告上报市政府，做好市领导的参谋。二是积极配合市政府做好每月国民经济主要指标执行情况通报，联合多个部门对各镇街主要指标执行情况实行监测并分解下达具体任务。三是坚持做好季度经济分析会的筹备和组织工作。特别是开展前三季度国民经济和社会发展计划执行情况调研，形成《关于增城市2010年1~9月份国民经济和社会发展计划执行情况及计划调整的报告》，做好向市人大作汇报的工作。

【稳步推进统筹城乡综合配套改革试点工作】 一是组织编制《增城市统筹城乡综合配套改革实施方案》。根据《增城市统筹城乡综合配套改革总体方案》的工作任务和目标，编制《统筹城乡综合配套改革实施方案》。经多次修改，数易其稿，于5月形成送审稿呈报市政府审定，10月经市政府常务会审议原则通过，11月经市委常委会审议原则通过，12月初印发执行。二是积极宣传试点工作，营造浓厚的舆论氛围。4月初，配合广州市发改委组织广州日报等8家主流媒体到本市实地采访统筹城乡综合配套改革试点工作进展情况，进一步扩大本市统筹城乡试点工作的社会影响，受到市领导的好评。三是制定《增城市统筹城乡综合配套改革试验2010年工作方案》，统筹安排全市改革试点的工作任务，推动试点工作顺利实现阶段性目标。

【大力推进富县强镇事权改革工作】 积极贯彻落实省委、省政府有关富县强镇事权改革的工作部署，努力探索本市简政强镇事权改革工作。围绕着破解下放事权工作的难点问题，分别到顺德、南海狮山等先行先试地区开展实地调研，详细了解先进地区推进事权改革的主要做法和实践特色。开展对新塘镇行政执法体制改革试点工作的调查研究，进一步了解事权下放的现状和存在问题，为下一步全市事权改革工作奠定良好的基础。9月份对全市各部门、各镇街进行事权下放工作的调研，初步整理出一份各部门和各镇街对于事权下放的目录，为下一步制定全市事权改革实施方案奠定良好的基础

【积极推进“退二进三”工作】 ①推进退二产业基地建设。按照广州市“退二进三”的总体要求，结合本市两个“退二”产业基地建设的实际，协调主办单位加强产业基地基础设施建设，争取更多符合本市产业规划的优质项目落户。增城市经济技术开发区先后引进五羊本田、珠江钢琴等优质项目。五羊本田已经建成投产，珠江钢琴已拟定投资意向书。另外，还有一批在谈的“退二”搬迁企业，如岭南集团等纷纷前来考察、洽谈，有望进一步加快广州“退二进三”产业转移步伐。②制定“退二进三”工作方案。为贯彻落实市政府《关于明确2010年政府工作报告重点工作责任分工的通知》（增府办〔2010〕8号）的精神，市局积极开展“退二进三”工作，8月召开“退二进三”工作会议，明确各镇街制定“退二进三”工作计划的具体工作和任务。根据各镇街报送的工作计划，结合本市实际，制定《增城市“退二进三”工作方案》（送审稿）。

【编制鼓励和引导民间投资产业项目目录】 根据《中共增城市委 增城市人民政府关于加快发展民营经济的实施意见》的要求，于8月底制定《增城市鼓励和引导民间投资产业项目目录（2010年本）》，向全市相关单位征求意见，根据职能部门、镇街及管委会的反馈意见，对项目目录进行修改完善，形成送审稿，已于11月初报市政府审定。《项目目录》主要围绕深化三大主体功能区建设，构建产业结构高级化、产业发展集聚化、产业水平高端化的现代特色产业体系的发展思路，重点鼓励和引导本市民间资本投向先进制造业、牛仔服装优化升级、战略性新兴产业和现代服务业、生态旅游和现代农业、基础设施和公共服务业，进一步加快本市产业结构转型升级，促进民营经济持续、快速、健康发展，其中所列的项目主要是需要制定相关措施予以鼓励和支持的关键技术、装备、产品及项目，《项目目录》的实施有利于加快本市经济社会发展，特别是对加快民营经济结构调整及产业优化升级有重要促进作用，同时有利于节约资源、保护环境。

【加强金融服务工作】 ①制订中小企业上市培育计划。为贯彻落实市委、市政府领导班子深入学习实践科学发展观活动整改落实方案，鼓励、支持本市企业通过规范运作、上市融资谋求更大的发展，根据市领导的要求，在重点学习昆山经验的基础上，参考本市周边地区的做法，拟出《增城市企业上市培育工作实施方案》（送审稿），报请市政府审定。《增城市企业上市培育工作实施方案》（送审稿）在第十三届57次市政府常务会议审议获得通过，10月16日由市政府颁布实施。②建立后备上市企业信息库和增城市上市专业机构库。9月中旬，对全市拟上市企业情况进行摸查，按照穗金融函〔2010〕331号文的要求，以表格形式填写好《已经辅导验收、正在做申报材料的企业名单》、《券商已经进场正在推进企业股份制改造的企业名单》、《有上市潜力并计划在未来3年内上市的企业名单》，根据实际情况建立全市企业上市信息库。使各有关部门能够全面了解本市企业上市情况，有计划地组织上市培育。根据《印发增城市企业上市培育计划工作实施意见的通知》（增府办〔2010〕32号）规定，要建立统一的企业上市“三库一平台”（企业资源库、专业机构库、专家库和网上资讯平台），实现信息互联互通，使各有关部门能够全面了解本市企业情况，有计划地组织上市培育。2010年下半年，初步建立增城市上市专业机构库，计划将专业机构库报送局办网站，便于全市企业及时了解企业改制上市有关中介机构。

③制定《增城市小额贷款公司监督管理暂行办法（试行）》。为切实加大金融改革力度，着力做好小额贷款公司的监管工作，进一步掌握小额贷款公司风险状况，完善监管流程和工作制度，确保地方金融安全。根据《广东省小额贷款公司管理办法（试行）》（粤金〔2009〕10号）的有关规定，拟出《增城市小额贷款公司监督管理暂行办法（试行）》（送审稿）送市政府审定，在第十三届57次市政府常务会议审议获得通过，于10月26日由市政府颁布实施。④谋划新建小额贷款公司，拓展民营企业融资渠道。为进一步落实《中共增城市委 增城市人民政府关于加快发展民营经济的实施意见》(增委发〔2010〕8号）的精神，认真落实抓好拓展民营企业融资渠道工作，根据《广东省小额贷款公司管理办法（试行)》（粤金〔2009〕10号）和有关政策规定，结合本市实际情况，拟出《关于我市新建立小额贷款公司工作实施方案》，按照“提前谋划、积极引导、先前服务”的工作思路，力争到2011年底前，新建立1～2家小额贷款公司，尽快缓急金融产品供给不足、民营企业融资难问题。⑤组建村镇银行。上半年，省将设立村镇银行的试点地区扩大，广州市拟将本市纳入设立村镇银行的试点地区。根据《关于报送村镇银行试点发展规划有关事项的通知》（银监办发〔2008〕269号）以及省的有关规定，拟出《关于申请设立村镇银行的函》并以市政府的名义报送广州市金融办，申请在本市设立村镇银行试点。在市委、市政府及上级金融主管部门的共同努力下，经积极争取，中国银监会同意在新塘镇开展村镇银行试点。

武汉农商行联合6家企业和4个自然人表示愿意作为本市村镇银行的发起人，并向发改局递交申请资料。本局将继续加强与上级金融主管部门的沟通协调，力争村镇银行于明年上半年开张营业。

【加强和改进价格调控，保持价格总水平基本稳定】 ①努力完善价格监测预警机制。一是进一步健全价格监测预警体系，完善价格应急机制，认真落实应对价格异动工作预案。根据广州市物价局的有关文件精神和增城市委市政府关于亚运期间物价调控的工作部署，制定《增城市发改局2010亚运期间物价调控工作方案》和《增城市2010亚运期间价格异动事件工作应急预案》，进一步加强应对价格突发事件的处理能力；二是加强价格形势分析，把握价格变动的新情况、新特点，跟踪价格变化对经济运行的影响，为价格调控提供决策依据。亚运期间，严格按照上级部门有关涉亚工作要求，对涉亚行业和商品加强价格监测和监管，分别选取部分涉亚经营企业作为监测点，要求有关涉亚经营企业亚运和亚残运会前每周一报、亚运期间每日一报有关涉亚商品和服务价格情况，各价格监测点能积极配合和高度重视亚运期间价格监测工作，指定专人负责填报，确保价格监测数据的准确、及时，为上级部门制定价格决策防止价格异动提供有力依据，为亚运营造良好的价格环境。②认真贯彻落实省、广州市有关重要商品的价格政策。通过转发广州市物价局有关粮食、医疗、教育等人民群众普遍关心的价格政策文件，贯彻落实价格政策，切实减轻人民群众负担，稳定广大人民群众心理预期，合理引导市场生产，保持商品市场价格的基本稳定。③加强价格政策宣传和舆论引导。一是进一步做好信息报送工作，为市委市政府和上级物价部门决策服务；二是继续做好新闻宣传工作，更好地发挥媒体的积极作用，及时发布价格信息和价格政策，为稳定市场价格营造良好的舆论环境。

【着力解决民生价格问题，维护社会和谐与稳定】 ①进一步理顺和规范本市机动车停放保管服务收费的管理。根据广东省物价局《关于机动车停放保管服务收费管理办法的通知》(粤价〔2009〕236号）精神，为更好地完善机动车停放保管服务收费的管理，下发《关于规范我市机动车停放保管服务收费管理的通知》（增价〔2010〕4号）和《关于进一步规范我市机动车停放保管服务收费明码标价的通知》（增价〔2010〕8号）等文件，进一步规范各类停车场收费标准，要求停车场经营者统一按规定做好停车场标价牌的工作。以及在“增城市价格信息网”开通“停车场收费管理专栏”，把各类停车场标价牌的制作模式和规格以及有关停车场收费文件放上该专栏，以便停车场经营企业和消费者更多地了解本市各类停车场的收费政策。②加强教育收费管理。根据广州市物价局、教育局、财政局和纠风办《转发关于进一步规范中小学服务性收费和代收费的通知》(穗价〔2010〕5号）文件精神，为了解全市中小学服务性收费和代收费的情况，市局会同市有关职能部门，对个别中学进行调研，通过调研，召集各职能部门对中小学服务性收费和代收费的项目和标准进行研究，并联合下发《转发关于进一步规范中小学服务性收费和代收费的通知》(增价〔2010〕11号）；为进一步加强和规范学校的收费，更换全市教育收费许可证共165个。③加强价格成本监审和审核。一是稳妥推进水价改革。为进一步加大对重要商品和收费项目的监审以及调整价格成本调查的工作力度，分别开展对朱村水厂、沙埔水厂、正果水厂的生产成本的审核工作，形成价格成本分析报告，准确掌握这些企业的生产成本和经营状况，为科学制定其供水价格提供依据。二是做好教育培养成本监审工作。根据广州市物价局《关于做好广州市2008－2009年度中小学校教育培养成本监审工作的通知》(穗价〔2010〕161号)的规定，广州市物价局选本市6所学校作为这次审核调查点，其中民办学校2所、公办学校4所。市局会同教育局联系有关学校，认真传达文件精神，要求各学校提高认识，确保成本监审质量，为政府核定义务教育经费、制定民办中小学收费标准提供科学的成本依据。三是做好农产品成本调查工作。经过一年的努力，完成对20个调查点的花生种植成本、农民种植意向、农户存粮和农资购买等调查品种的调查，向省和广州市物价部门报送准确的数据和调查分析报告，为上级政府制定农业政策提供依据。④加强事业单位物价员的培训工作。为全面提高事业单位物价员队伍的整体素质和能力，充分发挥其在社会和政府之间的桥梁作用，促进价格监管工作的顺利开展，分别在9月、10月开展全市卫生系统和教育系统物价员培训，共培训250人。通过培训，让物价员进一步熟悉价格法律、法规和政策以及相关行业方面的规定，明确工作职责，增强法律意识，提高业务素质和政策水平。⑤积极配合上级物价部门完成新塘牛仔服装价格指数的编制工作。根据广州物价局有关打造“广州价格”话语权的工作部署和增城市委市政府有关编制新塘牛仔服装价格指数工作的要求。9月，会同广州市物价局就新塘牛仔服装价格指数编制工作开展调研，聘请华南师范大学经济与管理学院的有关专家，开展增城牛仔服装价格指数编制的相关工作，要求新塘牛仔服装市场报送相关数据资料，督促新塘相关部门尽力配合好专家的工作要求，尽快完成数据资料的报送，争取年底初步完成价格指数的编制和发布工作，待价格指数运行修改成熟后，争取在国家商务部网站发布，形成具有全国影响力的价格指数。⑥规范和制定各项经营服务性收费工作。根据省、广州市有关文件的规定，经审核，市局同意广州市番禺煤气有限公司永和分公司、广州发展新塘水务有限公司的调价申请；批复增城市教育局关于增城市中小学学生校服收费标准；明确建设工程交易服务收费属于经营服务性收费，并向增城市建设局发放《广东省收费许可证》(经营服务性收费)；完善正果镇湖心岛旅游景区在亚运会期间的临时收费政策和增城市广播电视大学的有关教育收费；联合市国土房管局转发广州市物价局关于调整物业收费的政策文件给各物业管理公司，联系增城日报记者及时在增城日报上宣传新政策。

【抓好收费管理工作，着力解决关系民生的收费问题】 ①较好地完成2009年度收费综合年审工作。根据《广东省行政事业性收费管理条例》、《广东省经营服务性收费管理办法》的有关规定和广州市物价局、纠风办、财政局、审计局《关于开展全市2009年度收费综合年审工作的通知》(穗价〔2010〕38号)的要求，会同市纠风办、财政局、审计局等部门，共同研究收费年审工作方案，抽调业务骨干组成2个收费综合年审小组，于2010年3月15日至5月15日，对全市2009年度有行政事业性收费或政府定价、政府指导价收费的执收单位进行综合年审，重点抽查22个行政机关及其下属单位的收费情况，配合广州市收费年审组在本市实地审查。收费年审按照自查自报、书面审核、重点抽查、会审四个阶段进行。从审查情况来看，收费管理总体呈良好态势，全市绝大多数收费单位能按政策规定贯彻执行，能落实各项收费政策。②加强收费管理，巩固清费减负工作成效。一是为进一步减轻企业负担，促进民营业发展，营造良好的收费环境。根据广州市物价局、发展和改革委、财政局、水务局《关于调整我市堤围防护费征收标准有关问题的通知》(穗价〔2010〕95号)精神，会同市财政局、水务局、增城市地方税务局等部门召开联席工作会议，研究制定调整堤围防护费征收标准方案，报市政府批准执行。该方案的实施，大大减轻企业负担，促进经济发展。二是调整城市污水处理收费标准。根据广东省物价局、环保局、财政厅、建设厅《关于加大我省污水处理收费政策实施力度的通知》(粤价〔2008〕257号)精神和要求，在对全市污水治理情况调研的基础上，研究制定本市城市污水处理收费标准调整方案，组织召开价格听证会论证后，报经市政府批准，在全市范围内全面开征城市污水处理费，针对执行中遇到的问题，对原增价〔2010〕29号文的部分内容作了修改。并下发《关于我市城市污水处理费收费标准有关问题的通知》(增价〔2010〕40号)贯彻执行。三是基本完成全市社会团体收费情况调查摸底工作。根据广州市物价局、财政局、民政局《关于全市开展治理规范社会团体收费的通知》(穗价〔2010〕114号)的要求，会同市财政局、民政局等部门联合下发《关于开展治理规范社会团体收费工作的通知》(增价〔2010〕25号)，对全市已登记的社会团体单位开展收费情况自查自报。自查自报、情况汇总、清查摸底工作已基本完成。为治理规范本市社团收费打下了坚实的基础。四是积极抓好出租屋收费管理工作。根据市出租办有关文件的要求，本局相应成立出租屋管理工作责任小组，明确工作任务，着重抓好出租屋收费管理；健全镇(街)收费管理制度；组织收费员业务培训；协助市出租屋管理办公室开展各项检查工作。③推动全市行政事业性收费改革，开展涉企收费情况调研。为做好行政事业性收费改革试点工作开展。市局正组织涉企收费情况调研。

【加强价格监督检查，规范市场价格秩序】 ①加强节假日和重大活动的价格检查。按照省、广州市物价部门、增城市委市政府的工作布置，市局开展2010年重大节假日、第107、108广交会旅业、行业协会收费等多项价格检查；规范市富鹏市场明码标价工作，扩大明码标价覆盖面；组织开展2009年度行政处罚案卷的自查活动，按时保质上报自查报告；对中小学赞助费收取情况及其收费标准、非本市户籍人员子女入读借读费和赞助费的收取情况、学校收取赞助费使用情况等专门召开会议进行调研；协助广州物价部门对涉企收费的调查取证，对检查中有价格违法行为的个别单位已送达《行政处罚决定书》；受广东省、市物价局委托，对个别单位的价格违法行为进行处理，共涉及价格违法金额14857796.39元，其中没收上缴国库12429585.39元；执行广州市物价局《转发省物价局关于开展教育收费专项检查的通知》（穗价〔2010〕140号）精神，要求本市各学校做好教育收费自查自纠阶段工作，抽查20所学校进行教育收费重点检查。②加强涉亚期间的价格监管，为亚运会的成功举办创造良好的价格环境。一是亚运会前期，以明码标价为切入点，对各风景名胜区、亚运场馆周边及部分镇（街）的涉亚行业发放关于本市涉亚期间的价格自律提醒告诫函和明码标价宣传单，大力宣传价格政策；二是根据广东省物价局《亚运价格监管分片包干工作实施方案》的工作部署，与省、广州市物价局工作人员组成价格监管工作组，在亚运期间，共出动130人次，巡查3个比赛场馆、8间宾馆、20间酒家、35个停车场（含配套停车场）、6个风景区及3个购物广场，共涉及零售商铺位约300个，有力地维护亚运期间全市商品市场价格的稳定。③认真做好价格监督服务。截止11月底，共收到群众投诉114宗，其中上级部门交办的5宗，有关部门转办的7宗，受理群众来电来访102宗。做到有报必查，查必有果，有果必答，办结率达100%。

【认真搞好价格服务，努力提高服务质量】 市局不断加大对司法、行政执法部门和仲裁机关的联系和协调力度，积极做好涉案财物价格鉴定工作，锐意进取，努力调解价格矛盾，积极处理价格纠纷。一是加强学习培训，全面提高价格认证人员业务素质和理论水平；二是进一步拓展业务领域、理顺工作思路，以司法、行政执法和涉案财物价格鉴证工作为重点，共作出价格鉴定结论书1700宗，鉴定金额1054.73万元，涉案价格认证52宗，认证金额337.69万元，鉴证金额337.69万元；三是开拓交通事故车损价格评估工作。共完成交通事故车损物评估605宗，评估金额307万元。

【认真落实粮食政策，确保粮食总量平衡】 ①认真抓好收购工作，确保军粮供应。依照规定的最低收购保护价敞开收购，维护种粮农民的利益。积极搞活粮食流通，保障地方粮食供应，确保粮食总量平衡。认真把好粮油商品购进、储存、销售等环节的质量关，维护粮食部门的良好信誉。军粮供应做到按计划、按时、按质、按量供应，军粮差价补贴款实行开设军供专户，做到专人专管，专款专用，没有出现挤占、挪用、截留等现象。坚持把军粮供应质量作为工作生命线来抓，监管到位。军粮供应受到部队的好评和上级主管部门的肯定。②认真落实《增城市粮食应急预案》，搞好统计工作。坚持对粮油收购、批发、零售等价格进行全面的调查统计，按规定上报粮油价格动态监控结果报告。通过对粮油价格监控，较好地掌握粮食行情和分析预测，提高粮食应急工作能力。粮食统计工作做到按时、按质、按量报送，做到不虚报、不瞒报、不漏报、不迟报。开展社会粮食和食用油供需平衡统计调查，为研究本市社会粮食供需平衡、搞好宏观调控提供重要分析资料。③严格把好粮食收购资格证书的发放关。深入基层调查，掌握真实情况，对全市符合粮食收购资格的企业核发资格许可证。进一步规范粮食收购市场。

【健全粮食储备制度，确保粮食安全】 按照《增城市储备粮管理办法》的要求，完善库点管理、质量管理、风险管理工作，实现各级储备粮帐实相符、质量良好、储存安全，实现政府急需时调得动、用得上的总体目标，确保储备粮的安全，增强政府的宏观调控能力。①形成制度化的仓储管理体系。抓好“一符、三专、四落实”，实现储备粮数量真实、质量完好。落实安全防火、防盗等安全规章制度，杜绝粮食安全事故的发生。坚持抓好粮油安全检查工作，坚持开展“春秋”两季粮油安全大普查工作，共检查粮仓141座次，容量210620吨，存粮126314吨，实现“一符四无”粮所（库）8个。做到粮食色泽和气味正常，未发生粮食发热和霉变的安全事故。②认真抓好迎接广东省、广州市“粮食安全责任考核检查”和“地方储备粮油计划落实情况检查”工作。使检查工作顺利过关、圆满完成。③抓好储备粮轮换，落实应急保障网点工作。严格按照“公开、公平、公正”的原则，搞好地方储备粮轮换公开竞价交易工作。储备粮轮换做到认真分析调研粮食市场情况，选择最佳时期，协调好粮食联席会议成员单位，圆满地完成地方储备粮的轮换工作。对全市粮食应急网点逐一进行条件审核认定，建立健全网点档案，签定《粮食应急保障协议书》。全市共有粮食应急供应网点18个、应急加工企业5家、应急运输企业6家获得广州市粮食局颁发牌匾。

应急保障网点已覆盖全市六镇三街，基本满足全市粮食应急加工、运输、供应的需要。④加大基础设施建设，积极开展科学保粮。为提高仓储硬件水平，实现逐年改旧建新工作，力争政府大力支持，千方百计筹措资金。新塘粮所投资160万元进行仓库隔热隔温、恒温、恒湿、除尘除杂改造。石滩粮所投资130万元，新建粮仓1座，仓容2500吨。三江粮所投资150万元，新建粮仓1座，仓容2500吨。为完成新增地方储备油任务，新塘粮所和三江粮所各投资150万元进行储备油承储基础设施建设。仓库机械通风、无线电子测温监控、环流熏蒸杀虫等先进科学技术已得到广泛使用。加强保化人员的专业水平培训，组织保化人员多次外出参加各类保粮技术培训学习班，保化员队伍的专业素质得到较大的提高。

【发挥品牌效益，扩大产品销量】　坚持把产品的开发放在重要位置，使增城丝苗米的销售在市场上保持领先地位。以储备搞活加工、以加工扩大销量、以扩大销量促进效益，已成功探索出一条以“储备＋加工＋经营”一体化发展企业的成功模式，走品牌兴企发展之路取得可喜的成绩。一是品牌越打越响。“泰稷”品牌再次获得“广东省名牌产品”称号，品牌价值得到进一步提升。新塘粮所的“挂荔”牌、“新穗”牌大米系列均获“广东省著名品牌”称号。二是以质量、信誉赢得市场。三江粮所以优质的产品、优质的服务去赢得市场、赢得信誉、赢得效益，大力发展以销代购合作业务，发展签约以销代购业务合作伙伴6家。石滩粮所确立以“巴太香”系列大米为主打品牌，以品牌带动发展，引进中粮公司合作大伙伴，在产品加工、销售、分装、配送等进行全面合作。沙庄粮库充分发挥自身优势，以“质量第一、信誉第一”为经营方针，积极开拓产销渠道，成绩可喜，效益可观。　（姚齐福）

增城市发展和改革局局长　陈真权

统计工作

【概况】　2010年，统计局深入贯彻落实科学发展观，围绕推进增城经济技术开发区开发建设为龙头，加快建设现代产业新区和生态宜居新城的目标，开拓进取，锐意创新，不断提高统计数据质量，创优统计服务，充分发挥统计职能，提升统计效能、质量和水平，全面完成市委市政府交办的各项工作任务。

【做好统计优质服务】　①加强对经济运行情况的监测。针对2010年经济仍存在许多不确定因素，加上亚运会的举办将对增城第四季度经济的正常运行可能造成一定的影响，统计局及时准确地为市委、市政府提供具有参考价值的统计数据和分析。一是继续做好对经济运行的预警监测。针对复杂多变的经济形势，把加强经济监测预警作为提升统计服务的工作重点，加强对专业统计数据的监测，加强对市委、市政府扩大内需效果及政策措施落实情况，密切关注宏观政策走向和后金融危机影响，加强对经济运行情况的监测。加强对重要领域、重要行业和企业的跟踪调查，及时反映国内外经济运行中出现的新情况和新变化。统计监测预警能力不断加强。继续每月发报经济运行情况分析，通报各镇、街主要经济指标完成情况，及时研究对策措施，协调推进保增长任务的落实，坚决实现保健康增长的目标。二是注意经济结构的变化。在中央宏观调控政策和扩大内需等一系列促进经济平稳较快发展的政策措施下，本市经济发展方式和结构都发生较大变化。特别是增城民营经济发展迅速，占全市经济总量超过50%，民营经济成为促进增长的内生动力。本局注意做好民营经济指标的收集和监测。三是做好统计信息服务。围绕市委十一届十次会议和市十三届人大五次会议确定的工作目标，在转变经济发展方式中更好地发挥“智囊团”作用。进一步发挥统计调查、统计信息和统计研究“三大优势”，提高分析问题的准确性，提高宏观经济监测和预警水平，提高统计报告以文辅政的实效性。抓住热点、难点和苗头性、趋势性的问题开展统计分析，把数据后面的情况和问题讲准确、讲清楚、讲全面，增强统计分析的针对性，提高领导决策效率。经济形势和市领导的指示，提供一批分析实、观点新、质量高的统计分析报告，及时反映本市经济运行中出现的问题，为市委、市政府科学决策当好参谋助手。全年共印发《统计信息》30期，撰写统计分析报告36篇，有20篇统计分析文章被上级的统计专刊和增城日报社采用刊登，其中，《增城市上半年经济运行情况分析》、《增城市民营经济发展情况分析》、《增城与全国十强县（市）和广州两个开发区经济社会发展的比较研究》等得到市主要领导的称赞，受到各级领导及社会的好评。②以GDP核算为重点，加强国民经济主要指标的采集、审评和监测。GDP核算进一步完善。调整工业增加值核算方法，完善第三产业内各行业资料的收集和核算方法。一是加强经济基础数据的监测。每季度对各专业数据进行测算，及时对专业汇总数增加值与年度目标数进行核对，加强数据核查。二是加强国民经济主要指标数据的采集。主动与有关部门联系，建立统计资料互相支持互相交流的紧密关系，做到全面、准确、及时采集重要指标数据资料，加强审核评估，做到不错、不重、不漏，真实可靠，真正反映增城的发展成果。同时，密切关注全市经济工作中出现的新发展、新变化，以及新情况、新问题，准确把握经济发展趋势、运行特点，做好统计监测，提高统计预测和预警能力，及时归纳、发现、预报经济发展“新亮点”，为各级领导决策、为增城经济又好又快发展提供优质统计服务。

【全力抓好第六次全国人口普查】 2010年11月1日正式开始第六次全国人口普查，任务十分艰巨，增城市高度重视，把人口普查列入市政府重点工作，切实加强组织领导，明确责任分工，主动协调，高质量完成普查任务。全市各级各部门统一认识、加强领导、落实责任、加强宣传，做到各项人口普查工作早安排、早谋划。经过各级各部门的积极努力，人口普查工作已经完成普查试点、业务准备、户口整顿、清查摸底、入户登记、复查补漏阶段等方面工作，取得阶段性成效。快速汇总和编码培训、光电扫描数据处理等工作正有序进行。一是抓好机构组建，落实人员、经费和办公场所。根据市政府和上级普查机构的部署，市人普办制订切实可行的普查方案，做好普查经费预算和落实工作，由市财政在年度预算中安排人口普查专项经费；二是抓紧开展各项技术业务准备工作，制定人口普查工作规划和流程，组织进行普查区划分、绘制普查区及普查小区图、编写地址码等准备工作。顺利完成普查区划分、绘制普查区及普查小区图、编写地址码等工作；三是组织开展人口普查试点工作。针对本市第六次全国人口普查存在的难点问题，确定调研课题，有重点有针对性进行调研和试点，摸索、总结和推广典型经验，为正式普查做准备。7月5日至10日市人普办在荔城街沿江居委开展人口普查综合试点工作；四是制定宣传工作计划，广泛开展宣传动员工作。通过增城电视台、电台、增城日报等宣传媒体，全方位开展宣传动员。10月份启动第六次全国人口普查“宣传月”活动，以电视台、报刊为主要阵地，在全市掀起声势浩大的人口普查宣传高潮；五是开展调查物质准备、选调与培训调查员等工作，市普查办选调35名普查业务骨干，全市共选聘近6000多名普查指导员和普查员，并对他们进行系统的人口普查业务培训；六是加强对清查摸底和入户登记的跟踪，及时发现和解决问题。在摸底和入户登记的过程中，市人普办每天对各镇（街）各个普查小区登记情况进行跟踪抽查、现场指导，确保登记的数据真实有效。制定每日跟踪督导制度，每天对各镇（街）各个普查小区登记情况进行跟踪抽查、现场指导，检查各类普查表的填写是否规范，重点对户籍人口数、出生人口数、死亡人口数分别与公安提供的户籍人口数、计生部门提供的出生人口数和民政部门提供的死亡人口数进行比对。在公安、计生、民政等相关部门的配合支持下，通过采取各种行之有效的方式，切实保证本市这次人口普查的各阶段都符合质量验收标准。

【配合统计方法制度改革，完善统计指标体系】 ①适应经济社会发展要求，强化统计调查咨询功能。一是突出抓好服务业统计。以市委市政府加快发展现代服务业为契机，认真抓好文化产业、物流业、会议休闲产业等现代新兴服务业的统计调查，做好年度服务业增加值核算，创新服务业统计调查方法，全面、客观反映我市服务业发展状况。二是进一步加强能源统计工作。能源统计是节能减排工作的重要基础性工作。扩大本市能源统计调查范围，增加调查频率；增加资质以上建筑业企业能耗调查，组织对批发、零售、住宿、餐饮企业的能源消费情况进行抽样调查，填补单位GDP能耗所需数据的缺口；规范统计报表的收集、审核和查询，继续做好年度GDP能耗核算和季度规模以上万元增加值能源消耗统计。建立主要能源消耗指标公布制度，做好地区能源平衡表的编制工作，为实现本市节能降耗目标提供信息支持。②社会民生统计调查不断完善。围绕市委、市政府努力创建全国科学发展示范市，构建和谐社会的目标，把加强和改进民生统计作为提升统计工作水平与服务质量的重要突破口。扩大劳动工资统计范围，将城镇私营单位和乡镇企业从业人员劳动报酬纳入调查；加强就业岗位调查；不断完善农村居民收入统计调查，对调查样本进行增点扩户。高质量完成城镇居民住户和农村住户调查，生产和消费物价调查、畜禽监测调查、商业调查及限额以下批发零售、住宿、餐饮业抽样调查、都市农业调查及农村房屋基本情况、民主法制、信息化、组织工作满意度、社情民意调查等专项调查。

【加强和规范统计行政执法工作】 2010年，市统计局大力开展统计法制宣传教育，使统计工作在良好的法律环境下顺利开展，有效遏制在统计工作中的违法行为，保障统计数据的真实性和准确性，推动统计工作走上法制化、规范化轨道。各镇（街）举办新统计法知识培训班，使广大统计人员提高统计法制意识，增强报送统计报表的自觉性，提高统计工作责任感。市统计执法联合检查组于8月10～13日抽取荔城街、新塘镇进行统计执法重点检查。检查发现的问题大多是不规范行为或轻微统计违法行为，被检查的统计单位能及时进行整改，对个别镇（街）作了情况通报处理。

【加强机关作风建设】 开展创先争优活动。按照《市委组织部和市委宣传部关于在基层党组织和党员中深入开展创先争优活动的实施意见》的要求，为更好地加快转变经济发展方式，努力创建高水平的科学发展示范市，促进经济社会又好又快发展，围绕市委提出的9个方面创先争优的要求，结合统计工作实际，努力在6个方面创先争优。一是在加快转变经济发展方式上创先争优。紧紧围绕转变经济发展方式这一核心任务，充分发挥统计职能作用，为本市转变发展方式提供统计保障。二是创新统计指标体系方面创先争优，在转变经济发展方式中更好地发挥“信息库”作用。发挥统计设计专长，加快统计工作创新，建立与经济发展方式转变相适应的新统计指标体系，定期监测、反映重点工作进展情况。三是在加强统计分析方面创先争优。在转变经济发展方式中更好地发挥“智囊团”作用。四是在统计服务上创先争优。要牢固树立服务意识，积极围绕市委市政府的工作目标，及时准确地提供真实有效的统计数据。五是在依法统计方面创先争优。坚持依法开展统计工作，在转变经济发展方式中更好地发挥“导向标”作用。六是在提高干部执行力上创先争优。加强干部队伍建设，从适应经济社会发展和统计需求的角度出发，着力加强统计队伍建设，切实提高统计队伍素质。②开展“深化服务促发展”主题实践活动。按照市委组织部和市直属机关党委《关于印发〈“深化服务促发展”主题实践活动方案〉的通知》(增直委[2010]7号)要求，为巩固机关服务年活动成果，进一步提高机关服务意识和服务能力，以优良的工作作风和扎实的工作成效，切实推动经济发展方式转变，创建科学发展观示范市、全国文明城市和迎接亚运会，市局开展“深化服务促发展”主题实践活动。围绕市委市政府的中心工作，服务中心，服务大局，促进增城市经济社会平稳较快发展。 (谢建文)

增城市统计局局长 陈志华

工商行政管理

【概况】 2010年，在广州市工商局和增城市委、市政府的正确领导和关心支持下，分局以科学发展观为指导，以亚运保障为中心，以网格化服务监管为基础，充分发挥职能作用，坚持围绕中心、服务大局，创新服务理念，优化服务环境，做好服务文章，积极服务本市经济科学发展和产业升级转型。

【亚运保障工作】 主要做到“六个到位”、“五个100%”：一是组织领导到位。落实主要领导统筹全局、分管领导挂点督导、机关科室牵头组织、工商所具体落实的工作机制，分局领导经常深入涉亚一级区域靠前指挥，为基层一线工作人员加温鼓劲。二是宣传认识到位。先后两次召开专题会议进行再动员、再部署，开展深化“百城万店无假货”和“商家微笑诚信经营”活动，张贴“微笑诚信承诺牌”2667个，免费派发涉亚宣传小册子8000份。三是驻点监管到位。实行分管领导挂点负责制，指定一名副局长负责一个驻点场馆（酒店），抽调23名业务能力较强的执法人员组建驻点监管团队，对本市赛区8个比赛场馆、指定酒店、供亚食品企业、流通企业落实驻点监管，切实履行好场馆（酒店）收货物流监管、流通环节食品巡查、消费维权等职责，累计完成收（提）货124批次，确保各类涉亚人员食品安全，得到各界高度好评。四是日常监管到位。充分发挥工商职能作用，加强市场外围监管，共检查各类重点场所3460户次，查处无照经营834户；捣毁私宰窝点56个，查获私宰肉及病死猪肉22019公斤；查获商标侵权商品73696件。特别是在新塘百日整治行动中，牵头对新塘无证照旧货市场、二手手机市场、金银首饰加工场所、美容美发厅、无证布碎市场等872户重点场所进行清理整治，净化新塘地区市场环境。五是应急保障到位。成立一支30人的亚运保障应急队伍，配备各种应急装备，先后开展7次应急演练，提高应急人员迅速反应、现场处置等能力。六是督查督办到位。分局领导带队，由监察科和8个专责小组组成督查组，定期或不定期地进行督查督办，确保亚保工作万无一失。在市局和增城市委、市政府的大力支持下，分局亚运保障工作取得“五个100%”的良好效果（市场主体100%规范、食品台账100%落实、食品质量100%安全、肉品质量100%合格、驻点监管100%到位)，为增城市赛区各项比赛顺利举行发挥积极作用。

【市场主体发展】 在分局各项服务措施推动下，全年全市共发展各类市场主体10237户，其中国有集体企业90户，注册资金2.4亿元；私营企业1023户，注册资金6.9亿元；个体工商户9088户，注册资金2.05亿元；农民专业合作社36户，注册资金3331万元；外资企业25户。至2010年12月底，全市共有各类市场主体60018户，其中国有集体企业1443户，注册资金42亿元；私营企业7286户，注册资金104亿元；个体工商户50562户，注册资金9.7亿元；农民专业合作社163户，注册资金9782万元；外资企业564户。

【食品安全监管】 一是加强本市亚运比赛场馆、定点酒店周边500米以内及旅游景区等重点区域经营主体的巡查监管，确保做到100%持照经营、食品经营业户100%建立索证索票和台账制度。二是深入开展食品安全知识进社区、进农村、进校园活动，在增城日报设置消费提示专栏，提高民众消费维权意识。三是加强熟食制品等高风险食品的质量安全管理。委托检测机构对富鹏、兴发、东区市场和部分临街经营散装熟食店档及商场超市进行质量抽检，立案查处食品质量违法案件51宗。四是加强食品检测力度，明确亚运期间食品监测车每月检测样品数量不少于120个，食品监测箱每月检测样品数量不少于60个，全年共抽查样品19538批次，合格19159批次，合格率98%，下架不合格食品1092公斤。

【整治无照经营】 一是牵头整治八大行业。整治存在重大安全隐患、破坏生态环境的八大类行业，是叶牛平市长亲自部署的重要工作。分局勇挑重担、甘当主力，协调各镇街、有关职能部门分三阶段对1153家八大类重点行业进行清理整治，其中分局牵头整治368户废旧回收行业。二是牵头开展整治影响环境质量经营业户专项行动，以本市涉亚区域、河涌周边以及旅游景区为重点整治区域，以非法排放废水、气、渣、噪音等污染物的无证照经营户为重点整治对象，共整治影响环境质量无证照经营场所和餐饮业经营业户1044户。三是落实整治无照经营常态化监管。进一步完善联席会议机制和网络告知系统，加强部门协调和督查督办。联合各镇街及职能部门100%完成1729户无照经营整治任务，其中分局牵头整治834户。

【市场及牲畜屠宰管理】 一是举办两期商品交易市场规范管理培训班，顺利完成全市69个商品交易市场服务标志标准化改造任务。二是加强肉品质量安全监管。在全市部署迎亚运肉品质量安全专项整治工作，严厉打击私屠滥宰、经营私宰肉违法行为，进一步加强牲畜定点屠宰场的监管，每天夜间屠宰时段对全市每个屠宰场派出2名执法人员实行驻场管理。通过整治确保全市所有市场（超市）、专卖店销售的猪肉100%来自定点屠宰场；全市所有宾馆、酒店茶楼使用的猪肉100%来自定点屠宰场；各类肉品质量安全举报投诉查处率达到100%，确保亚运期间本市放心肉供应安全。据统计，全年共捣毁私宰窝点56个，查获私宰肉及病死猪肉22019公斤，待宰生猪41头，立案41宗，移交公安部门处理4宗，刑拘7人。

【广告监督管理】 一是牵头制定全市户外广告整治工作方案，积极协助市政府开展整治违章建设和违章户外广告专项行动。结合防汛防风职责，组织工商所对五类重点违章户外广告进行摸查登记，及时函告镇街和城监部门拆除户外招牌广告2531块。二是积极营造亚运氛围。主动协调市委宣传部门加强亚运广告宣传，配合镇街拆除违章广告媒介，对本市3个比赛场馆、7条主干道的户外广告统一按要求更换亚运广告宣传画面，为广州亚洲会营造浓厚氛围。三是查办广告案件实现突破。积极转变广告监管模式，推动工商所查办广告违法案件，重点打击虚假医疗、药品广告，全年立案查处各类广告违法案件18宗，净化本市广告市场环境。

【推进商标战略】 一是抓培育。制定商标培育工作方案，进一步完善动员企业申报机制、日常管理机制和服务培育机制，提高企业争创品牌意识，帮扶企业申报驰名、著名商标。“SANLG（三铃）”摩托车商标被评为中国驰名商标，“泰稷”、“坚宝”等8个商标获认定广州市著名商标，“迟菜心”证明商标获初审公告。全市共有注册商标6403个，其中中国驰名商标4个、省著名商标19个、市著名商标39个。二是抓规范。结合亚运标志专用权保护行动，抓好巡查监管、线索转办和案件查处三个环节，严厉打击商标侵权违法行为。累计检查市场55个、店铺2668间，立案查处商标违法案件121宗，查获侵权商品73696件。

【服务新农村建设】 一是结合创先争优活动，抓好分局联系扶贫点正果镇麦村扶贫济困工作，落实人员结对子帮扶措施。二是积极落实合同帮农机制，深入推广农村土地流转合同示范文本。共免费派发涉农合同示范文本1623份，引导农户签订土地流转合同17宗，涉及土地流转面积1782亩，金额155.5万元。

【执法办案和打传】 一是严厉打击各类经济违法行为，办案工作切实做到有案件可查、有大案可破、有技术保障、程序合法，查获新塘某服装厂仿冒知名商标牛仔裤案、石滩化肥窝点案及某超市销售假冒伪劣商品案等一批典型案件。全年共立案查处各类经济违法案件870宗，结案716宗，罚没入库676万元。二是深入开展各专项执法行动。突出抓好扫黄打非、娱乐服务场所整治、服装行业商标保护、家电下乡等专项检查执法行动，累计出动执法人员6865人次，1890车次，检查经营户5629户次，查处违法案件204宗，没收销毁违法商品一大批，有效维护市场秩序。三是严厉打击传销。将打传工作重点放在宣传教育和防范预防上，深入企业、个体户做好宣传工作，在广场开展3次“平安增城迎亚运”大型宣传咨询活动，接受群众咨询265人次，全年累计派发各类打传资料5.3万份，通过以点带面，新创建48个“无传销社区（村）”活动点。

【消费者权益保护】 一是举办“3·15”大型宣传咨询活动，对18家放心消费商店和59家首次获得“守合同重信用”荣誉称号的业户进行了授匾表彰。二是落实亚运消费维权保障，从10月1日起，12315中心取消节假日休假，延长人工受理时间，对涉亚的消费申（投）诉实行即诉即处理的快速解决方案，进一步提升消费维权效能。据统计，全年共受理消费者申诉举报、消费投诉1836宗，为消费者挽回经济损失82.22万元。

【推进辖区监管责任制】 一

是以培养通法律、懂经济、善监管、能办案、会服务的“五员”式段管员为目标，制定网格化服务监管方案，全面指导工商所段管员开展日常巡查、专项检查、接诉检查，努力提高段管员的综合能力，以实现对辖区市场主体的全方位、网格化监管。二是举办网格化培训班。组织为期一天半的网格化服务监管培训班，由市局处室领导和分局业务科长详细讲解网格化服务监管要求，进一步提升段管员的监管效能。

（黎隽洁）

广州市工商行政管理局增城分局局长 黄小杰

人力资源和社会保障事业

【概况】 根据《中共增城市委、增城市人民政府关于印发<增城市人民政府机构改革方案>、<增城市人民政府机构改革方案实施意见>的通知》(增委发［2010］1号)，不再保留增城市人事局、增城市劳动和社会保障局，设立增城市人力资源和社会保障局，为市人民政府工作部门。2010年，本市人力资源和社会保障工作按照创建全国科学发展示范市总体要求，积极推动城乡统筹就业、城乡社会保险、和谐劳动关系创建和实施“人才强市”工程，推进基本公共服务均等化发展，深化事业单位人事制度改革。以大部制机构改革为契机，加快资源整合，积极开创人力资源社会保障事业发展新局面。

【城乡培训就业】 ①职业技能培训工作创新发展。以就业为目标，以企业需求为导向，使培训直接为就业服务，重点开展竞争培训和定单定向式培训，实行技能培训、安置就业与奖惩挂钩，收效显著，得到广州市局的肯定和好评。积极实施劳动力培训和安置就业补助资金竞争性扶持制度。会同市财政、审计、监察等部门认真开展评审工作，确定培训单位4家，用人单位15家，镇（街）、村（居）15个（条）。据统计，4家培训单位培训本市城乡劳动力2117人，占全年培训计划的96.2%，培训就业率达90%以上，安置就业987人；15家用人单位招用本市城乡劳动力1590人，完成全年招用计划；3个镇和11条村（居）已完成年度安置就业任务，新安置就业2366人，安置农村富余劳动力和城镇失业人员比例均超过85%以上。就业人员实现年人均收入达到2万元，年总收入近1亿元。积极推进“订单式”、“定向式”技能培训，培训人数9362人，培训就业达85%以上，部分培训班就业率达100%。全年“订单式、定向式”培训6000多人，学员培训后实行对接就业。全年开设免费技能培训班330个，培训人数14202人。批准民办职业技能培训学校2家共有7家，民办培训学校办学力量和规模不断壮大。积极加强与市旅游局开设旅游行业职业培训，实行旅游行业职业资格准入制度。实行校企合作培训。学校与全市100多家企业开展校企合作培训1560人，其中留企就业1451人，培训就业率达93%以上。②充分就业社区（村）创建活动稳步推进。继续完善19条充分就业村创建工作，创建充分就业社区33个，创建率达89%。全市登记失业人员7533人，其中城镇登记失业人数5438人，实现再就业3926人，城镇登记失业人员再就业率达72.2%（比2009年上升1.2%）；城镇登记失业率为1.43%（比2009年下降0.68%）；“零”就业家庭登记保持零记录。积极推进充分就业村创建工作。就业形势趋于稳定。③大力挖掘就业岗位，拓宽就业渠道。围绕“两城两区”建设规划，通过各种途径收集岗位信息5万多条，有效缓解部分行业、企业“招工难”问题。鼓励企业把更多优质岗位优先吸纳当地劳动力。大力开发公益性岗位，积极引导和帮助优先安置本市籍困难群体就业，特别是被征地农民、“4050”人员、就业困难人员就业，就业率达到56%。④加强大中专毕业生就业服务。积极引导大中专毕业生向各类企业就业，建立校企推荐就业制度，拓宽就业渠道，想方设法推进就业。接受各类人才求职4125人次，举办人才招聘会19次，成功推荐1235人就业。认真配合市委组织部招聘100名本市户籍高校毕业生担任“村助理”，以及招募28名高校毕业生参加“三支一扶”工作。做好毕业生入户和档案接收工作。办理毕业生入户手续（含非转农）102人，接收大中专毕业生档案1243人。⑤全力做好就业各项服务工作，推行就业“跟踪回访”制度，提高成功就业率。举办现场招聘会13场，进场企业达1000多家次，提供就业岗位3.2万个，进场人数3万多人，达成就业意向10340人。转移农村劳动力就业16306人，累计转移就业16.4万人，累计转移就业率达90.7%。⑥加强就业服务基础建设。及时更新农村劳动力台账纪录，健全就业服务台账管理。定期开展就业状况预测分析。完善全市劳动用工录入备案和就业失业登记制度，建立劳动用工管理信息网络数据库和市培训就业专用网络前期测试工作。在镇（街）实行失业就业登记、求职登记、职业指导、职业介绍、技能培训、就业援助等一站式服务。全年办理企业劳动用工备案手续59423人，核发《广东省就业失业手册》9263个（城镇失业人员7533个、农村劳动力1730个），人力资源市场有序稳定发展，城乡就业促进发展。⑦创业带动就业工作积极推进。根据“三大主体功能区”和“两城两区”发展需要，鼓励多种形式创业。建立创业培训体系，加强创业指导。尝试举办创业项目展示推介会，收集优质创业项目30个，为劳动者提供投资小、风险低、见效快的创业项目和资金保证，提高其创业意识和能力。广泛开展宣传动员，引导和组织有意创办中、小型企业、个体工商户的城乡劳动力，特别是大中专生创业培训，全年开设创业考证培训班7个，培训人数300人，完成全年培训任务的85%以上，做好学员创业跟踪服务，提高创业成功率，营造全市创业氛围。整体推进创业村（基地）创建工作。6月份，以市府办名义出台《印发增城市创建创业型城市工作方案的通知》（增府办【2010】15号），科学制定5年创业工作规划。以新塘水电二局创业示范基地为基准，继续推进创业基地和就业安置基地建设。荔城街、小楼镇等3个创业基地和增城经济技术开发区的园区型创业基地创建已通过验收，年度指标创建率达100%。创建新塘镇大墩村为创业示范村并通过验收挂牌。实施“千名农村致富带头人”培育工程，对1160名农村创业致富带头人进行登记造册，积极完善台账管理。⑧完善落实各项就业优惠政策和扶持创业促进就业政策措施。9月起接受办理补贴申请，各类奖励补贴政策落到实处。办理《再就业优惠证》17个。

【城乡社会保障】①按照“广覆盖，保基本，多层次，可持续”原则，全面推进社会保险扩面工作。养老、医疗保险制度实现覆盖城乡，参保覆盖面不断扩大。截止年底，全市参加养老保险295085人，含参加城镇职工基本养老保险（参保人数182126人，比上年增加15%）、城镇老年居民基本养老保险（参保人数7562人，比上年增加25%）和新型农村社会养老保险人数（参保人数达105397人，比上年增加6%）；参加医疗保险773334人，含参加城镇职工基本医疗保险（参保人数125063人，比上年增加14%）、城镇居民基本医疗保险（参保人数71438人，比上年增加16%）和参加农村合作医疗人数（参合人数576833人，比上年增加0.28%）；参加失业保险137687人（比上年增加17%）；参加工伤保险204039人（比上年增加15%）；参加生育保险43662人（比上年增加40%）。认真落实“两个确保”。全市领取基本养老金人数13540人，人均养老金1705元；领取失业保险金人数469人，人均失业保险金848元。社会化发放率达100%。企业离退休人员和失业人员的基本生活得到确保。②积极推进城乡养老保险工作，实现城乡居民老有所养。全市参加新型农村社会养老保险人数105397人，参保覆盖率达40%（比上年增加6%）。全市参加城镇老年居民基本养老保险7562人，参保覆盖率达95%以上，提前完成年度计划目标任务数。调整城镇老年居民基本养老金待遇。从7月1日起本市城镇老年居民基本养老金由400元/月上调至450元/月，月增待遇50元。城乡居民的基本生活得到保障。③积极推进城乡医疗保险工作，实现城乡居民病有所医。全市参加城镇职工基本医疗保险125063人（比上年增长14%），参保覆盖率达90%以上。城镇居民医保参保人数71438人（比上年增长16%），参保覆盖率达90%以上。将高血压等17种慢性病门诊专科药费纳入本市基本医疗保险统筹基金支付范围。门诊慢性病病种由城镇职工医疗保险的13种和城镇居民医疗保险的4种增至17种，由原来最多可申报病种2个增至3个，在社区卫生服务机构就诊的报销比例上调至85%，医疗保险保障面进一步扩大。新型农村合作医疗制度进一步完善。全市参合农民576833人，参合率达99.88%（比上年增加0.28%），人均筹资标准由上年的人均204元提升至266元，总筹资15343.75万元。实现人人享有基本医疗保障目标。新农合新增普通门诊补偿、狂犬病疫苗接种补偿和重型地中海贫血、再生障碍性贫血、血友病三种慢性病的门诊治疗补偿。补偿费用封顶线从上年的5万元提高到10万元；低保、五保户和军烈属在市内住院补偿比例比普通群众提高10%，救助比例提高5%；慢性病门诊补偿标准提高到200元；新农合医疗保障救助封顶线由上年的1万元提高到1.5万元，救助比例从20%提高到25%，其中低保户、五保户、军烈属的救助比例从25%提高30%。提高农村妇女生育补助。未参加婚前检查或出生缺陷干预和孕期检查的按上年标准补偿600元/人，已参加婚前检查或出生缺陷干预和孕期检查的提高到800元/人。开展新农合普通门诊补偿试点。6月份，开展普通门诊补偿，参合农民在本市镇级定点医疗机构（含新塘医院）进行门诊治疗的均可获得补偿，每人每年补偿封顶线为60元。全市新农合筹资15343.75万元，全市补偿46915人次（比上年增长14.9%），补偿金额达10334.45万元（比上年增长33.27%）。④研究解决经济困难的国有（集体）企业退休人员参加医疗保险问题和镇办企业老年职工的养老保障问题。在充分调研的基础上，于10月份出台实施了《关于解决镇办企业职工参加社会养老保险问题的通知》（增人社【2010】40号）文件，全市6049名镇办企业老年职工纳入企业职工养老保险保障范围，参保覆盖率达98%，彻底解决他们的后顾之忧，实现老有所养。至此，社会保障历史遗留问题基本得到解决。⑤积极做好企业发放援企稳岗补贴工作。对符合条件的企业一次性给予2个月的岗位补贴，通过认真筛选，广州侠哥鞋业有限公司、广州福耀玻璃有限公司、增城市运豪五金塑料有限公司等10家符合补贴要求的企业得到援助，发放援企稳岗补贴9984951.2元。有力促进本市就业局势稳定和经济可持续协调发展。⑥积极顺利推进社会保险广州市级统筹各项工作。积极做好调整企业社保缴费比例，从上年1月1日至2010年底，本年度失业保险缴费费率由3%降至0.3%。从上年5月1日至2010年底，城镇职工基本医疗保险在职职工用人单位缴费部分缴费比例和城镇灵活就业人员医疗保险的个人缴费比例均下调1%，参加工伤保险各类用人单位缴费比例统一调整为0.4%。两年来，累计为全市参保企业和广大参保人减轻负担7150多万元，对支持企业应对经济危机、稳定和扩大就业岗位发挥了重要促进作用。⑦公费医疗保障水平进一步提高。认真实施《增城市公费医疗管理办法实施细则（施行办法）》，将高血压等15种慢性病门诊专科用药纳入公费医疗保障，保障人数达17685人。⑧全年受理工伤投诉1891宗1891人，认定工伤1329宗1329人（比上年增长29%），协调解决562宗562人，结案率达87%。办理职工退休552人（病退48人、特殊工种退休24人、干部退休27人、职工退休86人、社会申办退休367人。从2010年11月起，办理特殊工种退休审批由广州市局统一办理）、工龄审核650人、工作年限审核388人，完成劳动能力鉴定803人（比上年增加110%）。办理行政复议案件13宗、行政诉讼案件10宗，全部依法维持。推进实施“联合国UNDP工伤事故高发行业和职业病高风险行业和岗位的工伤预防与监控项目”，有计划地组织参保单位从事接触职业危害工种的在岗职工进行工伤预防性职业健康检查与监测，直接参与并受益企业有13家，涉及农民工9600多人，有效减轻用人单位负担，保障职工利益。⑨加强退休人员社会化服务管理。退休人员社会化管理服务工作正式纳入镇（街）年度考核范围。全年办理本市籍退休人员生存认证3400人、异地生存认证240人，生存验证率达100%。企业直接移交社会化管理1960人、自由职业者社会申办退休3530人。加强对“十类人员”管理服务，认真做好125名企业军转干部和119名企业干部月补贴费发放管理工作，确保按时足额发放，退管服务工作向前健康发展。

【人才队伍建设】 ①加强高层次人才服务。推进实施“125人才工程”。加快博士后科研工作站建设，指导和协助广州银讯光电科技有限公司做好企业博士后科研工作站评估工作并落实相关经费。给予在职人员自学成才取得国家承认硕士学位奖励共20人，合计1.6万元。组织2名享受政府特殊津贴专家休假体检。②深化职称评审制度改革。做好大中专毕业生网上申报专业技术资格初次认定，专业技术人员网上申报初、中、高级资格评审、材料报送工作，认真开展专业技术人员专业技术资格考试，加强改善专业技术职务的宏观管理。全市办理大中专毕业生初次认定初级职称294人、中级职称5人。组织各类专业资格考试报名7492人，核发资格证书3075个。全市专业技术人才队伍33693人（初级技术人员21640人，占总量的64.2%；中级技术人员11080人，占总量的32.9%；高级技术人员973人，占总量的2.9%）。全市专业技术人员仅占人口总量的4%，中级和高级分别占专业技术人才总量的3.9%和0.34%，低于珠三角的平均水平。③推进专业技术人员继续教育。围绕提高专业技术人员自主创新能力和建设现代产业体系对人才培养需求，认真做好各类专业技术人员公修课培训。积极扩大技能培训规模，着力提高技能培训质量。发放机关驾驶员职业技能鉴定证书及机关、事业单位行政文员专业技能职业水平等级鉴定证书480个；举办《公务员责任意识》、《廉政准则》面授培训班6期2200人次；专业技术人员公修课远程网络培训800人次；《广州亚运知识讲座》专题培训5500人次；事业单位岗位设置培训班1期250人次；机关事业单位工资管理系统操作培训班1期200人次；应届高校毕业生培训班2期247人次；广州亚运场馆工作人员培训班350人次；军转干部培训班、“三支一扶”招聘人员上岗前培训班；全市共2075公务员参加“广州市公务员网络大学堂”在线培训，完成总学分人数1200多人。

【人事制度改革】 ①稳步推进事业单位人事管理工作。严格办理事业单位人员和企业干部调动手续。办理事业单位人员和企业干部调动12人、辞职解聘50人、因公出国人员政审29批37人次。加强人事代理服务质量，办理人事代理443人，切实解决挂靠人员的后顾之忧。积极引导并做好市教育（120人）、卫生（127人）等事业单位公开招聘工作。②积极实施规范镇（街）公务员津贴补贴制度，消除比级政府不比部门之间不合理的津贴补贴水平差距。完成实施增城市义务教育学校绩效工资，其中70%作为基础性绩效工资纳入财政统发（年人均增资4511元，月人均增资347元），30%作为教职员工奖励性绩效工资，基本实现教师待遇“两相当”。全年办理补贴变动1.3万人；工资正常晋升包括滚动升级17040人；退休人员268人（行政退休干部68人，事业退休干部179人，工勤人员21人）；遗属供养52人；大中专毕业生转正定级328人；2009年度考核优秀奖发放2386人。做好115名在岗硕士研究生以上工作人员工资、219名企业干部待遇发放以及机关事业单位职工住房补贴资金审核工作。

【劳动保障维权维稳】 ①加

大劳动保障政策宣传力度。全年举办企业法人代表、人事干部等关于用人单位规章制度、薪酬设计和工伤保险政策解读、应对当前劳资关系突出问题、企业工资集体协商等各类培训班8个，培训人数1400多人，发放宣传资料4万多份（册）。编制《增城市人力资源和社会保障专报》36期3790份，与增城日报社联合编刊《人力资源和社会保障专刊》12期36万份。人社政策宣传面持续扩大。②加强劳动保障监察执法。全年检查用人单位1902家，涉及人数318299人。督促3家中介机构进行整改，联合取缔无证照企业3家。日常巡查用人单位7167家，涉及劳动者493691人。劳动保障年审企业1905家，责令限期改正用人单位62家，行政处罚用人单位10家共10.54万元。切实维护劳资关系和谐稳定。③加强劳资纠纷防范处理机制。全年处理劳资纠纷1435宗（比上年下降16.5%），涉及人数9249人，涉及金额5252.89万元；其中涉及人数30人以上劳动纠纷案件70宗（比上年下降35%），涉及人数5006人，涉及金额3678.35万元；逃匿案件24宗（比上年下降36.8%），涉及人数873人，涉及金额563.02万元。劳动关系总体保持和谐稳定。④劳动关系调整力度持续加大。健全劳动关系三方协调机制。充分发挥劳动保障协会作用，指导各类用人单位完善规范用工规章制度。加强劳动合比签约管理，鉴证劳动合比8799份，劳动合比签订率达95.76%，其中农民工劳动合比签订率达94.67%。办理企业不定时工作制和综合计时审批60家。健全工资指导线制度，从5月1日起调整执行企业职工最低工资标准为960元/月，调整幅度达19.7%。⑤加强劳动人事争议仲裁工作。全市处理劳动争议案件509宗（比上年下降66.2%），涉及人数509人。立案460宗，案外调解案件49宗，结案474宗，结案率达93.12%，涉案标的2521.73万元，有效维护各方权益。接待人事纠纷咨询13次，人事案件调解结案率占仲裁案件总量90.5%。⑥切实加大信访维稳工作力度。抓好“两会”、“亚运”前期的信访维稳以及劳资纠纷预防排查调处工作。全面加强建筑施工企业工人工资支付监控和工资保证金制度，全市111家建筑施工企业存储了工资支付保证金，存储金额8730.3万元。妥善处理汽车制造业加薪潮、临时关停工地和限排企业劳资纠纷排查调处以及社会保障信访工作。扎实开展“四访”活动和“迎亚运、促和谐”活动。受理群众来信、来访案件1453宗，调处结案1401宗，结案率达96%以上。为广州亚运期间本市创造稳定和谐的社会环境。（杨汉明）

增城市人力资源和社会保障局局长　许志忠

安全生产监督管理

【概况】 2010年，增城市委、市政府认真贯彻落实国家、省和广州市关于安全生产工作的一系列指示精神，坚持“安全第一，预防为主，综合治理”的方针，继续深入开展“安全生产年”活动，全面落实安全生产责任制，强化安全生产基层和基础工作，立足防范，切实加强“平安亚运”安全保障工作，确保全市安全生产形势持续稳定，为全市经济快速发展创造良好的条件。据统计，2010年全市共发生各类安全事故328起，死亡124人，受伤407人，直接经济损失约239.305万元。与上年同期相比，事故起数、死亡人数、受伤人数、直接经济损失分别下降43%、22%、46%、25%。其中，共发生工矿企业（含建筑）职工伤亡事故2起，死亡2人，受伤3人，直接经济损失约79万元。与上年同期相比，事故起数增加1起，死亡人数下降33.2%，受伤人数下降66.7%，直接经济损失下降52.9%；发生火灾事故8起，无人员伤亡，直接经济损失69.94万元。与上年同期相比，事故起数上升100%，死亡人数持平，受伤人数下降100%，直接经济损失上升28%；发生道路交通事故318起，死亡122人，受伤404人，直接经济损失90.365万元。与上年同期相比，事故起数、死亡人数、受伤人数、直接经济损失分别下降44%、22%、46%、7.9%；全年未发生水上交通事故。

【进一步健全安全生产责任制】 一是坚持每季度召开防范重特大安全事故工作会议制度。市政府分别于4月6日、5月10日、8月12日和10月29日召开全市四个季度的防范重特大安全事故工作会议，分析安全生产面临的形势，提出各个时期防范重特大安全事故的有效措施，尤其是对确保亚运平安稳定的工作进行详细研究分析和周密部署。二是层层签订安全生产责任书。市政府与各镇（街）和有关部门签订安全生产责任书，强化各级安全生产责任。各镇（街）和有关部门与辖下企业、村（居）委签订安全生产责任书，建立层级责任制，形成一级保一级，一级对一级负责的责任体系。三是连续第10年对各镇（街）和有关部门实行安全生产责任制考核。市政府根据广州市的统一要求，增加考核单位，修订细化责任制考核的内容，对各镇（街）和21个部门实行安全生产责任制考核，将安全生产工作列入领导干部考核内容，进一步强化本市的安全生产监管工作。

【采取有效措施，确保平安亚运】 2010年亚运会在广州举办，其中有3个项目在增城市进行。为切实做好市亚运安保工作，确保亚运和亚残运期间安全生产形势稳定，本市认真贯彻落实广州市委、市政府关于“平安亚运”的工作要求，将亚运安全生产保障工作作为首要的政治责任和政治任务来抓，制订相应的工作方案，把确保亚运安全作为全年工作重点，切实加强组织领导，明确安保工作职责，落实工作责任，加大宣传力度，营造良好亚运氛围，扎实有效的开展和完成各项工作。①加强领导，切实保障亚运期间生产安全。市委、市政府严格落实政府行政首长负责制和安全生产“一岗双责”制，强化职能部门的监管责任，进一步改进工作方式方法，通过采取突击检查、重点抽查、跟踪检查以及各镇街、各部门互查等方式，增强监管效果，确保亚运期间的安全稳定。9月13～20日，广州市委常委、增城市委书记徐志彪，市长叶牛平等19名市委、市政府、市纪委领导亲自带队，组成督查组，对全市9个镇街开展“迎亚运、防事故、保平安”工作情况进行检查督查，督促各镇街贯彻落实各级关于平安亚运的工作部署，确保各项工作落到实处，不走过场。市委、市政府发出《关于切实加强当前安全生产工作的紧急通知》、《关于切实加强亚运期间安全生产和安全防护管理工作的紧急通知》、《关于开展消防安全隐患专项排查整治行动的紧急通知》，要求全市各级各部门立即行动，加强监管，集中开展安全生产隐患排查治理工作，确保亚运及亚残运期间本市安全生产形势的稳定。②迅速行动，全面整治安全生产隐患。为确保亚运期间本市安全生产形势的总体稳定，市安委会制订《增城市平安亚运安全专项整治工作方案》和《增城市“迎亚运、防事故、保平安”安全生产专项整治和督查工作方案》，在市政府的统一领导下，各有关职能部门及各镇街各负其责、相互配合，共同推进；按照“条块结合、以块为主”的原则，依靠基层力量，以排查整治安全隐患为重点，着力强化事故预防工作，加大对生产经营单位尤其是高危企业和重点企业的检查督查力度，采取日常巡查、重点抽查、联合执法检查等方式，密切监控全市各行业企业，确保各类企业达到安全生产条件，保障生产安全。一年来，全市共检查企业10848间次，治理安全隐患12113条，发出执法文书9611份，立案查处案件76宗，实施行政罚款128.6994万元。③突出重点，切实抓好高危行业领域生产安全。一是切实加大涉亚场馆周边2公里范围内企业的安全监管力度。市安全监管局制订印发《关于印发〈广州市亚运城市行动增城赛区安全生产保障工作方案〉的通知》，将辖区内比赛场馆、训练场馆、相关酒店等涉亚场馆划分为3个区域——城区片（含增江街、荔城街）、派潭片、新塘仙村片，由3名局领导分别负责，落实各项工作措施；与各镇街、工业园区签订安全生产保障责任书，与各危险化学品生产、经营单位、构成重大危险源单位以及非煤矿山企业签订安全生产承诺书，进一步落实亚运安全生产保障责任，建立层级安全生产责任制，形成一级督一级，一级保一级，一级对一级负责的责任网络。而涉亚场所周边2公里范围内生产经营单位也同样与所在镇街签订责任书，逐级落实责任，确保责任到单位、到领导、到个人。市安全监管局将涉亚场馆2公里范围内危险化学品、烟花爆竹、非煤矿山等企业纳入重点监控范围，局里组织检查组，每周至少全面检查2次，属地镇街每周至少全面检查3次，及时发现问题，消除隐患。二是加大危险化学品、烟花爆竹从业单位的安全监管力度。市安全监管局加强源头监管，从危险化学品和烟花爆竹安全生产行政许可抓起，对危险化学品和烟花爆竹从业单位的安全生产条件从严要求。继续深化危险化学品和烟花爆竹安全生产专项整治，联合公安、交通、质监等职能部门，强化对危险化学品和烟花爆竹从业单位的监督检查和“打非治违”的力度。对外地流入的“三无企业”、“作坊式地下化工厂”以及非法储存、运输危险化学品和烟花爆竹行为进行严厉打击，发现一起，打击一起，处罚一起。至今共处理群众信访、投诉以及上级部门转办案件10宗，查处违法生产、经营危险化学品和烟花爆竹案件6宗，收缴和销毁爆竹20多吨，各种危险化学品及生产设备设施一大批，进行经济处罚17万余元，取缔无牌无证危险化学品生产经营企业14间。为进一步提高本市重大危险源单位应急救援保障能力，市安全监管局组织相关职能部门，于6月30日在新塘镇西洲油库群开展防泄漏扩散应急演练；9月17日在广州市增城自来水有限公司柯灯山水厂开展液氯泄漏应急救援演练；10月21日在朱村荔盛气站有限公司开展液化气泄漏突发事件应急演练。同时，对全市危险化学品从业单位提出亚运举办前进行不少于3次不同类型的（突发安全生产事件、危险化学品泄漏、受恐怖袭击等）有针对性的应急演练要求。通过演练，对危险源控制、医疗救护、保卫警戒、人员疏散、清洗消毒、环境检测、抢险物资供应等环节进行动态操作演练，锻炼企业应急救援队伍，提高重大危险源单位应对突发事故快速反应、指挥协调和现场处置等能力。为确保亚运安全，市安全监管局牵头组织亚运期间危险化学品企业安全专项整治行动，停止2家危险化学品生产企业生产经营活动，拆除生产储存设备，停止1家带库经营企业经营活动。一年来，全市累计出动检查人员1395人（次），车辆538台（次），检查危险化学品和烟花爆竹从业单位1276家（次），检查覆盖面达100%，共发现及整治各类安全隐患及问题453条，下发各类责令整改文书101份，整改复查率达100%，隐患整改率达100%。三是切实加大道路交通安全监管力度。交通运输、公安交警等单位加强部门协作与监督检查，及时发现和纠正违法违规违章行为；全面加强道路交通的安全法制和安全知识宣传教育，提高交通参与者和广大民众遵章守法的意识，加强车站、码头的安全管理与监督检查，严禁乘客携带危险品进站、上车和乘船。交通运输部门切实加强营运客、货车辆管理，开展营运客、货车整治，认真清理、整治违法违规车辆，坚决打击无牌无证、假牌假证以及严重超载、超速行驶的违法行为，全年共出动检查人员2657人次，排查治理隐患企业单位1017家。通过严厉打击非法经营行为，维护好道路运输市场秩序。到11月份为止，累计出动运政执法人员9000多人次，稽查车辆11000台次，查获违法违规营运3130宗，取缔无证维修经营店档847家，引导符合办证条件办理经营许可证51家，查处无证停车场81家；与公安交警、公路路政联合治超，出动执法人员8000多人次，检查车辆3700多辆次，查处超载、超限车辆317辆次，卸载货物10978吨。公安交警部门从源头入手，紧密围绕迎亚运工作，大力开展文明交通宣传教育活动，深入推进交通安全宣传“五进”活动，进一步扩大宣传覆盖面，共组织交通安全宣传组开展交通宣传活动80多次，派发宣传单张25万多份，张贴标语2000多张，悬挂横额200多条，播出《交通安全》电视节目45期，直接受教育群众达20多万人次。为进一步整治交通秩序，维护道路交通安全，公安交警部门充分发挥联席会议机制作用，联合交通、建设、教育、公路、安监等部门和各镇街，狠抓道路交通专项治理。针对增城市地处城乡结合部，农村地区摩托车数量大，驾驶人员安全意识不强等情况，制订《关于摩托车违法行为集中整治行动年实施方案》，持续开展摩托车集中专项整治行动，1～11月，共查扣各类非法摩托车28570辆，拘留严重交通违法人员410人。四是切实加强建设工程安全管理。亚运期间，市城乡建设部门通过大力推进建筑施工安全标准化建设，深入开展安全隐患排查治理，开展深基坑、高支模、脚手架、建筑起重机械等分项工程的专项整治行动，强化对建筑施工的安全监管力度。为确保广州市2010年平安亚运目标，制定《增城市平安亚运建筑施工安全生产专项整治工作方案》，于8月12～25日对全市建筑工地进行拉网式安全文明施工专项检查，共检查工地104个，发出整改通知书104份，查处安全隐患519处，封停塔吊4台，封停施工升降机2台，对7个责任单位及27名责任人实行职业资格扣分，对8家施工、监理单位、设备安装单位上报广州市不良行为网上曝光。截至11月底，共检查工地711个次，对发现施工、监理单位的安全生产责任履职不到位的127人实行职业资格动态扣分处理，对18家安全管理不到位的施工、监理单位实行不良行为网上曝光。五是加强消防安全管理。消防部门以亚运消防安全保卫、火灾隐患排查整治工作为重点，先后开展校园消防安全检查、建筑消防设施专项治理、“平安亚运”消防安全整治等多个专项整治行动。消防部门和各派出所加强消防日常监督检查工作，共对11051家单位进行监督检查，其中夜查夜间营业场所2280间，责令停产停业29个，消防行政处罚75宗，行政处罚396400元，行政拘留6人；联合相关职能部门和基层政府，检查152个公众聚集场所、1035个厂房（仓库）；对全市180个建筑消防设施、36个消防控制室值班逐一排查，摸清全市建筑消防设施底数，完善消防设施功能，配齐消防控制室值班操作人员，夯实社会单位火灾防控基础。从5月份开始，市公安消防部门对涉亚场所及其周边200米范围内各类建筑、全市的人员密集场所和高层、地下建筑全面开展消防安全大检查，共检查346个人员密集场所，42个高层建筑，1023个“三小”场所。六是加强特种设备的安全监管。市质监部门围绕亚运安全开展固定升降平台、化工类企业特种设备和气瓶充装等专项整治行动及气瓶移动式压力容器充装单位专项监察，强化对大型游乐设施、涉亚赛场、企业的监察检查。巡查使用单位289家；春节、中秋、国庆等节假日期间检查单位717家。

【推进企业安全标准化规范建设】 增城市把开展安全标准化工作纳入对镇街年度安全生产责任制考核内容，制订《增城市安全生产标准化工作实施方案》，把目标任务分解到各镇街，部署安全生产标准化推进的总体规划。在危险化学品方面。市安全监管局聘请专家组对全市危险化学品从业单位进行全面普查，指导企业开展达标认证工作；在开展重大危险源和危险程度登记评定工作中，将抓好企业内危险工艺装置的自动化改造工作纳入到落实企业安全生产主体责任，督促企业加大安全生产的投入，从本质上提升安全化程度。至年底，有12家企业取得安全标准化二级证书，其余54家企业完成申报工作。在其他工业企业方面。市安全监管局制订《工业企业安全生产标准化实施指导意见》，召开动员会和推进工作会议，免费发放300多张资料光碟和1000多份资料，指导和帮助企业开展标准化建设。这一年，达标认证企业15家，共有100家其他工业企业完成标准化达标建设，较大幅度超出广州市下达的达标建设任务。在推进企业安全标准化建设工作的同时，本市重点扶持非煤矿山企业强化企业安全生产管理工作，建设本质安全型企业。有2家非煤矿山企业荣获全国非煤矿山强基固本“五个一百”示范单位称号。

【加强安全生产宣传教育力度】 ①以村（居）为主战场深入开展安全教育，提高民众安全意识。针对增城市经济快速发展和城市化进程加快，村（居）居民用电、用气、物业出租、交通等方面隐患增多，一般市民安全常识不足容易诱发事故这一情况，把深入村（居）开展安全教育，提高居民的安全意识和防事故能力作为安全生产宣传教育的主要工作之一，督促指导镇街和村（居）联动，稳步推进民众安全生产宣传教育工作，取得良好成效。一是安全监管部门编印《村（居）安全教育讲义》，内容主要包括用电安全知识、用气安全知识、出租屋业安全管理、交通安全注意事项、火灾预防及逃生等，同时鼓励居民在发现隐患时及时向政府有关部门举报；二是安全监管部门组织人员为驻村干部和村（居）主要负责人进行《村（居）安全教育讲义》宣讲辅导；三是各镇街组织驻村干部或村（居）主要负责人对居民进行集中教育。据初步统计，全年各镇街开展教育325场次，居民安全意识和防事故能力有明显增强。②以生产经营单位为主阵地扎实开展教育培训，提高从业人员的安全技能和生产经营单位的本质安全水平。2010年，本市把生产经营单位安全教育培训作为安全教育的主阵地，扎实开展“四类人员”培训、安全生产大宣讲、免费派发宣传资料等活动。全年共培训安全主任672人，安全主任再培训2494人，组织省安科所培训危化企业安全主任191人；生产经营单位主要负责人培训555人，生产经营单位主要负责人再培训3080人；特种作业人员培训1424人；企业全员安全培训113830人，进一步提升从业人员安全技能和管理人员的能力。并开展安全生产大宣讲49场，《国务院关于进一步加强企业安全生产工作的通知》宣贯会17场。通过安全生产大宣讲活动，进一步强化生产经营单位主要负责人和安全管理人员的责任意识，增强抓好安全生产的自觉性和紧迫感。市安全监管局分别编印《企业员工安全常识读本》10万册、《确保安全生产，喜迎广州亚运》宣传单张15万张、《致全体从业人员的一封公开信》20万份，免费派发给生产经营单位员工阅读，进一步提高全市从业人员的安全意识。③大众传媒和专题活动为手段，大力开展日常安全宣传教育，全市“关注安全，关爱生命”的氛围日渐浓厚。一是继续制作播放《安监动态》电视栏目。从2007年开始每周制作播放1期《安监动态》电视专栏节目，栏目设置有安监要闻、监察执法、隐患曝光台、安全知识动漫演示等内容，以人民群众喜闻乐见的形式广泛宣传安全生产法律法规和安全常识，全年来共计制作播出45期。二是坚持开辟《安监动态》报纸栏目。在《安监动态》报纸栏目设置安监头条、安全生产法图解、案例分析、监察执法、安全信息警示、安全小知识等小栏目，每半月1期，每期在增城日报第二版用半个版面刊出，全年来共刊登24期。三是开设“手机送平安”信息平台。通过手机信息网络，在节假日及重要时段向全市生产经营单位主要负责人和安全管理人员手机用户发送安全方面的信息共13000条，提醒他们认真做好安全生产工作，确保从业人员安全。四是开设安全生产公益广告和《安监温馨提示》滚动字幕栏目。周一至周五，每天在增城电视台公共频道不同时段滚动播出一条安全生产公益广告和一则《安监温馨提示》，提醒全社会共同关注安全，关爱生命，提醒广大民众切实做好防范事故工作，确保个人平安。五是扎实开展“安全安全生产月”和“安康杯”知识竞赛等活动。在“安全生产月”活动期间，分别在荔城和新塘举办2场大型咨询活动。活动中布置展板113块，组织市安委会成员单位工作人员为群众现场答疑解难，共接待咨询群众31461人（次），现场派发资料105315份（张）。出动宣传车117台（次），悬挂横幅2310条、张贴标语40000多条。并开展执法警示活动，全市共检查企业3410家，发现各类隐患4023条，整改4015条，整改率达99.8%。扎实开展应急救援演练，全市共开展救援演练11场。在“安康杯”知识竞赛活动中，全市共举办多层次竞赛活动148场（次），参赛人员36537人（次）。六是开设安全生产知识宣传长廊。分别在增城公园和增城广场等人群流动较大的场所开设安全生产知识宣传长廊，每半月一期，重点宣传安全生产法律法规，开展事故警示教育，传播安全生产知识，全年共刊出16期。 （陈天成）

增城市安全生产监督管理局局长 孙军荣

质量技术监督

【概况】 2010年，广州市增城质量技术监督局按照“围绕中心，狠抓重点，强化法治，深入服务，确保安全”的总体思路，攻坚克难，开拓创新，把服务促进经济发展方式转变作为出发点和落脚点，把保障亚运安全作为重中之重，全力开展质量提升活动，进一步增强质监工作对辖区经济社会发展的贡献率和有效性。

【质量监管】 2010年，广州市增城质量技术监督局狠抓质量兴业强市工作，帮扶汽配行业建立健全质量管理体系，有17家企业已获生产许可证，获证数量占全国总数的42.7%，实现产值净增近亿元。完成《2009 年增城市产品质量状况分析报告》，主动为政府宏观经济决策提供依据。“增城市政府质量奖”推动设立工作进展顺利。实施“以质取胜”战略，扎实推进名牌培育工作，落实“一企一策”的培育措施，推荐6个产品目录7家企业申报省名牌产品，2家企业评比通过。不断完善质量信用评价监控机制，实行A、B、C、D四个等级的分类动态监管模式，巡查企业451家次，为247家企业建立一企一档，完成59家3C企业和1213张3C证书的清理工作，帮扶4家企业获得管理体系认证。加强对9家家电下乡中标摩托车企业的监管，举办1次危化品质量安全事故应急演练。加大牛仔服装行业后处理力度，全年完成监督抽查后处理179批次，企业整改率、复查到位率、复查合格率和查处到位率均达100%。推进“质量提升服务进万家”活动，免费对193家企业的管理人员进行2次质量管理培训。严格认证许可工作，完成21家企业（批次）实地核查观察员工作，完成16家企业生产许可省局发证资料的受理和审核。督促企业建立和完善产品溯源和产品召回制度。

【标准化监管】 2010 年，广州市增城质量技术监督局积极推进标准化战略，以农业标准化工作站推动农业标准化工作，促进农业增效农民增收，国家质检总局于11月23日发布2010年第133号公告，正式批准对增城迟菜心、派潭凉粉草2个产品实施国家地理标志产品保护，广州地区地理标志产品仅有5个，本市占3个。建立凉粉草、黑皮冬瓜2个广州市农业标准化示范区，申报立项冰糖桔市级农业标准化示范区。发布《水晶球荔枝》等4个广州市农业技术规范。9个村级工作站示范点挂牌成立，筛选12位广州市农业标准化专家纳入增城农业标准化专家库，举办农业技术规范发布会暨农业标准化专题培训，推广《黑皮冬瓜生产技术规程》等9个农业标准。发布亚运会、亚残运会专用省地方标准《超市配送中心作业流程规范》及《生态旅游区管理规范》等2个广州市地方技术规范，申报1个服务业技术规范《绿道旅游服务规范》。广东天天洗衣开展省级服务业先进标准体系试点建设，正在创建辖区第一个服务行业“标准化良好行为企业”。发动12家企业申报广州市服务业标准化试点。推动“广州标准”品牌建设，电线电缆、摩托车等6个行业39个产品完成采标。5家企业申报“标准化良好行为企业”，帮助8个企事业单位9个项目申请广州市标准研制专项资金资助。累计办理企业产品标准备案92份，执行标准登记2050个，完成产品标识不合格后处理49个。举办3期标准实施监督员培训班，培训人员124人，举办1期汽车空调压缩机行业国内外最新标准说明会，为110家企业派送安装“标准查询系统”。大力推进公共场所服务标志标准化改造，完成3家指定接待酒店、1家定点医院、3个比赛场馆、64个农贸市场及商场1000余个标识牌、5个旅游景区、10家星级酒店、8个服务驿站及沿途标识的改造。

【食品生产监管】 2010 年，广州市增城质量技术监督局构建供亚食品安全保障体系，开展重点监控区域食品安全和产品质量整治，组建1支供亚食品生产企业驻厂团队，开展溯源体系建设；积极参加亚运食品安全保障团队工作，严把进货索证索票关；搭建亚运食品检验检测平台，为亚运食品监管提供技术支持和保障。全年巡查食品生产加工企业986家次，发出整改通知书22份，整改率及回访完成100%。对62家食品认证企业派出核查现场观察员，对72家企业105个QS申证单元进行年审，年审覆盖率100%。办理食品生产委托加工备案37宗。完成1959批次抽检工作，合格率为90.56%。全面推行食品质量安全主任制度，开展食品企业检验员备案考核制度，食品企业聘任专职安全主任254人，聘任率为100%。加强对地方特色食品生产过程安全风险的监控，召开10期行业质量分析会。

【计量监管】 2010 年，广州市增城质量技术监督局突出民生计量监管，完成339家法制计量监管企业9581台（件）计量器具、205家企业计量监管企业1338台（件）计量器具、17家重点耗能企业391台（件）计量器具的监管。持续开展专项整治，先后对37家商场超市、饮用水行业、液化气站开展定量包装执法检查，对2家化肥生产企业、109家农资销售点开展农资计量专项整治，对88台汽车地中衡、223家企业3631台电子计价秤、13家电子计价秤销售商店进行专项整治。成立商贸衡器检定小组，开展亚运场馆、周边和沿线服务行业计量专项整治。以计量惠民为己任，在集贸市场、加油站设立公平砝码、公平秤、公平罐，“四个走进”等多项以“推进诚信计量，建设和谐城乡”为主题的宣传活动深受市民欢迎。完成7家实验室现场评审监督，3家建标企业证后监管，2家企业三级计量保证体系确认现场评审，5家机动车安检机构巡查任务。促进绿色低碳增长，对17家重点耗能企业进行检查，摸清企业计量器具配备情况，举办能源计量管理员培训班，跟踪落实企业整改措施，引导企业强化能源计量管理。

【特种设备安全监察】 2010 年，广州市增城质量技术监督局加强特种设备安全监察网络建设，全年完成使用单位现场监察1192家，下达安全监察指令书826份，施工巡查81家，业务受理1874宗，拆除土制设备14台，查封锅炉212台，强制拆除不合格和无证燃煤锅炉178台。主动向市政府报告2009年增城市特种设备安全状况报告。开展春节、“两会”、化工企业、“二甲醚”、大型游乐设施等专项安全检查，共检查企业801家；督促1887家企业3691台超期在用设备落实检验。做好亚运保障工作，开展亚运比赛场馆、涉亚企业93台特种设备安全检查，并进行验证性复查，组织12家涉亚企业召开特种设备亚运安全保障工作会议，签订《2010年广州亚运会、亚残运会特种设备使用单位安全承诺书》。落实赛时值班值守制度，开展多次特种设备安全应急救援演练，提高突发事件应急处置能力。推进高耗能特种设备节能监管工作，淘汰现有的4蒸吨/小时以下和使用8年以上10蒸吨/小时的燃煤锅炉205台，为企业转型升级提供积极保障。

【综合执法】 2010年，广州市增城质量技术监督局加强对重点产品的专项整治，先后组织絮用纤维制品、危化品及危包生产企业、汽车制动液、乳制品和含乳食品、海南豇豆、“地沟油”、化妆品滑石粉、酱腌菜、河粉、饮用水、汽车零配件、水泥行业、夜间执法等专项检查行动80次，检查企业588家，立案查处15宗，清查无证照生产加工点62个。积极开展普法宣传活动，举办89家新筹（扩）建企业质监业务培训班，组织3期《广东省实施计量法办法》宣贯会，在锅炉密集的工业园区、街道、村居委悬挂10类110多条横幅标语，与安监局联合举办14场3000多人参加的特种设备安全知识讲座，开展特种设备安全知识进校园、进社区等系列安全生产月活动，召开中小学锅炉安全工作会议，派发宣传资料2500多份。全年共处理案源线索319宗，受理案件317宗，立案查处177宗，涉案货值74.53万元，到位罚没款121.76万元，移送工商部门1宗。

【队伍建设】 以中心组学习为着力点带动党内各项制度的落实，廉政建设上做到三个坚持，即坚持人事财务及重大决策公开，坚持重点岗位诫勉谈话与层级谈话制度，坚持自身廉政学习经常化和社会行风监督日常化结合；队伍素质提升上深入开展构建“3+2+x”培训体系创建学习型党组织读书和创建共产党员先锋模范岗活动，专门开辟读书阅览室，以科室为单位，每周至少组织1次学习，全体党员“挂牌上岗”，亮出党员身份、树立党员形象。全年共排查10个岗位37个风险点，提出防控措施79条，发出行风廉政监督卡和明白卡2800多份，召开行风监督会议1次。新闻媒体座谈会2次。21名干部职工参加区局举办的以“改革开放党指引，质量监督为民生”为主题的演讲比赛。宣传工作取得新成就，利用报纸、电视台、网站等信息宣传渠道对质监工作进行立体化宣传，树立良好的质监形象，群众满意度大大提高，先后在各类媒体发表信息稿件176篇。以群众满意为目标，进一步提升队伍幸福指数。投入办公经费60多万元用于干部职工办公环境改善和办公设施更新，对办公楼一楼进行全面装修。组织外出革命教育、“三八”妇女绿道欢乐游、年终文艺汇演等活动，“以人为本”和谐质监文化逐步形成。2010年，该局没有1名执法人员因廉政问题受到查处，查办案件没有一起遭到行政复议或行政诉讼，班子团结，队伍廉洁，服务高效。

（刘小燕）

广州市增城质量技术监督局局长 林伏柱

财 政

【概况】 2010年，在市委、市政府的正确领导和广州市财政局的指导支持下，增城市财政局以贯彻李长春、汪洋等领导同志有关增城发展的重要指示精神为动力，全面贯彻落实中央经济工作会议精神和市委十一届七次全会确定的中心工作，紧紧围绕加快转变经济发展方式，着力推进经济结构优化调整、全面完成“十一五”规划各项目标任务，充分发挥财政职能，为促进本市经济平稳较快发展作出应有贡献。

【财政综合预算收入情况】

2010年，全市完成财政总收入1580975万元，同比增收407275万元，增长34.70%，其中：上缴中央、省、广州市级预算收入716486万元，占财政总收入的45.32%；地方财政综合预算收入864489万元，占财政总收入的54.68%。地方财政综合预算收入中，一般预算收入实现398759万元，完成年初预算的105.79%，同比增收64389万元，增长20.34%；基金预算收入447023万元，同比增收155131万元，增长53.15%；预算外资金收入18706万元，同比增收3568万元，增长23.57%，完成年度计划的99.77%。

【财政综合预算支出情况】

2010年全市财政综合预算总财力1243563万元，实际完成支出890914万元，结转结余352649万元。各项支出主要执行情况如下：①基本支出平稳增长，行政事业单位人员待遇进一步规范。2010年完成基本支出189955万元，同比增支17180万元，增长9.94%，其中人员经费159278万元，同比增支17472万元，增长12.32%；公用经费30677万元，同比减支292万元，下降0.95%。人员经费支出增长较快的主要原因：一是落实教师工资与公务员“两相当”，同比增支约7000万元；二是兑付2009～2010年住房货币补贴新增支出617万元；三是其他新增人员、正常晋升、村委村干部补贴等因素增支。②民生支出较快，确保人民生活水平的提高。社会保障、医疗卫生、教育、文化体育与传媒等民生和社会公共事业专项支出97927万元，同比增支17469万元，增长21.71%，其中社会保障和就业专项支出20661万元，同比增支514万元，增长2.55%；医疗卫生专项支出26543万元，同比增支6240万元，增长30.73%；教育专项支出32994万元，同比增支2728万元，增长9.01%；文化体育与传媒专项支出17730万元，同比增支7988万元，增长82.00%，大幅增支主要是新增博物馆建设支出6740万元，完善图书馆建设支出1277万元，保证亚运项目和世界旅游日暨国际旅游文化节庆典活动顺利开展支出约3500万元。③农林水方面支出保持稳定增长。2010年完成农林水事务专项支出49814万元，同比增支429万元，增长0.87%。其中农业及扶贫支出8533万元，同比减支1912万元；林业支出8639万元，同比增支1128万元，增长15.02%；水利建设支出32642万元，同比增支1213万元，增长3.86%。④城乡社区事务专项支出430647万元，同比增支234432万元，增长119.48%。其中征地和拆迁补偿支出148836万元，同比增支69396万元，增长87.36%；城市建设支出140858万元，同比增支109081万元，增长343.27%；农村基础设施建设支出51969万元，同比增支39639万元，增长321.48%。城乡社区事务大幅增支主要原因有：一是认真贯彻落实中央积极财政政策，加大对基础设施建设投入；二是本市经济快速发展促使土地出让金收支同步迅速增长；三是部分2009年出让项目征地拆迁补偿款于2010年兑付。⑤其他方面支出合计122571万元，主要包括一般公共服务支出32467万元，公共安全15902万元，汶川地震灾后重建资金支出3166万元，兑付2009年镇街体制分成支出18898万元，粮油物资储备事务支出2265万元，归还广州借款4218万元等等。

【优化财政支出结构，促进民生事业发展】 一是做好预算编制管理工作。预算编制是财政工作重中之重，通过不断完善对经常性项目和一次性项目分类管理，提高预算编制的准确性和科学性。二是按照创建全国科学示范市的要求，合理安排财政支出，调整优化经济结构，在保证政权机关运作的同时，加大基础设施建设和民生事业的投入，努力推动城乡公共服务均等化。2010年，全市一般预算总财力568824万元；实际完成支出432403万元，同比增长20.01%，执行率为76.02%，完成全年一般预算支出计划的83.43%。其中：基本支出179107万元，完成全年预算的98.41%；市本级专项支出191801万元，完成全年预算的78.98%；上级补助资金支出61495万元，执行率为51.83%。其中文化体育与传媒、医疗卫生、环境保护、城乡社区事务和交通运输等支出项目增长较快，分别同比增长70.94%、29.11%、91.15%、35.35%和39.27%，为改善民生、完善城乡基础设施建设、促进经济发展提供重要财力保障。

【深化财政支出管理改革，提高资金使用效益】 一是以核定专项转移支付数量和规模为基础，对各镇街和“两城两区”管委会的财政收入进行分档次和责任目标管理，充分调动各镇街和“两城两区”管委会加快经济发展的积极性；二是深化投融资体制改革，发挥财政专项资金四两拨千斤的作用，切实加强全市基本建设资金、融资资金的统筹管理，提高资金使用效率和效益，2010年安排政府投融资重点建设项目86项，项目总投资261392万元；三是认真落实建设项目概算评审服务承诺，加快市“绿色通道”重点项目的评审，按规定时限完成工作。

【加强财政监督，做好财政基础工作】 一是加强政府采购管理。通过不断拓宽政府采购实施的范围，理顺政府采购与各相关业务单位的衔接，努力提高政府采购运作质量和水平。2010年市政府采购项目预算总金额29865.64万元，实施政府集中采购项目715个，项目合同总金额28145.40万元，节约资金1720.24万元，节约率达5.76%，有效提高财政资金使用效益。二是加强投资评审管理。为保证各评审机构质效，以制度对投资评审进行规范化管理，进一步加强本市工程建设项目全过程管理，规范工程变更、签证与结算的实施行为，规范建设项目评审程序，积极推进本市财政投资评审工作。

【加强作风建设，提高机关工作效率】 2010年，市局继续以机关服务年、纪律教育月活动为契机，进一步加强机关作风建设。认真组织全体职工干部学习上级的财政理论和政策，不断提高政策理论水平，全面指导财政工作的开展，同时把增强党性修养、改进作风作为本局党组织生活和民主评议党员的重要内容。大力开展党风廉政教育，提高干部拒腐防变的自觉性和坚定性，全力推进惩治和预防腐败体系建设工作。结合财政改革不断深入的实际，积极开展各类与业务知识相关的培训，提高业务能力和办事效率，确保整改落实措施取得实效、取信于民。 （张小琳）

增城市财政局局长 张国新

国家税务

【概况】 2010年，市国税局以科学发展观为统领，坚持以组织收入为中心，全年共组织税收收入781644万元，同比增收210313万元，增长36.81%，税收规模首次突破70亿元，创历史新高。其中组织国内计划考核口径税收收入717147万元，同比增收208048万元，增长40.87%，完成广州市局下达625000万元计划的114.74%。组织增城市本级收入73875万元，同比增收12865万元，增长21.09%，完成增城市府下达71993万元计划的102.61%，为经济和社会发展提供可靠的财力保障。

【服务地方经济，积极提供决策参考】 一是狠抓出口退税进度，支持地方外向型经济健康持续发展。做好全年出口退（免）税预测，争取退税指标，加快出口退税工作进度，有力支持外向型经济健康持续发展。全年共完成审核退（免）税3593户次，实际办理退、调库额16.58亿元，同比增长40%。二是深化品牌服务，为地方政府提供税收信息反馈和经济决策参考。坚持做好月度税收收入分析工作，编制《国税月报》、《国税简报》，从税收角度为全市经济发展"把脉"，加强与地方政府部门经济动态与税源信息共享，为地方政府经济发展及招商引资决策提供参考和帮助。三是认真执行税收优惠政策，促进下岗再就业政策落实。全年税收优惠政策惠及2860户纳税人，减免税款3.35亿元，其中：自产农产品免征增值税1480万元、固定资产抵扣增值税税额1.62亿元、小型微利企业减征企业所得税1.47亿元、办理资源综合利用企业增值税退税427万元，福利企业增值税退税270万元。在落实下岗再就业税收优惠政策中，累计减免420户下岗失业人员从事个体经营税务登记证工本费5789元，免征税额136万元。

【完善内控机制，防范执法风险】 为完善执法监督内控机制建设，按照国税总局及广州市局提出"以风险管理为导向、以信息管税为基础"的总体要求，制定《增城市国家税务局税收执法风险管理办法》，通过风险预警、风险处置、风险分析和风险防范机制构建科学的风险管理体系，围绕规范税收执法行为、提升征管工作质效、防范执法风险三方面设置风险预警指标，以税收业务风险管理信息系统为依托，设置包括申报收入类（税负类）、抵扣类、发票类、减免税类、欠税类共49个风险预警指标，构建风险特征库，实现事前风险预警，规范风险处置，为风险应对防范提供导向，降低税收执法风险，提高纳税遵从度。

【扎实推进"四位一体"税源专业化管理工作】 根据广州市局税源专业化管理"四位一体"理念，制定《增城市国家税务局税源专业化管理办法》和实施意见，通过确定纳税评估专岗、确定典型税源及修正基础信息，实施具体的专业化管理。召开税源专业化管理研讨会，吸取先进经验，制定工作指引，组织27场共300多人次参加管理指引培训，提升一线税务人员对税源专业化管理指引和系统的应用水平。围绕汽车制造、汽车零配件生产、纺织和房地产开发经营等4个行业召开重点验证工作分析会，将管理理论与实践经验有机结合，提升验证工作水平。完成重点验证50户，报送汽车制造、汽车零配件生产、房地产开发经营管理3个行业指引优化建议，建起房地产和汽车配件制造业2个行业简易评估模版，完成简易评估115户，征管质效显著提升。

【加大各税征管力度，实现协调稳定发展】 ①加强流转税管理。一是切实做好流转税收入分析工作，加强税负监控。对全局增值税数据进行整体税负、各行业税负及其高低分析、大型低税负企业、各分局整体税负及其所占位置等分析，找准工作切入点，提高管理水平。二是加强增值税一般纳税人认定和后续管理。全面贯彻落实新《增值税一般纳税人资格认定管理办法》，细化工作要求，制定后续管理办法，新办法实施后本局共认定增值税一般纳税人915户。加强新认定企业监控和实地检查工作，对税负异常的企业开展纳税评估，督促企业主动依法纳税申报。三是规范减免税管理，堵塞管理漏洞。专项清理核查2007~2009年7类问题74户企业的增值税税收优惠政策执行情况，确保优惠政策落实到位。②以汇算清缴工作为核心，夯实所得税管理。一是提升企业所得税核定征收工作质量。对确定核定征收的企业名单进行集体审议决策，保证核定征收工作公开公平；强化后续动态监控，及时掌握纳税人经营发展规模、账册设置及核算变动状态，加强数据分析，筛选超范围、超权限和不符合应税所得率范围的业户，及时调整应税所得率和征收方式，切实提高核定征收工作质量。全年共对1819户企业进行核定征收，占企业所得税总户数39%，同比增加599户。二是圆满完成2009年度企业所得税汇算清缴工作。归集整理企业所得税税收优惠、资产损失税前扣除等类型政策，组织召开七场汇算清缴政策宣讲会，一场中介机构政策沟通会，针对统一解答汇算清缴常见问题，加强工作辅导。借助税务短信、电视专题节目、派发汇算清缴资料等方式扩大宣传面。做好非正常业户监控工作，提前在第一季度申报后清理未按时申报企业，提高汇缴面。2009年度参加汇算清缴纳税人共4380户，汇缴率99.88%，应纳所得税额为5.58亿元，同比增长34.46%。三是后续管理工作成效显著。对983户纳税人进行后续分析，共补征增值税244.90万元、调增应纳税所得额9445万元、补征企业所得税873.80万元、查补滞纳金86.80万元。③加强非居民企业管理，提升国际税务管理水平。一是狠抓企业关联申报质量。积极辅导企业财务人员做好政策解读工作，解答关联申报相关政策问题，引导其准确填写申报材料，从源头上保证关联申报信息数据采集质量。二是加强源泉扣缴管理。通过加强对源泉扣缴、售付汇出具税收证明、非居民企业所得税征收方式鉴定和纳税申报等非居民涉税事项的监控，提高有关业务审批的准确性、合法性。

【依法治税，营造公平税收法治环境】 ①加强制度建设，提高执法质量。重新修订《增城市国家税务局税收执法过错责任追究办法》和《增城市国家税务局税收执法档案管理办法》，进一步规范税收执法行为。落实重大税收执法决策事项集体审理制度，加强对税收执法权的监督。研发税收执法档案及责任跟踪管理平台，将税收执法工作与信息化建设相结合，实现税收执法档案资料管理的规范化和信息化。开展税收业务文件的清理。将税收业务文件清理纳入日常化管理，2010 年，本局共清理 57 份文件，其中，全文废止或失效的税收规范性文件 37 份；部分废止或失效的税收规范性文件 18 份；全文废止或失效的内部管理文件 2 份，使税收业务文件管理更加规范化、系统化。②整顿税收秩序，维护公平发展环境。一是强化户籍管理。深化第三方数据应用，对比工商、质检、地税部门的户籍信息，提高税源户籍管理的及时性和准确性，形成监控合力。全年共开展清理活动 25 次，清理漏征漏管户 1000 多户，加强了税源户籍管理。二是做好出口退（免）税评估监控工作。加强征退查联动管理，建立“四位一体”沟通机制，以进出口税收管理科为信息沟通中枢，各部门紧密配合，对出口货物实行联动管理，开展对敏感行业、异常企业的实地调查，达到“以管防骗、以退促管、退查联动”的管理效果。强化内部管理监控，完善审核机制，加强出口退税审核各环节的相互监督和制约。全年追缴已退税款 125 万元，计提销项税额 126 万元。三是切实抓好清理欠税工作。围绕欠税率指标，加强工作通报。严格执行《欠税管理办法》，建立企业欠税档案，通过国税网站、办税服务厅公告栏等载体发布欠税公告，督促企业清缴税款，坚持以票控税，及时对欠税企业停止供应发票，做好欠税企业处置资产等事项备案工作，首次应用人民法院破产清算程序，参与欠税企业资产分配。截止 12 月，本局公告欠税 72 户次，清缴税款 1277 万元。四是大力打击税收违法行为。以查促管，认真开展税收稽查工作。截至 12 月底，共对 37 宗案件实施税务检查，补缴税款 348 万元；开展行业重点纳税评估 16 户，入库税款 813 万元；开展辅导自查 13 户，入库税款 128 万元；协助清理欠税 176 万元。开展打击各类发票违法犯罪活动。加强与稽查局、公安等部门的合作，开展各项打击各类发票违法犯罪活动。在 3 月和 7 月捣毁位于朱村街和荔城街两处发票制假窝点，查获大批非法印制的国、地税假发票成品及半成品等，缴获制假机器设备和大批半成品及制假原材料。开展打击虚开发票卖方市场整治行动。对“7. 30”专案中涉及的受票企业进行税务检查，补税款及罚款合计 71698. 98 元。丰富内涵，扩大税收宣传面。进一步加大税收宣传力度，在全市广泛开展主题为“服务科学发展，共建和谐税收”税收宣传月活动，联合地方政府、广东商学院华商学院举办 2010 年度税收宣传系列活动启动仪式，税务人员、纳税人及税宣志愿者进行三方共建宣誓。联合增城市科技经贸和信息化局、外汇管理局、新塘海关、招商银行等职能部门举办“规范与服务促进增城市外向型经济健康发展论坛”，以服务外向型经济为切入点，分析外向型经济发展的挑战与机遇，提出企业着重防范的经营风险，为出口企业出谋划策、解疑释惑，将主动服务理念传递到企业心中。充分利用新闻报刊、电视台、国税之窗、国税网站等宣传平台，围绕“税收 · 发展 · 民生”为主题进行深入宣传，及时宣传最新的税收政策法律法规，进一步提高纳税人依法纳税的意识。将宣传月逐步向宣传年转变，树立国税部门主动服务地方经济发展大局，主动服务纳税人的良好形象，取得良好的宣传效果。

【多措并举，纳税服务水平不断提升】 ①积极推进办税服务厅标准化建设。从软、硬件两个方面加强办税服务厅规范化建设，完成对办税服务厅基本服务设施的标准化建设，使办税指引更加清晰、布置更加合理。对排队叫号系统进行改造，在原有功能基础上，增加实时办税情况查询、相关数据分析统计和办税服务满意度统计等查询统计功能，进一步增强排队叫号系统的使用功能，优化服务质量。②完善服务机制。制定全方位、多层次服务机制评价办法，注重纳税人的意见反馈，定期邀请纳税人召开纳税服务座谈会，对办税服务厅、税务分局的服务质量进行电话回访，实现外部监督和内部责任追究的有机结合，系统、客观、公正地反映和评价服务机制工作成效，持续改进服务举措。③创新服务手段。一是增强收集意见广泛性。开通投诉热线及对外公共邮箱，拓展交流渠道。举办纳税服务接待日，局领导与纳税人面对面交流，对纳税人提出的问题及时分析处理。全年共举办纳税服务接待日活动 8 期，接待纳税人 34 人次，反馈问题 39 条，其中咨询类 33 条，建议类 6 条，即场解决 30 条问题，其余 3 条问题均承诺答复期限。二是继续做好“税企面对面”、“国税大讲堂”等品牌服务，扩大服务覆盖面。截至 12 月，本局各税务分局共举办税企面对面活动 72 场次，共接待纳税人 223 人次，反馈咨询问题 119 条。三是做好亚运税收服务。在办税服务厅放置亚运税收宣传资料，通过电子屏将

相关政策进行公告，设置亚运服务绿色通道、亚运志愿者服务窗口、微笑服务窗口，为亚运提供便捷的税收服务。　（郭　嘉）

增城市国家税务局局长　梁妙玲

地方税务

【组织收入】 2010年，市地税局组织税收收入34.93亿元，完成广州市局下达任务的105.46%，同比增长18.12%，增收5.36亿元；其中区县库收入20.24亿元，同比增长18.67%，增收3.18亿元，完成增城市政府下达任务的101.43%；征收社保费10.88亿元，同比增长31.94%。

【税收征管】 ①管好税源。强化重点税源监管，三级以上税收管理员集中配置到重点源管理岗位，全面整合充实管理力量。加强重大项目、重点行业管理，积极开展审计式纳税评估，全年评估551户、评缴税款2116万元。经管的重点税源达到561户，2010年税收收入298581万元，同比增长21.92%，以2%的户数比重贡献85%的税收总量、88%的税收增量。建立涉外税收的专门机构、专业队伍，统一将涉外税收管理集中到重点税源股归口管理，2010年涉外企业税收收入110621万元，占市局总税收收入的31.67%。大力推行个体工商户委托代征改革，从试点阶段进入全面推开阶段，已在全市六镇三街建立9个委托代征工作站，既堵塞征管漏洞，又公平税负，创造了良好的税收环境。通过制定房产交易最低限价的办法加强二手房地产转让，有效减少逃税行为，全年共征收二手房交易税费9300万元，同比增长158%。切实发挥以查促收的积极作用，开展房地产、建筑等重点行业专项检查，一年来共查补税费金5387万元，完成年度任务的160%，以查促收成效显著。②小税种征管。加强土地增值税管理，建立房地产项目土地增值税项目台账，及时更新采集数据，严格监控重点项目，加大审核力度，加快清算税款入库，全年清算入库11227万元。积极开展印花税核定扩面工作，增收效果明显，全年征收入库印花税8607万元，同比增长51.91%。利用协税护税力量加强车船税征收工作，制订方案，努力争取市政府支持，发文要求保险机构严格依法履行代收车船税义务、车管部门严格审核“交强险”、金融办协管、税务部门加强监管措施，共同协作严堵税收流失漏洞。积极推进契税和耕地占用税的征管，2011年1月1日起本市契税和耕地占用税的征管由财政部门划转地税部门征管。为确保有关划转工作积极稳妥，市局成立“两税”职能划转工作领导小组，将“两税”征收业务与二手房交易税收征收工作整合，做好征管软件的测试、上线、维护、业务宣传等工作。③抓好社保征收。积极做好农村社会养老保险的征收及业务移交工作。2010年，市局从保民生、稳大局方向出发，继续全力推进农村养老保险征收工作。至10月底，已参保村委组织263个，是接收初期的3倍，覆盖率达91.64%；参保人数累计10万多人，缴费金额达11000多万元。根据上级精神，11月1日，市局顺利将农保的征收工作移交人保部门。稳步推进社保扩面征收。进一步加强社保费“四同”管理，为缴费人提供电子缴费、网上查询、免费辅导等便利服务，稳步推进扩面征收。这一年本市各险种的参保人数均比全责征收前稳步增长。做好残疾人就业保障金代征工作。从10月至12月，共代征残疾人就业保障金426万元，促进民生改善。优化服务，切实维护缴费人权益。妥善处理几起因社保待遇问题引起的群体事件，认真查找原因，积极与当地政府部门、用人单位沟通，做好政策的解释和安抚工作，切实保障缴费人待遇享受，成功维护社会的和谐稳定。

【依法治税】 开展税收执法检查日常化，防范税收执法风险；深入推行税收执法责任制，强化执法检查和行政问责，进一步规范税收执法行为；加强规范性文件审核和清理，提升依法治税水平。推进综合治税工作，联合市公安局成立税警执法办公室，加大违法违纪行为打击力度，维护公平税收秩序。大力打击假发票买方市场和制假售假行为，以公安与地税联合执法办公室为平台，加强综合治税和信息共享，查处假发票16万份，票面金额1.6亿元。充分发挥综合治税力量，成功追缴宝龙轻汽集团税费2200万元。加强欠税管理，清欠工作取得较大成效，全年清欠税款2029万元。

【纳税服务】 构建全方位的、长效的税法宣传体系。以税法宣传“进校园、进企业、进社区”三个主题，在全市广泛开展形式多样、内容丰富的税法宣传活动；制作《个体户办证须知》，加强个体户纳税意识；制作税收宣传栏，广泛宣传纳税人的权利和义务，提高纳税遵从度。发挥品牌优势增强宣传效应。继续办好在《增城日报》的《地税之窗》和《增城电视台》的《地税知多D》两个专题栏（节）目，打造税宣品牌，深受市民欢迎。全年共在各级新闻媒体刊发新闻465条次。加强窗口行风和作风建设，制定纳税服务考核管理规定，确保纳税服务工作制度日常化，全面提升纳税服务工作质量和水平。强化纳税人权益保障。健全长期、定期、及时公开机制，举办“地税开放日”活动，保障纳税人知情权、参与权；依托办税服务厅综合管理系统，建立纳税人意见反馈和满意度调查机制，推进办税服务厅规范化建设，保障纳税人监督权；健全领导定期接访机制，开展“迎亚运、促和谐”大接访活动，维护纳税人权益。

【队伍建设】①提升干部队伍整体素质。坚持以素质教育为重点，以考促学，制定教育培训考试奖罚规定，开展全局干部、协税员综合业务考试，利用省局网络培训平台组织全体干部职工进行学习培训；组织52名干部外出参加各类培训，以学习促素质提高。做好干部的选拔、轮岗，提任科级以上4人、18人进行交流轮岗，37人进行岗位调整，税收管理员队伍进一步优化配置，基本实现能岗匹配。创建和谐地税文化建设，积极参加广州市局第三届职工运动会，取得好成绩；成功承办第44期《广州地税青年》，组织青年、团员参加增城市委“创建文明城市”的各项主题活动及服务亚运相关工作。②提高干部风险防范能力。召开专题党组会议和全系统会议，认真学习贯彻上级党风廉政会议精神；通过开展法制教育专题讲座，组织到番禺监狱参观教育，观看“法治与责任——全国检察机关惩治和预防渎职侵权犯罪广东巡展”，书记讲反腐倡廉党课，组织《廉政准则》培训班、硬笔书法比赛、家庭助廉书画比赛等活动，切实加强全局地税干部理想信念教育、党性党风党纪教育和廉洁从政教育。系统梳理重点岗位和关键环节风险，开展税收执法检查和廉政监察，“两个风险”防范进一步增强。扎实推进政风行风评议。在2010年增城市基层站所政风行风评议工作中，市局综合平均分排名第一。③积极开展组织文化建设。深入推进学习型组织建设，大力开展创先争优活动，创建《学习交流》平台，营造良好学习氛围，自10月15日创刊以来的短短两个半月，《学习交流》编发20期，得到广州市局领导多次批示，累计阅读人数4000多人。加强津补贴发放规范管理，落实确保经费“六个零增长”各项措施，节约型地税建设持续推进。完善车辆管理各项制度，开展“百日安全文明行车无事故活动”，做好安全教育工作。（蓝春凤）

增城市地方税务局局长 张俊杰

金融、保险

【中国人民银行增城市支行】 2010年，中国人民银行增城市支行（以下简称支行）坚持以“三个代表”重要思想为指导，学习实践科学发展观，认真履行各项职责，有效推动地方经济健康、持续发展，为构建增城、从化和谐金融作出应有的贡献。

坚持以人为本，加强支行队伍建设和内部管理 一是制定业绩考核办法、中层领导干部履职考核暂行办法、过错责任追究暂行办法等制度，强化内部管理。二是开展对辖区农行增城支行的综合执法检查工作，强化金融监管，提高执法效率。三是完成从化办公楼维修工程，增加安全保卫设施，切实消除多年来的安全隐患，美化办公环境。四是资产处置工作取得新进展，增城、从化支行的历史遗留资产及负债已全部移交给汇达公司。五是支行工会积极开展“献爱心、送温暖”活动，全年对有特殊困难职工送上慰问金共14439元；为增城荔江小学及支行扶贫点——新塘简村捐助共16000元；倡议全体干部职工为玉树灾区捐款6840元。

做好金融服务，大力支持地方经济发展 ①为推动增城民营经济和中小企业发展，制定《关于支持增城市加快发展民营经济的信贷指导意见》（以下简称《指导意见》）、《关于增城市金融机构支持地方经济发展的奖励办法》，指导督促金融机构加大对增城民营经济的信贷投入。②完善农村金融组织体系，提高农村金融服务水平。增城市首家小额贷款公司开业，从化市神州小额贷款公司正在筹建中。③改善金融基础设施，从支付结算、国库、征信、货币流通等方面切实做好金融服务工作。一是切实做好广州亚运会期间支付结算、货币兑换、现金供应等金融服务工作，促成辖区4家亚运指定酒店设立外币代兑点。二是认真贯彻落实国家金融惠民利民政策，积极开展国库创新业务。如继续推进国库直接支付改革，扩大国库集中支付涉农、社保、救灾补贴等财政补助资金范围，实现民生工程、基础设施、生态环境建设和灾后重建所需资金直接拨付到最终收款人，确保各项财政支出资金及时安全拨付到位。三是加强对金融机构人民币收付业务、反假货币工作的业务培训和监督检查，及时处理好各种涉及人民币流通管理的群众投诉案件，不断提高辖区反假货币水平。如配合增城、从化两地公安局大力开展打击制贩假币活动，组织金融机构参与“2010年打击和防范经济犯罪宣传日”活动，现场向居民教授反假货币知识和技能，增强群众的反假货币意识。四是依法为社会公众提供信用报告查询服务，积极开展征信业务宣传，提高社会公众的信用意识和维权意识。截止2010年12月底，共受理个人信用报告查询167人次。④稳步推进辖区金融生态建设，加大反洗钱法规宣传培训力度，健全反洗钱内控制度，积极推动辖区银行、证券、保险业反洗钱工作的全面开展。⑤加强经济金融运行中热点问题的调查研究，有效促进地方经济金融协调持续发展。完成《农村土地流转与金融政策研究》、《警惕“热钱”通过加工贸易渠道流入现象》和《外资企业资金借道个人渠道流入境内案例分析》等调研报告，为上级部门提供有效的信息参考。

做好金融稳定工作，维护地

方金融稳定 认真贯彻落实人行广州分行《关于印发〈广东省新设银行业机构加入人民银行金融服务与管理体系指引〉的通知》文件精神，进一步健全重大事项及重要信息报告制度，加强对金融机构开业管理和重大事项及重要信息报告工作。

大力转变外汇管理理念和方式，积极推进外汇管理各项改革工作，优化外汇金融服务 ①大力推动跨境贸易人民币结算业务的开展。成立跨境贸易人民币结算业务领导小组及领导小组办公室，指导和负责辖区跨境贸易人民币结算的日常业务。截至2010年12月底，辖区共开展跨境贸易人民币结算业务125笔，金额5.76亿元，在广东省22个地级市中排名第十三位。②切实转变管理理念，稳步推进经常项目外汇管理政策改革。组织辖区100多家有进口付汇业务的外商投资企业进行业务培训及政策宣传。认真探索辖区主体监管的新模式，对辖区五类行业筛选五家具有代表性的企业进行主体监管测试，并通过“数据综合利用平台”进行实时监管，不断总结经验，提升外汇监管水平。③加大外汇检查工作力度，维护良好的外汇管理秩序。开展转口贸易和加工贸易专项检查，对违反外汇管理行为的企业进行处罚，打击并震慑通过加工贸易渠道的资金违规流入，进一步规范加工贸易企业外汇业务。截止2010年12月底，共完成7个案件查处以及1个案件移交工作。

认真贯彻落实《关于落实〈珠江三角洲地区改革发展规划纲要（2008~2020年）〉推动金融业科学发展的若干意见》（以下简称《若干意见》） 一是就有关困扰增城市金融业科学发展问题多次与增城市政府磋商，形成《增城市金融业发展“十二五”规划》、《增城市金融发展现状及“十二五”金融发展思路和对策》。二是参与广佛肇金融合作备忘录的撰写、修改工作以及广佛肇金融合作讨论会、贯彻落实合作备忘录讨论会等多个会议，完成《推进广佛肇金融服务同城化的措施建议》、《关于开展广佛肇金融服务同城化工作情况的报告》等材料。三是作为珠三角金融服务一体化工作小组成员，积极推动金融一体化工作，为实现珠三角金融科学发展提供有效的借鉴。如东莞银行广州增城支行在新塘成立，开创异地法人金融机构跨区域发展新格局；支持广州农商行在增城升格一个一级支行，鼓励其加大对“三农”的金融支持。四是积极探索支行职能改革，不断提高支行履职效能。为增强征信管理职能，增加贷款卡业务行政许可审批权限以及个人征信系统查询权限，为企业和居民办理贷款卡以及进行信用信息查询提供便利；为增强金融服务职能，方便辖区金融机构调拨现金，经人行广州分行批复同意支行恢复发行库。 （凌春华）

中国人民银行增城市支行行长 黄昌隆

【中国建设银行增城支行】 2010年，建行增城支行在上级行党委的正确领导下，坚决贯彻执行上级行各项经营管理决策，对内强化基础管理，对外强化市场拓展，紧紧围绕年初确定的“严管理、强基础、拼市场、谋发展”工作思路，在全行上下共同努力下，较好地完成年度各项工作任务。各项业务持续增长，全口径存款、各项贷款增长率分别为8.25%、10.24%；中间业务净收入同比增幅58.8%，当地同业同比增量处于领先地位，市场竞争力进一步提升；资产质量持续向好，公司贷款保持零不良，资产质量在系统和当地均处于领先水平。

加强风险防控，实现“安全年”的目标 严格落实上级行工作要求，完善风险防范机制，牢固构筑内外风险防线，保证各项业务健康发展，实现“安全年”工作目标和亚运及亚残运期间安全运营。一是会计管理水平得到进一步提高，加强反洗钱、假币反假、票据反假等业务培训、检查力度，成功堵截一起面额为20万元假支票诈骗案件，有效防范资金风险；二是认真开展“安全年”活动，举办违规违纪人员学习班、主题教育、员工行为排查等工作，员工合规操作和职业道德意识显著提高。

加强队伍培养与建设，队伍素质得到增强 一是加大对员工各项业务技能的培训与交流，提升业务水平。二是完善员工管理考核办法，充分体现多劳多得原则，鼓励员工提高工作积极性和创造性。三是人员数量向客户经理、个人业务顾问等专业营销服务人员倾斜，提高客户服务质量。

以“客户为中心”，全面提升客户服务水平 一是进一步加强政银合作关系，积极跟进政府扶持重点项目，联合做好三旧改造市场主体的融资服务工作。二是深入专业市场，充分利用建行中小企业联贷联保、个人助业贷款、结算E、结算通卡等产品举办产品推介会，树立建行品牌，加强专业市场调研，加强专业产品创新，提高专业市场客户服务能力。三是制定网点服务标准、开展服务评比和检查专题活动，突出抓好世博会、亚运会、亚残会期间网点服务工作，提高员工服务意识、规范服务礼仪。多个网点和个人获得建行总行世博亚运金融服务先进团队或个人的奖励。四是积极推进网点改造，优化网点布局，提升网点形象，全年共完成石滩支行迁址改造、荔城支行原址改造，盛世名门、皇朝家具厂离行ATM设置等工作，进一步提高客户体验能力。

开展“关爱员工，和谐奋进”活动，营造良好的企业文化氛围

积极开展员工思想政治、职业管理、民主管理、情感管理、文体管理及为员工减负等各方面工作。一是切实改变领导作风，深入群众队伍，了解员工思想动态，帮助解决实际问题；二是树立标杆，加强员工精神激励，提高员工集体荣誉感；三是倾听员工心声，高度重视并采纳员工反映的切合实际的问题。四是坚持“六必到”。即员工住院必到、谈心家访必到、受到奖惩必到、家庭变故必到、节日慰问必到、岗位调动必到。五是定期举办文体活动，开展多种形式的兴趣小组活动、节日庆祝活动，增进员工对支行的归属感和荣誉感，构建和谐奋进队伍。（段丽娟）

中国建设股份有限公司增城支行行长　梅元比

【中国农业银行增城市支行】2010年7月15日和16日，中国农业银行股份有限公司分别在上海证券交易所和香港联合交易所挂牌上市，完成向公众持股银行的跨越。这一年，农行增城市支行在上级行的正确领导下，支行党委带领全行员工积极应对严峻挑战，切实加快有效发展，取得良好效果。至2010年底，本外币各项存款余额105.3亿元，比年初增加13亿元；本外币各项贷款余额34.8亿元，比年初增加7.4亿元；实现中间业务收入5300万元；实现拨备前利润14224万元。

主要业务核心指标取得一定成效　一是负债业务实现新突破。在全行员工共同努力下，存款实现“跨越100亿”目标，储蓄存款比年初增加12亿，创历史最好成绩，增量份额在当地名列首位，对公存款扭负为正，实现正增长8500多万元。二是资产业务实现平衡发展。2010年度，对公贷款及个人贷款比翼齐飞。法人贷款同比增量4.42亿元，任务完成率123%，其中小企业贷款增量1亿元，任务完成率175%，居营业部第三名。个贷增量2.6亿元，任务完成率76%，投放量达8.75亿元，创历史最好成绩。首次实现两个板块资产业务的均衡发展。三是中间业务产品销售亮点突出。全年中间业务收入5300万元，任务完成率84%，同比多增1800万元，增幅达51%。基金、保险销售额均居于营业部前三甲，股票型基金销售及安心得利理财产品销售绝对额及任务完成率，均居营业部首位。

转型步伐不断加快　一是持续优化网点区域布局。支行完成6个网点装修改造，以充实前锋人员为契机，从硬件和软件两方面推进网点管理和客户分层服务工作。二是加大对营销服务和系统支持力度。在规范化服务方面严格要求，提出打造增城当地同业服务最优银行目标，将规范化服务常抓不懈、严抓不息。三是客户结构进一步优化。机构业务类客户方面实现零突破。成功拓展市财局两个专用账户，实现市财局零突破。年底新塘财政所等四大财所在支行留存资金均创历史最高位。加大与当地地税及社保局的拓展力度，取得全市新农合项目由支行主办的初步意向。法人客户取得新成效。完成新拓展小企业客户数任务及贷款增量任务，成功拓展粤和公司、江铜公司等大项目。对公存款有效账户新增146户，任务完成率86%，居省营第六位。与当地不同地区商会协会建立关系，参与商会的商务活动，扩大客户资源的信息来源。还与增城潮商会签署合作协议，与当地粤西商会接触了解，为支行取得更多新客户资源，扩大来源渠道。

内部管理继续强化　支行连续14年实现安全稳健运营，没有发生各类案件和责任性事故；内控水平不断提升，年内内控考核名列省营第4位。一是内控管理继续保持良好态势。全面启动合规文化基础建设年活动，顺利通过了总行集中审计以及当地人行的综合执法大检查两个大项目审计，操作风险得到进一步强化，员工风险意识和执行力得到较大提高。二是不断提高信贷风险管理水平。不良贷款控制额及自营不良贷款清收均完成任务，没有产生新增不良贷款，小额农贷到期100%收回。三是精心安排亚运安保等重点工作，实现安全运营。通过层层签订责任书、切实落实安全保卫防范目标责任制并做好反洗钱各项工作。认真做好亚运期间的安保工作，开展岁末年初案件防控工作，实现安全运营。

队伍建设和企业文化建设不断加强　一是坚持不懈抓好党风廉政和机关作风建设。强化“一岗双责”，认真组织开展履职监督活动，对照检查发现问题制定整改措施，促进勤政廉政意识和能力的提高。切实改进机关作风，提倡勤俭办行，坚决反对不正之风。二是加大队伍培训力度。全力支持和充实前锋人员，率先配足对公与个人板块的前锋人员；组建会计骨干人才库；制定前锋队伍的培训并组织实施；优化中层干部队伍结构，通过开展竞聘上岗，提拔4名中层干部，严格执行考核机制淘汰网点负责人2人；精心安置和规划23名新入行大学生职业通道。三是加强企业文化建设。积极开展“创先争优”活动，全年共有6个单位，36名员工分别获得省行营业部、支行相关项目表彰。还举办系列有益于身心健康及提升员工凝聚力的活动，以轻松、减压、凝聚为主题开展“阳光心态，快乐工作”关爱员工系列活动。（黄小穗）

中国农业银行股份有限公司增城市支行行长　徐承林

【中国农业发展银行增城市支行】面对2010年复杂多变的经营环境和日趋激烈的竞争形势，本行按照既定的发展战略和目标，审慎稳健经营，统筹抓好经营管理各项工作，继续保持了平稳健康的发展态势。

经营业绩表现优异 2010年，本行通过加快业务创新和优化经营结构，实现支行人均存款额为356万元，各项存款日均余额为6413万元，同比减少2352万元，减幅26.84%；人均中间业务收入646.22元，各项中间业务收入11631.94元，同比减少175.19元，减幅1.48%；不良贷款余额为零；资产利润率为2.02%，实现利润2255万元，期末资产月平均余额111665万元，资产利润率为2.02%，比同期的1.96%增长0.06个百分点；人均利润为125.28万元，实现利润2255万元，同比增加371万元，增幅19.69%；人均贷款为5501万元，各项贷款月均余额99022万元，同比增加19607万元，增幅24.69%。

各项业务健康发展 ①信贷投放平稳适度。根据国家经济、金融政策和实体经济运行的需要，以及本行的经营发展目标，合理把控信贷投放总量和节奏，2010年本行累计发放政策性贷款16080万元，同比增加6773万元，增幅72.77%。其中储备贷款13430万元；同比增加6503万元，增幅93.88%。准政策性贷款2650万元。同比增加270万元，增幅11.34%，保持对社会和经济发展的应有支持力度，同时加快信贷结构调整。②本行继续对国家重点基础设施领域、重点振兴行业、战略性新兴产品给予积极支持。2010年6月12日发放一笔增城市荔城大道排水及综合改造工程项目贷款18230万元。2010年7月30日营销增城市政府筹建的13个农村基础设施建设项目及县域城镇建设项目贷款，项目计划总投资12亿元，项目计划融资8.24亿元，相关资料已上报省分行审查审批。③各项贷款业务增势良好。2010年总贷款111300万元，比年初增加15548万元，增幅16.24%。地方储备贷款16567万元，比年初增加4818万元，增幅41.01%。其中：省级储备粮贷款1188万元，比年初减少239万元，减幅16.75%。广州市级储备粮贷款8621万元，比年初增加2539万元，增幅41.75%。县级储备粮贷款5518万元，比年初增加1278万元，增幅30.14%；粮食收购贷款2350万元，比年初增加370万元，增幅18.69%；非经营性项目贷款90454万元，比年初增加10454万元，增幅13.07%；保护价粮价差亏损挂账贷款0元；附营业务停息挂账贷款1929万元，年初持平。

强化内控管理，夯实经营管理 ①本行通过改进内控管理来积极应对各类不确定因素与风险的挑战，结合最新监管要求和本行管理实际情况，强化信贷基础管理，开展内部控制规定和合规管理规定的制定工作。一是加强风险管理和信贷结构调整，严格信贷操作流程，强化贷后管理，继续深化信贷风险监测与分析，对企业资金运动全过程的监控管理，严防挤占挪用。二是根据监管要求，严格执行“核库供贷、购贷销还、库贷挂钩、封闭运行”办法，严禁越级、越权、违规办理，完善贷款审批与放款核准流程。三是派出有关人员参与CM2006二期工程上线培训，实现风险管理关口前移。不断提升资产管理系统CM2006各项功能，优化信贷业务系统处理流程。②本行严格遵循反洗钱法律和监管法规，认真履行反洗钱义务，进一步提升反洗钱合规管理水平。加强反洗钱组织机构建设，成立反洗钱中心，配备反洗钱专职工作人员；认真做好对重点可疑交易的监测、识别、分析和报告工作，对全行进行反洗钱风险提示；加强反洗钱工作的宣传培训及对外学习交流。③加强对综合档案的管理。通过局域网，规范文件传阅流程，来文均采用计算机传阅，使每位员工能及时了解和掌握国家政策，落实本行要求，进一步利用信息技术提升办公环境。④抓好党风廉政建设。本行行长与部室负责人签订“四无”责任书，与员工签订“党风廉政建设”责任书，全面推行员工廉洁从业“十不准”，深入开展“四无”创建活动。成立增城市支行员工违规行为积分管理领导小组，确保员工违规行为积分管理工作的落实。⑤抓好安全保卫工作。2010年底对已不能按规定期限内保存数字监控系统更换1台新主机，确保监控系统的正常运行。将安全保卫工作纳入年度考核，与评先评优挂钩，形成安全保卫工作全员参与、齐抓共管、各负其责、风险共担的局面，同时每年举行不少于一次安全防火知识培训和交通安全培训。

加强企业文化建设、以人为本、搞好职工之家 在上级行工会的正确领导下，本行工会的指导帮助下，依靠员工以科学发展观为统领，以构建和谐银行为目标，认真履行职责，尽心尽职做好职工的服务工作。为了依法维护员工合法权益，关心员工身心健康，激发员工工作热情，本行把基层工会建设成为受职工群众拥护和信赖的“职工之家”。一是关心职工工作和生活，建好职工活动室、阅览室和职工饭堂，每周定期为职工提供凉茶或糖水一次，冬天送上取暖袋，尽量创造舒适的工作环境。二是本行工会增强社会责任意识，为职工排忧解难送温暖。重大节日慰问退休职工及其家属。2010年，共慰问退休老同志和特困职工6次，送去慰问金4100元。这一年本行被省行工会授予2009年度“先进职工之家”光荣称号。 （赖浩梧）

中国农业发展银行增城市支行行长 潘光明

【广东发展银行增城支行】 2010年，广东发展银行增城支行在上级的正确领导下，积极拓展市场，提高经营效果，强化内控管理，促进各项业务稳健发展。

业绩显著，发展势头良好　年末，人民币存款余额341775万元，比上年同期（下称同比）增加16007万元，增长4.91%；各项贷款余额161829万元，同比增加79877万元，增长97.47%。中间业务稳步上升，实现利润4342万元，同比增加1142万元，增长35.68%。支行被评为广州分行2010年度经营管理先进单位。

银政联动，共担社会责任　支行自2003年以来，先后代理增城市社会保险、医疗保险、财政国库直接支付业务。2010年8月配合医保完成跨区结算项目，使增城市医保卡持有人在广州各区、市指定医院、药店看病、买药可刷卡支付，为参保人提供较大便利。2010年底，为实现医保广州市级统筹，支行积极协调行内外各方面的关系，确保这项关乎民生的改革顺利实施。全年社保、医保业务参保达到65万人次。

创新业务，推出融资举措　根据上级行信贷政策指引，支行抓住地方经济发展的机遇，力促资产业务的增长。一是创新融资。以个贷业务为重点。把握本市楼宇基建活跃的机遇，拓展住房按揭贷款业务。推出“自信一贷”、“生意红”等免抵押小额个人贷款。同时，着力发展公司业务。借助上级行推广“好融通”品种的契机，想方设法拓展中小企业融资业务，促进对公贷款较快增长，积极支持地方经济建设。二是创新理财。大力推广“薪加薪”系列理财产品，促进中间业务发展。三是积极推进跨境人民币结算业务，支行被人民银行增城市支行评为跨境人民币结算试点工作先进单位。

给力内控，保障稳健经营　结合亚运会在广州举行的特定环境，支行采取相应措施提升金融安全防范的级别。一是披露问题。在不断加强员工道德教育的基础上，支行结合平常检查各条线发现的问题，及时进行预警通报提示。二是兑现奖罚。在进一步建立健全规章制度的前提下，加强重要岗位、风险环节的监管，严格落实惩诫措施，强化员工对规章制度的执行力。三是责令整改。对日常查察的某些风险隐患，支行及时向责任单位和相关人员发出限期整改通知，并对整改效果进行跟踪评估。通过以上措施，本年度支行实现运营条线无重大差错，信贷资产质量优良，对公、个人贷款收息率均达到100%，安全保卫无意外事故，确保各项业务稳健发展。支行保卫组被评为2010年度广州市市级治安保卫重点单位保卫机构先进集体。

加强培训，提升服务素质　支行借助广州举办亚运、亚残运会盛事的契机，对亚运金融服务工作提出新要求，积极开展创建规范化服务达标活动。一是大力整治营业场所，改善服务环境，使营业网点面貌一新。二是组织员工进行素质提升培训，使员工的精神面貌有新起色，工作效率明显提高。三是落实亚运服务和安全责任制，加强服务规范的检查督导，通过以上措施进一步提升总体服务水平。支行营业部在总行规范化服务年度考评中，获得99分的好成绩，被评为标兵单位；支行营业部被广东银行同业公会评为2010年“广东银行业迎亚运文明规范服务示范单位”；并通过广州市质量协会、广州市总工会、共青团广州市委员会、广州市妇女联合会联合等单位的考评，授予“广州市用户满意服务明星班组”的光荣称号；支行被总行评为2010年度先进集体。

（陈晓勤）

广东发展银行增城支行行长　梁志辉

【招商银行广州增城支行】　2010年，支行深刻领会和认真贯彻广州分行年度工作会议的精神，紧紧围绕“勇于挑战，扎实推进二次转型，上效益，上规模，上管理”的指导思想，加快推进二次转型，积极投入分行“310工程”竞赛活动和内控管理“三化三无”活动，对内狠抓内控管理和服务，分别获得分行内控管理“三化三无”二等奖、2010年招商银行广州分行监保工作先进单位、广州市公安局颁发的2010年度广州市市级治安内保重点单位先进集体、2010年零售银行业务全面发展十佳支行、2010年个人信贷业务综合排名奖和2010年度“砥柱中流”批发银行业务竞赛中小企业营销先进支行等奖项。

主要经营指标情况　①负债业务：时点存款：年末各项存款全折人民币86172万，与年初下降16330万元，其中对公存款50440万元，比年初减少20859万元，储蓄存款37450万元，比年初增加7226万。日均存款：年末全折人民币97258万元，比年初增加21883万元，其中对公日均68363万元，比年初增加19196万元，完成率114.6%，排名第10位；储蓄日均28895万元，比年初增加2686万元。②资产业务：年末各项贷款全折人民币79682万元，比年初增加12672万元。剔除外币低风险贷款，人民币贷款余额78077万元，比年初增加36168万元。其中对公贷款余额32678万元，比年初增加19267万元，完成率192.7%，排名前10位。中小企业贷款余额32444万元，新增13203万元，完成率110%，排名第3位，新增户数10户，完成率100%，排名第6位；个人贷款余额45399万元，比年初增加16901万元，超额完成年度任务117.6%，排名第6位。票据业务累计办理银票直贴4.82亿元，利差收入142万，完成年度任务的135.2%，排名第10位。1～3季度累计贸易融资7108万美元，完成率1777%，排名第1位。③中间业务：1～3季度累计实现中间业务收入627万，同比增加172

万，增幅38%。批发条线1~3季度共实现中间业务收入403万元，其中贡献最大的是国际业务，同比大幅度增长，截止9月30日，累计办理国际结算3亿美元，国际中间收入357万，均已提前超额完成年度任务，双双排名第9位。零售条线1~3季度共实现中间业务收入216万元，稍稍落后于时间进度。④利润：年度共实现经营利润2175万元，同比增加1125万，增幅107%，按计划完成年度利润任务。⑤其他主要指标。批发条线：年末日均500万以上客户新增2户，完成年度任务的33%，排名第29。新开立对公新户50户，其中有余额的27户，新户带来存款3754万元。新增中小企业10户，完成全年任务的100%，排名第6。新开商务卡86张，完成年度任务的32.3%，排名第13位。新开新兴业务客户6户，完成年度任务的85.7%，排名16。新开有效国际结算客户4户，完成年度任务的178%。新开现金管理2户，已完成年度任务，排名第4位。新开银关通1户，完成率33%，排名第15位。新开机构三方存款3户，完成率300%，排名第12位。新开网银38户，完成年度任务的47.5%。零售条线：新增私人银行客户1户，完成率25%，排名第33。新增钻石卡客户7户，完成率116.7%，排名第8位。新增达标金葵花52户，完成率68.4%，排名第21位。新增开金卡269户，完成率105.9%，排名第12位。新开信用卡1312户，完成率131.2%，排名第1位。新开智能定投1374户，完成率224.1%，排名第1位。累计销售基金4503万元，完成率55.7%，排名第30位。其中偏股基金2472万元，完成率55.7%，排名第28位。累计保费收入23.75万元，完成率91.1%，排名第1位。管理客户总资产新增15845万元，完成率82.1%，排名21位。新开个人三方存管40户，完成率148%，在分行排名第9位。新开招财金有效户163户，完成率251%，在分行排名第1位。累计销售信贷资产集合信贷理财计划750万元，完成率125%，在分行排名第9位；累计销售珠江投资信托计划2100万元，完成率525%，在分行排名第1位。支行因此获分行颁发2010年“代销珠江投资项目”最具吸金力奖和“代销珠江投资项目”销售竞赛最佳进取精神奖等两项大奖。

突出重点，加大营销力度 根据分行“310工程”的要求，结合本行的实际，以中小企业和个人贷款为重点，大力开拓资产业务。①对公资产方面，一是深刻领会总分行的信贷政策，结合增城地区的客户特点，以中小企业为重点，积极开拓资产业务。二是加大对客户经理的资产业务考核力度，要求每一位客户经理每季度至少开拓一户1000万以上的对公贷款有效户。三是积极与地方相关职能部门如外经贸局、招商办、台办，镇、街、外汇局等的联系，多方收集有价值的企业信息，扩大资产业务的目标客户群。四是加强与客户的沟通，以产品和优质的服务赢得客户。五是对现有资产客户深入挖潜，扩大合作空间。六是做好已审批项目的用款、放款工作，争取早投放早收益。七是提高贷款定价水平，所有贷款没有下浮利率，平均贷款利率居分行前列。②个人资产方面，一是抓住直客式一手楼等重点业务，促进个贷业务快速增长；二是加大个贷业务的宣传力度，在增城各大楼盘、报刊同时投放本行直客式一手楼按揭、二手楼按揭、理财贷、随借随还、消费易等特色产品，扩大影响力；三是在内部优化流程，合理调整人员，加班加点，缩短审批流程，提高效率；四是全员营销，全员转介绍，对全行每一个员工均下达个贷任务，要求每个员工充分前来作个贷业务或转介绍业务；五是强化优质服务，通过优质服务带来存量客户的转介绍业务

壮大客户群，千方百计促负债 一是通过资产带动，资产客户以中小企业为主，派生率较高，据统计，该行的资产业务对存款的派生超过150%。通过个贷业务，促进储蓄存款。二是通过产品带动，例如通过NDF业务可以带来中间收入和对公负债，通过智能通知存款、协定存款、协议转账、网银等也带动一批结算客户。三是通过客户基础带动，通过新户开拓和老户挖潜相结合，对公新户开拓主要抓源头，积极利用政府信息平台、行业信息平台、总分行CRM系统数据信息量和现有企业上下游客户推介、增加零售客户经理、加强员工部门交叉营销等有效办法，多管齐下，多方寻找和挖掘客户资源。支行在客户经理中分成几个小组，由行长亲自带队，对荔城、新塘、中新、石滩、朱村等几个片区新老客户进行千家万户拜访和回访活动。通过对目标客户进行较深入的前期调查，尽量掌握客户的经营特点和业务需求，通过为客户制定专门的金融服务方案，加强个性化的精准营销，同时通过各种途径加强与客户的联谊沟通等拉近与客户的距离，增强营销效果。新户以金葵花和金卡为主，通过员工和客户转介绍，并且努力提高服务水平吸引零售贵宾客户。同时，对有潜力的老户则采取措施逐户激活，二次营销。经过全行不懈的努力，开拓一批有潜力的新客户，零售业务、个人贷款与公司批发业务均取得较好的成绩。四是通过内部激励考核带动，负债业务是支行一直以来最为重视的指标，支行将任务分解到每一位员工，挖掘所有员工的社会关系和资源，实施全员营销。

积极开展内控管理“三化三无”活动，提升内控管理水平和服务水平 2010年广州分行内控

管理的主题是“三化三无”，即规范化、专业化、责任化和无事故、无案件、无重大审计发现。支行紧紧围绕分行的内控管理“三化三无”活动的各项要求，认真做好内控管理。①按内控管理“三化三无”活动的要求，抓“400风险点”的自查自纠。支行要求各部门严格按照“400风险点”逐一进行认真的自查，在自查中发现重要缺陷问题1个，一般缺陷问题15个问题，及时整改，并举一反三，查找风险隐患，防止屡查屡犯，保证今后不再犯，支行加强对自查问题的检查监控和整改的督导。②健全例会和三级培训制度，抓内控制度的学习。支行要求各部门利用班后或召开专题会议学习各项业务规范、操作流程，提高业务水平。同时组织员工学习《银行业从业人员职业道德指引》、《柜面员工行为禁令》、《招商银行员工行为守则》、《招商银行客户经理行为禁令》等相关规章制度和反洗钱业务学习，定期进行《银行业从业人员职业道德指引》、合规和反洗钱业务测试，让合规意识深入人心。③结合分行检查的结果，抓突出问题的整改。支行一季度储蓄会计检查发现问题较多，排名靠后，引起支行的高度重视，专门召开柜面员工整改大会，认真分析柜面管理中存在问题以及产生的原因，责令储蓄会计两个部门限期整改，对相关责任人进行了通报批评和采取相应的处罚，制定详细的整改方案和考核奖惩措施，储蓄部和会计部签订责任状，提出目标，经过半年的努力，柜面管理有明显提升。④结合异常行为排查，抓合规文化建设。对全行35名员工进行定期自查和排查，出版《增城支行内控管理“三化三无”活动学习园地》的宣传栏和推进二次转型宣传栏各一期，通过各种形式的活动，积极营造“合规光荣，违规可耻”、“人人讲合规”的良好氛围，支行因此获得分行颁发的内控管理“三化三无”最佳宣传奖。⑤抓员工职业道德教育。支行组织全行员工开展职业道德教育活动，召开座谈会让员工畅谈学习心得和体会，提高员工思想认识，加强全行员工的合规教育，灌输合规经营的理念。同时发动员工撰写学习《银行业从业人员职业道德指引》心得，共收集员工学习心得30篇，让员工更加深刻领会职业道德的重要性。⑥结合班前班后检查，抓制度的执行力。支行办公室认真做好班前班后检查工作，定期通报检查结果，对违规人员进行处罚。同时加大支行监督检查力度，行长、业务主管、监保干部等抽查监控录象110次，通过抽查录像对员工的日常操作进行监督。对支行检查发现的问题，按照年初制定的考核办法进行处罚。通过一系列的考核约束，提高员工对制度的执行力。⑦结合总分行的检查，抓服务水平的提高。支行多次组织关于服务方面的专题会议，研究如何提升服务水平，并拿出具体的考核办法，鼓励员工主动做好服务工作，把客户经理的服务工作纳入考核范围。（曹丽芬）

招商银行广州增城支行行长 高燕青

【中信银行增城支行】 2010年，中信银行增城支行按照上级行“调结构、强管理、促发展”工作方针，全行员工积极进取，迎难而上，各项业务继续保持跳跃式发展，顺利实现“三年三跨越”战略目标，为增城地方经济发展作出应有的贡献，到年底，各项存款达到26.98亿元，比年初增加13.15亿元；各项贷款17.9亿元，比年初增加11.88亿元；经过三年的发展，员工队伍迅速壮大，支行创利能力进一步增强，存贷款结构更趋合理，中信银行增城支行的优质服务品牌越来越得到广大客户的认可和赞扬。

树中信银行优质服务品牌，大力拓展存款，夯实业务基础 2010年，支行狠抓存款拓展工作，发动全行员工尤其是市场人员努力增加有效客户和贵宾客户。为达到上述目标，全行员工献计献策，积极行动，支行投入大量资源，先后组织开展“按揭贷款攻坚战”、“高尔夫球客户拓展竞赛”、“资产业务拓展争先赛”等大型和长期的劳动竞赛，经过一年的努力，支行的客户基础进一步巩固，可持续发展能力进一步增强：全年新增个人贵宾客户一百多户，新增个人按揭贷款接近2亿元，直接带动对私存款的进一步增长。

以服务增城经济发展为己任，大力发展资产业务 2010年，支行充分把握市场机会，投放大量的信贷资金，有力支持增城主流行业、骨干企业的资金需求，为支行带来一批在增城具有一定影响力的客户。一是在年初，支行不惧困难，创新工作思路，与市委市政府同台大合唱，支持增城的民生工程项目，为支行未来发展奠定坚实的基础，更为地方经济发展应尽中信银行的企业责任和义务。二是通过优质的服务，高效率的审批机制，进一步巩固和加强与当地主流行业以及房地产开发公司的良好合作关系，大力拓展房地产项目贷款和公司贷款。三是在分行的大力支持下，支行成立以服务中小企业为目标的“小企业金融业务中心”，该中心是中信银行总行首批成立的“小企业金融业务中心”，中心成立后，支行提高贷款效率，迅速在当地的纺织、摩托车等生产型企业造成极大反响，这些贷款的投放，促进当地主流经济迅速与中信银行进行有效对接，为支行业务的发展制造另一个强劲的引擎，迅速提升中信银行品牌，有效地锻炼资产人员队伍的业务拓展能力，成为增城众多小企业的便捷高效融资平台。

继续强化柜台管理，树立中

信银行优质服务品牌 以营业部归入零售条线管理为契机，大力开展座销工作，采取有效措施提高柜员综合素质、服务水平和服务效率，以优质的柜台服务展示中信的市场形象。加强基础管理，防范经营风险。进一步加强并完善安全保卫、业务操作流程和信贷管理，确保支行没有不良贷款，确保全年工作无事故、无案件，确保各项工作健康发展。

员工队伍进一步壮大，队伍素质进一步提高 2010年，支行新引进一批员工，其中应届大学毕业生6人；支行良好的发展势头、人性化的管理机制、优质的事业发展平台越来越吸引金融才俊的加盟，为中信银行增城支行未来的发展奠定了坚实的基础。

（熊作武）

中信银行广州增城支行行长 叶为民

【广州农村商业银行股份有限公司增城支行】 2010年，增城支行进行组织架构改革和经营战略调整，各项业务继续保持稳健发展。至2010年底止，各项存款余额（含新塘直属支行）为138亿元，占增城金融机构总额的19.7%，在增城各金融机构中继续居于首位，比年初增长18.9亿元；其中：对公存款余额为41.9亿元，比年初增加9.1亿元，增幅21.7%；储蓄存款余额为96.1亿元，比年初增加9.7亿元，增幅10.1%。各项贷款余额（含新塘直属支行）为91.8万元，比年初增加39.1万元，增幅42.6%。中间业务累计收入2405万元，国际结算量累计2987万美元，实现账面利润1.6亿元。

调整组织架构，树立优质形象，提高服务水平 年初，增城支行全力配合总行组织架构调整，从52个网点中将17个网点拆分至新塘直属支行，将开发区支行拆分至萝岗支行。在支行人力资源紧张的情况下，对各网点服务及人力资源情况进行多次调研，从中选拔一支服务好、营销强的大堂经理队伍，经过系统的培训、上岗，为支行的核心网点服务水平及营销业绩奠定良好的基础。为积极开展农商行网点形象建设，根据网点服务提升项目推广进度，以及新的网点VI形象，做好网点装修、改造和规划布局工作，先后对辖内10个网点进行VIP室改造，分流高、中、低端客户，切实解决低端客户挤占柜台的问题，有效地增强高端客户的满意度与忠诚度。结合“服务之星”和优质服务网点的评选活动，提高员工的服务积极性，网点的对外服务形象不断提升，网点服务水平不断加强。

拓宽市场，引导个贷业务发展新方向 增城支行在开展传统贷款业务的基础上，为填补大型房地产项目一手楼宇按揭贷款业务的空白，面对激烈的竞争，通过高层切入、中层联系、基层互动等方式进行全方位营销，2010年成功拓展碧桂园集团、广州敏捷房地产有限公司在增城地区开发的6个在售项目一手楼宇按揭贷款业务。为改变个贷业务结构单一状况，确保业务平稳发展，年初便确立以拓展一手楼宇按揭贷款业务为主、大力推进二手楼宇按揭贷款业务上规模发展新方向。在继续保持一手楼宇按揭贷款业务优势基础上，支行与部分优质按揭公司合作开展二手楼宇按揭贷款业务。

抓好基础管理，加强风险防控 2010年，增城支行根据总行开展“风险防控百日整治行动”的要求，相应制定实施方案，成立领导小组和专项检查小组，通过检查，及时纠正部分违规操作和风险隐患，确保合法依规经营。为确保第十六届亚运会在广州市顺利举行，支行组建应急工作领导小组，及时部署安排，完善各种服务设施、加强自助设备的管理、规范好窗口服务、完善投诉处理机制、健全应急预案演练，切实做好亚运金融服务工作。

营造和谐进取的企业文化 充分发挥党团工会组织的桥梁作用，积极关心员工生活，在春节期间组织对特困和患重病的在职、退休职工及烈属进行“送温暖”慰问活动；开展献爱心捐款活动，如倡议员工向支行职工困难基金、广州扶贫济困基金、玉树灾区进行捐款，充分体现农商人互相帮助的高尚品德；组织开展全支行员工身体检查；开展各项职工喜闻乐见的文体活动，如广州农商银行第一届网点服务竞赛活动、增城市“挂绿杯拖拉机”扑克比赛，取得了较好的成绩。开展员工“春节”团拜歌舞表演、全员登山活动、女职工外出活动、党员座谈会、团员户外活动等，丰富了员工业余文化生活，共同打造“积极向上，和谐融洽”的企业文化氛围。

（吴梨艳）

广州农村商业银行股份有限公司增城支行行长 彭志军

【中国平安财产保险股份有限公司增城支公司】 2010年，全公司实收保费9051.8万元，比上年增长1665万元，同比增长22.5%。其中机动车辆保险8867.6万元，财产险117.6万元，意外健康险66.6万元。处理案件13499笔，赔付金额4551万元，赔付率58%。这一年，公司坚定不移地走创新道路。成功推出“你的平安，我的承诺”客户服务承诺，以“万元一下，资料齐全，一天赔付”是为10年的理赔服务承诺宗旨，力求做到让客户觉得选择平安就是选择“放心”这样的服务理念。公司还启动了“绿色承诺，平安中国”低炭100行动计划，计划推广包括无纸化电子报单服务。同时，公司为提倡环保，举行VIP客户单车绿道游，让环保意识得到提倡。公司在买保险的流程上不断升级，增加新渠道这个板块，免去了中间环节产生的手续费用，为客户提供更优质，更优惠，更快捷的购买保险平台，方便广大市民。在人力资源管理上，公司注重人才的培养和招聘。不断地进行人才培训的同时，不断招贤纳士，招进大批高学历高素质的应届毕业生。2010年人力增长达到30%。在管理上，公司充分利用内空制度和绩效管理这两把双刃剑。2010年，在全体员工共同的努力之下，中国平安财产保险股份有限公司增城支公司得到稳健、快速的壮大，得到广大群众的支持和信赖。

（单永成）

中国平安财产保险股份有限公司增城支公司总经理　邱世添

审　计

【概况】 2010年市审计局共完成审计项目54项，查出主要问题金额189002万元，其中，违规金额11472万元，管理不规范金额177277万元，损失浪费金额253万元。坚持加强审计整改落实工作，积极采取措施督促被审计单位执行审计决定，上缴财政392万元（另经审计指出问题后，被审计单位自行上缴3603万元），归还原渠道资金30万元，调账处理金额8038万元，核减工程投资1883万元，审计后挽回损失2391万元，确保审计执法效果。另外，提交专题或综合性报告及信息简报45篇；向社会公告审计结果3篇；提出审计建议67条，大部分被采纳。

【强化预算执行审计】 对2009年度增城市本级预算执行和其他财政收支审计，主要审计市财政局预算管理，市地税系统征收管理，市国土房管、农业、林业、公有资产、新农办等5个部门预算执行，土地出让收支及农村低保金的筹集、管理和使用情况。审计重点关注预算项目执行结果、财政资金使用绩效、政府性债务风险、政府采购推行、土地出让收支管理、非定向捐赠款项管理等方面的情况，探讨、分析问题产生的原因，提出具有针对性、且可操作的审计建议。审计结果显示，2009年本市本级预算执行和其他财政收支总体情况良好，较好地完成市人大批准的综合预算。但审计亦发现在预算执行中值得关注的问题，主要有：未完整编报收入预算，上级补助收入中有8.54亿元未编报预算；预算编制仍存在收支挂钩现象，将无具体对象和项目的非定向捐赠收入全额返还预算单位；未按规定补充预算周转金；违规收取城市基础设施配套费155.43万元；预算执行率偏低，预算支出进度慢，财政资金结余数额大；未按合同约定收缴土地出让收入及其滞纳金，涉及4425万元；税收征管不够到位，抽查10户纳税户中有3户未足额计缴税费，漏税770万元；政府采购推行不彻底，监管不到位；部分融资项目工程进展缓慢，未能及时发挥效益。在预算执行审计中，市审计局突出绩效审计理念，各项目都以绩效审计思维去分析判断问题，强化问题产生的原因分析，注重从宏观管理角度和体制制度层面提出审计建设性建议，达到揭露问题、促进整改、规范管理、提高效益的目标。如2009年度农村低保专项补助资金的审计，通过对全市9个镇街申领、审批、发放农村低保金的全过程进行检查，发现在政策执行中仍存在一些问题，主要是农村低保金的监督、考核机制落实不到位，管理链条过长，加上每年一次对低保户的人口结构和家庭收入情况的动态跟踪审查不够及时，导致出现低保户隐瞒实情、骗取或多领低保金，以及应补未补低保金等现象。针对存在问题，市审计局提出以镇街为主体发放低保金、严格把好低保家庭年审续保申报资料审核关，加强对民主评议和二榜公示制度执行情况的监督检查等3点建议。审计结果报告市政府后，市长叶牛平同志充分肯定这次审计成果，专门作出批示，要求民政、财政、组织等部门共同研究如何以镇（街）为实施主体发放低保，如何加强监督与考核，如何贯彻公开、公平、公正、分类施保和动态管理。市民政局在接到审计报告后，立即采取整改措施，在6月结合对续保户的年审工作进行普查整改，向48户多领低保金和27户多领教育补助金家庭发出53封警告信函，向14名学生补发教育补助金7476元；对隐瞒实情、骗取低保金的5户农村家庭，当中有2户采取停保、3户采取核减的措施，每月减少发放低保金4041元。

【加强政府重大投资建设项目跟踪审计】 至2010年底尚处于全程跟踪审计阶段的项目有8项，涉及资金33.86亿元。在跟踪审计过程中，市审计局注重与有关单位的紧密配合，坚持边审计、边督促整改、边促进规范，推动项目质量管理的改进，加快项目进度，达到提前介入、关口前移、多点提醒、强化监督的审计目标。如污水治理和河涌综合整治跟踪审计，此项目自2009年6月1日起开展，实施5个阶段审计。对跟踪审计过程中发现的问题，能实时纠正的，督促马上整改；不能实时整改的，先向被审计单位发出存在问题整改表，限期整改；限期内再整改不了的，则写入阶段性审计报告，责令其整改；整改完成后，再对其整改情况进行检查，确保审计查出的问题都能按要求落实整改。对各阶段审计发现的问题，市治水办等相关单位均能高度重视，采纳审计意见积极进行整改，至年底有28个问题整改完毕，占审计查出问题的87.5%，促使BOT企业提交履约保证金350万元，完善2份合同手续，并扣除多计算的施工图预算编制费13.9万元。在对广汕公路改扩建工程和荔三、增派公路大修工程跟踪审计调查中，对项目的立项、资金划拨、征地拆迁、设计、监理、施工、材料供应、服务等相关部门和单位进行阶段性审计调查，对发现在基建程序、工程设计、征地拆迁、工程管理和质量等方面存在的问题，大部分已督促被审计单位在审计调查期间进行纠正，收回多付征地补偿款12.64万元。在对荔城街城区排水和道路综合改造工程竣工决算审计中，通过借助工程造价人员力量，采取询问、现场勘查核对、取证、分析评价，以及咨询建设行业专家意见的方法，全面核实该项目工程竣工决算造价，核减工程投资1882.74万元，其中包括3个中标施工单位多报建筑安装工程投资竣工决算造价1 795.78万元，4个承包设计、监理服务单位多计监理和设计费用结算造价86.96万元等，给国家资金安全提供强有力的保障。在审计署统一组织的扩大内需促进经济增长新增投资项目审计调查中，跟踪审计2个项目：一是增城市2008年新增中央和省投资防护林工程项目审计调查。二是动物防疫体系项目和油茶产业发展项目，审计调查总金额522万元。

【关注政府性债务，保证财政安全运行】 根据审计署的统一部署，市审计局对全市截至2009年末的政府性债务情况进行审计调查。在审计调查中，审计组掌握债务总规模，摸清债务结构、来源、用途及偿债责任，结合本级政府的综合财力分析政府性债务风险。至2009年末全市地方政府性债务余额448000万元，比上年增加278583万元；债务余额当中直接债务476145万元，担保债务11855万元；债务率为58.77%，偿债率为26.4%。对部分债务资金使用单位进行延伸调查，发现个别融资项目工程进展缓慢，个别已完工项目未及时办理财务结算，个别项目潜在投资损失等问题，均依据相关规定，提出整改意见。

【经济责任审计】 2010年本市经济责任审计工作坚持“积极稳妥、量力而行，提高质量、防范风险”的原则，积极探索新的审计方式方法，紧紧围绕权力运行轨迹、财政性资金绩效、履行经济责任情况这三条主线，进一步加强对领导干部的审计监督，在维护财经纪律、完善领导干部监督管理机制、推进领导干部依法从政、从源头上预防和治理腐败等方面切实发挥“免疫系统”作用。全年完成经济责任审计项目28项（含上年结转4项），查出违规金额730万元，管理不规范金额1 611万元，审计提出建议20条，被采纳14条。审计发现存在挤占挪用专项资金用于经费开支、少收财政收入、私存私放公款、部分收入未执行“收支两条线”管理规定、违规使用票据、固定资产未入账核算等问题，向被审计单位提出整改意见，对违规问题依法作出审计决定。同时，抓好被审单位的财政财务收支审计，特别注重对领导干部在廉洁自律等方面审计监督，并作出客观评价，为市委、市政府正确使用干部提供参考依据。

【认真做好民生与慈善资金审计】 一是实施汶川和青海玉树地震救灾资金物资的募集、管理和拨付情况，以及2010年广东“扶贫济困日”活动捐赠资金物资这3项跟踪审计，杜绝隐瞒、截留、滞拨、滞留、挤占挪用、贪污、私分救灾款物和弄虚作假等问题的发生，保障慈善资金的安全运行。二是实施社会工伤保险基金审计。审计结果表明，市人社、财政、地税等部门均能严格按国务院《工伤保险条例》的规定征收、监管、使用工伤保险基金，基金管理工作进一步得到加强和规范，做到专款专用。对于存在漏收建筑行业工伤保险基金、办理工伤认定和待遇核发执行的标准制度与获取的证据资料不完备、计算机信息系统的运行管理存有安全隐患、数据处理和数据备份不够及时完整等问题，提出相应的整改措施和审计建议。这次审计结果上报后，引起市政府的高度重视，叶牛平市长在报告上批示：“社保基金征缴、管理、使用有非常严格和明确的国家政策，务必高度重视、严格管理，加强审计就是要及时发现问题，及时纠正。”

【实施涉亚项目审计，保障亚运资金安全】 按照市委、市政府“举全市之力办好亚运会和亚残运会”的要求，以“健全制度、完善措施、加强管理”为目标，开展本市属亚运项目跟踪审计。针对审计任务重、审计人力不足的情况，增强大局意识、服务意识，创新审计工作方式，通过优化审计项目组织形式，聘请具有与审计事项相关专业知识的中介人员参加审计工作，按时保质完成审计任务。审计结果表明，本市体育馆工程和龙舟比赛场工程基本能够执行建设程序，工程质量控制体系基本符合项目质量控制要求，运行基本有效，但存在土地补偿费用5 151万元没有编入概算、建筑工程没有办理施工许可证、工程设计项目未进行公开招标、多付工程进度款31.73万元、未按合同实施的工程没有办理设计变更手续等问题。通过审计，促使建设单位和施工单位办理设计变更手续和施工许可证、补充不完整的施工技术与质量资料。

【加强财政收支审计，促进部门规范财务管理】 根据年初计划安排，对增城工业园区管委会2006年6月至2010年7月的财政收支进行审计，并延伸审查其属下的加工区开发总公司。审计查出未及时收缴城市基础设施配套费、土地出让金未实行“收支两条线”管理、漏缴税款、未经批准借出资金、滞留征地补偿款、经费在暂存暂付款列收列支、固定资产管理不规范等问题，涉及金额10 712万元。在审计中，结合工业园区经济发展的重点，注意从完善体制、健全制度、规范管理的角度提出改进意见和建议，帮助该单位提高预算管理水平，促进提高资金使用效益。

【认真履行职责，出色完成其他审计项目任务】 市审计局积极组织审计力量，按时保质保量完成上级审计机关及本级政府交办的其他审计（调查）项目，包括审计署统一部署的中小学校舍安全工程审计调查和因公出国经费专项审计调查，省审计厅布置的解决中小学教师“代转公”和“两相当”问题专项经费审计（调查），以及市政府交办的地方储备粮轮换盈亏审计、市直企业离休干部生活补贴专户收支情况审计等。

【创新审计工作，扩大审计成果运用】 ①积极支持和配合做好项目计划以外的审计查证工作，扩大审计影响力。2010 年，市审计局对市委、市政府交办或其他部门单位来函要求提出审计意见的事项，都能依据法律法规的规定，结合审计的职能和增城实际情况，及时提出切实可行的意见与建议回复。积极协助有关单位完成如下工作：协助市纪委监察局对市金属公司和属下加工厂，以及市公有资产经营公司进行审计查证工作；对市供销合作总社及属下 6 个单位购买金竹岗土地情况进行专项审计调查；派员参加对市总工会和基层工会的工会经费进行检查；受市委办的委托，对市委序列 22 个部门、23 个账套 2009 年 1 月至 2010 年 5 月的财政收支情况进行了检查；受托对市府办 2009 年 1 月至 2010 年 5 月的财政收支情况进行检查。②实行审计公告，加强信息报送，主动接受社会监督。将本市 2008 年度残疾人就业保障金收支项目绩效审计结果和 2010 年青海玉树地震抗震救灾资金物资的募集、管理及拨付情况跟踪审计结果向社会进行公告。公告形式有两种：一种是印制白皮书向国家机关、企事业单位、社团组织派发；另一种是在增城日报、增城政务网等传媒全文刊登。通过审计公告，拓宽审计信息公开渠道，加深公众对民生资金使用情况的了解，扩大社会影响面。加强信息简报报送工作。据统计，2010 年度市审计局向广州市审计局和本市调研机构、新闻媒体共报送审计信息和专题报道 36 篇，与上年同期相比增加 2 倍，进一步扩大审计工作的宣传渠道，加强与社会沟通和联系，为市审计局开展对外交流、展示审计工作者的良好形象起到了积极的作用。

【加强指导培训，切实提高内审人员业务水平】 2010 年，以开展“争先创优”活动为契机，通过法规宣传、开设短期业务培训班、实时业务指导等一系列措施，强化对内部审计协会、内部审计机构和内审人员的指导。一方面，安排内审协会与会计学会联合举办 1 期“基本建设工程建设单位会计核算培训班”，参加培训的 150 人中，有镇街和行政事业单位的内审人员、财会人员、工程项目管理人员；另一方面，协助市教育局对其系统 40 多名内审人员开展经济责任审计培训，并对全市内审机构开展信息网络指导，较好发挥内部审计协会“管理、服务、宣传、交流”的作用。

【积极扶持和推动内部审计，发展巩固内部审计队伍】 市审计局 2010 年利用内部审计协会的力量，促成卫生系统成立内审机构，配备专职的内审人员。通过指导市教育局、市卫生局内审机构开展中小学校长和卫生院院长任期经济责任审计，调动这两大系统开展内部审计的积极性。通过指导荔城、新塘、增江、派潭等镇街开展内部审计实务工作，促使从财政财务收支审计扩展到领导干部离任审计、任中审计和基建项目的全程跟踪审计，促进镇街内部审计业务的新突破、新提高。使市内部审计机构与内审人员保持稳定发展的良好势头。

（赖莫菲）

增城市审计局局长　康志彝

社会事业

教育事业

【概况】 2010年，市本级财政对教育一般预算项目支出总额9.8亿元。增城市在全面实施九年义务教育免费政策的基础上，率先在广州地区实行高中阶段免费教育，市财政划拨资金4023万元，惠及高中阶段学生35977人；投入3359万元，惠及义务教育阶段学生202916人次。进一步完善扶困助学体系，市财政划拨扶困资金430多万元，扶助家庭困难学生、残疾学生、农村纯女户学生、孤儿学生、参战退伍军人子女、高考上线困难家庭学生等5400人次。继续实施撤并学校学生交通费补助政策，全年补助学生15168人次，补助资金1692.26万元。全市高考再创佳绩，整体上线人数和上线比例进一步提升，第一批（重点）上线428人，上线率7.80%；第二批（本科）以上上线累计2644人（含第一批），上线率48.17%；第三批（专科）以上上线累计5091人，上线率92.75%，连续三年保持在广州市中上游水平。在广州市高中毕业班工作综合评价中，全市10所普通高中、2所职业技术学校均获二等奖以上，为历年最好成绩。

【素质教育】 坚持以“发展高质量经济、建设高品位城市、培育高素质市民”为目标，以创建文明城市和迎广州亚运为契机，以文明礼仪教育和良好行为习惯养成教育为基础，积极探索“培养怎样的人”和“怎样培养人”的新途径和新方法，大力推进素质教育。组织开展“迎亚运、讲文明、树新风”城市文明志愿服务之微笑使者志愿服务全民行动，有3万多名师生成为亚运会、亚残会文明观众志愿者。开展“情系玉树，大爱无疆”募捐活动，全市师生踊跃捐款，共筹集资金85.39万元。组织开展科技竞赛活动，有88所中小学校、25000名学生参加“迎亚运·创造新生活”2010年科技活动周增城市中小学生“战龙四驱校园行”和“我爱祖国海疆”科技竞赛活动。加强学校、家庭与社区之间的沟通联系，形成齐抓共管育人合力，多方面优化育人环境。深入创建书香校园、特色学校，营造浓郁校园文化氛围，提升学校文化品位。

【义务教育】 增城市积极鼓励和引导社会民间资本创办幼儿园，基本形成以公办幼儿园为龙头、民办幼儿园为主体的覆盖城乡的学前教育格局。全市有幼儿园91所，在园幼儿26322人，学前三年幼儿入园率90.5%。坚持以推进义务教育均衡发展、优质发展、协调发展、公平发展为目标，着力巩固和提高九年义务教育水平。全市义务教育阶段公办学校162所（其中小学135所，初中27所），在校学生109175人（小学59816人，初中49359人）。此外，有民办中小学15所，在校学生20964人。小学、初中入学率均为100%。2010年，增城市有特殊教育学校1所，教学班9个，教职工21人，在校学生65人。全市有特殊儿童少年随班就读、送教上门的学校98所（其中小学69所，中学29所），随班就读学生138人（其中小学80人，中学58人）。全市适龄残疾少年儿童入学率97.2%。

【普通高中教育】 积极实施普通高中扩容促优工程，全面提高普通高中办学水平。2010年，全市有公办普通高中10所，在校学生19860人。其中国家级示范性高中2所，广东省一级普通高中4所，广州市一级普通高中2所，高中优质学位95%以上。另有民办高中1所，在校学生185人。全市高中阶段毛入学率89%。

【中等职业和成人教育】

2010年，全市公办中等职业类学校4所，在校学生11073人；民办中技学校2所，在校学生7218人。通过开展技能培训，加强有效教学，采取“定向式”、“订单式”培养模式，着力培养学生综合职业能力，毕业生就业率均达到98%以上。全市成人教育培训中心、乡镇成人文化技术学校、村成人文化技术学校培训劳动力42500多人次，民办成人教育培训机构培训学员13000人次。积极做好农村劳动力就业培训工作，着力提高农民生产劳动技能和综合素质，全年完成农村劳动力就业培训8750人。此外，重视抓好退役士兵职业技能培训，培训退役士兵305人。

【高等教育】 增城市积极鼓励民间出资办学，几年来吸收了20多亿元社会资金发展民办高等教育。2010年，全市创办有民办独立本科和高职院校7所，在校大学生53182人。是年，增城市高等教育毛入学率为36%，高等教育大众化水平得到较快发展。

【基础设施建设】 进一步推进义务教育规范化学校建设，制定《增城市2010—2011年义务教育规范化学校创建规划》，确定“2011年全市义务教育规范化学校达标率为100%”的建设目标。继续实施中小学布局调整工程，撤并派潭镇潮山小学、石滩镇灯坐小学、新塘镇潮山小学，停止招收派潭中学初一新生。投入建设资金15146.2万元，完成11所规范化学校建设任务，增加建筑面积12.03万平方米。全市义务教育规范化学校89所，达标率54.2%。按照“分步实施、量力而行、尽力而为”原则，制定《增城市2009—2011年中小学校舍安全工程投资计划》，对全市中小学校舍安全工程实行三年规划。年内完成荔城一小等6所学校的校安工程，对小楼中学等7所学校的围墙和挡土墙进行修复和加固。积极配合广州亚运工作，在亚运会举办之前完成仙村中学亚运会曲棍球训练场改造工作。

【教师队伍建设】 深化教师职业理想和职业道德教育，增强广大教师教书育人的责任感和使命感。2010年，全市教育系统共有36个单位被评为增城市教书育人先进集体，有238位教师被评为增城市教书育人先进个人。面向社会公开招聘优秀教师，年内招聘新教师120人。加大教师培训力度，采取“请进来”与“走出去”相结合方式，每月开设教育名家增城论坛，积极派出教师、校长到先进国家、先进地区学校跟班学习，全年培训教师29316人（科）次。落实提高教师工资待遇政策，制订《关于落实“两相当”提高教师待遇与实施义务教育学校绩效工资的实施意见》，市财政投入8794万元，全面落实“两相当”工作。市教育局按照省绩效工资实施办法，进一步完善绩效工资考核办法，真正发挥绩效工资调节和激励作用。（李惜爱）

增城市教育局局长 姚广耀

增城市科学技术协会

【科技服务】 市科协认真组织政协科技界委员开展课题调研、积极建言献策，围绕科技创新、机制体制、转变经济发展方式等主题，向市有关方面提交提案3个；深入推进科技创新学术交流活动，邀请华南理工大学教授、博士生导师刘焕彬院士作“低碳经济与增城可持续发展”专题辅导报告；邀请联合国“全球变化”课题首席科学家、省生态学会理事长彭少麟作“城市生态建设及发展低碳经济的理念”和“城市工业（牛仔布纺织制衣业）在生态文明时期转变经济发展方式的探讨”专题报告会。2010年，科技人员在省级以上刊物发表论文125篇，参加省、广州市科技报告会2000多人次，本市举办学术报告会16次，参加人数5600多人次。以实用技术培训为重点，加强农村科技的推广，全年举办各类培训班112期，培训农民13768人次，发放科技资料10万多份。支持指导农学会等协农学会、协会在农村科技推广的作用，深入镇村举办培训班，开展新化肥、新品种试验和推广工作，帮助农民增产增收。在社区开展“科普文明家庭”活动，张贴各类科普挂图80多套，投入15万元新建社区科普宣传栏10个。市医学会举办“科技亚运，健康生活”大型义诊和健康讲座，开展“送医送药到农家”活动；市水利学会发挥专业技术人员优势，积极投身水务建设，为水利工程建设工作的顺利开展提供技术保障；市农学会大力开展科技入户、新型农民培训，推广良种良法等适用技术，促进农业生产和农技推广事业发展；市会计、环境科学、税务学会将课题研究作为学会工作重点；市畜牧兽医学会以办好《增城畜牧》为主线，服务会员和群众；市水产学会创办《增城渔业信息》，得到广大水产养殖户欢迎。

【科普惠农兴村】 继续推进农村科普“四个一”工程，投入资金45万元，按标准完成30条行政村建设。强化市果科所、小楼镇冬瓜行业协会农村科普惠农兴村工作站建设，支持和指导全国“科普惠农兴村计划”科普带头人林镜清、省“科普惠农兴村计划”市果科所、小楼镇冬瓜行业协会积极开展引进、示范、推广先进农科技术。开展科技下乡活动138次，参加活动的科技人员350人次，帮助农民解决生产中的各种问题。

【科学素质教育】 2010年，市科协贯彻实施《全民科学素质行动计划纲要》，积极履行职责，发挥牵头作用，密切联系19个成员单位，认真做好总结、检查、规划工作，以提高全民科学素质为抓手，突出领导干部和公务员、城镇居民、农民、未成年人四大重点人群，创新形式和内容，着力提高全民科学素质。申报创建2011～2015全国科普示范市，并召开全市动员大会，下发《增城市创建2011～2015年度科普示范县（市、区）工作方案》，成立创建工作领导小组。进一步开展科技亚运、低碳经济和民生所需的科普宣传，组织100多套《激情盛会，和谐亚运》等科普挂图到各镇街、社区科普宣传栏张贴，分发《低碳经济》、《农村实用技术》等科普书籍6000册；在增城电视台继续播放《科普大篷车》等科普电视专题节目；组织百场科普电影进村进校园，把科普知识传播到千家万户；以亚运科技、低碳生活和民生需求为重点的“全国科普日”、“全国科技活动周”、“科技进步活动月”内容丰富、声势浩大，在活动中组织科技讲座46场，开展科普咨询30次，举办展览21场，放映科普影视8场，开放科普基地5个，发放科普类宣传资料1万多份（册），服务群众8万多人次；支持和指导荔城、增江街开展科普进社区工作，组织开展“倡导低碳生活、共创绿色家园”科普进社区活动；与市图书馆合作开设科普图书专区。

【科技创新与实践】 2010年，市青少年科技教育协合举办中小学生“战龙四驱校园行”、“我爱祖国海疆”、“航天航空”模型竞赛，开展科普大篷车进校园和“绿色学校”、“科技特色项目学校”创建活动。青少年在参加广州市科普征文竞赛中，有5件作品获一等奖、7件作品获二等奖、16件作品获三等奖。年内，凤凰城中英文学校获四驱车竞赛全国团体赛一等奖；新塘中学获全国高中生无线电测向竞赛男子组团体第二名、女子组第三名；新塘中学、派潭中学被评为“省级绿色学校”；挂绿小学等9所学校被评为第五批广州市中小学校“科技教育特色项目”学校。

（郑雄民）

增城市科学技术协会主席 陈伟元

文化体育广电新闻出版事业

【概况】 2010年，市文化体育广电新闻出版局以实施公共文化体育服务均等化为目标，出色承办“两大盛会”和“九艺节”群星奖广场舞决赛，进一步完善市、镇、村三级文化体育设施网络，深入开展特色文化活动和群众体育活动。全年举办群众文化活动380多场（其中特色文化活动80多场），加快文化市场监管和历史文化遗产的保护利用，积极推进有线电视数字化，做好新闻出版和广播电视安全播出管理工作，稳步推进文化事业单位体制改革，为创建高水平科学发展示范市作出了积极努力。是年，增城市被评为广东省实施《南粤锦绣工程》文化先进市，广场舞《领潮争先》获全国群众文化最高奖“群星奖”；竞技体育再创佳绩，连续19年荣获广东省体育突出贡献奖。

【文化活动形式多样】

（1）精心筹办“2010世界旅游日全球主会场庆典暨中国广东国际旅游文化节”开幕式晚会。9月27日晚，2010世界旅游日全球主会场庆典暨中国广东国际旅游文化节开幕式晚会在增城广场隆重举行。按照市委、市政府的工作部署和要求，市文化部门以高度的责任感和使命感，有序推进各项筹备工作，制定科学工作机制，圆满完成各项工作目标，晚会充分展示美丽新穗东、文化新增城的独特魅力，极大提升增城知名度和美誉度，受到各级领导、游客和广大市民的称赞。（2）承办“九艺节”群星奖广场舞决赛。扎实做好演出场地改造、赛事组织、接待、宣传和协助安保等工作，将群星奖广场舞决赛办成高规格、高水平的全国性艺术盛会。本市参赛节目《领潮争先》获全国群文最高奖项“群星奖”和第七届“广州文艺奖”特别奖。（3）开展阅读求知和艺术展览交流活动。增城图书馆全年接待读者23万多人次，外借图书20多万册；图书馆现有电子图书33万册，网页点击率200多万人次。通过更新、优化数字图书馆内容，实现资料服务和信息发布网络化；开展“爱心书房”全民捐书活动，有50多个行政事业单位和个人参与首期捐书活动，捐赠书籍8000多册；举办“书香增城——全民阅读”、送书下乡和全国公共图书馆服务宣传周活动，协助基层建设图书室，积极为广大市民勤劳致富提供信息支持；积极开展各种艺术展览交流活动，在增城广场展览厅和增城图书馆举办《荔乡绿韵·魅力增城——广东省群文优秀美术书法摄影作者创作作品展》、《艺海游踪——李长风国画展》等15期专题展览，观众10多万人次，提升市民的文明程度和整体文化素质。（4）推动群众文化活动。以迎新春、“亚运广州行”、“庆五一迎九艺”等活动为契机，组织开展各类群众文化活动。其中有“迎九艺”文艺展演10场，迎亚运广场群众文艺晚会30场，增城广场“乐湖”举办曲艺、粤剧、客家山歌演唱等300多场。同时，协助有关部门举办荔枝文化旅游节、何仙姑旅游文化节、小楼菜心美食节等。全年举办群众文化活动380多场，其中特色文化活动80多场，满足广大市民日益增长的文化需求。

【整顿文化市场秩序】 结合“创文”、迎亚运等重大活动，通过开展集中行动，组织专项治理、加强日常监管，大力营造文化市场氛围。依法行使审批职责，对160多个音像、歌舞、游艺经营单位进行换证；对书报刊、娱乐场所、网吧等205个经营业户进行年审；窗口共受理群众办件434项，均在规定的工作日完成；依法依规审批演出团体34个，演出场次304场，依法严把文化市场准入关，认真审核材料、查看场地，全年没有出现违规审批的情况。扎实开展专项整治行动，按照上级的工作部署和要求，会同相关部门开展“平安亚运”新塘地区百日整治行动、“扫黄打非”专项行动等一系列专项整治行动，全年出动3600多人（次），检查音像店、书报刊店、网吧等文化经营单位4860多家（次），收缴盗版音像制品8.7万多张、各类盗版书籍1.51万册、六合彩报2780多份，查处一批违规经营单位，进一步净化文化市场。在做好第三次全国文物普查实地文物调查基础上，编印《增城市第三次全国文物普查汇编》，运用地理信息系统建立增城市不可移动文物分布电子地图网络系统，对519个文物单位进行资料整理和建档工作，顺利通过省普查办验收；将新发现的427个不可移动文物单位公布为“第一批增城市登记保护文物单位”，并制作、竖立登记保护文物单位标志牌，使其得到有效保护。同时，邀请省文物鉴定站专家对市博物馆3500多件馆藏文物进行重新鉴定，确定为国家三级以上文物168件，其中国家二级文物5件；协助有关部门对湛治中、湛果成墓等文物点进行规划和修缮，积极跟踪浮扶岭大型越人石子墓搬迁复原工程；切实做好非物质文化遗产保护和申报工作，派潭镇《舞春牛》传承人王木森、《客家山歌》传承人郭桂娇入选广州市第二批非物质文化遗产项目代表性传承人，获广州市非物质文化遗产保护中心颁发的证书。

【加强文体设施建设】 加强公共文化体育基础设施建设，大力实施文化惠民工程。2010年，全市建成91条行政村（社区）（其中行政村73条、社区18条）的“农家书屋”，配送书籍、电脑等文化设施，实现全市农村文化室全覆盖。投入56万多元，扶持建设自然村体育场地，新建篮球场、健身路径、乒乓球台等设施，逐步完善公共文化体育服务体系。积极推进农村电影放映“2131工程”，在元旦、春节等节假日组织公益、爱国主义教育电影到各镇街、村区放映375场，进一步丰富农村群众文化生活。同时组织开展《增城市第三次全国文物普查成果展》等为主题的巡展活动148场次，全市中、小学校师生参观人数19余万人次。

【体育事业再创辉煌】 办好亚运会三大竞赛项目，是市委、市政府为民办十件实事之一。2010年，市体育部门严格按照工程设计方案，落实“岗位人员到位，机械设备到位，指挥协调到位，解决措施到位”的工作要求，确保增城体育馆改扩建、荔城龙舟比赛场、康威体育场改扩建三项工程顺利完成，为成功举办亚运赛事奠定基础，圆满完成各项工作任务，得到市委市政府、国家体育总局以及亚洲单项联合会高度赞扬。亚洲龙舟联合会、射击联合会分别向增城市颁发“出色的组织，一流的赛事”、“开创历史，共铸辉煌”、“生态增城、和谐盛会”、“一流团队、精彩飞碟”牌匾。大力实施《全民健身计划纲要》，全民健身运动蓬勃开展。年内，以“迎接亚运会，创造新生活”为主题，举办“市长杯”羽毛球赛、乒乓球赛等大型活动；组队参加2010年广州国际龙舟邀请赛、广州市横渡珠江等体育活动；开展国民体质监测活动，对全市城镇、农村的体力及非体力劳动者五类人员共840人进行体质监测，为群众开展健身活动提供科学依据；参与组织第16届亚运会（广州增城）火炬传递活动，现场举行舞狮、健身操、欢乐腰鼓等文艺表演，整个火炬传递活动隆重热烈、安全有序、富有地方特色，得到亚组委、媒体及广大市民的热情称赞。竞技体育再创佳绩，全市近200名运动员参加省第十三届运动会，夺得77块金牌，为广州市体育代表队包揽所有奖项第一名作出重大贡献。在广州亚运会上，7名市籍运动员代表国家队，分别夺得女子团体冠军及女子双打亚军、重剑团体及个人第三名的好成绩，实现增城市运动员参加亚运比赛成绩新突破。2010年，增城籍运动员在国内外重大比赛中获世界冠军14项次、亚洲冠军7项次、全国冠军22项次。增城市连续19年荣获广东省体育突出贡献奖。

【推进广播影视数字化】 按照“政府领导、广电实施、社会参与、群众认可、整体转换、市场运作”的原则，积极推进有线电视由模拟向数字的整体转换工作，稳步推进有线电视数字化。2010年，全面铺开有线电视数字化整体转换工作，率先在荔城的碧桂园、中坚豪庭、中坚花园、汇港豪庭和锦绣新天地以及新塘凤凰城凤林苑等7个小区（约10000用户）开展整体转换试点，整体转换工作顺利推进。新闻出版和广播电视坚持正确舆论导向，充分发挥主流媒体职能作用，围绕中心、唱响主旋律，全力做好“两大盛会”等的宣传报道，为全市文化、体育事业发展营造良好的舆论氛围；元旦、春节、全国“两会”、上海世博会和“亚运会”期间，市文化广电新闻出版部门加强对重要部位的检查监督，确保广电安全播出万无一失。同时，组织人员对全市各星级酒店卫星地面接收设施进行清理整治，加强对广播电视广告播出的管理，严格按照有关规定播放，并对群众投诉及时整改。 （罗德远）

增城市文化体育广电新闻出版局局长 吴冠科

增城市文学艺术界联合会

【概况】 2010年，市文联各协会有20多人加入广州市以上的文艺家协会，其中石志军加入中国书协，郭建华加入中国摄协。至此，增城市文艺家中有中国摄影家协会会员8人，中国作家协会会员4人，中国书法家协会会员1人。是年，成立“增城市文联少儿演艺活动中心”和“增城市湛甘泉文化促进会”，“增城市曲艺家协会”正在筹建中。年内各协会和会员参加各级文艺活动获奖情况：市文联获广州市文联“创文明·迎亚运——广州市区（县级市）全民健身运动美术、书法、摄影作品巡回展”优秀展览组织奖；《增城故事》和《广东民间故事全书·广州增城卷》分别获“2010年广东省民间文艺著作新作奖”；广场舞《领潮争先》获第八届群星奖；张伟棠《美女镇长》获中国作家金秋笔会全国征文一等奖；单进兴摄影作品《贵宾游绿道》获“关注绿道·印象广东”摄影大赛二等奖；钟伟华在第四届中国（梅州）国际客家山歌文化节中获“山歌大师”称号；钟伟华、曾婷婷在第二届八省山歌擂台赛中分别获金奖和银奖。

【文艺品牌】 一是组织第五届“增城市文艺奖”评选活动，评出80件获奖作品。其中，诗集《花落无声》、国画《觅》、书法《弘一大师书信选抄》、摄影《鱼市》、舞蹈编导《和谐之声》、榄雕《大江游舫》、诗词《蝶恋花·夫妻情》、广播文艺《女孩也是宝》等8部作品获本届“增城文艺奖”一等奖。二是编印文艺期刊《荔都》，发现、培养文艺新人，发表思想见解有深度、艺术水平有高度的作品，其内容凸显地方特色，深受文艺家欢迎。三是开设“增城文艺网”网站（网址：www.zcwyw.com），开设、完善“文联概况”、“文艺在线”、“图片要闻”、“信息公告”等栏目，并与广州市文联网站建立链接。四是协助、参与文艺作品出版。《广东民间故事全书广州·增城卷》由本市民间文艺家协会收集整理、省文联和省民协编辑出版，共收录200多个约20万字1949年前在增城流传的民间故事，有较高的学术价值；编辑出版《当代诗人笔下的增城》一书，为广州市档案馆编纂的《荔乡仙境·魅力增城》提供文字编辑和图片资料；参与《增城故事》之《人文增城》一书的编写工作和《废墟上的神话》的创作。（4）在《作品》、《广州文艺》等省、广州市刊物上发表一批文学作品：巫国明短篇小说《日子之伤》、东荡子诗歌《王冠》入选《广州文学大观2000~2009》；巫国明散文诗《远行》入选《2010中国散文诗年选》。同时，市作家们还在《诗刊》、《星星诗刊》、《南方日报》、《羊城晚报》等刊物发表大量作品，充分反映增城文学创作的良好态势和作家队伍的创作实力。

【文艺活动】 紧紧围绕创先争优、广州亚运会和亚残运会、创建全国文明城市、世界旅游日暨广东省旅游文化节、“创文明·迎亚运”广州市区（县级市）全民健身美术、书法、摄影作品巡回展等工作，开展一系列文艺活动。（1）开展“迎亚运·发现增城美”全国文学摄影征稿活动。为迎接亚运，挖掘和弘扬优秀荔乡旅游文化，市文联与市委宣传部联合举办“迎亚运·发现增城美”全国文学摄影征稿活动。期间，市作家协会、市摄影家协会分别组织一系列深入生活的采风创作，文艺名家们高度评价增城优美的自然风光和深厚的文化底蕴，并表示今后要多推介宣传增城，为繁荣增城文化事业作出更大贡献。（2）按照广州市文联组织的“创文明·迎亚运”——广州市区（县级市）全民健身美术、书法、摄影作品巡回展的工作要求，认真筛选出增城艺术家创作的25件参展作品参与本次巡展，受到好评。（3）先后举办“翰墨韵·荔乡情”广州书协增城书协贺广州亚运书法雅集、“增城·萝岗书画作品联展”、增城市书法家协会会员小字作品展、虎年虎字书法作品展、增城市首届教师书法大赛、第12届“荔林磋艺”摄影创作活动、“魅力小楼”生态乡村摄影比赛、荔城“生态绿道”乡村公园摄影比赛等活动，并组织书法家到乡村为农民写春联。（4）举办文艺骨干培训班。年内，省、广州市文艺名家对全市200多名文艺骨干进行培训；邀请广州诗社副社长、《诗词》总编刘斯翰到增城演讲，收到了较好的效果。

（李智勇）

增城市文学艺术界联合会主席 巫国明

卫生事业

【概况】 2010年，全市有卫生机构108个（未含村卫生站），其中医院8个（非政府举办机构5个），镇级卫生院11个，社区卫生服务中心（站）6个，诊所（门诊部）、卫生所、医务室75个，疾病预防控制中心、卫生监督所、血站、妇幼保健院、健娱医院、健教所、慢病站各1个，增设增城市“120”急救医疗指挥中心。全市设村卫生站269间，床位2734张，每千人拥有床位2.53张。卫生机构从业人员5240人，其中卫技人员4057人，占从业人员总数的77.42%。全市有100万元以上设备29台。

【公共卫生】 开展社区卫生服务，推行社区网格化管理，启用新版居民健康档案，65岁以上老年人建档率81%。将高血压、糖尿病防治列为社区慢性病防治工作重点，有9302名重点人群免费检查；开展经常性出诊、巡诊活动，完善考核制度，全年开展2次绩效考评；全市补助住院分娩产妇12778人，补助资金440.04万元，并为37705名农村妇女免费宫颈癌检查、37349名农村妇女免费乳腺癌检查；向全市孕前3个月及孕早期3个月的10218名妇女免费派发叶酸片，降低神经管缺陷儿发生；对15岁以下人群补种乙肝疫苗100013剂次，接种率96%；开展“给您光明看亚运”活动，为420名白内障患者进行复明手术；大力开展无偿献血，全年招募献血者11737人次，采血量334万毫升，临床用血100%来自自愿无偿献血。

【卫生防控】 加强计划免疫管理，免费接种I类疫苗，适龄儿童“四苗”接种率均达到99.67%以上，乙肝疫苗接种及时率95.08%。全市报告甲、乙类传染病2324例，发病率332.65/10万，比上年下降19.19%。加强卫生执法，严防食物中毒、职业中毒等突发公共卫生事件发生，全市无重大传染病暴发流行。加强医疗机构日常监管，查处非法医疗机构223间次，处理投诉案件112宗。建立健全医院管理系统，全市16家医院实现新农合住院病人住院费用即时结算报销。

【妇幼保健】 强化围产保健管理，孕产妇系统管理率为96.15%，住院分娩率99.91%。实施出生缺陷病种免费筛查干预，干预检测率为61.26%。建成一站式婚育服务中心，婚检率逐步提高。计卫联手开展育龄妇女常见病普查普治，查治率从2009年的39.16%提高到62.96%。抓好儿童保健工作，7岁以下儿童保健管理率99.24%，3岁以下儿童系统保健管理率99.25%，体弱儿管理率100%，新生儿疾病筛查率96.19%，婴儿死亡率4.38‰。

【中医中药】 加快中医药强市建设，推进名院、名科、名医和中医进农村、进社区战略；加强市中医医院中风脑病专科、骨伤科以及9个广州市镇卫生院中医特色专科（专病）项目建设；开展中医药适宜技术培训，推广中医药适宜技术。2010年，荔城、朱村社区卫生服务中心顺利通过“广州市第二批中医药特色卫生服务示范中心建设单位”评审验收。

【基础建设】 启动新塘地区三甲医院选址和建设工作，按三级医院规模规划筹建的市中心医院，占地面积148.75亩，设计床位1000张。推进医疗机构和中心镇医院建设、改造，石滩镇中心医院基本完成装饰装修工程，二次装修正加紧施工；中新镇中心医院完成第一期室内外装修，二次专业装修正在进行；市中医医院自筹资金100多万元改扩建住院部病房；市财政投入243万元用于镇级卫生院业务用房建设和改造；安排342万元慈善基金购置医疗设备。推进农村卫生站标准化建设，年内竣工26间，通过验收40间，全市卫生站标准化建设达标率96%。

【食品药品监管】 以保障亚运食品药品安全为重点，全面推进食品安全保障工作，出动执法人员3.5万人次，保障供餐6万人次；整顿药品生产经营秩序，开展珠三角稽查联合执法打假、“剑锋10”专项整治行动，开展3次药品突发安全事件应急演练；抽样“三品一械”370批次，取缔无证经营场所8间；立案85宗，罚没款入库10.33万元，销毁假劣“三品一械”4.2吨。强化食品生产经营单位量化分级管理，加强公共场所、饮用水和职业卫生监督。推进药品经营企业GSP认证工作和农村药品“两网”建设及监管，加强保健食品化妆品生产企业和美容院监管。

【卫生系统大事记】 1月，根据市机构改革部署，广州市增城食品药品监督管理局更名为增城市食品药品监督管理局，其职责划入市卫生局。

3月22日，由市政府主办、市卫生局承办的“增城市健康亚运健康广州全民健康活动限盐、限油活动”在挂绿广场举行。副市长李荣渝、卫生局长郭铁军等领导和市民代表近300人参加启动仪式。

4月22日，增城市红十字会第三次会员代表大会在市行政中心召开。大会选举产生增城市红十字会第三届理事会，李荣渝任会长，聘请叶牛平为名誉会长。

6月1日，成立广州亚运会增城赛会运行指挥部医疗卫生与食品药品安全保障组，李荣渝任组长，郭铁军兼任办公室主任。

6月18日，增城市“一站式”婚育服务中心正式开业，为广大欲婚人员提供婚姻登记、婚前检查、计生宣教三位一体的便捷服务。

8月10日，新塘医院血液透析科二期用房正式投入使用，增设8台国际先进的瑞典金宝血液透析治疗机，为广大血液透析患者带来福音。

9月28日，新塘医院沙埔分院成立并举挂牌仪式。原沙埔卫生院划入新塘医院管理，按照“三个有利于”进行改革。

12月31日，增城市镇卫生院全科医学岗位培训班在市卫生局药监会议室举行开班典礼，38名学员将接受为期3个月的学习培训。 （姚　毅）

增城市卫生局局长　郭铁军

人口与计划生育

【概况】 2010年度（2009年10月至2010年9月，下同），全市出生11057人，出生率13.25‰，其中一孩出生7542人，二孩出生3302人，多孩出生213人（政策外多孩出生106人）；计划生育率93.91%；自然增长7335人，自然增长率8.79‰；女性初婚人数7396人。

2010年，经省和广州市抽查考核，全市全面完成年度人口与计划生育各项指标任务，连续两年被评为全省人口计生先进单位并受到通报表彰，继续保持省计生一类地区水平。经增城市本级考核，增江街、小楼镇、中新镇被评为一类达标单位；朱村街、石滩镇、荔城街、新塘镇被评为二类达标单位；正果镇、派潭镇为三类达标单位。全市有22个村（居）连续三年无政策外出生；有21个村（居）连续三年计生率达到95%以上；有11个村（居）本年度无政策外出生；有14个村（居）本年度计生率达到95%以上；市属107个局级以上单位年度人口与计划生育工作达标。市法院、市公安局、市财政局、市教育局、市民政局等5个单位被评为人口计生综合治理先进单位；中国银行增城支行、中国银行新塘支行、招商银行新塘支行、中信银行增城分行、中国邮政储蓄银行增城支行、中国平安保险公司增城支公司等6个单位年度计划生育工作不落实，被通报批评；市邮政局、广东发展银行新塘支行年度计划生育工作不达标，被给予“一票否决”。

【节育措施】 全年落实计生“四术”（上环、男扎、女扎、补救措施）7257例，其中结扎2121例（纯二女扎336例），上环3761例，补救措施1374例。全市户籍已婚育龄妇女177652人，落实节育措施167027人，节育率85.34%。各孩次妇女占已婚育龄妇女结构为：一孩夫妇45.77%，二孩夫妇28.66%，多孩夫妇占18.27%。

【计生服务管理】 继续实行计划生育村（居）民自治，合同制管理。规范行政执法行为，尤其是在征收社会抚养费时严格征收程序和征收标准，对拒不缴交社会抚养费的适时启动司法程序，以法律手段强制处罚违法生育行为，引起社会震动和起到震慑作用。开展计生、公安、卫生等部门联合行动，打击“两非”（非医学需要的胎儿性别鉴定和选择性别的人工终止妊娠）违法行为，维护正常的生育秩序，控制出生性别比严重偏高的趋势。继续开展出生缺陷干预工程，免费为全市合法生育夫妇开展筛查，筛选出10多例缺陷儿，均在孕产妇及其家属知情同意下实行人工终止妊娠，为其挽回损失，收到较好的社会效果。推行免费婚前医学检查，启用查环查孕指纹系统，推进数字计生建设，以科技手段加强对育龄妇女的服务和管理。

【落实惠民政策】 健全利益导向，落实优惠政策。进一步建立健全利益导向机制，实施农村纯女户在教育、医疗、低保等方面经济扶助。建立农村纯女户节育奖，为全市符合条件的纯女户夫妻发放奖励金50元/人/月；落实农村纯女户学生生活费补助、学费扶助和中考加分等优惠措施，并为其购买医保（新型农村合作医疗），适当放宽低保标准等。同时，落实城镇独生子女父母奖励金300多人，计划生育特别家庭扶助金20多人。由于落实一系列惠民政策，推动人口计生工作良性健康发展。 （*汤松汉*）

增城市人口和计划生育局局长 谢育才

增城日报

【概况】 2010年，增城日报坚持正确的舆论导向，坚持政治家办报和“三贴近”原则，围绕中心，服务大局，关注民生，大力抓好新闻宣传工作，为推进增城经济社会又好又快发展营造良好的舆论氛围。通过深入学习实践科学发展观，充分发挥“三报一网”全媒体新闻宣传作用，围绕经营创收目标，不断创新经营理念，拓展了报业发展空间，圆满完成市委、市政府各个时期中心工作的宣传报道任务，为报社各项事业全面、协调、可持续发展打下良好基础。

【主流媒体宣传】 围绕增城市发展战略和各个时期中心工作，先后组织策划“两会”专题系列报道以及“深化服务促发展”、“创先争优当先锋”、“大力扶持和发展民营经济”、“创建全国文明城市”、“整治违法建设”、“新塘百日整治”、“行风月月谈”、“纪律教育学习月活动”、“学习贯彻落实市委十一届十一次全会精神”、“文明城市大家谈”、“公共文化服务体系”等专题宣传。同时，开避大工业、大农业、大商贸、大旅游、大文化等专栏，全面展示全市经济社会实现平稳健康发展的大好形势，从不同侧面反映增城市政治文明、精神文明、经济文明、生态文明，社会和谐稳定、人民幸福安康的良好态势。在民生报道方面，开设“我推荐我评议身边好人”、“增城工作外乡人看增城”、“读者来信”、“记者帮你跑腿”等栏目，以及报道一批较有影响力的民生民事，以其亲和力、贴近性的新闻，践行让“百姓喜爱”的办报宗旨。

【专题宣传报道】 下半年，在重点抓好广州亚运和2010世界旅游日全球主会场庆典暨中国广东国际旅游文化节的宣传报道工作的同时，出版大型特刊《动感亚运·魅力增城》。该《特刊》印刷2万册，成为亚运期间增城赛区三大比赛场馆、各大宾馆酒店、各旅游景区指定宣传资料，为各项赛事的顺利开展和服务保障工作营造良好的舆论氛围。对2010世界旅游日全球主会场庆典暨中国广东国际旅游文化节这一举世瞩目的盛大庆典活动进行全方位、多角度、大篇幅、大图片的专题系列宣传，为世界吹响“绿色旅游”号角。增城日报荣获广东省人民政府颁发的“2010世界旅游日全球主会场庆典暨中国广东国际旅游文化节优胜报道奖”。

【全媒体新闻宣传】 进一步强化“三网一报”功能，充分发挥新媒体阅读及其影响力不受时间、空间、地域限制的优势，以顺应广大读者阅读的需要。增城日报不断完善和拓展数字报、手机报和新闻网业务，强化增城日报《手机报》、[新闻网]的本地化和特色化，坚持以“本土、权威、需要、好看、有用”的原则采集、编辑《手机报》和[新闻网]，让新媒体发布的新闻资信更具贴近性、权威性、指导性和服务性。此外，“增城之窗”网站还增设有“网上留言”，并设立增城新闻、国际新闻、国内新闻、增城概况、增城方志、政务信息、文化教育、图片、车市、楼市、旅游、财经、健康、娱乐、论坛等30多个主网频道、240多个子频道，凸显信息量大，互动性、服务性强，传递及时等优势，成为增城主流网络媒体。

【拓展报业发展空间】 优化经营队伍，不断创新机制和经营理念，始终把效益作为第一信号，把市场需要作为第一选择，把客户满意作为第一标准，积极拓展和挖掘广告市场。一是发挥专刊特色优势，拓展报业经营发展空间。在原有的基础上继续巩固具有地方特色和行业特色的专刊，并通过与职能部门合作，采用合办、协办等方式，开设“安监动态”、“法制之窗”、“民政在线”、“增城人口”、“增城公安”、“地税之窗”、“出租屋管理”等一批具有职能和地方特色的专栏，使增城日报收到较好的社会效益和经济效益。二是以“活动”为载体，拓展经营收入空间。以2010年广州亚运为契机，编辑出版《动感亚运·魅力增城》大型特刊，吸引市内著名企业、品牌名店等投放广告，并通过设置亚运报道特约栏目、专刊吸引广告，为本报增加经营收入。 （*潘静瑜*）

增城日报社社长 潘伟哲

社

会

团

体

第九届中国艺术节群众文化广场节目展演
增城市“庆九艺”青少年器乐专场演出
第九届中国艺术节群文活动部

增城市荔乡诗社

增城市荔乡诗社成立于1986年7月，同时创办刊物《荔乡诗词》，至2011年8月已出版121期。第一任社长是增城县人大常委会主任钟景阳（1986～1993），第二任社长是增城市文化局副局长丁枫（1993～2001），第三任社长是中华诗词学会会员、广东中华诗词学会理事、增城市《荔乡情》杂志主编李焕章（2001～2009），第四任社长黄越聪，是增城市委组织部副部长、市委老干部局局长（2009～现任）。名誉社长有市委常委、市委宣传部部长列荣辉、副市长范文添，原增城县副县长宋振强。

荔乡诗社成立初期，秉承“立足当地，服务荔乡。团结诗友，共谱新章”的宗旨，为增城的两个文明建设作出过较大的贡献。随着时代的发展变化，近几年来，诗社的宗旨有所扩充变化，以“立足本市。面向全国，弘扬国粹，歌颂明时”为办社宗旨，从此，荔乡诗词开创一个广阔的创作园地，成为荔乡乃至省内外、海内外诗词爱好者的活动场所。《荔乡诗词》的作者遍及省、港、澳、台及侨居海外华人、华侨等诗词爱好者。

在市委、市政府及市文联的领导下，荔诗社不断发展壮大，刚成立时，仅有20多名社员，如今已发展到120名社员。他们大多是本市各镇（街）及广州、东莞等地的诗词爱好者。在本社的社员中，被吸收为中华诗词学会会员的有16人，广东中华诗词学会会员22人，还有岭南诗社、广州诗社、羊城（民间）诗社的社员20人。

近几年间，荔乡诗社社员诗词创作水平有明显的提高，有几十位社员的作品发表于全国各地的诗词专业于刊物，如《中华诗词》、《岭南诗歌》、《当代诗词》、《岭海风骚》、广州《诗词》报、《增城日报》、《荔乡情》、《丹荔》、《荔都》、《夕阳情》等，有的诗友的作品还载于香港《文汇报》、日本东京出版社出版的《日中对译俳句——汉非集》等书刊。获奖作品也不少。

近年来，荔乡诗社先后编辑出版《荔乡诗词集》、《荔乡诗词五百首》、《荔乡仙境吟》、《增城吟草——荔乡诗词千五首》等书。

社员个人出版的诗词集共有13册：如：李焕章《牧笔斋诗文选》，罗期明《钓鱼诗词三百首》、《增江新竹枝五百首》、《湖光韵萃》，罗桂源《鹤岭书室吟草》、《鹤岭书室杂文集》，巫志文《红棉斋诗词》，钟水铭《骚海浪花》，曾伯南《曾伯南文集精粹》，黄金棠《瓜洲吟草——暨瓜洲侨乡文化》，卢关湖《龙田放歌诗选》，谢运洪《谢运洪诗集》，余灼坤《鹤园闲咏》。

此外，荔诗社近两三年来还与市委老干部局联合创办增城市老年干部大学诗词班，坚持每月上课，使老干部老有所学、老有所为，效果很好。（李焕章）

增城市荔乡诗社社长　黄越聪

增城市青年志愿者协会

【概况】 增城市青年志愿者协会自1998年成立以来，在增城团市委的领导下，志愿者队伍不断发展壮大，志愿者工作取得广泛的社会影响，形成蓬勃发展的良好态势。全市共建立50多支涉及各行业、各领域的社会志愿服务分队，在册志愿者近2.5万人，主要包括机关、企事业单位团员青年，广大青年学生以及社会志愿报名参与公益事业的热心人士，平均每年提供社会志愿服务达3.8万人/次；累计参与志愿服务13万多人次，服务时间近80万小时，培养亚运会增城赛区火炬手、“中国好人榜之助人为乐好人”李森林等一大批优秀志愿者典型。

【开展社会志愿服务】 市青年志愿者协会一直秉承“奉献、友爱、互助、进步”的志愿服务精神，坚持服务大局、服务社会、服务民生、服务青年的工作方针，以创建全国文明城市为契机，以志愿服务为平台，以全民参与为目标，广泛开展各类社会志愿服务。进一步完善志愿者登记注册制度，不断壮大志愿者服务队伍，注重业务技能培训，有效提升志愿服务水平。特别是在2010中国广东国际旅游文化节开幕式晚会和第16届广州亚运会这“两大盛会”中，市青年志愿者协会以提供“国际化、有特色、高水平、全方位”的志愿服务为目标，充分发挥共青团组织先锋模范作用，创新工作格局，狠抓工作落实，出色完成各项任务。在服务广东国际旅游文化节开幕式晚会活动中，出动志愿者2000多人次，服务时间2万多小时；在亚运期间，全市共招募14581名城市志愿者和1210名赛会志愿者，并且建立志愿者与26个亚运会志愿服务站点、118个城市文明志愿服务岗、13个社区无缝对接机制。全市广大志愿者用近80万小时细致周到的服务向120多万亚洲各地宾客展示增城精神新风貌和城市文明新形象，为增城市大型文化体育盛会的顺利举办及保障城市的正常运行做出积极的贡献。

【扶贫帮困工作】 为适应社会发展需要和满足人民群众需求，市青年志愿者协会始终坚持把开展志愿服务与精神文明建设，落实扶贫帮困紧密结合起来。在社区，与全市各街道社区孤寡、贫困家庭建立定期探望、扶贫帮困的服务机制，为离退休干部、伤残人士、孤寡老人、空巢老人、下岗职工、青少年学生等提供关爱弱势群体、社区义诊、家电维修、法律援助、义务家教等志愿服务活动；在农村，大力开展“送政策、送科技、送卫生、送物资”等志愿服务“三下乡”，大力弘扬扶贫济困、友爱互助精神；在市区，积极配合创建全国文明城市工作，广泛开展“大拇指”文明交通、关爱孤寡老人、空巢老人、留守儿童、外来工子女等志愿服务、，有力促进广大市民。有力引导市民群众树立文明出行意识、正确的公益观和增强社会责任感。在不断巩固助老扶弱、医疗保健、环境卫生、科普宣传、文明礼仪、友爱互助等传统项目的基础上，市青年志愿者协会还重点面向基层、面向弱势群体，拓展法制教育、心理疏导、应急救援、社区矫正等新兴领域，使志愿服务网络更健全、领域更宽广、形式更多样、内容更丰富。

（赖雯清）

增城市青年志愿者协会会长 陈伟

增城市旅游协会

增城市旅游协会成立于1999年8月10日，协会成立以来主要工作：

一、拍卖挂绿荔枝，推广增城旅游形象

拍卖挂绿荔枝是实现增城市委、市政府“还挂绿于民”的构想，是实施“兴建广场，改善生态、还珍于民、拍卖佳果、以果养树、带旺旅游”的工程之一。由旅游协会独家承办的“增城西园挂绿荔枝首次公开拍卖会”，于2001年7月5日上午在新建的挂绿广场进行。被拍卖的10颗挂绿珍果所筹得款项31.8万元，其中11号荔枝以5.5万元高居竞价榜首，成为世界单颗成交价最贵的荔枝而载入上海大世界吉尼斯之最。拍卖活动给增城带来的影响无法用金钱来衡量，不仅使“西园挂绿”名扬天下，大大增加增城作为“挂绿名城，荔枝之乡”的知名度，还对增城旅游形象产生积极而深远的影响，2002年7月1日，协会再次承办挂绿荔枝拍卖活动，10颗珍果其拍得131.5万元，其中1号珍果卖价55.5万元，打破首次吉尼斯记录的10倍，为民纪念记载历史，我们把所得款赠建挂绿小学。增城荔枝美誉度从此而高涨。2003年7月1日。协会承办市政府和羊城晚报报业集团联合举行的“增城挂绿敬赠抗非英雄活动”，慰问在抗非典斗争中作出贡献的医学专家、战斗在一线的医务人员及因抗击非典献出宝贵生命的抗非英雄的家属。

二、加强宣传促销，提高增城旅游知名度

一是与广东省电视台联合策划制作《阿兰游广东——荔乡仙境增城游》系列专题片，并于2000年2月中旬至3月肿在广东卫视台进行为期一个月的滚动式播放，该专题片还被制作成录像带，成为本市及参与制作的会员单位的宣传资料。

二是与增城市摄影协会联合推出“增城旅游风光摄影大赛”并制作成名家摄影作品集。该系列摄影作品不仅成为本市旅游对外宣传的主要资料，还多次被市委、市政府用作宣传资料，对增城旅游以及雷鸣会会员的对外宣传起到很好的作用。

三是编写增城旅游文化丛书之——《拍卖，一个美丽的传说》。协会在组织挂绿荔枝拍卖后，联合增城市文联将两届拍卖会各媒体的新闻报道以及挂绿荔枝的有关历史资料编辑成书，作为增城旅游的对外宣传资料，通过赠送形式发到海外旅游界人士和朋友，提高增城旅游知名度和美誉度。

四是策划制作“增城荔枝”扑克牌。根据市旅游工作会议精神，协会将现有五十个品种的荔枝制作成“增城荔枝”扑克牌，每张扑克牌记载一个荔枝品种，填补本市荔枝品种介绍的空白，并成为市委、市政府对外宣传和招商引资的重要资料。

五是协助旅游主管部门编写制作《荔乡仙境增城游》、《增城市旅游导游手册》、《增城市旅游交通图》等宣传品。

六是举行春茗座谈会，共商旅游大计。协会举行多届春茗活动，除协会会员外，还邀请珠三角旅游界人士参加，通过交流经验，增进友谊加强合作。

三、发挥助手、桥梁作用，促进旅游行业各项工作顺利实施。

协会成立以来，积极发挥助手、桥梁功能，围绕市旅游主管部门的中心工作，带动各成员积极完成各项任务。

一是参加每年市政府主办旅游主管部门承办的节庆活动。比如“增城市荔枝文化旅游节”，从协会成立至今已办多届，一届比一届规模大、时间长、内容丰富。

二是参加本市组织的旅游促销活动，如广州国际旅游展销会、广东省旅游商品展销会、广东省农产品博览会等，为协会成员搭建大型交易宣传平台。

三是大力宣传本市旅游优势，以多种方式吸引海内外旅游客来增城观光旅游、亲近自然、品味天然、体验生态、享受野趣、促进增城旅游业的发展。

四、不断完善协会自身建设，更好地发挥协会的作用

十年来，坚持从实际出发，加强协会的自身建设，使协会能够随着形势的发展开展工作。

加强内部管理，建立健全办公会议、资料档案、财务工作等各项制度，加深协会工作人员和政治、业务学习提高协会工作人员的政策及业务水平。使大家保持团队精神，提高办事效率，为会员和旅游行业多办实事好事；坚持勤俭办协会的宗旨，本会坚持会费来自会员，用于会员的原则，协会开展的活动，原则上不加重会员负担；支持做好来访、来电、来信的接待工作，加强与会及各有关方面的联系，尽最大的努力解决实际问题。

每个年度的社会团组织年检、审查都获得民政部门通过。坚持“入会自愿、退会自由”的原则，按程序发展新会员和办理会员入退手续。九年来广大会员以时俱进开拓进取的精神，克服困难、锐意经营，形成协会的整体合力，为增城旅游业的发展作出贡献。

（张慧灵）

增城市旅游协会会长　卢泰敏

增城市新塘济困扶助协会

增城市新塘济困扶助协会是增城市第一个民间慈善组织，是一个由社会各界热心于慈善事业人士志愿组成，发动和接受个人自愿向慈善事业捐赠或资助财产，并进行管理和运用的具有法人资格的民间公益社会组织。创办于2001年4月，当时，是由10多位新塘社会善心人士自发组织的民间慈善团体。2007年1月在民政部门备案，永远名誉会长陈志辉，名誉会长叶德胜、叶润棠、陈国权、湛王娟、李斌、卢照安、潭满银、黄莉、赵洪明、刘国权、蔡青，会长阮然彪。2010年有会员近300人，大部分为增城市私营企业老板或机关单位工作人员，还有部分会员是周边地区的广州、番禺、深圳、东莞、香港等地的私营企业老板。该会的宗旨是扶危济困，热心公益，互助互爱，团结上进，搭建平台，凝聚力量，共谋发展；以人为本，慈善为怀，救孤助残，赈灾救援，抗击疫情，助学兴教；遵守国家宪法、法律、法规和政策，遵守社会道德风尚，发展慈善事业服务。

2001年6月，增城市派潭镇高滩村发生洪灾，协会组织10多名会员，筹集资金购买500多包大米、1000多箱方便面，两次前往派潭镇赈灾，拉开了协会无私扶助的历程。成立十多年来，新塘济困扶助协会扶贫助困的身影遍及增城市各镇街，广东的河源、梅州、惠州、韶关、湛江、肇庆等地区，云南、贵州、湖南、广西、江西、四川、甘肃等省区，累计扶助资金近850万元，扶助困难群众2.5万多人次。其中2010年开展各种扶助活动60多次，扶助困难群众2000多人次，扶助金额117万多元。2007年到现在协会还设立4个基金：妍颖助学行动基金、凤凰助学行动基金、国权基金、三铃基金，主要扶助困难学生、孤儿等，到2010年，四个基金累计扶助大中小学生1000多人次。2008年5月四川汶川地震发生后，该协会与凤凰城爱心公社、凤凰城屋村管理处、凤凰城大酒店、广州市玉石传媒广告有限公司等合作，于5月17日在凤凰城拉幕广场举办抗震救灾募捐和祈福活动，筹集救灾善款，累计共筹集善款近230万元，物资近20万元，全部支援四川地震灾区抗震救灾和重建工作，还两次组织会员亲赴四川地震灾区慰问，亲自参与抗震救灾。每年春秋两季，还开展助学、扶孤活动，扶助我市特困学生和孤儿，为他们送去社会的关怀和温暖，帮助他们度难关，顺利完成学业。

新塘济困扶助协会多年来的善举，得到各级政府和社会各界的高度好评和赞誉。2011年6月29日，广州市慈善会发布《关于表彰2011年“羊城慈善奖”的决定》，新塘济困扶助协会被授予“羊城慈善先进集体优秀组织奖”。2008年5月9日，会长阮然彪被广州市委、市政府授予广州市抗灾救灾先进个人称号；在2009年广州市第四届道德模范评选中，被评为助人为乐类道德模范；2011年6月，被授予广州市“羊城慈善服务先进个人”荣誉称号，还担任第十六届广州亚运会增城站火炬手。常务副会长叶治奇分别被广州市妇联、增城市文明办、增城市妇联等单位授予2007－2009年度“羊城妇女之友”、“文明家庭”、“增城市文明家庭”等荣誉称号。名誉会长陈国权分别被广州市慈善会、增城市人民政府、梅州市人民政府等单位和部门授予“羊城慈善先进个人”、“杰出慈善家”等荣誉称号。财务总监湛巧玲分别被广州市妇联、增城市妇联等单位授予“三八红旗手”、“爱心妈妈”、“文明家庭”等荣誉称号。理事叶润堂被广州市妇联授予“羊城妇女之友”称号。永远名誉会长陈志辉，名誉会长叶润堂、陈国权等担任增城市政协委员（常委）等社会职务。

（黄杰生）

增城市新塘济困扶助协会会长　阮然彪

增城市物业管理行业协会

增城市物业管理行业协会前身是增城市物业管理协会，成立于2002年9月。第一届会长曾仲彬，第二届会长吴耀兄，第三届会长王刚，第四届会长董琦。会员队伍不断壮大，2010年有会员单位56家，设置会长1人，副会长6人，理事单位15个。协会致力于推广市场化、社会化、专业化的物业管理模式。促进行业的业务交流，规范市场行为，发挥协会在政府和企业之间的桥梁、纽带作用。为行业内各企业服务，认真研究物业管理行业的理念和现实问题，维护物业服务企业的合法权益。

协会重视组织会员学习物业管理的理论政策和法规。历年来举办各类物业管理培训班9场次，为企业输送专业管理人员600多人；开展多形式的交流，每年最少组织一次赴外交流和考察活动。近年来参与制订《广东省物业管理条例》和广州市规范前期物业管理招投标活动的前期论证工作，邀请行业内专家召开研讨会，为制订政策法规提供依据。

制定行业规约，鼓励开展创优达标考评，推行行业自律管理，监督和规范会员单位的物业管理行为。经协会指导和推荐，本市分别获得物业管理国家“示范小区”1个，省“示范小区”2个，广州市“示范小区”6个。2009年配合国土房管局完成“增城市文明小区”考评工作，评选增城市“文明小区”6个.

维护会员单位的合法权益，帮助会员单位调解纠纷，化解矛盾。协会协助国土局调处物业管理投诉共500多起，咨询电话1000多个，聘请常年法律顾问为企业的正当行为提供支持。

（钟总焕）

增城市物业管理管理协会会长 董 琦

增城市纺织服装行业协会

【基本情况】

成立时间 增城市纺织服装行业协会（以下简称协会）于2003年3月28日由增城市民政局批准成立。

协会性质 协会是增城地区从事纺织、服装生产经营的企业、事业单位或团体和个人，为规范行业行为，实现行业自我服务、自我管理、自我约束、自我协调，避免无序竞争，在自愿的基础上组织起来的跨部门，跨所有制的法人社会经济团体，是非盈利性的社会组织。

业务范围 为协会会员提供信息服务，开展服装行业技术咨询、交流、组织行业职工技能培训，协助企业产品展销，开拓市场。作为政府与企业之间的中介组织，同时也承担政府委托的纺织行业管理工作。

组织机构 协会的最高权力机构为常务理事会。常务理事会由所有团体会员的法人代表或委托代表和协会正、副会长，正、副秘书长以上专职负责人组成。协会第一届会长由陈镜荣担任，第二届会长由江文权担任。

协会会员 申请加入协会的会员，必须具备下列条件：1. 承认协会章程，愿意缴纳会费；2. 有加入协会的意愿；3. 在协会的业务领域内有一定的影响。协会现有单位会员100家，个人会员6个。

协会特点 协会邀请政府相关领导担任顾问，邀请相关行政主管部门负责人担任名誉会长，使协会能够得到政府的大力支持；同时协会会员俱是行业内骨干企业，使协会能够保持在行业内的权威性和更好地发挥协会的作用。

协会记事 1、2003年3月28日召开协会会员代表大会，选举产生第一届常务理事会成员。

2、协助市政府开展评选“增城市2003年度牛仔休闲服装十大品牌”活动。

3、2003年组织部分协会企业负责人到上海、杭州、宁波、泉州、石狮等知名服装生产地区参观、考察和学习。

4、编印《增城纺织服装》杂志。

5、2006年1月19日召开协会会员代表大会，选举产生第二届常务理事会成员。

6、组织协会会员参加2006年、2007年广州博览会。

7、联合羊城晚报、新塘镇政府、新塘商会于2007年3月29日在新塘牛仔城举办“增城新塘服装产业创新发展论坛”活动。

8、协调北京等权威机构，组织本市新塘镇参加由中国社会科学院、工业经济研究所举办的活动，本市新塘镇荣获“2008年度中国百佳产业集群之牛仔服装产业集群”荣誉称号。

9、2008年成功开发（协会主办专网）“增城牛仔网”。

10、协助参与新塘镇历年来举办的“中国新塘牛仔形象大使”评选活动。

11、连年举办协会常务理事会、理事会和会员代表大会，商谈协会事务，宣传行业新政，协调解决会员困难。

协会人物

协会第一届常务理事会会长，原增城市经贸局副局长、广州纺协常务理事陈镜荣。

增城市科技经贸和信息化局副局长，协会第二届常务理事会会长江文权。

创兴集团董事长，协会第一届、第二届常务理事会副会长吴会东。

广英服装有限公司董事长，协会第一届、第二届常务理事会副会长吴毅强。

康威集团副董事长，协会第一届、第二届常务理事会副会长黎伟秋。

协会第一届常务理事会秘书长，时任增城市经济发展协作服务中心主任刘桥星。

协会第一届常务理事会副秘书长、第二届常务理事会秘书长，原增城市经贸局副局长，现增城市环保局副局长吕良贤。

（李 岑）

增城市纺织服装待业协会会长 江文权

增城市义工协会

增城市义务工作者协会是根据广州市委、市政府有关文件精神，结合本市实际情况，经增城市政府同意，由市民政局会同市总工会、市团委、市妇联等三十个单位共同组成，会长由陈洪发同志担任。自2003年10月成立后，第一届会长陈洪发，第二届郭志。经过几年的发展，已在9个镇（街）设立义工联络处，在三个街的13个社区居委会、华立学院、松田学院、华商学院设立义工服务站，至2010年6月本市义务工作注册人数已达18000多人。协会的义工们以无私奉献的精神，开展多形式的志愿服务，为社会弱势群体、民政对象排忧解难，赢得社会各界的广泛认同，为构建和谐增城作出贡献。协会主要工作：

【义工队伍建设】 随着义工队伍的成长和实践的需要，就如何提高义工组织管理人员的业务素质和服务水平以及义工服务技能和沟通技巧，2010年协会邀请广州市义工联的领导和资深义工前来为本市义工工作进行指导和培训讲课，累计培训达1800多人，并到其它区（市）义工（志愿）团队进行学习和交流，通过培训和交流改变义工单凭直觉做义务工作的局面，进一步加大义工之间的凝聚力，使义工明白义务工作的宗旨、性质和任务，了解义务工作的各项管理制度。并根据各服务站的情况，通过电视、报纸、宣传栏、宣传画册等多种不同宣传活动形式，使义工形象在社会上得到广泛认同，并新成立华商青鸟义工服务站和关注困难儿童、留守儿童的华商学院“蒲公英”义工队与小楼镇“爱心妈妈“义工队，并不定期举办义工招募活动，为义工协会发展注入新元素。

【参与各项组织活动】 定期组织义工分散到各个社区为孤寡老人、独居老人、残疾人家中大搞环境卫生、清理楼道阳台、清除卫生死角，让社会弱势群体感受到大家庭的温暖。在四川汶川5.12地震发生后，协会及时发动义工参加政府各级部门和红十字会组织的募捐赈灾活动（如新塘凤凰城举办的主题为“情系灾区、守望相助”大型募捐及祈福活动，增城日报义卖活动和红十字会举办的“同心携手、共渡难关”募捐活动等）。在创建文明城市和举办亚运会、亚残运会期间，市义工协会本着《迎接亚运会，争做志愿者，创造新生活》的精神，发动广大义工参与到创文宣传、文明出行以及“迎亚运，讲文明，树新风”城市文明志愿全民服务社区治安巡查、社区环保清洁、公共文明及亚运会宣传等一系列活动中，大力营造“人人都是东道主，个个都是志愿者”的社会氛围，充分体现“激情盛事、和谐亚洲”理念。其中蓝天义工服务站的义工李森林作为唯一的义工（志愿者）代表参加第16届广州亚运会增城站的火炬传递，并在2010年12月以助人为乐类入围“中国好人榜”的候选人。在亚运会和亚残运会期间全市共有13000多人次参加亚运场馆和社区志愿服务。并协助市救助管理站在亚运和亚残运会期间进行“亚运流浪救助”行动，共劝导、救助流浪乞讨人员64人，出动义工300多人次。为全面落实科学发展观、建设富强文明和谐的社会贡献应有的力量。

同时，不定期组织义工开展“结对帮扶”活动，对孤老和困难学生进行慰问和辅导，为他们送去家电维修、义务家教等服务，亦举办学习用品、衣物捐赠、无偿献血等活动，累计出动60000多人次，服务人数达5000多人。义工无私奉献的精神向社会传递爱心，传播文明，使需要帮助的弱势群体得到帮助，从而取得一定的社会成绩。

【开展社会公益活动】 除每周定期或不定期组织部分义工前往全市各敬老院、石滩健娱村、社会福利院及孤寡老人家中进行探访和慰问活动外，分别组织蓝天服务站、松田服务站的义工在东方小学、南岗小学举行“开心同乐日”的游园活动，以及到正果、派潭山区小学进行联谊活动，为山区贫困学生带来欢乐，通过游戏方式促进义工和学生之间的友谊，让他们明白到“关爱弱小、互助互爱”共同进步的人生意义。举办“感动生命”环保活动，通过宣传环保知识，发动义工参与植树和回收废旧物等活动，以提高义工和社会对环保的重视，让我们从今天做起，给自己、给身边的人种下一片“绿”，让我们一起拥有美好的地球。每年的9月敬老月期间开展多场的曲艺义务表演，分别有地王广场的表演；联合“荔星曲艺社义工服务队”和“华立学院义工服务队”部分义工在沿江社区进行送曲、“一帮一结对子”、“三心敬老”活动；及“相江曲艺社义工服务队”前往增江敬老院表演慰问，努力营造尊老、敬老、助老的良好社会风尚。同时，不定期组织义工开展“结对帮扶”活动，对孤老和困难学生进行慰问和辅导，为他们送去家电维修、义务家教等服务，亦举办学习用品、衣物捐赠、无偿献血等活动，累计出动90000多人次，服务人数达8000多人。义工无私奉献的精神向社会传递爱心，传播文明，使需要帮助的弱势群体得到帮助，从而取得一定的社会成绩。

（姚江琼）

增城市义工协会会长　郭　志

增城市作家协会

增城市作家协会成立于2004年9月24日，推举时任市长的朱泽君为名誉主席，李思平为主席；副主席为陆笙、巫国明、姚锦波、黄卓夫、湛汝松、赖共同；巫国明兼任秘书长，张伟棠任副秘书长。作协成立以来，围绕出任品、出人才、壮大作者队伍，为增城文学事业的发展与繁荣作贡献的宗旨，通过组织会员出外交流学习、参观采风、参加省市组织的文学培训及与省内外兄弟协会开展联谊、参加征文比赛等活动，开阔大家的视野，激发会员们的创作热情，形成人才、作品双丰收的可喜局面。2011 年有会员 136 人，其中中国作协会员 3 名，省作协会员 23 人，广州市作协会员 38 人。2008 年 7 月，朱泽君当选为广东省作协主席团成员，叶鸿、巫国明当选为广东省作协理事；10 月，陆笙再度当选广州市作协副主席。会员们的作品经常出现在省、市和国家级《人民文学》、《诗刊》、《作品》、《诗歌月刊》、《中西诗歌》、《广州文艺》等全国著名的文学刊物上；出版小说、散文、诗歌等专著近 30 部。不少优秀作品入选各种文学选本，其中还有相当数量的作品获得各种文学奖励。

2005 年本市 3 位作家的 4 篇作品入选《广东作家协会五十年（1953～2003 年）文选》，其中短篇小说卷收入陆笙的《生死魂》、巫国明的《神经质时代的生活》，诗歌卷入巫国明的《在母亲的土地上》和薛广明的《简单的诗》。

2005 年 7 月 10 日，由市政府、广州市作家协会主办，市文联、市文化局、市作家协会承办的“广州市首届新人新作丛书首发、赠书暨 10 诗人作家落户增城市仪式”在挂绿广场隆重举行。广州市首届新人新作丛书共推出 11 本，本市作家占其中三本，分别是张伟棠的小说集《张伟棠小说集》，旻旻的散文集《滴露成珠》和周扬波的诗集《风的季节》；同时为谢湘南、东荡子、安石榴、王十月、浪子、梦亦非、西娃、宋唯唯、罗德远、王永义等 10 位青年诗作家举行入户仪式。

2006 年，谢湘南诗集《零点的搬运工》获第七届广东省鲁迅文学艺术奖，巫国明的小说集《露从今夜白》获得第五届广州文艺奖二等奖；东荡子诗集《皇冠》获得三等奖；罗德远报告文学《一位找工者的创业足迹和爱心历程》获广东省委宣传部征文二等奖；2008 年，旻旻的小说集《繁花碎》荣获第六届“广州文艺奖”二等奖。

省作协主办的《作品》杂志 2009 年 9 月下半月“广州 12 区市作家专号”中，集中推出本市作家诗人陆笙、巫国明、东荡子、梦亦非、罗德远、郑德宏和周扬波的文学作品。

作家协会会员公开出版著作情况：2005 年旻旻散文集《滴露成珠》，巫国明的小说集《露从今夜白》、张伟棠短篇小说集《张伟棠小说集》，周扬波诗集《花落无声》；2006 年赖共同小说集《夕阳下的小木屋》；2007 年巫国明散文集《远行》、旻旻小说集《繁花碎》；2008 年罗德远报告文学集《南方传奇或诗篇》，陈裕荣长篇小说《崔与之传》；2009 年姚锦波长篇小说《春暖花开》、陈裕荣长篇历史小说《诗人陈恭尹》，湛汝松散文集《荔乡拾贝》，周扬波诗集《花落无声》，罗昌泰长篇小说《医道迷离》、陈乐中纪实文集《中南海冬都》；2010 年陆笙散文集《乡间物间》，东荡子诗集《阿斯加》，罗德远散文集《邂逅美丽》，严浩宇诗集《火焰》等。

（罗德远）

增城市作家协会会长　李思平

增城市民间文艺家协会

增城市民间文艺家协会（简称市民协）成立于 2006 年 12 月 3 日，由中共增城市委常委、宣传部长列荣辉任名誉主席，邱秋、朱秀兰、陆笙、陈裕荣任顾问，文联副主席邱榕枢任主席，陈克、湛汝松、张小锋、王冠贤任副主席，王冠贤兼任秘书长，朱佩坚、范永干为副秘书长。民协自成立以来，至今有会员 130 人，其中 25 人加入广州市民间文艺家协会，10 人加入广东省民间文艺家协会，2009 年 1 月邱榕枢和湛汝松加入中国民间文艺家协会。市民协为了贯彻落实市委市政府提出的文化强市战略以及省市有关民间文艺工作的会议精神，抓紧实施民间文化遗产的保护和抢救工程，积极挖掘、利用民间传统文化，大大丰富了群众的文化生活。近年来，市民协取得丰富的文艺硕果：2007 年和 2010 年编辑出版第一、二辑《增城民间文艺》，2010 年邱榕枢主编出版《广东省民间故事全书・广州增城卷》，该书和另外一本由龚伯洪、李惜爱、肖文峰、巫国明、林干编著的《增城故事》双双获得 2010 年度广东省民间文艺著作新作奖，2009 年荔城街陈桥头龙狮团的《盛世麒麟舞》获广东省第二届麒麟舞大赛银奖；榄雕艺人黄学文会员被命名为国家级非物质文化遗产项目榄雕的代表性传承人，钟伟华被评为广东省民间歌王、梅州市国际山歌文化节山歌大师，曾婷婷被评为梅州市国际山歌文化节山歌师，湛汝松民间文艺散文集《荔乡拾贝》获首届中国“星光杯”一等奖、广东省第四届民间文艺著作三等奖。

（朱佩坚）

增城市民间文艺家协会会长　邱榕枢

增城市慈善会

2007 年 8 月 1 日，市慈善会成立。理事会成员由市有关领导、市政市直属有关部门以及镇街领导组成。第一届会长范文添；第十届会长刘荣照；常务副会长范轶聪。慈善会成立以来积极开展募捐、赈灾、扶贫、济困等活动。各项活动得到各级常政机关、社会组织、工商界、社会人士大力支持，踊跃捐赠，2007～2010 年共接收社会各界捐赠的善款 3783.4 万元，支出 2774.9 万元（不含工作人员工资福利和业务费支出），结存 1008.5 万元。

【市慈善会财务管理】 1. 接

收捐赠。接收捐赠的现金、支票均开具市财政部门领取核准的社会捐赠收据，及时存（转）入市慈善会的银行账户。并且按照捐赠用途或捐赠者意愿设专款科目，坚持专款专用原则。2. 善款使用。根据捐赠专项用途和捐赠者意愿安排使用，严格执行使用审批程序呈批。审批范围：一是困难群众慈善救助，切实按照救助范围、对象、标准（标准为500～30000元）执行，经调查核实后集体讨论决定，呈常务副会长审定；二是专项资助审批，5万元以下由常务副会长审批，5万元至10万元由会长审批，10万元以上由常务理事会集体研究决定；三是行政业务经费支出审批，3万元以下由常务副会长审批，3万元到10万元由会长审批，10万元以上由常务理事会集体研究决定。

【市慈善会接收社会捐赠情况】 1. 2007年接收捐款162.7万元。2. 2008年接收捐款1680万元。一是接收社会慈善捐款214.7万元；二是广州市慈善会划拨捐款1392万元；该款由市碧桂园物业发展有限公司等23家知名企业捐款由广州市慈善会接收后划入本会；三是荔城街定向慈善筹款，由市慈善会代接收72.3万元（当时荔城街未成立慈善协会）；四是新塘济困扶贫协会定向捐赠市救助站脑瘫儿童医疗费3万元；五是2008年5月12日，协助市民政局开展四川汶川地震赈灾募捐活动。捐款对象：全市各党政机关、企事业单位、社会组织及社会群众、驻军部队。规模：20万人次捐款4000多万元。用途：全部划拨广州市慈善会拨付地震灾区使用。3. 2009年接收捐款266.9万元。一是接收增城市“广州慈善日”捐款活动市属各单位、镇街、广州市垂直单位、社会各界人士捐款236.9万元；二是广州市慈善会下达本市资助困难家庭学生助学金30万元。4. 2010年接收1673.7万元。一是接收群众日常捐款7600元；二是接收群众2009年增城市“广州慈善日”捐款上3.9万元；三是接收赈灾款186.4万元（其中：青海玉树赈灾款181.5万元；甘肃舟曲泥石流赈灾款4.8万元；西南抗旱赈灾捐款1，1000元）；四是2010年增城市“广东扶贫济困日”活动接收捐款581.9万元；五是2010年增城市“扶贫帮困”慈善捐款150万元；六是接收定向捐款230万元（其中：中新塑料有限公司120万元，广州澳洲房地产开发公司25万元，华立学院20万元，广州保税区卓兴金属有限公司20万元、新塘镇政府28万元、东凌集团有限公司2万元、广州市东新发展有限公司15万元）；七是广州市慈善会返还2009年增城市“广州慈善日”活动捐款90.4万元；八是广州市慈善会下达本市资助困难家庭学生助学金10万元；九是广州市慈善会返还2010年增城市“广东扶贫济困日”活动捐款420万元。按广州市政府规定，本市对口扶贫梅州市有“双到”任务，则按捐款的70%返还，由市安排扶贫资金。十是2010年12月27日，开展增城市“扶贫帮困慈善募捐”活动。捐款对象：增城区划内大型企业。规模：41家大型企业当晚认捐“扶贫帮困”资金6129.8万元。主要用于派潭、正果、小楼三个山区镇的扶贫帮困项目。

【市慈善会接收社会捐赠情况及使用情况】 1. 2007年无支出。2. 2008年支出68.5万元。一是慈善救助困难群众救助金6.5万元；二是定向捐赠市市救助站脑瘫儿童医疗费3万元；3. 2009年支出1579.5万元。一是慈善救助困难群众救助金110.3万元；二是划转荔城街慈善协会定向慈善筹款72.3万元；三是划拨正果镇政府2名学生遇难者抚恤金6万元；四是划转广州市慈善会对台湾台风赈灾款30万元；五是发放广州市慈善会下达本市资助困难家庭学生助学金30万元；六是划拨广州市惠民措施“十百千工程”项目给市教育局、市卫生局、市民政局三个单位共1192万元；七是划转广州市慈善会“广州慈善日”活动捐款138.9万元。4. 2010年支出1064.3万元。一是慈善救助困难群众救助金135.4万元；二是划拨定向捐赠款195万元（其中：中新塑料有限公司捐赠给中新中学建设经费120万元；广州澳洲房地产开发公司25万元，华立学院20万元捐赠给荔城街厦村蔡村合作社建设经费共45万元；新塘镇政府捐赠江西民工谢明华抚恤费28万元；东凌集团捐赠新塘困难家庭学生罗秀婷助学金2万元）；三是发放广州市慈善会下达本市资助困难家庭学生助学金10万元（按规定发放难家庭学生100名、每人1000元、共10万元）；四是划转广州市慈善会“广东扶贫济困日”活动捐款600万元。广州市下达本市捐款任务600万元，各镇街、工业园区及市属单位共捐款581.9万元，由于达不到任务，经请示市政府，由市慈善会垫付18万元；五是划转广州市慈善会赈灾款186.4万元（其中：青海玉树赈灾款186.5万元；甘肃舟曲泥石流赈灾款4.8万元；西南抗旱赈灾捐款1100元）。以上三项赈灾款全额划转广州市慈善会

（钟月园）

市慈善会常务副会长　范轶聪

增城客家文化研究会

增城客家文化研究会于2008年3月成立，是市民政局在册的研究客家文化的群众团体，有会员50多人，挂靠市地方志办公室，黄卓夫任会长，原市领导邱秋（原市人大常委会主任）、宋振强（原副县长）、王伙南（原市政协

副主席）担任名誉会长。

【主要工作】

开展增城历史文化研究 2008年，邀请深圳大学张卫东、何丽川教授到小楼竹坑村、江坳村，中新高车、坳头、合益，增江湖塘埔、荔城棠村、棠下，正果蒙花布等地进行调查，开展客家文化研究。先后发表《赖际熙：杰出的客家文化社会活动家》、《增城客家源流及三百年和睦相处的客家山村——竹坑村》、《广东省增城市客家村落的“异姓共祠”与打醮考察》、《浅探增城客家的源流、发展与研究的价值》等一批高质量的论文。同时，在《增城日报》开设“增城历史文化的探源”栏目，陆续发表研究文章，深受好评。

搜集、整理和出版客家山歌

客家山歌是宝贵的非物质文化遗产，由于各时期客家山歌散失严重，研究会成立后，发动会员深入民间调查，走访老山歌手，搜集出一批土味较浓的客家山歌。这些山歌的用语、格调比较通俗纯朴，具有客家文化深厚的历史传统和增城地方特色。在此基础上，2010年出版《增城客家山歌精选》。

开展纪念抗战胜利64周年活动 2009年，研究会与市文化局联合举办增城文化名人李旭初抗日山歌研讨会。应邀参加会议有省客联、省文化艺术机构以及暨南大学、深圳大学的专家50多人。会议认为李旭初的抗战山歌无论思想性和艺术性都有重要的地位，它丰富客家文化内涵和表现力，开启客家山歌的新传统，是增城历史文化瑰宝。

开展客家文化艺术活动 研究会属下的客家艺术团坚持每周三、五晚在增城广场“乐湖”舞台演唱客家山歌节目，成为深受市民欢迎的广场文化风景线。每当演出当晚，有三四百市民早早来到“乐湖”等候，欣赏客家文化风味的演出。同时艺术团还经常深入本市圩镇农村为群演出，甚至到龙门、从化、东莞、广州等地进行交流联谊活动，每年都至少演出150多场，深受好评和赞誉。

组团参加世客会 2010年，第23届世界客属恳亲大会在河源市召开，增城客家文化研究会应邀组团参加。代表团由叶鸿副市长带队，参加会议有客家文化研究会等28人。11月29日晚举行开幕式，开幕式上举行大型歌舞史诗《古邑情客家亲》表演，反映古邑河源2000多年历程和客家人的精神风貌。会议期间，增城代表团与各地代表团一起参观客家文化的发源地之一的佗城和客家情系列艺术展。观看客家古邑民间艺术巡游，游览“万绿湖”，参加大会举行学术研讨，与各地代表进行客家山歌交流，与会代表深受浓浓的客家情，民族魂所感动，纷纷即席赋诗作对表达对客家古邑河源世界客属大会诚恳真挚的感情。　（张淀池）

增城市客家文化研究会会长　黄卓夫

增城市农村合作经济组织联合会

【基本情况】 增城市农村合作经济组织联合会成立于2008年12月30日，联合会根据国家法律法规的有关规定和借鉴外地经验，以各镇、街供销社、农村合作经济组织、全市各类农产品专业合作社和农产品行业协会等为基础，吸收其它各类涉农经济组织、涉农单位组成的非盈利性社会经济团体，是新型农业社会化服务体系的社团联合组织。2010年有单位会员108个，其中常务理事单位19个，合作范围涵盖种植业、养殖业、加工业、农业科技示范推广、农副产品经营、农资经营业等多个发展领域，会员单位分布全市各镇街，主要是对本市供销系统以及各类农村各类合作经济组织的发展进行指导、协调、服务；提高农民组织化程度，推进农业产业化经营、完善农业社会化服务体系的新型载体。

【主要职能】 联合会是供销合作社推进职能转变、拓展服务功能、践行现代服务的一项基础工程，联合会具有以下职能：

（一）认真贯彻执行党和政府有关农业、农村经济工作的方针和政策，负责组织、指导、协调、管理和规范我市农村合作经济组织并制定相应的发展战略和规划。

（二）研究合作经济的基本理论及探讨农村合作经济发展和运行的客观规律，参与和推动我市有关农村经济和农村合作经济组织的法律、法规和政策的制定。

（三）对全市各类农村合作经济组织的建设、运作、管理、发展等方面的情况开展调查研究，探索我市农村合作经济组织的组织途径及发展规律，为市委、市政府制定农村经济发展决策提供参考。

（四）开展对会员的专业教育和业务培训，为全市各类农村合作经济组织提供科技、信息、经贸、管理、市场营销、农副产品综合开发利用等业务咨询服务。

（五）向政府和有关部门反映会员及广大农民的意见和要求，依法维护农村合作经济组织及其会员的正当权益。

（六）介绍、推广国内外合作经济理论研究新成果、经营管理科学和先进科学技术，组织开展国际国内合作经济组织交流合作活动。

（七）组织业务相关会员单位之间、会员单位与商家之间开展联合与合作，推动生产、加工、销售产业链条的有序形成，促进农村合作经济组织的不断发展。

（八）承担政府和有关部门委托的学术研究、政策研究任务以及其它相关事宜。向政府和有关部门提供研究成果或建议。

【学习交流】 通过深入基层开展工作调研，组织业务骨干外出学习，前往江西九江、山东临沂、重庆等地以及省内东莞、韶关供销社参观等多种方式，全面提高发展能力与水平。邀请广州市农业技术推广中心、广东省农科院、中国东盟农资商会、华南农业大学经济管理学院、广东合作经济学会、中国管理科学研究院、中国供销合作经济学会等涉农部门和理论研究机构到增城市供销系统开展工作调研和工作交流，2010年9月，举办“增城市农村合作经济组织特色农业发展研讨会暨专家证书授聘仪式”，来自广东省供销合作社、广东省农科院、广州市等农业技术专家与各类管理人员130多人，就围绕“供销合作事业发展与现代农业技术推广应用”课题进行专题研讨交流。

【联合会工作】 联合会坚持从服务三农的大局出发，以联合和合作为纽带，以市场为导向，发挥服务、协调、自律、监督的作用；密切党和政府与农民的联系，以兴办特色产业和助农增收为目标，积极兴办农村合作经济组织，引导、组织各类农村合作经济组织和农民经纪人队伍规范运作、健康发展，提高农民进入市场的组织化程度；推动农业产业化经营、标准化生产，调整优化农业和农村经济结构，增强农业的市场竞争能力和农业综合效益，促进农业增效和农民增收。一是创办农民专业合作社。围绕本市地方农业主导产业、优势产业、特色产品，鼓励和引导多元主体、多渠道、多领域大力协助创办各类农民专业合作社，指导专业合作社规范化建设。截止2010年底，累计创办农民专业合作社总数达到111家；其中：国家农业部级示范专业合作社1家，省级示范专业合作社8家，广州市级示范专业合作社8家。二是发展社区综合服务社。2010年成立“增城市供销合作社民合社区综合服务中心”，基层社成立示范社区服务社2个，实现基层组织和经营服务方式的创新。其中新塘镇西南村社区服务中心已经开展运营，积极拓展公益性服务，为农民群众提供多种服务。三是服务五大服务网络建设。按照商务部“万村千乡”市场工程和全国总社“新网工程”的总体要求，结合市供销社实际，以规范网点建设为手段，以提升服务服务能力为目标，突出联合会服务功能，把农资、再生资源、农产品、日用消费品和烟花爆竹等五大服务网络体系建设成促进供销合作社发展崛起的重要战略支点，构筑流通成本低、运行效率高、服务城乡、助农增收的现代新型流通服务网络体系。

【综合服务】 联合会紧密围绕科教兴农发展战略，以现代农业发展、农业增效、农民增收为出发点，以提高农民科技综合素质为目标，不断创新服务方式，延伸服务服务领域，拓展服务内容，为农村合作经济组织和广大农民群众提供优质服务。一是提供信息服务。增城市供销社、农村合作经济组织联合会于2010年5月成立“广东省农科院（增城）特色农业信息服务中心”，把农业信息作为服务的突破点，为专业合作社农户提供农产品生产全程信息化服务，开展农产品网上推介，将专业合作社农产品信息发布到其他网络平台，引导农民进入市场，实现农业信息增收渠道畅通。二是开展科技服务。通过组织开展“3·15”活动、农业科学下乡、庄稼医院、成立病虫害防治专业合作社等方式为加入农村合作经济组织的农民提供测土配方施肥、农药化肥使用等技术服务，免费向农民派送科技资料，信息服务中心建立农业技术服务终端平台，聘请农业专家为农民免费提供网络技术咨询，提高农产品科技含量和附加值。三是组织培训服务。联合会发挥供销社网络、资源优势，通过聘请大中专院校、科研院所、农业技术部门等涉农专家、技术人员对农村合作经济组织的骨干和广大农民进行培训，2009年以来共开设各类农业技术服务培训班33期，培训供销系统技术人员、农民专业合作社社员4100人次，为专业合作社发展提供技术支持。2010年8月与广东省财经学校联合在增城市供销社定向开设农村经济管理班，招收基层供销社、专业合作社学员76人，为农民专业合作社发展培养农业专业人才。

（向　前）

增城市农村合作经济组织联合会会长　马国新

增城市劳动保障协会

【大事记】

2009年5月22日，举行增城市劳动保障协会成立暨第一届会员大会。

2009年7月22日，增城市劳动保障协会举办企业应对国际金融风暴如何处理劳资关系和如何做好企业工伤保险调处工作培训班。贯彻执行市“保增长、保民生、保稳定”会议精神，指导帮助企业应对金融风暴，化解危机，保障劳资双方的合法权益

2010年4月16日，在新塘镇新塘公园演艺中心，增城市劳动保障协会举办用人单位规章制度、薪酬设计及工伤保险政策解读培训班。

2010年5月21日，举办增城市劳动保障协会成立一周年纪念大会。

2010年8月28日、30日在新塘镇新塘公园演艺中心，增城市劳动保障协会联合广州珠江职业技术学院、增城市劳动保障职业培训学校举办“应对当前劳动关系突出问题”培训班。

2011年5月20日，在新塘镇新塘公园演艺中心，举行增城市劳动保障协会成立两周年纪念大会暨“企业工资集体协商”培训班

2011年6月15日、7月13日，分别在增城市委党校、新塘镇新塘公园演艺中心，增城市劳动保障协会联合增城市劳动保障职业培训学校举办法律风险防范操作暨《社会保险法》、《工伤保险条例》权威解析培训班。

【基本情况】 增城市劳动保障协会在2009年5月22日成立，由增城市劳动和社会保障局牵头，以增城知名企业为主要参会对象，以及由热衷于企业劳动保障管理、具有一定理论和实践经验的企业家、企业管理者和资深劳动保障专家等自愿加入组成的协调劳动保障关系的非盈利性、纯学术交流性社团组织。

【开展调研，应对危机】 为积极应对金融危机的蔓延和影响，为企业排忧解难，协会多次组织开展用工问题调研活动，对83家会员单位进行调研，向企业讲解现时劳动保障优惠政策和享受的条件，协助会员单位申请对员工培训补助等，从而减轻企业的负担；收集和个整理当前部分企业发展中存在的招工难等问题，报有关部门研究对策。并在调研过程中深入开展劳动合同签订、加班费用支付、工伤事故处理、劳动争议仲裁等业务指导，规范企业劳动用工行为，提出科学管理办法，消除劳资纠纷隐患，为企业劳动关系的和谐稳定，长足发展奠定基础。

【组织宣传培训】 协会在深入调研基础上，本着互助互利的原则，根据会员单位的需求，在市人力资源和社会保障局的指导下，联合市工伤保险学会和台协等单位，组织劳动保障法律法规培训，先后举办了《劳动合同法》、《劳动争议调解仲裁法》等政策培训班3期。重点围绕用人单位的应对金融危机，用工制度、薪酬设计、工伤保险、劳动仲裁等方面，从法律法规援引、司法解释、相关文件、典型案例、证据运用、争议解疑等方面进行认真评述、指导和讲解。邀请了省劳动和社会保障厅、广州市劳动保障局和我市从事劳动保障工作的相关领导、资深专家授课，培训人数达1260多人次。

同时，协会配合市普法办、市人力资源和社会保障局，向用人单位和劳动者免费发放《劳动合同法》、《劳动争议调解仲裁法》《就业促进法》等宣传资料2万多份，全面提高劳资双方的法制维权意识。充分利用报纸、网站等媒介，参与市人大法制办、政法及司法部门在挂绿广场举办的“法制宣传月”、与就业中心召开的现场招聘会活动到场摆摊开展劳动保障法律法规政策咨询，累计接受咨询服务人数达4000多人次，发放宣传小册子5000多本。

【开展“劳动关系和谐企业”创建活动】 劳动关系和谐是企业赖以生存和发展的基础。为此，根据市劳动和社会保障局、市总工会、市工商联合会发出《关于增城市开展2008—2009年度创建和谐劳动关系示范区、劳动关系和谐企业与工业园区评审活动的通知》的号召和要求，协会联合劳动关系科积极协助各会员单位开展“劳动关系和谐企业”自评申报活动，对参与评选会员单位进行全面指导，包括规范劳动合同签订、完善规章制度管理，妥善协调劳资纠纷，如何建立工会组织等等，并积极向主管方推荐，经市协调劳动关系三方会议审议通过，2009年本市共有19家企业被评为“增城市劳动关系和谐企业”，其中协会会员单位就达到14家，占有率为73%。协会成员单位起到了率先模范的作用。

【为会员单位排忧解难】 针对个别单位用工管理制度不完善、内部工资分配不均等原因而引发的劳资纠纷，特别是进一步解决好会员单位发展中遇到用工的问题，遏制劳资矛盾产生的不稳定现象，协会通过协调有关部门、用人单位和当事人，协会领导、秘书长、副秘书长等亲自参与调解处理，将纠纷化解在萌芽状态、初始阶段。一年来，协会帮助会员单位处理劳资纠纷案件256宗，其中调解解决218宗，调解结案率达85%以上，劳动争议仲裁案件38宗，劳资双方合法权益得到切实维护。

【为广大用人单位排忧解难】 一是加强应对当前劳动保障形势，积极开展政策宣传和指导。引导劳动者合理维权，增强用人单位守法意识，营造社会知法守法氛围。全年举办企业法人代表、行政人员等关于用人单位规章制度、薪酬设计和工伤保险政策解读等各类培训班，发放宣传资料3万多份。2010年8月28日、30日，协会针对近期我省、广州和增城发生部分企业员工要求加薪引发的劳资矛盾不稳定情况，在新塘镇成功举办2期“应对当前劳动关系突出问题”培训班：对企业管理者如何应对员工在企业基本无违法情况下要求增加工资、福利待遇等利益诉求；如何执行最低工资标准等劳动保障法律法规政策解读。邀请了处理劳资纠纷资深专家、国家劳动法律法规拟草参与人、广东省人力资源和社会保障厅劳动监察局朱德良局长授课，培训了928人，社会反响较为热烈，达到良好的效果。

【协助劳动纠纷调解和劳动争议案件】 上年5月以来，本会积极配合市劳动监察机构开展亚运期间信访维稳工作和开展农民工工资支付专项检查；加强企业人文关怀改善用工环境专项检查；整治非法用工打击违法犯罪行动专项等检查，切实维护我市劳资关系的和谐稳定。据统计，2010年协会共协助调解劳资纠纷案件839宗，涉及人数9249人，涉及

金额5252.89万元，其中会员单位23宗，涉及人数1513人，涉及金额113万元。与上年度对比，劳资纠纷下降了73%，协助8家会员单位达到调解劳动仲裁案件。同时，协助会员单位开展劳动保障年审352家。批复综合计时23家，较好地履行服务职能。

【指导会员单位完善劳动保障管理制度】 指导和帮助各会员单位进一步建立完善的用工规章制度，做好劳动合同签约的规范管理，是预防劳资矛盾和化解风险的重点工程。去年配合鉴证劳动合同7550份，其中，会员单位劳动合同签订率达95.76%，指导执行增城市最低工资标准指导线从去年960元/月，调整从2011年3月1日起最低工资标准为1100元/月，切实维护劳资合法权益，确保劳动保障政策法规的顺利实施。

（邓伟明）

增城市劳动保障协会会长 张衡波

增城市个体私营企业协会

【概况】 2010年，增城市共有个体工商户50562户，注册资金9.77亿元，其中新发展9088户，占总数18%；私营企业共有7286户，注册资金104亿元，其中新增1023户，占总数的14%。个体私营经济在复杂多变的市场环境中继续保持强大的生命力，为全市经济又好又快发展，为维护社会和谐稳定作出突出贡献。

【提升服务效能，服务经济社会发展】 一是发挥职能作用，助力本市民营经济发展。迅速传达学习8月26日市民营经济工作会议精神，结合个私协会服务职能，围绕本市鼓励民营企业投资的五类重点领域和重点扶持的五类经营活动，协会积极组织会员企业支持配合各类民营经济项目调研，安排制衣、摩托车配件、汽车配件行业负责人参加“广州市个体私营企业经济发展座谈会”，为制订促进民营经济发展政策出谋划策。二是打造信息平台，服务企业发展壮大。协会充分利用《增城日报》、《老板周刊》和“广州个私网”的宣传平台作用，为民营企业提供政策解读、市场动态、产业发展、管理招聘、产品销售等信息，为会员企业打造品牌、展示形象、交流合作、开拓市场搭建平台，提高企业的知名度和美誉度，想方设法为企业的发展壮大提供服务。三是积极组织会员参政议政，为经济发展建言献策。主动与人大代表、政协委员沟通，引导其就本市经济社会发展积极建言献策。据统计，共引导人大代表在市第十三届人民代表大会第五次会议提交《关于解决农副产品加工用地的建议》等5件提案，引导政协委员在市政协八届五次会议提交《促进我市中小企业自主创新，建设创新型增城》等28件提案，充分发挥会员代表参政议政、服务地方经济发展作用。四是围绕党委政府中心工作，发挥宣传引导作用。紧紧围绕本市亚运保障、创建文明城市和新塘百日整治行动等中心工作，以个私协会名义，向全市个体私营业户发出多份倡议书，积极宣传市委政府方针政策，倡导全市经营业户诚实守信、文明经商，自觉维护本市良好市场秩序，为各项中心工作顺利推进发挥积极作用。

【加强维权服务，倾力为会员排忧解难】 一是深入开展维权服务，受到会员高度信赖和好评。据统计，2010年，协会共收到会员及非会员诉求维权各类案件77宗，主要涉及土地、合同、劳动纠纷、商标侵权、房产、年审、变更、税务等方面问题，均得到较好解决。其中，比较典型的有：协会积极与技监部门合作，积极服务本市19家企业顺利获得制冷压缩机产业生产许可证；协会及时与新塘镇政府、环保工业园等单位沟通协调，妥善解决洗水印染企业入园生产经营后供气、供热价格不合理问题，受到企业的一致好评。二是抓好普法学习培训，提高会员法律意识。为个私会员派发广州市协会“五五”普法教育学习资料，进一步增强广大会员法律意识和法制观念，做到知法、守法、用法，增强依法行使权利、履行义务的意识。三是开辟专栏，宣传维权知识。在《增城日报》民营经济周刊开辟《企业维权》专栏，由协会维权部律师根据各时期维权工作的重点发表案例分析，共发表企业维权案例文章53篇，有效指导企业维权，为企业排忧解难。四是宣扬诚信，营造和谐环境。与增城工商分局联合开展“3·15”消费维权活动，通过现场咨询，发放维权资料等方式，引导广大消费者、经营者关爱互助，共建和谐消费环境，强化会员诚信意识，做到不制假、不售假，不欺诈和坑害消费者，维护消费者合法权益。

【加强协会组织建设，提升服务水平】 一是健全组织机构，确保有序运行。根据广州市个私协配套文件精神，协会从加强组织机构，基础设施、会员管理等方面入手抓好基层协会规范化建设。在协会设立“会员之家”，15个基层分会均设服务窗口，保障协会各项工作有序运行。二是加强队伍建设，落实“创先争优”。协会精心组织，积极行动，制定强素质、增活力、求发展、树形象、作贡献的创先争优工作方案，认真履行“自我服务、自我教育、自我管理”职能，充分发挥好桥梁纽带作用，把服务会员作为工作重点，不断增强服务意识，保证会员有求必应，有事必办，积极解决影响企业发展的突出问题。三是完善规章制度，规范会员管理。按照广州市个私协会系统规范化建设实施方案的总体要求，建立健全岗位目标责任制度，使协会工作有章可循、有据可依；进一步完善会员电子档案和书式档案管理，严格规范会费收支管理，做到“取之于会员，用之于会员”，做好各分会月底报帐审核、结帐工作及会员收费管理工作等，定期向理事会报告会费的收支情况，保证协会工作正常运作。真正做到用制度指导协会工作，用制度规范协会工作，用制度推动协会工作。四是心系困难会员，组织慰问活动。春节期间，协会按照“回馈社会、服务社会”的宗旨，到各分会特困会员家里慰问，共慰问特困会员50户，发放慰问金1.5万多元。（郑素妨）

增城市个体私营企业协会会长 黄小杰

镇（街）概况

荔 城 街

【概况】 荔城街是增城市委、市政府所在地，是全市政治、文化和教育中心。全街总面积150平方公里，城区建成区面积20多平方公里，下辖10个居委员会和24个村委会，总人口167690人，其中农业人口56625人。2010年，实现工农业总产值62.63亿元，比上年增长9.56%；实现规模以上企业产值39.86亿元，增长12.64%；全社会固定资产投资完成28.82亿元，增长21%；国税入库1.78亿元，增长50.35%；地税入库8.82亿元，增长26.60%，综合经济实力进一步提升。

【经济发展】 抓项目促发展取得明显成效。优质房地产项目有序建设，锦绣御景国际、半山御景花园、金竹家园、欧亚荔城山庄、雅居乐、锦绣御景苑三期、力源豪苑二期、新天美地花园三期、荔城花园三期、广悦轩二期等房地产项目加紧建设；现代服务业加快发展，富港东汇城、阳光国际商务中心等大型商业中心项目抓紧推进，东风日产4S店建成营业，引进上海大众4S店，汽车展示展销、装饰装配行业形成规模；优质工业经济投资向好，凯闻食品增资项目、海川达增资项目等工业项目试产运营；科技文化博物馆、增城歌剧院等公共文化设施抓紧建设，产业结构进一步调整优化，经济发展后劲不断增强。“三旧”改造取得新进展。结合“退二进三”和盘活闲置土地等措施，把土地整合作为优化城市功能、调整产业结构、集约节约用地、解决招商引资问题的主战场，中山路西门改造项目完成土地整合，即将挂牌出让；金星村改造项目基本解决历史用地遗留问题，初步达成改造意向；二轻工业小区进入全面测绘阶段，加快编制详细规划；物资总公司、威华工业园区、柯灯山水厂改造工作全面铺开；和记黄埔项目、新联与蒋村359亩储备土地、光明村178亩留用地、宝荔东方运动俱乐部164亩储备地等土地整合工作扎实推进，确保优质项目建设用地，进一步提升经济发展承载力。

【城乡建设】 围绕建设生态宜居城市的战略目标，按照2010亚运城市行动暨赛时运行工作分工，全面完成亚运通道两旁房屋整饰工程，清洗、粉饰、美化建筑物立面40000平方米；清理违法户外广告、招牌广告550个，约18000平方米；清拆违法建（构）筑物，乱搭乱建物15000平方米；整顿不规范防盗网2800平方米；整治美化闲置地块、裸露山体约15000平方米，人居环境进一步优化。加大创建全国文明城市工作力度，大力整治城乡“六乱”，投入环境专项资金5000万元，完善环卫硬件设施，实现环卫工作市场化，提高环卫清扫保洁水平，进一步健全城市管理和服务机制。加大查控违法建设力度，开展违法建设大摸查、大整治专项行动，以整治增城大道五一村、三联村路段和金星村违法建设为突破口，从重从快查处辖区违建行为，拆除违法建设面积7万多平方米。全面实施道路建设工程，着力构建多层次的快捷通道。以龙舟比赛场馆周边以及亚运通道为重点，完成荔城大道、百花大道等综合改造升级工程；增江西岸景观大道二期、外环路全面竣工；一环东路、一环中路、二环路、新城大道、荔湖大道扎实推进，全面提高城区内外通达性，为招商引资、统筹城乡区域协调发展打下良好基础。

【新农村建设】 坚持富民优先、民生为重，加大民生投入，解决和改善民生问题。发展绿色经济初见成效。加大荔城绿道建设力度，投入资金1750多万元建成廖村大道；建设天然沙滩泳场、桥头绿色休闲服务区、莲塘游客中心等景点、节点，完善荔城绿道配套设施和功能，受到中央领导同志和省委主要领导的高度评价，荔城绿道成为增城、乃至全省的样板绿道。以绿道为载体，围绕“吃、住、行、游、购、娱”六大要素，大力发展都市农业，建成13个“农家乐”项目，铺就农民致富路。在全市率先引导沿线绿道各村成立农村土地股份合作社，促进农村土地集中流转和规模化生产经营，参与“农家乐”、农家餐馆、生态休闲观光农业园等开发经营，促进农业增效、农民增收。2010年，全街实现规模化、集约化土地14200多亩，建成3000亩棠村农业集约化基地，都市农业稳步发展。新农村建设扎实推进，村庄规划编制全面开展。完成廖村、桥头、莲塘村、棠厦村等15条村村庄规划编制工作，逐步实现村庄规划全覆盖，为全街实施旧村改造、新村建设提供规划依据。明星中心村建成并交付使用，罗岗统筹城乡发展示范区、“莲塘春色”统筹城乡发展项目加紧建设，新农村建设取得新成绩。落实省、市农村社区建设实验试点，制定社区建设工作方案，建成棠厦、西瓜岭村社区综合服务中心等配套设施，村庄社区不断推进；全面完成廖村、莲塘村、庆东村、桥头村等10条行政村农村生活污水处理工程；投入1400多万元完成莲塘围、庆东围达标加固工程；投入近400万元建成15条自然村道，受惠村民近万人；完成罗岗围防汛公路二期工程建设，检查、修护60多项堤围、水库、水闸等水利工程；投入141万元完成太平桥、桥头鹤窿桥、木潭老屋桥等危桥改造，农村生产生活设施不断完善。

【社会事业】 贯彻落实广州“惠民66条”和17条补充意见，积极推动城乡公共服务均等化。全年各项民政专项经费支出320多万元，解决老百姓最关心、最直接、最现实的利益问题；做好社会救助工作，发放城乡医疗救济金42万元、优待金122万元，新型农村合作医疗参合率100%，村民获得医疗补助856多万元；加紧政府保障性住房建设，审定364户困难家庭住房申请，解决中低收入家庭的住房难问题；关爱残疾人工作，发放各项补助资金约80万元；发挥“爱心”超市扶贫助困作用，在中坚、西园、富鹏社区设立“爱心超市”，在西瓜岭设立全市第一家农村“爱心超市”，为困难群体提供救助，已有862人次无偿领取生活救济物品；开展城乡统筹就业现场招聘，组织1036人参加免费就业培训，指导、提供就业岗位524个；侨务、妇联、工会等各项工作取得新的进步，被评为“广州侨联系统先进集体”、“增城市妇联系统标准（先进）妇女组织”、“增城市开展‘三联六帮’城乡共建行动先进单位”；投入2.2亿元发展教育事业，整合教育资源，实施奖教学，发放奖励、助学资金73万元；体育事业取得新成绩，被评为“广东省城市体育先进社区”；利用现有文体资源，建设“农家书屋”21个，“绿色网园”10个；全面解决原社办职工362人社保、医保问题和社区干部历年欠薪、社保等相关问题，以及青苗补偿纠纷等问题，社会综合治理形势进一步好转；不断完善社会治安防控体系，加强对流动人口和出租屋管理，全街刑事立案数下降13.70%，其中“两抢”案件下降10.24%，社会治安形势继续好转；加强常规安全监督检查，开展产品质量和食品安全专项整治，各类安全事故下降8%，安全生产形势保持稳定。（李天维）

荔城街党工委书记　潘共恩

街道办事处主任　梁毅鹏

增　江　街

【概况】　增江街位于增江河东岸，全街总面积86.18平方公里，辖11个行政村和2个居委会，户籍人口46227人，其中农业人口24282人，非农业人口21876人。全街实现规模以上企业产值23.92亿，比上年增长27.28%，完成进度101.04%；固定资产投资74930万元，增长24.93%，完成进度110.56%；完成总税收23637万元，增长116.85%，其中国税完成5245万元，增长37.15%，地税完成18392万元，增长159.92%。

【经济发展】　紧紧围绕打造增江东岸经济板块的发展目标，以建设增城高科技工业基地为重点，不断完善基础设施建设，进一步优化园区环境，提高园区的承载力。坚决淘汰落后产能，为高端产业腾出发展空间。2010年，新引入北汽整车生产项目、广州大创意汽车室内装饰有限公司等4个项目。在建项目9个，广州金南磁性材料有限公司、广州市易仕科技有限公司加紧基础工程建设；广州友成机工有限公司等3个项目处于工程建设阶段；广州胜安消防设备有限公司等4个项目完成主体工程建设。年内新增工业项目—贵冠电子科技有限公司投产运行，年产值达3亿元；新增房地产投产项目两个，富港水岸花园房地产项目一期8月份开始预售，广州达峰房地产开发有限公司“学府雅苑”项目12月底开始预售。同时，大力开展土地整合工作，完成北汽项目整合用地934亩；积极推进初溪111.276亩、四丰60亩预留地回收；陆村534亩历史遗留用地整合工作进入收尾阶段，为下一步的项目落户预留发展空间。积极加快“三旧”改造工作，成立工作领导机构和建立领导挂点包干机制，细化操作程序，研究制定配套办法。广州银钻变压器有限公司改造项目成为全市第一个自主改造的“三旧”改造项目，完成施工建设报批手续并开始动工建设，以此为重点带动“三旧”改造工作全面铺开，推动市化肥厂和市造纸厂项目改造进程。

【城乡建设】　贯通全长24.2公里的单车绿道，全力做好亚运配套基础设施建设，完成主干道19550平方米的墙体清洗和8600平方米的墙体粉刷；完成一环路延长线建设、亚运龙舟赛区停车场等亚运配套工程建设，城市面貌得到切实改善。结合创文和亚运工作，全面实施城乡“清洁美”工程，完成辖区两居委共24条内街巷硬底化建设；大力整治“两违”现象，拆除违法建筑74862平方米。进一步规范农民建房，制定合理的农村房屋报建审批方案，分批分次分类审批；加快推进鹤洲、耕寮新农村及光耀村村貌整治；抓好农村污水处理工程建设，完成初溪、陆村等7个村的污水处理工程；加快推进水利工程建设，完成陆村和鹤洲电排站、西山排涝泵站建设工作，进一步提高抗灾减灾能力；抓紧建设防汛工程，完成叶岗尾防汛公路、光辉村运河清淤加固、东湖社区黄泥塘等工程建设，确保全街安全度汛；完成光耀、联益、初溪、四丰、大埔围农田标准化验收准备工作。

【民主法治】　围绕平安亚运目标，积极落实信访维稳工作责任，认真解决群众反映的问题，全面开展矛盾排查化解工作。以征地拆迁、社保、劳资、历史遗留问题等案件为重点，对排查出来的突出问题，明确责任单位、包案领导、处理方案、解决时限，圆满解决鹤洲的历史遗留问题，逐步稳定社办企业退休职工、南山开发区土地纠纷、陆村534.116亩土地纠纷等上访案件。全年受理来访、来信（含来电）105件，办结100宗。大力开展严打整治工作，打击处理违法犯罪人员295名，刑事案件比上年下降13.8%，其中“两抢”、“两盗”案件分别下降37%和2%。有序推行居住证制度，清查流动人口12616人，12502人办理居住证，办证率99.1%；开展打假、打私、食品安全等专项整治行动，维护市场秩序良性发展；切实加强对危险化学品和烟花爆竹等重点企业监管，出动执法人员1450人次，检查企业530家次，发现隐患及整改1533处；定期组织开展安全生产专项大检查行动，重点整治涉亚场所周边生产经营单位安全生产。

【社会事业】 积极开展扶贫帮困工作，专门抽调街道精干力量成立扶贫开发工作领导小组，深入开展调查研究，制定切实细致的帮扶措施，帮助困难群众解决实际问题。把人口计生工作纳入重要议事日程和重大事项督查范围，主要领导每月听取人口计生工作情况汇报，加强企业流动人口计生优质服务，建立健全孕情检查、随访服务制度，抓好“四术”措施的落实，是年全街计划生育率96.60%，查环查孕率98%。制定各村（居）委推荐就业工作任务，不断加大职业技能培训力度，成功推荐就业1028人，超额完成市委、市政府下达的目标任务。狠抓落实社保扩面工作，加大社会救助力度，落实各项社会救济和社会福利，为328户困难群体提供最低生活保障。做好新型农村合作医疗等卫生工作，加大财政补助、疾病生育报销力度。完善街村级卫生站建设，年内建成5间卫生站并投入使用，改善农村医疗服务条件。（孔　娜）

增江街党工委书记　郭伯和
街道办事处主任　卜永彪

朱村街

【概况】 朱村街位于增城市中部，东距增城市中心14公里，广汕公路横贯其中。全街总面积94.07平方公里，下辖12个村民委员会和1个居民委员会，共71个自然村，156个经济合作社，城乡总人口42015人，其中户籍人口34625人，流动人口7306人。2010年，全街完成工业总产值483902万元，比上年增长20.51%。其中规模以上工业产值412227万元，增长21.94%；农业总产值77192.28万元，增长0.75%；固定资产投资30852万元，增长29.70%；两税入库10252万元，增长38.30%。农民人均纯收入7491元，增长15.00%。

【工业】 全街共有企业130多间，其中规模以上工业企业38间，逐步形成五金、化工、印铁制罐、现代办公设备、纸制品等主要产业。2010年，朱村街积极整合土地资源，推进“三旧”改造及“退二进三”，大力拓宽招商引资空间。利用广汕公路改造升级、清拆违法建筑等契机，实行“一地一策”，盘活土地700多亩，并将松田学院约590亩地块收回储备，成功出让476.097亩；重点推进旧厂房、旧村场以及旧工业园区改造项目，引导耗能大、效益低的企业改造转产，积极实施产业结构调整，推动产业“退二进三”；积极贯彻实施市委、市政府《关于加快民营经济发展的实施意见》，抓企业存量升级、增量引优，在大力支持现有企业加强自主创新能力、做强做大的同时，加大招商选资力度，实行以商引商；加强对项目的跟踪服务，促进在建项目早动工、早投产、早见效，在谈项目早签约、早落户。

【农业】 积极实施科技兴农战略，大力发展优质、高产、高效农业，现有广州市先科农业有限公司和增城市优质米生产基地公司两个龙头企业，初步形成优质水稻、蔬菜、水果、速生丰产林等农业产业化生产基地，使农业逐步向产业化、科学化、标准化方向发展。2010年，朱村街加快推动土地流转，帮助1335户农户将农村土地承包经营权按政策实施流转，实行规模化、集约化经营，流转面积3532.538亩。积极实施种粮直补政策，全年种粮补贴面积36442亩，玉米良种补贴面积2000亩。继续开展“家电、汽车、摩托车”下乡活动，让农民享受到真正实惠。

【城乡建设】 大力推进城乡基础设施建设，不断完善道路路网建设和自然村道建设，全力配合完成广汕公路升级改造，积极推进朱石公路建设，完成山角、横塱、龙岗、龙新、联兴、丹邱等6条行政村共10条自然村13.96公里的村道建设。积极实施街区道路硬底化升级，抓好街区路灯、下水道、安全栓、安全标识、绿化等市政配套设施建设。加紧推进农村污水处理工程，完成山角、联兴、凤岗、山田4个行政村、7个农村污水治理点建设任务，建设污水处理池8个，惠及村民8500多人，改善农村水环境。推进新农村规划建设，加强对农村环境的绿化、美化。在完善农村“村收、街运、集中处理”的保洁机制基础上，投入专项资金，对农村环境进行美化、绿化，改善农村人居环境。积极实施中央财政小型农田水利重点县项目，对白洞水库高干渠、吊钟水库排灌渠、山角水库排灌渠等11宗项目实施改造，改善排涝灌溉面积2.315万亩，基本实现“渠相连，旱能灌，涝能排”；完成小型农田水利建设由分散投入向集中投入转变、由单项建设向整体推进转变、由重建轻管向建管并重转变、由发挥小规模效益向发挥连片效益转变，增强农业抵御暴雨、干旱等灾害能力，确保旱涝保收，受益人口近3万人。

【社会事业】 不断发展教育事业，完善教育教学奖励机制。广泛开展曲艺、舞狮、送电影下乡等文化活动。抓好计生工作，形成一级抓一级，齐抓共管的良好局面。加大农村富余劳动力转移就业和技能培训力度，逐步完善社会保障体系，继续深化实施农村新型合作医疗制度，积极推广新型农村养老保险制度。为低保户、特困职工、五保户及孤儿958人发放补贴，为431人发放残疾人专项补助金。完善63间困难残疾人家庭的房屋建设，为符合条件的32名残疾人装上助听器。畅通信访渠道，及时解决事关群众切身利益的热点问题，社会局面和谐稳定。（卢小婷）

朱村街党工委书记　吴宏云

街道办事处主任　范永新

新塘镇

【概况】 新塘镇位于增城市南部，是广东省、广州市示范中心镇。全镇总面积251.51平方公里，辖71条行政村、16个居委会，户籍人口22.5万人，外来人口约55万人。2010年，全镇实现工农业总产值764.46亿元，比上年增长14.74%；工业总产值751.48亿元，增长15.24%，其中规模以上企业实现工业产值619.07亿元，增长16.02%；工商税收入库39.89亿元，增长16.35%；全社会固定资产投资74.46亿元，增长19.34%；全社会消费品零售总额90.04亿元，增长28.84%。先后荣获"中国绿色名镇"、"中国十佳和谐小城镇"、"全国民营企业发展环境最佳乡镇"、"中国最具发展潜力名镇"、"广东省牛仔纺织服装技术创新专业镇"、"广东省平安建设先进镇"、"全国群众体育先进单位"、"全国婚姻登记先进单位"等荣誉称号。

【工商业】 以大基地大项目建设带动工商业大发展，以品牌培育推动产业结构调整。新塘民营制衣、新塘环保、宁西等工业基地建设不断完善，为产业集群集聚提供发展平台。三大支柱产业做大做强，广州本田增城工厂、五羊—本田摩托车有限公司、豪进摩托车新工厂、金邦有色合金、戴卡旭汽车铝轮毂的增资扩产，带动汽车及其零部件、摩托车及其零部件产业迅速发展，成为广东东部汽车及其零部件主要生产基地、摩托车产业集群基地。牛仔休闲服装产业成为全国牛仔服装集群基地，顺利通过"中国牛仔服装名镇"复审；康威、豪进、三铃荣获"国家驰名商标"称号，打响"新塘摩托"、"新塘牛仔"区域品牌。三大支柱产业实现工业产值437.8亿元，增长22.15%；培育产值超亿元企业97家，比上年增加37家。中电荔新热电联产、驭风旭汽车零部件、川井摩托车扩建、易福诺木业扩建等一批项目加紧动工或建设，形成新的经济增长点。现代服务业加快发展，以现代商贸业发展规划为引导，推进新塘国际牛仔服装纺织城升级改造，连续举办形式多样的"新塘牛仔节"，悦顺建材、美居装饰城、金海岸广场、新塘广场、集邦物流建成开业，普洛斯仓储物流、誉山国际商业城、水电广场、誉山国际·喜来登、皇朝御园等一批商贸酒店项目抓紧推进，拟将形成新的经济亮点；碧桂园·凤凰城、翡翠绿洲、金地·荔湖城等一批房地产项目开发建设，"广园东新塘板块"发展活跃，房地产销售面积129.59万平方米、销售金额95.48亿元。先后依法全部关停多家洗漂印染企业、水泥厂、粘土砖瓦厂，查处和取缔无证照经营户，经济发展可持续性进一步增强。

【城乡建设】 以大交通带动大发展、大环境促进大投资，大力推进道路交通、市政设施建设以及实施"公园化"战略和城乡"清洁美"工程，人居环境不断改善。107国道新塘段改线一期工程、新塘大道西二期工程基本建成并局部通车，全面升级改造广深高速和广园东快速新塘出入口、新新公路北段、石新公路新塘段、新沙公路、府前路、港口大道、新塘大道、东洲大道、温涌路、解放路、三横路等一批镇域和城镇主干道路，镇域道路通达性明显提升；建设新新公路新塘段、仙宁公路、新塘大道西、群贤路等一批路灯工程，新建路灯6121盏；建设东区、南香山、新荔等一批公园和农村小广场、小公园，累计新增绿化面积377万平方米；为迎接亚运会，全面完成新塘、永和两个污水处理系统工程和15条村22个农村生活污水处理工程，以及水南涌流域、西福河新塘段的河涌综合治理，开展东、西洲及环保工业园的水环境治理，改善区域水环境质量；深入开展以交通、治安、宜居为重点的"平安亚运"新塘地区百日整治行动，城乡"两违"和"六乱"行为得到有效治理；建立健全城乡卫生保洁机制，推进常态化管理。新塘汽车客运站拟动工建设，协调南方电网完成一批电网建设工程，西洲大王岗污泥填埋场生态修复工程基本完成。加大农村改造建设和管理力度，村庄规划实现全覆盖，旧村整治和新农村建设涌现出西南、大敦、塘美等一批文明示范村，成为增城乃至广州建设社会主义新农村的典型，新塘人的自豪感不断增强。

【社会事业】 始终牢记"发展经济一切为了民生"的理念，确保人民群众得到更多实惠。加快义务教育规范化学校建设，新塘示范性初中（新塘实验中学）等一批中小学校建成使用，新塘中心小学加紧建设，城乡教育均衡发展。加快医疗卫生建设，完成新塘中心医院选址，37间农村卫生站建成使用。加快社会保障体系建设，年内参加新型农村合作医疗16.26万人，参合率99.89%，为城乡五保、低保、优抚对象、孤儿等困难群体5046人发放救济金1172.11万元；参加新型农村社会养老保险累计2.72万人，参加城镇老龄居民养老保险2000人。公共文化逐步实现城乡共享，市民文化活动中心建成开放，新塘图书馆、文化艺术中心基本建成，成立“群众文化基金会”，出版《新塘镇民间故事选》，实现“农家书屋”全覆盖。“舞动新塘”等全民健身活动蓬勃发展。通过加大农业基础设施和水利设施建设，提高农田使用效益。加大对农村富余劳动力转移就业力度，累计转移农村劳动力2.36万人。平安新塘建设更加和谐稳定，累计投入6537万元建设11个治安视频监控中心和981个治安视频摄像头，治安防控建设进一步完善。狠抓安全生产责任制落实，安全生产形势持续好转。建立综治信访维稳中心，有效化解各类社会矛盾纠纷；建立完善社区矫正和完善应急管理体系，提高政府处理各类突发事件能力。大力配合增城经济技术开发区的征地和社会管理，营造平安和谐的开发环境。扎实抓好人口计生工作，大力实施出生缺陷干预工程，开展计生优质服务，稳定低生育水平。做好屠宰管理和动物防疫，确保食品安全。加强武装及国防动员，深入推进“双拥”和优抚安置工作，工会、共青团、妇女儿童、残疾人等各项社会事业都取得新的进步。（袁勇武）

新塘镇党委书记　刘观佑
新塘镇镇长　黎　冀

石滩镇

【概况】石滩镇是广东省、广州市首批示范中心镇，位于增城市东南部，北接市区荔城街，南与东莞市隔江相望，东与博罗县为邻，西连新塘镇。全镇总面积163.53平方公里，辖44个行政村和3个居委会，户籍总人口108848人，其中农业人口96806人，非农业人口12042人，外来人口36528人。2010年完成工业总产值124.93亿元，比上年增长21.83%，其中规模以上工业产值90.52亿元，增长22.67%；完成农业总产值17.53亿元，增长4.8%；完成固定资产投资15.57亿元，增长37.69%；完成服务业营业收入2.94亿元，增长18%；完成社会消费品零售额10.80亿元，增长21.00%；完成两税收入4.0572亿元，增长20.74%。

【三农工作】全年耕地面积和主要粮食蔬菜产量实现了稳中有增。扶持一批农业企业和生产基地；新注册“缀红”（石榴）、“超振裕”（蔬菜）两个农产品商标；建设30个“四个一”科普示范点；实现规模化、集约化经营土地27000亩。全年投入农田水利设施建设资金7900万元，完成岳埔河涌整治工程、碧江围达标加固工程、塘口村农田标准化建设工程等18个农田水利设施项目建设；投入资金550万元，完成13条村道建设，总长13.5公里；投入资金1458万元，完成10条村农村生活污水治理工程建设。按照村庄规划方案，投入资金210多万元推进村庄环境整治，完成沙头村、田桥村、沙尾村、岳埔村、郑田村等15村的村庄道路、排水设施、小公园、小广场等环境改造项目，村庄规划整治工作初显成效。

【工业】2010年在办在建工业项目12个，其中投产8家，在建4家，动工率100%；新引进项目4个，总投资18亿元。全年新征土地3000多亩，规划形成“一园”（研发创意产业园区）、“一区”（石滩中心城区）、“一带”（荔三工业产业带）的发展格局。年内启动实施“三旧”改造项目6宗，整合土地面积1524亩。

【城乡建设】投入基础设施建设资金约2.8亿元，完成石滩污水处理厂、石滩污水处理系统截污管网、石滩医院主体、广本研发中心连接线、石滩大道西段改造、沿江路改造等项目建设，新建占地260亩的石滩广场（公园），推进朱石路建设工程。投入环境绿化整治资金近2000万元，完善辖区内主干道和城区道路绿化、路灯、人行道等配套设施；全年清理拆除各类违法搭建836宗121899平方米，其中清拆养殖场198间84038平方米。建立以政府为主导、村（居）为重点、全社会积极参与的城乡环境综合整治体制。

【社会管理】治安“打防管控”体系和机制进一步完善，社会治安逐步好转，全年刑事发案数比上年下降9.6%。建立健全调处化解社会矛盾工作机制，加强社会矛盾排查调处工作和应急工作，提高政府处理各类社会矛盾和应对突发事件的能力，未发生上京、到省集访的现象，社会更加和谐稳定。加大安全生产监管力度，狠抓安全生产责任制落实，全年无发生重特大安全生产事故。深入开展各项打假打私专项行动，组织整规打假、食品安全、反走私和整治无证照经营场所专项行动100多次，出动人员2000多人次，严厉打击违法生产经营行为，进一步规范市场经济秩序。

【社会事业】全年组织劳动力培训612人，转移农村劳动力就业3016人；投入敬老院建设资金54万元；投入五保村建设资金245万元，建成五保村7个；投入各项保障救济资金355万元。实施撤并“麻雀”小学和创建规范化学校工程，投入校舍建设资金182万元，撤并麻雀学校5所。完成石滩新医院主体工程建设，启动三江卫生院改造工程，建成36间标准化农村卫生站，2010年新型农村合作医疗参合率99.9%。建设农家书屋36间，实现农村文化室全覆盖；建成农村绿色网园8家。（张振蕾）

石滩镇党委书记　江慧雄
石滩镇镇长　李永强

中新镇

【概况】中新镇位于增城市

的中西部，是广州市示范中心镇。全镇总面积236平方公里，辖35条行政村和2个居委会，常住人口86719人。2010年，全镇完成工农业总产值98亿元，是2005年的2.99倍；税收入库2.89亿元，是2005年的3.51倍，综合经济实力明显增强，产业形态、城镇形态、社会形态发生重大变化，为未来一个时期全镇经济社会发展再上新台阶奠定良好基础。

【工业】 坚持以科学发展观统领经济社会发展全局，以建设广州东部现代生态商住组团为目标，牢牢抓住广州建设中新知识城和增城市推进重大基础设施建设两大战略机遇，发挥中新的区位、地缘和生态优势，树立城市眼光，发展城市经济，全面完成“十一五”规划确定的各项目标任务。按照“发展大项目，培育大产业”的思路，以大项目破旧局、创新局、带全局，整合盘活土地3000多亩，大力建设恒大山水城及其五星级酒店、侨建御溪谷及其商务城、君利五钻大酒家、农工商学院、慧谷新材料、源辉化工等一批带动性的龙头项目，壮大中新塑料等一批生产力骨干项目，使全镇产业形态由单一的工业结构形态向多元化现代产业体系快速转变。

【三农工作】 加大农村专业合作社建设力度，积极筹划建立“农超对接”平台，以流通促进生产，冰糖桔、水晶沙葛、紫心蕃薯、火龙果、四季杨桃等特色农产品倍受都市人欢迎。农村固本强基、村务公开、民主理财等工程建设得到加强。大力开展农田标准化建设，推进多宗小型水利工程、除险加固和自然村“六通”工作；举办农村实用技术培训班，培训农民8000多人次；切实抓好农村劳动力转移就业工作，新增转移就业近3000人。全年实现农业总产值9.6亿元。

【城乡建设】 以“构建大路网，融进大广州”、“打通南大门，融入大新塘”为目标，以新城带旧城，一手抓新城建设，一手抓旧城改造，果断调整京粤电脑、省农垦工业小区及省农垦集团所属闲置用地的规划功能，拆除广汕公路中新段沿线近8万平方米的凌乱建筑，使城镇形态向组团新城格局快速转变，进而改变中新镇改革开放30多年来“马路墟镇”的面貌。同时，坚持以人为本，围绕群众在生活、文化、教育、医疗、健身等方面需求，大力建设学校、医院、广场、水厂、变电站、污水处理等一批公共服务设施。

【社会事业】 加大环卫保洁投入力度，深入实施城乡“清洁美”工程，初步实现环卫保洁城乡全覆盖，城乡环境卫生状况明显改观；努力规范农村建村，继续规范农村建房报建制度；切实做好社会救济工作，帮扶困难弱势群体，提高农村低保标准；企业职工参加工伤、养老保险积极性增强；完成单亲特困母亲家庭“母亲安居房”工程和农村残疾人安居工程；启动农村社会养老保险工作，城镇居民基本医疗保险工作稳步开展；提高新型农村合作医疗筹资和报销水平，参合率99.98%；组织开展中小学师生大演讲活动，努力营造素质教育的良好氛围；广场健身、阅读求知、民间曲艺、歌舞晚会等群众性文体活动深入开展；公共卫生体系不断完善，农村卫生站建设得到加强，人口计生工作整体水平不断提高；严厉打击各类违法犯罪，社会治安明显好转；严格落实安全生产责任制，安全生产形势保持稳定；开展对食品和药品的专项整治，整治和取缔无证照经营，净化市场环境；加大违法用地和违法建设的查处力度，违法用地和违法建设现象得到遏制；建立健全信访维稳工作机制，促进社会和谐稳定；武装、“双拥”优抚安置工作扎实开展，侨务外事、民族宗教、妇女儿童、统计、保密、档案等各项工作也取得新成绩，为广大人民群众共享科学发展成果创造条件。

（邝共团　张则栋）

中新镇党委书记　潘小航

中 新 镇 镇 长　刘杨波

派　潭　镇

【概况】 派潭镇地处增城市北部，与荔城镇相距28公里，西与从化市、北与惠州市龙门县接壤，面积289.5平方公里，其中圩镇面积1.5平方公里，耕地面积5.4万亩，山地24万亩。镇辖34个行政村和1个居委会，总人口77971人。2010年全年完成工农业总产值110900万元，其中完成农业产值77900万元，比上年增长8%；完成固定资产投资5.41亿元，增长5%；完成两税收入4346万元，其中国税收入447万元，增长17.20%，地税收入3899万元，增长40.61%；农民人均纯收入7386元，增长20.6%。

【农业】 以促进农民增收为核心，积极推广“龙头企业＋专业合作社＋农户”模式，大力发展都市农业，推进农业产业化经营。继续扶持刘家合利菜场、德成菜场等农业龙头企业做强、做大、做优，促进优质蔬菜、水果及家禽、肉猪等生产效益提高。全年完成水稻种植面积90970.8亩种粮直补发放工作，落实率100%。建立健全农村土地经营权流转机制，新增登记流转土地约4570亩。完成14800亩农田标准建设，农业集约化水平进一步提高，农田水利基础建设进一步改善；派潭河中小河流域整治工程顺利推进，成为广东省水利示范工程。积极加强农业科技推广服务体系建设，先后举办各类农业技术培训班8期，并与广州市农业部门联系举办大型农业科技下乡活动2场，吸引近2万名农民参加。

【生态旅游业】 完成白水寨景区总体规划修编，推动白水仙瀑景区服务设施进一步完善，并顺利通过国家4A级景区省级初评。金叶子度假酒店被国际旅游局评定为“中国十佳温泉度假酒店”和“中国最佳休闲生态度假酒店”称号；金瑞峰、高滩温泉酒店荣膺国家三星级旅游饭店称号，成为亚运指定接待酒店，圆满完成亚运接待任务，推动旅游酒店接待水平跃上新台阶；锦绣温泉度假酒店抓紧内部装修，广州三英温泉酒店旅游配套项目加紧推进；实施绿道网建设工程，新规划建设5.6公里长自行车道，完成石马龙湿地公园等5项主要绿道配套项目建设，实现派潭绿道与从化绿道的无缝连接；围绕“吃、住、行、游、购、娱”等旅游六要素，将绿道建设与发展度假休闲和都市农业结合，引导农民发展单车出租、农家乐、农家旅馆等旅游配套服务，促进农民致富增收。2010年，白水寨风景名胜区接待游客340多万人次。

【城乡建设】 以开展“四个建设年”活动为契机，加强镇、村基础设施建设，促进城乡一体化协调发展。完成《白水寨核心区（高滩片区）发展规划》，改变派潭发展的重要支撑点高滩片区一直缺少全面发展规划的局面，为区域发展和项目推进提供明确的指引和依据；完成新一轮土地利用总体规划修编工作，合理调整土地规划，拓宽镇村新一轮发展空间。统筹策划广重碳酸钙厂、江北、增港和隆基水泥厂旧厂房改造等48个“三旧”改造项目；整合回收广重集体和塑宝碳酸钙厂250.974亩土地，并成功挂牌出让，引进派潭镇第一个房地产项目皇马小镇落户发展；完成增从高速公路（派潭段）项目征地拆迁工作，确保项目施工顺利推进；白水寨大道改造扩建工程竣工通车；完成榕树吓、上九陂、高滩等7条村10个点的农村生活污水治理工程，白水寨污水处理厂如期通水试运行；投入250万元，完成镇区大埔路口至红绿灯路口沿线西侧临街建筑外立面及内街内巷整饰工程；进一步规范农村建房行为，完成高村、汉湖、佳松岭、拖罗等一批村、社新农村建设工程。实施亚运城市行动计划，配合有关部门完成亚运飞碟场馆建设及周边村庄整治工程。年内，完成广东省公安厅警用直升机保障基地项目435亩的征地任务并交付施工；以亚运飞碟场馆和镇域主干道路为重点，大力开展镇村环境综合整治，拆除违法建设2573平方米、清拆户外广告牌121宗、整治“六乱”1308宗；率先在全市实施举报垃圾有奖机制，完善“镇主导、村参与、社包干、户收集、公司运”的长效机制，实现镇村保洁范围全覆盖。

【民主法治】 进一步健全完善镇、村综治信访维稳中心建设，全镇35个村（居）综治信访维稳工作站挂牌运作。依托镇综治信访维稳中心，实施定期拉网排查、领导接访下访、领导包案制度，进一步完善镇村综治维稳工作网络。有效化解社会矛盾，维护社会和谐稳定。加强群防群治队伍建设，成立镇治安联防大队，组织社会面整体防控义务力量，加大全镇治安管理力度。坚决严查打击了乡村牧歌、汉湖村何大塘非法养猪场等违法用地违法建设行为；全面抓好亚运安全保障工作落实，制定实施《广州飞碟训练中心及接待酒店外围维稳工作方案》，构筑广州飞碟训练中心及接待酒店外围全方位维稳保障网络，为“平安亚运，平安派潭”创造良好的社会环境。强化监督管理，全镇社会治安和安全生产形势保持持续稳定。

【社会事业】 坚持民生优先，大力发展各项民生事业。全力促进农村富余劳动力转移就业，强化劳动力技能培训，提升转移就业效果。积极改善办学条件，加强校园安全建设，全镇教育教学水平进一步提高，派潭中学荣获广东省普通高中教学水平优秀学校称号。扎实推进低保年审工作，落实亚运惠民措施，发放临时物价补贴，向1357名80岁以上高龄老人发放长寿保健金。新建完成榕树吓、亚口窿2所村级颐养院。全力做好扶贫帮困工作，制定《派潭镇扶贫帮困工作实施方案》，认真调查，细致核查，对1872户困难户实行“一对一”帮扶，启动帮扶机制，切实解决群众生产生活中遇到的困难。完成263户困难户危房改造。全力以赴开展“5.7”抗洪抢险，妥善安置受灾群众，及时妥善解决基本生活需求，指导受灾地区抓好灾后复产工作，帮助受灾群众重建家园。严格按照林权改革政策程序，稳妥推进农村集体林权制度改革工作，切实维护群众利益。人口计生工作力度不断加强。规范管理派潭广场健身舞活动，大力引导群众性文化体育活动开展。积极发动村（居）协同配合，扎实推进人口普查工作。工、青、妇、残联和宣传、武装、统战、老干部、档案、保密等各项工作均取得新的成绩，推动社会各项事业全面协调发展。

（刘晓婷）

派潭镇党委书记　曾志佐

派 潭 镇 镇 长　陈一敏

正　果　镇

【概况】 正果镇位于增城市东北部，距市中心14公里。全镇总面积239.41平方公里，辖1个居委会和31个行政村（其中1个少数民族畲族村，人口348人），总人口12500户54286人。2010年，全镇实现工农业产值11.6亿元，比上年增长10.16%；实现工业产值7.6933亿元，增长0.7%，规模以上企业完成总产值1.954亿元，增长2.7%；固定资产投资完成1.165亿元，增长30%；实现农业产值 3.91 亿元，增长 21.8%，农民人均收入 6919 元，增长 21.8%；两税入库 2357 万元，其中国税入库 750 万元，增长 38.88%，地税收入 1607 万元，增长 28.97%。各项主要经济指标均实现稳步增长，经济运行总体情况良好。

【农业】 2010 年，正果镇从多方面推动都市农业发展。继续鼓励农民流转土地，通过推动农村集体土地承包经营权流转，引导具有特色农产品的专业村向农业集约化方向发展。黄塘村成立农业发展有限公司，统一负责全村头菜加工、包装和推介工作，走农业规模化、公司化经营发展之路；重点打造正果腊味、正果腐竹和黄塘头菜等特色农产品品牌。在大力培育王富来腊味、金聚来腊味等名优企业的同时，积极引进广州鸿凯投资公司生态农业项目、广州地谷子酒业有限公司、盛丰渔业专业合作社等多个农业龙头项目和企业，促进全镇农业转型、升级；推动农家乐扶持性资金项目申报、审批及验收工作，重点申报农家乐 37 家。

【生态旅游】 按照“产业规模化、项目园区化”的发展方向，不断加大招商引资力度，引入市场化运作，稳步推进湖心岛旅游景区建设，全年接待游客 80 万人次。同时，积极推进湖心岛景区创 3A 工作，并通过广州市相关部门验收。计划投资 2 亿元建设的湖心岛度假酒店完成征地工作和报批手续；计划投资 1.5 亿元的九峰山改造项目，规划建设面积 145 亩，项目建成后将作为鸿凯投资公司总部，正在进行土地租赁及相关手续报批工作；正果广场文化旅游景区已签订项目合作协议，将以正果寺为核心对景区周边进行综合整治；增江沿岸正果段绿道建设工程全线贯通，逐步完善绿道周边绿化及节点驿站的设施建设。

【城乡建设】 正果圩镇及道路绿化项目及正果镇河堤生态公园建设项目列入增城市 2010 年迎亚运重点绿化项目。是年，投资 250 万元的正果镇河堤生态公园建设项目、投资 72 万元的正果圩镇及道路绿化项目和投资 65 万元的增江画廊正果段绿道添花工程全面竣工；江沿岸 5 条村的农村污水治理工程于 2010 年 7 月通过验收；二期农村生活污水治理的前期准备工作加紧推进。联合相关职能部门对全镇违建、户外广告招牌、“六乱”进行专项行动，拆除违法建筑 15 宗 8000 多平方米，清拆户外广告招牌 8 宗 77 平方米。投入 130 多万元用于提高环卫工人工资，更换升级环卫设备，为创建文明城市打下良好基础。

【社会事业】 进一步完善中小学教学设施，改善农村学生就读条件，加大对贫困学生的帮扶力度，共有 520 人享受扶贫助学金。加大对社区医疗和农村卫生投入，农村合作医疗配套镇级投入资金 135 万多元，新型农村合作医疗参合率 99.92%，并有 251 位居民参加基本医疗保险。全镇共有 1047 户、2463 人纳入低保救济体系，6589 名农村居民、345 名城镇居民参加养老保险，969 人享受贫困残疾人专项补助。严格落实人口和计划生育目标管理责任制及计划生育“一票否决”制，全面提高人口和计划生育工作水平。年内实现计划生育率 90.13%，落实“四术” 579 例。加强就业培训基地建设，完善就业服务功能，以创业带动就业，新增转移农村富余劳动力就业 1062 人，累计转移农村富余劳动力就业 11422 人。开展一系列“迎亚运、保平安”安保工作，建立全方位社会防控网，落实防控岗位 115 个，落实防控力量 1459 人，实现“平安亚运”，确保社会和谐稳定。

（黄颖俐）

正果镇党委书记　黄沃波
正果镇镇长　董雄锋

小楼镇

【概况】 小楼镇位于增城市北部生态产业区南大门，距市区 10 公里。全镇总面积 136 平方公里，辖 20 个村委会和 1 个居委会，总人口 4.8 万。全镇森林覆盖率 57.6%，是广州北部绿化带的重要组成部分。2010 年全镇经济各项指标顺利完成“十一五”确定的各项目标任务，实现工农业生产总值 14.05 亿元，比上年增长 13.3%，其中农业总产值 5.79 亿元，增长 18.3%；完成社会固定资产投资 2.16 亿元，增长 11.6%；旅游接待人数首次突破 100 万人次，增长 58.5%，旅游业总收入 2.12 亿元，增长 32.3%；农民人均纯收入 7139 元，增长 23.6%。积极开展创先争优活动并取得较好成效，人民日报、新华社、中央电视台等主流媒体先后进行宣传报道 62 次（篇），为推动创先争优活动的深入开展，营造良好的社会氛围。

【绿色经济】 转变经济发展方式，大力推进都市现代农业与生态旅游融合发展。生态旅游逐步发展壮大，何仙姑、小楼人家核心景区加快建设，完成 22 公里的单车绿道和 4 个绿道驿站建设；整合土地资源，扶持民营经济发展，引进首家房地产项目——迪亚·春天，发展顺雅农庄等一批农家乐；西境乡村特色酒店、汇康阁（二期）等一批产业项目已动工建设，旅游承载力不断得到提升；举办何仙姑旅游文化节、仙姑诞，打响“仙姑故里，小楼人家”区域旅游文化品牌。都市现代农业逐步实现集约化生产和品牌化经营，投入农田标准化建设资金 1300 万元，建设标准化农田 3200 亩，发展农民专业合作社 4 家，增城迟菜心获准实施国家地理标志产品保护，连续 7 年成功举办增城菜心美食节，以节促游，以游旺农，进一步打响增城菜心、香薯等特色农产品品牌。

广州增城何仙姑文化旅游节

6月18日，2010广州增城何仙姑文化旅游节暨仙桃慈善义卖及低碳绿道送爱行动启动仪式在何仙姑家庙广场举行。本次活动最大的亮点是通过义卖8颗仙桃筹集善款，并以绿道送爱心的形式，为首批50户困难家庭送上关怀和爱心。活动期间，何仙姑文化展、“希望杯”青少年围棋精英赛等多项活动相继开展，深圳大芬村画家及增城摄影协会全体会员现场采风，以优秀艺术作品，再现“仙姑故里，小楼人家”神韵，描绘增城“何必舍近求远，美景就在身边”的优美画卷。

广州增城菜心美食节 12月25日，2010广州增城菜心美食节在小楼人家景区开幕。借助菜心节搭建菜心销售平台，让农民在农产品价值提升中得到实惠，实现增收致富。本届菜心节以“农民的节日，田园上的Party”为主题，秉承“以节促游，以游旺农”理念。中央电视台《聚焦三农》栏目组走进小楼，拍摄《菜心航母，小楼启航》文艺节目，为广大游客观众奉献一台精彩纷呈、耳目一新的文化大餐。菜心节期间，拉动全市旅游消费，为农民增加菜心消费收入1.12亿元。2010年，增城迟菜心成功申报国家地理标志保护产品。

【城乡建设】 以建设小楼大公园为抓手，注重生态环境开发与保护，着力建设宜居宜游新农村。2010年，全面完成广河、增从高速沿线3700亩土地的征地拆迁工作任务，并同步规划建设出入口连接线，为实现“绿色崛起”创造条件；投入4000多万元推进水环境治理，完成二龙河7.8公里的河涌综合治理任务，建成9条村庄13个农村污水处理设施，区域内水环境质量全面提升，村庄规划实现全覆盖。深入开展城乡环境整治，加大城乡违法建设查处力度，查处违法建设23宗、7600平方米，拆迁违法户外广告招牌400多平方米，整治“六乱”145宗。

【社会事业】 全面启动扶贫帮困工作，按照“保障要覆盖、救助要到位、扶贫要有方、镇村要有力、部门要联动、旧貌换新颜”的总体要求，完善扶贫方案，建立扶贫帮困工作机制，做到“一村一策、一户一计”，实现“规划到户、责任到人”。启动新型农村社会养老保险，新型农村合作医疗参合率99.93%。构建镇、村两级就业服务网络，累计转移农村劳动力800人次。启动卫生院标准化建设，公共卫生“两纲”达标，公共卫生覆盖全镇人口，农村初保、创建农村中医工作先进县（市）工作取得新成绩。加强城乡文化基础设施建设，完成镇文化建设“六个一”，村居文化建设“三个一”工程。建成腊圃休闲广场等一批富有特色的农村文化广场及文化公园，广场健身舞等群众性文化活动蓬勃发展；挖掘何仙姑文化、菜心文化，促进历史文化与乡村旅游文化融合发展。注重促进社会和谐稳定，加强安全生产产生、消防及交通安全工作的管理、监督和检查，落实工作责任制，安全生产形势保持稳定；开展食品和药品专项整治，实施“放心肉”工程，规范生猪屠宰，做好整规打假和反走私工作；加强信访、和社会矛盾排查调处工作，建立完善应急管理体系，有效提高政府处理各类突发事件能力。亚运期间，全镇社会治安稳定，没有发生重特大刑事案件和群体性事件，“四类”可防性案件同比下降30%。高标准完成全国第六次人口普查工作，人口计生工作达标，武装、“双拥”、档案、统计、保密、工青妇、残疾人等各项事业取得新发展。

（高伟东 汤勇勤）

小楼镇党委书记 广新力

小楼镇镇长 汤海帆

人

物

全国劳动模范

【何铁标】 男，汉族，1968年1月生，文化程度高中，中共党员，增城市新塘镇西南村党支部书记兼村委会主任。在担任村干部10多年来，何铁标带领西南村“两委”发展集体经济，提高村民生活水平，促进西南村科学发展。在他带领下。该村在经济发展、政治民主、村容村貌等方面取得令人瞩目的成就，成为增城市新农村建设的典范。自2006年以来，他先后获得增城市劳动模范、广州市劳动模范、第九届广东青年“五四”奖章、广东农村青年生产经营能手称号。2010年4月被评为全国劳动模范，其事迹详见2009年《增城年鉴》。

特级教师

【吴长丹】 男，汉族，广东省揭西县东园镇人，中共党员。1957年10月出生，学历大学本科，化学中学高级教师；增城中学副校长。增城市教育学会常任理事，广州市化学研究会理事，增城市中学化学研究会会长。1994和2001年两度被评为增城市优秀教师，1995年被评产广州市优秀教师，1997年被评为增城市化学科教学能手，1998年被评为广东省首届中学化学中青年教改积极分子，2004年被评为广东省南粤优秀教师，2001年被评为广东省第八批中小学特级教师。

吴长丹老师教学经验丰富，教育水平高，能力强。他从教近30年，有17年任教高三毕业班，由于课堂教学充满活力，深受学生欢迎，他的讲课多次被增城市和广州市教研室评为优质课。他所任教的班级，班风正、学风浓，高考成绩突出。2007年高考化学平均分105.75分，高于同组生源平均分，他教的学生赖嘉裕、赖勉亨化学单科131分，名列广州第三。他辅导的学生参加省市学科竞赛多人获奖，被评为广州市优秀辅导员，他分管的化学科组，被评为广州市先进学科组、省先进学科组。他撰写的多篇论文（教学设计），在广州市、省和国家级教学刊物发表，其中，《加强双基目标的落实，大面积提高教学质量》、《电离度教学设计》、《创设课堂教学情境，培养学生思维素质》等获广州市、省和国家级奖励或在学术会上交流。吴老师管理理念先进、管理能力强。他作风踏实，任劳任怨，他先后主管学校德育、电教设备。校园安全等工作，成绩突出。尤其是德育工作，坚持以人为本，德育为首，以教学为中心，采取针对性和实效性教学，学校学生犯罪率多年保持为零，学生操行评定优良率98%以上。他主管学生会工作，获广州市“红旗学生会”称号。

逝世人物

【王忠良】（1919～2009）山东省蓬莱县龙山人，1944年10月加入中国共产党。参加革命后一直在四十四军工作，历任四十四军一五一师三九三团五营十连副连长、军直担架营副营长、警卫连连长。建国后被派往南方工作，1952年3月派往广东省紫金县任土改队队长兼区委书记、土改结束任紫金县百货商店主任。1952年底调增城工作，先后任增城百货公司副主任、县商业局副局长、机械厂厂长、生粉厂厂长、县工业局局长、商业局局长、县直属党委书记。“文革”期间，在县“五七”干校劳动。1979年后任县邮政局局长，县招待所所长、县委办公室副主任，1980年至1986年任县人大常委会副主任。

【赖邓家】（1932～2010）增城市小楼镇腊圃村人，1952年2月至1953年12月任腊圃乡政府文书，1954年送增城师范读书，1955年参加仙村私改工作任私改员。1955年至1973年，先后在小楼庙潭小学、广州市白云区穗丰小学、兴丰小学、穗丰九年制学校当教师。1973年8月，调广州市白云区太和公社任宣传办公室负责人。1981年8月调回增城工作，任增江公社办公室资料员和公社文教助理。1985年1月至11月任增江公社建材公司经理。1986年12月至1987年2月调县志办任办事员。1987年调县国土局地名办工作至退休。

赖邓家衣着朴素，满口方言土语，他热爱家乡，常深入农村，走遍增城乡村每一个角落，采访过无数的人，了解当地的人情风物。人称增城地方历史活词典。他爱好民间文学，对地方历史有研究，他把所有的精力都放在收集、整理地方历史资料上，他主编或参与编辑出版的书籍有《胡庭兰》、《何仙姑》、《湛尚书遇仙不识仙》、《胡庭兰中解元》、《何仙姑传》、《增城荔枝集》、《增城地名志》、《涉增名人寻迹录》等民间故事和掌故。并有大量反映增城历史、文化、人物、胜景、传说、典故等内容的文章在省市报刊发表。赖邓家一生当过教师，又从事行政工作，直到退休仍没有正式职称和职务，他感到既无奈也不后悔。他有几个头衔：省地方志学会会员、广州市地名学研究会理事、广州市作家协会会员、广州市民间文艺协会会员。

【李杏桃】（1935～2010），增城市福和永兴村人，1951年参加工作，1958年9月加入中国共产党。1951年11月至1955年12月在县政府财政科任计征员、副组长、组长。1956年1月至1956年9月在县委肃反办公室任办事员，1956年9月至1969年10月在县公安局任刑侦股办事员、副股长、股长。1969年10月至1973年3月在县革委保卫组三办任主任。1973年3月至1992年11月，在县公安局任副局长、局长。1992年12月至1996年4月，任增城市（县）人民代表大会常务委员会副主任。1996年4月退休。李杏桃从事公安工作40年，他为增城人民生活财产安全、保一方平安历尽责任，积极工作，作出一定贡献。

传奇人物

【郑国雄】 1912年4月出生于福和联安村，9岁时随家人出国到马来西亚。在马来西亚读书，初中毕业回到广州读高中，高中毕业在国民党92师兵站服务。在兵站期间，刚好黄埔军校在湖南招生，1937年经兵站同意，考入黄埔军校四分校十四期，南岳游击干班一期，七总队工兵科。1939年4月黄埔军校毕业，分配到国民党中央军第九战区54军，任中尉排长，少校参谋。部队主要在粤北及广西柳州一带与日军作战，战斗极其惨烈和残酷，在粤北战场，为摧毁日军主力部队，有一次竟牺牲好几千人。1942年，已年过30的郑国雄回乡完婚，婚后在广州安家。此时，他已离开中央军，转投黄国梁65军地方部队，在军部野战医院任副官，军务处第二科科长，管理枪械等工作。抗战胜利后，国共合作破裂，部队在与中共军队作战时，郑被俘，1949年初从战俘营中释放，回到福和联安郑新村老家。“文革”时期，郑受到沉重打击，因怀疑是中统特务，遭到批斗和管制。1979年3月落实政策移居香港，以67岁高龄开始在香港打工拼搏。

郑国雄是一位健在的黄埔军校学员，一位抗日老兵，同时又是一位百岁老人，老人一生经历坎坷、历尽艰辛，是一位传奇人物。如今老人家苦尽甘来，享天伦之乐，他思想开朗，凡事看得开，故能活到天年。如今，他对抗日战争的经历记忆犹新，并能滔滔不绝地讲述起来。

【王干忠】 1925年10月出生于正果镇正果洋村竹林自然村。自小受到革命的熏陶，思想进步。1938年，年仅13岁就参加了在地下党领导陈君平同志组织领导的抗日儿童团，担任团长，带领少年儿童进行护村、查奸等革命工作，并积极参加由地下党员王新民任团长的东江华侨回乡服务团开展的宣传抗日活动。1945年初，参加东江纵队第五支队金龙大队神勇特别中队手枪队，为革命担负难度较大的联络工作，经常协助地方查奸、锄奸等。同年7月跟随王作尧副司令员的部队北撤山东烟台，编入陈毅部队，在部队光荣加入中国共产党，参加了举世闻名的淮海战役、渡江战役、上海战役。在淮海战役中右大腿中弹负伤。在战斗的岁月里，他英勇作战，曾几次为人民立下战功，受到部队的嘉奖。在部队曾任职排长、文教助理。

1954年2月从部队转业回到家乡增城，先后在县委组织部、总工会工作，历任朱村、中新、福和三个镇的联合教育党支部书记。1955年调入教育战线，在朱村、福和、正果等镇任教，担任校长、教办党支部书记等职务。在教育战线期间，坚决贯彻执行党的教育方针，勤勤恳恳坚持在教育第一线，为培养下一代接班人付出毕生的精力。在文革期间连续5年蒙冤，惨受折磨的情况下，仍然对党的教育事业忠心耿耿，不忘自己是一个共产党员，革命老干部，自始至终忠诚党的教育事业，为本市教育事业作出应有的贡献。1986年11月离休，1995年12月逝世，享年70岁。

百岁老人

据市民政局统计，2010年12月，全市70周岁以上老人有39746名。其中，100周岁以上35人，90至99周岁1199人，80至89周岁12455人，70至79周岁26057人。2001年1月起，本市100周岁以上老人每人每月发放300元长寿保健金（高龄补贴）；2010年1月起，90至99周岁老人每人每月发放200元长寿保健金；2010年7月起，80至89周岁老人每人每月发放50元长寿保健金；2011年1月起，70至79周岁老人每人每月发放30元长寿保健金。百岁老人详见表。

2010年增城市百岁老人情况表

镇街	姓　名	性别	出生时间	所在村社、街道
新塘	邓　银	女	1909.2.16	新塘南安村十社
新塘	陈浩林	男	1908.6.20	新塘仙村上境村宝田二东基一巷8号
新塘	曾莺女	女	1907.11.15	新塘白石村中心路五横5号
新塘	刘　银	女	1905.12.22	新塘东洲村
新塘	邹元添	女	1909.11.6	新塘长岗村鹅羽西路

续上表

新塘	朱松好	女	1909.1	新塘下境村新田东社
新塘	陈松恩	男	1910.11	新塘基岗村十社
新塘	徐应申	男	1910.10.8	新塘西洲村
中新	游叔清	男	1908.8.15	中新村
中新	黄亚苏	女	1904.9.18	中新乌石村
中新	胡春葵	男	1908.8.15	中新团结村三社
中新	蒋来娣	女	1910.8.4	中新大田村稔子排社
中新	曾　晖	男	1910.9	中新福和茅田村
中新	陈记娇	女	1910.119	中新福和官塘村官山社
朱村	刘伯妹	女	1910.3.8	朱村龙新村立丰社
朱村	刘亚女	女	1910.1.26	朱村山田村九社
朱村	周有娣	女	1907.8.2	朱村丹邱村官南路
荔城	杨亚文	女	1909.9.5	荔城西瓜岭村
荔城	黄速枝	女	1907.6.12	荔城街西园居委
荔城	刘伯连	女	1910.6.5	荔城街继枚居委
荔城	李　女	女	1910.11.11	荔城棠村村
派潭	叶细连	女	1906.10.12	派潭邓路吓村陈屋社
派潭	王亚枚	女	1908.12.10	派潭小迳村东升榄树吓
派潭	温　娇	女	1909.5.20	派潭亚口窿村
派潭	黄永妹	女	1907.8.17	派潭玉枕村上围社
派潭	邓玉英	女	1910.10.18	派潭樟洞坑村田心潭社
派潭	李广娣	女	1910.12.12	派潭亚口窿村
小楼	郭亚玉	女	1907.5.19	小楼二龙村新屋吓社
小楼	许桂银	女	1907.4.11	小楼黄村关村一社
小楼	赵永喜	女	1905.10.15	小楼青迳村新庆社
小楼	吴亚新	女	1909.3	小楼九益村一社
小楼	梁经结	男	1903.11.12	小楼邓山梅中社
小楼	蔡亚永	女	1910.2.4	小楼正窿村联二社
正果	王运娣	女	1905.11.18	正果浪拔村沛记社
正果	王运娣	女	1905.2.19	正果石溪村老石社
正果	何德珍	女	1906.2.3	正果和平村窑洞社
正果	李云清	男	1910.8.19	正果水围村榨油冚
石滩	刘海明	男	1908.10.29	石滩石厦村大寮社
石滩	周　禧	女	1909.5.23	石滩龙地村红花地社
增江	黄　娇	女	1909.4.10	增江四丰村

国民经济统计资料

1、生产总值

单位：万元

指标名称	本年累计	上年同期累计	同比+－（%）
总计	6757838	5725020	16.0
第一产业	423211	377914	6.1
第二产业	4102677	3587410	17.7
#工业	3898425	3426325	17.5
第三产业	2231950	1759696	14.4
一、比重（%）	100	100	
第一产业	6.26	6.6	-0.34
第二产业	60.71	62.66	-0.195
第三产业	33.03	30.74	2.29

2、工业生产、销售

单位：万元

指标名称	本年累计	上年同期累计	同比+－（%）
一、全市工业总产值	15205205	12688079	18.07
出口产品产值	1641963	1352100	19.23
国有控股	69591	66719	2.41
大中型工业	6567894	5527079	17.08
高新技术产品产值	4969226	4007706	22.46
工业销售产值	14984756	12449095	18.18
二、规模以上工业产值	12609116	10311514	20.06
#国有企业	9523	15871	-41.09
集体企业	53932	57876	-8.51
民营企业	5759742	4330943	30.57
外商和港澳台投资企业	6785920	5906825	12.80

注：1、工业总产值绝对数按当年价计算，增长速度按可比价计算。工业总产值含广州本田二厂产值。

2、规模以上工业企业指独立核算国有及年销售收入500万元以上非国有工业企业。

3、各系统工业总产值、全社会用电量

单位：万元

指标名称	本年累计	上年同期累计	同比+-（%）
一、按经济系统分			
1、各镇（街）工业总产值	11783307	9911800	17.47
2、增城经济开发区	3421898	2776279	21.55
二、支柱产业产值	8286496	6787425	21.12
1、汽车及零配件	3837893	3237913	16.38
2、摩托车及零配件	1042809	855744	19.65
3、纺织和服装	3405794	2693767	24.14
三、用电量			
全社会用电量（万千瓦时）	447095	397865	12.37
其中：工业用电量（万千瓦时）	313808	276181	13.62

4、分镇、街全社会固定资产投资

单位：万元

镇、街	本年累计	上年同期累计	同比+-（%）
荔城街	288185	238167	21.0
增江街	74930	59979	24.93
朱村街	30852	23786	29.71
新塘镇	744634	623974	19.34
石滩镇	155660	113055	37.69
中新镇	103943	88885	16.94
派潭镇	54505	51507	5.82
小楼镇	21559	19388	11.20
正果镇	11850	10131	16.97
增城经济开发区	120968	83809	44.34

5、投资和房地产

单位：万元

指 标 名 称	本 年 累 计	上年同期累计	同比+－（%）
一、全社会固定资产投资	1607086	1312681	22.43
#房地产开发	931195	800861	16.27
按构成分			
建安工程量	1064237	786361	35.34
二、按登记注册类型分			
1、国有	408601	261378	56.33
2、民间投资	822351	711946	15.15
3、港澳台及外商投资商品房销售面积	376134	339357	10.8
（平方米）	2392081	2121011	12.78
商品房销售合同金额	1653304	1158593	42.70

6、规模以上工业企业主要经济指标

单位：万元

指 标 名 称	本 年 累 计	同比增长（%）
主营业务收入	8974249	21.53
利润总额	256782	32.47
亏损企业亏损额	12173	-43.53
利税总额	447269	28.25
产成品存货	392634	16.17
应收帐款净额	887666	14.56
资产总计	4350019	10.73
负债总计	2579080	-2.63
工业经济效益综合指数	172.86	3.62点

7、分镇、街规模以上工业总产值

单位：万元

镇、街	本年累计	上年同期累计	同比+－（%）
荔城街	398674	347521	12.64
增江街	239182	184506	27.28
朱村街	412227	331915	21.94
新塘镇	6190696	5240852	16.02
石滩镇	905210	724542	22.67
中新镇	672857	519492	27.17
派潭镇	2696	3006	－11.93
小楼镇	49936	48613	0.86
正果镇	19540	19016	0.89
增城经济开发区	3385138	2892056	15.07

8、交通运输、旅游

单位：万元

指标名称	本年累计	上年同期累计	同比+－（%）
一、交通运输			
1、货运量（万吨）	3234	3356	－3.63
2、货运周转量（万吨公里）	185751	187425	－0.89
3、客运量（万人）	2850	2980	－4.36
4、客运周转量（万人公里）	110801	107662	2.92
二、旅游业			
1、接待旅客（万人次）	1536.61	1189.95	29.13
2、旅游总收入（亿元）	33.16	25.17	31.75

9、消费市场、外经贸

单位：万元

指 标 名 称	本 年 累 计	上年同期累计	同比+－（%）
一、社会消费品零售额	1675354	1300764	28.80
#批发零售业	1313093	1058124	24.10
住宿和餐饮业	362261	242640	49.30
二、商品销售总额	2586785	1835452	40.93
#批发额	1273692	777328	63.86
三、外经贸			
1、外贸出口总额（万美元）	239789	176533	35.83
2、新引进外资企业（家）	16	12	33.33
3、合同利用外资（万美元）	18394	13020	41.27
4、实际利用外资（万美元）	8065	17766	-54.60

10、财政金融、人民生活

单位：万元

指 标 名 称	本 年 累 计	上年同期累计	同比+－（%）
一、财政收支			
1、财政总收入	1580975	1173700	34.70
#一般预算财政收入	398759	331370	20.34
2、一般预算财政支出	432403	360315	20.01
二、税收			
1、全市税收	1066425	804806	32.51
#国税税收	717147	509098	40.87
#地税税收	349278	295708	18.12
三、金融			
1、金融机构人民币存款余额	6949739	6083887	14.23
#城乡居民储蓄存款	4045906	3616287	11.88
2、金融机构人民币贷款余额	3964704	2764411	43.42
四、人民生活			
1、职工平均工资（元）	38506	35473	8.55
2、农民人均纯收入（元）	10623	9281	14.45
3、城镇居民人均可支配收入（元）	24587	21932	12.1

附　录

市委、市政府重要决策

中共增城市委 增城市人民政府 关于印发《增城市人民政府机构改革方案》、《增城市人民政府机构改革方案实施意见》的通知

增委发〔2010〕1号

各镇街党（工）委、人民政府（办事处），市直局以上单位：

现将中共广州市委、广州市人民政府批准的《增城市人民政府机构改革方案》和我市拟定的《增城市人民政府机构改革方案实施意见》印发给你们，请认真贯彻执行。

推进政府机构改革，建设服务型政府，是深化行政管理体制改革、全面落实科学发展观的一项重要任务，关系改革发展稳定大局。市各级有关部门、新组建部门的领导班子要在市委、市政府的统一领导下，精心组织，周密部署，严守机构改革纪律，加强思想政治工作，确保思想不散、工作不断、秩序不乱、国有资产不流失，保证各项工作正常运转，确保机构改革顺利进行。

中共增城市委

增城市人民政府

2010年1月27日

增城市人民政府机构改革方案

根据《中共广东省委办公厅、广东省人民政府办公厅关于印发〈广东省市县人民政府机构改革意见〉的通知》（粤办发〔2009〕5号）和《中共广东省委办公厅、广东省人民政府办公厅印发〈关于深圳等地深化行政管理体制改革先行先试的意见〉的通知》（粤办发〔2009〕13号）精神，按照《中共广州市委、广州市人民政府关于印发〈广州市区、县级市人民政府机构改革意见〉的通知》（穗字〔2009〕12号）要求，结合增城市实际，制定本方案。

一、指导思想和基本原则

（一）指导思想。

高举中国特色社会主义伟大旗帜，以邓小平理论和“三个代表”重要思想为指导，深入贯彻落实科学发展观，按照深化行政管理体制改革的要求，着力转变政府职能，理顺职责关系，优化组织结构，减少管理层次，提高行政效能，做到权责一致、分工合理、决策科学、执行顺畅、监督有力，为深化建设“三大”主体功能区、实施公园化战略、统筹城乡科学发展，建设人民满意政府提供体制机制保障。

（二）基本原则。

1、积极探索，先行先试。进一步解放思想，根据增城市经济社会发展情况推进改革。实施党委机构与政府机构党政联动设置，党政领导按照人岗相适的原则联动分工。稳步推进职能有机统一的大部门体制。

2、突出重点，循序渐进。以转变政府职能为核心，完善行政管理体制和运行机制，着力统筹城乡科学发展。把改革的阶段性目标与长远目标相结合，处理好改革发展稳定的关系。

3、实事求是，因地制宜。根据中央、省、广州市关于机构改革的精神，从实际出发，建立既符合增城市特点，又与广州市委、市政府组织架构整体相协调的行政管理体制。

二、主要任务

（一）转变政府职能，理顺权责关系。

1、加快推进政企分开、政资分开、政事分开、政府与市场中介组织分开。除法律、法规另有规定外，政府部门应将有关事务性、辅助性等职能移交、

委托或授权给行业协会商会等社会中介组织承担。凡是公民、法人和其他组织能够自主解决、市场机制能够自行调节、行业组织通过自律能够解决的事项，政府不应干预。深化行政审批制度改革，减少行政审批事项，规范审批行为，改进审批方式，加强审批监督。鼓励、引导社会组织有序参与社会公共管理和提供公共服务。

2、着力理顺层级和部门职责分工。按照权责一致的要求，合理划分市、镇街间的经济社会事务管理权限，建立财力与事权相匹配的机制。理顺部门职责分工，明确相应的责任；坚持原则上一件事情由一个部门负责，确需多个部门管理的事项，分清主办和协办关系，明确牵头部门，着力解决权责脱节、职责交叉、推诿扯皮等问题；建立健全部门协调配合机制和磋商机制，充分发挥政府职能部门作用。

3、明确政府职责重点。全面贯彻实施中央、省、广州市方针政策和国家法律、法规，加强对本地区经济社会事务的统筹协调，促进经济和社会事业发展；更加注重社会管理和公共服务，做好面向基层和群众的服务与管理，推进城镇基本公共服务均等化，保障和改善民生；强化执行和执法监管，增强处理突发公共事件和社会治安综合治理能力，维护市场秩序和社会稳定。深化“三大”主体功能区建设，实施公园化战略，统筹城乡科学发展。

（二）调整组织结构，规范机构设置。

1、保留的部门：

市教育局、市公安局、市民政局、市司法局、市国土资源和房屋管理局、市环境保护局、市人口和计划生育局、市审计局、市城乡规划局、市统计局。

市监察局与市纪律检查委员会机关合署办公，市民族宗教事务局与市委统一战线工作部合署办公，均列入政府工作部门序列，不计入政府机构个数。

2、重新组建和调整的部门：

（1）组建市发展和改革局。将市发展和改革局、市粮食局（合署办公），调整为在市发展和改革局挂市粮食局牌子。

市物价局不再单独设置，将其职责划入市发展和改革局（挂市粮食局牌子），在市发展和改革局加挂市物价局牌子。

（2）组建市科技经贸和信息化局。将市经济贸易局（挂市食盐专卖局、市酒类专卖管理局牌子）、市对外贸易经济合作局、市科学技术局（挂市知识产权局牌子）、市无线电管理办公室、市信息化办公室的职责整合划入市科技经贸和信息化局。市科技经贸和信息化局挂市知识产权局牌子。市食盐专卖局、市酒类专卖管理局改在市科技经贸和信息化局内设机构挂牌。不再保留市经济贸易局（挂市食盐专卖局、市酒类专卖管理局牌子）、市对外贸易经济合作局、市科学技术局（挂市知识产权局牌子）、市无线电管理办公室、市信息化办公室。

（3）组建市人力资源和社会保障局。将市人事局除公务员管理以外的职责、市劳动和社会保障局的职责、市卫生局承担的农村合作医疗职责，整合划入市人力资源和社会保障局。不再保留市人事局、市劳动和社会保障局。

将原市人事局承担的公务员管理职责划入市委组织部。

（4）组建市城乡建设管理局。将市建设和市政局承担的除涉水和城乡绿化、公园管理以外的职责整合划入市城乡建设管理局。不再保留市建设和市政局。

（5）组建市交通运输局。将市交通局、市公路管理局职责整合划入市交通运输局。市交通运输局挂市公路管理局牌子。不再保留市交通局、市公路管理局。

（6）组建市水务局。将市水利局、市建设和市政局承担的指导和规范供水市场管理及供水、用水、节水、排水、防洪、排涝、污水处理的职责，市爱卫办承担的农村通水、改水管理的职责，整合划入市水务局。不再保留市水利局。

（7）组建市农业局。将原市农业局、市畜牧兽医局的职责，以及市海洋与渔业管理服务中心、市农机服务中心的行政管理职责整合划入市农业局。市农业局挂市委农村工作办公室、市海洋与渔业局、市畜牧兽医局牌子。不再保留原市农业局、市畜牧兽医局、市海洋与渔业管理服务中心。市农机服务中心不再承担行政管理职责。

（8）组建市文化体育广电新闻出版局。将市文化广电新闻出版局（挂市版权局牌子）、市体育发展中心（挂市体育局牌子）的行政管理职责，整合划入市文化体育广电新闻出版局。市文化体育广电新闻出版局挂市版权局牌子。不再保留市文化广电新闻出版局（挂市版权局牌子）、市体育局。

（9）组建市林业和园林局。将市建设和市政局承担的城乡绿化、公园管理职责和市林业局的职责，整合划入市林业和园林局。不再保留市林业局。

（10）市政府办公室不再挂市政府侨务办公室、市政府外事办公室牌子，将市政府侨务办公室、市政府外事办公室整合为市政府侨务和外事办公室，与市委统一战线工作部合署办公，列入政府工作部门序列，不计入政府机构个数。

市政府行政复议办公室改在市政府办公室内设机构挂牌。

（11）将挂靠市政府办公室的市国家保密局改为挂靠市委办公室。

（12）将广州市增城食品药品监督管理局由原实行广州市垂直管理调整为由增城市政府管理，更名为增城市食品药品监督管理局，不再单独设置，将其职责划入市卫生局，在市卫生局挂市食品药品监督管理局牌子。改革后，原广州市增城食品药品监督管理局干部的职级待遇保持不变。

（13）将市公有资产管理办公室挂靠市财政局。

（14）将市安全生产监督管理局调整为市政府工作部门，计入政府机构个数。

（15）将市旅游局由市政府直属事业单位调整为市政府工作部门，计入政府机构个数。

3、进一步清理和规范议事协调机构及其办事机构，撤销工作任务已完成的议事协调机构。凡属部门职责范围，可由某一部门承担或由有关部门协调处理、共同承担的工作任务，不再设立新的议事协调机构。确需设立议事协调机构的，要严格按照规定和程序审批，不设实体性办事机构，不单独核定编制和领导职数。

（1）将市爱国卫生运动委员会办公室并入市城乡建设管理局，在市城乡建设管理局内设机构挂市爱国卫生运动委员会办公室牌子。

（2）市人民防空办公室在市城乡建设管理局挂牌，仍为市国防动员委员会的常设办事机构，也是市政府人民防空工作的主管部门。

经上述调整，市政府共设工作部门24个。

（三）完善运行机制。

按照民主科学决策的要求，通过合理划分决策权限，严格规范决策程序，健全行政决策机制；通过鼓励公众参与，组织专家论证，建立决策咨询机制；通过依法规定决策责任，加强行政决策监督，建立决策失误责任追究机制。健全行政监督制约机制，加强各监督机构之间的相互分工与制约、配合与协调，完善监督体系。

（四）严格机构编制管理。

严格控制机构数量，不得突破省和广州市规定的机构设置限额，根据机构调整变化和部门职责划转情况，严格按规定核定部门人员编制和领导职数。

严格控制编制总量，不得突破现有行政编制总额。在同一层级内，根据职责的调整，对人员编制实行动态管理。需跨层级调整行政编制的，按程序报批。

机构改革后，不再按比例核定机关后勤服务人员事业编制数，统一由机构编制部门按比例核定机关后勤服务人员数，财政部门按机构编制部门核定的机关后勤服务人员数拨付服务经费。机关后勤服务人员管理体制改革后，按“老人老制度，新人新制度”实行管理。机构改革前在编在职的原机关后勤服务人员占用机关后勤服务人员数并按原制度管理；机构改革后新调入（含改革前在职不在编人员）的机关后勤服务人员按人员聘用、合同管理和政府购买服务的新用人制度管理。

要强化对机构编制的监督管理，严格执行机构编制审批程序和备案制度。建立健全机构编制管理与财政预算、组织人事管理的配合制约机制，建立和完善机构编制考核、责任追究制度，严禁上级业务部门干预下级机构设置和编制配备。加快推行机构编制实名制管理，2010年实行机构编制实名制。

三、组织实施

政府机构改革工作在市委、市政府的统一领导下，由市机构编制委员会办公室具体组织实施。政府机构改革工作按照穗字〔2009〕12号文的要求，抓紧落实。

要充分认识机构改革工作的重要性和紧迫性，切实加强对机构改革工作的领导，按照市委、市政府的统一部署，精心组织，周密安排，严肃机构改革纪律，确保思想不散、工作不断、秩序不乱、国有资产不流失。纪检、监察、组织、人力资源与社会保障、财政、审计、档案等部门要积极履行职责，加强协调配合，确保机构改革工作顺利完成。

附件：增城市人民政府机构设置表

附件：

增城市人民政府机构设置表

- 市政府办公室
- 市发展和改革局
- 市教育局
- 市科技经贸和信息化局
- 市民族宗教事务局
- 市公安局
- 市监察局
- 市民政局
- 市司法局
- 市财政局
- 市人力资源和社会保障局
- 市国土资源和房屋管理局
- 市环境保护局
- 市城乡建设管理局
- 市交通运输局
- 市水务局
- 市农业局
- 市文化体育广电新闻出版局
- 市卫生局
- 市人口和计划生育局
- 市审计局
- 市城乡规划局
- 市统计局
- 市林业和园林局
- 市政府侨务和外事办公室
- 市安全生产监督管理局
- 市旅游局

说明：

增城市人民政府设置工作部门24个。其中：市政府办公室挂市政府法制办公室、市政府口岸办公室牌子；市发展和改革局挂市粮食局、市物价局牌子；市科技经贸和信息化局挂市知识产权局牌子；市公有资产管理办公室挂靠市财政局；市交通运输局挂市公路管理局牌子；市农业局挂市委农村工作办公室、市海洋与渔业局、市畜牧兽医局牌子；市文化体育广电新闻出版局挂市版权局牌子；市卫生局挂市食品药品监督管理局牌子；市监察局与市纪律检查委员会机关合署办公，市民族宗教事务局、市政府侨务和外事办公室与市委统一战线工作部合署办公，均列入市政府工作部门序列，不计入市政府机构个数。

增城市人民政府机构改革方案实施意见

根据《中共广州市委、广州市人民政府关于印发〈广州市区、县级市人民政府机构改革意见〉的通知》（穗字〔2009〕12号）和《中共广州市委办公厅、广州市人民政府办公厅关于印发<增城市人民政府机构改革方案>的通知》（穗文〔2009〕19号），为做好我市政府机构改革的组织实施工作，结合我市实际，现提出如下实施意见。

一、加快政府职能转变

政府职能转变是深化行政管理体制改革的核心，要通过政府机构改革，切实将政府职能转到经济调节、市场监管、社会管理和公共服务上来。市政府职能转变的主要措施是：

（一）科学配置政府职责

按照建设服务政府、责任政府、法治政府和廉洁政府的要求，切实转变政府职能，科学配置政府各部门对内、对外、对下行政管理职责，加快实现政企分开、政资分开、政事分开、政府与市场中介组织分开。加大政府职能转变的财力保障力度，建立城乡基本公共服务均等化和主体功能区建设相适应的公共财政体制，推动政府财政从经济建设型向公共服务型转变。改进行政审批方式，建立科学合理的行政审批管理机制和严密完善的行政审批监督制约机制。改进“窗口”机构的服务与管理，探索和完善有效的便民利民服务形式，全面推行政务公开和加快电子政务建设，拓展政务公开和电子政务的内容、范围和形式，提高办事效率和增加透明度，建设人民满意的政府。

（二）探索社会管理和公共服务新体制

1、探索政府与社会合作共治的管理新模式。形成党委领导、政府负责、社会协同、公众参与的社会管理新格局。优化社会组织发展的制度环境，建立健全社会组织备案注册制度、政府向社会组织购买公共服务制度、综合监督管理制度等，降低准入门槛，积极培育和大力支持社会组织发展。

2、探索引进社会力量提供基本公共服务的治理新模式。建立健全政府与社会力量共担社会责任的共管机制，将目前由政府承担的行业管理与协调性职责、社会事务管理与服务性职责、技术服务性职责等，依法交由社会组织承担。有序扶持和引导社会组织进入社会公益和准公益服务领域，整合公共服务资源。

（三）进一步理顺职责关系

按照权责一致的要求，合理划分市、镇街间的经济社会事务管理权限，建立财力与事权相匹配的机制。理顺部门职责分工，明确相应的责任；坚持原则上一件事情由一个部门负责，确需多个部门管理的事项，分清主办和协办关系，明确牵头部门，着力解决权责脱节、职责交叉、推诿扯皮等问题；建立健全的部门协调配合机制和磋商机制，充分发挥政府职能部门作用。

（四）明确强化责任

市政府要全面贯彻实施中央、省、广州市方针政策和国家法律、法规，加强对本地区经济社会事务的统筹协调，促进经济和社会事业发展；更加注重社会管理和公共服务，做好面向基层和群众的服务与管理，推进城镇基本公共服务均等化，保障和改善民生；强化执行和执法监管，增强处理突发公共事件和社会治安综合治理能力，维护市场秩序和社会稳定。深化三大主体功能区建设、实施公园化战略、统筹城乡科学发展。

（五）完善行政运行机制

积极探索决策、执行、监督相互制约又相互协调的行政运行机制，逐步形成权责一致、分工合理、决策科学、执行顺畅、监督有力的行政管理体制。完善重大决策的规则和程序，建立健全决策公开制度、决策咨询机制和信息支持系统，完善决策听证、咨询和民意征集吸纳制度、行政执行机制，实现行政执行的公开化、程序化，提高政府执行力。建立健全以行政首长为重点的行政问责制度，明确问责范围，完善问责程序，规范问责行为。加强对行政权力监督的程序制度建设，形成人大监督、政协监督、政党监督、行政系统内部监督、专门机构监督、新闻舆论监督、人民群众监督相结合的监督体系。

二、认真做好机构的调整和设置

（一）保留的部门

市教育局、市公安局、市民政局、市司法局、市国土资源和房屋管理局、市环境保护局、市人口和计划生育局、市审计局、市城乡规划局、市统计局。

市监察局与市纪律检查委员会机关合署办公，市民族宗教事务局与市委统一战线工作部合署办公，均列入政府工作部门序列，不计入政府机构个数。

上述保留的机构，由其领导班子负责本单位机构改革的组织实施工作。

（二）重新组建和调整的部门

1、组建市发展和改革局。将市发展和改革局、市粮食局（合署办公），调整为在市发展和改革局挂市粮食局牌子。

市物价局不再单独设置，将其职责划入市发展和改革局（挂市粮食局牌子），在市发展和改革局加挂市物价局牌子。

2、组建市科技经贸和信息化局。将市经济贸易局（挂市食盐专卖局、市酒类专卖管理局牌子）、市对外贸易经济合作局、市科学技术局（挂市知识产权局牌子）、市无线电管理办公室、市信息化办公室的职责整合划入市科技经贸和信息化局。市科技经贸和信息化局挂市知识产权局牌子。市食盐专卖局、市酒类专卖管理局改在市科技经贸和信息化局内设机构挂牌。不再保留市经济贸易局（挂市食盐专卖局、市酒类专卖管理局牌子）、市对外贸易经济合作局、市科学技术局（挂市知识产权局牌子）、市无线电管理办公室、市信息化办公室。

3、组建市人力资源和社会保障局。将市人事局除公务员管理以外的职责、市劳动和社会保障局的职责、市卫生局承担的农村合作医疗职责，整合划入市人力资源和社会保障局。不再保留市人事局、市劳动和社会保障局。

将原市人事局承担的公务员管理职责划入市委组织部。

4、组建市城乡建设管理局。将市建设和市政局承担的除涉水和城乡绿化、公园管理以外的职责整合划入市城乡建设管理局。不再保留市建设和市政局。

5、组建市交通运输局。将市交通局、市公路管理局职责整合划入市交通运输局。市交通运输局挂市公路管理局牌子。不再保留市交通局、市公路管理局。

6、组建市水务局。将市水利局、市建设和市政局承担的指导和规范供水市场管理及供水、用水、节水、排水、防洪、排涝、污水处理的职责，市爱卫办承担的农村通水、改水管理的职责，整合划入市水务局。不再保留市水利局。

7、组建市农业局。将原市农业局、市畜牧兽医局的职责，以及市海洋与渔业管理服务中心、市农机服务中心的行政管理职责整合划入市农业局。市农业局挂市委农村工作办公室、市海洋与渔业局、市畜牧兽医局牌子。不再保留原市农业局、市畜牧兽医局、市海洋与渔业管理服务中心。市农机服务中心不再承担行政管理职责。

8、组建市文化体育广电新闻出版局。将市文化广电新闻出版局（挂市版权局牌子）、市体育发展中心（挂市体育局牌子）的行政管理职责，整合划入市文化体育广电新闻出版局。市文化体育广电新闻出版局挂市版权局牌子。不再保留市文化广电新闻出版局（挂市版权局牌子）、市体育局。

9、组建市林业和园林局。将市建设和市政局承担的城乡绿化、公园管理职责和市林业局的职责，整合划入市林业和园林局。不再保留市林业局。

10、市政府办公室不再挂市政府侨务办公室、市政府外事办公室牌子，将市政府侨务办公室、市政府外事办公室整合为市政府侨务和外事办公室，与市委统一战线工作部合署办公，列入政府工作部门序列，不计入政府机构个数。

市政府行政复议办公室改在市政府办公室内设机构挂牌。

11、将挂靠市政府办公室的市国家保密局改为挂靠市委办公室。

12、将广州市增城食品药品监督管理局由原实行广州市垂直管理调整为由增城市政府管理，更名为增城市食品药品监督管理局，不再单独设置，将其职责划入市卫生局，在市卫生局挂市食品药品监督管理局牌子。改革后，原广州市增城食品药品监督管理局干部的职级待遇保持不变。

13、将市公有资产管理办公室挂靠市财政局。

14、将市安全生产监督管理局调整为市政府工作部门，计入政府机构个数。

15、将市旅游局由市政府直属事业单位调整为市政府工作部门，计入政府机构个数。

经上述调整，市政府设工作部门24个。

市监察局与市纪律检查委员会机关合署办公，市政府侨务和外事办公室、市委台湾工作办公室（挂市政府台湾事务办公室牌子）、市民族宗教事务局与市委统一战线工作部合署办公，分别列入市政府工作部门序列，不计入市人民政府机构个数。

新组建和更名的机构，在未对外挂牌运作之前，原有关部门要继续履行相关职责；新机构挂牌运作后，原有关部门停止履行相关职责。

（三）认真清理和规范议事协调机构及其办事机构

进一步清理和规范议事协调机构及其办事机构，撤销工作任务已完成的议事协调机构。凡属部门职责范围，可由某一部门承担或由有关部门协调处理、共同承担的工作任务，不再设立新的议事协调机构。确需设立议事协调机构的，要严格按照规定和程序审批，不设实体性办事机构，不单独核定编制和领导职数。

1、将市爱国卫生运动委员会办公室并入市城乡建设管理局，在市城乡建设管理局内设机构挂市爱国卫生运动委员会办公室牌子。

2、市人民防空办公室在市城乡建设管理局挂牌，仍为市国防动员委员会的常设办事机构，也是市政府人民防空工作的主管部门。

（四）关于撤并、职责调整机构属下事业单位的归属问题。

不再保留的机构由其原单位领导班子协同有关部门负责原单位人员、财产和文件档案移交等工作，处理原单位工作中的遗留问题，其原债权债务由新组建的单位接收和承担，其属下事业单位归属的原则是：

1、撤并的机构，其职责整体划入新组建部门的，原属下事业单位原则上划归新组建部门管理。如出现工作任务相同、相近的事业单位，应按精简、统一、效能的原则进行整合，并重新核定编制。

2、撤并的机构，其职责分别划入不同的行政管理部门的，原属下事业单位按所承担任务的对应情况确定其归属关系。承担单一任务为主的事业单位，原则上划归与其所承担任务相对应的行政部门管理；承担多类不同任务的事业单位，应通过撤并整合，分别划归与其工作任务相对应的行政部门管理。

3、其他机构涉及部分行政管理职责划归其它行政管理部门的，原属下事业单位所承担的任务与该机构职责相对应的，原则上划归划入职责的部门管理。

（五）改革完善机关后勤服务人员管理体制

机构改革后，市直机关各部门不再按部门行政编制总数10%或15%的比例核定机关后勤服务人员事业编制数，改为按部门行政编制总数10%或15%的比例核定机关后勤服务人员数，市财政局按市编办核定的机关后勤服务人员数拨付服务经费。机关后勤服务人员管理体制改革后，按“老人老制度，新人新制度”管理。机构改革前在编的原机关后勤服务人员占用后勤服务人员数并按原制度管理；机构改革后新进入（含改革前在职不在编人员）的机关后勤服务人员按新用人制度管理。

各部门现已设立的机关服务中心，暂保留事业单位建制，待事业单位分类改革时按有关要求进行规范。

三、认真做好部门“三定”工作

定职责、定内设机构、定人员编制的“三定”工作是实施机构改革的重要内容。

（一）“三定”规定的内容和工作步骤

机构改革过程中，新组建的机构（指由两个或两个以上部门成建制整合的大部门）、调整的机构（指部分职能划入、划出或改变隶属关系的机构），更名的机构和保留的机构都要重新进行“三定”。新组建的机构和涉及职能调整的机构的“三定”规定由市编委办提出，与新组建的机构协商后报市委、市政府审定。更名的机构和保留的机构的“三定”规定由单位提出，市编委办审核后报市委、市政府审定。各单位严格按照“三定”规定，按实名制重新进行定岗定员。

（二）规范部门内设机构设置

部门内设机构设置要适应部门转变职能的要求，进行内部整合，优化结构。未调整变动的部门，内设机构总数原则上不增加，可根据履行职责的需要，进行调整和优化。加强业务机构，减少非业务机构，撤销与形势任务不相适应的机构，合并分工过细、职能交叉重复、工作任务减少的机构。调整变动的部门，内设机构设置要体现改革要求和主要职责，综合设置内设机构，名称做到概括、简练、明晰。内设机构统称为科（室）。

（三）规范领导职数

市政府工作部门行政领导职数一般按1正2副配备，综合部门可增设1名副职，情况特殊的，最多不超过4副；部门内设机构领导职数：3名（含3名）编制配1名职数，4－6名编制可配1正1副，7名编制以上可配1正2副。

设立党委（工委）的部门，配党委（工委）书记1名，一般由行政领导兼任；由行政领导兼任的，可配1名专职党委（工委）副书记。设立党组的部门，一般不配专职党组书记、副书记，由部门行政领导兼任。

政府工作部门设立纪委（纪工委）的，配纪委（纪工委）书记1名；纪委（纪工委）书记由党委（工委）专职副书记兼任的，可配1名纪委（纪工委）专职副书记（本部门中层正职级别）。设纪检组的，可配纪检组组长1名；纪检组长由行政领导兼任的，可配纪检组专职副组长1名（本部门中层正职级别）。

市政府工作部门总工程师等专业技术性领导职数，可对应广州市政府工作部门配备。

政府工作部门按党的章程和有关规定设置的机关党总支，可配1名党总支专职副书记职数（本部门中层正职级别）。

机关工会、共青团、妇联等群团组织按各自章程设置。

四、加强组织实施工作的领导

市政府机构改革工作在市委、市政府的统一领导下，由市机构改革工作领导小组、市编委负责领导和组织实施，市编委办承担具体工作。市委组织部门负责市管领导干部的安排和负责机关分流人员的安置、定岗定员等工作；市人力资源和社会保障局负责重新组建、职能调整机构的下属事业单位划转的人员分流、安置及机关后勤服务人员数岗位设置、人员定岗定员等工作；市财政局负责做好撤并和调整单位的经费、财产、物资、房产等国有资产的处置交接工作；市纪检、监察部门负责机构改革过程中的纪律检查和行政监察工作；市档案、保密部门负责做好档案交接和文件保密工作；市委宣传部、市直属机关党委及各部门党组织做好机构改革的宣传发动和思想政治工作。

机构改革关系到改革发展稳定，关系到广大干部职工的切身利益，政治性和政策性强，时间紧、任务重，各部门要把思想统一到市委、市政府的决策上来，切实加强对机构改革组织实施工作的领导，加强协调沟通和配合，做到精心组织，周密部署，要严格执行《增城市人民政府机构改革方案》和本实施意见，做到不走样，不变调，按时按质完成本单位机构改革实施工作。2010 年在全市实行机构编制实名制。

机构改革期间，各级各部门要坚决贯彻执行中纪委、中央编办、监察部《关于严明纪律切实保证行政管理体制改革和政府机构改革顺利进行的通知》（中纪发〔2008〕6 号），严守机构改革工作纪律，严禁突击进人、突击提拔干部和超职数配备干部，严禁突击评定专业技术职称，严禁用公款旅游，禁止借机构改革之机私分国家财物、滥发奖金和补贴经费等。各部门要加强思想政治工作，正确引导舆论，做到思想不散、工作不断、秩序不乱、国有资产不流失，确保机构改革工作的顺利实施。

主题词：　机构改革　政府　方案　实施意见　通知

中共增城市委办公室　2010 年 2 月 5 日印发

（共印 190 份）

中共增城市委办公室　增城市人民政府办公室关于转发市委宣传部《增城市有线电视数字化整体转换实施方案》的通知

增委办文〔2010〕26号

各镇街党（工）委、人民政府（办事处），市直局以上单位：

经市委、市政府研究同意，现将《增城市有线电视数字化整体转换实施方案》转发给你们，请认真贯彻执行。执行中遇到的问题，请及时向市委宣传部、市广播电视台反映（市广播电视台联系电话：32821663）。

中共增城市委办公室
增城市人民政府办公室
2010年10月26日

增城市有线电视数字化整体转换实施方案

为深入贯彻落实国家、省和广州市关于文化体制改革工作部署，加快推进我市有线电视数字化整体转换，提高有线电视传输质量和丰富频道内容，不断满足人民群众日益增长的精神文化需求，根据国家广电总局《关于推进有线电视整体转换若干意见》和《广州市全面推进文化事业改革意见》（穗文改〔2008〕1号）等相关文件精神，结合我市实际，现制定以下实施方案：

一、目的意义

推进有线电视由模拟向数字的整体转换，是适应科技进步、服务国家信息化建设、加快广播电视和信息产业发展的客观要求，是创建全国科学发展示范市，提升文化软实力，实现城乡基本公共服务均等化的重要举措。通过实施有线电视数字化整体转换，有利于进一步丰富广播电视节目内容，保障传输安全，提高服务水平，让数字电视成为一个多媒体、多功能的信息汇聚交互平台；有利于不断增强宣传思想工作的社会影响力，成为党和政府与群众沟通的重要纽带和桥梁，为发展壮大文化产业，推进社会信息化、构建“数字增城”奠定基础。

二、基本原则

实施有线电视数字化整体转换工作，坚持从实际出发，按照“政府领导、广电实施、社会参与、群众认可、整体转换、市场运作”的原则，稳步推进有线电视数字化，大力开发信息资源，积极提供政务、文化、教育、就业、金融、生活资讯等专业化、本地化信息服务，使有线数字电视成为进入千家万户的多媒体信息服务平台。

三、建设目标

采用“广播式+交互式+高标清同播”的模式，以广州市有线电视网电视节目为基本信号源，加入本地自办节目，采用统一服务平台、统一技术标准，以广播式的数字电视整体转换为基础，加快建设宽带综合信息网和数字电视网，逐步实现以满足人们个性化需要的交互式多功能数字电视，促进网络全程全网互联互通推进“三网融合”为最终目标，实现增城广播电视事业的新跨越。

实施有线数字电视整体转换后，数字电视基本内容将提供不少于5套高清、80套标清（含60套以上标清节目和20套以上付费频道节目）和9套数字音频广播节目；同时提供广州政务、电视商务、旅游、交通、教育、医疗、就业、气象等各类便民信息服务；根据不同的消费层次提供专业化、个性化服务，包括视频（高、标清）点播、时移电视、交互电视、互动游戏等。

四、实施方式

有线数字电视整体转换采取“分区分片，边转边停”的方式，即以小区、片（村）为单位，在小区、片（村）完成90%以上用户的数字化转换后，关闭原传输的模拟电视。在2015年前关停模拟信号过渡期内，完成整体转换的区域只保留中央一套、中央七套、广东卫视、广东公共、广州一套和增城本地节目共六套模拟电视节目，供不转换的用户免费收看，过渡期后，全部停止模拟电视节目传输。

为满足用户对交互式多功能数字电视需求，整转期间向用户直接配送双向标准型机顶盒，同时将提供高清互动型机顶盒，采用市场方式，发展互动电视增值业务，供用户自主选择，更好满足人们多层次个性化的电视娱乐需求。

五、工作步骤

按照“先试点、后推广，先城市、后农村”的方式稳步有序推进，力争用一年半左右时间完成全市有线电视整体转换。

第一阶段：试点推广（2010 年 9 月—2010 年 12 月）。在荔城、新塘选择若干条件成熟的社区（约 10000 用户）开展整体转换试点，并在试点阶段积累转换操作及运营经验。

第二阶段：城区先行（2011 年 1 月—2011 年 7 月）。对荔城、新塘两城区 10 万用户进行数字电视转换。同时，在高端用户密集社区大力推广数字电视增值业务。

第三阶段：全面普及（2011 年 8 月—2011 年 12 月）。采取先镇区后村社的办法，完成农村有线电视 8 万用户（含圩镇用户）转换。同时关停模拟信号输出，基本完成全市数字电视整体转换。

六、收费标准

根据广东省物价局、广东省广播电影电视局《关于我省有线数字电视基本收视维护费收费标准的通知》（粤价〔2006〕85 号），增城市物价局、增城市文化广电新闻出版局已发出了《转发省物价局、省广播电影电视局关于我省有线数字电视基本收视维护费收费标准的通知》（增价〔2006〕27 号），我市数字电视用户的基本收视维护费和其他相关的细则将按该文规定执行。

七、组织机构

为加强对全市有线电视数字化整体转换工作领导，成立市有线电视数字化整体转换工作领导小组，负责此项工作的组织、协调和督促。领导小组人员组成：

组　　长：列荣辉（市委）
常务副组长：叶　鸿（市政府）
副 组 长：洪一波（市委宣传部）
吴冠科（市文体广新局）
李　戈（市广播电视台）
成　　员：（以姓氏笔画为序）
王　戟（增城日报社）
王惠琼（正果镇）
刘　卫（市城乡规划局）
刘仲华（市教育局）
汤志忠（市公安局）
关思忠（市广播电视台）
肖惠和（石滩镇）
吴仲均（新塘镇）
宋志坚（中新镇）
张伟明（小楼镇）
陈伟松（市供电局）
陈锦镇（派潭镇）
林桂权（市交通运输局）
赵广球（市地税局）
郭　志（市民政局）
郭敏健（朱村街）
曹民坚（市城乡建设局）
崔国强（荔城街）
梁志洁（增江街）
温东来（市文体广新局）
温育华（市发改局）
温演源（市财政局）
蔡生科（市监察局）
潘　鹏（市科经信局）

领导小组下设办公室（设在市广播电视台），李戈同志兼任办公室主任，关思忠同志兼任办公室副主任。

八、保障措施

（一）加强领导

有线电视数字化整体转换是一项惠及千家万户、涉及各个领域、多个部门的系统工程，时间紧，任务重。全市各级、各部门要统一思想，提高认识，加强领导，把有线电视数字化整体转换列入重要工作议程，制定具体实施方案，及时解决整体转换工作中遇到的困难和问题，切实加强整体转换工作的组织协调，确保整体转换工作顺利推进。

（二）加强协作

各成员单位要按照各自职能，明确工作职责，落实工作责任，加强配合协作。广电部门要具体落实方案措施，确保全面完成整转任务；财政、税收部门要按照国家、省、市有关规定，落实相关贴息、税收优惠政策；建设、规划部门要把有线电视数字化工程列入城乡总体规划，做到同步规划，同步建设；其它部门也要结合自身职能围绕有线电视数字化工程搞好服务，确保整体转换工作如期完成。

（三）加强宣传

新闻媒体要大力宣传广播电视数字化整体平移工作的目的意义、实施步骤和政策措施。要通过发放宣传资料、张贴宣传标语、建立业务演示点、深入居民小区现场讲解等多种方式，积极争取广大群众的理解和支持。各镇街要做好社区、农村家庭用户整体转换的宣传发动，切实增强群众对有线电视数字化的认识，力求社会广泛认可，群众普遍接受。

主题词：有线电视　数字化　转换　方案　通知

中共增城市委办公室秘书科　2010年10月26日印发

（共印190份）

增城市人民政府常务会议（第十三届45次）纪要

增府常纪〔2010〕1号

2010年1月12日上午，市长叶牛平主持召开第十三届45次市人民政府常务会议，副市长范文添、邬卫东、郑丹群、张文远、叶鸿和市政府党组成员李能坚参加了会议（曾赤鸣常务副市长、李荣渝副市长和市武装部王晓军部长因事请假）。

会议讨论议题及决定事项如下：

一、讨论有关工作方案

（一）会议讨论了中石化广东广州石油分公司制定的《增城区域加油站升级整改方案》（以下简称《方案》）。会议认为，中石化广东广州石油分公司实施增城区域加油站的升级整改工作，对进一步改善我市城乡面貌，优化生态休闲旅游业发展的软环境具有积极的作用。会议原则同意中石化广东广州石油分公司关于增城区域加油站升级整改方案的基本思路。会议要求，一是由市经贸局牵头会同各相关职能部门和镇街结合各自职责和辖区实际，根据“迁、改、撤、新增”的原则统筹考虑中石化增城区域加油站的升级整改工作，并对《方案》进行进一步修改完善后报市政府审定。二是为尽快推动中石化增城区域加油站的升级整改工作，我市成立专门工作小组，由市经贸局作为牵头单位，市规划、国土、建设、交通、安监、公安、工商、旅游等部门及相关镇街配合，主动加强与中石化广东广州石油分公司的沟通，配合协调完成好升级整改工作涉及到的规划、用地及其他相关手续。

（二）会议认真讨论了市交通局制定的《关于清理增江河小楼圭头潭至初溪水利枢纽段各类存在重大安全隐患船只专项工作实施方案》（以下简称《实施方案》）。会议指出，增江河段内的各类存在重大安全隐患的船只，不仅影响了城市景观，而且威胁到增江河水上交通安全。前阶段，市海洋和渔业管理服务中心组织实施了增江河荔城至小楼段渔民住家船的清理工作，对改善城乡环境，保护增江河良好的水体质量起到了积极作用。现在，市交通局组织开展增江河各类存在重大安全隐患船只的清理工作，对我市打造以增江河为主轴的城乡景观带，营造良好的城乡环境迎接2010年广州亚运会具有重大意义。会议原则同意市交通局制定的《实施方案》。会议要求，市交通局作为增江河段各类存在重大安全隐患船只清理工作的主责部门要高度重视，主要领导要亲抓亲管，分管领导要狠抓落实，充分调动全体干部职工的积极性，认真做好以下工作：一是按照“以人为本”的原则，耐心细致地做好被清理对象的思想工作，积极引导其转产上岸，寻找新的出路；二是妥善安置被清理对象，协助符合经济适用房和廉租住房及相应救济条件的被清理对象做好申请工作；三是做好船舶的拆解申请、审核、公示、移交及拆解工作，确保船舶拆迁过程安全、无污染。市财政局要做好资金的保障工作，确保资金及时到位。市国土房管局要配合市交通局妥善安置被清理对象，做好被清理对象的调查、核实等工作。属地镇街和各相关职能部门要大力支持配合，确保清理工作顺利推进。

二、讨论有关人员优抚等待遇问题

（一）会议讨论关于高原条件义务兵优抚工作有关问题。会议认为，做好高原义务兵优抚工作，对鼓励进藏新兵安心服役，密切军民关系具有积极作用。会议原则同意市民政局和市武装部关于我市高原义务兵优抚工作的意见。会议要求，市民政局、市财政局等相关职能部门和镇街要认真落实相关工作，确保我市高原义务兵优抚工作落到实处。

（二）会议认真讨论了关于给90岁至99岁高龄老人发放长寿保健金的问题。会议认为，为90岁至99岁老人发放长寿保健金是我市贯彻落实广州市委、市政府建设“首善之区”的工作部署，结合辖区实际，为老人服务的又一惠民举措，对提高高龄老人的生活质量具有积极意义。会议同意给我市90岁至99岁高龄老人发放长寿保健金。会议要求，市民政局作为该项工作的主责部门，要牵头会同各镇街做好我市90岁至99岁高龄老人人数的统计和保健金发放工作，避免发生错漏，确保及时足额发放。市财政部门要做好资金保障工作，确保资金及时到位。市宣传部门要以此为契机，加大宣传力度，营造尊老敬老的舆论氛围。

（三）会议讨论关于调整我市农村低保、五保户和孤儿养育标准问题。会议认为，提高农村低保、五保户和孤儿养育标准，是我市贯彻落实省、广州市“保民生、保稳定”工作部署的重要举措，对提高农村低保、五保户和优抚对象的生活水平和生活质量，确保其共享经济社会发展的成果具有重大意义。会议原则同意市民政局关于调整我市农村低保、五保户和孤儿养育标准的意见。会议要求，一是市民政局要牵头会同市财政局认真落实我市农村低保、五保户和孤儿养育标准调整后的资金安排。二是各镇街要切实负起属地管理责任，落实配套资金，确保困难群众真正得到实惠和帮扶。三是为更加有效地推进各项救助保障政策和措施的落实，充分发挥基层政府在落实各项救助保障政府及措施的主体作用，由市政府办公室牵头，市委办、市人大办、市政协办参与，会同民政、教育、卫生、劳动保障、财政等相关职能部门，就我市直接投入民生福利的资金使用情况、使用形式、发放方式及各镇街的财力负担情况进行调研，为市政府决策提供参考。

（四）会议听取了市人事局关于规范镇街公务员津贴补贴问题的情况汇报。会议认为，规范公务员津贴补贴，是国家规范公务员工资管理的具体要求。会议原则同意市人事局关于规范公务员津贴补贴的意见，从2010年1月1日起镇街机关公务员执行规范后的津贴补贴标准。会议要求，市人事局和市财政局要做好相关后续管理工作。

分送：市委、市人大、市政府、市政协领导同志，市委各部委办，市人大办，市政协办，市纪委，市武装部，市法院，市检察院，各人民团体，增城日报社，各镇街，市府直属各单位。

增城市人民政府办公室综合科　2010年2月6日印发

增城市人民政府常务会议（第十三届46次）纪要

增府常纪〔2010〕2号

2010年2月9日，市长叶牛平主持召开第十三届46次市人民政府常务会议，副市长曾赤鸣、范文添、李荣渝、郑丹群、张文远、叶鸿及市政府党组成员李能坚参加了会议（副市长邬卫东和市武装部部长王晓军因事请假），市委组织部部长冼银崧同志列席第三议题。

会议讨论议题及决定事项如下：

一、讨论政府工作报告

会议认真讨论了《政府工作报告》（征求意见稿）。会议指出，2009年全市上下在市委、市政府的正确领导下，坚持以科学发展观为指导，积极应对国际金融危机，全力以赴保健康增长、促科学发展，努力创建科学发展示范市，顺利完成了市十三届人大四次会议确定的各项目标任务。

会议认为，2010年是我市实施“十一五”规划的最后一年，也是我市创建全国科学发展示范市的关键一年。做好今年工作，对巩固应对国际金融危机阶段性成果，保持经济平稳健康发展，为“十二五”规划启动实施奠定良好基础具有十分重要的意义。会议强调，为做好2010年市政府各项工作，各级各部门要牢固树立发展是第一要务的理念，切实增强责任感和紧迫感，坚定信心、抢抓机遇、积极有为，围绕今年我市经济社会发展的目标和任务，认真制定工作计划，确保各项工作的落实。今年要着力抓好八大方面工作：一是着力培育和提升产业发展竞争力；二是切实推动经济发展方式转变；三是系统推进基础设施建设；四是统筹城镇化和新农村建设；五是创建文明城市和迎接亚运会；六是大力推进基本公共服务均等化；七是不断加强民主法制和政府自身建设；八是扎实为民办好十件实事。

会议原则同意市府办提交的《政府工作报告》（征求意见稿），并要求市府办综合各部门意见后作进一步修改完善。

二、讨论项目落户及供地问题

会议讨论了广东科利亚农业装备有限公司半喂入联合收割机项目和广州市川井车业有限公司摩托车及其零部件项目落户问题。会议认为，上述两个项目的投资强度、产值、税收、环评等各项指标均符合我市工业投资项目评审条件要求，且项目土地均已落实，会议原则同意上述两个项目落户我市。会议要求，市国土房管局要进一步完善土地出让合同，通过在土地出让合同中对项目的开工和竣工时间以及未按规定的时间节点进行开发建设的处理措施进行约定，实现项目引进和土地供应的联动，解决项目的“落地”问题。

会议讨论了广州市双孖钢机构有限公司钢结构和脚手架项目落户问题。会议认为，经市工业投资项目评审小组评审，该项目投资强度、产值、税收、环评等各项指标均符合我市工业投资项目评审条件，会议原则同意该项目落户我市。鉴于该项目不符合我市项目引进和土地供应联动的手续，会议要求，中新镇、市国土房管局要抓紧完成项目土地回收等相关工作，如果在2010年4月份前中新镇、市国土房管局未能完善收地供地手续，市工业投资项目评审小组和市政府常务会议就该项目所决定事项作废。

会议讨论了广州市汇美包装有限公司铝质气雾罐项目的落户问题。会议要求，由朱村街牵头会同市城乡规划局就该项目选址问题进行研究，提出明确审核意见后，再报市政府研定。

三、布置机构改革的后续相关工作

会议听取了市编委办关于做好我市机构改革后续相关工作的情况汇报。会议指出，推进政府机构改革，建设服务型政府，是深化行政管理体制改革、全面落实科学发展观的一项重要任务，关系到改革发展稳定大局，市各级有关部门、新组建部门的领导班子要在市委、市政府的统一领导下严守机构改革纪律，加强干部职工的思想教育工作，确保思想不散、工作不断、秩序不乱、国有资产不流失，保证机构改革后续各项工作正常运转。会议明确：

（一）认真组织制定“三定”方案。市各级有关部门、新组建部门的领导班子要深刻认识到调整政府职能是本次政府机构改革的本质要求，正确对待机构调整和改革，服从大局，以平常心对待个人的去留和安排；要加强学习借鉴其他地区机构改革的先进经验，在市政府分管领导的指导下，组织本部门班子成员进行深入讨论，认真研究本部门职责、内设机构、人员编制，以完善部门职责为核心，尽快完成“三定”规定的草拟工作，分类分批解决历史遗留问题，全面理顺权责关系。

（二）切实做好机构改革前后的衔接工作。鉴于目前机构改革后新组建的部门尚未挂牌运作，为确保春节期间的公共安全和秩序稳定，各项工作仍由机构改革前各有关单位承担，原有关单位主要负责人为第一责任人，行使机构改革前各机构的职责。机构改革后的各新组建部门，主要领导要切实负起责任，根据新的职能要求，制定和落实“三定”规定；同时要及早谋划本部门2010年的各项工作，认真制定2010年的工作计划。

（三）关于公有资产的移交处理工作。由张文远副市长牵头，市财政局、市审计局等相关部门成立专责小组，专门处理机构改革过程中的资产审计、移交和归并等工作，并制定工作方案予以实施。

（四）关于新组建工作部门办公场所安排问题，按照大调整和小调整相结合的原则，由市委办和市府办牵头进行整体考虑。

（五）关于机构改革新组建部门可能在办公场地、办公设备调整过程中涉及到经费问题，由张文远副市长牵头，市财政局负责进行统筹考虑和合理安排。

（六）关于衔牌、印章更换和管理使用的有关要求。新组建机构的衔牌按规定标准，由市直机关事务局统一制作；新组建机构在“三定”规定批准后，应尽快对外挂牌运作。新组建机构的印章按规定标准，由市府办统一制发。党组（机关党委）印章由市委办统一制发。在新印章启用之前，必须使用印章的，可用原机构印章代替。新印章启用后，原印章立即作废，并分别上交市委办和市府办统一移交档案部门，各单位要严格管理使用印章，并承担移交作废前的所有责任。

（七）关于档案管理和保密工作。市档案局和市保密局要指导各部门要做好档案的移交工作，确保档案的完整，并符合保密要求。

四、节日防护及有关工作要求

全市各级各部门要高度重视春节期间的各项工作，既要确保春节期间全市经济社会的安全稳定，让全市人民度过一个欢乐、祥和、平安的节日，又要增强工作的主动性和责任感，及早谋划和部署安排好节后的各项工作。会议明确：

（一）全力做好节日期间与人民群众和社会稳定密切相关的各项工作。各镇街、各部门要认真落实市委办、市府办《关于做好2010年元旦、春节期间有关工作的通知》（增委办〔2009〕21号）精神，深入基层，认真做好节日慰问、扶孤助困以及与群众生产生活密切相关的供水、供电、供气等各项工作，切实解决群众实际问题；要精心组织，深入开展各种健康有益的文体活动，丰富城乡群众的文化生活；要落实责任，切实做好各项安全生产和社会维稳工作，全力促进春节期间辖区社会和谐稳定。

（二）认真制定2010年项目建设计划和招商引资计划。由曾赤鸣常务副市长牵头，新组建的市科技经贸和信息化局具体负责，在全面做好调查摸底的基础上，制定已落户产业项目2010年开工建设计划和2010年项目招商引资计划。

（三）认真制定2010年“三旧”改造工作计划。由邬卫东副市长牵头，市“三旧”办具体负责，制定2010年各镇街和有关区域的“三旧”改造工作计划。

（四）制定新一年的土地新征和储备计划。由邬卫东副市长牵头，市土地储备中心具体负责，尽快制定2010年度新征土地和土地储备计划，同时市国土局要协调好土地审批的有关工作。

（五）制定已招标未开工和拟招标开工基本建设项目计划。由张文远副市长牵头，市发改局具体负责，制定已招标未开工和拟招标开工基本建设项目计划，确保春节后能按计划开工建设。

（六）加强在建道路交通工程的管理。由郑丹群副市长牵头，全面检查全市道路交通包括广汕公路、增派公路、荔三公路、白水寨大道等建设工程，认真做好节日停工期间的道路保洁和日常管理工作，确保道路畅通干净，并制定全面完成工程的进度计划。

（七）制定节后绿化工作计划。由范文添副市长牵头，市林业和园林局具体负责，加快落实全市绿化工作计划，重点确定好节后上班第一天和我市“两会”期间的绿化种植点。

（八）全面落实解决群众实际困难的各项政策措施。重点落实今年1月份确定的关于调整我市农村低保、五保供养和孤儿养育标准的方案，确保春节前落实到位。该项工作由范文添副市长牵头，市民政局、市财政局和各镇街具体承办。

（九）加强景区景点和文化娱乐场所的安全检查。由叶鸿副市长牵头相关部门，全面检查春节期间全市各大旅游景区景点和文化娱乐场所的安全工作。

（十）认真做好春运安全畅通工作。由郑丹群副市长牵头，市交通运输局负责，会同市公安局做好春节期间运输安全工作，加强对过境长途客运汽车的检查，严防重特大交通事故的发生。

（十一）认真做好卫生防疫工作。由李荣渝副市长牵头，市卫生局具体负责，认真做好节日期间的卫生防疫工作，制订完善卫生应急预案，落实各项防治措施，切实保障人民群众的健康安全。

（十二）切实做好物资供应和食品药品安全工作。由郑丹群副市长牵头，市工商局、安监局、食品药品监督管理局等相关部门负责，认真做好节日期间物资尤其是群众生活必需品的供应工作和安全检查工作，严厉打击制售假冒伪劣产品等不法行为，规范市场经济秩序，维护消费者利益。

（十三）加强市区燃放爆竹行为的检查整治和落实创文考评工作。相关镇街和部门要加大节日期间市区燃放烟花爆竹等破坏城市文明形象行为的检查整治力度，确保节日期间市容市貌的安全整洁，同时市创文办要检查落实创建文明城市的考评工作。

（十四）认真做好节日期间的值班工作。各镇街、各部门要严格按照原机构部门职责承担春节期间的值班工作，严格岗位责任制，所有值班人员必须尽职尽责，不得擅离岗位，遇到紧急、重要事项或重大突发事件，要立即请示报告，及时妥善处理。供电、供水等与群众生产生活密切相关的行业和部门，要加强一线力量，确保节日期间各项工作正常运转。

分送：市委、市人大、市政府、市政协领导同志，市委各部委办，市人大办，市政协办，市纪委，市武装部，市法院，市检察院，各人民团体，增城日报社，各镇街，市府直属各单位。

增城市人民政府办公室综合科 2010年2月9日印发

增城市人民政府常务会议（第十三届47次）纪要

增府常纪〔2010〕3号

2010年3月3日，市长叶牛平主持召开第十三届47次市人民政府常务会议，常务副市长曾赤鸣，副市长范文添、李荣渝、邬卫东、郑丹群、张文远、叶鸿和市武装部部长王晓军参加了会议（市政府党组成员李能坚因事请假）。

会议讨论议题及决定事项如下：

一、审议《政府工作报告》

会议再次审议了《政府工作报告》（送审稿），会议原则同意市府办提交的《政府工作报告》（送审稿），要求根据会议精神作一步修改完善后，提交市委常委会议审定。

二、讨论《增城市2009年国民经济和社会发展计划执行情况与2010年计划草案的报告》

会议听取了市发改局关于我市2009年国民经济和社会发展计划执行情况和2010年国民经济和社会发展预期目标安排建议的情况汇报。会议指出，2009年是我市发展过程中充满挑战的一年，在市委、市政府的领导下和市人大、市政协的监督支持下，全市人民以创建全国科学发展示范市为目标，积极应对国际金融危机带来的冲击，全力以赴保增长、保民生、保稳定，顺利完成了市十三届人大四次会议确定的目标任务。2010年国民经济和社会发展主要预期目标安排科学合理，符合我市实际。会议原则同意市发改局起草的《增城市2009年国民经济和社会发展计划执行情况与2010年计划草案的报告》，要求作进一步修改完善后，提交市委常委会议审定。

为确保实现我市2010年国民经济和社会发展主要预期目标，会议明确，一是各级各部门要牢固树立“发展是第一要务”的理念，围绕我市2010年国民经济和社会发展主要预期目标和三大主体功能区确定的产业布局，确定今年本辖区、本单位的重点工作，并制定贯彻落实的具体工作方案和确保完成年度目标任务的工作措施，将工作落实到点、责任落实到人。二是市发改局要指导各镇街加强对经济运行的管理，及时发现经济运行中的苗头性、倾向性问题，及时制定应对措施，充分发挥国民经济和社会发展主要预期目标在我市经济社会发展中的引导作用。三是由曾赤鸣常务副市长和张文远副市长牵头根据三大主体功能区的不同定位，在研究制定2011年目标任务时，适当调减北部派潭、小楼、正果三镇工业产值的指标任务，增加农业和现代服务业的指标任务，建立科学合理的考核机制。

三、讨论《增城市2009年财政综合预算执行情况和2010年财政综合预算草案报告》

会议听取了市财政局关于我市2009年财政综合预算执行情况和2010年财政综合预算安排的情况汇报。会议认为，2010年全市预算盘子是根据去年财政的增长情况和科学分析今年的财力情况制定的，符合我市经济发展实际。会议原则同意市财政局提出的2010年全市财政综合预算安排意见，要求作进一步修改完善后，提交市委常委会议审定。

为确保2010年财政综合预算顺利执行，会议要求重点抓好以下工作：一是着力培育和提升企业发展竞争力，壮大税源。要把抓好招商选资工作和促进产业健康发展作为财政增收的核心工作，由曾赤鸣常务副市长和邬卫东副市长牵头分别成立招商选资和促进房地产健康发展的专门工作机构，一手抓存量提升，一手抓增量引优，不断优化我市经济和产业结构，进一步壮大我市经济总量和规模。二是筹集资金抓发展、保民生，千方百计保证我市重点工作的资金需求，全力做到三个“保证”：保证招商引资、项目引进和结构调整必备的资金，保证土地征用、储备、盘活必要的启动资金；保证我市民生项目、城乡环境建设的资金。三是继续完善市、镇（街）财政管理体制，建立有利于发挥镇（街）主体作用的保障机制。通过调整城市建设维护税、城市基础设施配套费和土地出让收益等政府收益的分配方式，进一步理顺市镇（街）两级关系，充分发挥镇街在抓发展、整合盘活征用土地、实施“三旧”改造及加强属地卫生和社区管理等方面的主体作用。四是在节流上下功夫。各级各部门牢固树立过“紧日子”的思想，严格控制一般性支出，压缩公务用车采购、会议经费、公务接待费等支出。五是市财政、审计等部门要加大财政资金的监管力度，提高财政综合预算执行力，确保财政资金科学、高效利用。

四、讨论《增城市2010年固定资产投资重点建设项目计划》（草案）

会议听取了市发改局关于我市2010年固定资产投资重点建设项目安排有关情况的汇报。会议指出，为充分发挥投资对经济增长的拉动作用，实现我市经济的平稳较快增长，今年我市安排了 91 项政府投资重点建设项目和 43 项社会投资重点建设项目。会议原则同意市发改局制定的《增城市 2010 年固定资产投资重点建设项目计划》（草案），要求进行修改完善后，提交市委常委会议审定。会议强调：各级各部门要牢固树立“大投入大发展，强投入快发展，有系统的投入有效益的发展，科学投入实现可持续发展”的投入理念，以促进项目早动工、早投产、早出效益为重点，确保完成 2010 年固定资产投资计划，为我市新一轮大发展奠定坚实的基础。

为全面完成我市 2010 年固定资产投资重点建设计划，会议要求，各镇街、各部门要各司其职、加强联动，切实形成工作合力。一是市发改部门作为全市经济管理的统筹部门，要加强固定资产投资重点建设项目管理，科学测算投资建设规模，及时通报项目推进情况。二是市财政部门要指导各责任单位制定科学的融资计划、资金还贷计划和资金使用计划，切实提高资金的使用效益。三是各责任单位要切实负起主体责任，严格按照基本建设程序有序推进项目建设，进一步提高项目管理水平，确保项目资金使用合理，严格控制在投资额以内。四是各镇街、“两城两区”管委会要切实履行属地管理责任，主动为项目业主解决项目推进过程中遇到的困难和问题。五是各相关审批部门要增强主动服务意识，为项目开辟“绿色通道”，确保项目尽快开工建设和建成投产达效。

五、讨论《增城市城乡总体规划纲要（2008—2020）》

会议认真讨论了《增城市城乡总体规划纲要（2008—2020）》（以下简称《规划纲要》）。会议指出，《规划纲要》是在我市三大主体功能区战略规划的基础上制定的，为下一步编制我市城乡总体规划奠定了良好基础，有利于提高我市城乡建设水平。会议原则同意市规划局制定的《规划纲要》，要求提交市委常委会议和市第十三届人民代表大会第五次会议审议。

分送：市委、市人大、市政府、市政协领导同志，市委各部委办，市人大办，市政协办，市纪委，市武装部，市法院，市检察院，各人民团体，增城日报社，各镇街，市府直属各单位。

增城市人民政府办公室综合科　2010 年 3 月 6 日印发

增城市人民政府常务会议（第十三届48次）纪要

增府常纪〔2010〕4号

2010年4月2日下午，叶牛平市长主持召开第十三届48次市人民政府常务会议，常务副市长曾赤鸣，副市长邬卫东、张文远、叶鸿和市政府党组成员、市长助理李能坚参加了会议（副市长李荣渝、刘荣照和市武装部部长王晓军因事请假）。

会议讨论议题并决定事项如下：

一、关于2010年市政府主要工作责任分工问题

会议听取了市府办关于2010年《政府工作报告》布置的重点工作的责任分工、2010年市政府为民办十件实事责任分工有关情况的说明和市发改局关于2010年政府投资重点建设项目责任分工及落实广东省、广州市重点建设项目责任分工有关情况的说明，并进行了认真的讨论。会议认为，《政府工作报告》提出了今年全市经济社会发展的总体思路和任务目标，是对全市人民作出的庄严承诺，通过分解和细化工作任务，明确牵头负责领导和责任单位，是贯彻落实政府主要工作，推进重点项目工程建设，完成既定目标任务的有力措施，也是市委、市政府以实绩实效取信于民的重要举措，对于增强我市发展后劲，促进经济可持续、科学发展具有重要意义。会议强调，各级领导、各责任单位和协办单位要按照职责分工要求，切实加强组织领导，建立健全主管领导牵头协调、项目责任单位抓落实、协办单位主动配合的工作机制，形成“主体明确、上下联动、分工负责、齐抓共管、整体推进”的工作格局；要成立专责工作小组，制订工作推进计划和工作方案，明确工作推进的目标和时间进度要求，确保各项工作任务扎实有效、按时完成。会议明确：

（一）会议原则同意2010年《政府工作报告》重点工作责任分工安排。会议要求：一是市主管领导对负责工作事项要亲自研究和部署，指导和督促责任单位抓紧推进工作的落实。二是各责任单位要根据重点工作的责任分工和时间进度要求，制订和细化工作计划安排，不折不扣地抓好落实。三是协办单位要密切配合，主动加强与责任单位的沟通协调，共同推进并确保完成市政府各项工作任务。四是市府办、市监察局要加强督办，定期通报工作落实情况。

（二）会议原则同意2010年市政府为民办十件实事的责任分工安排。会议要求：一是各项目主办单位要高度重视，切实增强为民办实事、办好事的使命感、责任感和紧迫感，认真落实工作责任，细化项目推进计划安排，按计划加快项目工程建设。二是项目协办单位要主动介入，主动服务，齐心协力抓好为民办十件实事。三是市府办要加强对市政府为民办十件实事的督办跟踪，每月通报进展情况。

（三）会议原则同意2010年政府投资重点建设项目责任分工安排。会议要求：一是各级各部门要发挥主观能动性，结合自身实际，认真做好建设项目的策划和储备工作，做到早谋划、早准备、早动手，力争实施一个成功一个，实现滚动式发展。二是项目严格按照基本建设程序的要求进行项目融资和工程管理，充分发挥财政资金的杠杆作用，进一步拓宽融资渠道，为我市各项基本项目工程建设提供有力的资金保障。三是要合理确定建设规模，全面抓好建设质量。在推进项目的进程中，既要用前瞻的思维指导工作的部署，认真结合我市经济社会发展的实际需求，合理确定项目建设规模，做到超前规划，又要实事求是，实现可持续发展。由张文远副市长牵头组织市发改、财政等部门制订建设规模管理制度，对建设规模进行审查。四是为加快推进重点项目建设，各项目责任单位要建立健全项目推进工作制度，落实项目建设计划，明确项目建设月度和季度目标，确保项目工程按目标计划推进；各审批部门要优化审批流程，提高审批效率，为重点项目开通“绿色通道”；市监察局、市发改局要成立督办小组，定期督办检查和通报项目建设情况。

（四）会议原则同意关于落实广东省和广州市重点建设项目责任分工安排。会议指出，我市有29个建设项目被列入省和广州市2009年、2010年的重点建设项目（预备项目），通过建立市领导对口联系工作制度和镇街、部门领导负责制度，明确职责分工，有利于加强与上级领导和部门的对口联系和协调，对接报送材料，加快项目建设。会议要求，各项目对口联系市领导和责任单位要高度重视，切实加强与上级领导和部门的沟通联系，及时协调解决项目推进过程中遇到的困难和问题；抓紧制定推动重点建设项目建设的具体工作方案，明确责任人、工作进度和完成时限，实施重点项目报批绿色通道制度，加快项目建设；实行督查考核制度，由市府办、市监察局、市发改局加强对牵头部门落实重点项目建设工作责任的情况进行督查、督办，定期通报重点建设项目推进情况。

二、关于市政府常务会议无纸化管理问题

会议讨论了关于市政府常务会议无纸化管理的问题。会议指出，运用信息化手段，采用无纸化会议方式，不仅是为了适应低碳经济的需要，也是我市打造绿色生态，构建和谐社会的需要，更是象征着政府工作顺应科学发展潮流、勤政务实创新的需要。本次市政府常务会议首次运用信息化技术手段，实现了无纸化方式，会议达到了预期效果。会议要求，各级领导要牢固树立节约意识、资源意识、生态意识、环境意识和忧患意识，不断加强学习，掌握信息化技术手段，大力推广无纸化办公，提高工作效率。今后的市政府常务会议将继续采用无纸化会议模式管理，不再印发纸质会议材料。

分送：市委、市人大、市政府、市政协领导同志，市委各部委办，市人大办，市政协办，市纪委，市武装部，市法院，市检察院，各人民团体，增城日报社，各镇街，市府直属各单位。

增城市人民政府办公室综合科　2010 年 4 月 13 日印发

增城市人民政府常务会议（第十三届52次）纪要

增府常纪〔2010〕9号

7月19日，叶牛平市长主持召开第十三届52次市政府常务会议，常务副市长曾赤鸣，副市长李荣渝、邬卫东、张文远、刘荣照、叶鸿及市长助理李能坚参加了会议。（市武装部部长王晓军因事请假）

会议讨论议题并决定事项如下：

一、讨论《增城市城市管理综合执法工作方案（送审稿）》

会议听取了市城监大队关于制订《增城市城市管理综合执法工作方案》的情况汇报。会议认为，加强我市镇（街）城乡管理综合执法工作，推动城乡管理综合执法工作重心下移，对解决我市城乡管理综合执法长期存在的职能交叉、权责分割、执法效率不高、基层执法力量薄弱等问题，建立健全以镇（街）为主体、权责一致、部门协调的城乡管理综合执法体制，全面提升我市城乡管理水平具有重大意义。会议原则同意《增城市城市管理综合执法工作方案》的基本内容，并要求由邬卫东副市长牵头召集市府办、市法制办、市城监大队等相关单位，结合《增城市城市管理综合执法工作方案》的基本内容，以下放执法权和明确责任主体为核心内容，草拟《关于加强镇（街）城乡管理综合执法工作的通知》报市政府审定后下发执行，确保我市城乡管理综合执法工作的顺利开展。

二、讨论《增城市集中查处违法建设专项行动工作方案（送审稿）》和《增城市户外广告招牌综合整治方案（送审稿）》

会议听取了市城监大队关于制订《增城市集中查处违法建设专项行动工作方案》和《增城市户外广告招牌综合整治方案》的情况汇报。会议认为，集中开展查处违法建设和整治户外广告招牌工作是贯彻落实广州市查控违法建设暨整治户外广告招牌工作会议精神的重要举措，对进一步改善我市城乡环境面貌，提高城乡建设管理水平，规范城乡建设秩序，以崭新的城市形象和一流的人居环境迎接广州亚运会具有重要意义。会议原则同意《增城市集中查处违法建设专项行动工作方案》和《增城市户外广告招牌综合整治方案》，要求根据会议精神进行修改完善后下发执行。为确保查处整治工作的顺利推进，会议要求：一是强化思想认识，切实增强查处违法建设和整治户外广告招牌工作的责任感和紧迫感；二是强化宣传发动，营造良好的舆论氛围，争取广大人民群众的支持，打一场查处违法建设和整治户外广告招牌的“人民战争”；三是强化镇（街）属地管理责任，确保查处整治工作落到实处；四是强化依法行政，坚持依法依规开展查处和整治工作；五是强化一体联动，切实形成执法工作合力；六是强化督查问责，落实工作责任。

三、讨论《增城市荔城户外广告设置总体规划（送审稿）》和《增城市新塘户外广告设置总体规划（送审稿）》

会议听取了市工商局关于制订《增城市荔城户外广告设置总体规划》和《增城市新塘户外广告设置总体规划》的情况汇报。会议认为，制订我市荔城、新塘地区的户外广告设置规划，对进一步加强荔城、新塘地区违法户外广告和招牌的清理整治和规划管理，消除违法户外广告招牌对市容景观的负面影响，提高城乡建设品位具有重大意义。会议原则同意市工商局制订的《增城市荔城户外广告设置总体规划》和《增城市新塘户外广告设置总体规划》，要求荔城街和新塘镇按照上述规划尽快开展违法户外广告招牌的清理整治和规范管理工作，其余镇（街）要积极主动与市规划部门联系，尽快制定辖区户外广告招牌设置规划，作为规范辖区户外广告招牌管理的依据。为进一步规范我市户外广告招牌的管理，会议明确：一是由城乡建设局牵头对户外广告招牌规划设置和规范管理，其中，市城乡规划局负责户外广告招牌的规划；市工商局负责对户外广告招牌内容进行审核和广告发布行业的规范管理；市城乡建设局负责对户外广告设置和清拆进行管理。二是镇（街）要积极探索户外广告招牌设置实行企业经营管理方式，推动户外广告招牌的规范设置和安全管理。

四、通报上半年我市产业项目进展情况

会议听取了市科经信局关于我市上半年130个在办在建产业项目进展情况的汇报。会议认为，加强对我市在办在建产业项目的检查督办，对落实产业项目建设目标责任制，建立以镇（街）为单位的项目建设插红旗制度，加快推进产业项目的动工建设具有积极意义。会议指出，目前，全市在办在建产业项目130个，已动工项目61个，动工率60.8%；已投产运营18个，投产率13.8%；未动工项目58个。从检查督

办的情况看，我市招商引资过程中出现的引而不进、进而不动、动而不快等三大主要问题仍较为突出，暴露了我市经济管理能力和服务企业水平低等软肋。为加快推进产业项目建设，会议要求：一是各级各部门要牢固树立发展是第一要务的理念，把引进优质的产业项目作为抓发展的重要载体，切实提高管理水平和服务效能，确保项目引得进、建得好、动得快；二是各镇街要对辖区内拟建项目进行调查核实，从项目效益和可行性方面考虑，本着实事求是的态度，认真梳理选定项目，并报市科经信局。三是市府办、市科经信局要加强指导督办，适时对镇（街）项目推进情况进行通报；四是各镇街、“两城两区”管委会要全面落实今年招商引资任务，确保引进并开工 2 个以上优质产业项目，市政府将在年末对各镇街、“两城两区”管委会进行严格考核。

五、讨论《增城市农村计划生育家庭节育奖实施办法（送审稿）》

会议听取了市计生局关于制订《增城市农村计划生育家庭节育奖实施办法》的情况汇报。会议认为，落实农村计划生育家庭节育奖，对完善人口和计划生育利益导向机制，引导农村居民自觉遵守国家计划生育政策，进一步稳定我市低生育水平，促进农村人口计生工作持续、稳定、健康发展具有重大意义。会议原则同意市计生局制订的《增城市农村计划生育家庭节育奖实施办法》，并从 2010 年 7 月 1 日开始执行。会议要求，市计生局要牵头会同市财政局、市公安局等单位及各镇街认真做好后续管理工作。

六、通报近期我市劳动关系情况和布置做好改善劳动关系化解劳资纠纷工作

会议听取了市人社局关于近期我市劳动关系的情况汇报。会议指出，在前一阶段我省部分地区相继出现一些劳动关系不稳定、不和谐事件，对我市劳动关系的稳定造成了一定的冲击和影响。市人社局会同有关单位迅速行动起来，对我市企业当前劳动关系开展全面梳理、排查、调处、整改，并采取有效措施，协调改善劳资关系，化解劳资矛盾，确保了我市劳动关系相对稳定。为进一步改善我市劳动关系，预防和化解劳资纠纷，会议要求，各级各部门要正确看待新形势下的劳资纠纷问题，深入基层和企业，关心企业的发展和工人的利益，指导双方建立健全工资协商机制，突出抓好以下八方面的工作：一是提高思想认识，落实属地责任；二是制定科学预案，齐抓共管；三是建立联动机制，妥善处理问题；四是加强矛盾排查，防患于未然；五是深化“和谐企业、和谐工业园、和谐社区”创建工作，力促劳动关系和谐；六是加强宣传教育，增强劳资双方的法制意识；七是加强信息管理，引导媒体宣传；八是加强信息报送，确保掌控到位。

分送：市委、市人大、市政府、市政协领导同志，市委各部委办，市人大办，市政协办，市纪委，市武装部，市法院，市检察院，各人民团体，增城日报社，各镇街，市府直属各单位。

增城市人民政府办公室综合科 2010 年 8 月 26 日印发

增城市人民政府常务会议（第十三届53次）纪要

增府常纪〔2010〕8号

2010年8月17日下午，叶牛平市长主持召开第十三届53次市人民政府常务会议，常务副市长曾赤鸣，副市长邬卫东、张文远、刘荣照、叶鸿和市武装部政委张清彬及市长助理李能坚参加了会议。（李荣渝副市长因事请假）

会议讨论及决定事项如下：

一、听取市发改局关于开展村镇银行试点工作情况汇报

会议听取了市发改局关于开展村镇银行试点工作的情况汇报。会议认为，我市启动村镇银行的试点工作，对进一步优化配置金融资源，完善地区金融体系和改进农村地区金融服务具有重大意义。会议原则同意按照中国银监会《村镇银行管理暂行规定》等相关政策法规和有关部门的批复组建增城市村镇银行。会议要求，市发改局（金融办）作为推进村镇银行试点工作的牵头单位，要切实负起主体责任，主动协调各相关职能部门依法依规做好有关工作：一是要加强与广东省金融办和广州市金融办以及主发起银行的沟通协调，严格按有关程序有序推进我市村镇银行的试点工作；二是鼓励和发动我市民营企业参与村镇银行的组建工作；三是会同中国人民银行增城市支行切实加强对村镇银行经营活动的指导和监管，确保我市村镇银行试点工作规范有序地开展。

二、听取市发改局关于开展小额贷款公司试点工作情况汇报及讨论《增城市小额贷款公司管理办法》

会议听取了市发改局关于我市开展小额贷款试点工作的情况汇报以及草拟《增城市小额贷款公司管理办法》的情况说明。会议认为，我市开展小额贷款公司试点工作，对进一步加大我市金融改革力度，破解中小民营企业的融资难题，推动城乡一体化发展和促进经济社会又好又快发展具有重大意义。会议原则同意市发改局制定的《增城市小额贷款公司管理办法》，并按照广东省金融办和广州市金融办的有关批复在我市设立一家小额贷款公司。为确保我市小额贷款公司试点工作的顺利推进，会议要求，一是小额贷款公司要严格按照《广东省小额贷款公司管理办法（试行）》进行组建和管理；二是市发改局（金融办）要严格按照《增城市小额贷款公司管理办法》加强对小额贷款公司的日常监管，严格规范其经营管理；三是市发改局（金融办）要鼓励和发动我市民营企业积极参与小额贷款公司的入股和组建工作。

三、讨论关于评选我市优秀民营企业问题

会议听取了市科经信局关于评选我市优秀民营企业的情况汇报。会议认为，开展优秀民营企业的评选工作，将其作为政府宣传和支持民营企业发展的平台，有利于促进我市民营企业的发展壮大。会议要求，由曾赤鸣常务副市长牵头，市科经信局具体负责，严格按照《广州市优秀民营企业评分办法》，广泛发动符合条件的民营企业参与评选活动，制定具体推荐和评选方案，公平、公正、公开评选和推荐四家企业为广州市优秀民营企业；同时，要加快制订我市优秀民营企业评选办法，评选出增城市百强民营企业。

四、讨论《增城市集体林权制度改革实施方案》

会议听取了市林业和园林局关于制定《增城市集体林权制度改革实施方案》（以下简称《方案》）的情况说明。会议认为，实施集体林权制度改革工作，对进一步转变管理方式，充分调动广大农民和社会力量参与林业建设的积极性，解放和发展林业生产力，实现资源增长、农民增收、生态良好、林区和谐的目标具有重大意义。会议原则同意市林业和园林局制定的《方案》，要求根据会议精神作进一步修改完善后下发执行。

为确保本次林权制度改革的顺利推进，会议要求，各有关单位要各司其职，加强沟通，密切配合，切实形成工作合力。一是市林业部门作为本次林权制度改革的牵头单位要负起主体责任，按照《方案》指导各镇街、各相关单位组织开展我市林权制度改革工作，并以本次林权制度改革为契机，着力提高林业经营的品种和生态效益及林改后林农的收益和分配标准。二是各镇街要切实履行属地管理责任，积极稳妥地推进辖区林权制度改革工作，把保护森林资源和保障群众利益有机结合起来。三是政法、司法部门要做好山林权属纠纷的调处工作，切实维护社会稳定。四是其他各相关职能部门要严格按照《方案》确定的职责分工，积极推动林权制度改革工作。

五、讨论《增城市全面推进依法行政五年规划（2010—2014年）》

会议听取了市法制办关于制定《增城市全面推进依法行政五年规划（2010—2014年）》（以下简称《规划》）的情况说明。会议认为，全面推进依法行政工作，对提升我市法治建设水平，进一步推动政府职能转变，规范和约束行政权力，全面创建全国科学发展示范市和法治示范市具有重大意义。会议原则同意市法制办制定的《规划》，要求根据会议精神进行修改完善后下发执行。为确保我市依法行政工作的顺利推进，会议要求：一是各级各部门要按照《规划》确定的职责分工，加强组织领导，全面推进依法行政工作，主要领导要亲自抓、负总责，分管领导要具体抓、抓落实，并安排具体部门和经办人予以跟踪落实。二是市法制办要加强检查督办，严格按照《规划》检查督促各责任单位制定和完善各项依法行政规章制度。

分送：市委、市人大、市政府、市政协领导同志，市委各部委办，市人大办，市政协办，市纪委，市武装部，市法院，市检察院，各人民团体，增城日报社，各镇街，市府直属各单位。

增城市人民政府办公室综合科　2010年8月25日印发

增城市人民政府常务会议（第十三届54次）纪要

增府常纪〔2010〕10号

2010年8月24日下午，叶牛平市长主持召开第十三届54次市人民政府常务会议，常务副市长曾赤鸣，副市长李荣渝、邬卫东、张文远、刘荣照、叶鸿和市武装部政委张清彬及市长助理李能坚参加了会议。

会议讨论及决定事项如下：

一、讨论《中共增城市委、增城市人民政府关于加快发展民营经济的实施意见》

会议听取了市科经信局关于草拟《中共增城市委、增城市人民政府关于加快发展民营经济的实施意见》（以下简称《实施意见》）的情况说明。会议认为，推动民营经济大发展是我市当前极其重要和紧迫的战略任务，对于促进我市经济发展方式转变，推动内生增长具有重要的战略意义。会议原则同意《实施意见》，要求根据会议精神进行修改完善后提交市委常委会议审定。会议强调，各级各部门要高度重视，紧紧围绕“扶持”和“服务”两个着力点，加大政策措施扶持力度，推动民营经济加快发展。一是要提高思想认识。各级各部门要将思想和行动统一到市委市政府的决策部署上来，把加快发展民营经济作为当前及今后的“一号工程”来抓，确保认识到位，工作到位，责任到位。二是要增强主动服务意识，为民营企业提供高效的服务。各职能部门要切实增强主动服务意识，以开展“创先争优”活动为契机，转变工作作风，改进服务，大力开展“企业服务月”活动，全面提高政府服务企业的水平。三是要狠抓落实，确保加快民营经济发展的各项措施落到实处。牵头单位要根据《实施意见》的有关要求，结合本辖区和本领域实际，制定配套实施细则，建立工作制度，明确责任部门和责任人，确保《实施意见》各项措施真正得到落实，在推动民营经济发展上真正有实效。四是要加强督促检查。市府办、市监察局要定期开展专题检查和监督，通报各相关单位贯彻落实情况。五是要加强宣传，营造良好的舆论氛围。宣传部门要加大对民营经济和民营企业家的宣传力度，形成全民创业的良好态势，在全社会营造“重商、亲商、爱商、护商”的良好舆论氛围。

二、讨论新塘镇医院选址和建设模式问题

会议听取了市城乡规划局关于新塘医院规划选址情况的汇报，并对其提交的9个选址方案进行了认真讨论。考虑到新塘医院建设的紧迫性和周边交通规划配套需求等因素，会议原则同意第九个选址方案即选址增城经济技术开发区香山大道西侧，塘美村东埔合作社以南，中新塑料项目以北，并要求将初步选址意见提交市委常委会议审定。为确保新塘医院建设的顺利推进，会议明确：一是由李荣渝副市长牵头，市卫生局具体负责，按照促进民营经济发展，鼓励民营企业积极参与医疗卫生事业项目建设，探索多元化投资模式的思路，制定新塘医院的建设方案；二是市卫生局作为新塘医院筹建实施主体要切实负起主体责任，牵头会同市城乡规划局、市国土房管局和增城经济技术开发区管委会尽快开展项目用地的规划调整、规划审批等相关工作。

三、听取市计生局关于我市当前人口和计生形势情况汇报

会议听取了市计生局关于我市当前人口和计生形势情况的汇报。会议指出，当前我市计生工作的主要存在问题是“四低一高”（即计生率、查环查孕率、节育措施落实率和社会抚养费征收率偏低，出生人口性别比偏高），计划生育工作形势相当严峻。为切实扭转严峻形势，会议要求：一是各级领导要高度重视，把计生工作摆在与发展经济同等重要的位置，克服麻痹松懈和畏难情绪，坚持打持久战的思想，常抓不懈，抓出成效。二是各镇街要突出重点，加大对计生工作的管理力度，以完成全年计生任务和完成计生目标考核作为核心，迅速开展调查，摸清底数，找准辖区计生工作的薄弱环节和突出问题，采取果断措施进行整改，坚决扭转计生工作下滑的局面。三是由市计生局牵头尽快完善计生工作例会制度、每月通报制度和领导约谈制度。四是由刘荣照副市长牵头完善计划生育行政执法体制和部门联合执法机制。五是市计生局要尽快就我市计划生育形势向市委常委会议作一次专题汇报。

分送：市委、市人大、市政府、市政协领导同志，市委各部委办，市人大办，市政协办，市纪委，市武装部，市法院，市检察院，各人民团体，增城日报社，各镇街，市府直属各单位。

增城市人民政府办公室综合科　2010年8月31日印发

增城市人民政府常务会议（第十三届55次）纪要

增府常纪〔2010〕11号

2010年9月8日上午，叶牛平市长主持召开第十三届55次市人民政府常务会议，常务副市长曾赤鸣，副市长邬卫东、刘荣照、叶鸿和市武装部政委张清彬及市长助理李能坚参加了会议（李荣渝、张文远副市长因事请假）。

会议讨论及决定事项如下：

一、讨论《增城市关于进一步落实“两相当”提高教师待遇完善学校绩效工资制度实施意见》

会议听取了市教育局关于草拟《增城市关于进一步落实“两相当”提高教师待遇完善学校绩效工资制度实施意见》（以下简称《实施意见》）的情况说明。会议指出，进一步落实“两相当”政策，提高教师待遇、完善学校绩效工资制度，对进一步调动教师工作的主动性和积极性，推动我市教育事业持续健康发展具有重大意义。会议原则同意《实施意见》，要求根据会议精神作进一步修改完善后下发执行。

为确保该项工作落到实处，会议强调，各级各部门要进一步提高认识，切实增强推动教育优先发展的自觉性、紧迫感和责任感，以全面落实“两相当”政策要求、完善学校绩效工资制度为着力点，统筹推动教育事业科学发展。一是要切实加大财政投入确保今年12月底前实现“两相当”。二是要完善学校绩效工资制度。教育、人事、财政、编办等部门要成立专责小组，按年度合理确定绩效工资总量，并根据不同学校和不同考核项目制定学校办学绩效考核办法以及奖励性绩效工资分配办法，依据考核结果确定各学校奖励性绩效工资总量。学校根据市确定的奖励性绩效工资总量，在市教育局的具体指导下，制定学校内部分类考核制度和相应分配方案，切实发挥绩效工资分配的激励导向机制。三是要规范各类津补贴和加强学校财务管理。教育、监察、审计等部门要加强学校的监督管理，确保学校各类津补贴的规范发放和学校财务的规范管理。

二、讨论《关于进一步做好优秀外来工入户和农民工子女义务教育工作的实施意见》

会议听取了市教育局、市人社局关于制订《关于进一步做好优秀外来工入户和农民工子女义务教育工作的实施意见》（以下简称《实施意见》）的情况汇报。会议认为，做好优秀外来工入户和解决农民工子女接受义务教育工作对吸收优秀外来人才投身我市经济建设，进一步落实“双转移”战略，促进我市经济社会又好又快发展具有重要意义。会议原则同意市发改局、市教育局、市公安局、市人社局联合制订的《实施意见》，要求根据会议精神进一步修改完善后下发执行。

为确保优秀外来工入户和解决农民工子女接受义务教育工作真正落到实处，会议要求，各级各部门要高度重视，进一步转变政府职能，着眼于为广大市民群众提供公平正义的社会环境，加强配合协调，进一步减少办事环节、优化办事流程，确保政策落到实处。一是市人社局要根据公平、公开、公正的原则组织开展优秀外来务工技能人才、优秀外来务工人员评选及外来工积分入户工作，吸引优秀外来人才投身我市经济建设。二是市公安局要按照“以人为本、简化手续”的原则，根据《实施意见》要求，为我市每年评选出来的优秀外来工（包括优秀技能人才、优秀外来务工人员、积分入户的农民工）办理入户手续。三是市教育局要认真落实外来务工就业人员子女在我市接受义务教育工作，严格按照“五年四证”的条件对外来务工就业人员为其子女申请在我市接受义务教育进行审核把关，切实保障外来务工人员子女接受义务教育的权利。四是市宣传部门要加大宣传力度，让广大外来工了解相关政策，营造良好的舆论氛围。

三、讨论《关于建立稳定规范的经费保障机制进一步加强农村基层组织建设的若干意见》

会议听取了市委组织部关于制订《关于建立稳定规范的经费保障机制进一步加强农村基层组织建设的若干意见》（以下简称《意见》）的情况说明。会议认为，建立稳定规范的经费保障制度，进一步规范农村基层组织建设，对充分发挥农村干部队伍推动发展、服务群众、凝聚人心、促进和谐的先锋模范作用和骨干带头作用具有积极意义。会议原则同意市委组织部制订的《意见》，要求根据会议精神作进行修改完善后提交市委常委会议审议。

为确保该项工作落实到实处，会议要求，各级各部门要高度重视农村基层组织建设工作，各司其职、各负其责，切实形成工作合力。一是市委组织部作为农村基层组织建设工作的牵头单位要抓好农村基层组织建设的总体规划、组织检查和工作指导，将镇（街）抓农村基层组织建设的实绩作为镇（街）领导班子工作考评的重要内容。二是各镇街作为农村基层组织建设的责任主体，要根据《意见》的有关要求，结合辖区实际，制订有针对性、可操作性强的财政统筹拨付资金管理、村干部工作目标任务、绩效工资考核、奖金发放、干部管理等具体办法和实施意见，并认真组织实施。三是市财政局要将提高村干部福利待遇中需由市承担部分的资金纳入市财政综合预算，确保资金到位。四是市民政局要加强对农村民主政治建设的指导和村务公开的监督，加强村干部工资补贴、村级组织运作等经费监管。五是市农经办、市审计局、市监察局要加强对村集体资产管理财务审计，监督财务公开。

四、讨论《增城市扶贫帮困工作实施意见》

会议听取了市民政局关于制订《增城市扶贫帮困工作实施意见》（以下简称《意见》）的情况说明。会议认为，扶贫帮困工作是践行科学发展观、构建和谐社会、促进城乡区域协调发展的重要举措；推进扶贫帮困工作，对进一步完善以政府救济为主导、社会帮扶和慈善救助为补充的多层次贫困家庭帮扶救助体系，让困难群众共享科学发展的成果具有积极意义。会议原则同意市民政局制订的《意见》，要求根据会议精神进行修改完善后提交市委常委会议讨论。为有效推进扶贫帮困工作，会议要求：一是全面开展调查摸底工作，实施分类帮扶。各镇街要全面开展辖区困难家庭和人员以及贫困村的调查摸查工作，逐户核实并进行公示，按困难家庭和人员、贫困村两大类帮扶对象共12项帮扶目标逐一核对，分类统计，建档立册，切实摸清贫困家庭和人员、贫困村的帮扶需求，制订帮扶措施。该项工作要在今年9月底前完成。二是整合财政资源，落实资金安排。民政、财政等相关职能部门要根据镇（街）的摸查的结果，在10月底前根据政策制订资金计划，完成2011年财政预算安排。三是发动社会力量多渠道筹措帮扶资金，解决帮扶项目资金不足的问题。四是各镇街、各部门要在今年11月底前按照“规划到户、责任到人”的帮扶要求，制定具体工作方案，做到“一镇一方案、一部门一办法、一村一策、一户一计”。

五、讨论《关于采取有效措施促进征地报批多方保障我市产业用地需求的意见》

会议听取了市国土房管局关于制订《关于采取有效措施促进征地报批多方保障我市产业用地需求的意见》（以下简称《意见》）的情况汇报。会议指出，2009年下半年以来，因扩大内需项目用地和历史征地项目集中报批等原因，省、广州市和我市因缺乏农转用指标而暂停了新增建设用地报批和审批。目前，我市因无年度农转用指标安排，滞留在上级国土部门的用地报批件比较多，且建设用地需求较大，农转用指标短缺的情况将进一步加剧。为了促进征地报批工作，多方保障我市产业用地需求，增强我市发展后劲，会议原则同意市国土房管局制订的《意见》，并要求：一是市国土部门作为全市土地管理部门要切实负起主体责任，积极加强与上级部门的沟通，争取追加年度农转用指标；采取有效措施加快推进我市征地报批工作；对今年批而未用土地调出的农转用指标，要统筹安排使用，确保有限的指标真正用于效益好、见效快的产业项目。二是各镇街要切实增强发展的责任感和紧迫感，加大闲置土地处置盘活力度，加快推进“三旧”改造工作；坚定不移地加强征地补偿和征地报批材料的组织工作，为辖区的长远发展提供用地保障。三是市科经信局要指导各镇街、“两城两区”管委会加快招商引资工作，通过招商引资有效盘活、激活闲置土地。四是市发改局、市科经信局对一些重大项目要积极争取省、国家立项，并以单独选址方式报批，由上级统筹安排新增建设用地指标。五是市农业局、市林业和园林局要积极配合市国土房管局对置换出农转用指标的地块进行复绿复垦。

六、讨论我市六宗国有土地使用权出让方案

会议听取了市国土房管局关于朱村街113.785亩、273.474亩、202.623亩土地，石滩镇149.162亩土地及派潭镇111.842亩、139.154亩土地等六宗土地整合出让有关情况汇报。会议指出，以政府为主导整合土地开发是发展的必由之路，市国土房管局、市土地开发储备中心及各镇街通过整合闲置土地，推动了规划调整、土地整合、解决历史遗留问题等工作，促进了产业项目的落实，为我市经济发展奠定了坚实基础，值得充分肯定。会议原则同意市国土房管局制订的上述六宗国有土地使用权出让方案，并要求市国土部门牵头会同各有关镇（街）要依法依规做好土地出让工作；严格项目管理，对项目从策划到建成投入使用进行全程跟踪。

为做好下一阶段土地出让工作，会议要求：一是增江街、市城乡规划局、市国土房管局要抓紧做好“宝龙轻汽”周边用地的规划整合出让准备工作。二是市“三旧”办要加快推进“三旧”改造工作，力争在年底前抓出几个成熟的项目作为示范项目向全市推广。

分送：市委、市人大、市政府、市政协领导同志，市委各部委办，市人大办，市政协办，市纪委，市武装部，市法院，市检察院，各人民团体，增城日报社，各镇街，市府直属各单位。

增城市人民政府办公室综合科　2010年9月20日印发

增城市人民政府常务会议（第十三届56次）纪要

增府常纪〔2010〕12号

2010年9月29日上午，叶牛平市长主持召开第十三届56次市人民政府常务会议，副市长李荣渝、邬卫东、张文远、刘荣照、叶鸿和市长助理李能坚参加了会议（曾赤鸣常务副市长和市武装部政委张清彬因事请假）。

会议讨论及决定事项如下：

一、讨论国际旅游文化（美食）节及新增涉亚事项资金安排问题

会议听取了市财政局关于我市承办2010世界旅游日全球主会场庆典暨广东国际旅游文化节开幕式晚会、广州美食节暨2010增城国际旅游美食节和新增涉亚事项的资金安排情况。会议认为，承办好亚运会赛事和举办好2010世界旅游日全球主会场庆典暨广东国际旅游文化节开幕式活动是我市当前的一项重大工作，市财政、文化体育、旅游等有关部门要在市财力比较紧张的情况下，通过开源节流、合理调整资金使用等方式，保障上述两项活动的资金需求。为集中财力办大事，充分发挥财政资金的杠杆作用，会议要求：各级各部门要未雨绸缪，提前谋划下一年度的工作和项目安排，将项目资金预算及时纳入市财政综合预算安排，实现滚动发展；要牢固树立勤俭办事的理念，厉行节约，不搞攀比，扎扎实实地把好事办好、办实；要集中财力办大事，充分整合各类资金，坚持建设项目统一管理、统一投入，避免资金散、小、乱，充分发挥财政资金的杠杆作用，提高资金使用效益。

二、讨论《增城市农村生活污水处理设施运行维护管理办法》

会议听取了市新农办关于制订《增城市农村生活污水处理设施运行维护管理办法》（以下简称《管理办法》）的情况汇报。会议认为，规范和加强我市农村生活污水处理设施的运行维护管理工作，对进一步建立健全我市农村生活污水处理设施的运行和维护管理机制，保障污水处理设施正常运行，巩固农村生活污水治理成效，建设可持续发展的水生环境具有重要意义。会议原则同意市新农办制订的《管理办法》，要求根据会议精神作进一步修改完善后下发执行。

为确保我市农村生活污水治理工作的顺利推进，会议强调，各级各部门要高度重视，各司其职，各负其责，切实形成工作合力。一是市新农办作为全市农村生活污水处理设施的统筹申报和建设单位，要按照因地制宜、注重节约的原则，统筹组织开展我市农村生活污水处理设施建设工作，并研究适当降低农村生活污水处理设施建设成本的办法。二是各镇街作为农村生活污水治理工程后期运行维护管理的实施主体，要切实履行主体责任，结合我市规范村干部经费运行机制和农村基层组织建设的有关要求，因地制宜、采取多种形式开展辖区农村生活污水处理设施运行维护管理工作，确保有人抓、有人管。三是市水务局作为全市农村生活污水处理工程运行维护的主管部门，要切实履行农村生活污水处理设施的后续监督管理职责，定期对我市农村生活污水处理设施运行、维护情况和养护质量进行监督检查，并会同市财政局制定市、镇（街）两级资金安排的具体方案，并在全年的水务资金中进行预算安排。四是市财政局要根据各镇街上报的预算财力状况和上年绩效考核情况安排资金，确保资金到位。五是市环保局要加强对农村生活污水管网接入情况进行监管，严禁非生活污水接入，并定期对污水处理设施排放水质进行检测，及时向有关单位公布检测结果。六是市监察局、市水务局、市财政局、市审计局等有关单位要对农村生活污水处理设施建设、运行维护和经费使用进行监督管理和考核问责。

三、讨论关于提高市属企业离休干部去世一次性抚恤金标准问题

会议听取了市委老干部局关于提高市属企业离休干部去世一次性抚恤金标准的情况汇报。会议指出，市属企业离休干部为我市经济社会发展作出了贡献，值得尊重和肯定，关心和照顾好老干部是市委市政府的一贯理念。由于历史原因，我市机关和企业离休干部去世一次性抚恤金总额差距较大，提高市属企业离休干部去世一次性抚恤金补偿标准，对进一步平衡企业离休干部与机关、事业单位离休干部生活待遇标准，弘扬尊重关心离休干部的优良风尚具有积极意义。会议原则同意从2009年1月1日起，我市市属企业离休干部去世一次性抚恤金标准参照市直机关、事业单位离休干部死亡一次性抚恤金标准执行，并参照市直机关、事业单位离休干部死亡一次性抚恤金标准同步调整。会议要求，市委老干部局要牵头会同市委组织部、市财政局、市人社局等有关单位尽快落实资金安排，将好事办好、办实。

四、学习领导干部因公出访有关制度

会议组织学习了领导干部因公出访有关制度，并再次强调了因公出访有关原则规定：一是因公出访应

有具体任务和实质内容，不得将出访作为一种待遇，严禁借机公费旅游。二是党政干部出访要专业对口、身份相符，不得出国执行与本人分管工作无关的任务或本应由下级主管部门人员和专业人员执行的任务。三是必须坚持务实高效精简节约的原则。四是团员结构要合理，同级领导不宜同时出访。五是离退休人员一般不安排公务出访。六是立法、财税、金融和其他行业统筹安排的考察和交流，以及公安、司法、刑警、宗教、民族等敏感领域的对外交流应从严掌握。七是未经国家主管部门批准或授权，不得在国外举办展览会、展销会、招商会，不得与外国签订有关社会科学、新闻电视、文化出版等意识形态领域的交流计划和合作办学协议。八是按照审批机关批准的路线和天数出访，不得随意延长在外停留时间和擅自增加出访国家或地区。九是出访人员必须严格遵守外事纪律。

会议指出，各级领导要从加强党的执政能力建设和反腐倡廉建设的高度，充分认识加强因公出访管理工作的重要性、必要性和紧迫性，认真学习和执行上级有关政策和外事管理规定，以身作则，严格自律，充分发挥领导干部的模范带头作用。为进一步规范我市领导干部因公出访有关工作，会议明确：一是由李能坚市长助理牵头组织市侨务外事办、市人社局、市委组织部制订我市出国出访培训计划。二是原则上不参加广州市下属部门组织的无明确任务和实质内容的出国培训。三是由市府办牵头草拟关于加强外事管理和出国出访工作的通知，报市政府审定后尽快下发执行。四是突发性和临时性需出国出访的，要向市委市政府报告，批准后方可按规定外出。五是各单位内部性工作会议原则上不得在外地召开。

五、部署2010年国庆节前后有关工作

会议对国庆节前后的有关工作进行了部署。会议指出，今年国庆节假期适逢“2010年世界旅游日全球主会场庆典暨中国广东国际旅游文化节”举办期间，又是我市筹办广州亚运会的关键时期，做好节假日期间安全稳定等工作非常重要。会议要求：

各镇街、各部门要加强领导，落实责任，统筹安排好国庆节期间的有关活动和生产生活各项工作，保持社会良好秩序，确保人民群众度过一个欢乐、祥和、平安的节日。一是要进一步加强社会治安综合治理，努力消除各种不稳定因素，确保节日期间社会稳定。二是要认真履行安全监管职责，以非煤矿山、道路交通安全、建筑施工、危险化学品、消防安全等为重点，深入企业生产车间、人员密集场所、重点地（水）域和重点环节进行隐患排查和整改治理工作，全面消除事故隐患，严密防范各类生产安全事故。三是要确保国庆节期间的交通安全和旅游景点设施安全。公安、交通等有关部门要制定交通管制方案，重点加强对广汕公路、荔新公路、增派公路、白水寨大道等旅游主干道路的巡查监管，维持良好的交通秩序，确保道路交通的顺畅安全；旅游部门以及旅游企业要加强对旅游景区（点）和旅游设施的安全检查，确保旅游设施安全运行。四是工商、质监、卫生、经贸等相关部门要各司其职，大力整顿和规范市场秩序，加大市场监管力度，防止重大食品质量安全事件的发生，维护良好的社会秩序。五是要加强严重危害人民群众健康的各类重大疾病预防工作，做好各种疫情和传染性疾病的监测和防控，切实保障人民群众健康安全。六是要在统筹做好经济社会发展各项工作的同时，广泛开展“送温暖、献爱心”活动，实实在在帮助生活困难群众解决实际问题，切实保障和改善民生。七是要安排好人民群众的节庆活动，营造喜庆祥和、团结向上的节日氛围。八是要加强节假日期间的值班工作，严格岗位责任制，严格执行领导值班、带班制度，完善应急预案，确保节日期间社会安全、稳定、和谐。

分送：市委、市人大、市政府、市政协领导同志，市委各部委办，市人大办，市政协办，市纪委，市武装部，市法院，市检察院，各人民团体，增城日报社，各镇街，市府直属各单位。

增城市人民政府办公室综合科　2010年10月8日印发

增城市人民政府常务会议（第十三届57次）纪要

增府常纪〔2010〕13号

2010年10月12日下午，叶牛平市长主持召开第十三届57次市人民政府常务会议，常务副市长曾赤鸣，副市长邬卫东、张文远、刘荣照、叶鸿和市长助理李能坚参加了会议。（副市长李荣渝和市武装部政委张清彬因事请假）

会议讨论及决定事项如下：

一、讨论《增城市镇办企业职工参加社会养老保险的实施意见》

会议听取了市人社局制订《增城市镇办企业职工参加社会养老保险的实施意见》（以下简称《实施意见》）的情况汇报。会议认为，帮助解决好我市镇办企业部分职工参加社会养老保险问题，对纠正镇办企业历史上劳动用工不规范的行为，保障镇办企业职工合法权益，构建和谐社会具有积极意义。会议原则同意《实施意见》，要求市人社局根据会议精神进行修改完善后以该局名义下发执行。会议强调，各级各部门要高度重视解决我市镇办企业部分职工参加社会养老保险问题，本着尊重历史、尊重事实的态度，将其作为改善民生和维护社会稳定和谐的重要举措认真抓好、抓实。市人社局作为解决我市镇办企业部分职工参加社会养老保险问题的牵头单位，要切实履行主体责任，会同各镇街认真做好镇办企业职工身份的审核确定、劳动关系认定、工作年限计算和参保费用收缴等工作，并主动加强与广州市人力资源和社会保障部门的沟通和协调，争取政策指导和支持；各镇街要切实履行属地管理责任，积极配合市人社局开展相关工作，并做好镇办企业职工的说服解释工作，确保社会稳定。

二、讨论《关于完善税收征管机制确保财政收入任务完成的通知》

会议听取了市财政局制订《关于完善税收征管机制确保财政收入任务完成的通知》（以下简称《通知》）的情况说明。会议指出，今年1-9月我市累计完成一般预算收入260，714万元，同比增长14.35%，完成全年收入计划的69.16%，比序时进度慢5.84个百分点，完成全年财政收入任务形势不容乐观。会议认为，进一步完善税收征管机制对维护公平、正义的市场经济秩序，促进经济发展方式的转变，推动社会转型，营造良好的经济发展环境具有重大意义。会议原则同意《通知》内容，要求由张文远副市长牵头召集市财政局、市国税局、市地税局等有关单位根据会议精神进行修改完善后，以市财政局名义印发执行。

为确保完成今年财政收入任务，会议强调，各级各部门要高度重视税收征管工作，各司其职，各负其责，切实形成工作合力，认真做好以下工作：一是加强部门联动，建立信息互通机制。市财政、发改、经贸、国土、建设、工商、公安、税务等部门要加强沟通联系，建立信息互通机制，及时掌握税收有关信息，确保应收尽收，应征不漏。二是加强税源的分析和管理，挖潜增收。要进一步加强城镇土地使用税和车船使用税的征管，由市财政局牵头会同市地税局、市国土房管局、市公安局等单位对我市土地出让情况、已办证和未办证的经营性土地情况以及各车主年度车船使用税缴交情况进行摸查，及时进行催缴。三是各镇街要增强培育税源的积极性，扎实推进协税、护税工作。要大力培育和引进新项目，加快推进项目的立项、动工和投产，积极培植新税源。同时，推进和完善镇街个体税收委托征收工作站的建设，加强个体税征收征管，堵塞个体税收的征管漏洞，并建立税收超收奖励制度，将税源最大限度的转化为税收。

三、讨论《增城市推行城市管理综合执法的工作方案》

会议听取了市法制办制订《增城市城市管理综合执法的工作方案》（以下简称《方案》）的情况汇报。会议认为，推行城市管理综合执法工作对解决城市管理中多头管理、重复执法、行政效能低等问题，加大对城市“脏、乱、差”的整治力度，进一步提高我市城市管理水平具有重要意义。为贯彻落实好《广州城市管理综合执法条例》，理顺我市城市管理执法主体关系，合法有效履行城市管理，提高城市管理行政效能和执法水平，会议原则同意设立增城市城市综合管理执法机构，开展城市管理综合执法工作，并参照行使广州市城市管理综合执法职权。会议要求，市法制办根据会议精神对《方案》进行进一步修改完善呈市政府审定后上报上级政府。我市城市管理综合执法部门的人员编制、执法权限、授权等相关问题，待《方案》获省政府批准后，由市法制办、市编办牵头研究解决。

四、讨论《增城市小额贷款公司管理办法（试行）》

会议再次审议市发改局制订的《增城市小额贷款

公司管理办法》（以下简称《办法》）。会议认为，放开民间资本，建立小额贷款公司对促进区域经济发展，更好地服务“三农”，推动城乡一体化进程具有重要意义。会议原则同意市发改局制订的《增城市小额贷款公司管理办法》，要求根据会议精神进行修改完善后下发执行。会议强调，各级各部门要珍惜省、广州市给予我市开展小额贷款公司试点工作的机遇，积极扶持和帮助小额贷款公司的发展，并要求市发改部门牵头会同市工商局、市财政局、市法院、市财政局、市地税局、市国税局、市审计局、人民银行增城支行等有关单位严格按照《广东省小额贷款公司管理办法》，加强对小额贷款公司业务指导和业务监管，规范经营管理行为，每年按时向市政府提供小额贷款公司经营管理年度报告，确保小额贷款公司依法经营。

五、讨论《增城市企业上市培育计划工作实施意见》

会议听取了市发改局制订《增城市企业上市培育计划工作实施意见》（以下简称《实施意见》）的情况汇报。会议认为鼓励、支持增城企业通过规范运作、上市融资谋求更大的发展，对加快构建增城现代产业体系，促进经济平稳较快发展，具有积极意义。会议原则同意《实施意见》，要求根据会议精神进行修改完善后下发执行。会议要求，一是市发改局作为我市企业上市培育工作的主责单位，要切实履行主体责任，主动牵头会同市科经信局等有关单位及各镇街对我市拟上市企业进行调查摸底，建立企业信息库，并做好拟上市企业的业务指导和培训工作；二是市经贸、工商、国土、建设、环保、税务等相关行政审批部门及各镇街要根据市发改局确定的拟上市企业名单，各司其职，做好跟踪服务工作，扶持企业做大做强，切实增强我市的发展后劲。

分送：市委、市人大、市政府、市政协领导同志，市委各部委办，市人大办，市政协办，市纪委，市武装部，市法院，市检察院，各人民团体，增城日报社，各镇街，市府直属各单位。

增城市人民政府办公室综合科　2010年10月19日印发

增城市人民政府常务会议（第十三届58次）纪要

增府常纪〔2010〕14号

2010年10月19日，叶牛平市长主持召开第十三届58次市政府常务会议，常务副市长曾赤鸣，副市长李荣渝、邬卫东、张文远、刘荣照、叶鸿和市长助理李能坚参加了会议。（市武装部部长张清彬因事请假）

会议讨论议题并决定事项如下：

一、讨论《增城市实施广州亚运惠民项目方案》及学习《广州亚运抽签免费惠民项目实施方案》

会议听取了亚运增城赛区运行指挥部办公室关于制订《增城市实施广州亚运惠民项目方案》的情况说明，并认真学习了《广州亚运抽签免费惠民项目实施方案》。会议指出，亚运惠民项目是广州市委、市政府为感谢广大市民对亚运工程、水环境、大气环境、人居环境和交通环境综合整治工程的支持配合，营造热情洋溢、欢乐喜庆亚运氛围的重要举措，社会关注度高，意义重大。会议原则同意亚运增城赛区运行指挥部办公室制订的《增城市实施广州亚运惠民项目方案》，要求根据会议精神进行修改完善后下发执行。会议强调，各级各部门要提高认识，以高度的政治责任感和使命感，把做好亚运惠民工作作为落实广州市委、市政府工作部署的重要举措，认真抓实、抓好、抓出成效，切实把广州亚运会带给增城人民的实惠落到实处。会议要求，各级领导、各单位要按照各自的职责分工、部门分工和领导分工认真落实好亚运惠民项目，确保将这一惠及增城市民的好事办实、办好；市财政部门要抓紧审定亚运惠民项目所需资金，并优先予以安排；市宣传部门要广泛宣传亚运惠民政策和办理程序，做到家喻户晓、广为人知，让广大群众充分了解市委、市政府的惠民举措，为亚运会的召开营造和谐、欢乐、喜庆的氛围。

二、讨论《增城市创建全国社会主义新农村建设档案工作示范市实施方案》

会议听取了市档案局制订《增城市创建全国社会主义新农村建设档案工作示范市实施方案》的情况说明。会议认为，加强农村档案管理工作是政府科学管理、高效管理、服务管理的重要内容，对促进我市社会主义新农村档案工作的全面深入发展，使档案工作更好地服务于农业发展、农民增收和农村社会稳定，更好地服务于社会主义新农村建设具有积极意义。会议同意创建全国社会主义新农村建设档案工作示范市。会议强调，各镇街、各相关职能部门要高度重视创建全国社会主义新农村建设档案工作示范市，全面加强农村档案建设，努力做到“四个结合”：一是与加强村（居）组织建设工作相结合；二是与健全农村党支部、村委会和经济合作联社“三驾马车”的管理模式相结合；三是与解决农村建设突出问题相结合；四是与落实达标考核内容和迎接新档案馆开放相结合。

为确保我市创建工作的顺利推进，推动我市新农村档案管理事业上一个新台阶，会议要求：一是市档案局作为我市创建全国社会主义新农村建设档案工作示范市的主责单位，要切实履行主体责任，统筹、指导各镇街和各涉农单位开展创建工作，按照实效、实用、分步骤、逐步提高的原则，分年度抓重点，用三年左右的时间完成创建工作。同时，加强与上级档案部门的沟通协调，争取上级的政策指导和资金支持。二是市农业局、市林业和园林局、市民政局、市计生局等涉农单位要根据职责分工，在加强自身档案建设的同时，指导各镇街、各村（居）做好涉农档案的收集归档工作。三是市财政部门要加大对档案建设工作的投入，按照年度创建工作任务合理安排资金，确保资金投入的实效性。四是各镇街要切实履行属地管理责任，安排好配套资金和指定具体工作机构统筹组织各村（居）开展创建工作，确保资金到位、组织到位。

三、讨论《增城市人民政府关于公布保留、取消和调整行政审批、备案事项的决定》

会议听取了是市法制办关于制订《增城市人民政府关于公布保留、取消和调整行政审批、备案事项的决定》（以下简称《决定》）的情况汇报。会议指出，在本轮行政审批、备案结果事项清理中，我市原有行政许可事项273项，保留192项，精简率29.7%；原有非行政许可事项312项，保留78项，精简率74.9%；原有备案事项235项，保留124项，精简率47.2%；行政审批事项总体精简率为54.8%，完成了上级要求精简50%以上行政审批（备案）事项的任务要求。会议认为，深入推进我市行政审批制度改革工作，减少行政审批（备案）事项，对进一步转变政府职能，提高我市政务管理水平，营造良好的投资环境具有重要意义。会议原则同意市法制办制订的《决定》，要求根据会议精神和上级文件有关要求进行修改完善后向社会公布。会议强调，各级各部门要牢固树立依法行政的理念，认真履行法定职责。一是要认真组织学习推进审批制度改革有关法规和政策，依法行使行政审批权限；二是加大政务公开工作力度，及时向社会和广大市民群众公开本单位的行政审批（备案）事项和办事流程，为企业和市民提供高效便捷的审批服务；三是探索将行政审批工作与电子政务、电子监察相衔接，加快电子政务建设，提高行政审批的透明度和效率。

四、讨论《增城市统筹城乡综合配套改革试验实施方案》

会议听取了市发改局制订《增城市统筹城乡综合配套改革试验实施方案》（以下简称《实施方案》）的情况汇报。会议认为，开展统筹城乡综合配套改革试验，对进一步完善科学发展的“增城模式”，推动增城经济社会发展再上新台阶，创建高水平的科学发展示范市具有重大意义。会议原则同意《实施方案》，要求根据会议精神进行修改完善后提交市委常委会议审议。会议强调，各级各部门要牢牢把握省政府同意我市开展统筹城乡综合配套改革试验的历史机遇，进一步解放思想，在重点领域和关键环节大胆先行先试，破解中心镇行政执法体制改革、生态补偿机制建设、闲置用地处置、“三旧”改造、投融资体制改革、医药卫生体制改革等发展难题。同时，根据《方案》确定的职责分工和工作安排，进一步细化重点工作，研究制定每年的年度计划和专门实施方案，明确责任领导、责任人和具体进度，确保我市统筹城乡综合配套改革试验的有序开展。

分送：市委、市人大、市政府、市政协领导同志，市委各部委办，市人大办，市政协办，市纪委，市武装部，市法院，市检察院，各人民团体，增城日报社，各镇街，市府直属各单位。

增城市人民政府办公室综合科　2010年11月8日印发

增城市人民政府常务会议（第十三届59）纪要

增府常纪〔2010〕15号

2010年12月2日下午，叶牛平市长主持召开第十三届59次市人民政府常务会议，常务副市长曾赤鸣，副市长李荣渝、邬卫东、张文远、刘荣照、叶鸿和市武装部政委张清彬及市长助理李能坚参加了会议。

会议讨论及决定事项如下：

一、讨论《增城市2010年1至9月国民经济和社会发展计划执行情况及计划调整报告》

会议听取了市发改局关于《增城市2010年1至9月国民经济和社会发展计划执行情况及计划调整报告》的情况汇报。会议指出，今年以来，各镇街、各部门认真按照市委市政府的工作部署，以科学发展观为指导，以调结构、促转变为主线，狠抓各项工作落实，全市经济社会总体保持健康平稳向好发展，大部分主要经济指标完成情况均略高于去年同期水平，为完成全年目标任务打下了良好基础。会议强调，各级各部门要牢固树立发展是第一要务的理念，切实增强发展的紧迫感和责任感，把思想和行动统一到市委市政府的决策部署上来，坚定信心，鼓足干劲，不折不扣地完成年初既定的各项目标任务。

为确保完成国民经济和社会发展计划目标，会议要求：一是加强经济运行监测预警。及时掌握重点区域、重点行业完成目标的具体情况，对经济运行中出现的苗头性、倾向性问题，及时制定应对措施，充分发挥国民经济和社会发展预期目标在我市经济社会发展中的引领作用。二是落实工作责任，盯住目标抓进度。各镇街、各部门要紧紧盯住生产总值、工业总产值、财政收入、固定资产投资等核心指标，把每一个指标细化到每一个区域、每一个产业、每一个企业和项目，并落实责任单位、责任领导和具体责任人，实行点对点、人盯人、面对面的目标管理，确保将工作落实到点、责任落实到人。三是做好总结分析，认真谋划好“十二五”期间的发展。各镇街、各部门要认真总结分析“十一五”期间经济社会各方面发展情况，积极谋划好“十二五”期间的工作和重点项目建设，形成新的经济增长极，为“十二五”规划的实施创造良好的开端。

会议原则同意市发改局制定的《增城市2010年1至9月国民经济和社会发展计划执行情况及计划调整报告》，要求根据会议精神进行修改完善后提交市委常委会和市人大常委会审议。

二、讨论《增城市2009年财政决算报告》和《增城市2010年1至10月财政综合预算执行情况和年度综合预算调整报告》

会议听取了市财政局关于《增城市2009年财政决算报告》和《增城市2010年1至10月财政综合预算执行情况和年度综合预算调整报告》的情况汇报。会议指出，今年1－10月全市财政收入保持了平稳较快增长，财政收支运行总体向好，但要完成年初既定的目标任务，仍有一定的压力。为确保完成全年财政收支任务，会议要求：一是做好税费的征管工作，确保应收尽收。财税部门要重点抓好增值税、营业税、企业所得税等重点税种的纳税评估、重点行业税源跟踪、税源大户的税收入库等工作，并加大专项稽查力度，确保税费应收尽收，应征不漏。二是加强财政支出管理，提高预算的执行率。各级各部门要优化支出结构，科学测算年度预算资金需求，找准资金投放的着力点，统筹运用各类资金确保项目资金及发展资金的有效使用，提高预算的执行率。三是以抓项目、抓建设为核心，加强项目资金的管理和安排，提高资金运作水平。各级各部门要加强财政投资建设项目资金管理，完善项目工程概算和资金拨付管理制度；要组织认真学习项目基本建设程序和项目资金的运作管理，提高策划和管理项目的能力和水平，切实提高资金运作的水平和使用效益，充分发挥财政资金的杠杆作用。

会议原则同意市财政局制定的《增城市2009年财政决算报告》和《增城市2010年1至10月财政综合预算执行情况和年度综合预算调整报告》，要求根据会议精神进行修改完善后提交市委常委会和市人大常委会审议。

三、讨论《增城市加强个体工商户及零散地方税源征管工作方案》

会议听取了市地税局关于制订《增城市加强个体工商户及零散地方税源征管工作方案》（以下简称《方案》）的情况汇报。会议认为，加强和规范个体工商户及零散地方税源的征收管理工作，对建立长效的协税护税机制，促进我市财政收入的增长，维护公平、公正的市场经营环境具有积极意义。会议原则同意设立增城市地税协管工作管理机构，开展全市个体工商户及零散地方税源征收管理工作，并由张文远副市长牵头召集市地税局等有关部门对《方案》进行修改完善后报市政府审定。

为确保该项工作顺利推进，会议要求，市地税、国税、财政、工商等部门要加强与各镇街的沟通协调，切实形成工作合力，共同做好我市零散税源征收工作；各镇街要按照《方案》要求，结合辖区的实际设立地税协管工作机构，全面摸清个体工商户的数量和征税情况，建立健全协税护税机制，堵塞征管漏洞。

四、讨论我市新塘镇广州富悦设计有限公司“8·6”坍塌事故审批结案问题

会议听取了市安监局关于我市新塘镇广州富悦设计有限公司（以下简称“富悦公司”）“8·6”坍塌事故审批结案问题有关情况的汇报。会议指出，富悦公司“8·6”坍塌事故暴露了我市部分工程发包不规范、建筑工地安全监管不到位等问题。会议要求，由市监察局牵头会同市安监局、市城乡建设局等有关部门厘清建筑工地业主方、工程发包方、施工方之间的关系，准确认定事故责任，重新对本案进行调查，并以此案为契机全面规范增城市建筑市场管理秩序。

五、讨论《增城市重点优抚对象帮扶工作指导意见》

会议听取了市民政局关于制订《增城市重点优抚对象帮扶工作指导意见》（以下简称《意见》）的情况说明。会议认为，进一步做好我市重点优抚对象的帮扶工作，帮助重点优抚对象就业创业，对解决重点优抚对象的实际困难和后顾之忧，维护我市的和谐稳定具有积极意义。会议原则同意市民政局、市财政局、市人社局等三个单位共同制订的《意见》，要求根据会议精神进行修改完善后下发执行。会议要求，各镇街、各相关职能部门要站在维护社会和谐稳定的高度，切实增强大局意识和责任意识，按照《意见》的有关要求，认真抓好重点优抚对象的帮扶工作，并根据实施情况和优抚对象实际需要，及时完善有关政策措施，确保将好事办好、办实。

分送：市委、市人大、市政府、市政协领导同志，市委各部委办，市人大办，市政协办，市纪委，市武装部，市法院，市检察院，各人民团体，增城日报社，各镇街，市府直属各单位。

增城市人民政府办公室综合科　2010年12月16日印发

印发增城市中心城区绿线管理规定的通知

增府〔2010〕12号

各镇政府、街道办事处，市府直属各单位：

《增城市中心城区绿线管理规定》已经增城市第十三届人民代表大会第五次会议审议通过，现印发给你们，请认真贯彻执行。

二〇一〇年五月二十五日

增城市中心城区绿线管理规定

第一条　为建立并严格实行城乡绿线管理制度，保护、改善城乡生态环境和自然景观，创造良好的人居环境，促进城乡可持续发展，根据《中华人民共和国城乡规划法》、《城乡绿线管理办法》、《广州市城市规划条例》等法律、法规和《增城市城乡总体规划（2010－2020）》，结合增城市中心城区实际情况，特制定本规定。

第二条　本规定适用于增城市中心城区内的城乡绿化规划、建设、保护和管理，其他各镇可参照本规定执行。

第三条　本规定所称的绿线是指根据城乡绿地系统规划和绿化的需要，对公园绿地、附属绿地、生产防护绿地、风景林地、道路绿地等各类绿地以及对城乡生态和景观产生积极作用的区域明确予以界定，并进行严格保护和管理的控制线，包括已建成绿地控制线和规划预留绿地控制线。其中城乡范围内的公园、河岸、湖岸、渠岸等地带应作为绿线管理的重点部位。

第四条　城乡绿地实行绿线管制制度。规划作为绿地的区域在规划中应当明确界定，并向社会公布，接受公众监督。城乡规划行政主管部门在绿线范围内不得批准任何与公园设施无关的建设项目。在绿线范围内，不符合规划要求的建筑物、构筑物及其他设施应当限期迁出。

第五条　市城乡规划行政主管部门、市园林绿化行政主管部门负责绿线的划定和管理工作。荔城、增江、朱村街道办事处具体负责辖区内绿地建设、保护和实施管理工作。

国土、建设、水务、财政、电力、通信、环保、公安等行政主管部门按照各自职责协助做好绿线的监督和管理工作。

任何单位和个人都有保护绿地，服从绿线管理的义务；有监督绿线管理、对违反绿线管理行为进行检举的权利。

第六条　绿线应当按照城乡绿地系统规划、控制性详细规划、修建性详细规划划定，没有划定的按照本规定划定。

绿线划定应遵循以下原则：

（一）生态原则：充分利用自然生态资源，最大限度地保护自然生态环境，任何开发活动均在自然环境所允许承受能力之内进行。

（二）环境优化原则：开发市郊生态资源，重视市郊绿色生态圈对城乡生态环境的优化作用。

（三）特色原则：突出中心城区山水相依环境特色，营造绿色生态空间，建设富有岭南地方特色的园林城乡。

第七条　城乡绿地系统规划是城乡总体规划的组成部分，也是确定各类绿线的重要依据。应当确定城乡绿化目标和布局，规定各类绿地的控制原则，按照规定标准确定绿化用地面积，分层次合理布局公共绿地，确定大型公共绿地、防护绿地等的绿线。

第八条　控制性详细规划应当提出不同类型用地的界线、规定绿地率控制指标和绿化用地界线的具体坐标。

第九条　修建性详细规划应当根据控制性详细规划，明确绿地布局，推出绿化配置的原则或者方案，划定绿地界线。

第十条　中心城区共规划建设52个公园，其中包括位于市区的城区休闲公园、郊区公园、森林公园、体育公园、乡村生态公园、生态果园六类公园（公园分布及建设规模详见附件）。

现有公园绿地按照现状用地范围划定城乡绿线，规划公园绿地按照规划用地范围划定绿线。公园绿地外围可以划定一定范围的景观协调区。

第十一条　建设工程项目必须安排配套绿化用地，绿化用地面积占建设工程项目用地面积的比例，应当符合下列规定：

（一）旧城改造各级居住区的绿地率不得低于30%，新区各级居住区的绿地率不应低于35%，其中居住区级、小区级、组团级公共绿地人均指标应当分别不少于1.5平方米、1平方米、0.5平方米。居住用地应保证各组团实现人车分流（低密度住宅组团除外）。

（二）文化娱乐设施用地绿地率不宜小于35%。在旧区改造或场地具体条件限制时，绿地率不应小于25%。

（三）体育设施的建筑面积在2万平方米以下的，绿地率不得低于30%；建筑面积在2万平方米以上的，绿地率不得低于35%。

（四）商业设施建筑面积在2万平方米以下的，绿化率不得低于30%；建筑面积在2万平方米以上的，绿化率不得低于35%。

（五）医疗卫生设施、高等院校用地绿地率不得小于40%，其余教育科研设施用地绿地率不得小于35%。

（六）工业厂区用地的绿地率不得低于20%。对环境要求高的工业类别，厂区用地的绿地率不宜低于30%。

（七）仓库用地绿地率不得低于20%，危险品仓库用地绿地率不得低于40%，并根据国家标准设置宽度不少于50米的防护林带。

（八）城乡主干道绿化面积不少于道路总面积的20%，次干道不少于道路总面积的15%。

第十二条　园林绿化行政主管部门及各街道办事处应当定期组织对城乡绿地系统规划执行情况、绿地管理情况进行检查，检查结果应当向增城市人民政府作出报告。

第十三条　各类建设工程要与其配套的绿化工程同步设计、同步施工、同步验收。达不到规定标准的，不得投入使用。

第十四条　违反本规定，擅自改变绿线内土地用途、占用或者破坏城乡绿地的，由城乡规划、园林绿化行政主管部门按照相关法律法规进行处罚。

第十五条　城乡规划行政主管部门、园林绿化行政主管部门及其工作人员违反本规定，擅自在已经划定的绿线范围内审批建设项目的，依法对有关责任人员给予行政处分；构成犯罪的，依法追究刑事责任。

第十六条　本规定由增城市城乡规划行政主管部门负责解释，自下发之日起执行。

附件：增城市中心城区公园统计表

附件

增城市中心城区公园统计表

序 号	公园编号	公园名称	公园面积（亩）	公园性质
1	L-01	大龙山公园	450	生态果园
2	L-02	临江公园	926	生态果园
3	L-03	佛坳公园	3000	生态果园
4	L-04	莲塘春色公园	1659	乡村生态公园
5	L-05	荔江公园	2160	城区休闲公园
6	L-06	百花林森林公园	11343	森林公园
7	L-07	城西郊区公园	3413 郊区公园	
8	L-08	富鹏公园	239	城区休闲公园
9	L-09	柯灯山公园	200	生态果园
10	L-10	迳吓公园	500	生态果园
11	L-11	荔枝文化公园	574.8	城区休闲公园
12	L-12	增城公园	221.8	城区休闲公园
13	L-13	增城广场	342	城区休闲广场
14	L-14	金星公园	1848	城区休闲公园
15	L-15	隔田公园	300	生态果园
16	1-16	明星生态公园	1477.5	城区休闲公园
17	L-17	会展公园	607.5	城区休闲公园
18	L-18	雁塔公园	81	城区休闲公园
19	L-19	中区体育公园	294	城区体育公园
20	L-20	荔韵公园	1353	城区休闲公园
21	L-21	天合公园	250	生态果园
22	L-22	光明公园	5763.15	生态果园
23	L-23	鹧鸪岭公园	500	生态果园
24	L-24	东厂公园	650	生态果园
25	L-25	荔湖湿地公园	9295.5	城区休闲公园
26	L-26	塘头公园	300	生态果园
27	L-27	体育公园	1666.7	体育公园
28	L-28	蕉隆公园	300	生态果园
29	L-29	中岭公园	200	生态果园
30	L-30	燕石公园	300	生态果园
31	J-01	白湖乡村生态公园	1260	乡村生态公园

续上表

序号	公园编号	公园名称	公园面积（亩）	公园性质
32	J-02	联益果园	863	生态果园
33	J-03	太寺坑森林公园	7598	森林公园
34	J-04	光辉公园	843	城区休闲公园
35	J-05	中区体育公园	127.4	体育公园
36	J-06	东湖公园	290	城区休闲公园
37	J-07	蕉石岭森林公园	5865	森林公园
38	J-08	凤塔公园	42	城区休闲公园
39	J-09	四丰森林公园	12713	森林公园
40	J-10	鹤之洲湿地公园	924	城区休闲公园
41	J-11	四丰果园	723	生态果园
42	J-12	岗尾果园	623	城区休闲公园
43	Z-01	白水山公园	10000	森林公园
44	Z-02	运河小公园	250	城区休闲公园
45	Z-03	朱村农博园	15000	乡村生态大公园
46	Z-04	小际生态果园	10325	生态果园
47	Z-05	泰隆果园	1500	生态果园
48	Z-06	西福河公园	500	乡村生态大公园
49	Z-07	新河小游园	600	城区休闲公园
50	Z-08	先科公园	3000	乡村生态大公园
51	Z-09	盈园	846	体育公园
52	Z-10	朱村荔枝世界	1500	生态果园
53	Z-11	山田村荔枝园	1182	生态果园
54	Z-12	荔枝山公园	1000	生态果园

主题词：城乡建设　绿线△　管理　规定

抄送：市委各部委办，市人大办，市政协办，市纪委，市武装部，市法院，市检察院，各人民团体，增城日报社。

增城市人民政府办公室综合科　　2010年5月25日印发

印发增城市绿道网建设管理实施方案的通知

增府办〔2010〕12号

各镇政府、街道办事处，市府直属有关单位：

《增城市绿道网建设管理实施方案》业经市政府同意，现印发给你们，请认真贯彻执行。在执行过程中遇到问题，请径向市城乡规划局反映。

二〇一〇年五月七日

增城市绿道网建设管理实施方案

为贯彻落实科学发展观和省委书记汪洋同志关于生态旅游发展的指示精神，从2008年起，我市率先从中心城区到白水寨风景名胜区建设了100多公里的休闲健身自行车绿道，沿市域区域性主干道两侧建设了自驾车游生态绿道190公里，沿自驾车游生态绿道建设了10个休息驿站和20个生态公园。为建设具有增城特色的绿道网，结合《珠江三角洲区域绿道规划纲要》、《广州市绿道网建设规划》以及《广州市绿道网建设实施方案》等文件精神和任务要求，根据我市的实际情况，特制定本实施方案。

一、目的意义

积极探索绿道生态化、人性化、产业化、市场化、效益化新路，把绿道建设与发展生态文明、提升产业层次、建设宜居城乡紧密结合起来，以绿道建设提升城市未来竞争力、深化主体功能区规划建设和实施全区域公园化战略。通过政府主导、属地建设、引入市场运营管理和完善保障机制等，把绿道逐步建设成市民休闲健身之道、游客观光消费之道、农民增收致富之道和发展绿色经济之道。

二、总体目标

从2010年起，力争在两年内完成500公里的三大绿道网建设：一是以广汕、荔新、增白、新新和增正等旅游大道为主线，建设多层次、多色彩的生态景观林带和景观节点，形成200公里的自驾车游生态绿道；二是以从中心城区到白水寨、从鹤之洲到湖心岛两条线路为主线、各景区形成系统的250公里休闲健身自行车绿道，突出乡村体验、休闲健身功能，打造富有田园风光的特色休闲精品线；三是从初溪水利枢纽工程到湖心岛50公里的水路旅游景观绿道（增江画廊休闲区绿道），沿江建设“绿上添花”景观带，创建成为国际化、生态型的水上画廊。从而构建完善的以自行车道、水路旅游道和自驾游车道为主体的绿道网总体框架，通过加强绿道建成后的维护管理，规范经营租赁，鼓励引导农民积极参与等，逐步实现绿道网的综合效益。

三、建设任务

（一）2010年建设任务

1. 自中心城区至白水仙瀑景区、湖心岛景区的休闲健身自行车绿道及配套工程。重点打造增江东岸、西岸两条休闲健身自行车道（增江东岸绿道，起点为市区雁塔大桥，终点为正果镇黄屋村，全长约34.6公里；增江西岸绿道，起点为市区雁塔大桥，终点为白水寨风景名胜区北山村，全长约45.6公里）。继续建设自行车休闲健身道，完善路线接驳，实现全线贯通；沿线增设游客中心、驿站、标示等配套服务设施。

该项工作以各镇街为主要责任单位，市城乡规划局、市林业和园林局、市水务局、市交通运输局、市文化体育广电新闻出版局、市旅游局、市海洋与渔业中心、市新农村规划建设办为协办单位，需在2010年8月31日前完成。

2. 建设增江画廊休闲区绿道（2010年市政府为民办十件实事之一）。建设任务为自初溪水利枢纽工程至小楼镇区约22.3公里增江画廊水上绿道、两侧地区休闲健身自行车绿道以及配套设施的建设，包括沿增江两岸绿化种植和“绿上添花”景观带建设，增江西岸的天然泳场（一、二期）和湿地公园建设，亚运会龙舟赛场建设，增江画廊水上游码头建设及游船经营；沿线地区休闲健身自行车绿道、驿站建设、环境整治及绿化工程；沿线旅游节点的建设。

该项工作以各镇街为主要责任单位，市城乡规划局、市林业和园林局、市水务局、市文化体育广电新闻出版局、市旅游局、市海洋与渔业中心、市新农村规划建设办为协办单位，需在2010年8月31日前完成。

3. 自驾车游生态绿道（区域绿道衔接线）。

中心城区经荔新路、107国道分别连接黄埔、东莞的区域绿道（含市区荔景大道）共39.3公里；市区自荔景大道经荔城大道、广汕路（G324国道）连接广州萝岗的区域绿道共29.8公里；自增江东岸沿广汕路（G324国道）、荔三公路连接东莞的区域绿道共19公里；自派潭高滩经温南公路连接从化的区域绿道共4.8公里绿道。广汕公路、荔城大道、白水寨大道结合道路改造丰富道路断面，在道路两侧绿化带中增设非机动车道。荔景大道、荔新路和107国道利用两侧的辅道划出自行车道和增设标志标线，完善沿线新荔公园、基岗百果园等局部绿道系统，增加绿道主线与景点、果园、农村的连接工程。

该项工作的责任单位为市交通运输局、广长路桥公司、市城乡建设管理局、市林业和园林局及沿线镇街，市城乡规划局、市新农村规划建设办为协办单位，需在2010年8月31日前完成（不含荔三公路连接东莞的区域绿道）。

各实施单位应加快推进2010年绿道建设的各项工作，在2010年4月15日前完成各分区域内绿道网建设的设计和确定施工单位，除增江画廊休闲区绿道建设任务外，其他建设任务应于2010年8月底前基本完成主体工程建设。

（二）绿道规划建设组织工作。

1. 做好绿道建设的宣传组织工作。该项工作由市城乡规划局、市林业和园林局和市新农村规划建设办负责。

2. 对绿道网建设进行综合效益评估研究，以及旅游运营、管理机制研究。该项工作由市新农村规划建设办和市旅游局负责。

3. 对绿道沿线农家乐项目建设及绿道经营市场主体进行培育指导。该项工作由市旅游局负责。

上述三项工作需在2010年9月30日前完成。

（三）中远期建设任务。

1. 以荔新、增白、新新、增正、福正、荔三等旅游大道为主线，继续建设多层次、多色彩的生态景观林带和景观节点，完善200公里的自驾车游生态绿道网络。

2. 继续建设和完善从中心城区到白水寨和从鹤之洲到湖心岛两条主线、各景区形成系统的250公里休闲健身自行车绿道网络。

3. 继续建设从小楼镇至正果镇何屋村27.7公里增江画廊休闲区绿道，形成完整的水路旅游景观绿道。

中远期建设任务力争在2012年12月31日前完成。

四、职责分工

1. 各镇街为辖区内绿道建设的主要实施主体，负责绿道施工建设及植树、绿化工作，负责绿道竣工验收的组织管理工作。

2. 市城乡规划局、市新农村规划建设办，负责绿道建设的总体规划和计划安排，负责检查监督、情况通报、协调解决实施过程中的有关问题，负责制定相关技术指引和效益评估，负责联系省建设厅、广州市规划局。

3. 市林业和园林局负责绿道建设中的有关植树、绿化工作的技术指导，负责联系和协调广州市林业和园林局，配合市新农村规划建设办开展绿道建设管理的相关工作。

4. 市城乡建设管理局负责绿道建设的工程质量监督工作，协助、指导镇街完善施工等有关手续，参与绿道工程建设的竣工验收工作。

5. 市水务局负责做好绿道建设涉及水务工程管理范围内的相关工作。

7. 市交通运输局负责绿道建设涉及公路交通工程管理范围内的相关工作；并结合市政道路工程项目，拓宽绿道建设的范围；研究制定绿道通行（含增江航道）的交通安全措施。

8. 市文化体育广电新闻出版局负责涉及亚运龙舟赛相关工程项目建设，并负责绿道沿线文体场所建设的指导工作，负责绿道建设工作的宣传包装。

9. 市旅游局负责研究绿道旅游的经营管理机制，依照有关法规和规范对绿道旅游经营管理主体引入工作、绿道沿线的农家乐、游客服务问询中心、旅游购物点、旅游厕所的建设进行指导；加强绿道旅游服务质量监督和导游讲解等工作的培训和管理。

10. 市财政局负责统筹全市资金安排，在允许范围内尽可能简化程序和手续，及时拨付资金，保障工程顺利开展。

11. 市国土房管局负责协调绿道建设用地相关工作。

12. 市海洋与渔业中心负责增江画廊的河道航线、码头建设、游艇购置及运行管理工作。

13. 市广长路桥公司负责配合其管理范围内的绿道建设相关工作。

14. 市国际旅游度假城管委会、增城工业园区管委会负责配合相关部门开展辖区内绿道网规划建设工作。

15. 市监察局负责做好绿道建设任务落实情况的监察工作，对推进不力的部门和个人进行问责。

五、保障措施

（一）组织保障。

为加强对全市绿道建设工作的组织领导，市成立增城市绿道网建设领导小组（以下简称市绿道建设领导小组），成员名单如下：

组　长：叶牛平（市政府）

副组长：邬卫东、叶鸿（市政府）、邓毛颖（市城乡规划局）

成　员：尹博望（市府办）、陈真权（市发改局）、张国新（市财政局）、李永发（市交通运输局）、麦文光（市城乡建设管理局）、潘共恩（市国土房管局）、黄海明（市水务局）、罗伟光（市林业和园林局）、史寿山（市旅游局）、罗艳（市监察局）、张柏林（市海洋与渔业中心）、蒋万芳（市新农村规划建设办）、阮龙天（广长路桥公司）、梁毅鹏（荔城街）、向俊波（增江街）、范永新（朱村街）、黎冀（新塘镇）、李永强（石滩镇）、刘扬波（中新镇）、陈一敏（派潭镇）、汤海帆（小楼镇）、董雄锋（正果镇）。

领导小组下设办公室（设在市新农村规划建设办），办公室主任由蒋万芳兼任。

（二）资金保障

各实施主体按市相关的资金安排进行包干，按照项目基本建设程序的要求管理好项目，确保资金安全和高效使用。鼓励属地镇（街）、实施主体充分发挥主观能动性，实现绿道建设资金多元化投入。

（三）机制保障

坚持政府主导、市场运作的绿道建设管理机制。政府制订规划、计划、建设标准和技术指引，充分整合农、林、水等财政资金，将绿道建设与农田标准化、林网和水利建设相结合，发挥资金的综合效应。以属地建设为主，设立竞争性奖励资金，让积极性高、行动快、方案科学的镇（街）、村、社先干起来，充分调动属地基层的积极性。绿道建成后的维护管理和经营租赁等，采取竞争方式引入投资主体和经营主体，使绿道步入良性发展的轨道。

六、工作要求

（一）提高认识，明晰思路

绿道建设既要满足绿道的公共开放空间功能，又坚持绿道建设的国际化、艺术化、人性化，注重生态性、经济性和整体性，与发展生态文明、提升产业层次、建设宜居城乡紧密结合，使绿道建设成为贯彻落实科学发展观的重要举措。既让市民幸福安康，又让农民增收致富。

（二）因地制宜，科学规划

各绿道线路沿线农村居民点、景点和果园建设休息驿站（码头）和配套设施，围绕“吃、住、行、游、购、娱”等六大旅游要素，把沿线村庄逐步建设成为自驾车游和生态游的节点和驿站，让城里人来消费，让农民实现就地创业和就业。坚持尊重自然，尊重规律，利用村道、堤围和果园，沿山边、水边、村边蜿蜒穿行，遇树绕路、遇水搭桥，使绿道与周边自然生态景观相协调。坚持“四原”保护，高效利用，保护原生态、原产权、原居民、原民俗，不征地、少租地，不占用农田耕地，不大面积土方挖填，不大拆大建，尽量利用沿线的荒坡地、旧厂房、旧民居，修旧如旧并因地制宜地建设休息驿站及文体设施。

（三）以人为本，共建共享

广泛动员，大力宣传绿道建设对美化城乡环境、培育休闲旅游产业、促进农民增收致富的作用，发动全民参与，城乡共建。并制订规划建设指引和标准，按照一个停车场、一个休息场所、一个卫生间、一个士多店、一个医疗站的标准建设休息驿站，通过规范管理，为市民游客提供优质服务。

（四）加强管理，确保进度和质量

各实施单位应组织人员，严格按时落实任务要求，按照省、广州市市有关的规划建设技术标准和指引，认真组织设计和施工，加强施工过程的质量监控和动态管理，保证工程建设质量，精心打造绿道建设示范样板；要按时推进完成，确保2010年9月底前完成广州市下达的绿道建设任务，2012年前力争完成500公里的3条绿道建设。

（五）营造环境，发展产业

注重以藤结瓜和造瓜连藤，让绿道串起沿线村庄，把市民、游客引入乡村、带进农家。同时发挥农民主体作用，引导农民开设绿道驿站、农家旅馆、农特产品市场，搞活农村物业，促进农产品流通，提高农产品的附加值。通过绿道建设，整合农村集体的果园、田塘、林木、村道、旧建筑等资源，成立村级经营组织，发展农村集体经济。

附件：增城市2010年绿道网建设工作计划表

主题词：城乡建设　绿道　方案　通知

抄送：市委各部委办，市人大办，市政协办，市纪委，增城报社。

增城市人民政府办公室综合科　　2010年5月7日印发

印发增城市创建创业型城市工作方案的通知

增府办〔2010〕15号

各镇政府、街道办事处，市府直属有关单位：

《增城市创建创业型城市工作方案》业经市人民政府同意，现印发给你们，请认真贯彻执行。

二〇一〇年六月九日

增城市创建创业型城市工作方案

为贯彻落实党的十七大关于“实施扩大就业的发展战略，促进以创业带动就业”的总体部署，根据广州市政府对创建国家级创业型城市的工作要求，积极营造我市创业带动就业环境，着力推进我市创建创业型城市工作进程，现提出以下工作方案：

一、指导思想

以党的十七大精神为指引，紧紧围绕增城市创建全国科学发展示范市的工作要求，以解放思想、贯彻落实科学发展观为动力，以营造环境、鼓励支持、加强引导、优化服务、保障权益为方针，着力营造“政府推动创业、社会支持创业、市场导向创业、劳动者自主创业”的良好环境，激发全社会开展创业活力。通过创建创业型城市、推动创业带动就业，促进经济社会全面、协调、和谐、稳定发展。

二、目标任务

在5年时间内，完成以下创建工作任务：

（一）建立组织领导体系。成立由分管副市长为组长，市直相关单位、社团组织主要负责同志为成员的增城市创建国家级创业型城市工作领导小组。

（二）完善政策支持体系。积极探索完善创业扶持政策，落实税费减免、政策性补贴、小额贷款、创业培训、场地安排等优惠政策，简化行政审批程序，降低市场准入门槛，最大限度地发挥政策扶持创业的作用。

（三）健全创业培训体系。扩大创业培训规模，将有创业愿望和创业条件的登记失业人员、进城求职农村劳动者，纳入创业培训对象范围，对社会各类创业人员特别是大中专毕业生、返乡农民工和失业人员，组织开展有针对性创业培训，培养创业带头人。2010-2012年3年内组织2000人以上参加创业培训，培训后成功创业人数达50%以上。

（四）构建创业服务体系。成立“增城市创业服务指导中心”，在全市基层劳动就业工作机构设立创业服务指导站，形成覆盖市、镇（街）、村（居）的三级创业服务体系。构建创业带动就业孵化基地，以点带面，整体推进创业工作。全市创业人员占劳动力总人数的比例不少于10%。

（五）健全工作考核体系。把创建创业型城市工作纳入政府目标管理，对各成员单位、职能部门下达责任目标，将创业培训的质量、创业服务的满意程度、促进创业政策的落实成效、创业初始成功率、一年后的稳定经营率以及带动就业的倍增效应等作为主要指标，建立创业促就业考核指标体系，以及定期考核检查机制。

三、工作措施

（一）降低创业门槛

1. 放宽对经营场所的限制。除法律法规另有规定外，凡符合产业政策、安全、城市管理和环保要求的，允许以家庭住所为经营场所。个体工商户经批准的临时商业用房、经营点可视为有效经营场所，工商登记时，其租房协议可作为有效合法的经营场所使用证明。

2. 放宽登记条件。凡我市城乡劳动者申请设立合伙企业、独资企业以及个体工商户的，一律不受注册资本金额限制。对初创公司制小企业，可按照行业特点降低公司注册资本限额，允许注册资本金分期到位，减免登记注册费用。

（二）加大政策扶持力度

1. 完善创业税费优惠政策。2010年底前，初步建立面向创业促进就业工作体系，在《关于进一步做好城乡统筹就业工作的通知》（增府〔2009〕8号）要求基础上，对本市户籍劳动者自主创业的，在税收、行政事业性收费、财政政策等方面给予优惠补贴，提高政策推动创业和就业的效果。

2. 建立及完善小额担保贷款政策。2010年底前，根据《国务院关于做好促进就业工作的通知》（国发〔2008〕5号）精神，建立我市小额担保贷款政策。本市户籍城镇登记失业人员和农村劳动力进行自主创业或合伙经营的，其自筹资金不足，在贷款担保机构承诺担保的前提下，可向我市开办自主创业小额担保贷款业务的商业银行申请小额担保贷款。

（三）加强创业培训

1. 加大培训力度。建立满足城乡各类劳动者创业的创业培训体系，扩大创业培训范围，逐步将所有有创业愿望和培训需求的劳动者纳入创业培训；加大对7个公共实训基地的投入，增强技能培训和创业培训能力；加强普通高校和职业技术学校的创业课程设置和师资配备，创新培训模式，全面实施“创办你的企业”（SYB）、“改善你的企业”（SIYB）创业培训项目；积极开展创业实训活动，提升创业能力。

2. 提高培训质量。从规范培训标准、提高师资水平、完善培训模式等方面入手，不断提高创业培训质量。定期组织开展教师培训进修、研讨交流活动，加强师资力量的培养和配备，提高教育水平。采取案例剖析、知识讲座、企业家现身说法等多种方式，增强创业培训的针对性和实用性。根据不同群体的不同需求，开发推广创业培训技术，不断提高创业成功率。

3. 实行创业培训补贴。落实好职业培训补贴政策，实行政府购买培训成果机制；经同级劳动保障部门、财政部门对培训效果进行考核认定后，按照绩效挂钩原则，由财政部门向定点培训机构拨付培训补贴。

（四）强化服务措施，完善创业服务体系

1. 建立健全各级创业指导中心和基层创业服务指导站。成立市创业服务指导中心，为创业人员提供项目开发、开业指导、融资服务、跟踪扶持等“一条龙”服务。在全市各个基层劳动保障工作机构设立创业服务指导站，依托指导站按季召开项目推介会。

2. 加强创业咨询专家队伍建设。聘请具有企业管理和创业实践经验的企业家、专家教授以及熟悉经济发展和创业政策的政府部门工作人员，组建创业指导专家志愿团，通过上门服务、集中服务、电话服务等多种形式，为创业者提供个性化和专业化的咨询、指导和服务。

3. 加快创业带动就业孵化基地建设。加快创业基地建设，搞好创业孵化，积极创造条件，通过争取政府投资、鼓励多方投资等方式，鼓励各类资本参与创业孵化基地以及创业示范村等创建工作。并提供融资担保、信息咨询、创业指导、项目推介、技术支持、人员培训、法律援助等系列创业服务。建成10个创业孵化基地以及力争3年内完成全市3条创业示范村的创建工作。

4. 开展各类有利于创业的宣传活动。通过各类新闻媒体广泛宣传创业的政策措施、经验做法和典型事迹，积极开展各类创业主题活动，开辟“创业之星”、“我的创业故事”等专栏，组织创业报告团进行巡回报告，大力宣传创业政策和创业典型，在全市掀起“弘扬创业精神、营造创业环境、促进全民创业”的热潮，营造全社会关心支持创业工作的浓厚氛围。

5. 因地制宜引导自主创业。结合我市三大主体功能区和“两城两区”建设的实际，鼓励多种形式创业。在南部新型工业集聚区，鼓励当地劳动者充分利用创建国际商务城的有利时机，大力发展与先进制造业相配套的生产性和生活性的服务业，在餐饮、汽车摩托车配件、牛仔纺织等行业实现自主创业。在中部大都市副中心居住文化区，利用发展国际旅游度假城机会，积极从事旅游度假、物业商住、社区服务等行业的创业活动，如洗衣店、冲印店、百货副食店、家电维修、家政服务点等。在北部都市型农业和生态旅游区，通过创建白水寨风景名胜区，积极引导、扶持，让北部农村劳动力成为经营农家旅舍、农家餐馆、特色农副产品生产销售店铺的主体，如开办农家乐、农家餐馆、承包集体果林、森林、鱼塘等，培育一批养殖种植带头人、农产品经纪人以及农产品包装、加工、存储、运输等业务龙头企业，在生态旅游发展中实现创业带动就业。

（五）严格工作考核

对国家级创业型城市创建工作实行目标管理。将各镇街、市直单位、社会团体创业的工作任务，纳入市政府目标考核体系，作为年终考评的一项重要依据。建立创建工作台帐，对创建工作进行细化量化，明确各镇街、市直单位、社会团体的工作重点和进度要求。市创建国家级创业型城市工作领导小组办公室定期对各镇街和有关部门的工作进行定期督查，及时通报创建工作情况。

四、实施步骤

（一）动员阶段

成立由市政府分管副市长为组长，市直相关部门、社团组织主要负责人为成员的创建国家级创业型城市工作领导小组，领导小组下设办公室，设在市人力资源和社会保障局。召开全市创建创业型城市动员大会，对创建工作进行安排和部署。积极开展创建创业型城市宣传，充分利用新闻媒体宣传创建创业型城市的重要意义。市各有关部门出台创建工作实施细则。各镇街制订具体的工作方案，明确工作目标和重点，完善工作措施，并于2010年6月30日前将实施细则和工作方案报送市领导小组办公室。

（二）贯彻落实阶段

市创建创业型城市工作领导小组成员单位要结合本单位职能，围绕我市创建国家级创业型城市这一总体目标任务，积极开展工作，全面落实工作责任。

（三）总结阶段

召开总结大会，总结创建工作经验，表彰一批在创建工作中做出突出贡献的先进单位和个人。认真做好迎接省、广州市对创建国家级创业型城市评估验收工作。

五、职责分工

创建国家级创业型城市工作领导小组成员单位要按照分工，对各镇街和本系统落实创业带动就业工作情况进行监督检查，确保各项政策措施落到实处。

（一）市政府办公室：负责协调各部门工作。

（二）市委宣传部：负责督导各新闻媒体加大对我市创业带动就业的政策和创业成果、创业典型的宣传，指导新闻媒体开设公益性宣传栏目，定期举办宣传和交流等活动，在全社会营造自主创业良好氛围，积极配合做好其他工作。

（三）市编委办：根据中央和省、广州市有关促进就业工作的要求，负责做好建立健全我市创业带动就业公共服务体系的相关工作，规范公共就业服务机构职责，合理配备人员编制，为推进创业带动就业工作提供体制机制支持。

（四）市发改局：把创业带动就业工作纳入本市经济和社会发展总体规划；协助有关部门开展自主创业情况的调查摸底，负责提供全市国民经济和社会发展机会的规划情况；加大收费查处力度。

（五）市科技经贸和信息化局：负责产业、商业网点的规划，建设中小企业孵化基地，配合市人力资源和社会保障部门向创业者提供有关国家、省市产业发展政策、创业项目信息咨询，协调解决自主创业企业经营中碰到的问题；积极组织参加每年一度的中国留学人员广州科技交流会，大力扶持发展自主创业的高新技术产业园、科技园；配合做好有关工作。

（六）市监察局：负责监督、检查各职能部门执行有关创业带动就业法律法规、政策措施的执行情况。

（七）市教育局：负责配合创业带动就业协调机构，做好应届未继续升学和未就业初中、高中毕业生有关情况信息的统计工作、及时传递和反馈创业信息工作；不断完善职业技术教育，切实提高毕业生的创业能力；积极配合做好其他相关工作。

（八）市民政局：加强社区服务管理，积极开发社区便民服务项目，鼓励和扶持失业人员自主创业；积极配合做好其他相关工作。

（九）市财政局：把创业带动就业的援助扶持资金和工作经费纳入财政预算，不断加大财政资金支持力度以及加大对自主创业财政扶持力度，配合做好广州市小额担保贷款的评审、申领等工作，积极配合做好其他工作。

（十）市农业局：引导培育一支农业技术专家队伍，对从事第一产业的创业人员免费提供创业指导；牵头组建一批村企合作公司；牵头扶持一批农产品经纪人；牵头扶持一批龙头企业；积极做好其他相关工作。

（十一）市城乡规划局、市新农办：负责配合有关部门开展创业和就业安置基地、创业场地、商业网点的规划建设工作。

（十二）市人力资源和社会保障局、市农转中心：负责市创业带动就业协调机构的日常组织实施，制定和落实市就业专项资金补贴创业带动就业的具体政策办法报创建国家级创业型城市工作领导小组审定，建立和完善创业带动就业相关的服务体系，并加强检查督促；负责做好高校毕业生、归国留学人员自主创业的组织、引导和扶持工作；向创业协调机构提供高校毕业生、归国留学人员自主创业的基本统计信息，为创业者提供创业项目信息、政策咨询和继续教育学习服务；负责创建国家级创业型城市工作领导小组办公室的日常工作。

（十三）市城乡建设局、市交通运输局、市公安局、市国土房管局、市文化体育广电新闻出版局、市食品药品监督管理局和市城监大队：负责结合本市实际，根据各自职能，探索和制定更加灵活有效的市政、城市管理、交通、消防、国土房管、新闻广播、社会文化管理、卫生、环保和食品药品等方面的工作措施和管理办法，提高工作质量和效率，鼓励和支持本市人员自主创业；积极配合做好相关工作。

（十四）市工商局、市国税局、市地税局：做好创业者办理工商登记手续的服务工作，根据上级政策和文件规定，落实好自主创业企业在税收和行政事业性收费等方面的减免、优惠政策；提高办事质量和效率；积极做好其他相关工作。

（十五）市统计局：负责提供全市产业、行业、就业等相关统计数据，积极配合做好其他相关工作。

（十六）团市委、市妇联、市总工会、市工商联、市残联等社会团体：负责组织我市青年劳动者实施“青年带头创业致富工程”，打造青年创业示范点；负责组织广大女性劳动者实施“巾帼建功”自主创业工程，提高女性创业能力；充分发挥各自优势，组织发动广大外来工、残疾人等积极参与自主创业。

主题词：就业　创业△　通知

分送：抄送：市委各部委办，市人大办，市政协办，市纪委，市武装部，市法院，市检察院，各人民团体，增城报社，市档案局。
增城日报社，各镇街，市府直属各单位。

增城市人民政府办公室综合科　2010 年 6 月 9 日印发

印发增城市企业上市培育计划工作实施意见的通知

增府办〔2010〕32号

各镇政府、街道办事处，市府直属有关单位：

《增城市企业上市培育计划工作实施意见》业经市人民政府同意，现印发给你们，请认真按照执行。执行中遇到的问题，请径向市发改局反映。

二〇一〇年十月二十六日

增城市企业上市培育计划工作实施意见

为贯彻落实市委市政府领导班子深入学习科学发展观活动整改落实方案，进一步营造良好的经济环境，鼓励、支持增城企业通过规范运作、上市融资谋求更大的发展，加快构建增城现代产业体系、促进经济平稳较快发展，市政府决定在全市范围内组织实施企业上市培育工作。具体意见如下：

一、培育原则和培育目标

（一）培育原则

坚持“政府推动、多方参与、点面结合、市场孕育”的原则，充分发挥政府的鼓励、支持和引导作用，广泛调动有关专业机构和企业的积极性，做好符合条件企业的上市培育工作，引导企业不断优化自身的管理体制和经营运作机制，充分利用各方面的市场资源寻求发展。

（二）培育目标

通过实施上市培育计划工作，进一步增强增城企业对现代企业制度和资本市场的认识，推动企业积极改制并通过上市融资寻求发展，使增城企业管理结构进一步完善，规范运作水平明显提高，企业成长性大大增强，一批优秀企业通过上市融资获得广阔的发展空间。顺应经济全球化、规范化和国际产业演变规律，推动产业优化升级。具体目标：坚持短期效应与长远发展目标相结合，实行滚动培育，每年做到“五个一批”（培训一批、改制一批、培育一批、辅导一批、上市一批）。今后三年内，实现每年重点组织2-3家以上企业进入普及培训期，2-3家以上基本具备条件的优质企业进入上市推荐培育期，2-3家以上优质企业进入上市辅导培育期。从2011年起，力争每年有1—2家企业成功上市。

二、培育工作内容

（一）建立企业信息资源库

建立统一的“三库一平台”（企业资源库、专业机构库、专家库和网上资讯平台），实现信息互联互通，使各有关部门能够全面了解我市企业情况，有计划地组织上市培育，同时便于企业了解企业改制上市有关政策法规和程序，便于中介机构和增城企业建立沟通，进行咨询和磋商。

（二）大力开展企业规范和上市培训

每年重点组织一批有上市意向的企业进行公司规范运作和上市知识普及培训。对其中符合产业政策、业绩优良、成长性好，有上市意愿的优秀企业，举办若干重点培训班进行上市推荐培育期和上市辅导培育期培训，引导其创造条件争取上市融资。主要培训内容包括：现代企业制度基本知识、资本市场和资本运作基本知识、企业上市条件与程序、企业发展中面临的主要问题等。具体培训课程和内容在征询有关专业机构、专家意见的基础上，根据增城企业改制和上市的需要，有针对性地确定。

（三）积极为企业提供协调服务

在做好企业培训的同时，积极帮助企业解决改制上市面临的实际问题。对进入上市推荐培育期和上市辅导培育期的企业，各有关部门要分工负责进行跟踪，及时了解企业面临的实际困难和问题，并积极帮助协调解决。对企业在改制过程中涉及的土地、税费、企业挂靠关系等历史遗留问题，要积极研究可行的政策措施帮助解决。

（四）建立健全企业改制上市备案登记制度

各类拟改制上市企业应及时在增城市上市工作办公室（设在市发改局，以下简称市上市办）登记备案。市上市办应加强对我市企业发展状况的调查研究，参照不同层次资本市场的准入特性，定期对我市企业改制上市后备资源进行统计分析，按“五个一批”的工作目标，建立和完善企业改制上市后备资源库，构建我市企业在不同层次资本市场改制上市的后备资源队伍。

（五）实施分类指导和梯度培育计划

市上市办应对已备案但尚未进入改制、辅导阶段的企业，定期组织改制专家服务团，按照“一企一策”的个性化培育方式，推动其加快自我完善与规范整改步伐，尽快进入改制、辅导阶段；对已备案且已进入改制或辅导阶段的企业，开展上市前景评估，编制和实施我市年度企业改制上市后备资源重点培育计划，加大力度推动企业尽快上市。

（六）增进企业与有关中介机构的交流合作

根据企业上市需要，积极联系有关证券、会计、法律、资产评估、投资、担保、银行、咨询等中介机构，采取座谈、联谊、网上咨询等形式，搭建企业与有关中介机构对话平台，为企业寻求中介机构进行咨询和着手改制上市工作提供便利。

（七）加大宣传力度努力营造良好的氛围

采取灵活多样的形式，加大力度宣传上市培育工作，使广大企业踊跃参加上市培训，各有关部门和社会各方面积极参与、支持此项工作。通过印发《企业改制及上市指引》，加强有关政策措施、工作程序的宣传介绍，不断强化广大企业改制上市的观念和意识，引导其加快改制上市步伐，推动我市更多的企业实现上市融资。

三、培育工作的步骤

为使我市企业上市培育工作落到实处，按照“培育一批、辅导一批、申报一批”的梯度上市原则，拟出企业上市培育工作的步骤：

（一）对全市企业发调查表，筛选出符合上市条件，具有上市意愿企业。

（二）采取灵活多样的形式，加大宣传力度，使广大企业踊跃参加企业上市培训。

（三）对符合产业政策，业绩优良成长性好，有上市意愿的优秀企业举办上市辅导培训。

（四）搭建企业与有关中介机构的对话平台。

（五）建立企业信息资源库。

（六）每年组织2－3家企业进入普及培训期。

（七）每年组织2－3家优质企业进入上市推荐培育期。

（八）每年组织2－3家优质企业进入上市辅导培育期。

四、组织领导和工作要求

（一）建立增城市企业上市工作联席会议制度

为加强对上市工作的领导，建立增城市企业上市工作联席会议制度，市长为第一召集人，常务副市长为第二召集人，主管副市长为第三召集人，成员为市府办、市发展和改革局（市上市办）、市科技经贸和信息化局、市财政局、市人力资源和社会保障局、市国土资源和房屋管理局、市环境保护局、市城乡建设管理局、市城乡规划局、市工商局、市国税局、市地税局等相关职能部门负责人。联席会议的主要职责是统一研究制订全市企业改制上市培育政策措施，协调解决企业改制上市的重大问题，审定确认需扶持的拟上市企业。市发展和改革局（市上市办）是企业上市的主管部门，承担增城市企业上市工作联席会议日常工作，具体负责日常的指导、协调、服务等工作。

（二）联席会议成员单位职责

联席会议各成员单位的职责是根据各自职能和责任分工努力解决影响我市企业改制上市的各类具体问题。

1. 市发展和改革局（市上市办）：负责落实对拟上市企业的筹集资金投资项目的审批、核准和文件备案；负责牵头组织对全市企业的调查摸底，建立企业信息资源库；拟订并落实全市组建股份公司与资本市场发展的规划与相应政策；负责企业上市工作相关人员的业务辅导、培训；负责全市上市公司的发展指导工作；负责与上级相关部门和中介机构的联系、沟通、协调等相关事宜；落实本《实施意见》中具体内容的实施；承办市委、市政府交办的其他相关事项。

2. 市工商分局：在拟上市企业进行股份制改组时，负责预先核准公司名称；负责审查企业设立股份有限公司需提交的材料；负责办理工商登记变更手续，颁发改制后的股份制企业营业执照；负责出具工商相关合法证明。

3. 市科技经贸和信息化局：负责支持拟上市的企业申报高新技术企业和技术创新优势企业，以及申请国家和省高新技术企业资金、中小企业专项资金、科技三项经费等各项政策性扶持资金；负责优先推荐符合有关政策规定的拟上市企业投资高新技术项目、重点技术改造项目享受国家及地方贴息债券、贷款和科技扶持资金。

4. 市财政局：负责对具有国有资本和国有法人资本的股东办理国有资产产权登记；负责对符合《关于推动我市企业上市工作　扶持企业发展的实施意见（试行）》要求的企业进行专项资金补助和资金扶持，并对符合规定的企业给予奖励。

5. 市人力资源和社会保障局：负责出具有关人事和劳动保障相关合法证明。

6. 市国土资源和房屋管理局：负责服务拟上市企业在改制上市过程中办理土地证、房产证和房产转让等手续；负责优先确保拟上市企业在募集资金项目或上市公司再融资项目所需建设用地土地使用计划指标，优先供地；负责出具土地及屋房方面相关合法证明。

7. 市环境保护局：负责对拟上市企业募资投向项目环保评估报告的批复；负责出具相关环保合法证明。

8. 市城乡建设管理局、市城乡规划局：负责对拟上市企业的相关项目进行核准和备案，并指导协调做好企业的城市建设规划工作。

9. 市国税局、地税局：负责审查拟上市企业的纳税记录；负责办理拟上市企业股份制改造后的税务登记手续；负责出具拟上市企业纳税信用记录情况证明。

（三）工作要求

加强企业上市培育，推动企业改制上市，关系到我市企业竞争力和产业优势的培育，关系到增城资本市场和增城整体经济的发展，意义重大。此项工作涉及面广，任务较重，各镇政府、街道办事处、各有关部门要高度重视，把它作为抓好经济工作的一项重要任务抓紧抓好，安排人员负责相关工作，确保责任到位、人员到位、工作落实到位。市企业上市工作联席会议要加强对此项工作的监督、检查和指导，对培育工作进行定期考核，对有重要贡献的单位和个人进行表彰。

附件：增城市目前有上市意向的企业名单

主题词：综合经济　计划　企业　上市△　通知

分送：抄送：市委各部委办，市人大办，市政协办，市纪委，市武装部，市档案局，各人民团体，增城日报社。

增城市人民政府办公室综合科　2010 年 10 月 26 日印发

附件

增城市目前有上市意向的企业名单

序号	企业名称	法人代表	企业注册地址	企业成立时间	企业性质	所属行业	主要经营范围	主要产品	市场占有率	所属镇街	联系人	联系电话	备注
一、已上报证监会审核材料的企业													
1	广州市宁基装饰实业股份有限公司	江淦钧	增城市新塘镇宁西工业园	2003年	民营	家具制造业	加工、销售：厨具、家具，货物进出口，技术进出口。	家具：衣柜、书柜		新塘镇	潘雯珊	87501581	2010年3月底向证监会送交申请
二、已委托证券商进行上市培育企业													
2	广州博创机械有限公司	朱康建	广州市增城市汽车产业基地新祥路9号	2002年	港澳台合资	塑料加工专用设备制造	生产、加工塑料工业专用比例、伺服液压技术设备及零配件、销售本企业自产产品及零配件，塑料机械软件开发，技术咨询服务。	塑料注射成型机	1%	增城市经济技术开发区	杜呈表	18926287666	已委托广发证券进行上市培育
3	增城市新特电器有限公司	钟奋强	广州增城	1994年	民营		从事办公机具、高科技电子类、商业机器、办公耗材等产品的研发、生产、销售	碎纸机、碳粉	65%	朱村街	彭永成	13332829677	已委托安信证券进行上市培育
4	广州康威集团体育用品股份有限公司	黎伟权	广州增城	1999年	民营	体育用品	制造、销售：各类运动鞋、休闲鞋、袜、运动服装、包袋、运动器械；销售：运动器材材料、鞋及服装材料。	运动服装、运动鞋、运动配饰	2%	新塘镇	刘根祥	13302218520	已委托东莞证券进行上市培育

续上表

序号	企业名称	法人代表	企业注册地址	企业成立时间	企业性质	所属行业	主要经营范围	主要产品	市场占有率	所属镇街	联系人	联系电话	备注
5	广州爱奇实业有限公司	雷爱新	中新新墩路168号	1999年	民营	制造业	运动器械	人造草皮、座椅、地板		中新镇	张达维	13824469988	已委托广发证券进行上市培育
6	广州鑫源恒业电力线路器材有限公司	文小玲	新塘镇永和		民营	电力行业	加工、制造、批发、销售、安装：五金、输变电线路器材、电力工具、金属材料（贵金属除外）、普通机械、仪器仪象；输变电线路器材的维修等	电力工具		新塘镇	文亨	13802804539	拟委托国信证券进行上市培育

三、有上市潜力在未来三年内有上市计划的企业名单

序号	企业名称	法人代表	企业注册地址	企业成立时间	企业性质	所属行业	主要经营范围	主要产品	市场占有率	所属镇街	联系人	联系电话	备注
7	广州赛邦印铁制罐有限公司	骆房风		1992年	民营	制造业	印铁、制罐	金属加工		朱村街	石海峰	82841302	自报
8	增城市奔马实业有限公司	湛伟洪	增城市新塘镇新甘湾开发区甘涌路段	1998年	民营	摩托车制造	制造、销售：三铃SL摩托车及配件，电动自行车、电动摩托车及配件；经营本企业自产产品的出口业务和本企业所需要的机械设备、零配件、原辅材料的进口业务。	摩托车、电动车	3%	新塘镇	陈奕君	020－61723088	自报

续上表

序号	企业名称	法人代表	企业注册地址	企业成立时间	企业性质	所属行业	主要经营范围	主要产品	市场占有率	所属镇街	联系人	联系电话	备注
9	广州市凯闻食品发展有限公司	罗凯文	广东省增城市荔城街三联工业园		民营	食品行业				荔城街	罗凯文	020－61736258	自报
10	越峰电子(广州)有限公司	吴宪聪	增城市增江街府前东路2号	2006年	外商投资	电子元器件制造业	生产新型电子元器件、光电子器件、电子感元器线及其电子专用材料等相关产品	软磁铁氧体(磁铁芯)	20%	增江街	温永生	15920408869	自报
11	广州市福田实业有限公司	关福如	增城市中新镇中福路10－12号之一	1990年	民营	化工	批发、零售汽车零配件、汽车小电器、木制根雕、园林石、塑料等。	批发、零售汽车零配件	16%	中新镇	宁丽莹	13719310072	自报
12	广州市华南农大生物药品有限公司	梁梓森	增城市增江街东区高科技工业基地	2004年	国有	生物制药	生产:胚毒灭活疫苗、细胞毒灭活疫苗;销售:兽药生物制品;研究开发:生物药品及科技成果转化、技术咨询与服务。	禽用灭活疫苗	30%	增江街	梁昭平	82735378	自报
13	广州市钜溢钢管制造有限公司	朱钜标	增城市荔城街三联村	2005年	外商投资	金属制造	生产加工供油钢管、供汽钢管、供水钢管及配件,钜形钢管。	钢管制造	6%	荔城街	谢利喜	13312892716	自报
14	增城市好日子摩托车有限公司	刘凯	广东省增城市新塘镇瑶田工业区	2002年	民营	摩托车制造	摩托车、摩托车发动机及技术出口。	摩托车、摩托车发动机		新塘镇	郑滨	13560272168	自报

印发增城市统筹城乡综合配套改革试验实施方案的通知

增府办〔2010〕33号

各镇政府、街道办事处，市府直属各单位：

《增城市统筹城乡综合配套改革试验实施方案》业经市人民政府同意，现印发给你们，请认真按照执行。执行中遇到的问题，请径向市发改局反映。

二〇一〇年十二月一日

增城市统筹城乡综合配套改革试验实施方案

广东省人民政府于2009年8月10日以粤府函〔2009〕146号文批复同意我市开展统筹城乡综合配套改革试验。为贯彻落实省印发的《增城市统筹城乡综合配套改革试验总体方案》提出的改革目标和改革任务，着力打造现代产业新区和生态宜居新城，努力创建高水平的科学发展示范市，特制定本实施方案。

一、指导思想、工作目标和基本原则

（一）指导思想

以邓小平理论和“三个代表”重要思想为指导，深入贯彻落实科学发展观，认真贯彻实施《珠江三角洲地区改革发展规划纲要（2008－2020年）》，先行先试，破解难题，以建设广州东部新区为目标，以创建产业新区、宜居新城和生态新空间为重点，以深化三大主体功能区建设为抓手，以加强体制机制创新为核心，着力推进城乡发展规划、基础设施、产业布局、公共服务、社会管理一体化，建立健全以工促农、以城带乡的长效机制，有效解决“三农”问题，促进公共资源在城乡之间均衡配置、生产要素在城乡之间自由流动，确保城乡居民共享改革发展成果，形成城乡经济社会发展一体化新格局，努力建设成为全省乃至全国统筹城乡科学发展示范区。

（二）工作目标

全市统筹城乡综合配套改革试验将分三阶段进行：2009－2012年，为重点突破阶段，通过重点区域和重点领域改革试点，力争在重大项目、重点区域、重要工作等方面取得突破性进展，形成重点突破、以点带面的工作格局；2013－2015年，为基本实现阶段，通过全面深化统筹城乡综合配套改革，基本建立统筹城乡协调发展机制，形成城乡经济社会发展一体化新格局，初步实现统筹城乡协调发展的基本目标；2015年以后，为深化完善阶段，统筹城乡协调发展继续向纵深推进，相关体制不断完善提高，经济社会继续平稳增长，城乡居民的生产生活条件、公共服务和经济社会权利基本均等化（具体定量目标见附件1）。

（三）基本原则

——先行先试，破解难题。

进一步解放思想，立足贯彻落实《珠江三角洲地区改革发展规划纲要》和创建高水平的科学发展示范市，破解中心镇行政执法体制改革、生态补偿机制建设、闲置用地处置试点、“三旧”改造试点、投融资体制改革、医药卫生体制改革等发展难题，不断完善科学发展的“增城模式”，推动增城市经济社会发展再上新台阶，为全省促进城乡协调发展、争当实践科学发展观排头兵提供经验和示范。

——全面推进，重点突破。

在重点领域和关键环节先行先试，以国家级经济技术开发区建设为统筹全市城乡科学发展的龙头，进一步深化三大主体功能区规划建设，着力推进城乡规划、基础设施、产业布局、公共服务、社会管理一体化，逐步形成有利于统筹城乡经济社会发展的体制机制。强化重点工作和重大项目的带动能力，努力形成“以点带面”的良好局面。

——正确处理改革、发展、稳定的关系。

加强组织领导，上下联动，形成合力，针对统筹城乡综合配套改革出现的新问题，及时提出新对策，把改革的力度、发展的速度和社会的承受度结合起来。

二、改革试验的主要内容和任务

围绕统筹城乡科学发展，加快推进城乡一体化进程、建设广州东部新区的要求，着力深化三大主体功能区规划建设，转变经济发展方式，增强区域综合实力和可持续发展能力；着力推进城乡协调发展，走新型工业化、城镇化、生态产业化发展道路；着力推动基本公共服务均等化，促进改革发展成果城乡共享；着力推进制度创新，构建促进资源节约和环境友好的体制机制。

（一）深化完善三大主体功能区建设，打造重点发展载体

根据南中北三个区域不同的资源环境承载力、现有开发密度和发展潜力，以打造重点发展载体为突破口，明确重点地区开发建设、空间布局等重要内容，形成重点突破，以点带面的发展格局。

1. 着力打造重点发展载体

——建设国家级经济技术开发区。立足成为广州“东进”四大创新核心区，把促进增城经济技术开发区开发建设作为带动全市经济转型发展、创新发展、示范发展的龙头和重要引擎。全面理顺开发区管理体制机制，建立健全招商引资、财政扶持体制和激励机制；加快完善开发区总体规划、产业发展规划和“十二五”规划；加快推进开发区基础设施、配套设施建设以及北区土地资源的整合利用，提升高端要素集聚能力；壮大汽车产业链，培育发展新兴支柱产业和高端产业。力争到2013年工业产值超过800亿元。（牵头单位：开发区，协办单位：新塘镇、发改局、城乡规划局、国土房管局、环保局、科经信局、财政局）全力实施“园区化”带动战略，加快东区高技产业基地、石滩退二进三产业基地、广本研发中心研发创意基地、三江物流基地等配套区开发建设，形成“一区多园”发展格局。（牵头单位：增江街、石滩镇，协办单位：新塘镇、发改局、城乡规划局、国土房管局、环保局、科经信局、财政局）

——建设广州东部交通枢纽。以规划建设广州东部交通枢纽中心为载体，以新塘城区为重点，围绕增强客运中心和货运中心功能，加快推进穗莞深城际轨道、地铁13号线、厦深铁路支线和广深客运铁路等轨道交通线路建设，以及广园东快速路四期工程、境内高快速连接线等公路路网建设，整合新塘、三江等铁路货运站场运输功能，打造广州东部门户功能区。（牵头单位：城乡规划局，协办单位：交通运输局、新塘镇、石滩镇、发改局、国土房管局、财政局）完善东部交通枢纽的现代服务业功能，依托增城经济技术开发区和国际商务城建设，加快发展区域总部经济、服务外包、金融信息、会展酒店商务经济、现代物流等现代服务业，培育广州东部现代服务业集聚区。（牵头单位：国际商务城，协办单位：开发区、新塘镇、发改局、城乡规划局、国土房管局、财政局）

——建设广州东部卫星城。增城市区以建设国际旅游度假城为载体，以增江河为主轴，加快新城区规划建设，重点发展科教研发、文化创意、主题公园、国际会议、运动休闲产业和居住产业，建设广州东部城市副中心和生态宜居城市。（牵头单位：国际旅游度假城，协办单位：荔城街、增江街、发改局、城乡规划局、国土房管局、财政局）中新镇加强与中新知识城的基础设施和产业发展对接。进一步修编完善总体规划，完善道路交通等基础设施规划建设对接，提高城镇功能承载力。瞄准中新知识城产业定位，做好错位发展、互动互补的产业发展规划研究，中南部发展房地产和商贸服务业，中北部加快配套工业园区建设，北部发展酒店业、休闲产业等配套服务业。（牵头单位：中新镇，协办单位：发改局、城乡规划局、国土房管局、财政局）

——建设现代生态旅游区。北部1000平方公里大力培育生态旅游、会议休闲和都市农业等生态产业，形成具有品牌效应的生态产业链。设立生态产业发展资金，重点推进白水寨、湖心岛、小楼人家等景区景点建设，推动形成面线点有机结合的生态旅游发展大格局。到2013年旅游接待超2000万人次，旅游营业收入超50亿元。（牵头单位：旅游局，协办单位：白水寨风景名胜区管理处、发改局、城乡规划局、国土房管局、财政局、环保局、派潭镇、正果镇、小楼镇）

（二）创建广州东部新区，以“三化”（工业化、城镇化和生态产业化）推动城乡一体化

2. 构建区域特色现代产业体系，打造现代产业新区

——完善现代产业发展规划。进一步提高准入标准，以先进制造业为主导，以现代服务业为重点，以生态文化旅游和健康休闲产业为特色，以都市农业为基础，加快建立现代产业体系。着重加快汽车、摩托车、纺织服装、高端制造业、电子信息、电力设备和电力材料、生态旅游业、商贸物流、房地产业、都市型农业十大产业发展，促进产业结构优化升级。（牵头单位：发改局，协办单位：开发区、城乡规划局、科经信局、旅游局、农业局、各镇街）

——加快工业结构优化升级。以开发区为龙头，以东区高科技产业基地和新塘、石滩、中新等工业基地为依托，促进先进制造业集聚发展。加快发展汽车、摩托车整车及零部件制造业，重点推进北汽集团30万辆乘用车华南基地、广汽本田增城工厂第二条生产线、广本发动机、广本研发中心等项目建设，争取每年引进3到5家核心零部件和一、二级配套零部件项目。改造提升纺织服装等传统制造业，加快推进新塘牛仔服装技术创新专业镇的规划建设。实施亿元企业培育计划，新培育形成一批产值超亿元、10亿元、20亿元、30亿元以上的规模型龙头企业。加快发展高新技术产业，培育电子信息产业成为第四大支柱产业，加快发展装备制造业。（牵头单位：科经信局，协办单位：开发区、质监局、各镇街）

——推动现代服务业发展。充分发挥南、中、北不同的资源禀赋，同步推进新农村建设与乡村旅游区建设，高标准建设一江两道及六大核心景区等景区景点，大力发展度假式“农家乐”乡村休闲旅游，加大培育壮大会议休闲经济，提升生态休闲旅游业。到

2012 年建成 2 个以上国家级 4A 景区，到 2013 年将白水寨景区创建为国家级 5A 旅游景区，创建广东省旅游强市（县）。（牵头单位：旅游局，协办单位：开发区、相关部门、质监局、各镇街）积极承接广州的现代服务业，集中发展服务外包、区域总部经济、物流运输、商贸会展、金融信息、研发创意等现代服务业，加快推进全市服务业标准化工作，着力培育和打造珠三角集工业设计、研发、展示、交易、采购、物流配送功能于一体的服务业集散地。（牵头单位：科经信局，协办单位：开发区、质监局、各镇街）

——促进农业产业化集约化发展。大力发展以“好吃、好看、好玩、好价、好销”为特征的都市农业，加快农田和鱼塘标准化改造，加快推进农业机械化，提高农业规模化、集约化经营水平，到 2011 年实现农村土地承包经营权流转率达 60% 以上，农业规模化经营面积达 70% 以上，建立都市型现代农业和健康养殖业示范区。加强现代农业园区建设，以农业生产基地为依托，积极培育壮大农业经营主体，出台扶持农业企业发展政策，鼓励农业企业进行技术改造、扩大规模，支持农业企业跨地区生产经营，培育发展 10 家广州市级农业龙头企业、5 家农产品流通企业大户，建成 6 个 5000 亩以上观光型农业基地，切实提高农业产业化水平。扶持发展农民专业合作经济组织和行业协会组织，稳步推进经济联社、经济社股份合作制改革，加强集体经济组织管理；完善农产品流通体系，延伸现代农业产业链条，引导农业企业实施品牌经营，加大农产品精深加工的开发力度，建立“增城十宝”产前、产中、产后的农业地方标准，进一步打响“增城十宝”特色农产品品牌，促进更多农产品变旅游商品，提升农产品附加值。（牵头单位：农业局，协办单位：旅游局、科经信局、质监局、各镇街）

——扶持培育民营经济发展。认真贯彻落实市委、市政府《关于加快发展民营经济的实施意见》，出台具体的实施细则，突出服务和扶持，加快民营经济发展。（牵头单位：科经信局、协办单位：开发区、发改局、工商联、各镇街）放宽准入，出台实施鼓励民营经济投资重点领域项目目录，激活民间投资活力。（牵头单位：发改局，协办单位：开发区、科经信局、各镇街）加快制定推进企业自主创新的政策措施，鼓励企业与大专院校、科研院所建立产学研关系，共建研发机构和产业化联合体，增强企业核心竞争力。（牵头单位：科经信局，协办单位：开发区、质监局、各镇街）积极实施品牌战略，利用产业集群优势，重点打造推介“新塘摩托”、“新塘牛仔”、“新塘美居美食”等区域品牌。（牵头单位：科经信局，协办单位：开发区、质监局、工商局、旅游局、国土房管局、卫生局、各镇街）扶持一批民营企业上市，发展壮大一批核心竞争力强、年产值超 50 亿元的大企业。（牵头单位：发改局，协办单位：科经信局）引导民营企业实施“人才强企”，制定鼓励企业引进高素质人才的措施，大力实施民营企业家培育工程，鼓励民营企业做大做强做优。（牵头单位：组织部，协办单位：开发区、科经信局、人社局、各镇街）支持民营企业“退二进三”，大力引导企业发展酒店、房地产、物流、商贸等现代服务业项目。（牵头单位：科经信局，协办单位：开发区、发改局、国土房管局、“三旧”办、各镇街）

——大力提升自主创新能力。加快建立区域自主创新体系，逐步提高全社会研发投入占地区生产总值比重。出台实施《关于大力推进自主创新加快高新技术产业发展的实施意见》，鼓励扶持现有企业与高校、科研院所共建研发机构和产业化联合体，争取成立 3—5 家广州市级以上研发机构。深入实施标准化战略，建立与增城产业优势相适应的技术标准体系和质量管理体系，充分发挥企业自主创新主体作用，推进专利技术产业化，打造一批具有自主知识产权的知名品牌。（牵头单位：科经信局，协办单位：开发区、质监局、各镇街）

——推进产业和劳动力“双转移”。制定优惠政策，简化审批手续，以增城市区、新塘城区和旅游景区为重点，明确企业“退二（退出工业）进三（发展第三产业）”时间表，以点带面鼓励推动劳动密集型企业转型升级，促进劳动力合理、有序转移，全面提高劳动者素质，优化劳动力结构。（牵头单位：科经信局、人社局，协办单位：开发区、国土房管局、发改局、“三旧”办、各镇街）建立健全节能减排长效机制，发展绿色经济、低碳经济和循环经济，坚持集约节约利用土地，坚决依法依规淘汰落后产能，力争到 2013 年全面完成污染企业的整治，万元 GDP 能耗逐年稳步下降。（牵头单位：发改局、科经信局、环保局，协办单位：开发区、各镇街、国土房管局、水务局、工商局、供电局、自来水公司）加快推进石滩开发区建设，主动承接广州市先进制造业项目落户，培育新的经济增长点。（牵头单位：石滩镇，协办单位：科经信局、发改局、国土房管局、城乡规划局）大力支持企业“走出去”，拓展发展空间。（牵头单位：科经信局、质监局，协办单位：开发区、各镇街）

——建立统筹产业发展的协调机制。落实《增城市招商引资奖励办法》，按照构建现代特色产业体系的目标任务，着力引进先进制造业、现代服务业、生态旅游业等方面的生产力骨干项目。（牵头单位：科经信局，协办单位：开发区、各镇街）建立招商项目与年度绩效考核挂钩的工作问责制。（牵头单位：组织部，协办单位：科经信局）建立招商项目信息互通和联合审批机制，解决项目引进中规划审批、用地保障、供电、供水、企业设立登记等重点难点问题，促进项目落户、动工建设和按计划投产。（牵头单位：

科经信局，协办单位：城乡规划局、公安局、安监局、国土房管局、发改局、环保局、城乡建设管理局、工商局、国税局、地税局、审批服务中心、供电局、自来水公司）

3. 统筹推进城镇化和新农村建设，建设广州东部宜居新城

——推进城乡基础设施规划与建设。围绕提高城乡基础设施的共建共享水平，缩小城乡基础设施建设差距。积极推进以城乡道路交通为重点的基础设施建设。加快落实穗莞深城际轨道和地铁13号线、16号线延伸至新塘、荔城地区，积极推进107国道新塘段、广汕公路增城段改造扩建工程，配合抓好广河、增从、北三环三条高速公路建设，实现与广州、东莞中心城区空间布局的全面对接。建设三大主体功能区之间的快速通道，推进新新、石新、增派、增正等市内主干道的升级改造。推进市域主干道路网络与沿线镇村公路网的有效衔接，实现所有镇街通高快速公路，提高城乡交通设施的共建、联网、共享水平。（牵头单位：交通运输局，协办单位：城乡规划局、国土房管局、城乡建设管理局、发改局、财政局、各镇街）

——推进城镇公共设施网络和服务向农村延伸。继续推进自然村通水、通水泥路、危桥改造、农村客运站亭的建设，提高农村公路建设等级和标准，加大对农村公路的养护力度，积极发展农村客运，加快交通、通讯干线向农村延伸，完善农村路网体系，逐步形成覆盖到村、延伸到户、城乡衔接的基础设施网络，2013年全面完成自然村“五通”。大力推进农村饮水安全工程，提高农村供水保证率和质量安全水平。实施农村清洁工程，加快建设农村垃圾、污水集中处理系统，改善农村卫生条件和人居环境。（牵头单位：发改局，协办单位：交通运输局、文化体育广电新闻出版局、电信局、城乡建设管理局、水务局、供电局、各镇街）

——规范和创新农村建房管理。加强新农村规划建设工作，推进村庄规划编制工作，2010年以前实现村庄规划全覆盖。引导和规范新村建设和旧村整治，拆除空心村，缩减自然村，保护古村落，建设特色村，合理布局新型农村社区集群。按照权责一致、管理高效、监控有力的原则，进一步明确市、镇（街）、村的规划管理权责，实施乡村建设规划许可制度。（牵头单位：城乡规划局，协办单位：各镇街）进一步完善农村建房管理制度，规范农村建房行为，重点抓好“一清二控三规四拆五建”工作。通过规划引导和激励机制，鼓励农民集中居住、集约用地、集中配套，因地制宜地创新项目带动异地安置、城中村改造等农村社区的建设模式，逐步形成“体系呈梯度、布局成组团、配套有重点、积聚成规模”的农村居民点体系。（牵头单位：新农办，协办单位：城乡规划局、国土房管局、城乡建设管理局、各镇街）

——切实改善以农田水利为重点的农业生产条件。统筹安排土地整理复垦开发、农业综合开发等各类建设资金，集中连片推进农村土地整治，实行田、水、路、林综合治理。加快推进农田、鱼塘标准化改造和城乡水利防灾减灾工程，整治“五小”水利设施，提升防御自然灾害的能力和农业综合生产能力，提高标准农田比重，到2011年基本完成连片100亩以上农田和鱼塘的标准化建设。（牵头单位：农业局，协办单位：财政局、水务局、林业和园林局、各镇街）

4. 坚持实施公园化战略，拓展生态新空间

——实施全区域公园化战略。按南中北三个不同区域的实际情况建设完善生态环境。工业组团之间实行绿色生态隔离，保留田园风光，建设园林式工业区，提高发展先进制造业和现代服务业的承载能力和环境容量；加大对森林公园、城市广场、生态公园和绿色生态社区的建设力度，不断提高城区绿化覆盖率和人均绿化面积，建设适宜安居和创业发展的生态卫星城；北部坚持不发展工业，坚持保护中发展，发展中保护，依托自然原生态发展生态旅游业和都市农业。（牵头单位：城乡建设管理局，协办单位：城乡规划局、农业局、各镇街）

——加快城乡绿道网规划建设。探索绿道生态化、人性化、产业化、市场化、效益化新路子，以绿道为藤，以藤结瓜，串起沿线的村庄发展农家乐和乡村游，构建生态休闲旅游产业链，以绿道建设引导南部的资金向中北部投资生态休闲和度假旅游产业，带动沿线村庄改造升级，促进农民就业创业。完善绿道网规划建设标准和指引，着力推进连接南中北三大主体功能区的自驾车游绿道、自行车休闲绿道和增江画廊水上绿道三大绿道网建设。建立健全绿道建设管理的长效机制。探索建立以政府为主导的多元投入机制，充分整合农、林、水等财政资金，将绿道建设与农田标准化、林网和水利建设相结合，发挥资金的综合效应。（牵头单位：城乡规划局，协办单位：新农办、农业局、林业和园林局、水务局、旅游局、沿线各镇街）设立绿道建设竞争性奖励资金，充分调动镇街、村、社和经营者参与绿道建设的积极性。（牵头单位：财政局，协办单位：沿线各镇街）加快完善以市场为主体的运营机制，探索以竞争方式引入多元化投资主体和经营主体，促进绿道建设运营良性发展。（牵头单位：旅游局，协办单位：新农办、沿线各镇街）

——完善城乡环境卫生综合管理一体化长效机制。严格推行《增城市城乡环境卫生综合管理试行办法》，落实层级责任制和长效管理机制，全面提高城乡卫生管理水平，创建全国卫生城市。（牵头单位：城乡建设管理局，协办单位：创文办、各镇街）下大

力气拆除城乡“两违”建筑，重点整治城镇“六乱”，突出整治城中村、城乡结合部。（牵头单位：市查处“两违”工作联席办公室，协办单位：城乡建设管理局、国土房管局、各镇街）健全以镇街为主体的卫生保洁制度，以新塘、石滩和派潭镇作为创建广东省卫生镇的重点，带动其他镇（街）卫生基础设施建设与管理上新台阶；紧密配合文明村建设，创建广东省卫生村，创建广州市卫生村。（牵头单位：城乡建设管理局，协办单位：各镇街、卫生局）推进城市卫生基础设施建设，加强路边、山边、水边环境的综合整治，建设生活垃圾无害化处理厂，重点解决好新塘、荔城和旅游景区的垃圾无害化处理问题，提升生活垃圾无害化处理率。（牵头单位：城乡建设管理局，协办单位：新农办、各镇街）适度超前规划建设城乡污水处理设施，大力提升污水处理率，加快截污管网及农村污水治理工程建设。加大河涌整治力度，完成增江西岸、百花涌第四期、二龙河以及水南涌流域综合整治工程，开展西福河整治，确保增江河水质平均达到Ⅱ类以上。（牵头单位：水务局，协办单位：环保局、城乡建设管理局、各镇街）

（三）大力推进基本服务均等化，促进改革发展成果城乡共享

5. 制定基本服务均等化五年规划

——按照建立覆盖城乡、功能完善、分布合理、管理有效、水平适度的基本公共服务体系的目标要求，建立健全推进基本公共服务均等化的长效机制，制定基本公共服务均等化五年规划实施纲要，大力推进公共教育、公共卫生、公共文化体育、公共交通、生活保障、住房保障、就业保障、医疗保障等八项基本公共服务均等化，让改革发展成果由城乡人民共享。（牵头单位：财政局，协办单位：教育局、卫生局、文体广电新闻出版局、交通运输局、民政局、国土房管局、人社局）

6. 构建城乡一体化的公共服务体系

——完善就业和创业体系。进一步完善和落实劳动者平等就业制度，特别是落实城乡劳动者、大中专毕业生免费职业技能培训、税费减免政策扶持、小额担保贷款、用人单位招用工补贴、职业介绍补贴、自主创业补贴和奖励等优惠政策。建立全市统一的就业信息网和人力资源市场，健全市、镇（街）、村（居）三级就业服务网络和市场体系。提高农村富余劳动力转移就业的组织化程度，建立健全农村劳动力普查工作长效机制，加强对全市农村劳动力就业、待业状况的动态管理，继续加大农村富余劳动力向城镇转移力度，力争每年新增转移本市农村劳动力1万人以上，到2012年实现转移就业率达90%以上。深入开展创建充分就业社区。加大免费培训和推荐就业力度，进一步加大对初、高中未能继续升学的毕业生以及退伍军人等技能培训。深入实施全民创业工程，制订创业优惠政策，支持和协助有创业意愿的城乡劳动力实现创业，加强创业示范村和青年创业示范点建设，以创业带动就业，创建国家级创业型城市。（牵头单位：人社局，协办单位：财政局、国税局、地税局、民政局、农业局、金融办、教育局、团市委、农转中心、各镇街）

——提高城乡社会保障一体化水平。扩大城镇居民养老保险和农民工基本养老保险覆盖面。建立健全农村养老保险和被征地农民养老保险制度，贯通城乡养老保险制度衔接通道，积极创造条件推动城乡养老保险制度并轨工作，形成城乡衔接、转移畅通的养老保险机制。到2011年城镇居民养老保险覆盖率达到100%，到2012年35周岁以上农村居民参加农村社会养老保险覆盖率达到100%。完善农村社会救助体系，逐步将各项城市社会救助政策向农村延伸，建立城乡统筹的最低生活保障标准增长机制，力争到2012年农村低保标准达到城镇低保标准的90%以上。完善医疗保障制度，继续提高新型农村合作医疗参合率和保障水平，到2012年新型农村合作医疗最高报销金额达到12万元，城镇居民和职工基本医疗保险覆盖率达到100%。探索建立“保大病、保住院”为主，兼顾门诊费用定额报销的合作医疗保障机制。完善农民工大病医疗保险、强制性工伤保险和意外伤害保险制度。（牵头单位：人社局，协办单位：卫生局、民政局、财政局、各镇街）贯彻落实《增城市2010年至2012年扶贫帮困工作实施方案》，落实扶贫帮困工作责任制，采取“一村一策，一户一策”等综合帮扶措施，争取2011年完成50%贫困村、贫困户脱贫指标，到2012年完成100%的贫困村、贫困户脱贫指标，确保100%被帮扶贫困人口达到农村年人均纯收入4500元以上，城镇年人均收入5500元以上，基本实现稳定脱贫。（牵头单位：组织部、民政局，协办单位：市直各有关单位及各镇街）

——加快推进医疗卫生服务体系建设，提高镇村医疗卫生服务能力。贯彻执行国家、省、广州市新医改有关政策，把我市新医改工作推向深入。优化配置全市医疗资源，重点向乡镇倾斜。启动新建新塘医院和市公共卫生服务中心建设项目，标准化建设镇卫生院、社区卫生服务中心和村卫生站，形成城乡统筹的医疗卫生服务体系。全面启动基本公共卫生服务项目，逐步向城乡居民统一提供疾病预防控制、妇幼保健、健康教育等基本公共卫生服务；实施重大公共卫生服务项目，进一步提高突发重大公共卫生事件处置能力。大力推进卫生信息化建设，建立互联互通、资源共享、监管方便的卫生信息化系统。（牵头单位：卫生局，协办单位：财政局、发改局、人事局、科经信局、编办、各镇街）

——整合城乡教育资源确保教育机会均等化。加强对城乡教育统筹的力度，建立确保城乡教育事业发

展的公共财政投入保障机制，促进城乡教育均衡发展，努力构建幼教、普教、职教、成教相互协调、具有增城特色的教育体系，创建全国一流教育。巩固提升基础教育水平，继续推进“两优”工程建设，力争在2011年全市义务教育阶段学校100%达到规范化要求。加快郑中钧中学、高级中学扩建工作，增加高中优质学位，到2011年高中优质学位达100%。进一步扩大免费教育覆盖面，普及免费高中阶段教育。加快发展职业技术教育，做强做大职教园区，推进职业技术教育规模化、品牌化，对未能升学的初、高中毕业生进行职业技术教育普及培训。扶持壮大民办教育，大力引导和扶持社会资源兴办民办高等院校、优质幼儿园等各级各类民办学校。加强教师队伍建设，努力提高办学水平和质量，促进城乡学校办学条件基本均衡，实现义务教育均衡协调发展。（牵头单位：教育局，协办单位：发改局、财政局）

——推进全国文化体制改革试点，建设城乡公共文化惠民共享工程。高水平建设文化艺术中心区，高起点建设新图书馆、科技文化博物馆等公共文化标志性工程。实施文化信息资源共享工程、非物质文化遗产保护工程、文化品牌示范工程、群众文化流动服务工程、先进文化理论研究工程、特色文化人才培养工程等文化惠民六大工程。以社区和乡村基层文化设施为基础，发展社区文化、农村文化、企业文化，开展文化、科技、卫生“三下乡”活动，完善以“农家书屋”、“绿色网园”为重点的城乡公共文化服务体系。大力推进市属经营性文化事业单位改制，不断增强文化企事业单位的活力和竞争力。（牵头单位：宣传部、文化体育广电新闻出版局，协办单位：教育局、科经信局、卫生局）

——加快推进学习型社会建设。开办学习实践科学发展观大学堂，以增城市委党校为载体，把增城建设成学习实践科学发展观的开放式大学堂。（牵头单位：组织部，协办单位：宣传部、党校）加快城乡互联网网络建设，提高城乡互联网网络覆盖率，倡导数字化生活，营造通过网络进行学习、工作、交流的良好环境，全面提升全市信息化水平。（牵头单位：科经信局）加强各类学习型组织建设，创建具有区域特色的学习型机关、学习型社区、学习型企业、学习型村庄、学习型家庭等。（牵头单位：宣传部）坚持和完善领导责任制，按照层级管理、各负其责的原则，统筹抓好全市建设学习型社会工作，建立考评机制，对学习型社会建设工作进行定期考核、评比活动，有效调动学习的积极性。（牵头单位：组织部）

（四）着力推进机制体制创新，为实现统筹城乡一体化发展提供制度保障

7. 深化户籍管理制度改革。

——实行城乡统一的户口登记和迁移制度，按照公民经常居住地登记户口的原则，将公民户口统一登记为“居民户口”，实行以具有合法固定住所、稳定职业或生活来源为基本条件的市内户口准入制。推动流动人口服务和管理体制创新，实施以身份证为核心凭证的社会管理模式，探索居住证管理制度等辅助政策，引导相关配套政策进行同步或逐步的改革和完善。（牵头单位：公安局，协办单位：统计局、计生局、民政局、人社局、卫生局、国土房管局、教育局、财政局、农业局、国税局、地税局、出租屋管理办、各镇街）

8. 全面实施“三规合一”的规划体制。

——加快城乡规划体制改革。充分发挥城市总体规划的战略引领作用，建立起以主体功能区规划为基础，国民经济和社会发展规划、土地利用规划及城乡规划相互衔接、空间统一的规划体系。（牵头单位：发改局，协办单位：国土房管局、城乡规划局）施行“城乡规划实施年度计划”，明确城乡建设项目空间布局、重点地区开发建设等内容的年度安排，科学合理安排市域城镇建设、产业聚集、村落分布、生态涵养等空间布局。编制、完善增城市城乡总体规划（包括市域发展规划和中心城区总体规划），（牵头单位：城乡规划局，协办单位：各镇街）编制完成派潭镇、小楼镇、正果镇总体规划，修编新塘、石滩、中新三个中心镇总体规划，（牵头单位：相关镇街，协办单位：城乡规划局）结合城乡统筹和国家级经济技术开发区的要求编制增城经济技术开发区的总规。（牵头单位：开发区，协办单位：城乡规划局）在2010年前完成所有总体规划的编制和报批工作，实现城乡规划全覆盖的目标。在完善城乡总体规划的基础上，结合城乡统筹发展、城市更新和城中村改造，突出重点地编制控制性详细规划，大力推进重点项目的专项规划设计。完善镇村规划体系，实施乡村建设规划许可制度，加快编制村庄规划。2010年以前实现城乡近期建设规划范围内的控规全覆盖，2012年实现城乡规划建设区控规全覆盖。（牵头单位：城乡规划局，协办单位：各镇街、开发区、白水寨风景名胜区管理处、国际商务城、国际旅游度假城）

——推进城乡土地利用总体规划。结合南中北三大主体功能区空间布局的需要，结合新一轮土地利用总体规划和节约集约用地试点示范省的有关要求，强化耕地保护和节约集约用地，优化国土开发格局，明确新一轮土地利用总体规划的战略与目标、空间布局与管制、土地节约集约利用、耕地和基本农田保护、土地利用与生态建设、“两规”协调和规划实施保障措施等核心内容，牢固树立全市一盘棋，兼顾城镇和农村发展需要的理念，稳步推进新一轮土地利用总体规划编制工作。明确城乡建设用地供应总量与结构，实施差异化土地利用分配，保障南部与中部的重要产业和城市发展用地需要，合理安排北部旅游用地，促进城乡、区域协调发展，确保有限的土地资源发挥最

大的效益，实现城乡土地统筹利用。（牵头单位：国土房管局，协办单位：各镇街、开发区）

9. 创新实施三大主体功能区的保障机制

——健全干部考评与问责制度。根据主体功能区建设要求针对不同区域功能定位，设计具有个性内涵的指标体系，制定各有侧重、差别化的绩效考核措施，强化考核结果运用机制，把考核评价结果作为领导班子调整和领导选拔、奖惩、培训的重要依据。遵循“权责统一、赏罚分明、责罚适当、实事求是、公开公正”的原则，落实党政领导干部问责有关规定。（牵头单位：组织部，协办单位：人社局）

——完善生态补偿机制。继续完善财政转移支付制度，逐步提高对北部山区镇的财政补贴金额和北部山区专项发展资金额度，支持北部山区搞好支撑都市农业和生态旅游业发展的基础设施建设。加强基本农田生态补偿，按区位和类别进一步明确生态公益林补偿项目，逐步提高生态公益林补偿标准。研究制定对生态农业、生态工程、生态旅游项目的补偿机制和补偿标准，建立与市场相适应的补偿增长机制。（牵头单位：财政局，协办单位：农业局、旅游局、林业和园林局、各镇街）

10. 创新以富镇强县（市）和扩大事权为基础的管理体制

——大力推进政府机构改革工作，完善部门和镇街机构设置和人员编制。按照“精简、效能”原则科学合理设置机构。加快管理重心下移、权力下放，健全镇级城市管理、社会管理和公共服务等功能，推进政府社会管理和公共服务职能由城市向农村延伸，原属市政府和职能部门的部分管理事权下放给镇街。加快新塘镇行政执法体制改革试点，取得成熟经验后，向其他中心镇推广。（牵头单位：新农办，协办单位：市直各部门、各镇街）加快新塘镇行政管理体制改革试点，为全国经济发达镇行政管理体制改革工作提供经验。（牵头单位：市编办，协办单位：市直各部门、各镇街）

——建立镇街行政运转经费的保障机制。进一步理顺市、镇两级财政收入分配关系，优化财政支出结构，健全财力与事权相匹配的体制。完善市、镇财政管理体制和村级财务管理方式，推进镇事业站所改革，规范管理体制和经费供给。原属市政府或部门的管理事权下放给镇街后，要通过直接划拨或转移支付等方式将相应的工作经费调整安排给镇街。上级部门在将有关管理事项委托给镇街代为行使时，应将相关工作经费移交给镇街政府。（牵头单位：财政局，协办单位：各镇街）

——加强农村基层民主建设和社会管理工作。抓好村务公开民主管理示范村创建活动，以党组织领导下的充满活力的村民自治为重点，继续推进村务公开、民主管理工作，加强农村集体财务管理，推行农村股份合作制改革，逐步扩大村民自治范围，推进村民自治制度化、规范化、程序化。（牵头单位：农经办，协办单位：民政局、各镇街）加快推进农村“六好”平安和谐社区建设，逐步实现城乡社区建设一体化。选好试点村开展农村社区建设工作，积极整合资源，引导社会救助、社会福利、社会慈善和卫生、科技、教育、文化、劳动、法律等服务进农村社区，建立健全有效覆盖、有序参与的农村基层服务和管理网络。（牵头单位：各镇街）努力形成以城带乡的共建机制，开展“三联六帮”城乡共建行动，让农村有效借助外力加快发展。（牵头单位：组织部，协办单位：各镇街）

11. 创新土地利用和利益分配机制

——完善农村土地承包经营权流转制度。加快农村土地确权、登记、颁证工作，到2010年基本完成农村土地所有权登记和颁证工作。（牵头单位：国土房管局，协办单位：农业局、各镇街）在稳定和完善现有农村土地承包制度的基础上，按照依法、自愿、有偿的原则，支持农民以转包、出租、互换、转让、股份合作或者法律允许的其他方式流转土地承包经营权。实行土地承包经营权流转补贴制度，适度集中土地流转财政补贴资金，重点补贴连片规模流转的农户，促进农村土地向农业企业和农民专业合作社集中。建立农村土地流转服务中心，加强对农村土地承包经营权流转的组织指导和管理。（牵头单位：农业局，协办单位：农经办、国土房管局、各镇街）推进集体林权制度改革，在坚持集体林地所有权不变的前提下，对林地使用权和林木所有权确权发证，明确经营主体，实行均股、均利，股份权益到户到人。（牵头单位：林业和园林局，协办单位：国土房管局、各镇街）

——探索建立新型土地利用和占补平衡制度。严格执行土地利用总体规划和年度计划，切实落实耕地和基本农田保护目标。积极探索城镇建设用地增加和农村建设用地减少相挂钩试点工作，探索建立补充耕地数量、质量按等级折算占补平衡制度，健全城乡建设用地置换和跨区域耕地占补平衡市场化机制，促进建设用地的合理配置。（牵头单位：国土房管局，协办单位：城乡规划局、各镇街）

——加强农村集体建设用地管理机制。积极开展闲置地处理试点，大力推进城中村改造和农村村居用地整合，不断挖掘土地利用潜力。建立宅基地置换和退出机制，探索集体建设用地合法流转办法，逐步建立城乡土地的统一交易平台和交易规则，出台规范集体建设用地的管理政策。对城镇规划和园区规划内的自然村组，推行统一规划、集中建设、整体搬迁，节余土地含权（原居民拥有的宅基地使用权）进入土地市场。（牵头单位：国土房管局，协办单位：城乡规划局、农经办、各镇街）

——完善征地补偿机制。按照“集中留地、统筹利用”的原则，统一规划留用地集中安置区，逐步推进集体土地与国有土地同地、同权、同价，制定符合增城实际的征地补偿、拆迁安置标准。逐步建立“经济补偿、社会保障、就业服务”的新模式，建立和完善被征地农民生活保障制度，解决就业、住房、社会保障问题，保证被征地农民在拆迁征地中真正得到实惠并拥有长期收益，变拆迁户为“拆迁富”，从而主动支持政府的正确决策。（牵头单位：国土房管局，协办单位：人社局、财政局、城乡规划局、农经办、各镇街）

——完善“三旧”改造试点工作机制体制。认真开展“三旧”用地的调查摸底工作，进一步摸清全市区域内“三旧”用地相对集中、适合于成片拆迁改造的重点区域，全面掌握全市每宗“三旧”改造用地的土地、房屋、人口状况，并分类列表造册、落图标注。以“结构升级、集聚发展、分类引导、节约集约”为导向，以促进现代产业发展和公益事业建设，增加生态、休闲用地，优化城乡环境，提高用地产业效益为目标，按照全市土地利用总体规划、城乡规划和主体功能区规划的要求，尽快编制完成全市“三旧”改造专项规划。依据“三旧”改造规划，制订全市“三旧”改造近、中、远期目标任务和年度实施计划。加快完善扶持配套政策，科学制定符合我市实际情况的土地利用政策、拆迁安置政策和资金筹措政策，进一步拓宽投资融资渠道，积极探索社会资金参与改造模式，建立合理的利益分配制度，采取合资、合作、出让、租赁、综合开发和联合经营等市场开发方式实行改造。加快完善“三旧”改造组织管理机制，成立市镇二级领导组织机构，加快制订出台“三旧”改造实施细则，对“三旧”改造项目涉及的审批、审核事项实行提前介入、并联审批，缩短办理时限。建立“三旧”改造的目标考核制度，配套完善“三旧”改造的激励政策。（牵头单位：“三旧”改造办，协办单位：各部门、各镇街、开发区）

12. 创新覆盖城乡的公共财政和投融资体制机制

——建立、完善覆盖城乡的公共财政体制。建立、完善覆盖城乡的财政保障机制，推动城乡财政分配公平公正，促进城乡协调发展。完善对乡镇的财政转移支付制度和财政激励约束机制，促进财力进一步向基层、向农村倾斜。实行完成经济任务激励机制，扩大镇街财政自主权，提高镇街发展经济的积极性。积极构建以基本公共服务均等化为导向的财政分配机制，加大镇级财力留成分配比例，建立稳定规范的基层组织工作经费保障制度，保障基层实施公共管理，提供基本公共服务以及落实上级各项民生政策的基本财力需要，提高镇级基本公共服务的保障能力。增强落后地区基层财政保障能力，促进各镇街财政能力均衡，实现区域间基本公共服务供给能力的适度均等。按照“存量适度调整、增量重点倾斜”的原则，完善财政预算制度，强化预算硬约束，形成支持“三农”投入稳定增长的保障机制，确保财政支农资金增长幅度不低于财政总收入的增幅。进一步完善和利用好统筹城乡科学发展基金，对镇街、开发区统一开发经营的宗地项目所产生的年度本级地方税收按50%比例奖励给宗地权属人，对农村集体自留建设用地在统一规划、统一招商的前提下，在引进项目税收地方留成中提取30%—50%的资金，作为解决农民生活保障和农村集体经济发展基金，确保农民“失地不失利”。（牵头单位：财政局，协办单位：各部门、各镇街、开发区）

——建立、完善新型投融资机制。加快建立健全市、镇（街）两级投融资平台，完善政银联系机制，进一步拓宽项目建设资金筹措渠道，增强政府投资建设的发展能力。减少社会投资项目管理环节，建立和完善社会投资项目核准备案制度，进一步开放社会投资领域。确立企业投资主体地位，降低投资门槛，改善投资环境，进一步放宽投资领域，采取担保、贴息、补助、专项资金扶持等措施，积极引导社会资本投资到现代特色产业体系建设。积极支持符合条件的优质企业上市融资。完善投资项目管理，建立和完善投资主体多元化、投资来源多样化、投资决策科学化、项目管理专业化、中介服务社会化的新型投融资体制。（牵头单位：财政局，协办单位：发改局、人民银行增城支行）

——建立、完善政府投资管理机制。强化财政支出绩效评价和政府投资评审工作，规范政府投资行为，合理配置政府投资资源，健全政府投资和项目法人约束机制，建立投资责任追究制度，减少盲目投资和重复建设，提高投资效益。改革财政资金分配办法，建立和完善通过制度健全、公开透明方式取得财政资金的机制。实行政府投资项目竞争机制，按照“科学规范、绩效优先、责任明晰”的原则，对部分基础设施建设项目、公共事业经营性项目、新农村建设项目、农林水利项目、专项资金扶持项目实行竞争性安排，通过公开、公平、公正的方式，优先让有条件、有积极性、有切实可行方案并作出承诺的部门、镇、村或企事业单位参与各项建设，提高政府投资效益。进一步拓宽社会投资参与公共基础设施建设的领域，推进适宜转变投资方式的政府投资项目加快向社会投资转变。（牵头单位：财政局，协办单位：各部门、各镇街）

——建立现代农村金融制度。健全农村金融组织体系，以农村商业银行、村镇银行、政策性银行、农业银行、邮政银行和小额贷款公司为主体，其它商业银行及其他类型的金融机构为辅助的农村金融服务体系，注重发展适合农村特点的新型金融机构（组织）和以服务农村为主的地区性金融机构。建立农村金融服务激励机制，提高各类金融机构对“三农”贷款比重，鼓励市内银行等金融机构新吸收的存款主要用于本市支农贷款。（牵头单位：人民银行增城支行，协办单位：财政局、辖区各商业银行、政策性银行及邮政储蓄银行）鼓励和支持金融机构创新农村金融产品和金融服务，争取省金融主管部门和银监部门的支持，设立多间小额贷款公司和村镇银行等新型金融机构，大力开展适合农村特点和需要的小额信贷和微型金融服务，切实解决农业融资难问题，（牵头单位：金融办，协办单位：人民银行增城支行）探索农村土地经营权和地上建（构）筑物物权及附着物抵押质押信贷模式，增强农民土地融资能力。加大力度推进现代农业担保服务，积极探索和组建以民间资金为主体的担保机构，鼓励引导全市农业龙头企业和农民专业合作社出资组建担保有限公司，尽快设立一家拥有注册资本金达到3000万元以上的中小企业政策性融资担保机构。（牵头单位：金融办，协办单位：人民银行增城支行、国土房管局、农业局、各镇街）建立农业保险体系，加快发展政策性农业保险，在种植业、渔业、畜牧业开展保险试点，加大市级财政对北部地区保费补贴力度，发挥政府资金扶持引导作用，逐步建立与完善农业巨灾风险转移分摊机制，鼓励在农村发展互助合作保险和商业保险业务。（牵头单位：农业局，协办单位：财政局、金融办、各镇街）

13. 全面推行依法行政，为统筹城乡一体化发展提供坚实的法制保障

——完善依法行政的决策机制，保障统筹城乡一体化发展顺利推进。科学界定各部门的行政决策权，完善依法行政的决策机制，规范各项工作的办事程序，积极听取和接纳来自社会各个层面的意见和建议，努力化解发展过程中的各种社会矛盾，为统筹城乡一体化发展提供坚实的法制保障。（牵头单位：法制办，协办单位：监察局、综治办、各镇街）

三、加强组织领导，确保改革试验顺利实施

为加强组织领导，确保改革试验顺利实施，成立由市主要领导任组长、市分管领导任副组长、各职能部门为主要成员的统筹城乡综合配套改革试验领导小组，负责统筹、决策统筹城乡综合配套改革试验的重大事项。领导小组下设办公室，负责处理领导小组日常事务，推进、协调、督促全市统筹城乡综合配套改革工作。同时，成立改革实验专家咨询委员会，负责对各种改革方案和政策的制定提出建议，对实施过程中出现的问题开展分析研究，对改革试验的效果进行评估。

根据改革的内容，结合我市当前实际和未来几年发展情况，提出了“增城市统筹城乡综合配套改革重点工作安排”（见附件2），并明确了相关责任机构。各部门、各镇街和重点园区充分认识实施统筹城乡综合配套改革工作的重要性和紧迫性，按照责任分工和进度安排，积极落实、完成相关重点工作和重大项目，确保本实施方案顺利实施并取得良好效果。

各单位一方面要加强与上级部门的沟通联系，积极争取上级部门的业务指导，尤其是对综合配套改革中先行先试工作的大力支持，为我市发展改革工作提供强有力的保障；另一方面，要进一步主动细化重点工作，结合各自实际，研究制定每年的具体年度计划和专门实施方案，明确具体责任人和具体进度，建立健全工作考核制度，加强对重点工作和重点建设项目的执行检查。要加快重大项目的前期研究，加强建设用地的统筹管理，完善相关配套服务，在政策允许范围内要为重大项目建设提供最大便利。与此同时，“实施计划”要保持必要的灵活性，未来要根据年度计划安排及完成情况进行适度调整，以适应全市综合配套改革试验和城乡科学发展的实际需要。

主题词：经济管理　改革　方案　统筹城乡△　通知

分送：抄送：市委各部委办，市人大办，市政协办，市纪委，市武装部，市档案局，各人民团体，增城日报社。

增城市人民政府办公室综合科　2010年12月1日印发